清代進士傳録

（第三册）

朱 鰲　宋苓珠　編纂

國家圖書館出版社

第三册目録

嘉慶元年（1796）丙辰科

本科爲清仁宗登極恩科兼正科

第一甲三名

趙文楷　字介山，號逸書。安徽太湖縣人。嘉慶元年一甲第一名狀元。授翰林修撰。三年充順天鄉試同考官，四年任會試同考官，奉使册封琉球國王正使，贈一品蟒服。九年官至山西雁平道，署理山西按察使。卒於任。著有《石柏山房詩集》。

汪守和　字巽泉、惟衣，號肯南。江西樂平縣人。嘉慶元年一甲第二名榜眼。授編修。三年充順天鄉試同考官，進贊善、洗馬，十五年遷奉天府丞兼學政，丁父憂起授少詹事，二十一年充山東鄉試主考官，授内閣學士。二十四年督浙江學政，道光四年遷禮部侍郎，五年督安徽學政，九年改户部侍郎，十一年督江蘇學政，十二年正月遷禮部尚書，十四年調工部尚書，十一月復任禮部尚書。道光十六年（1836）五月卒。贈太子太保。

帥承瀛　字士登，號仙舟。湖北黄梅縣人。嘉慶元年一甲第三名探花。任編修、國子監祭酒。嘉慶十三年授太僕寺卿改通政使，十五年遷左副都御史，十六年起改禮部侍郎調工部、吏部、刑部侍郎，二十五年十二月授浙江巡撫。道光四年九月丁憂免職。道光二十一年（1841）卒。

弟帥承瀚，嘉慶十年進士，左副都御史；孫帥遠燡，道光二十七年進士。

第二甲四十名

戴殿泗　字淮山，號東瞻、東珊。浙江浦江縣人。嘉慶元年二甲第一名進士。選庶吉士，授編修。輯有《金華理學粹編》，另有《風希堂集》。

李錫恭　字協襄，號薲塘。江蘇太倉州人。嘉慶元年二甲第二名進士。選庶吉士，授編修。升中允，官至侍講學士。以疾歸卒。

王　鼎　字定九，號省崖、幼趙。陝西蒲城縣人。乾隆三十三年（1768）二月初三日生。嘉慶元年二甲第三名進士。選庶吉士，任編修。大考二等升詹事府右贊善，遷少詹事，十七年授詹事，督江西學政，遷內閣學士，任工部侍郎改吏部、刑部、戶部侍郎。道光二年遷都察院左都御史，六年授戶部尚書，七年加太子少保、軍機大臣。十五年二月授協辦大學士，十八年五月遷東閣大學士。二十年正月晉太子太保。二十二年（1842）二月晉太子太師，四月力主抗英，痛恨穆彰阿、琦善誤國，請道光帝起用林則徐。擬就彈劾穆彰阿遺疏後自盡以期尸諫，使道光帝改變成命。因穆彰阿派人騙走遺疏，道光帝疑爲暴卒。贈太保，入祀賢良祠。諡"文恪"。著有《淮河源流考》。

子王沆，道光二十年進士；王埕，道光十八年進士；曾孫王廷鈇，光緒二十年進士。

吳邦慶 字景唐，號霽峰。順天霸州人。乾隆三十一年（1766）生。嘉慶元年二甲第四名進士。選庶吉士，任編修。嘉慶八年考選江南道御史，升鴻臚寺少卿、內閣侍讀學士。嘉慶二十年授山西布政使改河南布政使，二十三年遷湖南巡撫，二十四年調福建巡撫。九月授刑部侍郎，降通政使，二十五年遷兵部侍郎改刑部侍郎調安徽巡撫。十二月革。降翰林院編修，遷少詹事，道光十年授貴州按察使未任，八月以三品銜署漕運總督。十一年十一月實授，十二月改江西巡撫，

十二年二月調東河總督。十五年革職降編修。年七十告歸。道光二十八年（1848）卒，享年八十三。著有《澤農要錄》《畿輔水利叢書》《水利營田圖說》等。

張錦枝 字佩瓊，號四香、絧齋。江西彭澤縣人。嘉慶元年二甲第五名進士。選庶吉士，授編修。六年充山西鄉試主考官，十年會試同考官，升贊善、中允、洗馬，十二年充廣西鄉試主考官，遷侍讀，官至國子監祭酒。丁憂歸不出。

許應階（原名許庭楷）字用儀，號鑒塘、篆香。江西南昌縣人。嘉慶元年二甲第六名進士。選庶吉士，散館改兵部主事。假歸。

弟許庭梧，乾隆六十年進士；弟許庭椿，嘉慶元年進士。

陸以莊 字蒞康，號平泉。浙江蕭山縣人。嘉慶元年二甲第七名進士。選庶吉士，任編修。五年充湖南鄉試主考官，十二年任山西鄉試主考官，纍遷少詹事，嘉慶十八年授太常寺卿改宗人府丞。十九年授左副都御史改工部侍郎，道光二年歷戶部、兵部、刑部侍郎。三年署吏部侍郎七月遷左都御史。四年七月授工部尚書。道光七年（1827）七月初二日卒。諡"文恭"。

黃焜望 字仲民，號耀寰、沖甫。順天大興縣人。嘉慶元年二甲第八名進士。選庶吉士，授編修。官至中允。

慕鰲 字循陔、德儀。甘肅

静寧州人。嘉慶元年二甲第九名進士。授户部主事，二十一年官至廣東肇羅道。二十四年告病離任。

秦淵 字珠崖，號躍時、季雲。江蘇婁縣人。嘉慶元年二甲第十名進士。選庶吉士，散館改户部主事。

趙麟 浙江仁和縣人。嘉慶元年二甲十一名進士。任兵部主事、員外郎、郎中，十八年考選湖廣道御史，外官河南河北道、彰衛懷道。

陳鶴 字鶴齡，號馥初、稽亭。江蘇元和縣人。乾隆二十二年（1757）生。嘉慶元年二甲十二名進士。任工部主事。與山東棲霞牟昌裕、廣東陽山鄭士超有"工部三君子"之稱。中年假歸，杜門著書。嘉慶十六年（1811）四月初九日卒。年五十五。著有《桂門自訂初稿》《桂門續稿》，《明紀》八十卷未成由其孫陳克家續成。

趙慎畛 字遵路、祛瞻，號笛樓、蓼生。湖南武陵縣人。乾隆二十七年（1762）十月初四日生。嘉慶元年二甲十三名進士。選庶吉士，授編修。七年考選山東道御史，升給事中、廣東惠潮嘉道，嘉慶十九年授廣西按察使遷廣東布政使。二十三年十月授廣西巡撫，道光二年八月遷閩浙總督，五年九月改雲貴總督。道光六年（1826）五月初一日卒。年六十五。贈太子少保，諡"文恪"。著有《從政錄》《載年錄》《讀書日記》《榆巢離識》《惜日筆記》《詩文集》等。

汪德鉞 字崇義，號鋭齋、三藥。安徽懷寧縣人。乾隆十三年（1748）生。嘉慶元年二甲十四名進士。選庶吉士，任禮部主事、員外郎。爲會典館總修纂時，因書吏繕寫錯誤革職。嘉慶十三年（1808）十一月初八日卒。著有《周易義例》《七經餘説》《語録》《日記》《詩經文辭異同考》《三國志補注》等。

靳文鋭 字敏斯，號榮甫、續山。山東聊城縣人。嘉慶元年二甲十五名進士。選庶吉士，授編修。嘉慶六年任陝西主考官。卒於闈。

族子靳登泰，道光三年進士。

黄躍之 安徽含山縣人。嘉慶元年二甲十六名進士。任刑部主事，升員外郎。

吳光悦（原名吳廷燮）字星一，號見樓。江蘇陽湖縣人。乾隆二十四年（1759）生。嘉慶元年二甲十七名進士。任内閣中書，吏部員外郎、郎中。十三年考選浙江道御史，出任直隸保定知府，改安徽寧國府知府，二十一年改浙江處州知府，遷河南河北道，道光五年授湖南按察使，遷湖北布政使。七年十月授左副都御史，九年十月改江西巡撫。道光十一年十二月初十（1832年1月）卒，年七十三。

龔麗正 字暘谷、闇齋。浙江仁和縣人。嘉慶元年二甲十八名進士。任禮部主事、軍機章京，遷郎中。十三年充廣西鄉試正考官，十七年外任安徽徽州知府，二十一年調安慶知府，官至蘇松太道。去官後主講紫陽書院。著有《國語韋昭注疏》。

子龔自珍，道光九年進士。

馬廷鑾 字宴棠。江蘇通州人。嘉慶元年二甲十九名進士。任廣東海豐知縣。歸。

黎世序（初名黎承惠）字景和，號湛溪。河南羅山縣人。乾隆三十八年（1773）三月二十三日生。嘉慶元年二甲二十名進士。歷任江西星子縣知縣，嘉慶四年改南昌知縣，升景德鎮同知，遷江蘇鎮江知府、淮海道、淮揚道，嘉慶十七年八月加三品頂戴署南河總督。道光四年（1824）正月二十一日卒。年五十二。贈尚書銜，加太子太保。入祀賢良祠。謐"襄勤"。著有《河上易注》《湛溪文集》。

陳光鑾 浙江秀水縣人。嘉慶元年二甲二十一名進士。任浙江紹興府教授。

張文靖 河南偃師縣人。嘉慶元年二甲二十二名進士。任刑部主事，十七年纍遷江蘇揚州知府，二十四年纍調湖北安陸知府，官至廣西鹽法道。

李培元 字春泉。湖北黃陂縣人。乾隆六十年舉人，嘉慶元年二甲二十三名進士。任工部主事、員外郎，十三年考選山東道御史，二十年九月任順天東城巡城御史，官至禮科給事中。

邱 勛 字大猷，號蓉村、芙川。貴州大定府人。嘉慶元年二甲二十四名進士。選庶吉士，授編修。嘉慶六年、七年兩充會試同考官，八年考選陝西道御史，外官至湖北荊宜施道。

弟邱煌，嘉慶十年進士。

林紹光 廣東南海縣人。嘉慶元年二甲二十五名進士。任戶部主事，遷郎中，十九年官至湖北安陸府知府。

沈 璐 浙江歸安縣人。嘉慶元年二甲二十六名進士。任內閣中書。

沈學厚 字麟伯，號地餘、小雲。浙江錢塘縣人。嘉慶元年二甲二十七名進士。選庶吉士，授編修。升侍讀，改戶部員外郎。

陳蘭疇 字贊兩，號綺石。福建侯官縣人。嘉慶元年二甲二十八名進士。選庶吉士，授編修。六年充會試同考官、順天鄉試同考官，九年考選山東道監察御史，十二年督廣西學政，署刑科給事中。卒年四十六。

韓掄衡 字擢之，號湘帆。直隸高陽縣人。嘉慶元年二甲二十九名進士。任內閣中書，五年充廣西鄉試副考官，七年會試同考官，升侍讀、記名同知。

胡本淵 字靜夫，號愚溪。江蘇上元縣人。嘉慶元年二甲三十名進士。官國子監學正。以母老不仕歸。著有《物始考》三十卷、《歲時紀事》二十卷、《子史輯要》《愚溪詩集》等。

周之域 陝西城固縣人。嘉慶元

年二甲三十一名進士。任內閣中書。

李林松 字仲熙，號心庵。江蘇上海縣人。嘉慶元年二甲三十二名進士。任户部主事，官至户部員外郎。致力廣經學，著有《周易述補》《通韻便覽》《易園集》。

高 鈿 陝西米脂縣人。嘉慶元年二甲三十三名進士。任廣東文昌知縣，五年改廣東感恩知縣。

吳應咸 （原名吳潛）字修之。江西南豐縣人。嘉慶元年二甲三十四名進士。任户部主事，遷郎中，記名御史，京察截取知府。以疾卒於任。

蔡維鈺 字其相，號式齋。江蘇金匱縣人。嘉慶元年二甲三十五名進士。選庶吉士，授編修。九年考選福建道御史。卒年不滿五十。

史 祐 字受謙、理堂。江蘇溧陽縣人。嘉慶元年二甲三十六名進士。任户部山東司主事、湖廣司郎中，十三年考選陝西道御史，升兵科給事中，二十年官至廣東瓊州府知府。

董彩鳳 字怡園。陝西洛川縣人。嘉慶元年二甲三十七名進士。任內閣中書。

桂 齡 字丹圃。漢軍正黃旗，張氏。嘉慶元年二甲三十八名進士。內閣中書，纍遷大理寺少卿，道光四年遷太常寺卿，八年改大理寺卿。九年改左副都御史，十年改吏部右侍郎，十三年改户部左侍郎，十六年改吏部右侍郎。降調。

陸 泌 字鄰仙，號住西。浙

江仁和縣人。嘉慶元年二甲三十九名進士。選庶吉士，授編修。嘉慶五年充順天鄉試同考官，九年考選江南道御史，十四年任順天府東城巡城御史，官至內閣侍讀學士。

鹿維基 山東福山縣人。嘉慶元年二甲四十名進士。任刑部廣西司主事、雲南嵩明州知州、昭通府大關廳同知。

第三甲一百零一名

邱 超 安徽和州直隸州人。嘉慶元年三甲第一名進士。

祁 項 字錫嘉，號竹軒、寄庵。山西高平縣人。乾隆四十二年（1777）二月十四日生。嘉慶元年三甲第二名進士。歷任刑部主事、員外郎，降七品小京官，纍遷郎中、河南糧鹽道。道光五年授浙江按察使，遷貴州布政使。九年授刑部侍郎，十年調廣西巡撫，十一年二月加太子少保。十三年改廣東巡撫，十八年二月授刑部尚書。二十一年七月授兩廣總督。道光二十四年（1844）五月二十八日卒於廣州督署，年六十八。謚“恭恪”。

曹松篁 字友竺，號梅溪。安徽宿松縣人。嘉慶元年三甲第三名進士。任江蘇桃源知縣，丁憂服闋，十八年補福建海澄知縣。卒於任。

石時榘 字傳方，號月亭。湖北興國州人。乾隆五十四年舉人，嘉慶元年三甲第四名進士。選庶吉士，改刑部主事，升員外郎、郎中，道光二年考選山東道御史，官至掌四川道御史。

那爾豐阿 字伯約，號東蘭。滿洲正藍旗人。嘉慶元年三甲第五名進士。選庶吉士，改主事，升洗馬、侍讀學士。

蔡 炯 字雲樵。江西德化縣人。嘉慶元年三甲第六名進士。任內閣中書，五年充雲南鄉試副考官，升吏部員外郎，十八年考選山西道御史，二十一年任順天北城巡城御史。二十二年安徽池州知府，二十三年調安慶知府，遷浙江鹽運使，道光三年授甘肅按察使，五年四品候補京堂。卒年七十一。

郎汝琛 山西代州直隸州人。嘉慶元年三甲第七名進士。任國子監助教。

韓克均 字德巋，號芸舫、復堂。山西汾陽縣人。乾隆三十一年（1766）生。嘉慶元年三甲第八名進士。選庶吉士，授檢討。五年充貴州鄉試主考官，擢湖廣道、京畿道監察御史，十年充會試同考官，進工科給事中，外任浙江溫處道。嘉慶十九年授河南按察使改雲南按察使，二十一年遷安徽布政使。二十四年四月授貴州巡撫，九月改福建巡撫，二十五年十二月調雲南巡撫，道光五年九月復任福建巡撫。十一年正月休致。道光二十年（1840）卒，年七十五。

楊 健 字剛亭，號鱣堂。湖南清泉縣人。乾隆三十年（1765）生。嘉慶元年三甲第九名進士。任戶部主事、郎中，十年考選陝西道御史。十八年遷廣東廉州知府，十九年改廣州知府，二十四年擢山東濟東道，署山東鹽運使，遷兩淮鹽運使。道光二年授山東按察使遷山東布政使，改甘肅布政使，六年十二月任湖北巡撫。十年十一月降調，以三品致仕。道光二十三年（1843）卒，年七十九。

顏允璨 字孚中。江蘇溧陽縣人。嘉慶元年三甲第十名進士。任內閣中書、軍機章京、協助侍讀、文淵閣校理。

劉名載 字其厚，號竹湄。廣東永安縣人。嘉慶元年三甲十一名進士。任吏部稽勛司主事，二十三年考選河南道御史。二十四年外任山東曹州知府，道光元年改山東武定知府，三年改濟南知府。官至江蘇常鎮道，署兩淮鹽運使任。

許庭椿 字榮堂。江西南昌縣人。嘉慶元年三甲十二名進士。任內閣中書，假歸。

弟許庭梧，乾隆六十年進士。

袁 樾 字斗槐。浙江德清縣人。嘉慶元年會元，三甲十三名進士。任刑部主事。

萬世發 江西南城縣人。嘉慶元年三甲十四名進士。任國子監學正，升助教。

劉廷珍 江西會昌縣人。嘉慶元年三甲十五名進士。任九江府教授，改雲南麗江知縣。

李于培 字滋園。山東安丘縣人。嘉慶元年三甲十六名進士。任刑部主事、郎中。十四年外任直隸正定知府，十五年調保定知府，二十年擢直隸通永兵備道，轉永定河道，二十一年官至天津道。卒於任。

父李策，乾隆二十五年進士。

陳毓咸 字受之。江蘇吳江縣人。嘉慶元年三甲十七名進士。授國子監學正。

王恩注 字苣泉、珥螭，號二癡。安徽婺源縣人。嘉慶元年三甲十八名進士。授內閣中書。改山東萊陽知縣，丁憂補浙江金華知縣，十九年因事降蘭溪縣丞，二十四年署臨海知縣。道光十二年改江蘇丹徒縣教諭。卒年七十三。著有《苣泉詩鈔》。

黃丹桂 字民安。江西金溪縣人。嘉慶元年三甲十九名進士。代理亳州知縣，八年任安徽太和知縣。居官六年因公罣誤歸，主仰山書院。年八十四卒。著《平泉外集》。

諸汝卿 浙江秀水縣人。嘉慶元年三甲二十名進士。十年任福建福安知縣。

熊如洵 字少泉。江西高安縣人。嘉慶元年三甲二十一名進士。任廣西武緣知縣，改浙江武義、餘姚知縣。母喪服闋，補河南新鄉知縣，改蘭陽知縣，升光州知州。卒於任。

父熊中砥，乾隆三十一年進士。

幸 翰 字維周。江西豐新縣人。嘉慶元年三甲二十二名進士。

九年任四川酆都知縣。以憂歸。

俞日炬 字祿昌。江西廣豐縣人。嘉慶元年三甲二十三名進士。授內閣中書，十四年任安徽徽州府清軍鹽捕同知，調貴州代理普安、平越知州，貴陽長寨同知，官至貴州都勻知府。乞養歸。

鄭鵬程 字登衢，號松谷。福建閩縣人。嘉慶元年三甲二十四名進士。任戶部雲南司主事，升員外郎、郎中。京察一等授江西臨江知府，改袁州知府，丁憂服闋，十八年補湖南常德府知府。以疾歸卒。著有《聊以補拙齋集》。

賈名伸 順天平谷縣人。嘉慶元年三甲二十五名進士。任戶部司務。

蕭德充 字元亭。江西高安縣人。嘉慶元年三甲二十六名進士。任內閣中書。

周宏綱 廣西臨桂縣人。嘉慶元年三甲二十七名進士。任戶部主事，遷戶部郎中。

姚學壎 字晉堂，號鏡唐。浙江歸安縣人。乾隆三十一年（1766）生。嘉慶元年三甲二十八名進士。任內閣中書，因不願向和珅執弟子禮辭歸。和珅伏誅始入都任職，後轉兵部主事，遷兵部職方司郎中。先後居京四十年，無宅以僧寺爲居。道光六年（1826）十一月二十五日卒，年七十一。著有《姚兵部詩文集》《竹素齋遺稿》《太上感應篇集傳注》等。

朱 昺 字廷暉，號賓齋。安

徽全椒縣人，嘉慶元年三甲二十九名進士。十年任廣東長樂知縣，十五年改廣東合浦知縣。

楊中龍　廣東大埔縣人。嘉慶元年三甲三十名進士。任內閣中書，官至同知。

周　圭　湖南零陵縣人。嘉慶元年三甲三十一名進士。任山東陵縣知縣。

姚　逵　字翰青，號我雲。浙江慈溪縣人。嘉慶元年三甲三十二名進士。任內閣中書，十三年充會試同考官，卒於任，年五十九。

李可端　字凝修，號次雲、植齋。廣東南海縣人。嘉慶元年三甲三十三名進士。選庶吉士，授檢討。六年署會試同考官和湖南主考官。

弟李可瓊，嘉慶十年進士；弟李可蕃，嘉慶七年進士。

蔣作梅　廣西灌陽縣人。嘉慶元年三甲三十四名進士。九年任四川南川知縣。後調西藏。

王維屏　字菊溪。山西猗氏縣人。嘉慶元年三甲三十五名知縣，嘉慶二十二年任江西泰和知縣，二十四年回任，道光元年回任，二年改江西贛縣知縣。

李麟徵　廣東順德縣人。嘉慶元年三甲三十六名進士。任雲南祿豐知縣，十七年改廣東肇慶府教授。

隋維烈　字永清，號毅庵。山東壽光縣人。嘉慶元年三甲三十七名進士。事繼母不仕，隱居教授終身。

張再英　字書田。湖南長沙縣人。嘉慶元年三甲三十八名進士。九年任任廣東海豐知縣，署廣東潮州府通判。以憂歸。

子張澐，咸豐三年進士。

鄂　山　字潤泉。滿洲正藍旗，博爾濟吉特氏。乾隆三十五年（1770）生。嘉慶元年三甲三十九名進士。三年署山西盂縣知縣，八年改甘肅皋蘭知縣，十七年遷陝西鄜州直隸州知州，纍遷陝西糧道。道光三年授河南按察使遷陝西布政使，五年五月授陝西巡撫，七年七月加太子少保。十年署陝甘總督，十一年遷四川總督。十五年晋太子太保。十八年（1738）閏四月授刑部尚書。七月初八日卒，年六十九。贈太子太師。

王敬之　河南睢州人。嘉慶元年三甲四十名進士。

周泰元　甘肅武威縣人。嘉慶元年三甲四十一名進士。官至禮部郎中。

靳金鼎　河南延津縣人。嘉慶元年三甲四十二名進士。二年任江蘇金山知縣，改南匯知縣，三年改奉賢知縣，五年改江蘇丹徒知縣，十三年仍見丹徒知縣。

成　格　字果亭。滿洲正黃旗，伊爾根覺羅氏。乾隆三十四年（1769）生。嘉慶元年三甲四十三名進士。任戶部主事、翰林院侍讀學士。嘉慶九年授詹事改大理寺卿，遷左副都御史改盛京禮部侍郎。十四年改禮部，歷兵部、工部、刑部、戶部、刑部侍郎。二十二年調山西巡撫，道光元年十月解職，降浙江布政使，二年九年遷廣西巡撫。道光三年復授刑部侍郎，四年改江西巡撫，五年調廣東巡撫。八年八月授熱河都統，改烏魯木齊都統。十四年三月遷刑部尚書，十八年改兵部、禮部尚書，八月革職。

張斯沆 字端儀。江蘇清河縣人。嘉慶元年三甲四十四名進士。廷試遽聞親喪，痛哭失明。

楊受廷 字咸之，號虛毅。山東歷城縣人。嘉慶元年三甲四十五名進士。六年任江蘇如皋知縣，任職四年，十六年再任。善書法，著有《廬山集》。

朱 達 奉天承德縣人。嘉慶元年三甲四十六名進士。任直隸大名、承德府教授。

金 甌 直隸天津縣人。嘉慶元年三甲四十七名進士。任直隸正定府教授，九年改山東萊蕪知縣，十八年任山東蓬萊知縣。

朱 寵 安徽涇縣人。嘉慶元年三甲四十八名進士。候補內閣中書，任江蘇徐州府教授，九年改安徽徽州府教授。

馬廷楠 浙江仁和縣人。嘉慶元年三甲四十九名進士。九年任江西會昌知縣。

來 珩 浙江蕭山縣人。嘉慶元年三甲五十名進士。三年任江西萬載知縣，八年改江西臨川知縣。

王德修 字榕亭。江蘇上元縣人。嘉慶元年三甲五十一名進士。十二年任山東嘉祥知縣，十三年改聊城知縣，二十五年任山東新泰知縣。

崔 本 字翔漢。江西南城縣人。嘉慶元年三甲五十二名進士。任貴州鎮遠知縣，五年任貴州貴築知縣，升平越直隸州知州，署貴陽知府。卒於任。

李華庭 字清遠，號蓮溪。山東昌樂縣人。乾隆五十三年舉人，嘉慶元年三甲五十三名進士。選庶吉士，改吏部主事，升文選司郎中，三年外任廣東羅定直隸知州。升署廣東南雄、惠州、肇慶府知府。在任三月告終養歸。

解 城 字金維，號春溪。直隸河間景州人。嘉慶元年三甲五十四名進士。任雲南羅次知縣，改河南上蔡知縣，丁憂服闋，十八年任天津府教授。卒於任。

楊廷琮 江蘇吳縣人。嘉慶元年三甲五十五名進士。

邱立和 字容叔，號正齋。福建將樂縣人。嘉慶元年三甲五十六名進士。選庶吉士，散館改兵部武選司主事。

譚 元 改名譚清長。字懷璵。順天宛平縣人。嘉慶元年三甲五十七名進士。官至江西廣信府同知。

高春藻 號菊隱。山東海陽縣人。嘉慶元年三甲五十八名進士。任山東青州府教授。

申企中 山西鳳臺縣人。嘉慶元年三甲五十九名進士。任山西潞安府教授。

譚兆燕　廣東仁化縣人。嘉慶元年三甲六十名進士。任知縣，二十三年改廣東廣州府教授。

程體常　山西靈石縣人。嘉慶元年三甲六十一名進士。任禮部主事，遷郎中，以母老歸養。

來宗敏　浙江蕭山縣人。嘉慶元年三甲六十二名進士。任直隸清苑知縣。

邵葆祺　字壽民，號嵨村。順天大興縣人。乾隆三十六年（1771）正月初九日生。嘉慶元年三甲六十三名進士。任內閣中書、吏部員外郎，官至御史。著有《司勛存稿》。

祖父邵大業，雍正十一年進士。

兀崇德　（改名兀尊德）陝西藍田縣人。嘉慶元年三甲六十四名進士。二十一年任湖北咸豐知縣。

李藩　字勿齋。直隸定興縣人。嘉慶元年三甲六十五名進士。十年任山東德平知縣，改內閣中書。卒於任。

劉潘　字芳皋，號六峰。四川溫江縣人。嘉慶元年三甲六十六名進士。選庶吉士，改刑部主事，官至廣西鬱林知州。著有《弃餘集》。

王延瑞　河南祥符縣人。嘉慶元年三甲六十七名進士。

扎蘭泰　滿洲鑲白旗，赫舍里氏。嘉慶元年三甲六十八名進士。任翰林院侍讀學士。

程俊　江西南城縣人。嘉慶元年三甲六十九名進士。任內閣中書。

丁玉燾　直隸清苑縣人。嘉慶元年三甲七十名進士。十八年纍遷福建汀州府同知。

周家銳　字敬亭。江西鄱陽縣人。嘉慶元年三甲七十一名進士。嘉慶九年任福建順昌知縣，十九年調四川安岳知縣，代理閬中知縣，復任安岳知縣。

劉玉湛　字露亭、輝山。雲南蒙化廳人。乾隆元年三甲七十二名進士。任刑部主事，升員外郎。年五十五卒於任。

董義　字蕭齋。奉天寧遠州人。嘉慶元年三甲七十三名進士。十二年任直隸天津府教授。

程健學　字駿超。安徽休寧縣人。嘉慶元年三甲七十四名進士。任國子監學正。

何允徽　字化龍。河南商城縣人。嘉慶元年三甲七十五名進士。任內閣中書。

嚴烺　字存吾，號匡山。雲南宜良縣人，原籍江蘇靖江。嘉慶元年三甲七十六名進士。選庶吉士，改吏部考工司主事，升文選司員外郎，十一年考選浙江道御史。升戶科給事中，十二年外任甘肅蘭州道，十九年授湖北按察使，二十年遷甘肅布政使，二十二年降湖北按察使。二十三年（1818）以勤勞過度卒。著有《紅茗山房詩文集》。

劉嶓　直隸靜海縣人。嘉慶元年三甲七十七名進士。任刑部主事。

辛紹業　字服先。江西萬載縣人。嘉慶元年三甲七十八名進士。

任國子監學録、助教。以疾卒。

黃顯章　廣東新會縣人。嘉慶元年三甲七十九名進士。五年任廣東潮州府教授。

徐維城　字固庵。山東臨清直隸州人。嘉慶元年三甲八十名進士。任户部山西司主事。

徐雲龍　字蘊輝。山東壽光縣人。嘉慶元年三甲八十一名進士。二年任安徽含山知縣。

楊尚岑　（榜名楊尚琳）號卓安。四川江安縣人。嘉慶元年三甲八十二名進士。任四川寧遠府教授。

珠隆阿　蒙古鑲白旗人。嘉慶元年三甲八十三名進士。

曾寶光　福建晉江縣人。嘉慶元年三甲八十四名進士。任内閣中書。

蔡毓琳　四川成都縣人。嘉慶元年三甲八十五名進士。任内閣中書。

譚景韓　湖南衡陽縣人。嘉慶元年三甲八十六名進士。十年任湖南辰州府教授。

張大維　字地山。湖北江夏縣人。嘉慶元年三甲八十七名進士。纍遷户部郎中，嘉慶十七年官至直隸天津府知府。

常　泰　漢軍正藍旗人。嘉慶元年三甲八十八名進士。

王　嶙　貴州平越縣人。嘉慶元年三甲八十九名進士。任十年江蘇蕭山知縣，二十年改山西陽城知縣。

吕中吕　直隸滄州人。嘉慶元年三甲九十名進士。

謝凝道　字芝田。福建連城縣人。嘉慶元年三甲九十一名進士。任吏部主事，入貲授員外郎，升郎中，外任廣西梧州知府，擢雲南迤西道。以病歸。卒年六十一。

李杰甡　四川成都縣人。嘉慶元年三甲九十二名進士。任四川順慶府教授。

夏文蔚　雲南昆明縣人。嘉慶元年三甲九十三名進士。道光二年任湖北施南府通判。

李亨圻　山東惠民縣人。嘉慶元年三甲九十四名進士。任廣東大埔知縣。

林　策　字運籌。江西瀘溪縣人。嘉慶元年三甲九十五名進士。任廣西蒼梧知縣。母喪歸。遂絕意仕進，居家教育子弟。

張　源　字蒙泉。山東歷城縣人。嘉慶元年三甲九十六名進士。任直隸知縣。

高作霖　直隸豐潤縣人。嘉慶元年三甲九十七名進士。十八年任廣西桂平知縣。

清　昌　滿洲正紅旗人。覺羅氏。嘉慶元年三甲九十八名進士。

郭龍光　福建福清縣人。嘉慶元年三甲九十九名進士。任國學監學正。

陳邦傑　（原名陳橘）湖北麻城縣人。乾隆五十一年舉人，嘉慶元年三甲一百名進士。任湖南知縣。

胡萬青　（原名胡萬藻）貴州威寧州人。嘉慶元年三甲一百零一名進士。任吏部考工司主事。

嘉慶四年（1799）己未科

第一甲三名

姚文田 字秋農，號梅漪老人。浙江歸安縣人。乾隆二十三年（1758）七月二十六日生。五十九年召試一等授內閣中書。嘉慶四年一甲第一名狀元。任修撰。五年充廣東鄉試主考官，六年督廣東學政，十五年以中允督河南學政，升右庶子，擢國子監祭酒，嘉慶十八年授詹事，遷內閣學士。二十年授兵部侍郎，二十一年改禮部、戶部侍郎，二十四年督江蘇學政，道光四年七月遷左都御史，七年七月改禮部尚書。道光七年（1827）十一月十日卒於任。年七十。諡"文僖"。爲清代藏書家，藏書處曰"邃雅堂"。著有《説文校議》（與嚴可均同撰），《易原》《春秋月日表》《説文聲系》《廣陵事略》《邃雅堂文集》等。

蘇兆登 字晏林，號樸園。山東沾化縣人。嘉慶四年一甲第二名榜眼。授編修。五年充雲南鄉試正考官，七年充會試同考官，九年考選陝西道御史，外任江西南安知府。降補戶部員外郎，十八年充順天鄉試同考官，升戶部郎中，二十一年督陝西學政，授直隸永平知府，遷江蘇淮揚道，道光元年十月授福建按察使。未赴任丁父憂歸。乞養母不復出。

子蘇敬衡，道光十六年探花，福建按察使。

王引之 字伯申，號曼卿。江蘇高郵州人。乾隆三十一年（1766）三月十一日生。嘉慶四年一甲第三名探花。任編修、侍講、左庶子、侍讀學士、通政司副使。嘉慶十八年授太僕寺卿改大理寺卿。督山東學政，遷左副都御史，改禮部侍郎。二十四年九月降三品京堂候補，十二月授吏部侍郎。道光七年遷工部尚書，十年九月改禮部尚書，十二年丁憂。十四年十一月服闋復授工部尚書。十一月二十四日（1834年1月）卒，年六十九，諡"文簡"。著有《經義述聞》《經傳釋詞》《字典考證》《周秦名字解詁》等，訂正重刊《康熙字典》。

父王念孫，乾隆四十年進士。

第二甲七十四名

程國仁 字濟棠，號霽塘、鶴巢。河南商城縣人。乾隆二十九年（1764）生。乾隆五十九年河南鄉試解元。嘉慶四年二甲第一名進士。選庶吉士，任編修。九年充四川鄉試副考官。十年考選福建道御史，十五年督廣東學政，遷光禄寺少卿。嘉慶十九年授山東按察使，遷甘肅布政使，二十三年七月授浙江巡撫，二十四年三月改山東巡撫。二十五年三月以病免職，四月授刑部侍郎，六月降郎中。道光元年六月授廣東布政使改江寧布政使。二年七月遷陝西巡撫，九月復任刑部侍郎，三年二月調貴州巡撫。四年八月丁憂。十二月初二日（1825年1月）以奔喪回籍卒於途，年六十一。

湯金釗 字勛兹，號敦甫。浙江錢塘縣人。乾隆三十七年（1772）十一月二十三日生。嘉慶四年二甲第二名進士。選庶吉士，任翰林院編修、侍講、湖南學政、國子監祭酒。十九年授詹事府詹事，遷內閣學士、禮部侍郎。督江蘇、江西學政，二十五年改吏部、戶部侍郎，道光七年遷左都御史，歷禮部、吏部尚書。十一年降兵部侍郎，改吏部、戶部侍郎，十三年復授左都御史，改工部尚書，十四年調吏部尚書，十八年五月改戶部尚書，授協辦大學士。九月改吏部尚書，道光二十一年閏三月降三級。二十二年五月授光禄寺卿。以老乞休，以二品休致。二十九年賜頭品頂戴。咸豐四年加太子太保。咸豐六年（1856）四月十九日卒，享年八十五。謚“文端”。著有《寸心知室存稿》《雪泥鴻爪》。

吳賡枚（1758—1825）字登孺，號春麓。安徽桐城縣人。嘉慶四年二甲第三名進士。選庶吉士，改禮部祠祭司主事，升郎中，歷官山東道御史，掌江西道御史。丁母憂遂不出。主講歙縣安慶書院，學者稱“春麓先生”。卒年六十七。有疏稿和詩文集。

汪桂 字薌林、薌齡，號一山。安徽婺源縣人。嘉慶四年二甲第四名進士。選庶吉士。改戶部主事，嘉慶十二年充順天鄉試同考官，十四年任會試同考官。升貴州司員外郎、郎中。二十年考選江西道御史。以病乞歸，卒。

汪如淵 字嘉謨、頌褒，號筆山。浙江秀水縣人。嘉慶四年二甲第五名進士。選庶吉士，授編修。十二年考選陝西道御史，遷鴻臚寺少卿，二十一年授山西按察使，二十二年遷順天府尹，二十五年改任廣東布政使。道光元年（1821）罷職，五月卒。

兄汪如藻，乾隆四十年進士，汪如洋；乾隆四十五年狀元。

程同文（原名拱宇）號春廬、

密庵。浙江桐鄉縣人。嘉慶四年二甲第六名進士。任兵部主事、軍機章京、員外郎，升大理寺少卿，道光三年擢奉天府丞兼學政。乞歸。著有《密齋文集》《密齋詩存》。

梁運昌 （初名雷）字春中，一字曼雲，又字曼叔，號竹泉。福建長樂縣人。嘉慶四年二甲第七名進士。選庶吉士，授編修。丁憂歸，多病，遂不出。工書畫篆刻，兼醫卜，卒年五十七。著有《秋竹山詩存》《蔡外山房剩稿》《四書偶識》《全唐詩隨筆》等。

白鎔 字冶源，號小山。順天通州人。乾隆三十四年（1769）生。嘉慶四年二甲第八名進士。選庶吉士，任編修。十二年充福建鄉試副考官，十八年以左贊善督安徽學政，擢侍讀、侍讀學士，道光二年五月以少詹事督廣東學政，十月授詹事。三年十二月遷內閣學士，七年授工部侍郎，改吏部侍郎，十年督江蘇學政，十一年五月遷左都御史，十三年四月改工部尚書。十月降大理寺卿。十九年十二月以病免職。道光二十二年（1842）卒，年七十四。

孫白桓，同治二年進士。

李翊 字雲華、箕乏，號夢山。雲南晉寧州人。嘉慶四年二甲第九名進士。選庶吉士，授編修。十年升江南道御史。丁祖母憂歸，不復出。著有《雲華詩鈔》五卷、《敬業載言》六卷。

父李因培，乾隆十年進士；兄李翊，乾隆二十二年進士。

鮑桂星 字雙五，號覺生。安徽歙縣人。乾隆二十九年（1764）七月初五日生。嘉慶四年二甲第十名進士。選庶吉士，授編修。歷任洗馬、侍講、侍讀學士、少詹事，十八年授詹事，遷內閣學士。十九年三月授工部右侍郎。中蜚語十二月革職。二十四年宣宗即位，以編修召對。遷通政司副使，道光四年復授詹事。五年（1825）三月十九日卒於官。年六十二。著有《進奉文鈔》《覺生詩鈔》《咏史懷人詩》《毛詩注疏》，輯《唐詩品》八十五卷。

宋湘 字煥襄，號芷灣。廣東嘉應直隸州人。乾隆二十一年（1756）生。嘉慶四年二甲十一名進士。選庶吉士，授編修。十二年充四川鄉試主考官，十三年貴州鄉試主考官，纍遷雲南曲靖知府，改廣南、永昌府知府，道光五年遷湖北督糧道。六年（1826）十一月二十五日卒於任。年七十一。著有《不易居齋集》《豐湖漫草》《燕臺剩瀋》《南行草》《滇蹄集》《楚艘吟》《試帖詩》《漢書摘咏》《後漢書摘咏》《芷灣詩話》等。

史致儼 字容莊，號望之、向山、樗翁、容莊老人。江蘇江都縣人。乾隆二十五年（1760）生。嘉慶四年會元，二甲十二名進士。選庶吉士，授編修。十二年督四川學政，歷任國子監司業、侍讀、右庶子、侍讀學士、少詹事。道光二年授詹事遷內閣學士，三年授刑部侍郎，六年改禮部侍郎。十年改倉場侍郎，十三年復改刑部侍郎。十月遷左都御史，十四年二月起歷禮部、工部、刑部尚書。道光十八年（1838）七月初十日卒，年七十九。贈太子太保。

張惠言　字皋文，一作皋聞，號茗楊。江蘇武進縣人。乾隆二十六年（1761）生。嘉慶四年二甲十三名進士。選庶吉士，授編修。嘉慶七年（1802）六月卒，年四十二。著有《周易虞氏義》《虞氏消息》《虞氏易禮》《易候》《易言》《周易鄭荀義》《易義別錄》《易圖條辨》《儀禮圖》《說文諧聲譜》《茗柯詩文集》等。

李　端　字凝度，號文軒。山西武鄉縣人。嘉慶四年二甲十四名進士。選庶吉士，授編修。病歸，卒於家。

丁履泰　字安茲，號星階。江蘇武進縣人。嘉慶四年二甲十五名進士。選庶吉士，七年改河南葉縣知縣，調懷寧，兼署太康知縣。乞終養歸。

陳汝梅　字蘊舟。江蘇上元縣人。嘉慶四年二甲十六名進士。六年四月任山東平原知縣。

徐名絨　字章黼，號香鈺。江西龍南縣人。嘉慶四年二甲十七名進士。選庶吉士，改戶部主事，升郎中，二十五年充會試同考官，官至陝西同州知府，道光六年署陝西

潼商道。

蔣雲寬　（原名蔣雲官）字牧叔，號退吾、錦橋。湖南永明縣人。乾隆三十年（1765）閏二月十一日生。嘉慶四年二甲十八名進士。選庶吉士，散館改刑部主事，十八年充江西鄉試副考官，升員外郎，二十三年考選山西道御史，官至戶科掌印給事中。道光二年（1822）四月十四日卒。年五十八。著有《瑞萼堂集》。

沈士煜　直隸天津縣人。嘉慶四年二甲十九名進士。二十年任福建上杭知縣。

吳榮光　字伯榮、殿垣，號荷台、白雲。廣東南海縣人。乾隆三十八年（1773）生。嘉慶四年二甲二十名進士。選庶吉士，任編修。九年充順天鄉試同考官，十年考選江南道御史，二十三年遷陝西陝安道，改福建鹽法道。道光元年授福建按察使改浙江、湖北按察使，三年遷貴州布政使改福建、湖南布政使，道光十一年八月遷湖南巡撫。十六年降調，十七年以四品京堂候補授福建布政使。二十年四月休致。道光二十三年（1843）六月初四日卒，年七十一。撰有《吾學錄初編》《歷代名人年譜》《白雲山人詩稿》《緣伽南館》等。

戴　聰　字惟憲，號春堂。浙江浦江縣人。嘉慶四年二甲二十一名進士。選庶吉士，任戶部主事，十年充會試同考官，十三年充四川鄉試副

考官，道光元年纍遷安徽盧鳳道，六年授山西按察使。八年召京。

盧　浙　字讓瀾，號容庵。江西武寧縣人。嘉慶四年二甲二十二名進士。任戶部主事，升郎中。二十年考選福建道御史，二十二年任順天中城巡城御史，遷工科給事中，擢光祿寺少卿，二十五年督河南學政，升通政副使，道光六年授太僕寺卿。十年（1830）卒。著有《周易説約》《春秋三傳評注》《讀史隨筆》《三惜齋詩文》《周易經義審》等書。

李本榆　字星伯，號晴嵐。山東長山縣人。嘉慶四年二甲二十三名進士。選庶吉士，授編修。九年充順天鄉試同考官，十年考選河南道御史，十二年任湖南鄉試主考官，升刑部郎中，二十四年任會試同考官，道光三年任江西建昌知府，六年補授南昌知府，官至廣東惠潮嘉道。

蘇　琳　浙江海寧州人。嘉慶四年二甲二十四名進士。官至刑部員外郎。

涂以輈　字婺軒，號瀹莊。江西新城縣人。乾隆二十年（1755）生。嘉慶四年二甲二十五名進士。任戶部主事、員外郎，嘉慶六年充順天鄉試同考官，九年充江南鄉試副考官，十年考選山東道御史，十二年督湖北學政，十六年外任浙江處州知府，改杭州知府，二十一年官至福建福州知府。因事譴戍黑龍江。嘉慶二十五年（1820）卒。

李象鵠　字侍卿，號侖圃。湖南長沙縣人。嘉慶四年二甲二十六名進士。選庶吉士，授編修。早卒。工詩文，著有《味閑齋隨草》。

弟李象鵾，嘉慶十六年進士。

趙學轍　字季由，號蓉湖。江蘇陽湖縣人。嘉慶四年二甲二十七名進士。任戶部郎中，十七年考選浙江道御史，十八年官至浙江湖州知府。

方應綸　字諝書，號雪浦。湖南巴陵人。嘉慶四年二甲二十八名進士，纍遷工部郎中，十九年考選江南道御史，遷浙江、廣東鹽運使，降郎中。著有《雪浦存稿》。

陳超曾　字亭表，號柏亭。江蘇元和縣人。嘉慶四年二甲二十九名進士。選庶吉士，授編修。十年考選湖廣道御史，遷江西廣信知府，十七年官至江西饒州知府。

汪　恩　字芝亭。江蘇江寧縣人。嘉慶四年二甲三十名進士。任刑部主事，十一年改四川南江知縣，歷南充、梁山知縣。擢安徽潁州知府，道光元年調安慶知府，六年官至安徽寧池太廣道。卒於任。

莫南采　浙江錢塘縣人。嘉慶四年二甲三十一名進士。任戶部員外郎。

吳　鼒　字及之、山尊，號抑庵、達園、南禺山樵。安徽全椒縣人。乾隆二十年（1755）九月初十日生。嘉慶四年二甲三十二名進士。選庶吉士，授編修、左右春坊、庶子。擢侍講，授侍講學士，九年充廣西鄉試主考官，官至侍讀學士。以母老告歸。曾主講揚州梅花、安定書院。卒年七十四。精書法、擅畫人物、山水。道光元年（1821）卒，年六十七。著有《八家四六文鈔》《夕葵書屋集》《虤學士集》《百萼紅詞》等。

趙在田 字光中，號穀士、研農。福建閩縣人。嘉慶四年二甲三十三名進士。選庶吉士，授編修。以親老假歸，主道南、擢英、南浦書院，二十年赴都任職，充國史館纂修，起居注協修，丁憂歸。主玉屏、鳳池書院。

陳謨 字在嘉，號虹椒。江蘇江浦縣人。嘉慶四年二甲三十四名進士。任河南輝縣知縣。涖任遽卒。另《江蘇府志》稱其淡於榮利，晚年主講山西上黨書院。

父陳觀光，乾隆三十四年二甲進士。

花杰 字建標，號曉亭。貴州貴築縣人。嘉慶四年二甲三十五名進士。選庶吉士，授編修。九年充順天鄉試同考官，十年考選陝西道御史，十二年充廣東鄉試主考官，升刑部郎中、禮科給事中。外任重慶知府，擢四川鹽茶道，道光九年遷直隸按察使，十一年改四川按察使，道光十三年擢福建布政使，十四年調廣西布政使護理巡撫，十七年改江西布政使。十八年病休。工書法。著有《寶研齋詩鈔》。

子花咏春，嘉慶二十四年進士；

花譙春，道光十三年進士。

黃鳴傑 字冠英，號季侯。安徽合肥縣人。嘉慶四年二甲三十六名進士。選庶吉士，任禮部主事、員外郎、郎中。十七年考選湖廣道御史，十九年充會試同考官，二十二年外官直隸大名知府，改保定知府，二十五年擢直隸清河道，改霸昌道。道光二年授廣東按察使，改湖北按察使，遷浙江布政使，四年九月署浙江巡撫。五年三月革。後主講書院。道光二十一年（1841）卒。

牛坤 字次原。直隸天津縣人。嘉慶二甲三十七名進士。任戶部主事，二十一年督雲南學政，纍遷侍讀學士，官至太僕寺少卿。

毛謨 字謨亭，號吟樹。浙江歸安縣人。嘉慶四年二甲三十八名進士。選庶吉士，授編修。歷國子監司業、右春坊右中允、侍讀學士、詹事。二十年授內閣學士、兼禮部侍郎。道光元年督順天學政。著有《遂雅堂文集》《韻事略》《說文檢字》《說文聲系》《說文考異》。

何朝彥 （榜名何朝快）廣東新會縣人。嘉慶四年二甲三十九名進士。任禮部員外郎。

張師泌 字養和，號耐軒。浙江歸安縣人。嘉慶四年二甲四十名進士。選庶吉士，授編修。官至翰林院侍讀學士，左遷刑部郎中。著有《祓華室詩鈔》。

兄張師誠，乾隆五十五年進士，

江蘇巡撫。

黃思宸 河南商城縣人。嘉慶四年二甲四十一名進士。任刑部主事，纍遷四川建昌道、松茂道。

張錦玶 字玉行，號如亭。湖北黃安縣人。乾隆五十七年舉人，嘉慶四年二甲四十二名進士。任吏部主事、員外郎，二十五年考選山東道御史，官至江西南安府知府。

彭蘊輝 字葆直，號朗峰。江蘇長洲縣人。嘉慶四年二甲四十三名進士。選庶吉士，授編修。年僅三十一卒。

曾祖彭啓豐，雍正五年狀元，兵部尚書；父彭希洛，乾隆五十二年進士。

韋運標 字又聲。安徽蕪湖縣人。嘉慶四年二甲四十四名進士。任戶部廣東司主事，改山西司主事。

余霈元 字蔚農，號鷺門。江西德化縣人。嘉慶四年二甲四十五名進士。授刑部江蘇司主事、員外郎，十六年充會試同考官，擢郎中。纍遷江蘇鎮江知府、江寧知府，署江安糧儲道，道光六年署江南河庫道，九年官至徐州兵備道。

賈履中 字坦之。山西太平縣人。嘉慶四年二甲四十六名進士。授刑部主事，升員外郎、郎中。外任寧夏知府，署鞏秦階道，卒於任。

俞恒潤 字漱六，號朗懷。順天大興縣人。嘉慶四年二甲四十七名進士。選庶吉士，授編修。十四年外任四川敘州知府，十九年改福建興化知府，道光二年官至山西雁平道。

余本敦 （原名余本惇）字上民，號立亭、朗山。浙江西安縣人。嘉慶四年二甲四十八名進士。任吏部主事，升郎中。二十三年考選福建道御史，充湖北鄉試主考官，官至內閣侍讀學士。假歸，卒於家。著有《郎山詩集》。

朱淥 字濤如，號意園。浙江山陰縣人。嘉慶四年二甲四十九名進士。選庶吉士，散館改工部主事，升員外郎，十九年外任江西臨江知府。工詩文，著有《滋山堂集》。

孟晟 號曉坪。浙江秀水縣人。嘉慶四年二甲五十名進士。任吏部主事、郎中，二十三年考選江西道御史。

楊世英 字子千，號華甫。湖北雲夢縣人。乾隆五十三年舉人，嘉慶四年二甲五十一名進士。選庶吉士，授編修。十年考選江西道御史，左遷戶部員外郎，十六年充會試同考官，升郎中，十九年擢四川夔州知府，官至四川成都知府。

周悌 安徽建德縣人。嘉慶四年二甲五十二名進士。任山西永寧知州，改鄉寧知縣，十八年遷山西汾州府同知、知府。卒於任。

朱學邃 字受茲。順天宛平縣人。嘉慶四年二甲五十三名進士。任禮部主客司主事。

胡秉虔 字伯敬，號春喬。安徽績溪縣人。嘉慶四年二甲五十四名進士。任刑部主事，嘉慶十二改江蘇寶應知縣，調甘肅靈臺知縣，升河州知州，遷西寧府丹噶爾同知。道光六年（1826）卒於官。著有《周易小識》《尚書小識》《論語小識》《毛詩序録》《甘州明季成仁録》《河州景忠録》《説文管見》《古韻論》《小學巵言》《對床夜話》《消夏録》等。

許　鋐　字元益，號春山。福建閩縣人。嘉慶四年二甲五十五名進士。選庶吉士，改户部主事，十七年官至直隸趙州知州。著有《香雪吟》。

張述燕　字雲樵，號友蘇。陝西長安縣人。嘉慶四年二甲五十六名進士。選庶吉士，任刑部主事。

湯志堯　福建長汀縣人。嘉慶四年二甲五十七名進士。任直隸永年知縣。

胡大成　字之九，號柏坪、鳳臺。四川南充縣人。乾隆五十九年舉人，嘉慶四年二甲五十八名進士。選庶吉士，授編修。十一年考選山西道御史，改順天中城巡城御史，升户科給事中，轉吏科給事中，十六年官至廣東雷瓊道。

曹汝淵　字笠山，號春補。山西汾陽縣人。嘉慶四年二甲五十九名進士。選庶吉士，散館改刑部主事，官至甘肅涇州知州（一作知府）。

祖父曹學閔，乾隆十九年進士；父曹錫齡，乾隆四十年進士。

任伯寅　字虎卿，號運仙、子清。山西汾陽縣人。嘉慶四年二甲六十名進士。選庶吉士。改刑部主事，升員外郎、刑部郎中，道光元年考選浙江道御史，官至工科給事中。

周開謨　字叔猷，號廣岩。河南汜水縣人。嘉慶四年二甲六十一名進士。選庶吉士，改主事，二十年官至湖北德安知府。

邵自錦　順天密雲縣人。嘉慶四年二甲六十二名進士。五年任福建德化知縣。

吳其彥　字美存，號譽堂。河南固始縣人。乾隆四十四年（1779）十月初九日生。嘉慶四年二甲六十三名進士。選庶吉士，授編修。二十年授詹事，二十一年充江西鄉試主考官，二十四年遷內閣學士，督順天學政，遷兵部右侍郎。道光元年丁憂。三年（1823）十月二十八日卒。年四十五。著有《青藤書屋遺稿》。

馮大中　字正齋，號受生。山西汾陽縣人。嘉慶四年二甲六十四名進士。任吏部主事，十三年充湖南鄉試副考官，十八年考選湖廣道御史，官至甘肅寧夏府知府。

孔昭銘　字滌非，號東崖。江西新城縣人。嘉慶四年二甲六十五名進士。選庶吉士，散館改工部主事，十二年充順天同考官，道光元年纍遷湖南衡州知府。

陸　言　字有章，號心蘭、心

園。浙江錢塘縣人。嘉慶四年二甲六十六名進士。選庶吉士，授編修。十一年考選山西道御史，遷福建漳州知府，升山東河庫道，道光元年由山東濟東道遷湖北按察使，後擢山東、直隸、四川布政使，五年遷左副都御史。七年改河南布政使，八年丁憂。十年服闋授江寧布政使，十一年復任河南布政使。十二年（1832）卒。著有《政學錄》。

錢寶甫（原名錢昌齡）字子壽，號榆庭、恬齋。浙江秀水縣人。乾隆三十六年（1771）生。嘉慶四年二甲六十七名進士。選庶吉士，授編修。十六年充會試同考官，遷雲南澂江知府，改雲南知府，道光二年擢兩淮鹽運使，三年授陝西按察使，四年遷山西布政使。六年以病乞歸。道光七年（1827）八月卒。年五十七。著有《恬齋遺稿》等。

祖父錢載，乾隆十七年進士，禮部侍郎；父錢世錫，乾隆四十三年進士。

何南鈺 字相文。廣東博羅縣人。嘉慶四年二甲六十八名進士。選庶吉士，改戶部主事，遷兵部員外郎，十四年考選河南道御史，外任雲南臨安知府，署糧儲道，雲南迤西道。卒於家。

陳壽祺 字恭甫，號梅修。福建閩縣人。乾隆三十六年（1771）生。嘉慶四年二甲六十九名進士。選庶吉士，任編修。九年充廣東鄉試副考官，十二年充河南鄉試副考

官，十四年會試同考官。丁父憂歸不復出。主講泉州、清源、鼇峰兩書院二十一年。道光十四年（1834）二月二十日卒，年六十四。著有《東越儒林後傳》《五經異義疏證》《歷代統系表》《三十六灣草廬稿》《尚書大傳定本》，編《黃漳浦集》《福建通志》等。

劉尹衡 字平叔，號莘麓。河南光州直隸州人。嘉慶四年二甲七十名進士。任戶部主事、郎中，道光二年考選山西道御史。降補主事。

趙　玉 字蘭生，號虛舟。順天大興縣人，原籍安徽桐城。嘉慶四年二甲七十一名進士。選庶吉士，改工部主事，升郎中，二十一年官至湖北漢陽知府。以疾乞歸。逾年卒。著有《粵游草》《燕游草》《漢上吟》等。

彭良裔 字斗槎，號峴麓。江西南昌縣人。嘉慶四年二甲七十二名進士。選庶吉士，授編修。在武英殿行走，休致歸里。

俞恒澤 字楚七，號茗琴。順天大興縣人，祖籍浙江。嘉慶四年二甲七十三名進士。任工部主事，升刑部郎中，二十五年考選福建道御史，官至廣西平樂府知府。道光年重宴鹿鳴。

象　曾 字又繩，號樹齋。漢軍鑲黃旗。嘉慶四年二甲七十四名進士。選庶吉上，散館改主事，官至山西汾州知府。

第三甲一百四十三名

趙敬襄（1756—1829）字司萬、隨軒，號竹崗。江西奉新縣人。十上公車不第，嘉慶四年三甲第一名進士。選庶吉士，授吏部文選司主事。以弟卒乞終養。歸里後，主江西南平、琴臺、歧峰，廣東端溪、豐山等書院。著有《趙司萬全集》。

劉陶　雲南楚雄縣人。嘉慶四年三甲第二名進士。十一年任直隸靈壽知縣。

程祖洛　字梓庭，號問源。安徽歙縣人。嘉慶四年三甲第三名進士。任刑部主事，纍遷甘肅平涼府知府，嘉慶二十四年授江西按察使遷湖南布政使，改山東布政使，道光二年遷陝西巡撫。歷河南、湖南、江蘇巡撫，十二年二月遷閩浙總督。十六年七月丁父憂去職。道光二十八年（1848）四月卒。贈太子太保，謚"簡敬"。

張紹學　字遜甫。甘肅平涼縣人。嘉慶四年三甲第四名進士。任兵部主事。

壽星保　漢軍正藍旗。嘉慶四年三甲第五名知縣，七年任江西新淦知縣，十七年署江西南豐知縣。

黃維烈　字載餘、在畬。江西南昌縣人。嘉慶四年三甲第六名進士。授禮部主事，纍遷官至河南歸德知府。

叔父黃中傑，嘉慶七年進士。

蔡本俊　字千之。福建漳浦人。嘉慶四年三甲第七名進士。任刑部主事，十二年充順天鄉試同考官，遷員外郎、郎中，二十年外任廣西南寧府知府。

父蔡新，乾隆元年進士，大學士。

何蘭馥　浙江山陰縣人。嘉慶四年三甲第八名進士。任刑部廣東司主事，官至山西司員外郎。

弟何蘭汀，嘉慶七年進士；子何丙勛，道光十五年進士；孫何惟烈，咸豐二年進士。

唐先甲　字應三。山西陽曲縣人。嘉慶四年三甲第九名進士。十二年任江蘇寶應知縣，十四年改長洲知縣，十八年十一月署江蘇蘇州府管糧通判，署常州知府。卒於任。

彭昌運　字岸山。湖南巴陵縣人。嘉慶四年三甲第十名進士。七年任江西廣昌知縣，升河口同知，十年擢江西廣信府同知，十八年回任廣信府同知。

許宗彥　字積卿，號周生。浙江德清縣人。乾隆三十三年（1768）正月初一生。嘉慶四年三甲十一名進士。授兵部主事。就官僅兩月以親老病歸。親卒不復出。居杭州閉門讀書，嘉慶二十三年十二月二十二日（1819年1月）卒。年五十一。家中藏書較豐。著有《鑒止水齋集》二十卷、《鑒止水齋文錄》一卷。

父許祖京，乾隆三十四年進士，廣東布政使。

楊騰達　號暢亭。江西新城縣

人。嘉慶四年三甲十二名進士。任刑部主事，二十四年考選福建道御史。

黃翼堂 山西平定直隸州人。嘉慶二年任山西猗氏教諭，四年三甲十三名進士。十二年二月任江蘇震澤知縣。

蔡夢麟 字天石。江西南城縣人。嘉慶四年三甲十四名進士（時年六十）。十二年任廣東清遠知縣，改香山、新會知縣。丁憂歸。卒於家。

張業南 廣東南海縣人。舉人，嘉慶四年三甲十五名進士。任戶部主事，遷郎中，官至廣西思恩府知府。

張運煦 河南祥符縣人。嘉慶四年三甲十六名進士。任刑部主事，官至直隸永平府知府。

吳賢湘 字北渚，號清夫。福建寧化縣人。嘉慶四年三甲十七名進士。例授知縣，改教職，補福建邵武府教授，在任十三年擢翰林院典簿。不赴歸。主講延平、石城、寧化書院。卒年八十一。著有《清夫文集》。

林東垣 福建閩縣人。嘉慶四年三甲十八名進士。任禮部主事。

李光晉 字康之，號錫侯。江蘇上元縣人。嘉慶四年三甲十九名進士。選庶吉士，授檢討。

馬丕基 陝西綏德直隸州人。嘉慶四年三甲二十名進士。任刑部主事。

張傅霖 字君溥，號春岩。廣西臨桂縣人。嘉慶四年三甲二十一名進士。選庶吉士。未散館。

汪桂林 號栗園。順天大興縣人。嘉慶四年三甲二十二名進士。五年任山東黃縣、七年任陵縣、十年任泗水、二十一年任章丘、滕縣、二十四年任齊河知縣，改范縣知縣，道光八年改山東商河知縣。

萬　雲 字書臺。浙江仁和縣人。嘉慶四年三甲二十三名進士。任吏部主事、員外郎，十三年考選江南道御史，二十五年外官廣東潮州府知府，官至廣東惠潮嘉道。

董大醇 字仲文，號映珊、後江。順天大興縣人，原籍江蘇陽湖。嘉慶四年三甲二十四名進士。選庶吉士，六年改山東日照知縣，九年調山東鄒平知縣，丁憂歸。官至河南汝州知州。

周錫章 字成之，號采川。雲南楚雄縣人。嘉慶四年三甲二十五名進士。選庶吉士，改禮部主事，升員外郎，十五年充順天鄉試同考官，擢郎中。外任貴州鎮遠知府，二十二年改貴州貴陽知府，遷廣東惠潮嘉道，擢浙江鹽運使，道光五年授廣東按察使，七年遷湖北布政使。十年病免。

錢　枚 （1761—1803）字枚叔、實庭，號謝庵。浙江仁和縣人。嘉慶四年三甲二十六名進士。官吏部文選司主事。縱酒成疾卒。著有《心齋堂詩集》《微波詞》。

朱桂楨　字幹臣，號樸庵。江蘇上元縣人。乾隆三十三年（1768）生。嘉慶四年三甲二十七名進士。任吏部主事、郎中。二十一年考選山東道御史，外任貴州鎮遠知府、二十五年遷陝西潼商道，道光二年授浙江按察使遷甘肅布政使，三年改山東布政使。四年閏七月遷山西巡撫。丁憂。七年署禮部侍郎改倉場侍郎，九年三月授漕運總督，十年八月改廣東巡撫。十三年以病免職。道光十九年（1839）十一月卒，享年七十二。諡“莊恪”。

王廷紹　字善述，號楷堂。順天大興縣人。嘉慶四年三甲二十八名進士。選庶吉士，改刑部主事，十六年充會試同考官，升員外郎。二十五年再充會試同考官。卒年五十八。著有《澹香齋咏史詩》。

莫與儔　字超士，號猶人、傑夫。貴州獨山州人。乾隆二十八年（1763）生。嘉慶四年三甲二十九名進士。選庶吉士，七年改四川鹽源知縣，丁父憂。後改貴州遵義府教授。道光二十一年（1841）七月二十二日卒於任。年七十九。著有《二南近説》《仁本事韻》《都匀府南齊以上地理考》。詩文稿散佚，其子莫友芝記其言行，編爲《過庭碎録》。

淡士濤　字汪波、仰山，號雨堂。陝西大荔縣人。嘉慶四年三甲三十名進士。選庶吉士，散館改甘肅靈臺知縣，遷秦州知州，十六年擢西寧知府，改平涼知府。卒於任。

羅志謙　字又之、静貯。湖南龍陽縣人。嘉慶四年三甲三十一名進士。任禮部主事，升郎中，道光三年考選江西道御史，升禮科給事中，道光九年官至四川潼川府知府。卒於任。

孫鵬越　直隸豐潤縣人。嘉慶四年三甲三十二名進士。任山西榮河知縣。

王田穎　直隸高陽縣人。嘉慶四年三甲三十三名進士。

蔡鴻捷　福建晉江縣人。嘉慶四年三甲三十四名進士。

柏齡阿　字修仁。滿洲正紅旗人。嘉慶四年三甲三十五名進士。任吏部主事，升驗封司郎中。

明　安　蒙古正黃旗人。嘉慶四年三甲三十六名進士。任陝西吳堡知縣，道光四年署陝西鄜州直隸州知州。

齊正訓　字鯁言，號竹溪。直隸高陽縣人。嘉慶四年三甲三十七名進士。任刑部清吏司主事，改甘肅鎮番知縣，調皋蘭知縣，升青海循化同知，肅州直隸州知州，道光元年官至雲南普洱府知府，護迤南道。四年（1824）染疾卒。年五十二。

王　藩　字伯高，號樂山。雲南浪穹縣人。白族。嘉慶四年三甲三十八名進士。十二年任山西武鄉縣知縣，後改教職。主講晉陽書院。阮元任雲貴總督，請其編纂《雲南通志》。著有《説緯》《滇南志略》《樂山制藝》等。

彭鳳儀 （原名彭繩祖）廣東龍川縣人。嘉慶四年三甲三十九名進士。任禮部主事，升員升郎。因事謫伊犁，赦回，道光元年復錄用主事。

王庭華 號曉村。陝西大荔縣人。嘉慶四年三甲四十名進士。任兵部主事、郎中。十八年考選江南道御史，二十三年外任江西建昌知府，道光元年改直隸河間知府，二年調保定知府，三年改大順廣道，四年任直隸通永道，擢長蘆鹽運使，五年授直隸按察使，六年遷山西布政使。七年（1827）卒於任。

廉能 字擇之，號再坡。滿洲正黃旗。嘉慶四年三甲四十一名進士。選庶吉士，散館改主事。

張光曙 號曉亭。江西新昌縣人。嘉慶四年三甲四十二名進士。

張鱗 字紹渠、小軒，號掌夫。浙江長興縣人。乾隆四十二年（1777）生。嘉慶四年三甲四十三名進士。選庶吉士，授檢討。歷任贊善、侍講、庶子、侍講學士、國子監祭酒、通政司副使，道光二年授太僕寺卿改太常寺卿，四年遷內閣學士。十年授兵部侍郎改戶部侍郎，督福建學政，十四年改吏部右侍郎。十五年（1835）充會試副考官。以校閱致勞疾，四月十二日卒。年五十九。參與纂輯《秘殿珠林》《石渠寶笈》等。

康紹鏞 字鑄南，號蘭皋。山西興縣人。乾隆三十五年（1770）生。嘉慶四年三甲四十四名進士。任兵部主事，纍遷大理寺少卿。嘉慶十九年授安徽布政使，二十一年四月遷安徽巡撫，二十四年閏四月改廣東巡撫。道光元年六月召京。四年三月授廣西巡撫，五年八月改湖南巡撫，十年九月調光祿寺卿。十一年正月以四品頂戴致仕。道光十四年（1834）四月二十五日卒，年六十五。

伍士超 廣東新興縣人。嘉慶四年三甲四十五名進士。任安徽來安知縣。

蔡鑾揚 字浣霞。浙江桐鄉縣人。嘉慶四年三甲四十六名進士。任禮部主事，二十三年官至福建延平府知府。

周璽 廣西臨桂縣人。嘉慶四年三甲四十七名進士。十二年任福建建陽知縣。

李友竹 陝西洋縣人。嘉慶四年三甲四十八名進士。十四年任四川彭明知縣。

李熉 順天涿州人。嘉慶四年三年四十九名進士。任工部主事、刑部員外郎，官至湖北荊州府知府。

蔣翎 字鳳舉。福建龍岩直隸州人。嘉慶四年三甲五十名進士。任刑部主事、員外郎，官至御史。以年老告歸。著有《經義質疑》。

徐寅亮 字亦陶，號直生、雲莊。江蘇甘泉縣人。嘉慶四年三甲五十一名進士。任兵部職方司主事、郎中，十一年考選山東道御史。引疾歸。卒年五十五。

毛式郇 字伯雨，號雨甘、樸園。山東歷城縣人。嘉慶四年三甲五十二名進士。選庶吉士，改吏部主事，屢遷通政副使，二十二年授光祿寺卿。改宗人府丞，道光二年督順天學政，十年遷左副都御史，十二年丁憂。十九年調禮部侍郎，督江蘇學政，二十一年改吏部右侍郎。二十三年八月病免，十一月十三日（1844年1月2日）卒。

楊本昌 字東園、壽爾。雲南南寧州人。嘉慶四年三甲五十三名進士。任刑部主事，升郎中，二十三年十月任山東登州知府，道光元年調濟南知府，四年官至兩淮鹽運使。

椿　齡 字繩仙。漢軍鑲黃旗。嘉慶四年三甲五十四名進士。任河南知縣，十一年改湖北興國知州，改湖北蘄州知州、沔陽州知州，道光年間調雲南鶴慶州知州。後卒於任。

王　檢 字敬之，號式庵。四川瀘州直隸州人。嘉慶四年三甲五十五名進士。任吏部主事，升郎中。二十一年考選江西道御史，二十四年福建鹽法道，道光元年改江西鹽法道，二年官至山東鹽運使，署山東按察使，四年署山東布政使。

羅世材 湖北隨州人。乾隆四十四年舉人，嘉慶四年三甲五十六名進士。主講本城漢東書院。

張之屏 山西介休縣人。嘉慶四年三甲五十七名進士。任工部主事，充軍機章京，十九年官至陝西榆林知府、陝西延安府知府。

賴　勛 字芝岩、仲祉。四川萬縣人。嘉慶四年三甲五十八名進士。選庶吉士，六年改江西信豐知縣，署新城，調吉水、上饒知縣，升定南廳同知，署寧都直隸州知州，道光五年署南昌府總捕同知。

莊　詠 山東莒州人。嘉慶四年三甲五十九名進士。十二年任直隸任縣知縣。

王家景 字辰北。浙江錢塘縣人。嘉慶四年三甲六十名進士。五年任福建清流知縣，八年改松溪縣，署甌寧知縣，二十年降上杭縣丞。

高渭占 浙江富陽縣人。嘉慶四年三甲六十一名進士。任廣東英德知縣。

許亨超 字述海，號心北、菊坡。福建侯官縣人。嘉慶四年三甲六十二名進士。選庶吉士，散館改雲南江川知縣，官至雲南騰越知州。

蕭鴻圖 字占南，號霽峰。江西南城縣人。嘉慶四年三甲六十三名進士。六年任湖北長樂知縣，七年改東湖知縣，十一年改孝感知縣。後采辦滇銅，卒於差次。

李景嵩 山東鄒平縣人。乾隆六十年舉人，嘉慶四年三甲六十四名進士。

柯雨官 福建莆田縣人。嘉慶四年三甲六十五名進士。

蹇滋善 字廉山。四川江津縣

人。嘉慶四年三甲六十六名進士。十二年任廣東和平知縣，忤上官，被議去職。十七年補署廣東開平知縣。卒於任。

翁有儀　廣東惠來縣人。嘉慶四年三甲六十七名進士。任主事，十三年任福建沙縣知縣。

張富業　江西武寧縣人。嘉慶四年三甲六十八名進士。十二年任湖南臨湘知縣，十七年改衡山知縣。

珠爾杭阿　（榜名珠爾剛阿）蒙古正黃旗人。嘉慶四年三甲六十九名進士。任刑部主事，纍遷少詹事，十九年授詹事，二十一年遷通政使。二十二年去職。

孫喬齡　順天大興縣人。嘉慶四年三甲七十名進士。

崔永福　四川石砫直隸廳人。嘉慶四年三甲七十一名進士。

陳　斌　字陶鄰，一作陶林，號白雲。浙江德清縣人。嘉慶四年三甲七十二名進士。十二年任安徽青陽知縣，十六年署懷寧知縣，十九年改合肥知縣，改宿州同知，二十四年升安徽鳳陽府同知，署寧國知府。被謫歸。著有《白雲文集》。

宋其沅　字湘帆，號玉溪，一號芷洲。山西汾陽縣人。嘉慶四年三甲七十三名進士。任禮部主事，二十三年充陝西鄉試副考官，升郎中。二十五年考選湖廣道御史，道光元年任雲南鄉試副考官，遷浙江鹽運使，道光十五年授廣西按察使，十八年遷浙江布政使，二十年護理

巡撫。後罷官。著有《梅花書屋文集》《梅花書屋詩集》《求己筆記》。

廉　善　字淑之，號繼堂。滿洲正黃旗人，格吉勒氏。嘉慶四年三甲七十四名進士。任禮部主事，擢侍講，十八年授內閣學士。遷盛京工部侍郎，二十一年改禮部侍郎，二十二年改刑部侍郎兼翰林院掌院學士。二十五年改戶部侍郎，道光元年改吏部侍郎，七月改刑部侍郎，二年調熱河都統，三年（1823）復任刑部侍郎。十一月卒。賞還都統銜。

黃郁章　字賁生。江西清江縣人。嘉慶四年三甲七十五名進士。選庶吉士，散館七年署四川彭水知縣，改蒲江知縣，二十二年改直隸開州知州，二十三年改直隸大名知縣，官至員外郎。

楊樹基　山東蓬萊縣人。嘉慶四年三甲七十六名進士。任禮部主事，升員外郎、郎中，出任江蘇松江知府，道光五年調江西贛州知府，十年官至南康知府。

徐文驤　字子耘。山東長山縣人。嘉慶四年三甲七十七名進士。任江西司、河南司主事。後隨大學士赴浙江審案，卒於杭州。

楊汝達　（改名楊桂森）字用璋，號容初。雲南石屏州人。嘉慶四年三甲七十八名進士。選庶吉士，改貴州清平知縣。改福建莆田知縣，調臺灣，遷直隸開州知州，改保安州。解任歸。主講育才、五華書院。

黄　燮　字理廷、立亭。貴州安平縣人。嘉慶三年貴州鄉試解元，四年三甲七十九名進士。任工部主事。

吳鼎臣　字伯盉。直隸臨榆縣人。嘉慶四年三甲八十名進士。纍遷戶部郎中，嘉慶四年官至江西贛州府知府。

桂　芳　字子佩，號香東。滿洲鑲藍旗，覺羅氏。嘉慶四年三甲八十一名進士。選庶吉士，任檢討。遷侍講學士，嘉慶十年授詹事，十一年二月遷內閣學士。五月進禮部侍郎，十四年改吏部侍郎，十五年改戶部侍郎，兼翰林院掌院學士、軍機大臣。十九年（1814）三月授漕運總督。命赴廣西查辦事件，四月初七日卒於武昌行館，贈太子少保，加尚書銜，謚"文敏"。著有《經進稿》《敬儀堂詩存》等。

王東林　號齊堂。河南信陽州人。嘉慶四年三甲八十二名進士。十九年任山東濟陽知縣。

姚廷訓　字敬棠，號文溪。山東歷城縣人。乾隆五十九年舉人，嘉慶四年三甲八十三名進士。選庶吉士。改廣東博羅知縣，八年三月任江蘇昆山知縣，丁憂服闋，補廣東番禺知縣，十七年復任博羅知縣。

李向榮　字南溪。漢軍鑲白旗人。嘉慶四年三甲八十四名進士。任工部營繕司主事。

蕭　鎮　（《進士題名碑錄》作蕭應午）號石舟。湖北孝感縣人。嘉慶四年三甲八十五名進士。任戶部主事，升郎中，二十一年考選山西道御史，官至吏科給事中。

高世書　字香谷。江西龍泉縣人。嘉慶四年三甲八十六名進士。署河南桐柏知縣，任河南澠池、鹿邑知縣。居任七年，歸後主講縣五峰書院。卒年七十一。

楊名昇　字東有。安徽懷寧縣人。嘉慶四年會元，三甲八十七名進士。任刑部四川司主事、湖廣司郎中，外任貴州安順知府。未到任卒。著有《暘谷制藝》。

石　鼎　安徽宿松縣人。嘉慶四年三甲八十八名進士。十二年任福建同安知縣，署廈門同知。

何鍾泰　字肇東。雲南晉寧州人。嘉慶四年三甲八十九名進士。十二年任湖南新化知縣，丁母憂服闋，改湖北鄖西知縣。

張　澍　字伯瀹、葉霖，號介侯。甘肅武威縣人。乾隆四十六年（1781）生。嘉慶四年三甲九十名進士（時年十八）。選庶吉士，任陝西武功知縣，六年改貴州玉屏知縣，歷四川興文、屏山、大足、銅梁、南溪知縣，丁憂服闋，補江西永新知縣，道光八年改瀘溪知縣，署江西臨江通判。辭官歸。任知縣三十年，處己廉，為人忠。曾主講蘭州蘭山書院。晚年定居西安，銳意著述。道光二十七年（1847）五月卒。年六十七。家中藏書較豐，藏書處曰"養素堂""二酉堂"。著有《續黔書》《黔中紀聞》《養素堂詩文集》《蜀典》《説文引經考》《秦音》等。

貴慶 字夢黃，號月山、雲西。滿洲鑲白旗人，富察氏。嘉慶四年三甲九十一名進士。選庶吉士，授檢討。纍遷通政使司參議，道光五年授内閣學士遷兵部侍郎，歷吏部、刑部、吏部侍郎。十一年改泰寧鎮總兵，授倉場侍郎，十三年改漕運總督，調熱河都統。十四年授盛京刑部侍郎，十五年改刑部侍郎，十六年七月遷禮部尚書。以病免職。道光二十七年（1847）卒。

唐儼 字畏之、客泉。湖北孝感縣人。乾隆五十七年舉人，嘉慶四年三甲九十二名進士。任户部江南司主事。

沈世求 順天大興縣人。嘉慶四年三甲九十三名進士。

歐陽厚均 字福田，號坦齋。湖南安仁縣人。乾隆三十一年（1766）生。嘉慶四年三甲九十四名進士。由户部主事，升員外郎、郎中，十九年考選浙江道御史。以母老告歸。後主講岳麓書院二十七年。道光二十五年（1845）卒，年八十。輯《岳麓詩文鈔》，另著《易鑒》《望雲書屋集》《粵東游草》。

王維鈺 字式如，號相亭。直隸雄縣人。嘉慶四年三甲九十五名進士。任兵部主事、郎中。十九年考選江南道御史，道光四年官至貴州安順府知府。赴任道病，卒於途。

林鍾岱 字子詹，號樗園、實庵。山東文登縣人。嘉慶四年三甲九十六名進士。任兵部主事、員外郎、郎中，十九年考選江南道御史，掌湖廣道御史。二十年（1815）卒於任。

温際清 字寅齋，號鑒堂。奉天寧遠州人。嘉慶四年三甲九十七名進士。任工部虞衡司主事，升員外郎。

尹澍 湖南湘潭人。嘉慶四年三甲九十八名進士。五年任湖南衡州府教授，八年薦改知縣。

賈聲槐 字閣聞，號直方、艮山。山東樂陵縣人。嘉慶四年三甲九十九名進士。任户部主事、員外郎，十九年考選湖廣道御史，二十一年任順天北城巡城御史，官至河南汝光道、浙江温處兵備道。

劉台斗 字建臨，號星槎。江蘇寶應縣人。嘉慶四年三甲一百名進士。任工部營繕司主事，署江西南昌府吳城同知，補瑞州府銅鼓營同知。以疾乞歸。十八年補原官，以勞卒於任。

朱嗣韓 字仰山，號抑齋。江西金溪縣人。嘉慶四年三甲一百零一名進士（時年六十）。任户部主事。年七十卒。

陳鍾麟 字肇嘉，號厚甫。江蘇元和縣人。嘉慶四年三甲一百零二名進士。授户部主事、禮部郎中，十八年考選浙江道御史，二十二年遷陝西延安知府，官至浙江杭嘉湖道。道光初，掌教"粵秀書院"。著有《紅樓夢傳奇》《自在軒吟稿續稿》。

劉志惓 順天寶坻縣人。嘉慶四年三甲一百零三名進士。任直隸保定府教授。

張蕙圃 （《進士題名碑》作張惠圃，誤）字芳園。山東壽光縣人。嘉慶四年三甲一百零四名進士。十二年任江蘇蕭縣知縣。

馬德表 廣西全州人。嘉慶四年三甲一百零五名進士。任刑部主事，十二年改廣東博羅知縣，十九年改香山知縣。

吳 準 字蔗田。江蘇山陽縣人。嘉慶四年三甲一百零六名進士。任刑部主事。後解職居家。

林颺華 廣東鎮平縣人。嘉慶四年三甲一百零七名進士。

高映奎 山西永濟縣人。嘉慶四年三甲一百零八名進士。任山西朔平知府。

葉立笙 江西新建縣人。嘉慶四年三甲一百零九名進士。任雲南定遠知縣。

郝懿行 字恂九，號蘭皋。山東棲霞縣人。乾隆二十二年（1757）生。嘉慶四年三甲一百十名進士。任户部主事，二十五年補江南司主事。道光五年（1825）卒，年六十五。一生著述甚多，有《爾雅義疏》《詩經拾遺》《汲塚周書輯要》《易説》《詩問》《鄭氏禮記箋》《通俗文》《山海箋疏》《春秋説略》《記海錯》《竹韋小記年校正》《春秋比》《宋瑣語》《宋書刑法志》《食貨志》《晋宗書故》等。

葉 馥 字芸谷。安徽休寧縣人。嘉慶四年三甲一百十一名進士。五年署直隸寧津知縣，改直隸東光知縣，十六年改直隸寧晋知縣。

林天培 字仲園，號南耕。順天大興縣人。嘉慶四年三甲一百十二名進士。選庶吉士，改兵部主事，升員外郎，遷郎中，十一年官至廣東惠湖嘉道。以勞疾卒於任。

王顯文 山東臨清直隸州人。嘉慶四年三甲一百十三名進士。五年任山西長治知縣。

羅 宸 號湘溪。福建長汀縣人。嘉慶四年三甲一百十四名進士。任户部主事、員外郎，升禮部精繕司郎中，道光二年考選浙江道御史。

周維垣 （原名周維翰）字梧庭，號固庵。四川簡州人。嘉慶四年三甲一百十五名進士。任户部主事，升員外郎、郎中，外任甘肅涼州知府，丁母憂服闋，改湖北黃州府知府，署漢黃道。引疾歸，年九十卒。

應 軒 江西宜黃縣人。嘉慶四年三甲一百十六名進士。任兵部職方司主事。

李遠烈 字繩武。江西鄱陽縣人。嘉慶四年三甲一百十七名進士。任户部主事，升郎中，二十三年考選山東道御史，官至吏科掌印給事中。忤權要，罷歸。

劉企埰 字味顛。江東武進縣人。嘉慶四年三甲一百十八名進士。

十二年任江西會昌知縣。未幾卒。

爲乾隆二十六年進士劉煥章子。

徐旭曾 廣東和平縣人。嘉慶四年三甲一百十九名進士。任户部主事，遷員外郎。

倪 模 字預掄、迂村，號韭瓶。安徽望江縣人。乾隆十五年（1750）十一月二十六日生。嘉慶四年三甲一百二十名進士（時年五十）。官安徽鳳陽府學教授。道光五年（1825）十月初六日卒，年七十六。家中藏書甚豐，藏書處曰"經鋤堂""江上雲林閣"。著有《古今泉略》《泉譜》《雷港源流考》《雷港瑣記》《迂村遺稿》《江上雲林閣書目》等。

張兆安 湖北蒲圻縣人。乾隆五十四年舉人，嘉慶四年三甲一百二十一名進士。五年任山西左雲知縣，十二年改河南泌陽知縣，改湖南武岡知縣，道光六年任湖南芷江知縣，加同知銜。

邱音越 福建閩縣人。嘉慶四年三甲一百二十二名進士。二十二年任山東惠民知縣，改高苑知縣。

賞 鍇 字錫南，號許齋。順天宛平縣人。嘉慶四年三甲一百二十三名進士。選庶吉士，改知縣。

劉開泰 字起元，號盧庵。山東寧海縣人。嘉慶四年三甲一百二十四名進士。六年任山東萊州府教授。

杜 剛 字近齋。直隸靜海縣人。嘉慶四年三甲一百二十五名進士。任奉天錦州府教授。署有《文齋詩集》。

楊良木 江西崇義縣人。嘉慶四年三甲一百二十六名進士。五年任江西瑞州府教授。

祝孝憑 字慕萱，號杏村。河南固始縣人。嘉慶四年三甲一百二十七名進士。選庶吉士，散館改山東鄆城知縣。

張汝緒 直隸南宮縣人。嘉慶四年三甲一百二十八名進士。

佛 保（改名佛住）滿洲鑲白旗，尼奇哩氏。嘉慶四年三甲一百二十九名進士。任工部主事，纍遷國子監祭酒，十四年授詹事，十五年降太僕寺卿，改大理寺卿，十八年遷左副都御史，改禮部右侍郎、吏部右侍郎。二十一年革。

李炳南 字寅庵。河南許州直隸州人。嘉慶四年三甲一百三十名進士。五年任陝西白河知縣，十二年任浙江仙居知縣。

苑鴻緒 字麟瑞。山東諸城縣人。嘉慶四年三甲一百三十一名進士（年逾五十）。又八年任雲南宜良知縣。以勞卒於任。

蒲亨晉 四川南充縣人。乾隆四十四年舉人，嘉慶四年三甲一百三十二名進士。四年署江西德化知縣。

吕 清 字鑒泉。陝西長安縣人。嘉慶四年三甲一百三十三名進士。十三年任四川銅梁縣知縣，十九年署會理州知州，改成都知縣、官主邛州直隸州知州。丁繼母憂歸。卒於家。

李嘉禾　字穎實。河南河內縣人。嘉慶四年三甲一百三十四名進士。任河南汝寧府教授。

孫　猷　福建侯官縣人。嘉慶四年三甲一百三十五名進士。五年任江西高安知縣，改廣西知縣。

陳若疇　字聞之。貴州安平縣人。嘉慶四年三甲一百三十六名進士。任湖北遠安知縣，二十年改黃岡知縣，入籍順天宛平，改直隸任丘教諭，道光四年改直隸灤州學正。

父陳慶升，乾隆十三年進士。

楊鳳臺　貴州獨山州人。嘉慶四年三甲一百三十七名進士。任貴州遵義府教授。

張聖愉　號碧峰。雲南昆明縣人。嘉慶四年三甲一百三十八名進士。任刑部主事，升員外郎，二十四年考選江西道御史。

陳詩庭　字令華、蓮夫，號畫生、妙士。上海嘉定縣人。嘉慶四年三甲一百三十九名進士。授知縣不就。主講西泠書院。著有《讀書札記》《深柳居詩文集》。

盧　坤　字靜之，號厚山。順天涿州人。乾隆三十七年（1772）生。嘉慶四年三甲一百四十名進士。歷任兵部主事、兵部郎中、湖南糧儲道，二十一年改廣東惠潮嘉道、山東兗沂曹濟道。二十五年授湖北按察使遷甘肅布政使。道光二年授廣西巡撫改陝西巡撫。五年丁憂。六年因回疆用兵駐肅州轉糧餉，七年加太子少保，七月授山東巡撫歷山西、廣東、江蘇巡撫，十年十一月遷湖廣總督，十二年八月改兩廣總督。道光十五年（1835）八月初四日卒，年六十四。贈太子太師、兵部尚書。諡“敏肅”。著有《厚山君年譜》。

淡士淳　陝西大荔縣人。嘉慶四年三甲一百四十一名進士。

蔡文蘭　湖北黃岡縣人。乾隆五十四年舉人，嘉慶四年三甲一百四十二名進士。十三年任湖南黔陽知縣。

崔象山　順天霸州人。嘉慶四年三甲一百四十三名進士。五年任廣西賀縣知縣，九年署山西孟縣知縣。

嘉慶六年（1801）辛酉恩科

本科爲清高宗九旬壽辰恩科

第一甲三名

顧皋 字歡齋、晴芬，號緘石。江蘇金匱縣人。乾隆二十八年（1763）生。嘉慶六年一甲第一名狀元。授修撰。九年督貴州學政，進國子監司業，入直懋勤殿，輯《秘殿珠林》《石渠寶笈》。再歷侍讀、右左庶子、侍講學士、侍讀學士，入直上書房，二十五年帝崩前，擢詹事府詹事。道光元年遷內閣學士，擢工部侍郎，改戶部侍郎。九年乞病歸。道光十二年（1832）四月初八日卒，年七十。爲官清廉，於詩文書畫亦有較深造詣。著有《墨竹齋詩文集》《峰巒集》等。

劉彬士 字輔文，號筠圃。湖北黃陂縣人。嘉慶六年一甲第二名榜眼。任編修。十四年考選江南道御史，升兵科給事中，十八年督湖南學政，遷大理寺少卿，嘉慶二十二年授光禄寺卿，二十四年改大理寺卿。道光元年充江西鄉試主考官，四年遷左副都御史，十二月改禮部侍郎，六年調刑部侍郎，十一月署浙江巡撫，八年正月實授。十年十月改三四品京堂候補，十一年二月授太僕寺卿，三月復任光禄寺卿，八月督順天學政，十一月復任左副都御史，十二年二月改倉場侍郎。十三年六月以病免。十四年十一月授吏部侍郎改刑部侍郎，道光十八年二月署刑部尚書。閏四月以病免。

鄒家燮 字秀升，號理堂。江西樂平縣人。嘉慶六年一甲第三名探花。授編修。九年充貴州鄉試副考官。十一年考選江南道御史，官至兵科掌印給事中。卒於任。

第二甲九十八名

席煜 字子遠、紫苑，號松墅。江蘇常熟縣人。嘉慶六年二甲第一名進士。選庶吉士，授編修。十二年任順天同考官，十三年充山西副考官，後以纂和珅傳不稱罷歸。喜畫山水，工詩。入詞垣。卒年五十餘。

崔問余 字季芳，號少山。陝

西蒲城縣人。嘉慶六年二甲第二名進士。選庶吉士，授編修。記名御史。

商載 字仲言，號吟巢。順天大興縣人。嘉慶六年二甲第三名進士。選庶吉士，授編修。十年充會試同考官，十一年考選江南道御史，十二年充山西鄉試副考官，十七年外任山東泰安知府，十八年改登州知府，二十年任東昌知府，官至山西寧武知府。

王澤 字潤生，號子卿、觀齋。安徽蕪湖縣人。嘉慶六年二甲第四名進士。選庶吉士，授編修。十二年充雲南鄉試主考官，十七年考選河南道御史，二十五年官至江西贛州知府，改江蘇徐州知府，道光元年署江西吉南贛寧道。告歸。著有《觀齋集》。

陳嵩慶 字聲谷、復庵，號荔峰。浙江錢塘縣人。嘉慶六年二甲第五名進士。選庶吉士，授編修。升至翰林院侍講學士，九年充廣東鄉試主考官，十年督順天學政，十一年改廣東學政，十三年充福建鄉試主考官，十八年督山西學政，二十年遷內閣學士。道光十三年授禮部侍郎，十五年改吏部左侍郎。十六年病免。工書法，尤以小行書最佳。

方振 字葉文，號容齋。江西南昌縣人。嘉慶六年二甲第六名進士。選庶吉士，授編修。十二年充雲南鄉試副考官，升中允、庶子，十五年督福建學政，官至侍讀學士。

子方用儀，嘉慶二十五年進士。

沈酉 字南呂，號書山。江蘇吳縣人。嘉慶六年二甲第七名進士，選庶吉士，改河南遂平知縣。在任九年卒。

焦景新 字晴川，號午橋。直隸天津縣人。嘉慶六年二甲第八名進士。任吏部主事，升郎中，十九年考選江南道御史，道光三年官至江西饒州府知府。有惠政。著有《多識類鈔》《同文拾沈》《雜字姓函》。

鄧廷楨 字維周，號嶰筠。江蘇江寧縣人，原籍安徽壽州。乾隆四十年十二月初五（1776年1月）生。嘉慶六年二甲第九名進士。選庶吉士，任編修。纍遷延安、榆林、西安府知府，嘉慶二十五年授湖北按察使遷江西布政使。道光二年五月解職。四年任直隸通永道，八月授陝西按察使遷布政使，六年授安徽巡撫。十五年八月遷兩廣總督與林則徐同心協力禁煙。十九年改兩江總督未任，十二月改雲貴總督未任，調閩浙總督。二十年九月以廣東禁煙事與林則徐同革職，共戍伊犁。二十三年釋還以三品頂戴授甘肅布政使，二十五年遷陝西巡撫署陝甘總督。道光二十六年（1846）三月二十日卒於任。享年七十二。著有《説文解字雙聲疊韻譜》《雙硯齋詩鈔》《青懈堂文集》等。

孫兆鰲 字渭綸。江蘇通州直隸州人。嘉慶六年二甲第十名進士。任內閣中書，吏部稽勛司員外郎，嘉慶十六年充會試同考官、記名御史。以失察謫戍宣府，逾年赦歸。

江潤之 字雨園，號聽舫。浙江錢塘縣人。嘉慶六年二甲十一名進士。選庶吉士，授編修。十二年督雲南學政，升中允，十八年督福建學政，官至少詹事。

劉澍 字煦峰，號蘇農。順天通州人。嘉慶六年二甲十二名進士。選庶吉士，八年改湖北恩施知縣，十九年改湖北潛江知縣。

陳中孚 字允臣，號心佘。湖北武昌縣人。乾隆五十一年舉人，嘉慶六年二甲十三名進士。選庶吉士，任編修。十三年考選山西道御史，十六年任順天西城巡城御史，遷給事中，十八年擢山西河東道，兼山西河東道鹽運使。丁父憂。補浙江寧紹台道，道光元年調福建臺灣道，擢四川按察使改廣東按察使，遷廣東布政使改河南布政使，二年遷廣東巡撫，五年八月授漕運總督。六年（1826）七月署山東巡撫。十一月卒。

徐華嶽 字鎮西，號蓮峰。江蘇吳縣人。嘉慶六年二甲十四名進士。選庶吉士。改知縣不就。隱居教授生徒，以著述自娛。著有《詩故考異》三十二卷。

王利亨 字襟量、壽山，號欽颿、竹舫。廣東嘉應直隸州（今廣東梅縣）人。嘉慶六年二甲十五名進士。選庶吉士，改山西廣靈知縣，官至忻州知府。後主講韓山書院。工詩畫。著有《琴籟閣詩鈔》。

段克宗 直隸蔚州人。嘉慶六

年二甲十六名進士。十六年任山東安邱知縣，二十一年改廣東興寧知縣，道光元年改廣東電白知縣，遷廣東嘉應州知州。

黃士觀 （改名黃樹烈）字曉樓、賓之，號海粟。貴州大定府人。嘉慶六年二甲十七名進士。選庶吉士，改河南湯陰知縣。以終養歸。講學萬松書院，年六十八卒。著有《居敬堂文稿》《蠢子訓》《隨筆》《日記》等。

黃任萬 字毅亭，號辛畹。河南商城縣人。嘉慶六年二甲十八名進士。選庶吉士，授編修。十二年考選江南道御史，十八年遷龍安知府，道光二年改四川潼川知府。

宋潢 字星溪，號小嵐、仍吉、岸堂。山東蘭山縣人。嘉慶六年二甲十九名進士。任戶部主事，擢郎中，道光三年外任安徽廬州府知府，官至江蘇蘇松糧道。以勞成疾，卒於任。

康以銘 字新之，號惺齋。四川岳池縣人。乾隆六十年舉人，嘉慶六年二甲二十名進士。選庶吉士。未散館，奉諱回籍。病卒。

孔昭虔 字元敬，號蒼溪。山東曲阜縣人。嘉慶六年二甲二十一名進士。選庶吉士，授編修。嘉慶十二年順天鄉試同考官，十三年考選江西道御史，順天鄉試同考官，任禮部員外郎，十八年三充順天鄉試同考官，道光元年任江西吉安知府，二年遷福建延建紹道，四年改臺灣道、江西糧道。九年授陝西按察使改浙江按察使，十一年擢福建布政使，改貴州布政使。十二年病免。著有《經進稿》《鏡虹吟室詩集》《繪聲琴雅詞》《扣舷小草詞》，雜劇《蕩婦秋思》《葬花》等。

王允輝 字蘊三，號鄰川。山東歷城縣人。嘉慶六年二甲二十二名進士。任內閣中書、禮部員外郎，二十二年考選江南道御史，官至禮科掌印給事中。

卞　斌 字叔均，號雅堂。浙江歸安縣人。嘉慶六年二甲二十三名進士。任刑部山東司主事，升郎中，二十四年署江蘇蘇州知府，擢江蘇常州知府，遷廣西左江道。乞養歸。服闋補原缺，召爲光祿寺少卿。休致歸。著有《易經通解》《尚書集解》《論語經說》《小箋》《説文箋正》《七經古文考》《聲律》《集古文字略》《緯雅》《粵西風物略》《刻鵠集》等。

余正煥 字章甫，號星堂。湖南長沙縣人。嘉慶六年二甲二十四名進士。選庶吉士，授編修。十四年縈遷陝安兵備道，十九年調雲南迤西道，改迤南道，道光八年官至江西糧道，署按察使。以疾歸。

陳家騄 浙江蕭山縣人。嘉慶六年二甲二十五名進士。任內閣中書，七年任浙江嚴州府教授。

倪　琇 字尚瑩，號竹泉。雲南昆明縣人。嘉慶六年二甲二十六名進士。選庶吉士，授編修。嘉慶十六年考選江南道御史，十八年任

吏科給事中，丁憂歸。服闋改刑科給事中，二十三年充廣西鄉試副考官，二十四年官至福建興泉永道。卒於任。著有《使車餘草》。

袁名曜 字道南，號峴岡。湖南寧鄉縣人。嘉慶六年二甲二十七名進士。選庶吉士，授編修。十三年充順天鄉試同考官，升翰林院侍讀。解職後，主講岳麓書院。著有《吾廬詩草》。

潘恭辰 字巡凝，號紅搽、月鋤。浙江錢塘縣人。嘉慶六年二甲二十八名進士。選庶吉士，授編修。十四年考選福建道御史，十六年任順天西城巡城御史，遷禮科給事中，二十年外官遷貴州貴西道，改雲南鹽法道，二十五年授廣西按察使，道光元年赴越南封阮福晈爲越南國王。二年任江西布政使，三年調廣西布政使，九年丁憂。十一年授雲南布政使。十四年召京。著有《紅茶吟稿》。

李　鏡 浙江仁和縣人。嘉慶六年二甲二十九名進士。

齊　鯤 字澄瀟，號北瀛。福建侯官縣人。嘉慶六年二甲三十名進士。選庶吉士，授編修。十三年充冊封琉球國王正使。外官至河南知府，十九年河南睢州河工，後議敘道員用。丁憂歸卒。著有《東游百咏》。

父齊弼，乾隆四十六年進士。

樊如杞 字含章，號貞之、鳳山。雲南楚雄縣人。嘉慶六年二甲三

十一名進士。選庶吉士，十三年改浙江寧海知縣，改直隸安肅知縣、直隸遷安知縣，調補順天大興知縣，秩滿擢順天西路同知。未任，丁憂歸遂不出，優游林下三十年，卒於家。

聶鎬敏　字豐陽，號京圃、紫泉。湖南衡山縣人。嘉慶六年二甲三十二名進士。選庶吉士，授編修。歷任贊善、中允、司經局洗馬、左右春坊、侍讀，十五年督安徽學政，丁父憂。改兵部職方司郎中，道光二年官至浙江嚴州知府。著有《松心居士詩文集》《賜書堂經進初稿》等。

吳熙曾　字緝文，號穆齋。山東海豐縣人。嘉慶六年二甲三十三名進士。選庶吉士，授編修。充武英殿、國史館纂修，嘉慶十年任會試同考官。居喪哀毀以病卒於任，年三十三。

楊惠元　字心淮，號蓉峰。福建閩縣人。嘉慶六年二甲三十四名進士。選庶吉士，授編修。十六年充會試同考官，十八年順天鄉試同考官，升侍讀、刑部陝西司郎中，道光元年任山東沂州知府，四年改泰安知府，六年任山東濟南知府，十一年護濟東武臨道。以老乞歸。

張瓊英　字鶴舫。江西永豐縣人。嘉慶六年二甲三十五名進士。八年授安徽天長縣知縣，僅四月謝病歸，後改江西饒州府教授。

徐士泰　號雲舫。江蘇華亭縣人。嘉慶六年二甲三十六名進士。任工部主事，乞假歸養，開門授徒。

楊懌曾　字成夫，號介坪。安徽六安直隸州人。乾隆二十八年（1763）七月十一日生。嘉慶六年二甲三十七名進士。選庶吉士，任編修。十六年考選江西道御史，升工科給事中、大理寺少卿，二十四年督湖北學政，道光元年授光禄寺卿改大理寺卿。八年二月遷左副都御史，改禮部侍郎，十年十一月授湖北巡撫。道光十三年（1833）正月二十四日卒，年七十一。著有《楚江吟》《使滇紀程》《介坪詩錄》等。

趙汝勗　直隸易州直隸州人。嘉慶六年二甲三十八名進士。十九年任浙江處州府同知。

蔡　任　字萃佘，號東海、二雛。浙江錢塘縣人。嘉慶六年二甲三十九名進士。選庶吉士，散館改任直隸高邑知縣，改龍門知縣。

王鍾吉　字霨人，號述岩。山東諸城縣人。嘉慶六年二甲四十名進士。選庶吉士，授編修。十四年擢湖廣道、轉江南道御史，升兵科給事中，出任甘肅慶陽知府，加道銜授河南陳州知府，調開封知府、南汝光道。以母老辭歸。卒年六十三。

葉紹本　字立人、筠潭，號仁南、筠甫。浙江歸安縣人。嘉慶六年二甲四十一名進士。選庶吉士，授編修。十一年督福建學政，十九年纍遷直隸清河道。道光三年改長蘆鹽運使、兩淮鹽運使，四年授江蘇按察使，改廣西按察使，七年擢山西布政使，十一年召京，官至鴻臚寺卿。著有《白鶴山房詩鈔》。

羅琦 字仲昭、石友、麓西。湖南善化縣人。嘉慶六年二甲四十二名進士。任內閣中書，二十一年任太湖同知，遷鎮江知府，道光二年署江蘇蘇州知府，官至淮海兵備道。歸後主講城南書院。著有《石友存稿》。

汪庚 字上章，號艾塘。安徽全椒縣人。嘉慶六年二甲四十三名進士。選庶吉士，授編修。

鈕芳治 浙江烏程縣人。嘉慶六年二甲四十四名進士。官至禮部郎中。

韓玟 字文玉，號秋泉。安徽全椒縣人。嘉慶六年二甲四十五名進士。任內閣中書。僅四年乞養歸。受聘修《安徽通志》。曾主講敬敷書院。

朱方增 字壽川，號慎庵、虹舫、秀笙。浙江海鹽縣人。乾隆四十二年（1777）生。嘉慶六年二甲四十六名進士。選庶吉士，授編修。歷任國子監司業，侍講，二十年督廣西學政，遷侍讀、侍讀學士，道光四年授內閣學士，禮部侍郎銜。八年督江蘇學政。道光十年（1830）十一月卒。年五十四。曾編纂《石渠寶笈》《秘殿珠林》。著有《從政觀法錄》《求聞過齋詩文集》《識大錄》《識小錄》等。

喻鴻 字達九，號漸磐。江西南城縣人。嘉慶六年二甲四十七名進士。選庶吉士，散館改刑部主

事，道光四年官至直隸宣化知府。

吳贊元 福建侯官縣人。嘉慶六年二甲四十八名進士。任兵部主事。

蔣萬寧 字際虞。江蘇吳縣人。嘉慶六年二甲四十九名進士。任河南孟縣知縣。

朱澄 字靜江，號虛齋。順天大興縣人。嘉慶六年二甲五十名進士。選庶吉士，授編修。嘉慶十四年考選山東道御史，官至江蘇常州知府，降戶部郎中。

張輯 （原名張玉麒）字瑞綬，號漁川、幼軒。河南洛陽縣人。嘉慶六年二甲五十一名進士。選庶吉士，改吏部主事，十八年充湖北鄉試副考官，升員外郎，二十年督貴州學政，升吏部郎中。道光四年任山東沂州知府，七年八月任山東登州知府。八年丁憂。十九年改直隸天津知府，二十三年復任，以紫荊山建炮臺不合去官。二十四年任山東曹州知府，二十五年改濟南知府，二十六年護山東濟東道。

莫凌 廣東東莞縣人。嘉慶六年二甲五十二名進士。任兵部主事。

吳鳴捷 安徽歙縣人。嘉慶六年二甲五十三名進士。十一年任陝西峻山知縣，十八年改咸陽知縣，十九年改長安知縣，道光三年改咸寧知縣，七年升陝西鄜州直隸州知州，十一年擢同州知府，十七年官至陝西興安知府。

李振祐 字錫民，號怡廷。安

徽太湖縣人。乾隆四十二年（1777）生。嘉慶六年二甲五十四名進士。任內閣中書，十三年充雲南鄉試副考官，調宗人府主事，兵部職方司主事、員外郎，二十一年任陝西鄉試副考官，二十二年考選山東道御史，升吏科給事中。歷任內閣侍讀學士、太僕寺少卿、順天府丞，二十四年督山東學政，調通政司副使，道光十三年授光祿寺卿改太常寺卿。十五年改宗人府丞，署順天府尹，十六年遷左副都御史。十七年授內閣學士遷工部侍郎，歷吏部侍郎、倉場侍郎，道光二十一年二月授刑部尚書。二十八年加太子太保。二十九年十二月以病免職。道光三十年（1850）十月卒，年七十四。諡“莊肅”。

父李長森，乾隆四十九年進士。

吳毓寶　字維賢，號曉艙。雲南昆明縣人。嘉慶六年二甲五十五名進士。改知縣。

謝夢春　廣東海陽縣人。嘉慶六年二甲五十六名進士。任知縣。

馮　輔　字翊基，號右掖。廣東新會縣人。嘉慶六年二甲五十七名進士。選庶吉士，改廣西博白知縣。

劉士棻　字周有、蕙田，號心香。福建侯官縣人。嘉慶六年二甲五十八名進士。選庶吉士，散館八年改河南鎮平知縣，十三年調廣東歸善縣，改香山知縣。罷歸。

趙　炘　浙江錢塘縣人。嘉慶六年二甲五十九名進士。

陳用光　字碩士，號實思、瘦

石。江西新城縣人。乾隆三十三年（1768）生。嘉慶六年二甲六十名進士。選庶吉士，授編修。十三年充河南鄉試副考官，十八年考選江南道御史，十九年任順天巡城御史，道光二年任國子監司業，改侍講學士，七年授詹事。八年遷內閣學士，十一年授禮部侍郎。道光十五年（1835）八月十三日卒。年六十八。曾受學於魯九皋、姚鼎。著有《太乙舟文集》《詩集》《明鑒》《納被錄》等。

鄭錫琪　（原名鄭鈺）字仲如，號筍泉。江蘇靖江縣人。嘉慶六年二甲六十一名進士，選庶吉士，改戶部主事。十五年以病辭官。病床二十年口授諸子成《尚書疏證闕謬》八卷。

父鄭忭，乾隆十三年進士。

蔣士鎔　河南汝陽人。嘉慶六年二甲六十二名進士。七年任直隸望都知縣，十一年改直隸邯鄲知縣。

杜　堮　字次崖，號石樵。山東濱州人。乾隆二十九年（1764）生。五十五年召試一等賜舉人。嘉慶六年二甲六十三名進士。選庶吉士，授編修。纍遷侍讀學士，二十年督順天學政，二十二年授詹事，二十四年遷內閣學士。道光元年授兵部侍郎，改吏部、禮部侍郎。十六年以病去職。咸豐二年十月以子杜受田貴，加禮部尚書銜。三年九十生辰，晉太子太保及太傅銜。八年（1858）五月二十日卒，年九十五。贈大學士。謚"文端"。入祀賢良祠。著有《遂初草廬集》。

子杜受田，道光三年進士，協辦大學士。

容景春 湖北江夏縣人。乾隆五十四年舉人，嘉慶六年二甲六十四名進士。十三年任江西安義知縣。

宣向榮 浙江鄞縣人。嘉慶六年二甲六十五名進士。任內閣中書。

劉奕煜 字炳文，號藜軒。甘肅寧州人。嘉慶六年二甲六十六名進士。選庶吉士，授編修。十三年考選江西道御史，遷兵科給事中，十六年充會試同考官，官至戶科掌印給事中。

吳頤 字錫唐、敬伊。江蘇長洲縣人。嘉慶六年二甲六十七名進士。任戶部主事。十八年充廣西鄉試副考官。乞養歸。主正誼、平江講席。

子吳鍾俊，道光十二年狀元，任禮部侍郎。

劉彬華 字藻林，號朴石。廣東番禺縣人。嘉慶六年二甲六十八名進士。選庶吉士，授編修。父卒回鄉服喪，母老不復出。主講端溪、越華兩書院。善畫山水。卒年五十九。著有《嶺南群雅集》《玉壺山房詩鈔》。

佟景文 （1776—1836）字鏡汀、質夫，號敬堂、艾生。漢軍鑲黃旗。嘉慶六年二甲六十九名進士。選庶吉士，授編修。遷雲南臨安知府，迤南道，道光六年改貴州貴東道，擢兩淮鹽運使，八年遷廣西按察使，十一年擢安徽布政使。十六年（1836）卒。著有《性理修身說》《綱齋撚記》。

戴銘 字湯盤。河南輝縣人。嘉慶六年二甲七十名進士。任河南懷慶府教授，改南陽府教授。

岳震川 字中幹，號一山。陝西洋縣人。嘉慶六年二甲七十一名進士。任內閣中書。乞終養歸。掌教關中、漢南、關南三書院，著有《賜葛堂集》《猗松高舍詩集》等。

李鍾景 雲南賓川州人。嘉慶六年二甲七十二名進士。

伊里布 （《進士題名碑》作伊禮布）字莘農，滿洲鑲黃旗。嘉慶六年二甲七十三名進士。歷任國子監典簿、雲南騰越知州、雲南永昌府直隸同知、安徽太平府知府、山西冀寧道。道光三年授浙江按察使，四年遷湖北布政使，改浙江布政使。五年授陝西巡撫，歷山東、雲南巡撫，十五年二月遷雲貴總督。十八年二月授協辦大學士（留雲督任）。十九年十二月改兩江總督，二十年七月授欽差大臣赴浙江，二十一年正月回任，因不能迅速攻復定海，遷延觀望，六月革。二十二年授廣東將軍、欽差大臣。辦理善後事宜。道光二十三年（1843）二月卒。贈太子太保，謚"文敏"。

徐賡颺 （榜名徐忻）字敬言，號性夫、信夫。江蘇武進縣人。嘉慶六年二甲七十四名進士。選庶吉士，授編修。歷充起居注協修、實錄方略纂修，後以御史記名。以疾卒。

張文鳳　字瑞叔，號蘭圃。貴州黔西州人。乾隆三十六年（1771）正月初十日生。嘉慶六年二甲七十五名進士。選庶吉士，散館改直隸淶水知縣，署河間知縣，補晉寧縣，丁母憂，父老乞終養歸。父喪，道光二年補安徽蕪湖知縣，調太和知縣，四年署安徽廣德州知州，十一年署六安知州、和州知州，十二年遷安徽鳳陽知府，十七年署安徽池州知府。引退，道光二十二年（1842）七月初九日卒，年七十二。

邱藜照　字扻臻。江西貴溪縣人。嘉慶六年二甲七十六名進士。嘉慶十三年任陝西清澗知縣。母憂歸。

王松年　字鶴汀，號晴嵐。陝西渭南縣人。嘉慶六年二甲七十七名進士。任工部主事，升郎中，遷御史，官至刑科掌印給事中。

秀　寧　（改名秀堃）字琪原、楚翹，號松坪。滿洲正藍旗。嘉慶六年二甲七十八名進士。選庶吉士，授編修。纍遷侍講學士，九年授詹事，十年遷內閣學士。十三年擢禮部侍郎，十五年起改吏部、禮部、吏部侍郎，十九年兼翰林院掌院學士，二十一年調刑部侍郎。充《明鑒》副總裁，二十三年因《明鑒》體例不合要求降，以頭等侍衛往新疆，道光二年授和闐辦事大臣。因病去職。

傅　棠　字繼夏，號石坡。順天宛平縣人，原籍浙江諸暨。嘉慶

六年二甲七十九名進士。選庶吉士，授編修。十六年充陝西鄉試副考官，十八年考選江南道御史，升刑科給事中，二十一年督廣東學政，官至光祿寺少卿。嘉慶二十四年（1819）卒。

王家棟　（原名王堃）字西仲，號小坡。浙江仁和縣人。嘉慶六年二甲八十名進士。選庶吉士，授編修。十五年充順天鄉試同考官，外官至安徽安慶知府。

李師愿　字淑侗，號芥舟。山東長山縣人。嘉慶六年二甲八十一名進士。任內閣中書，十三改安徽建德知縣。

方同煦　字用園、柘墅。湖南臨湘縣人。嘉慶六年二甲八十二名進士。八年任山東費縣知縣，十六年改陝西宜君知縣，十九年署陝西平利知縣，二十三年遷四川天全州知州、崇慶知州，道光五年復任天全知州，十三年署涪州直隸州知州。年七十致仕歸。著有《荻櫺草》。

徐　煥　字敬修，號舫亭。江蘇無錫縣人。嘉慶六年二甲八十三名進士。選庶吉士，散館改內閣中書，歷任宗人府主事、禮部主事。工詩文，著有《朱子釋宮圖證》《舫亭集》。

達　麟　字爲昭，號玉圃。福建浦城縣人。嘉慶六年二甲八十四名進士。選庶吉士。改禮部主事，嘉慶十九年充會試同考官，遷員外郎，官至掌印郎中。卒年四十五。

梁中靖　字與亭，號東園。山

西靈石縣人。嘉慶六年二甲八十五名進士。選庶吉士，改吏部主事，升員外郎，二十五年考選浙江道御史，掌京畿道御史，遷大理寺少卿，道光十一年授太僕寺卿。十三年去職。

楊　捷　廣東海陽縣人。嘉慶六年二甲八十六名進士。任內閣中書。

黎德符　字西坪。廣東新會人。嘉慶六年二甲八十七名進士。選庶吉士，改順天房山知縣。

陳登瀛　福建閩縣人。嘉慶六年二甲八十八名進士。任內閣中書。

周　鉞　字靖之，號鑒堂。河南商城縣人。嘉慶六年二甲八十九名進士。任內閣中書遷吏部員外郎，十四年考選江南道御史，任順天西城巡城御史，遷鴻臚寺少卿，官至順天府府丞。

子周祖培，嘉慶二十四年進士，任體仁閣大學士。

宋治咸　字小阮。湖北黃岡縣人。乾隆五十七年舉人，嘉慶六年二甲九十名進士。九年任浙江仙居知縣。

陳敬五　浙江海鹽縣人。嘉慶六年二甲九十一名進士。

薛凝度　字岵亭。江蘇無錫縣人。嘉慶六年二甲九十二名進士、任內閣中書，出任福建雲霄廳同知，漳州海防同知，署福建漳州知府，調福建興化知府。

蘇明善　河南湯陰縣人。嘉慶六年二甲九十三名進士。

陳鍾瀛　福建長樂人。嘉慶六年二甲九十四名進士。任國子監學正。

陳　杲　字宣叔，號若華。河南商丘縣人。嘉慶六年二甲九十五名進士。選庶吉士，授編修。

吳　杰　字魁南，號蔓田、蘭皋。湖北黃陂縣人。嘉慶五年舉人，六年二甲九十六名進士。選庶吉士，散館改刑部主事，升郎中，十九年考選河南道御史，官至兩淮鹽運使、廣東鹽運使。未任以年老乞歸。主講晴川書院。

普　保　字懷千，號介石。滿洲正黃旗人。嘉慶六年二甲九十七名進士。選庶吉士，改戶部主事、員外郎，纍遷少詹事。道光七年授太僕寺卿，九年改太常寺卿、通政使，十一年遷左副都御史，歷理藩院左侍郎、盛京禮部侍郎。十五年九月病休。

何兆元　雲南晋寧州人。嘉慶六年二甲九十八名進士。十九年纍遷湖北黃州府岐亭同知。

第三甲一百七十四名

張　旭　直隷曲周縣人。嘉慶六年三甲第一名進士。任戶部主事。

林　銓　福建侯官縣人。嘉慶六年三甲第二名進士。十三年任江西新昌知縣。

顧　英　浙江仁和縣人。嘉慶六年三甲第三名進士。任內閣中書、起居注主事。

傅作求 字石蘭。江西高安縣人。嘉慶六年三甲第四名進士。任內閣中書，以主事升用。旋卒。

周啓魯 字鹵封，號冠麓。安徽績溪縣人。嘉慶六年三甲第五名進士。十一年任福建泰寧知縣。十八年辦運滇銅，二十二年回任，逾年積勞得心疾歸，卒於家。

甯岳屏 山西永濟縣人。嘉慶六年三甲第六名進士。任內閣中書，十三年改四川東鄉知縣。

陳煦 字晴初，號曉峰。四川涪州人。嘉慶六年三甲第七名進士。選庶吉士，散館八年改江西信豐知縣、都昌知縣、南昌知縣，升吳城同知，道光七年調江西贛州知府，八年署贛南道，十三年遷江西瑞州知府，十五年改安徽太平知府，十八年改鳳陽知府，十九年改安徽安慶知府。

姚堃 字子方，號廉山。陝西澄城縣人。嘉慶六年三甲第八名進士。選庶吉士，改兵部主事，任郎中，嘉慶二十年考選江南道御史，改貴州道御史，遷吏科給事中。因事降調。曾手抄《十三經注疏》。著有《周官識小録》《關中風俗考》《子史雜識》《咫聞録》《隸釋補正》等。

法克精額 滿洲鑲藍旗人。嘉慶六年三甲第九名進士。任工部郎中，改右庶子。

張汝詢 順天涿州人。嘉慶六年三甲第十名進士。任湖南永明知縣，改雲南恩樂知縣，遷羅平州知州、鎮沅直隸州知州。

黃中位 字坤美，號子載。貴州貴築縣人。嘉慶六年三甲十一名進士。選庶吉士，十三年改湖北安陸知縣，調雲南楚雄知縣、會澤知縣，遷雲南石屏知州、鎮沅直隸州知州，十九年署雲南普洱知府，遷臨安知府、雲南順寧知府，二十六年任東川知府。

石文煒 字星槎。江蘇新陽縣人。嘉慶六年三甲十二名進士。任內閣中書。

查訥勤 字謹夫，號簡庵、雲帆。順天宛平縣人。嘉慶六年三甲十三名進士。選庶吉士，授檢討。二十一年官至陝西督糧道。二十二年卸任。

張廷鑑 字郎甫，號靜生。山西陽曲縣人。嘉慶六年三甲十四名進士。選庶吉士，改知縣，又改任內閣中書。以養親不任。

孫起岵 字岌之。安徽桐城縣人。嘉慶六年三甲十五名進士。任江蘇蘇州府教授。

凌旭升 字昶東。廣東番禺縣人。嘉慶六年三甲十六名進士。十三年任山東安丘知縣。罣吏議落職，晚年主講禺山講席。

陳廷達 字聰臣，號特齋、泉山。四川涪州（今涪陵）人。嘉慶六年三甲十七名進士。選庶吉士，改廣西宜山、崇山知縣，官至廣東連州知州，德慶知州。

胡紹祖 字延之。直隸清苑縣

人。嘉慶六年三甲十八名進士。官至奉天復州知州。

錢　淇（一名作淇）字竹齋。安徽青陽縣人。嘉慶六年三甲十九名進士。任國子監助教。著有《竹齋題畫詩》。

姬光璧　字杏農。山西永濟縣人。嘉慶六年三甲二十名進士。十八年任廣東樂會知縣，二十五年改廣東陽江知縣。

汪作霖　字雨岩。安徽休寧縣人。嘉慶六年三甲二十一名進士。任內閣中書。

屠　英　字木齋。順天宛平縣人，原籍江蘇陽湖。嘉慶六年三甲二十二名進士。署廣西鬱林知州，官至廣東肇慶知府，二十四年護肇羅道。

錢　標　順天宛平縣人。嘉慶六年三甲二十三名進士。十三年任江西興國知縣。

蕭樹本　山西芮城縣人。嘉慶六年三甲二十四名進士。官至禮部員外郎。

曾　涉　字自牧。江蘇昭文縣人。嘉慶六年三甲二十五名進士。任河南鎮平知縣。以勞卒於任。

李景嵩　福建安溪縣人。嘉慶六年三甲二十六名進士。任直隸深澤知縣。父喪不久即卒，年三十七。

王作極　山西稷山縣人。嘉慶六年三甲二十七名進士。十四年任陝西懷遠知縣。

楊棟秀　貴州銅仁縣人。嘉慶六年三甲二十八名進士。任內閣中書，十八年改山西榆次知縣，升潞安知府，道光六年任浙江杭州府同知，八年兼海寧州知州。

殷芳庭　河南洛陽縣人。嘉慶六年三甲二十九名進士。任河南汝寧府教授。

林瑞春　福建閩縣人。嘉慶六年三甲三十名進士。任內閣中書。

胡尊禮　雲南賓川州人。嘉慶六年三甲三十一名進士。

王汝霖　字雲石。江蘇通州人。嘉慶六年三甲三十二名進士。授山東即墨知縣。不仕。

王應辰　字協三。江蘇江陰縣人。嘉慶六年三甲三十三名進士。八年任四川新繁知縣，十年改新都知縣。

胡長慶　字延之。廣西臨桂縣人。嘉慶六年三甲三十四名進士。選庶吉士，散館歸班候選知縣，嘉慶二十年任陝西永壽知縣，道光十一年署安徽建平知縣，降潛山縣丞。

張朝珍　浙江錢塘縣人。嘉慶六年三甲三十五名進士。

何懷道　陝西城固縣人。嘉慶六年三甲三十六名進士。任雲南蒙自知縣，遷中甸廳同知、緬寧廳通判、麗江府同知，遷雲南順寧知府，改開化知府。

嚴暉吉　字君錫。江西奉新縣人。嘉慶六年三甲三十七名進士。初授內閣中書，七年任湖南巴陵知縣，調廣東豐順知縣，

馮　璟　字玉章，號小宋。浙江慈溪縣人。以廩貢生任浙江臨安、雲和、秀水、石門訓導。嘉慶六年三甲三十八名進士。九年任江蘇安東知縣。因事被劾去職。後主講德潤書院，卒。

陳希紫　字煥侯。福建仙游縣人。嘉慶六年三甲三十九名進士。未仕卒。

沈欽臨　字仲亨。江蘇吳江縣人。嘉慶六年三甲四十名進士。任內閣中書，道光十年調福建平漳同知，署興化知府，改臺灣海防同知，升安徽廬州府知府。留臺總辦軍需報銷，積勞卒。贈道員。

李昌平　字小魯。湖北竹溪縣人。嘉慶三年舉人，六年三甲四十一名進士。授內閣中書，遷宗人府主事，遷戶部員外郎，官至戶部郎中。

嚴　拱　字德星。江西奉新縣人。嘉慶六年三甲四十二名進士。任刑部主事，丁內艱，轉雲南司員外郎、湖廣司郎中，京察一等，道光六年官至天津知府。在任三年以勞卒。

楊嗣沅　河南商城縣人。嘉慶六年三甲四十三名進士。十四年任江西德興知縣。

蔡行達　字質夫，號鹿川。福建漳浦縣人。嘉慶六年三甲四十四名進士。欽賜庶吉士，改任工部主事。以事奪職。

祖父蔡新，乾隆元年進士，大學士。

鍾師唐　字安亭。江西分宜縣人。嘉慶六年三甲四十五名進士。十四年任福建羅源知縣，十六年改詔安知縣，十九年任寧德知縣。年老解組歸。

吳本義　湖北江夏縣人。嘉慶五年舉人，六年三甲四十六名進士。任陝西山陽知縣，道光四年改湖北東湖縣教諭。

黃大齡　福建晋江縣人。嘉慶六年三甲四十七名進士。十七年任臺灣府教授，二十三年任福建汀州府教授。

牟穎儒　山東福山縣人。嘉慶六年三甲四十八名進士。任內閣中書，改甘肅寧州知州，嘉慶二十年改福建邵武府同知。

兄牟安儒，嘉慶十年進士；牟惇儒，同榜進士。

王賡欽　山西保德州人。嘉慶六年三甲四十九名進士。任河南靈寶知縣。

周際華　（原名周際岐）字石藩。貴州貴築縣人。乾隆三十八年（1773）生。嘉慶六年三甲五十名進士。授內閣中書，親老乞改教職。七年任貴州遵義府教授，十四年丁憂補都勻府教授。道光六年改河南輝縣知縣，十年代理汲縣知縣，十一年署陝西陝州知州，十七年改江蘇高淳、興化知縣，二十一年調江都知縣，署泰州知州。加同知銜，以年老引疾歸。道光二十六年（1846）卒於家，年七十四。

弟周際釗改名周有章，嘉慶十

四年進士；弟周際雲，道光十二年進士；子周頊，嘉慶二十五年進士；子周顎，道光十五年進士，鹽運使；子周灝，道光二十五年進士。一門父子五人進士。

牟惇儒 字仲叙，號藥州。山東福山縣人。嘉慶六年三甲五十一名進士。任禮部主事，升員外郎，二十四年考選江南道御史，道光元年任順天中城巡城御史，官至雲南大理府知府。

兄牟安儒，嘉慶十年進士；弟牟穎儒，同榜進士。

石 城 字赤霞。浙江錢塘縣人。嘉慶六年三甲五十二名進士。任國子監學正，改知縣，署湖北天門、黃陂、興國知縣，十二年改南漳知縣、蘄水知州，十六年補雲夢、監利知縣，卒於任。

張名枝 貴州畢節縣人。嘉慶六年三甲五十三名進士。任貴州教授。

胡 溶 （《進士題名碑錄》作胡鎔）雲南石屏州人。嘉慶六年三甲五十四名進士。

許紹宗 字迪光，號蓮舫、小湖。陝西咸寧縣人，祖籍浙江山陰。嘉慶六年三甲五十五名進士。選庶吉士，八年散館改湖南永定知縣，歷慈利、巴陵知縣，十二年改武陵知縣、武岡知州，官至湖南鳳凰廳同知。卒於任。

呂光煥 江西豐城縣人。嘉慶六年三甲五十六名進士。任內閣中書，十五年改江西贛州府教授。

莫宗華 廣西臨桂縣人。嘉慶六年三甲五十七名進士。任內閣中書。

傅承絅 湖南湘鄉縣人。嘉慶六年三甲五十八名進士。十四年任陝西褒城知縣。

王 瑞 雲南楚雄縣人。嘉慶六年三甲五十九名進士。嘉慶八年十二月任江蘇昭文知縣，十年改安東知縣。

張 井 字芥航，號畏堂。陝西膚施縣人。乾隆四十一年（1776）生。嘉慶六年三甲六十名進士。任內閣中書、廣東樂會知縣，改河南正陽知縣、祥符知縣，遷許州知州，署汝寧知府，道光四年擢河南開歸陳許道，十一月署東河總督，五年九月實授。六年三月改南河總督。七年降三品留任。十二年因桃源縣民私掘官堤決口再革職留任。十三年四月以病免職。道光十五年（1835）四月卒，年六十。著有《三竹齋文鈔》。

孫張大枏，道光三十年進士。

徐 鴻 （歸宗虞姓）順天大興縣人。嘉慶六年三甲六十一名進士。

邊龍驥 直隸任丘縣人。嘉慶六年三甲六十二名進士。七年任山西靈石知縣，十四年改大寧知縣。

劉 樾 字登初。陝西綏德縣人。嘉慶六年三甲六十三名進士。任內閣中書，改山西長子知縣。

胡鳴鸞 （一作胡鳴鑾）廣東順德縣人。嘉慶六年三甲六十四名進士。十四年任安徽建平知縣。十七年（1822）卒於任。

嚴昌鈺　字銘蘭，號二如、式廬。浙江歸安縣人。嘉慶六年三甲六十五名進士。改貴州獨山知縣，二十一年任畢節知縣，改都勻知縣，官至平遠州知州。

杜　宣　字公宇，號筠圃。雲南嶍峨縣人。嘉慶六年三甲六十六名進士。任內閣中書，十五年改四川新都知縣，擢西藏拉里軍糧府。卒於任。

胡廷儀　江蘇金山縣人。嘉慶六年三甲六十七名進士。道光十三年纍遷湖南長沙府同知。

趙　澂　河南寶豐縣人。嘉慶六年三甲六十八名進士。

馬汝舟　字濟川。山東章丘縣人。嘉慶六年三甲六十九名進士。任山西襄垣知縣。居官六載以目疾乞歸。終年七十六。著有《貽谷堂詩文集》。

葉文英　字韶軒。福建侯官縣人。嘉慶六年三甲七十名進士。九年任四川筠連知縣，十九年改南溪知縣，官至雲南沾益州知州。卒於任。

熊德慎　江西新建縣人。嘉慶六年三甲七十一名進士。九年任湖南桂陽知縣。

丁公路　字禮門。湖南寧鄉人。嘉慶六年三甲七十二名進士。任山西岳陽知縣，十七年任安澤知縣，道光元年改洪洞知縣，四年改平遙知縣，十一年改武鄉知縣。著有《山右咏古詩》行世。

駱師璟　安徽滁州直隸州人。嘉慶六年三甲七十三名進士。任安徽鳳陽府教授。

張建瓴　安徽合肥縣人。嘉慶六年三甲七十四名進士。任直隸宣化知縣，十年任山東榮城知縣。調臨淄知縣。

徐陳謨　字迪皋。湖北蘄水縣人。嘉慶五年舉人，六年三甲七十五名進士。十六年任四川東鄉知縣、新寧知縣，道光二年署四川開縣知縣，四年官至四川眉州直隸州知州。卒於官。

蒲文甲　四川蓬溪縣人。嘉慶六年三甲七十六名進士。

王厚慶　字幼海。山東福山縣人。嘉慶六年三甲七十七名進士。任內閣中書、軍機章京、宗人府主事、刑部員外郎，外任雲南澂江、東川知府，調浙江台州知府，署寧紹台兵備道。

書通阿　蒙古正紅旗人。嘉慶六年三甲七十八名進士。道光元年署四川犍爲知縣。

汪　鑑　字雨泉。直隸灤州人。嘉慶六年三甲七十九名進士。任國子監學正，纍遷吏部郎中，官至廣西柳州府知府。

楊雲開　字超群、霽庵。江西玉山縣人。嘉慶六年三甲八十名進士。二十三年授浙江天台知縣，調鄞縣、餘姚知縣，升處州府同知，仍任平陽知縣。解組歸。

陸禹貢　廣西隆安縣人。嘉慶

六年三甲八十一名進士。

　　韓厥田　字禹甸，號望垣。山東淄川縣人。嘉慶六年三甲八十二名進士。十六年任湖北利川知縣。以疾致仕。著有《杜詩祥注》《二十一史集要》《十三經集解》等。

　　馬建三　廣西永康州人。嘉慶六年三甲八十三名進士。

　　莫紹惪　字衣堂。廣東定安縣人。嘉慶六年三甲八十四名進士。任內閣中書，候選員外郎。

　　竇心傳　字輔堂，號長山。山西沁水縣人。嘉慶六年三甲八十五名進士。選庶吉士，任江西新淦知縣，改江西豐城知縣，調奉天承德知縣、寧海知縣，坐帝東巡治御道有誤，忤上司罷官。後被吉林將軍富俊招爲助手，協同興辦屯墾，始終任事。因功升承德知府。

　　武韻青　安徽來安縣人。嘉慶六年三甲八十六名進士。十年任江蘇青浦知縣。

　　劉澍　貴州平越直隸州人。嘉慶六年三甲八十七名進士。任河南知縣。致仕歸，卒。

　　邊廷英　直隸任丘縣人。嘉慶六年三甲八十八名進士。歷內閣中書、禮部主客司主事，升員外郎。

　　許雙珝　廣西臨桂縣人。嘉慶六年三甲八十九名進士。

　　祁鳳廷　寧夏靈州人。嘉慶六年三甲九十名進士。

　　何佳玫　字鳴佩，號容齋。江蘇丹徒縣人。嘉慶六年三甲九十一名進士。授國子監學正，十年改安徽寧國府教授。任未滿以母思乞歸。著有《揖名草堂文集》。

　　何菜　號馨庵。四川岳池縣人。嘉慶六年三甲九十二名進士。任山西絳縣、河津知縣，二十五年調補直隸鹽山知縣，改南皮知縣。加知州銜，乞歸。卒年八十四。

　　潘業　河南魯山縣人。嘉慶六年三甲九十三名進士。十年任福建長汀知縣。

　　魏鳳書　山西武鄉縣人。嘉慶六年三甲九十四名進士。任山西平陽府教授。

　　徐夢陳　號竹臣。順天房山縣人。嘉慶六年三甲九十五名進士。十年任四川鹽源知縣。因公赴成都，卒於成都。

　　繆景勛　四川成都縣人。嘉慶六年三甲九十六名進士。任甘肅秦安知縣，改四川鹽源縣教諭。

　　陳何龍　山西猗氏縣人。嘉慶六年三甲九十七名進士。任內閣中書，十八年充陝西鄉試副考官，道光二年十一月任太湖同知。

　　聚寧　滿洲鑲黃旗人。嘉慶六年三甲九十八名進士。

　　朱鳳森　（榜名朱奕森）字韞山。廣西臨桂縣人。乾隆四十一年（1776）生。嘉慶六年三甲九十九名進士。授河南浚縣知縣，加同知銜，升曹州知府。道光十一年（1831）三月二十四日卒。年五十六。著有《守浚日記》《守浚詩》及《十二釵傳奇》《平鏍記傳奇》《金石緣傳奇》等。

子朱琦，道光十五年進士。

方元鵾 字振颺，號海槎、鐵船。浙江金華縣人。嘉慶六年三甲一百名進士（年近五十）。官至工部主事。引疾歸。流寓太倉州，卒。工詩，輯唐宋金元明七律爲《指南甲乙篇》，另有《凉棚夜話》《舊雨新談》《鐵船詩鈔》。等

萬世美 字虞臣。福建甌寧縣人。嘉慶六年三甲一百零一名進士。任內閣中書。治三禮，通天算。卒年五十八。

衛元綱 山西臨汾縣人。嘉慶六年三甲一百零二名進士。道光元年任福建政和知縣。

王以鋙 字寶華，號古彝。浙江歸安縣人。乾隆六十年會試會元。因官場傾軋被停殿試，嘉慶六年補殿試爲三甲一百零三名進士。選庶吉士，散館仍留庶吉士。以事遣戍。

其兄王以銜爲乾隆六十年狀元。

張可琅 陝西洛川縣人。嘉慶六年三甲一百零四名進士。任陝西延安教諭。

劉燻 直隸豐潤縣人。嘉慶六年三甲一百零五名進士。任內閣中書，官至廣西太平知府。

張元鼎 字西園、和羹。甘肅鎮原縣人。嘉慶六年三甲一百零六名進士。十五年選四川東鄉知縣，未到任丁憂歸。二十一年任山東海陽知縣，道光三年調山東沂水知縣，四年七月改山東長清知縣。以疾告

歸。主講中峰書院。

宋俊起 字贊侯，號鶴汀。山東蘭山縣人。嘉慶六年三甲一百零七名進士。任河南林縣知縣。以終養歸。教授生徒，卒年八十二。

鍾泰嶽 廣西融縣人。嘉慶六年三甲一百零八名進士。

衍恩 漢軍鑲黃旗人。嘉慶六年三甲一百零九名進士。二十一年官至湖北安陸知府。

王植 山西陽曲縣人。嘉慶六年三甲一百十名進士。任內閣中書。

周國瑛 字邦華。江西鄱陽縣人。嘉慶六年三甲一百十一名進士。九年任江西廣信府教授。

沈時中 順天宛平縣人。嘉慶六年三甲一百十二名進士。

馬宗璉 字魯陳，號器之。安徽桐城縣人。嘉慶六年三甲一百十三名進士。歸班候選知縣，任安徽東流縣教諭。嘉慶七年（1802）卒。著有《春秋左傳補注》《公羊補注》《校經堂詩鈔》《毛鄭詩》《詁訓考證》《周禮鄭注疏證》《穀梁傳疏證》《說文字義廣證》《戰國策地理考》《南海鬱林、合浦蒼梧四郡沿革考》《嶺南詩鈔》《崇鄭堂詩》等。

闕邦觀 字景宸，號濟川。廣西北流縣人。嘉慶六年三甲一百十四名進士。選庶吉士。早卒。

丁步曾 字毅齋。江西瀘溪縣人。嘉慶六年三甲一百十五名進士。任內閣中書。旋乞歸。

闕仕龍 廣東南海縣人。嘉慶

六年三甲一百十六名進士。任知縣。

陶廷颺　貴州都勻縣人。嘉慶六年三甲一百十七名進士。十年任山西靈石知縣，十八年改繁峙知縣。

弟陶廷皋，嘉慶十四年進士；弟陶廷傑，嘉慶十九年進士。

曾暉春　字霽峰。福建閩縣人。嘉慶六年三甲一百十八名進士。任國子監學正，十六年改江西會昌知縣，二十四年調江西廬陵知縣，署新建知縣，二十五年官至江西義寧州知州。加四品。

子曾元炳，道光九年進士；曾元海，道光二年進士；曾元燮，道光十八年進士；孫曾兆鰲，道光二十四年進士。

王　達　字達人，號稚山。順天宛平縣人。嘉慶六年三甲一百十九名進士。選庶吉士，十年改山西黎城知縣，十六年調湖北鄖縣知縣，二十年改房縣知縣，道光五年改蒲圻知縣、監利知縣，十一年遷湖北蘄州知州。

李允升　字隽階、藹溪。山東文登縣人。嘉慶六年三甲一百二十名進士。授國子監學正，七年改山東濟南府教授。

林健學　廣東鎮平縣人。嘉慶六年三甲一百二十一名進士。任知縣。

王汝瑤　字維玉。山東諸城縣人。舉人，任山東莘縣訓導。嘉慶六年三甲年一百二十二名進士。卒於京邸，年五十四。

姜世昇　山東萊陽縣人。嘉慶

六年三甲一百二十三名進士。七年任江西樂平知縣，改廬陵、贛縣知縣。署撫州通判，調江蘇甘泉知縣。

吳世蘭　湖北監利縣人。乾隆五十一年舉人，嘉慶六年三甲一百二十四名進士。六年任湖北鄖陽府教授。

王時任　四川宜賓縣人。嘉慶六年三甲一百二十五名進士。任廣東電白知縣，道光元年改廣東徐聞知縣。

饒先睿　湖南長沙縣人。嘉慶六年三甲一百二十六名進士。任刑部主事。

黃樹棠　湖北黃岡縣人。乾隆五十三年舉人，嘉慶六年三甲一百二十七名進士。八年任廣東茂名知縣。

董蘭馨　直隸豐潤縣人。嘉慶六年三甲一百二十八名進士。

黃　鶴　字鳴皋、仲郁。貴州清鎮縣人。嘉慶六年三甲一百二十九名進士。任江蘇桃源縣知縣，八年改江蘇儀征知縣，十二年任江陰知縣，十三年調常熟知縣。

孔繼鴻　字漸逵。山東曲阜縣人。嘉慶六年三甲一百三十名進士。十一年任直隸永年知縣，丁憂去。二十年十月署順天寧河知縣，二十一年六月去。二十三年任直隸棗強知縣，道光元年署直隸新河知縣。

薛　墾　河南祥符縣人。嘉慶六年三甲一百三十一名進士。

黃　暹　浙江仁和縣人。嘉慶

六年三甲一百三十二名進士。十一年任福建長泰知縣。

伍彭年 廣東香山縣人。嘉慶六年三甲一百三十三名進士。十八年任江西信豐知縣。

徐 淵 字伊東，號竹虛。浙江慈溪縣人。嘉慶六年三甲一百三十四名進士。任內閣中書。以疾假歸。卒年三十九。

熊如澍 江西高安縣人。嘉慶六年三甲一百三十五名進士。任吏部主事，升員外郎。

父熊中砥，乾隆三十一年進士；弟熊如洵，嘉慶元年進士。

徐心田 （原名徐必思）字慎之，號雲門。江西奉新縣人。嘉慶六年三甲一百三十六名進士。選庶吉士，散館改安徽南陵知縣，道光年間改九江府教授。

祖父徐維綸，乾隆十九年進士。

姚 觀 江西南城縣人。嘉慶六年三甲一百三十七名進士。二十一年任福建寧德知縣，道光四年官至福建永春直隸州知州。

趙逢源 江蘇青浦縣人。嘉慶六年三甲一百三十八名進士。二十二年任福建臺灣海防同知，二十四年任廣東高州知府。

徐 昆 字玉山，號星槎。浙江龍游縣人。嘉慶六年三甲一百三十九名進士。授河南葉縣知縣，調商丘知縣。丁父憂歸，遂不復仕。

楊廷英 字獻皆。福建龍岩直隸州人。乾隆三十一年（1766）生。

嘉慶六年三甲一百四十名進士。十九年任山西虞鄉和縣。在任五年，以疾卒。

倪孟華 （改名倪世華）字素之。廣東番禺縣人。嘉慶六年三甲一百四十一名進士。任內閣中書，遷刑部主事、員外郎，丁內艱服闋，記名御史。未幾卒。

蔡超群 廣東順德縣人。嘉慶六年三甲一百四十二名進士。任知縣。

凱音布 字戡卿，號靖侯。滿洲鑲藍旗人。嘉慶六年三甲一百四十三名進士。選庶吉士，任檢討、翰林院侍讀學士。嘉慶十一年授詹事遷內閣學士，十四年授盛京禮部侍郎，改禮部、吏部侍郎。十八年革。二十五年十月授左副都御史，道光四年改理藩院侍郎，歷兵部、刑部、吏部、盛京禮部、盛京戶部、盛京刑部，復改刑部、兵部、刑部侍郎，十四年授察哈爾都統。十六年七月遷左都御史，九月改成都將軍。道光十九年（1839）三月卒。

陳耀昌 字星階、緒熙。直隸安州人。嘉慶六年三甲一百四十四名進士。任國子監助教。著有《醫方集腋》。

祖父陳德榮，康熙五十一年進士；伯父陳策，乾隆元年進士；伯父陳筠，乾隆十六年進士；父陳筌，乾隆十七年進士。一門三世五名進士。

龔傳黻 字文卿。湖北監利縣人。乾隆六十年舉人，嘉慶六年三甲一百四十五名進士。任吏部主事，十五年任四川樂山知縣。

高業成　湖北江陵縣人。嘉慶六年三甲一百四十六名進士。初爲湖北德安府教授，改河南舞陽知縣。在任十三年，以足疾致仕歸。著有《玉梅山房文稿》。

陳可經　字青麓。山東博山縣人。嘉慶六年三甲一百四十七名進士。十一年任山東東昌府教授。

朱錫穀　字菽原。福建侯官縣人。嘉慶六年三甲一百四十八名進士。十一年任江西萬安知縣，改四川渠縣知縣，道光元年改金堂知縣，十一年署巴州知州，十二年任四川成都知縣，遷四川瀘州直隸州知州，官至四川敘州知府。致仕歸。

張日昇　江西安福縣人。嘉慶六年三甲一百四十九名進士。十六年任山東樂安知縣，改江西南安府教授。

范仲映　湖南桂陽縣人。嘉慶六年三甲一百五十名進士。十年任湖南常德府教授，十八年改湖南永順府教授。

戴　昶　字耆卿，號敬亭。四川中江縣人。嘉慶六年三甲一百五十一名進士。任陝西延長知縣，十九年調補洋縣知縣，丁憂服闋，改四川保寧府教授。在任十一年，因念諸弟，引疾歸。卒年七十。

陳治策　字芸蕙。湖北興國州人。嘉慶五年舉人，六年三甲一百五十二名進士。十一年任浙江雲和知縣，在任四年謝病歸。十七年改湖北德安府教授。著有《盤古山房詩集》行世。

黃思芝　（改名黃德城）字瑞三。湖南漵浦縣人。嘉慶六年三甲一百五十三名進士。七年任湖南寶慶府教授。改雲南河陽知縣，曾護理澂江知府。卒於任。

朱煜南　字宗盛、旭亭。浙江黃岩縣人。嘉慶六年三甲一百五十四名進士。任直隸文安知縣。

何恒鍵　福建閩縣人。嘉慶六年三甲一百五十五名進士。十六年任江蘇贛榆知縣，二十年仍見，道光元年任江蘇泰興知縣。

恒　福　字益亭，一字惇夫。滿州正白旗。嘉慶六年三甲一百五十六名進士。官中允。著有《墨卿堂集》。

楊書紹　漢軍正紅旗。嘉慶六年三甲一百五十七名進士。任內閣中書、河南彰德府知府，嘉慶二十一年任江西廣信知府。

冉永淦　四川石砫廳人。嘉慶六年三甲一百五十八名進士。七年四月署山東平原知縣，改山東博興知縣，十三年任泰安知縣。

衛邦彥　山西沁州直隸州人。嘉慶六年三甲一百五十九名進士。

盧兆鰲　湖南安仁縣人。嘉慶六年三甲一百六十名進士。六年任湖南沅州府教授，道光元年遷廣東萬州知州，十年官至廣東化州知州。

姜　澍　河南汜水縣人。嘉慶六年三甲一百六十一名進士。十年任湖北均州知州。十二年復任。

黃孟甫 字維岳，號蓋峰。河南長葛縣人。嘉慶六年三甲一百六十二名進士。歸班候選知縣。

張文車 山東昌邑縣人。嘉慶六年三甲一百六十三名進士。任陝西白河知縣。

王玉衡 直隸豐潤縣人。嘉慶六年三甲一百六十四名進士。任直隸宣化府教授。

馬有章 字倬亭。江蘇通州人。嘉慶六年會元，三甲一百六十五名進士。任內閣中書。

白雲龍 字際五，號霽岩。河南武安縣人。嘉慶六年三甲一百六十六名進士。任直隸懷柔、隆平知縣，改宣化府西寧知縣，未幾卒於官，年四十六。

張仲學 河南浚縣人。嘉慶六年三甲一百六十七名進士。任內閣中書。

孔傳性 字舟山。山西忻州直隸州人。嘉慶六年三甲一百六十八名進士。任內閣中書。以親老不仕歸。著有《倚雲堂集》。

趙 霖 山西忻州直隸州人。嘉慶六年三甲一百六十九名進士。任山西蒲州府教授。

彭貫一 江西廬陵縣人。嘉慶六年三甲一百七十名進士。任主事。

李鴻賓 字象三，號鹿坪。江西德化縣人。嘉慶六年三甲一百七十一名進士。選庶吉士，任翰林院檢討。十四年考選山東道御史，十五年任順天西城巡城御史，遷給事中，十九年超擢東河副總河督。二十二年署禮部侍郎，二十三年授廣東巡撫，改漕運總督、東河總督，道光二年授湖廣總督，六年改兩廣總督。十年九月授協辦大學士。留任總督，十二年因平定廣東連州瑤民起義失當八月革，遣戍烏魯木齊。十四年釋還予編修，久家居。道光二十六年（1846）卒（一作二十年卒）。

子李儒郊，道光二年進士，甘肅甘州知府。

趙 棠 字惠南。雲南南寧縣人。嘉慶六年三甲一百七十二名進士。十五年赴京候銓，以疾卒。著有《夢草軒詩鈔》《漢村文集》。

常 英 字軼聞、子千，號芝岩。蒙古鑲黃旗，烏朗罕吉勒默特氏。嘉慶六年三甲一百七十三名進士。選庶吉士，授檢討。擢侍讀學士，十二年授詹事，十四年遷內閣學士。十六年降調。十七年授太僕寺卿，十八年改大理寺卿，十九年復任內閣學士。二十二年遷理藩院左侍郎，二十四年改兵部侍郎。二十五年降補太常寺少卿，道光元年復任兵部侍郎。道光四年以事解職。後復起，六年補通政使參議，九年改右庶子。道光十年（1830）卒。

廖方彥 字英三，號芸臺。湖北漢陽縣人。乾隆五十三年舉人，嘉慶六年三甲一百七十四名進士。選庶吉士，歸班銓選。任山東蒙陰知縣。

嘉慶七年（1802）壬戌科

第一甲三名

吳廷琛 字震南，號棣華。江蘇元和縣人。乾隆三十八年（1773）二月十八日生。嘉慶七年一甲第一名狀元。授翰林院修撰。九年充湖南鄉試主考官，督湖南學政，擢浙江金華知府，改杭州知府。道光元年升直隸清河道，二年授雲南按察使。六年召京，以四品京堂用。逾年乞病歸。曾主講正誼書院。道光二十四年（1844）九月初三卒，年七十二。著有《歸田集》《池上草堂詩集》。

李宗昉 字靜遠，號芝齡。江蘇山陽縣人。乾隆四十四年（1779）七月初三日生。嘉慶七年一甲第二名榜眼。任編修。九年充陝西鄉試主考官，十四年充會試同考官，升贊善、庶子。十八年督貴州學政，升侍讀學士，二十一年督浙江學政，進少詹事，嘉慶二十四年授詹事，遷內閣學士。道光二年授禮部侍郎，充江西鄉試主考官，歷戶部、工部、吏部侍郎。十三年丁憂。十六年復授吏部侍郎，五月遷左都御史。十七年丁憂。二十二年九月復授左都御史，二十四年二月改禮部尚書。二十五年以病免職。道光二十六年（1846）四月初十日卒，年六十八。能詩文。著有《聞妙香室詩文集》十二卷、《文集》十九卷、《黔記》四卷、《經進集》五卷、《致用叢書》等。

朱士彥 字修承，號泳齋。江蘇寶應縣人。乾隆三十六年（1771）十一月初七日生。嘉慶七年一甲第三名探花。歷任編修、贊善、侍講，十八年督湖北學政，升侍讀學士、少詹事，嘉慶二十五年授內閣學士，遷兵部侍郎，道光五年督浙江學政、九年督安徽學政，十年九月遷左都御史，十一年改工部尚書。十三年四月調吏部尚書，十四年乞養。十七年授兵部尚書，十八年（1838）復任吏部尚書。同年九月卒。年六十八。贈太子太保，諡"文定"。

第二甲八十四名

李仲昭 字守謹、次卿，號克齋、衛門。廣東嘉應直隸州人。乾隆四十二年（1777）生。嘉慶七年二甲第一名進士。選庶吉士，授編修。十二年充順天鄉試同考官，十七年考選江西道監察御史，升兵科給事中。因劾長蘆鹽商查有圻事，又劾吏部京察不公，繼因杖責書吏，遭劾罷歸。

朱珔 字玉存，號書農、蘭坡。安徽涇縣人。乾隆三十四年（1769）十月初一日生。嘉慶七年二甲第二名進士。選庶吉士，授編修。擢侍讀，道光元年直上書房，升右春坊、右贊善。乞養歸。主講鍾山、正誼、紫陽書院二十多年。道光三十年（1850）四月十三日卒。年八十二。著有《小萬卷齋詩稿》七十卷、《紫陽家塾詩鈔》《説假借義證》二十八卷、《經文廣義》十二卷、《文選集釋》二十四卷，輯有《國朝古文彙鈔》二百七十二卷、《詁經文鈔》六十二卷等。

吳椿 字萌華，號退旃。安徽歙縣人。乾隆三十五年（1770）三月十六日生。嘉慶七年二甲第三名進士。選庶吉士，任編修。十四年考選浙江道御史，任順天北城巡城御史，歷侍講、通政副使。道光八年授光祿寺卿，改大理寺卿。十年遷左副都御史，督江蘇學政（回避寄籍未到任），十一年起歷兵部、工部、戶部侍郎。十四年遷左都御史，十六年調禮部尚書，十八年九月改戶部尚書。十九年以病休致。道光二十五年（1845）五月十三日卒，享年七十六。

呂子班 字仲英。江蘇陽湖縣人。嘉慶七年二甲第四名進士。授戶部主事、陝西司郎中，道光三年外任廣東瓊州知府，丁憂。補浙江寧波知府，署寧紹台道。卒於官。

章道鴻 字黼卿，號匯之。安徽青陽縣人。嘉慶七年二甲第五名進士。選庶吉士，授編修。

何丙咸 字南義，號辛六。浙江蕭山人。嘉慶七年二甲第六名進士。選庶吉士，授編修。十二年充任順天同考官，卒。

顧蒓 字希翰，號吳羹、南雅，晚號息廬。江蘇吳縣人。乾隆三十年（1765）七月二十四日生。嘉慶七年二甲第七名進士。選庶吉士，授編修。擢侍講，十七年督雲南學政，降編修，遷右中允，遷侍講學士，道光十一年官至通政司副使。十二年（1832）五月十三日卒。年六十八。工詩文，書法，著有《和珅傳》《南雅詩文鈔》《滇南風采風錄》等。

董桂新 字茂文，號柳江。安徽婺源縣人。嘉慶七年二甲第八名進士。選庶吉士。卒年三十二。

梁章鉅 字閎中，號紫林、茝鄰、退庵。福建長樂人。乾隆四十年（1775）七月初六日生。嘉慶七年二甲第九名進士。選庶吉士，任禮部主事，升員外郎。道光二年京察一等，授湖北荊州知府，遷江蘇淮海道。五年授山東按察使，改江西按察使，遷江蘇布政使，十二年以病免。十五年授甘肅布政使改直隸布政使，十六年四月遷廣西巡撫，二十一年閏三月改江蘇巡撫。十二月以病免。道光二十九年（1849）六月二十日卒。年七十五。一生著作頗豐，有《長樂詩話》《夏小正通釋》《春曹提名錄》《樞垣紀略》《古格言》《滄浪亭志》《江田梁氏詩存》《文選旁證》《退庵隨筆》《論語集注旁證》《國朝臣工言行記》《楹聯叢話》《巧對錄》《集義叢話》《楹聯續話》《稱謂拾遺》《自訂年譜》《歸田瑣記》《閩川閨秀詩話》《農侯雜占》《經塵》《論語孟子三國志旁證》《清書錄》《金石書畫題跋》《浪迹叢談》《歸田滇記》等，共七十餘種。

呂兆麒 字鳳友，號星泉、宜閣。安徽旌德縣人。嘉慶七年二甲第十名進士。選庶吉士，散館十一年改任四川西昌知縣，十五年任四川劍州、涪州知州、酉陽知州，二十二年改合州知州。到任五日卒。

金式玉 字郎甫，號竹鄰。浙江仁和縣人，原籍安徽歙縣。嘉慶七年二甲十一名進士。選庶吉士。未散館遽卒，年二十八。撰有《於鄰詞》一卷，著有《竹林遺稿》。

祖父金長溥，乾隆十三年進士。

朱　鴻 字雲陸、筠麓，號儀可、小梁。浙江秀水縣人。乾隆三十一年（1766）十月初八日生。嘉慶七年二甲十二名進士。選庶吉士，授編修。二十四年考選河南道御史，升給事中。道光六年官至湖南儲糧道，忤巡撫，降候補道。後掌長沙城南書院。精研算學。著有《考工記車制參解》《聲音譜》等。

費蘭墀 字秀生，號心谷。江蘇震澤縣人。嘉慶七年二甲十三名進士。選庶吉士，授編修。淡仕進，一年即告歸。著有《蓬庵文鈔》。

父費振勛，乾隆四十年進士。

洪占銓 字輔階，號介亭、鑒亭。江西宜黃縣人。嘉慶七年二甲十四名進士。選庶吉士，授編修。十五年充陝西鄉試主考官。

陶　澍 字子霖，號雲汀。湖南安化縣人。乾隆四十三年十一月三十日（1779年1月）生。嘉慶七年二甲十五名進士。選庶吉士，授編修。十九年遷江南道御史，升吏科給事中，二十四年擢四川川東道。二十五年授山西按察使改福建按察使，道光元年遷安徽布政使，三年授安徽巡撫。五年調江蘇巡撫，十年八月加太子少保任兩江總督。道光十九年（1839）三月病免。六月初二日卒。贈太子太保，入祀賢良祠。諡"文毅"。著有《印心石屋文集》《奏議》《陶桓公年譜》《淵明集輯注》《靖節年譜》《安徽通志》。

何應杰 字子凡，號培田、庸庵。貴州貴築縣人。嘉慶七年二甲十六名進士。選庶吉士，授編修。

父何泌，乾隆五十二年進士。

徐必觀 字巽占。江西奉新縣人。嘉慶七年二甲十七名進士。十年任湖北鄖縣知縣，補蘄水知縣，丁憂。道光二年調福建順昌知縣，四年改詔安縣，七年任臺灣鳳山知縣。卒於任。

胡開益 字仲謙，號牧堂。順天宛平縣人，原籍浙江會稽。乾隆三十九年（1774）五月二十六日生。嘉慶七年二甲十八名進士。選庶吉士，授編修。十三年充河南鄉試副考官，道光二年以侍讀充會試同考官，歷任翰林院侍讀學士，八年授詹事府詹事。充江西鄉試主考官，督安徽學政，道光十年降編修。

程壽齡 字涑泉，號薦如。江蘇甘泉縣人。嘉慶七年二甲十九名進士。選庶吉士，授編修。十五年督雲南學政，升贊善。左遷主事。以疾卒。著有《詩文集》。

張源長 字方濟，號秋圃。山東樂陵縣人。嘉慶七年二甲二十名進士。選庶吉士，授編修。十六年任山西道御史，二十一年改順天南城巡城御史，擢兵科掌印給事中，外任河南南汝光道，丁憂服闋，授浙江溫處道。因不迎合上官，罷歸。卒年七十九。

易禧善 （改名易元善）字允臣、允甫，號石坪。湖北漢陽縣人。乾隆五十九年舉人，嘉慶七年二甲二十一名進士。選庶吉士，授編修。

十二年充貴州鄉試主考官，二十四年陝西鄉試副考官，道光二年會試同考官，官至侍讀學士。

饒向榮 字繡圃，號綺峰。江西東鄉縣人。嘉慶七年二甲二十二名進士。選庶吉士，改任兵部主事，擢郎中。旋卒。

鄧士憲 字成智，號鑒堂。廣東南海縣人。嘉慶七年二甲二十三名進士。選庶吉士，改任兵部主事，升武選司郎中，二十三年任貴州大定知府，道光二年改思南知府，調雲南臨安知府、普洱知府，官至雲南糧儲道。繼母老，告歸。

黃錫褆 字仲佩，號定軒。江西宜黃縣人。嘉慶七年二甲二十四名進士。選庶吉士。改戶部主事。僅數月以母老引疾歸，孝養、著述。

父黃捷山，乾隆十三年進士。

張鑒 字星朗，號靜軒。浙江仁和縣人。嘉慶七年二甲二十五名進士。選庶吉士，授編修。嘉慶十八年考選山東道御史，充廣東鄉試正考官，升工科給事中，道光二年充順天鄉試同考官，改吏科給事中，十一年充順天鄉試同考官，官至內閣侍讀學士。引疾歸。主講正誼、敷文書院。卒年八十一。

任英 字紹言，號衣堂。江西宜興縣人。嘉慶七年二甲二十六名進士。選庶吉士，道光三年任湖南桃源知縣。

謝學崇 字仲蘭，號崇之、椒石。江西南康縣人。廣東巡撫謝啓昆子。嘉慶七年二甲二十七名進士。選庶吉士，授編修。十三年充會試同考官，官至河南開歸陳許道。後降郎中。

謝蘭生 （1760—1831）字佩士、澧浦。廣東南海縣人。嘉慶七年二甲二十八名進士。選庶吉士。未散館乞養歸。主講羊城書院，工詩書畫。著有《雞肋草》《常惺惺齋文集》。

李振翥 字雲軒，號竹醉。安徽太湖縣人。乾隆三十八年（1773）五月十三日生。嘉慶七年二甲二十九名進士。選庶吉士，授編修。十三年充浙江鄉試副考官，京察一等出任河南陳州知府。嘉慶二十四年遷直隸天津道，道光七年改直隸通永道，署直隸按察使、長蘆鹽運使，調廣東鹽運使，十六年授陝西按察使改山東按察使。卒於任。

施鸞坡 字惺渠。江蘇崇明縣人。嘉慶七年二甲三十名進士。選庶吉士，散館改任知縣。

楊芝 廣東揭陽縣人。乾隆三十九年正月初一日生。嘉慶七年二甲三十一名進士。分發廣西補武緣知縣，卒於任。

何蘭汀 字雨堂，號墨香。浙江山陰縣人。嘉慶七年二甲三十二名進士。選庶吉士，散館十一年改福建順昌縣知縣，改雲南寶寧知縣，改昆明知縣，遷東川府巧家廳同知，官至雲南開化知府。

侄何丙勛，道光十五年進士。

劉加封 字松卿，號雪壺。陝西咸陽縣人。嘉慶七年二甲三十三名進士。選庶吉士，十三年任山東章丘知縣，十四年八月調歷城知縣，十六年署濟南府同知。

黃中傑 字謙之，號俊民。江西南昌縣人。嘉慶七年二甲三十四名進士。選庶吉士，授編修。十五年順天鄉試同考官，十八年考選山東道御史，遷吏科給事中，二十一年復任順天鄉試同考官，道光二年官至湖南糧儲道。以疾卒。

潘樹霖 字潤巷，號雨田。浙江歸安縣人。嘉慶七年二甲三十五名進士。官至吏部員外郎。

潘人炳 字錦堂，號二山。浙江會稽縣人。乾隆三十年二月十二日生。嘉慶七年二甲三十六名進士。即用陝西知縣，現任醴泉知縣。

王廷元 字中和，號致甫。安徽太湖縣人。嘉慶七年二甲三十七名進士。十一年任山東堂邑知縣。在任八年。

宋庚 字麗生、苓湖。江蘇溧陽縣人。嘉慶七年二甲三十八名進士。任江西弋陽、龍南、湖口、南城知縣，道光二年補新淦知縣。歸。

吳鼎 字石臣。浙江錢塘縣人。嘉慶七年二甲三十九名進士。十年任田川墊江知縣，十一年改四川雙流知縣，十五年改鄰水縣，十九年調渠縣知縣。

董正揚 字覲文，號鶴艘、眉伯。浙江泰順縣人。嘉慶七年二甲四十名進士。任江西大庾知縣。

李鍾璧　字奎光，號石渠。雲南太和縣人。嘉慶七年二甲四十一名進士。選庶吉士，散館改廣西富川縣知縣，遷廣西全州知州，道光八年官至廣西鬱林直隸州知州。

李可蕃　字衍修，號椒堂。廣東南海人。嘉慶七年二甲四十二名進士。選庶吉士，授編修。十五年考選山西道御史，十六年任順天北城巡城御史，二十一年官至湖南督糧道。

兄李可端，嘉慶元年進士；兄李可瓊，嘉慶十年進士。

陸景華　字曙霞，號曉峰。浙江海寧州人。嘉慶七年二甲四十三名進士。任浙江溫州府教授。

朱廷慶　（原名朱繼登）字椿年，號閩生。浙江仁和縣人。嘉慶七年二甲四十四名進士。選庶吉士，散館改山東蒲臺知縣。

瞿昂　字子皐，號羨門。順天宛平縣人，祖籍蕭山。嘉慶七年二甲四十五名進士。選庶吉士，授編修。十八年以左贊善充湖南鄉試主考官，升中允、翰林院侍讀學士，二十一年充河南鄉試主考官，升刑部郎中，道光二年充會試同考官，官至河南陳州知府。

趙蘐　字又瑗，號覺莊。雲南晉寧州人。嘉慶七年二甲四十六名進士。選庶吉士，改知縣。客死濟南府署。

程邦憲　字穆甫，號竹庵。江蘇吳江縣人。嘉慶七年二甲四十七名進士。選庶吉士，授編修。道光二年考選江西道御史，充順天鄉試同考官，升戶科給事中，官至鴻臚寺少卿。以疾假歸。曾以“清虛靜泰”四字顏其室。

沈維鐈　字子彝，號鼎甫、小湖、夢餘。浙江嘉興縣人。乾隆四十三年十二月十二日（1779 年 1 月）生。嘉慶七年二甲四十八名進士。選庶吉士，授編修。歷任國子監司業、洗馬，二十一年督湖北學政，道光二年以侍讀學士督福建學政，遷大理寺少卿，八年督順天學政，十年授太僕寺卿改宗人府丞。十二年授左副都御史，督安徽學政，十四年改工部侍郎。十八年六月以耳疾免職。曾主杭州敷文書院。道光二十九年（1849）六月二十七日卒。年七十二。參與修《全唐文》《一統志》，輯《秘殿珠林》《石渠寶笈》，著有《經史文》《駢體文合成》等。

父沈叔埏，乾隆五十二年進士。

霍樹清　字柱堂，號松軒。陝西朝邑縣人。嘉慶七年二甲四十九名進士。選庶吉士，改甘肅鎮原知縣，調平羅知縣，丁母憂，丁祖母憂。二十三年補江西新淦知縣，道光元年署臨川知縣，歷鄱陽知縣，五年補新建知縣，遷南昌府總捕同知，署贛州、南康、南安知府。卒於南昌，年七十一。

張元宰　字錫廣，號息畊。安徽桐城縣人。嘉慶七年二甲五十名進士。選庶吉士，授編修。

曾祖張英，大學士。

萬鼎琛　字璞軒。湖北黃岡縣人。嘉慶五年舉人，七年二甲五十一名進士。選庶吉士，十一年授廣東曲江知縣，改始興知縣，十八年改廣東瓊山縣知縣。卒於任。

黎　燮　字仲和，號理堂、聰池。湖北黃陂縣人。乾隆五十三年舉人，嘉慶七年二甲五十二名進士。選庶吉士。改知縣，十一年任江西泰和知縣，十八年復任，官至江西寧都州知州。

卿祖培　字錫祜、敦夫，號滋圃。廣西灌陽縣人。乾隆四十一年（1776）八月二十四日生。嘉慶七年二甲五十三名進士。選庶吉士，授編修。二十一年遷湖廣道御史，擢工科給事中，道光元年授內閣侍讀學士，官至太常寺少卿。道光二年（1822）十一月初九日卒。年四十七。

魏德琬　福建邵武縣人。嘉慶七年二甲五十四名進士。十五年任廣東西寧知縣，遷湖南靖州直隸州知州。

凌鳴喈　字體元，號泊齋。浙江烏程縣人。嘉慶七年二甲五十五名進士。官兵部員外郎。協修會典，管理孳生庫，清理馬政。疏剔弊防奸，洋洋數千言。以越職被議，罷歸。閉戶著書。著有《論語疏義》《尚書考疑》。

洪　燿　字鏡心，號守愚。浙江新城縣人。嘉慶七年二甲五十六名進士。選庶吉士，散館改吏部考工司主事，官至廣西左江道。

田　穗　字敏夫，號可田。浙江仁和縣人。嘉慶七年二甲五十七名進士。十八年任湖北通山知縣。卒於任。

陳聲遹　（原名陳聲籍）字緝學、駿甫、柴亭。福建連江縣人。嘉慶七年二甲五十八名進士。選庶吉士，改任陝西府谷知縣，調廣西北流知縣。丁父憂去官。

程贊清　（原名程贊寧）字定甫，號靜軒。江蘇儀征縣人。嘉慶七年二甲五十九名進士。選庶吉士，授編修。十七年考選山東道御史，十九年任順天南城巡城御史、吏科掌印給事中，二十一年遷安徽寧太道。二十四年授貴州按察使。道光元年調山西按察使，旋內調召京，以候補四品京堂休致。卒年七十六。

蔡以成　字喬木，號韶九。福建侯官縣人。嘉慶七年二甲六十名進士。選庶吉士。散館十一年改四川冕寧知縣，十四年、十七年回任冕寧縣，二十年改銅梁知縣，二十二年再回任冕寧知縣，調會理知州。

寧古齊　字璞齋。滿州鑲白旗人。嘉慶七年二甲六十一名進士。選庶吉士，散館改主事，升至刑部郎中。

父達椿，乾隆二十五年進士，禮部尚書。

盧炳濤　字靜波，號秋槎。浙江東陽縣人。嘉慶七年二甲六十二名進士。選庶吉士，改吏部主事、升員外郎、郎中。二十三年考選湖廣道監察御史，二十三年充江南鄉試副考官，署吏科給事中，記名知府。

朱玉林 字蔭塗，號立齋。順天宛平縣人。嘉慶七年二甲六十三名進士。選庶吉士，改主事，十六年改廣西昭平知縣，丁母憂歸。道光五年任福建清流知縣，十二年官至直隸永平知府。

洪運開 安徽合肥縣人。嘉慶七年二甲六十四名進士。任四川合江知縣，改南充知縣、蓬州知州，二十一年遷眉州直隸州知州。

張元模 字譜南，號範齋、竹坪。直隸安州人。嘉慶七年二甲六十五名進士。選庶吉士，改刑部主事、員外郎，二十三年考選山東道御史，道光元年任順天北城巡城御史，三年改西城巡城御史，遷戶科掌印給事中，五年官至浙江金衢道。

劉丙 字克齋。順天宛平縣人。嘉慶七年二甲六十六名進士。十一年任江西上高知縣，調浮梁知縣，道光二年升江西寧都州知州。著有《飼鹽浴鹽說》。

龔守正 字象曾，號季思。浙江仁和縣人。乾隆四十一年（1776）十一月初八日生。嘉慶七年二甲六十七名進士。選庶吉士，任編修。歷侍講、侍讀，道光五年授詹事，督山東學政，遷內閣學士，十年授禮部侍郎。十一年降通政使。十三年遷左副都御史，歷兵部、戶部、吏部、戶部、吏部侍郎，十八年遷左都御史，九月署

十九年三月授禮部尚書。二十三年十二月以病去職。咸豐元年（1851）八月十四日卒，年七十六。贈太子太保，諡"文恭"。著有《季思手定年譜》《日下賡歌集》。

子龔自閎，道光二十四年進士，任禮部右侍郎。

黃茂 字種之，號藝圃。山西夏縣人。嘉慶七年二甲六十八名進士。選庶吉士，十一年改陝西神木知縣，又任府谷、葭州知縣。

陳岱 字魯望，號步表。浙江錢塘縣人。嘉慶七年二甲六十九名進士。任浙江衢州府教授。

陳徵芝 字世善，號蘭鄰。福建閩縣人。嘉慶七年二甲七十名進士。任江西永豐知縣，調廬陵，補彭澤縣，代理九江府同知。十七年任浙江平湖知縣，道光十一年改浙江秀水知縣，官至雲南騰越廳同知。爲清代藏書家。著有《經史纂要》《帶經堂日記》《帶經堂書目》《韜庵賸稿》。

楊增思 甘肅武威縣人。嘉慶七年二甲七十一名進士。任陝西同官知縣。

張本枝 字蔭青，號立亭。貴州大定府人。嘉慶七年二甲七十二名進士。選庶吉士，改工部主事，二十五年官至甘肅甘涼道，道光元年署甘肅布政使。道光三年三年甘肅涼州知府。

兄張鳳枝，乾隆六十年進士。

宋潢 字星海，號仍吉、岸堂。山東膠州人。嘉慶七年二甲七

十三名進士。選庶吉士，十一年改任湖南臨武知縣，二十二年官至吏部員外郎。充會試同考官。

周毓麟 字衡度，號仁輔。江西瀘溪縣人。嘉慶七年二甲七十四名進士。選庶吉士，散館改知縣，十年復改江西廣信府教授。

林春溥 字立源，號鑒塘、蓼懷。福建閩縣人。乾隆四十年（1775）十一月初五日生。嘉慶七年二甲七十五名進士。選庶吉士，授編修。充嘉慶十二年、二十三年、道光元年順天鄉試同考官，嘉慶二十五年會試同考官。後以父老乞養歸。遂家居不出，曾主講鰲峰書院二十年。咸豐十一年重赴恩榮宴賞四品銜。己先於同年（1862年1月）十二月卒，年八十七。一生著作頗豐，有《竹柏山房叢書》《戰國紀年》《古史紀年》《孔門師弟年表》《孟子時事年表》《武王克殷日記》《四書拾遺》《古書拾遺》《開卷偶得》《説文方言》《説文引經考》及《詩文集》等。

弟林春溶，道光十五年進士。

葛方晋 字畫卿，號雅薌。浙江仁和縣人。嘉慶七年二甲七十六名進士。選庶吉士，授編修。十二年充湖北鄉試副考官，十七年督河南學政。

蓋運長 字景僕，號健園、新田。山西曲沃縣人。嘉慶七年二甲七十七名進士。選庶吉士，散館十一年改廣東澄邁知縣，丁憂補湖南安化知縣，改甘肅皋蘭知縣，遷甘

肅肅州知府，調浙江湖州知府，道光六年改甘肅蘭州知府，官至安肅兵備道、鞏秦階道。總理軍需糧餉，以病歸。家居二年卒。

余保純 字祐堂，號冰懷、與屏。順天府宛平縣人，原籍江蘇武進。嘉慶七年二甲七十八名進士。歷任廣東高明、番禺、開平知縣，二十二年遷南雄州知州，道光十七年擢廣東惠州知府，二十一年署廣州知府。因出面爲被困在廣州四方炮臺的英軍解圍，破壞三元里人民抗英鬥爭，遭到群衆反對，後被撤職。

孫汶 字宗岱，號望山。山東膠州人。嘉慶七年二甲七十九名進士。選庶吉士，授編修。升刑部雲南司郎中，十八年考選陝西道御史，充福建鄉試主考官，二十一年任順天東城巡城御史，升工科給事中，二十四年外任湖南糧儲道。丁父憂。卒於家，年五十七。

隆安 字宅仁，號定齋。蒙古正黃旗人。嘉慶七年二甲八十名進士。選庶吉士，改福建晉江縣知縣，纍遷署直隸廣平知府，道光十七年改保定知府，十八年官至直隸清河道。

林文竹 字震修，號虛亭。湖南巴陵縣人。嘉慶七年二甲八十一名進士。選庶吉士，散館改江西廣昌知縣。後主講江南各書院，著有《四書講議》。

李成蹊 山西太原縣人。嘉慶七年二甲八十二名進士。十二年任

江西石城知縣。

湯　達　字望勛。江蘇溧陽縣人。嘉慶七年二甲八十三名進士。任甘肅碾伯知縣，道光二年閏三月改江蘇蘇州府教授。

張　佑　字乾伯，號春洋子。陝西朝邑縣人。嘉慶七年二甲八十四名進士。任甘肅靈臺、陝西大荔知縣，十六年調山東福山知縣。蒞官五月病免歸里。主講華原、五鳳、關中書院。著有《都是春齋文集》《詩集》。

第三甲一百六十一名

林紹龍　廣東嘉應直隸州人。嘉慶七年三甲第一名進士。任戶部主事，道光年間官至雲南鹽法道。

蔣　鏞　字聲永。湖北黃梅縣人。嘉慶三年舉人，七年三甲第二名進士。十年任福建連江知縣，十七年遷泉州府同知，道光元年任澎湖通判，官至廈門同知。

林　鈺　福建閩縣人。嘉慶七年三甲第三名進士。十一年八月任江蘇昆山知縣。

劉大瑄　字昆田、鶴郎。四川廣安州人。嘉慶七年三甲第四名進士。十九年閏四月任浙江上虞知縣。二十三年（1818）卒於任，年五十五。

劉德銓　字選廷，號伯衡、勛臺。湖北黃陂縣人。嘉慶六年湖北鄉試解元，七年三甲第五名進士。十一年署四川樂至知縣，改丹稜知縣，十七年署會理州，十九年任四川巴縣知縣，二十一年復任，二十四年任茂州知州，道光元年署四川潼川知府。丁憂服闋，調雲南元江直隸州，署曲靖知府、臨安知府，官至雲南大理府知府。

梁本恭　字味愚。山東聊城縣人。嘉慶七年三甲第六名進士。任安徽東流知縣，改山東沂州府教授。

葉申菜　字維芳、莘昀。福建閩縣人。嘉慶七年三甲第七名進士。十二年任廣東連山知縣，署鎮平知縣。卒於任。

為乾隆十六年進士葉觀國次子。

魏邦彥　字國士，號載田。河南光山縣人。嘉慶七年三甲第八名進士。選庶吉士，改甘肅寧遠知縣，二十二年調敦煌知縣。

喻宣孝　字伯昭，號義圃。湖南寧鄉縣人。乾隆三十九年正月初二日生。嘉慶七年三甲第九名進士。即用知縣分發直隸卒。

阿應鱗　字鏡潭。甘肅張掖縣人。嘉慶七年三甲第十名進士。任江西廣豐知縣，二十五年改永新知縣，道光元年調南昌知縣。年五十三以疾卒於任。

蔡德淳　字汝淳，號樸園。浙江石門縣人。舉人任浙江樂清縣教諭，嘉慶七年三甲十一名進士。十三年任山東齊東知縣。以親老引疾歸。

甘家春　四川鄰水縣人。嘉慶七年三甲十二名進士。十一年任直隸元氏知縣。

楊維諡　湖北漢陽縣人。乾隆六十年舉人，嘉慶七年三甲十三名進士。官至直隸保定知府。

柯光蔚　江西瑞昌縣人。嘉慶七年三甲十四名進士。十三年任湖南臨武知縣。

善　慶　字興元，號樂齋。滿洲正藍旗人。乾隆三十三年四月二十八日生。嘉慶七年三甲十五名進士。任刑部主事，纍遷國子監祭酒，二十二年四月授詹事，十月改通政使。二十四年正月授左副都御史，歷工部右侍郎、戶部左侍郎、吏部右、刑部左侍郎。道光元年病假。後任正黃旗漢軍副都統，道光四年授盛京禮部侍郎。

陳永圖　字獻五，號固庵。四川涪州人。嘉慶七年三甲十六名進士。十一年任湖南永興知縣，十七年改湖南宜章知縣。

曹基申　字建奎，號雲亭。江西湖口縣人。乾隆六年（1741）生。嘉慶七年三甲十七名進士（時年六十二）。任山東蒙陰知縣，平和知縣，署濟南府同知，罷歸。掌松山書院，道光十七年（1837）卒，年九十七。

孫世昌　字文垣、掌行，號少蘭。順天大興縣人，原籍安徽桐城。嘉慶七年三甲十八名進士。選庶吉士，授檢討。十四年充會試同考官，十九年考選陝西道御史，再充會試同考官，外官至廣西潯州知府。善畫水墨花卉，別有韻致。

歐陽儁　湖南邵陽縣人。嘉慶七年三甲十九名進士。任廣西羅成知縣。

莊詵男　字子振，號厚庵。順天大興縣人，原籍江蘇陽湖。嘉慶七年三甲二十名進士。選庶吉士，改河南南陽知縣，官至河南懷慶府通判。

邱樹棠　字景召，號南屏、懇園。湖北漢陽縣人。乾隆三十六年（1771）八月二十日生。嘉慶六年舉人，七年三甲二十一名進士。任刑部主事，升員外郎，十六年以知府發往江蘇署徐州知府，補揚州知府，調江寧知府，升江蘇糧道。嘉慶二十年授江西按察使改山西按察使，遷山西布政使改江西布政使，道光元年十二月授山西巡撫。四年六月坐事，降福建按察使，改江西按察使，六年十一月署刑部侍郎，八年正月實授，九年改倉場侍郎。十年七月因徇庇屬下降三品京堂候補。道光十一年（1831）卒，年六十一。

林　青　福建福清縣人。嘉慶七年三甲二十二名進士。

劉晉泰　山西洪洞縣人。嘉慶七年三甲二十三名進士。任甘肅鎮番知縣。

李炳文　廣東陽春縣人。嘉慶七年三甲二十四名進士。九年任廣東雷州府教授。

侯　濂　山西永濟縣人。嘉慶七年三甲二十五名進士。任山西寧武府教授。

劉穀萬　字愛田，號育堂、粒

園。直隸趙州直隸州人。嘉慶七年三甲二十六名進士。選庶吉士，改河南臨潁知縣，調洛陽知縣，官至開封府同知。罣吏議免官，主講南陽書院。著有《粒園詩草》。

劉開誠 湖南寧鄉縣人。嘉慶七年三甲二十七名進士。十七年任江西樂安知縣。

賴華鍾 福建歸化縣人。嘉慶七年三甲二十八名進士。十二年任四川彭縣知縣，十四年改納溪知縣。丁母憂歸。葬母哀毀卒。

劉長孺 字慕堂。河南上蔡縣人。乾隆二十年十月二十四日生。嘉慶七年三甲二十九名進士。即用知縣，分發湖北卒。

鄧 彬 廣東嘉應直隸州人。嘉慶七年三甲三十名進士。十八年任山東海豐知縣，道光四年改湖北黃梅知縣。

高廷魁 字仰山，號維斗、曉霞。順天大興縣人。嘉慶七年三甲三十一名進士。選庶吉士，十年改山東利津知縣，十五年復任利津知縣。著有《佩珍齋文稿》。

李金藻 湖北黃陂縣人。嘉慶六年舉人，七年三甲三十二名進士。任廣東澄邁知縣。

孫 讓 字于丕。江蘇陽湖縣人。嘉慶七年三甲三十三名進士。任山西臨縣知縣，十七年改廣東澄邁知縣，十九年改安徽懷遠知縣，罣誤吏議去官。事白，署鳳陽府同知。

徐 驤 字夢南，號春驤、蘭

生。江西高安縣人。嘉慶七年三甲三十四名進士。選庶吉士，散館改廣西融縣知縣，調臨桂縣知縣。罣誤吏議歸。著有《紅豆山房詩》。

韓保萬 字昭庭，號竹一。順天宛平縣人。乾隆三十九年九月三十日生。嘉慶七年三甲三十五名進士。任河南涉縣知縣。

王百齡 字介眉，號芝田。陝西長安縣人。嘉慶七年三甲三十六名進士。選庶吉士，十年任直隸新城知縣，十五年改直隸臨榆知縣，遷直隸延慶知州，二十三年任直隸深州直隸州知州，二十四年官至保定知府。

賴澤霖 江西會昌縣人。嘉慶七年三甲三十七名進士。任江西九江府教授，十七年任廣東三水知縣。

林朝陽 福建閩縣人。嘉慶七年三甲三十八名進士。二十年任福建興化府教授，改河南知縣。

王青蓮 字希白，號香湖。貴州遵義縣人。嘉慶七年三甲三十九名進士。選庶吉士，改江蘇崇明知縣，十六年任江蘇昆山知縣，道光元年改青浦知縣、華亭知縣、崇明知縣、長洲知縣，擢江蘇督糧同知，道光八年遷常州知府、鎮江知府，十一年任江蘇揚州知府，遷山西冀寧道，十五年擢廣東按察使，十八年遷山東布政使。同年去職，卒年六十三。著有《金粟齋詩文集》行世。

汪百川 河南光州直隸州人。嘉慶七年三甲四十名進士。十二年任貴州安化知縣。十七年復任。

哈晋 字康侯，號桂堂。滿洲正藍旗人。嘉慶七年三甲四十一名進士。選庶吉士。

康黃中 字應五，號書岩。山西忻州直隸州人。乾隆十九年九月二十日生。嘉慶七年三甲四十二名進士。即用知縣卒。

李中淑 字致軒，號陶山。直隸樂亭縣人。嘉慶七年三甲四十三名進士。以知縣用，改直隸大名府教授，丁內外艱服闋，改正定府教授，二十年（1815）卒。著有《曆元地輿考辨》。

鍾慶 字仲章，號有亭。滿洲正紅旗人。嘉慶七年三甲四十四名進士。改浙江武義知縣，道光六年任浙江分水知縣。

王珽 字晋方，號聽山。陝西南鄭縣人。嘉慶七年三甲四十五名進士。選庶吉士，十七年改甘肅靖遠知縣。

吉士瑛 字伯英，號瑋堂。江蘇丹陽縣人。嘉慶七年三甲四十六名進士。選庶吉士，改任山東新城知縣，在任十餘年，二十一年調山東冠縣知縣。卒於任。

楊元亮 字慕淘、安徽懷遠縣人。乾隆十六年十二月二十四日生。嘉慶七年三甲四十七名進士。候選知縣卒。

鍾德賓 字寅齋。江西會昌縣人。嘉慶七年三甲四十八名進士。十四年任浙江天台知縣，二十二年改山西壽陽知縣。

葉際春 直隸天津縣人。嘉慶七年三甲四十九名進士。任直隸永平府教授。

關元儒 甘肅皋蘭縣人。嘉慶七年三甲五十名進士。任河南溫縣知縣。

王崇本 號驪泉。浙江仁和縣人。嘉慶七年三甲五十一名進士。任山西崞縣知縣，十一年改四川以黔江知縣，十六年補四川珙縣知縣，二十二年署四川富順知縣。

果齊斯歡 （？—1828）鑲藍旗，宗室。嘉慶七年三甲五十二名進士。由內閣學士進户部侍郎兼國子監事，歷署翰林院事、吏部和工部侍郎、巴里坤領隊大臣，纍遷至黑龍江將軍。卒謚"文僖"。

傅鵬飛 四川郫縣人。嘉慶七年三甲五十三名進士。十年任湖南桂東知縣。

申啟鑣 字湖峰。湖南祁陽縣人。嘉慶七年三甲五十四名進士。任貴州永從知縣，遷貴州貞州知州。在任十年歸。

吳崇紳 字賁貞。江西建昌縣人。嘉慶七年三甲五十五名進士。篤學好問，研究經史。著有《古文》二集、《時文》二集。未見任職。

王果 字希仲，號六泉、退齋、松山。四川內江縣人。嘉慶七年三甲五十六名進士。任河南臨漳知縣，二十二年擢山東武定府知府，署東昌府知府。道光二十六年（1846）卒，年八十二。著有《內江志要》《臨漳縣志》。

胡周詢 字質疑。江西樂平縣人。嘉慶七年三甲五十七名進士。任安徽貴池知縣。

安佩蓮 字玉清,號初亭。貴州貴定縣人。嘉慶七年三甲五十八名進士。任湖南攸縣知縣,十四年改湖南東安知縣,十七年改長沙知縣,二十二年升澧州知州。道光三年遷湖南永順知府,官至湖南長沙府知府。代理糧道。乞歸,主講魁山書院,卒年五十七。

周玉梁 直隸獻縣人。嘉慶七年三甲五十九名進士。十七年任山東棲霞知縣。道光九年署臨榆教諭,改直隸永平府教授。

冉中涵 字秋潭。貴州思南府人。嘉慶七年三甲六十名進士。主講爲仁書院。

崔秉鍊 字蘊文,號雪舫。江西南城縣人。乾隆四十一年五月十五日生。嘉慶七年三甲六十一名進士。任即用知縣,分發福建卒。

黃德衷 湖北鍾祥縣人。嘉慶六年舉人,七年三甲六十二名進士。任河南溫縣知縣。

鄒孝裔 河南光山縣人。嘉慶七年三甲六十三名進士。十一年任直隸望都知縣。

鄧自申 字甫及,號嵩山。順天宛平縣人。乾隆二十九年七月初二日生。嘉慶七年三甲六十四名進士。候選知縣卒。

李嘉祐 廣西臨桂縣人。嘉慶七年三甲六十五名進士。十二年任四川江津知縣,十六年鄰水知縣,十九年署巫山知縣,二十二年署萬縣,任大寧知縣,二十五年署四川宜賓知縣,道光元年署四川巴縣知縣,二年署涪州知州,改雲南宜良知縣,改蒙自知縣。

李長蓁 字渭陽,號碧泉。安徽太湖縣人。嘉慶七年三甲六十六名進士。任江蘇常州府教授,遷廣西天河知縣,調羅城知縣。以疾卒。

魏來田 字西園,號野修。山東壽光縣人。嘉慶七年三甲六十七名進士。十二年授山西壽陽知縣,改岢嵐州,臨汾、太原知縣,道光十二年改交城知縣。歸後卒。

吳謹儀 字省三。江蘇江陰縣人。嘉慶七年三甲六十八名進士。任貴州湄潭知縣,十八年改貴州開泰知縣。

黃元軒 江西臨川縣人。嘉慶七年三甲六十九名進士。十七年任山東萊蕪知縣。

董齊光 字峻煌,號擷華。直隸豐潤縣人。乾隆十八年二月十七日生。嘉慶七年三甲七十名進士。即用知縣,捐升主事。

王元梁 號筠窗。江西龍南縣人。嘉慶七年三甲七十一名進士。十八年任廣東三水知縣。以疾歸。

申啓賢 字子敬,號敬亭、鏡汀。河南延津縣人。乾隆四十三年(1778)八月二十五日生。嘉慶七年三甲七十二名進士。選庶吉士,任檢討。十八年考選福建道御史，遷通政司副使，二十五年授順天府尹，道光五年遷倉場侍郎。六年解職。七年五月授内閣學士，十二月遷工部侍郎，十一年五月改吏部、户部侍郎。丁憂。十五年七月復任吏部侍郎，九月改山西巡撫。道光十九年（1839）十月卒，年六十二。謚"文恪"。

卓秉恬　字静遠、海帆，號晴波。四川華陽縣人。乾隆四十七年（1782）四月二十四日生。嘉慶七年三甲七十三名進士。選庶吉士，授檢討。十八年考選山東道御史，歷任給事中、鴻臚寺少卿、順天府府丞、大理寺少卿，道光十三年授太僕寺卿改太常寺卿。遷内閣學士，十五年授禮部侍郎，改吏部侍郎，十九年遷都察院左都御史。歷兵部、户部、吏部尚書，二十一年授協辦大學士，二十五年遷體仁閣大學士，三十年六月改武英殿大學士。咸豐五年（1855）九月初三日卒。享年七十四。仕三朝五十三年未外任。贈太子太保，謚"文端"。

子卓檁，道光二十年進士；孫卓景濂，咸豐六年進士。

向　序　字耐庵。湖南巴陵縣人。嘉慶七年三甲七十四名進士。十一年任湖南寶慶府教授。著有《四書講義》。

翟德先　字祇台。山東昌邑縣人。嘉慶七年三甲七十五名進士。任高陽知縣，改山東武定府教授，十五年改青州府教授、泰安府教授。

陸　樟　字香嶼。直隸天津縣人，祖籍浙江山陰。嘉慶七年三甲七十六名進士。任山西平陸知縣。二十年地震死傷三萬人，晝夜救災，後自縊卒。

郝覲光　字獻廷，號秋墀。江蘇儀徵縣人。乾隆二十一年九月二十二日生。嘉慶七年三甲七十七名進士。候選知縣卒。

耿維祐　字對于，號顯亭。山東新城縣人。嘉慶七年三甲七十八名進士。十一年任浙江宣平知縣，十五年改石門知縣，擢江西南安、撫州、南昌知府，道光四年遷江西糧道，官至兩廣鹽運使。以病卒於任。

殷長福　字伯謙。江蘇甘泉縣人。乾隆三十八年五月二十四日生。嘉慶七年三甲七十九名進士。任河南西華知縣。

任鄘祐　（一作任鄘祐）字禮齋，號淑渠。山東聊城縣人。嘉慶七年三甲八十名進士。選庶吉士，十二年改任湖北公安知縣、監利知縣，升荆州知州，擢湖北安陸知府。引疾歸。主講啓文書院。

彭　斌　字秉瑅、秋舫。江西寧都直隸州人。嘉慶七年三甲八十一名進士。二十年任湖北蒲圻知縣，改黄陂知縣。

王慶長　號補泉。順天大興縣人。嘉慶七年三甲八十二名進士。十年任貴州安平知縣，十七年鎮寧知州，二十三年改山東淄川知縣、聊城知縣，調郯城知縣，改名王敬常。升兖州同知。

劉朝祚 貴州銅仁府人。嘉慶七年三甲八十三名進士。十七年任福建南靖知縣。

魏士俊 河南密縣人。嘉慶七年三甲八十四名進士。九年任山東樂安知縣改陵縣知縣，十年調蓬萊知縣。

蔣慶齡 （原名蔣榮）福建侯官縣人。嘉慶七年三甲八十五名進士。二十年任福建漳州府教授。

陳司燨 廣東新寧縣人。嘉慶七年三甲八十六名進士。十年任廣東廉州府教授。十七年復任，二十一年再任。

徐潤 奉天寧海縣人。嘉慶七年三甲八十七名進士。十六年任直隸贊皇知縣，十九年改直隸南樂知縣。

王霖澍 號曉亭。河南魯山縣人。乾隆十一年十一月二十一日生。嘉慶七年三甲八十八名進士。即用知縣，改開封府教授，卒於任。

莫嵩屏 字介山。直隸景州人。嘉慶七年三甲八十九名進士。任直隸保定府教授，道光元年任福建南靖知縣，二年改將樂知縣。

趙子璟 字朗如，號奈古。山東寧海州人。嘉慶七年三甲九十名進士。七年任山東武定府教授。十四年復任。

易鳳庭 字梧岡。廣西靈川縣人。嘉慶七年三甲九十一名進士。十四年任浙江平湖知縣，十五年改德清知縣、永康知縣，十七年遷海寧州知州，道光三年官至貴州平遠知州。

施彰 字勝卿，號絅齋。安徽婺源縣人。嘉慶七年三甲九十二名進士。任內閣中書。以親老乞養歸。

徐一麟 字冠凡，號春帆。浙江平湖縣人。嘉慶七年三甲九十三名進士。十二年任廣東大埔知縣，十七年改廣東海陽知縣，道光元年署廣東三水知縣。

李蟠根 字茂實，號鄞園。雲南太和縣人。嘉慶七年三甲九十四名進士。選庶吉士，十年散館改安徽休寧知縣，十六年任懷寧知縣，入貲升員外郎。終養歸。主講桂香書院。

王評 字品軒，號半塘。山東蘭山縣人。嘉慶七年三甲九十五名進士。任浙江淳安知縣。以病乞休。著有《塞北游草》《瘦香亭集》《環翠山房外集》《歸耕囈語》。

兄王訪，乾隆五十五年進士。族弟王壽，嘉慶十年進士。

達清阿 字際昌，號升之。滿洲正白旗人。嘉慶七年三甲九十六名進士。改主事，十年復改湖北利川縣知縣。

王楚堂 字授方，號雲槲，晚號雲翁，別名養雲主人。浙江仁和縣人。嘉慶七年三甲九十七名進士。任甘肅平羅知縣、寧夏府同知、福建福州知府、泉州知府，二十五年任邵武知府，道光元年擢福建延建邵道，二年改福建鹽法道。三年授湖南按察使，五年遷雲南布政使，十一年遷大理寺卿，十二年正月授兵部侍郎，十四年改倉場侍郎。十八年七月以病免職。十九年（1839）卒，年七十。編有《雲翁自訂年譜》。

李職桓 字公瑞，號華亭。湖北沔陽州人。乾隆三十五年十月十六日生。嘉慶五年舉人，七年三甲九十八名進士。任候選知縣。

艾肇端 字蒙泉，號基山。陝西米脂縣人。乾隆三十七年七月十九日生。嘉慶七年三甲九十九名進士。候選知縣卒。

葉銘熙（榜名銘齡）字錫瑞，號西屏。廣東龍川縣人。乾隆三十六年八月二十四日生。嘉慶七年三甲一百名進士。授直隸鉅鹿知縣。

柳體青（改名柳減）字震南，號容麓。河南偃師縣人。嘉慶七年三甲一百零一名進士。選庶吉士。

戴名沅 雲南安寧州人。嘉慶七年三甲一百零二名進士。任江西永寧知縣，署江西吉安府蓮花廳同知，二十一年署吉安知府。

鄭瑤 字碧峰。山西平定直隸州人。嘉慶七年三甲一百零三名進士。十二年任湖北保康知縣，署房縣、竹溪知縣，二十三年調福建平和知縣。

尚冲翰 字際天，號樸園。陝西洋縣人。乾隆二十年十一月二十日生。嘉慶七年三甲一百零四名進士。候選知縣卒。

滕嘉棟 字任堂，號芝麓。山東蓬萊縣人。乾隆二十六年九月二十九日生。嘉慶七年三甲一百零五

名進士。即用知縣卒。

馬倚元 字左卿，號湘門。湖南衡陽縣人。嘉慶七年三甲一百零六名進士。選庶吉士，十一年散館改廣東合浦縣知縣，十八年官至廣東欽州知州。以考察去官。二十四年改湖南岳州府教授。年七十一卒。

齊承慶 字榮堂。安徽蕪湖縣人。嘉慶七年三甲一百零七名進士。署太和縣教諭、雲安州學正，官至河南封丘知縣。

鍾秀 滿洲正紅旗人。嘉慶七年三甲一百零八名進士。任工部主事，道光五年任直隸承德知府。

張如相 字德卿。湖南新化縣人。嘉慶七年三甲一百零九名進士。分貴州即用知縣，初任天柱知縣，後采辦滇銅四年，改婺川知縣，署清江同知，與上官不合改長沙府教授，調湖北漢陽府教授，加國子監博士。卒於任。

蔡文增 字維華。山東滋陽縣人。嘉慶七年三甲一百十名進士。任山東沂州府教授。任滿歸。

穆隆阿 字棟占，號青圃。蒙古鑲藍旗人。乾隆三十二年十二月二十二日生。嘉慶七年三甲一百十一名進士。任工部虞衡司主事。

德朋阿 字輔仁，號琢庵。滿洲正藍旗，宗室。嘉慶七年三甲一百十二名進士。選庶吉士，授檢討。官至左庶子。

莫斯芳 字芬先，號香岩。陝西咸寧縣人。乾隆二十二年八月二

十日生。嘉慶七年三甲一百十三名進士。任候選知縣卒。

萬永福 號松筠。雲南蒙自縣人。嘉慶七年三甲一百十四名進士。十一年任直隸肥鄉知縣。曾主講金江書院。

林軒開 字文軿，蓼懷。福建閩縣人。嘉慶七年三甲一百十五名進士。二十年任浙江泰順知縣。緣事罷職。道光五年撰"萬卷經壇榜文"，爲總督孫爾准所見激賞，不容軒開，聞之大笑而卒。

陳銘 字書紳，號西軒、警堂。四川綦江縣人。嘉慶七年三甲一百十六名進士。選庶吉士，散館十七年改浙江新昌縣知縣，十八年任秀水知縣，升石浦理民廳同知。解組歸。

馮起龍 福建福清縣人。嘉慶七年三甲一百十七名進士。二十一年任福建汀州府教授，道光二年改福建建寧府教授。

張步虛 字戴高。江西鉛山縣人。嘉慶七年三甲一百十八名進士。分貴州即用知縣，署丹江廳通判，補青溪知縣，調授婺川知縣，署八寨同知，升永城通判加同知銜，二十年官至貴州大定府通判。

李約 山西平定直隸州人。嘉慶七年三甲一百十九名進士。十一年任湖南慈利知縣。

海齡 字容伯，號鶴峰。漢軍鑲黃旗人。嘉慶七年三甲一百二十名進士。選庶吉士。

袁珏 廣西平南縣人。嘉慶七年三甲一百二十一名進士。任典簿廳典簿。

孫世封 字森圃。河南許州直隸州人。嘉慶七年三甲一百二十二名進士。歷主許州、臨潁、襄城、鄖城、平陽各書院。後任懷慶府教授。

陳敬 河南柘城縣人。嘉慶七年三甲一百二十三名進士。

黃恩培 貴州安平縣人。嘉慶七年三甲一百二十四名進士。十二年任浙江龍游知縣。

吳夢華 湖北安陸縣人。乾隆五十九年舉人，嘉慶七年三甲一百二十五名進士。七年任湖北宜昌府教授。

惠端 （原名慧端）字直甫，號容圃、曉山。滿洲鑲藍旗，宗室。嘉慶七年三甲一百二十六名進士。選庶吉士，改吏部主事。擢少詹事，道光四年授詹事，五年改任左副都御史，六年調盛京兵部侍郎。九年降職，以三品京堂用。

黃沛 漢軍正黃旗。嘉慶七年三甲一百二十七名進士。十一年任江蘇溧水知縣，改陝西定邊知縣。

劉銘鼎 字恭三，號景略。河南祥符縣人。乾隆二十五年九月初五日生。嘉慶七年三甲一百二十八名進士。任直隸龍門知縣。

甯自學 字殖亭。山東章丘縣人。嘉慶七年三甲一百二十九名進士。任甘肅秦安知縣，改山東沂州府教授。著有《論語析解》《學庸彙成》等。

韓因培　字篤天。山西臨晉縣人。嘉慶七年三甲一百三十名進士。任河南遂平知縣、太康知縣，擢睢州知州。歷官十五年，所至有政聲。

王蕖亭　字旭初，號雲峰。山西榆次縣人。乾隆二十七年八月二十九日生。嘉慶七年三甲一百三十一名進士。候選知縣卒。

司爲善　字福田，號樂齋。四川巫山縣人。嘉慶三年四川江油縣教諭，七年三甲一百三十二名進士。任貴州修文、玉屏知縣，瑯岱同知，官至貴州貴陽府知府。

李發英　山西曲沃縣人。嘉慶七年三甲一百三十三名進士。任山西汾州府教授。

周烺　江蘇丹徒縣人。嘉慶七年三甲一百三十四名進士。任廣東即用知縣。

嚴芝芳　福建侯官縣人。嘉慶七年三甲一百三十五名進士。十九年任浙江宣平知縣。

尹佩紳　雲南蒙自縣人。嘉慶七年三甲一百三十六名進士。十三年任廣東東安知縣，二十一年改澄海知縣。

羅中錦　江西南豐縣人。嘉慶七年三甲一百三十七名進士。任山西山陰知縣。

閻登雲　字望卿，號雨田。陝西鄠縣人。嘉慶七年三甲一百三十八名進士。十一年任江蘇金匱知縣，十六年九月任江蘇吳江知縣。引疾歸。

胡朝瑞　字大文，號玉峰。廣西平南縣人。乾隆二十八年二月二十七日生。嘉慶七年三甲一百三十九名進士。任廣西平樂府教授，改泗城府教授。

金菁莪　字藝圃。廣東番禺縣（祖籍浙江山陰）人。嘉慶七年三甲一百四十名進士。任兵部主事。丁憂歸。服闋入都卒。年僅四十四。

王篤慶　字厚天，號省山。山東聊城縣人。嘉慶七年三甲一百四十一名進士。任雲南永善知縣，調昆明知縣，遷雲南府知府，官至雲南迤南道。

張振德　山東蓬萊縣人。嘉慶七年三甲一百四十二名進士。任直隸候補知縣。

李成芳　字光宇，號郁文。漢軍鑲紅旗。嘉慶七年三甲一百四十三名進士。選庶吉士，十一年改江西上高知縣。

汪本　字褒初，號春甲。浙江錢塘縣人。嘉慶七年三甲一百四十四名進士。八年任浙江嘉興府教授，十九年遷直隸欒城知縣，二十三年改直隸天津知縣，二十四年改直隸遷安知縣。

陶斯咏　字儲雅，號密齋。四川長壽縣人。乾隆三十年三月初五生。嘉慶七年三甲一百四十五名進士。

孔繼埃　字阜村，號叔方。山東曲阜縣人。孔子六十九代孫。嘉慶七年三甲一百四十六名進士。任户部四川司主事。以病卒於任，年五十一。

李文耕　字心田，號復齋、墾石。雲南昆明縣人。乾隆二十七年十一月三十日（1763年1月）生。嘉慶七年三甲一百四十七名進士。十四年任山東鄒平知縣，調冠縣、膠州知縣，二十四年調章丘知縣，擢膠州知州，道光二年遷泰安知府。改沂州知府，四年任兗沂曹濟道，五年遷浙江鹽運使，改山東鹽運使，七年擢湖北按察使，十月改山東按察使，十年八月調貴州按察使。十二年十二月休致。道光十八年（1838）四月初二日卒、年七十七。著有《喜聞過齋全集》十二卷等。

朱德淵　字伯泉、子靜，號斗山。河南新安縣人。乾隆三十五年二月十二日生。嘉慶七年三甲一百四十八名進士。任廣西柳城知縣。

齊敦敏　直隸獻縣人。嘉慶七年三甲一百四十九名進士。任順天府教授。

左章照　字光慶，號容齋。雲南蒙化廳人。乾隆三十五年八月二十六日生。嘉慶七年三甲一百五十名進士。任雲南麗江府教授。

吳蔭松　字聯崖、景嵐。直隸撫寧縣人。嘉慶七年三甲一百五十一名進士。任河南沈丘知縣，改襄城知縣。後改教職請告歸。

葉雨清　雲南阿迷州人。嘉慶七年三甲一百五十二名進士。十七年任福建將樂知縣。

謝幹　字榮存，號筠圃、蓉岑。順天大興縣人，原籍江蘇陽湖。嘉慶七年三甲一百五十三名進士。選庶吉士，歸班候選知縣。

溫秉貞　山東荏平縣人。嘉慶七年三甲一百五十四名進士。八年任山東青州府教授。

夏修恕　字渾初，號森圃。江西新建縣人。嘉慶七年三甲一百五十五名進士。選庶吉士，授檢討。十七年考選山西道御史，二十三年遷廣東惠潮嘉道，改廣東糧道，道光十年授湖南按察使，旋調任山西按察使，十二年改安徽按察使。十九年降貴州思南府知府。

鄭丕欽　字子敬，號靜山。雲南鎮沅直隸州人。乾隆三十七年正月初四日生。嘉慶七年三甲一百五十六名進士。即用知縣卒。

吳超　字虛舟。直隸南皮縣人。嘉慶七年三甲一百五十七名進士。十八年任山東臨朐知縣。

焦釗烈　字明遠，號鑑堂。河南寧陵縣人。乾隆三十年六月初一日生。嘉慶七年三甲一百五十八名進士。候選知縣卒。

常山　字安仁，號雲峰、靜庵。滿州鑲紅旗人。嘉慶七年三甲一百五十九名進士。選庶吉士，散館改雲南呈貢縣知縣。

蒲忭　江蘇清河縣人。嘉慶七年三甲一百六十名進士。十三年二月任蘇州府教授。

張希濂　安徽壽州人。嘉慶七年三甲一百六十一名進士。

嘉慶十年（1805）乙丑科

第一甲三名

彭浚 字映旗，號寶臣。湖南衡山縣人。嘉慶十年一甲第一名狀元。授修撰。歷任贊善、中允，改戶部員外郎，道光元年充福建鄉試正考官，升翰林院侍讀學士、咸安宮總裁、教庶子、太常寺少卿，道光七年任奉天府丞兼學政，十二年任順天府丞。道光十三年（1833）卒。

徐頲 字直卿、述卿，號少鶴。江蘇長洲縣人。嘉慶十年一甲第二名榜眼。授編修。十七年大考詹翰第一名擢侍講學士，督安徽學政，升少詹事，道光元年授詹事，充山東鄉試正考官，二年遷內閣學士。再督安徽學政。三年病免旋卒。贈侍郎銜。著有《經進文》。

何凌漢 字雲門，號仙槎。湖南道州人。乾隆三十七年（1772）生。以拔貢生考授七品小京官。嘉慶十年一甲第三名探花。任編修。擢司業、右庶子，道光七年授順天府尹，改大理寺卿。十一年任左副都御史改工部侍郎，督浙江學政，十三年改吏部侍郎，十四年二月遷左都御史，十一月調工部尚書，十九年三月改戶部尚書。道光二十年（1840）二月初五日卒，年六十九。贈太子太保，諡"文安"。

第二甲九十六名

徐松 字星伯，號孟品。順天大興縣人，原籍浙江上虞。乾隆四十六年（1781）生。嘉慶十年二甲第一名進士。選庶吉士，任編修。十五年督湖南學政，擢陝西榆林知府，坐事戍伊犁。出關後將一路所見山川、水道以筆記并繪圖。所著《西域水道記》及《新疆志略》皆前所未有之書。將軍松筠奏進其書，特旨赦還。道光元年改任內閣中書，擢禮部主事、員外郎，二十二年考選江西道御史，遷浙江嘉興知府，二十五年護陝西延榆綏道，二十七年官至陝西臨潼兵備道。後充濟南濼源書院山長。道光二十八年（1848）三月初一卒。年六十八。爲清代地理學家。著有《唐兩京城坊考》《新疆賦》《漢書西域傳補注》《唐登科記考》等。

李兆洛 字申耆，號養一老人。江蘇武進縣人。乾隆三十四年（1769）九月二十四日生。嘉慶十年二甲第二名進士。選庶吉士，十三年任安徽鳳臺知縣兼理壽州知州，七年政績卓著。丁父憂去職。遂不復出。主講江陰暨陽書院二十年。道光二十一年（1841）七月初八日卒，年七十三。撰有《皇朝文典》《駢體文鈔》《歷代地理志韻編今釋》。著有《養一齋文集》二十卷、《詩集》四卷等。

石葆元 字聿臻，號鐽心、鏡亭。安徽宿松縣人。嘉慶十年二甲第三名進士。選庶吉士，授編修。任武英殿文穎館纂修，十五年充貴州鄉試正考官。

張聰賢 字序侯，號受濤。安徽桐城縣人。嘉慶十年二甲第四名進士。選庶吉士，散館改知縣，道光二年官至陝西潼關廳同知。

孫爾準 字平叔，號萊甫。江蘇金匱縣人。乾隆三十五年（1770）閏五月二十六日生，廣西巡撫孫永清子。嘉慶十年二甲第五名進士。選庶吉士，任編修。出任福建汀州知府，遷福建鹽道。二十四年授江西按察使改福建按察使，遷福建布政使改廣東布政使。道光元年六月授安徽巡撫改福建巡撫，五年九月遷閩浙總督。六年加太子少保。道光十二年（1832）正月二十九日卒。年六十二。贈太子太師，謚"文靖"。著有《泰雲堂詩集》十八卷、《文集》二卷、《駢文》二卷、《雕雲詞》一卷、《荔香樂府》一卷等。

王琪 字玉璋。江蘇金匱縣人。嘉慶十年二甲第六名進士。選庶吉士，改兵部主事。

爲乾隆三十一年進士王寬族弟。

姚元之 字伯昂，號薦青、竹葉、亭生、五不翁。安徽桐城縣人。乾隆四十一年（1776）四月初十日生。嘉慶十年二甲第七名進士。選庶吉士，授編修。十三年充陝西鄉試主考官，十九年會試同考官，督河南學政，道光十一年授詹事，遷內閣學士。十三年授工部侍郎，歷刑部、戶部、刑部侍郎，十七年督浙江學政，十八年五月遷左都御史。十二月降。二十一年復任內閣學士。二十三年正月休致，咸豐二年（1852）卒，年七十七。撰有《小紅鵝集》《竹葉亭雜記》等。

謝崧 字駿生，號引喬。安徽祁門縣人。嘉慶十年二甲第八名進士。選庶吉士，授編修。二十一年考選浙江道御史，升給事中，官至雲南迤西道。

程德楷 字邦憲、憲甫，號松亭。湖北麻城人。嘉慶六年舉人，十年二甲第九名進士。選庶吉士，授編修。十五年充福建鄉試副考官，十九年督貴州學政，升太常寺少卿，道光九年督江西學政，遷通政副使、十二年任光禄寺卿。十二月病免。

盛　唐　字鳴和，號蘆汀。浙江蕭山縣人。嘉慶十年二甲第十名進士。選庶吉士，授編修。二十一年考選山西道御史，道光元年任順天東城巡城御史，升刑科給事中。後因事降編修。

程家督　字伯男，號小鶴、端林。河南商城縣人。嘉慶十年二甲十一名進士。選庶吉士，授編修。升贊善，官至廣西右江道。

爲嘉慶四年進士程國仁長子。

史　諝　字溧源，號荔園、蔭堂。山東樂陵縣人。嘉慶十年二甲十二名進士。選庶吉士，任編修。十五年充廣東鄉試主考官，十九年考選浙江道御史，二十一年充湖北鄉試副考官，掌户科給事中，遷浙江鹽驛道，道光二年授江西按察使遷雲南布政使，八年改陝西布政使。十一年二月遷陝西巡撫，十三年九月改貴州巡撫。同年十一月調光禄寺卿，十二月改詹事，十四年二月遷内閣學士，十一月授兵部侍郎。十六年九月以病免職。道光十七年（1837）三月卒。

董桂敷　字小櫨、宗邵，號小槎。安徽婺源縣人。嘉慶十年二甲十三名進士。選庶吉士，授編修。嘉慶十六年充會試同考官，十八年順天鄉試同考官。後以疾歸。主講豫章書院，年五十八卒。著有《十

三經管見》《書序蔡傳後說》《周官辨非解》《夏小正箋注》《諸史蠡測》《自知室文集》等。

兄董桂新，嘉慶七年進士。

章汝金　字佑人，號葦江。浙江烏程縣人。嘉慶十年二甲十四名進士。選庶吉士，授編修。

楊嗣曾　河南商城縣人。嘉慶十年二甲十五名進士。授山東日照知縣，二十二年署山東登州知府，二十五年任山東濟寧知州。

汪全德　字修甫，號小竹，一號竹素。江蘇儀征縣人。嘉慶十年二甲十六名進士。選庶吉士，改工部都水司主事，升員外郎，外任江西吉南贛寧道，道光元年署江西布政使。著有《崇睦山房詞》《駢文》《竹如意齋詩選》。

孫源湘　（又名孫原湘）字子瀟、長真，號心青。江蘇昭文縣人，原籍安徽歙縣。乾隆二十五年（1760）十一月十一日生。嘉慶十年二甲十七名進士。選庶吉士，充武英殿協修官。未散館因患怔忡症乞假歸不出。曾主講毓文、紫琅、婁東、游文諸書院。以詩文詞與王曇、舒位鼎足稱三君。與席世昌、席煜、趙同銓稱四才子。道光九年（1829）二月初二日卒，年七十。著有《天真閣集》五十四卷、《外集》六卷、《古文駢體》等。

馬瑞辰　字獻生，號元伯。安徽桐城縣人。乾隆四十七年（1782）生。嘉慶十年二甲十八名進士。選

庶吉士，任工部營繕司主事，擢郎中，因事罷。後賞主事補員外郎。坐事發黑龍江效力，釋歸。主江西白鹿山、山東嶧山、安徽廬陽書院講席。咸豐三年十月太平軍破桐城不降，於安徽桐城之唐家灣被殺，年七十二。贈道銜，予雲騎尉世職。撰有《毛詩傳箋通釋》三十二卷等。

童　瑞　字礎珍，號望軒。浙江山陰縣人。嘉慶十年二甲十九名進士。選庶吉士，改禮部主事。著有《海雲書屋詩文集》《逸珍制藝存鈔》。

孫童大昕，咸豐二年進士。

向肇隆　字巋山，號雲君。湖南漵浦人。嘉慶十年二甲二十名進士。任浙江東陽知縣，調慈溪知縣。乞養歸。

劉紹琯　湖北黃陂縣人。乾隆五十九年舉人，嘉慶十年二甲二十一名進士。任陝西延川知縣，十四年任陝西長安知縣，丁憂服闋，補貴州銅仁、都勻，歷署石阡知府、黎平知府、遵義知府，至貴州貴陽知府，曾護貴州糧儲道。歸後主書院。

胡　敬　（1769—1845）字以莊、書農，號頤園。浙江仁和縣人。嘉慶十年會元，二甲二十二名進士。選庶吉士，授編修。十五年充順天鄉試同考官，二十一年充河南鄉試副考官，升贊善，二十四年督安徽學政，官至翰林院侍讀學士。乞養歸，主講崇文書院。參與纂輯《全唐文》《石渠寶笈》《欽定明鑑》等書。著有《崇雅堂全集》。

邵葆鍾　字紀三，號粲谷。順天大興縣人。嘉慶十年二甲二十三名進士。選庶吉士，授編修。十四年充會試同考官。

父邵廈曾，乾隆二十六年進士；堂侄邵燦，道光十二年進士。

潘際雲　字人龍，號春洲。江蘇溧陽縣人。嘉慶十年二甲二十四名進士。選庶吉士，散館改安徽霍山知縣，改靈璧、桐城知縣。乞歸養親不復出。著有《學海》《西夏備史》《溧陽志》《春洲札記》《苔岑詩輯》等。

蘇　繹　字會人，號魯山、止齋。浙江錢塘縣人。嘉慶十年二甲二十五名進士。選庶吉士，授編修。二十年考選山西道御史，改順天巡城御史，降調。捐復郎中，遷山西朔平知府，道光十年官至山東青州知府。

彭邦疇　字錫九，號春農。江西南昌人。嘉慶十年二甲二十六名進士。選庶吉士，授編修。官至侍講，十八年督廣東學政，二十四年以侍講學士充山東鄉試主考官，升侍讀學士。道光五年督直隸學政，以耳疾致仕，六年（1826）卒，年五十。

祖父彭元瑞，乾隆二十二年進士，協辦大學士。

于克襄　（原名于克家）字貽芳，號蓮亭。山東文登縣人。嘉慶十年二甲二十七名進士。選庶吉士，改刑部主事，升員外郎、郎中。外任貴州安順知府、貴陽知府，貴東兵備道，調湖北鹽法道。因與總督周天爵言語不和辭職。著有《鐵槎山房聞見録》。

葛宗昶 字貽綿，號悟亭。山東蓬萊縣人。嘉慶十年二甲二十八名進士。選庶吉士。任國史館纂修。

李可瓊 字佩修，號石泉。廣東南海縣人。嘉慶十年二甲二十九名進士。選庶吉士，授編修。十五年充山東鄉試副考官，纍遷浙江寧紹台道，道光十年官至山東鹽運使。

兄李可端，嘉慶元年進士；弟李可蕃，嘉慶七年進士。

蔣　詩 字秋吟，號泉伯。浙江仁和縣人。嘉慶十年二甲三十名進士。選庶吉士。授編修。二十二年考選陝西道監察御史。降調。

聶銑敏 字晉光，號蓉峰、簾泉。湖南衡山縣人。嘉慶十年二甲三十一名進士。選庶吉士，改兵部武選司主事，特授編修。十五年充貴州鄉試副考官，二十四年督四川學政，官至浙江紹興知府。卒年五十四。著有《寄岳雲齋初稿》《玉堂存稿》《蓉峰詩話》等。

兄聶鎬敏，嘉慶六年進士。

費卿庭 字雲臨，號朵山。江蘇震澤縣人。嘉慶十年二甲三十二名進士。選庶吉士，歸班候選知縣。南歸曾主講徽州紫陽書院。以疾歸里，卒於家。

吳遇坤 字一寧，號禹人。浙江嘉善縣人。嘉慶十年二甲三十三名進士。選庶吉士，散館十四年改廣西貴縣知縣。因事遣戍，赦歸。著有《隅齋自訂文稿》。

顧　寅 字孟賓，號賓隅、亮甫。江蘇吳縣人。嘉慶十年二甲三十四名進士。選庶吉士，改刑部主事。

張錫謙 字益州、乙舟，號侍橋。湖北黃安縣人。嘉慶九年舉人，十年二甲三十五名進士。選庶吉士，散館改戶部主事，升郎中，遷湖南辰州知府，六年官至湖南長沙知府，署辰遠永靖道。

秦繩曾 字宜圃、直亭。江蘇江寧縣人。嘉慶十年二甲三十六名進士。任刑部主事，升郎中，二十一年考選福建道御史。降補主事，特用員外郎。

陳鴻墀 字萬寧，號範川。別號抱瀟山道人。浙江嘉善縣人。嘉慶十年二甲三十七名進士。選庶吉士，授編修。以罣誤罷歸，授生徒自給。後復起授內閣中書，道光八年充順天鄉試同考官，著有《抱瀟山道人遺稿》《全唐文紀事》《全唐文年表》。

何彤然 字詔甫、竹雲。廣西平樂縣人。嘉慶十年二甲三十八名進士。選庶吉士，授編修。十九年考選江南道御史，二十一年充福建鄉試主考官，歷任侍讀學士、國子監祭酒，道光九年督山東學政，十二年授詹事，十三年遷內閣學士。十四年（1834）卒。

余光超 福建清流縣人。嘉慶十年二甲三十九名進士。任山西和順知縣。

程家祥　字香谷。安徽蕪湖縣人。嘉慶十年二甲四十名進士。任吏部主事，二十年纍遷四川龍安知府，改四川潼川知府。

徐　鑑　字容倩，號涵香、香坨。順天大興縣人。乾隆四十四年（1779）生。嘉慶十年二甲四十一名進士。選庶吉士。散館歸班候選知縣，嘉慶十九年任四川遂寧知縣，道光二年官至福建興化知府。降同知。

吳寶裕　字聰訓，號蕚庵。浙江石門縣人。嘉慶十年二甲四十二名進士。十一年任直隸大名知縣，改直隸龍門知縣，道光元年署直隸南樂知縣。

徐玉立　字竹初。江蘇甘泉縣人。嘉慶十年二甲四十三名進士。授即用知縣，改中書。以母病重不就。歸後侍母，母喪後無意仕進。

倪思蓮　字芳遠，號雨村。雲南建水縣人。嘉慶十年二甲四十四名進士。選庶吉士，散館歸班，後選廣西來賓縣知縣，十九年署北流知縣，升補廣西龍勝廳通判。

弟倪思淳，乾隆四十九年進士。

張志廉　字周六，號秋艇。直隸南皮縣人。嘉慶十年二甲四十五名進士。選庶吉士，改刑部主事、員外郎，道光四年考選湖廣道御史，官至雲南大理知府。後任禮部員外郎。

程伯鑾　（原名程中錚）字藥鄰，號次坡。四川墊江縣人。嘉慶十年二甲四十六名進士。選庶吉士，授編修。二十三年考官陝西道御史，

官至廣西思恩，署桂林知府。乞終養歸，年四十七卒於家。

吳存楷　字端甫，號縵雲。浙江錢塘人。嘉慶十年二甲四十七名進士。十年任山東招遠知縣，二十年改安徽當塗縣知縣。著有《硯壽堂詩鈔》《續鈔》。

汪汝弼　字敷言，號夢岩。河南夏邑縣人。嘉慶十年二甲四十八名進士。選庶吉士，十五年任山東濟陽知縣，十九年改山東泰安知縣，官至山東臨清知州。

王德本　字立亭。貴州石阡府人。嘉慶十年二甲四十九名進士。選庶吉士。

藍　桂　福建上杭人。嘉慶十年二甲五十名進士。任雲南河西知縣，道光九年改安徽宿松知縣，十四年復任，改蒙城知縣。

李新祐　湖南臨湘縣人。嘉慶十年二甲五十一名進士。任廣西雒容知縣。

蔣　策　字簡圃，號四山。直隸盧龍縣人。嘉慶十年二甲五十二名進士。任户部主事，二十五年升郎中。考選山西道御史，任順天西城巡城御史，道光三年改南城巡城御史，遷四川保寧知府，七年改嘉定知府、重慶知府。官至四川永寧道。

張秀芝　（原名張夢筆）湖北麻城縣人。嘉慶五年舉人，十年二甲五十三名進士。十四年任山西寧鄉知縣，二十四年改霍州知州，道光三年官至山西解州直隸州知州。

曹芸緗　字謙六，號心香。江西湖口縣人。嘉慶十年二甲五十四名進士。選庶吉士，散館十三年改湖南石門知縣，二十年任衡陽知縣。因病致仕歸。

陳玉銘　字希贊，號潼溪。福建長樂縣人。嘉慶十年二甲五十五名進士。選庶吉士，授編修。十八年充湖北鄉試主考官，二十一年順天鄉試同考官，升中允，道光元年任山西鄉試主考官，升洗馬，官至侍讀學士。

李建北　字星庵，號石農。陝西三原縣人。嘉慶十年二甲五十六名進士。選庶吉士，改山東平陰知縣，二十一年任山東樂陵知縣，升東平知州。因長子喪，解組歸。

周尚蓮　字佳士，號丹臺。江西弋陽縣人。嘉慶十年二甲五十七名進士。選庶吉士，散館授知縣，念親老不忍遠離，納貲爲員外郎。遂歸。

邱　煌　字南暉，號叔山、枚邧。貴州畢節縣人。嘉慶十年二甲五十八名進士。選庶吉士，授編修。二十三年充廣西鄉試主考官，二十四年考選湖廣道御史，道光元年充順天鄉試同考官，升兵科給事中，三年外任陝西延安知府，改同州、鳳翔知府，二十一年官至湖北糧道。二十四年致仕歸。卒年七十五。

兄邱勛，嘉慶元年進士。

林慶章　（初名林永健）字孝乾、蕊淵，號研樵。福建侯官縣人。嘉慶十年二甲五十九名進士。分發陝西武功知縣，十七年改扶風知縣，丁父憂服闋，補貴州清平知縣，道光十二年官至貴州廣川知州。卒於任。

父林澍藩，乾隆三十六年進士。

陳宗疇　字惠若，號葦田。福建晉江縣人。嘉慶十年二甲六十名進士。選庶吉士，改知縣，改兵部主事，升員外郎，官至兵部郎中。

翟錦觀　字絅之，號筠莊。貴州貴築縣人。嘉慶十年二甲六十一名進士。選庶吉士，授編修。十六年充會試同考官，升右贊善，纍遷廣西右江道，升廣東鹽運使，道光六年遷福建按察使，改雲南按察使。十年病免。

王廷濬　號梅溪。順天通州人。嘉慶十年二甲六十二名進士。任刑部主事，道光元年任山東濟南知府，四年署山東兗沂曹濟道，七年二月署山東登州知府，十一年官至山東曹州府知府。

凌泰交　字謙齋。安徽定遠縣人。嘉慶十年二甲六十三名進士。十一年任直隸南樂、永年知縣，十四年改天津知縣，升深州直隸知州，道光元年升貴州鎮遠府知府，官至貴東兵備道。著有《濰陽紀事》《謙齋詩鈔》。

和　桂　字丹亭，號仙圃。滿洲鑲白旗人。嘉慶十年二甲六十四名進士。選庶吉士，改吏部主事，纍遷至侍讀學士、少詹事，二十一年授詹事。二十二年改通政使，二十三年遷左副都御史，二十四年改禮部左侍郎，旋降大理寺卿，二十五年又升禮部侍郎改倉場侍郎。道光三年解職。

鄧應熊　廣東東莞縣人。嘉慶十年二甲六十五名進士。任河南羅山知縣。

程元吉　字文中，號藹人。江蘇安東縣人。嘉慶十年二甲六十六名進士。選庶吉士，授編修。

郭泰成　字展成，號心齋。山西汾陽縣人。嘉慶十年二甲六十七名進士。任戶部主事、員外郎，道光元年考選江西道御史，官至刑科給事中、禮科掌印給事中。

何增元　字調甫，號俊生、遜虞。四川璧山縣人。嘉慶九年舉人，十年二甲六十八名進士。選庶吉士。改刑部主事，升郎中，道光元年充山東鄉試主考官，署江西撫州、饒州知府，十年官至江西南康知府。乞養歸。主岷陽講席。

魯垂紳　字佩書，號服齋。江西南豐縣人。嘉慶十年二甲六十九名進士。選庶吉士，授編修。十五、十八年兩充順天鄉試同考官，十九年考選福建道御史，二十年任順天西城巡城御史，道光元年改東城巡城御史，二年遷山東濟東道，三年官至山東督糧道。在任十年卒。

王壽　字海禪。山東蘭山縣人。嘉慶十年二甲七十名進士。任廣西柳城知縣、擢龍勝通判、平樂府同知、雲南思茅廳同知、鎮雄州知州，署大理知府。任職近四十年，歸里以詩誦自娛。

姚原綬　字世倫，號蘭宸。安徽桐城縣人。嘉慶十年二甲七十一名進士。選庶吉士，散館歸班候選知縣，十九年纍遷天津河防同知，官至長蘆鹽運使。

馮春暉　字旭林。河南光州直隸州人。嘉慶十年二甲七十二名進士。十一年任山東濟陽知縣，十四年調披縣知縣，十九年閏二月任山東歷城知縣，遷德州知州，二十五年任山東臨清直隸州知州，道光三年代理平原知縣，七年遷曹州知府，九年官至山東東昌知府。

習家駒　江西分宜縣人。嘉慶十年二甲七十三名進士。任知縣，官至山西蒲州知府。著有《漢書雜咏》。

周壽椿　字蔭長，號六泉。直隸河間縣人。嘉慶十年二甲七十四名進士。選庶吉士，授編修。十九年考選山東道御史，官至山西蒲州知府。

陳俊千　字常伯，號萸坪。安徽定遠縣人。嘉慶十年二甲七十五名進士。改戶部主事，二十一年充順天鄉試同考官，二十四年遷廣東肇慶知府，道光三年改福建建寧知府，官至福建臺灣知府。

楊欲仁　字體之。安徽巢縣人。嘉慶十年二甲七十六名進士。十一年任江蘇豐縣知縣，歷睢寧、贛榆知縣，十九年改碭山知縣，二十三年署泰興知縣。在任四十餘日去。

歸里後任巢湖書院院長，曾主講多處書院。著有《孝經集解》《大學中庸》《四書精義》。

王允楚 字漢南。山東新城縣人。嘉慶十年二甲七十七名進士。任河南臨漳知縣，道光七年遷山西澤州府知府。卒於任。

雷長春 山西大同縣人。嘉慶十年二甲七十八名進士。十一年任安徽蒙城知縣。

孫升長 字允甫，號荊溪。山東蓬萊縣人。嘉慶十年二甲七十九名進士。選庶吉士，授編修。十六年充會試同考官，十八年考選江南道御史，十九年任順天北城巡城御史，掌福建道御史，官至貴州安順知府。著有《諫垣遺稿》。

鄭祖琛 字獻之，號夢白。浙江烏程縣人。乾隆五十二年（1787）七月十九日生。嘉慶十年二甲八十名進士。十一年任江西星子知縣，二十一年改新建知縣，二十四年遷江西寧都直隸州知州，道光元年署江西吉安知府，二年實授，署南昌知府，四年遷江西廣饒九南道。七年遷兩淮鹽運使，八年授江西按察使改福建按察使，遷廣西布政使改福建布政使。十五年八月乞養。二十五年二月服闋授陝西布政使，四月遷雲南巡撫，八月改福建巡撫，二十六年十二月調廣西巡撫。三十年五月加太子少傅，因廣西天地會起義不斷，剿辦不力十月革職（一作因釋放洪秀全出獄）。咸豐元年

（1851）九月遣戍新疆未行卒。年六十五。

胡承珙 字景孟，號丹溪、墨莊。安徽涇縣人。乾隆四十一年（1776）三月十四日生。嘉慶十年二甲八十一名進士。選庶吉士。任編修。十九年考選陝西道御史，轉給事中，二十四年授福建延建邵道，改臺灣道。在臺三年乞假歸里。道光十二年（1832）閏九月十四日卒，年五十七。著有《求是堂詩集》《毛詩後箋》《儀禮古今文疏證》《爾雅古義》《小爾雅義證》《求是堂文集》等。

駱應炳 字光國，號蔚亭。江西德化縣人。嘉慶十年二甲八十二名進士。任山東鄆城、長山知縣，二十三年六月改山東東阿知縣。道光九年以病去職，卒年五十五。著有《餘慶堂詩文稿》。

周階平 字心衡。順天宛平縣人。嘉慶十年二甲八十三名進士。任河南柘城知縣，汝寧府通判。

吳淞 字衍川，號半江。廣東潮陽人。乾隆二十年十一月二十日生。嘉慶十年二甲八十四名進士。任山西文水知縣，調大寧知縣。

李黼平 字繡子，號貞甫。廣東嘉應直隸州人。乾隆三十五年（1770）生。嘉慶十年二甲八十五名進士。選庶吉士，改江蘇昭文知縣。因虧空挪用罷官入獄八年，後歸里。阮元聘其主講學海堂，又主講東莞寶安書院。道光十二年十二月二十

一日（1833 年 1 月）卒。年六十三。著有《李繡子全書》《毛詩細議》《李詩三集》《易刊誤》《文選異義》《讀杜韓筆記》等。

寶興 字獻山，號韞圃。滿洲鑲黃旗，覺羅氏。乾隆四十二年（1777）生。嘉慶十年二甲八十六名進士。選庶吉士，授編修。纍遷少詹事，嘉慶十八年授內閣學士，遷禮部侍郎。二十一年忤旨降大理寺卿，二十三年再降予三等侍衛充土魯番領隊大臣。道光二年任大理寺少卿，四年遷都察院左副都御史，改兵部侍郎，授直隸泰寧鎮總兵。八年授理藩院侍郎，改兵部、戶部、吏部侍郎，十一年調吉林將軍改盛京、成都將軍。十六年復授盛京將軍改四川總督。道光二十一年二月遷文淵閣大學士。留任四川總督，二十六年十二月召京入閣辦事兼翰林院掌院學士。二十八年（1848）正月晉太保銜，十月十三日卒，享年七十二。謚"文莊"。

許機（原名許繩祖，改名許繩先）字述之，號念庵。陝西咸寧縣人。嘉慶十年二甲八十七名進士。選庶吉士，十四年改四川永川知縣，十八年任天全州知州，道光八年改安徽霍山知縣。

甄士林 河南汝州直隸州人。嘉慶十年二甲八十八名進士。十一年四月任山東平原知縣。十三年九月再任。

奚大壯 字安止，號雨谷。四川蓬溪縣人。嘉慶三年舉人，十年二甲八十九名進士。十一年任湖北應城知縣，十六年回任，十八年復任應城縣，二十三年官至湖北興國州知州。乞養歸。主書院講席。

郭承恩 字接三，號望軒。山西潞城縣人。嘉慶十年二甲九十名進士。選庶吉士，改吏部主事，二十三年充順天鄉試同考官，升吏部郎中，道光元年充會試同考官，二年外任安徽寧國、安慶知府，十年改江西撫州知府，改徽州知府，擢安徽池寧太廣道，十三年遷廣東按察使。旋免。卒年六十一。

龔元鼎 字寧人。江蘇上元縣人。嘉慶十年二甲九十一名進士。選庶吉士，授編修，記名御史。

鄒植行 字禮耕，號雍度、寧軒。江蘇無錫縣人。嘉慶十年二甲九十二名進士。選庶吉士，授編修。道光二年以侍講督山西學政，擢國子監司業，官至左庶子。

崇弼 字子良，號恬齋。滿洲鑲藍旗，宗室。嘉慶十年二甲九十三名進士。官至侍讀。

兄崇碩，嘉慶十四年進士。

錢人杰 字子仁，號春柏、毅庵。浙江嘉興縣人。嘉慶十年二甲九十四名進士。選庶吉士，十三年任山東海陽知縣，不二年丁憂歸。不復出，招友賦詩，倘徉山水。著有《六朝金水編》《華陔吟館詩文集》。

王圻 山西汾陽縣人。嘉慶十年二甲九十五名進士。十年任四川合江知縣，十三年改巫山知縣，官至四川涪州知州。

蕭漢申 廣東平遠縣人。嘉慶十年二甲九十六名進士。任知縣。

第三甲一百四十四名

葉申萬 字維千、芷汀，號六英。福建閩縣人。嘉慶十年三甲第一名進士。選庶吉士，授檢討。十八年充湖南鄉試副考官，十九年考選山東道御史，二十三年外任廣西慶遠知府，道光二年官至廣東高廉道。中風疾卒。年五十九。著有《餐英集》八卷。

父葉觀國，乾隆十六年進士。

張光熹 字心字、新佘，號梅峴。浙江仁和縣人。嘉慶十年三甲第二名進士。歸班候選知縣，任江蘇六合知縣，十三年改浙江嘉興府教授，改浙江紹興府教授。

鄧傳安 字盱原、鹿耕。江西浮梁縣人。嘉慶十年三甲第三名進士。十一年授福建羅源知縣，二十三年改武平知縣，道光元年改閩縣知縣，遷鹿仔港理藩同知，八年擢臺灣府知府，代理臺澎道，十一年官至福建建寧府知府。致仕歸。

父鄧夢琴，乾隆十一年進士。

那丹珠 滿洲鑲藍旗人。嘉慶十年三甲第四名進士。任戶部主事。嘉慶十九年授詹事，改內閣學士，二十一年降調。道光元年由鴻臚寺卿授太僕寺卿，三年遷左副都御史，四年改理藩院侍郎，九年調盛京兵部侍郎，十年改工部、兵部、倉場侍郎。道光十二年（1832）罷職。九月二十二日卒。

王大同 山東樂陵縣人。嘉慶十年三甲第五名進士。十一年任金壇知縣，十五年任江蘇上海知縣，二十一年八月改安徽潁上知縣，二十二年署宿州知州。

錢楙勳 （姓葉）字維成，號鉻齋。順天宛平縣（浙江蕭山籍）人。嘉慶十年三甲第六名進士。

諸嘉樂 字會之，號秋士。浙江仁和縣人。嘉慶十年三甲第七名進士。十四年任江蘇泰興縣知縣。引疾歸。著《方言韻編》，編有《諸氏家集》。

劉廣澍 奉天錦州府義州人。嘉慶十年三甲第八名進士。任河南西平、汲縣、懷寧知縣，遷許州、汝州直隸州知州，調陝西邠州直隸州知州。

歐陽敬 江西分宜縣人。嘉慶十年三甲第九名進士。任廣東連山知縣。

王森文 字春林，號鈖友。山東諸城縣人。嘉慶十年三甲第十名進士。任陝西鎮安知縣，十三年改安康知縣，坐法去官。後起用授陝西略陽知縣，十九年補雒南縣，道光三年調蒲城知縣。卒於任，年六十五。著有《漢唐都城考》，修《長安志》《武功志》。

帥承瀚 字海門，號匯伯。湖

北黄梅縣人。嘉慶五年舉人，十年三甲十一名進士。選庶吉士，授檢討。十五年充順天鄉試同考官，纍遷少詹事，道光十二年督直隸學政，同年四月授太常寺卿。十三年改通政使，十九年授左副都御史。二十一年十二月以病免。

兄帥承瀛，嘉慶元年進士，浙江巡撫。

黄錫祺 字右皆。江西宜黄縣人。嘉慶十年三甲十二名進士。主講虔化梅江書院，在任五載卒。

時　銘 字佩西，號香雪。江蘇嘉定縣人。嘉慶十年三甲十三名進士。十四年任山東昌樂知縣，十九年改山東齊東知縣。道光元年（1821）以催科不力劾罷，卒於濟南寓邸。著有《筆算籌算圖》《掃落葉詩文稿》《外集》《隨筆》《六壬錄要》《唐宋詩選》。

黄承吉 字謙牧，號春谷。江蘇江都縣人。乾隆三十六年（1771）十一月十七日生。嘉慶三年江蘇鄉試解元，十年三甲十四名進士。任廣西興安縣知縣，改岑溪縣，以事去職。後開復任廣西興安知縣，纍遷候選道。道光二十二年（1842）七月初三日卒。年七十二。著有《文說》《周官析疑》《讀毛詩記經說》《夢陔堂文集》《詩集》五十卷等。

敏登額 （一作特登額）字芳山。滿洲鑲紅旗，瓜爾佳氏。嘉慶十年三甲十五名進士。即用知縣，任刑部筆帖式，纍遷通政司副使。

道光三年授内閣學士遷刑部侍郎，調盛京禮部侍郎，改盛京刑部侍郎。十年復任刑部侍郎，十一年任馬蘭鎮總兵。十五年再任刑部侍郎，調盛京刑部侍郎，二十年以歸化城副都統，授工部侍郎改刑部侍郎。二十三年遷左都御史，二十四年二月授禮部尚書，二十五年改工部尚書，咸豐元年調兵部尚書。二年以病免職。咸豐四年（1854）三月卒。諡"恭慎"。

馮晋錫 雲南鶴慶州人。嘉慶十年三甲十六名進士。

程　晋 字德蕃。江蘇吳縣人。嘉慶十年三甲十七名進士。任直隸開州知州。

李蔭樞 字石溪。雲南呈貢縣人。嘉慶十年三甲十八名進士。十三年任江西新城知縣，二十三年調新建知縣，道光三年升蓮花廳同知，曾署贛南道。後因公出省，卒於安徽。

翟鳳翔 山西靈石縣人。嘉慶十年三甲十九名進士。十三年署陝西清澗知縣，十七年任陝西三原知縣，道光四年九月署四川潼川知府，改寧遠知府，升四川建昌道。

穆彰阿 字子朴，號常軒、鶴舫。滿洲鑲藍旗，郭佳氏。乾隆四十七年（1782）十二月二十九日生。嘉慶十年三甲二十名進士。選庶吉士，任檢討。纍遷少詹事，詹事。嘉慶十八年授通政使遷内閣學士，授禮部侍郎，二十二年任兵部侍郎改刑部、戶部侍郎。道光三年遷都察院左都御史改理藩院尚書，調工部尚書、軍機大臣。八年加太子少保，十三年改戶部尚書，十四年十一月調吏部尚書，授協辦大學士。十五年晉太子太保。十六年七月遷武英殿大學士。十八年五月改文華殿大學士，兼翰林院掌院學士、軍機大臣。道光三十年咸豐帝繼位。以"保位貪榮，妨賢病國，傾排異己，固寵竊權"等罪革職永不叙用。咸豐三年捐軍餉予五品頂戴。咸豐六年（1856）卒，年七十五。著有《澄懷書臺詩鈔》。

那清安　字鶴侶，號竹汀。滿洲正白旗，葉赫納喇氏。嘉慶十年三甲二十一名進士。任禮部主事、翰林院侍講、少詹事，嘉慶二十年授詹事遷內閣學士。二十四年授禮部侍郎改刑部、工部侍郎。道光元年遷左都御史，二年正月改兵部尚書、刑部尚書。四年調熱河都統，六年復任左都御史，十一年復改兵部尚書。道光十四年（1834）十月以病免。尋卒。贈太子太保，謚"恭勤"。

繆庭槐　字對揚，號望江、蔭軒。乾隆四十一年（1776）五月初五日生。順天宛平縣人。嘉慶十年三甲二十二名進士。任河南項城知縣，丁憂服闋，揀發甘肅擢貴德同知，道光十三年署西寧知府，遷甘州知府、平凉知府，官至平慶涇兵備道。

徐學晉　字曉初，號東溟。江西南昌縣人。嘉慶十年三甲二十三名進士。選庶吉士，道光三年改廣東文昌縣知縣，以母老改教職，授福建南安府教授。不赴歸。

吳玉堂　字韡亭，號菊畦。河南光州直隸州人。嘉慶十年三甲二十四名進士。任兵部主事，十九年任陝西邠州直隸州知州，二十一年遷湖南永州知府，道光三年改永順知府，官至湖南衡永郴道。

萬希煜　湖北黃岡縣人。乾隆五十四年舉人，嘉慶十年三甲二十五名進士。任廣東平遠知縣。

張泰交　直隸安州人。嘉慶十年三甲二十六名進士。任廣西平樂知縣。

牟安儒　山東福山縣人。嘉慶五年舉人，十年三甲二十七名進士。任直隸曲周知縣、高邑知縣，臨城知縣。在任八年以疾歸。

弟牟惇儒、牟穎儒，均爲嘉慶六年進士，一門三進士，鄉人引爲榮。

石景宗　直隸武强縣人。嘉慶十年三甲二十八名進士。十九年任福建古田知縣，二十年改南平知縣。

何詒霈　直隸正定縣人。嘉慶十年三甲二十九名進士。任直隸河間府教授。淡於榮利，不樂仕進。

朱爲弼　字右甫，號椒堂。浙江平湖縣人。乾隆三十六年（1771）生。嘉慶十年三甲三十名進士。歷任兵部主事、員外郎、河南道御史、禮科給事中、順天府丞，道光五年授順天府尹。改通政司副使，道光十一年授太常寺卿，十二年改宗人府丞，四月遷左副都御史，十三年改兵部侍郎、倉場侍郎。十四年十一月授漕運總督。十五年八月以病乞歸。道光二十年（1840）二月初六日卒，享年七十。著有《無聲館文集》《積古圖釋》《蕉聲館詩文集》。

鄧方城 字楚屬。福建閩縣人。嘉慶十年三甲三十一名進士。十年任山西武鄉知縣，改山西太谷知縣。

王　銓 山東平度州人。嘉慶十年三甲三十二名進士。任直隸赤城知縣，改隆德知縣。

符　鴻 字筆堂。湖南益陽縣人。嘉慶十年三甲三十三名進士。任河南淇縣知縣，署衛輝、靈寶知縣。丁憂，署安徽歙縣知縣，道光五年補婺源知縣。卒於任。

王泉之 字星海，號漢槎。湖南清泉縣人。嘉慶十年三甲三十四名進士。十一年任江西鉛山知縣，十五年補進賢知縣，二十年署鄱陽知縣，遷江西寧都州知州，改南昌府總捕同知，道光二年署江西贛州府知府。卒於任。

秦　基 字君實，號鶴舟。廣西靈川縣人。嘉慶十年三甲三十五名進士。選庶吉士，散館改知縣，官至山西絳州知州。

汪繼培 字因可。浙江蕭山縣人。嘉慶十年三甲三十六後進士。任吏部主事。家中藏書較豐，藏書處曰"環碧山房"。

張　昆 字瑤圃。福建龍岩直隸州人。嘉慶十年三甲三十七名進士。任河南獲嘉知縣。引疾歸。母喪哀毀卒，年四十一。

傅京輝 山東聊城縣人。嘉慶十年三甲三十八名進士。二十年任江蘇蕭縣知縣，二十四年改四川鹽源知縣，道光八年任四川巴縣知縣，改南充知縣。

賀長清 河南光州直隸州人。嘉慶十年三甲三十九名進士。

葉以信 字駕口，號雨口、閑興。浙江錢塘縣人。嘉慶十年三甲四十名進士。十年任山西翼城知縣，十四年改安邑知縣。

徐　銓 字士衡，號藕船。順天大興縣人。嘉慶十年三甲四十一名進士。選庶吉士，改知縣，官至河南光州知州。著有《藕船詩稿》。

弟徐鑑，嘉慶十年同科進士。

劉銘常 字椒宇。河南祥符縣人。嘉慶十年三甲四十二名進士。十四年署四川羅江知縣，十五年改四川蒼溪知縣，二十年任四川仁壽知縣，道光三年任四川成都知縣，五年遷四川合州知州。卒於任。

朱自新 字暉圃。奉天錦縣人。嘉慶十年三甲四十三名進士。任宣化府教授，丁憂改順天府教授，告養歸。教讀於家，晚年讀《朱子全書》《理學宗傳》諸書，被稱爲錦縣理學第一人。

郭　圩 字蘭畦。山東濰縣人。嘉慶十年三甲四十四名進士。授雲南思安知縣。赴任卒於旅次。著有《呂經集異》《禮經堂文鈔》。

王　鍾　江西南城縣人。嘉慶十年三甲四十五名進士。任甘肅環縣知縣。

蔣湘垣　字師大。湖南湘鄉縣人。嘉慶十年三甲四十六名進士。

黃步堂　字階平，號仲香。山西平定州直隸州人。嘉慶十年三甲四十七名進士。選庶吉士，散館十四年改江西分宜知縣，二十三年改江西清江知縣。

車宸英　字鸞琳、念楓。浙江德清縣人。嘉慶十年三甲四十八名進士。十一年任浙江嘉興府教授。

陳三立　字象川，號樹堂。順天大興縣人。嘉慶十年三甲四十九名進士。十五年任浙江長興知縣，十六年改歸安知縣、遂昌知縣，二十五年任雲和知縣，調西安縣，道光五年復任雲和知縣。

平　志　字尚之，號憨樓。雲南昆明縣人，原籍浙江山陰。嘉慶十年三甲五十名進士。選庶吉士，授檢討。二十年考選陝西道御史，二十三年官至湖南衡州知府。降調。

李　琬　福建龍岩直隸州人。嘉慶十年三甲五十一名進士。任廣西西林知縣。

馬邦舉　號隊廬。山東魚臺縣人。嘉慶十年三甲五十二名進士。授知縣。改山東曹州府教授。

夏正笏　湖北武昌縣人。嘉慶五年舉人，十年三甲五十三名進士。

石長甲　（原名文斗）陝西鎮安縣人。嘉慶九年舉人，十年三甲五十四名進士。以知縣用，以疾卒於都。

齊元發　直隸高陽縣人。嘉慶十年三甲五十五名進士。二十年任廣東河源知縣、鎮平知縣，道光十年官至廣東崖州知州。

吉鍾穎　字秋丞，號薌畦。江蘇丹陽縣人。嘉慶十年三甲五十六名進士。十四年任湖北南漳知縣，二十三年改應城知縣，擢鶴峰州知州，道光七年調四川會理州。歸里後閉門讀書。卒年八十。

宋宜福　山西聞喜縣人。嘉慶十年三甲五十七名進士。任安徽潛山知縣，改阜陽知縣。十九年去。

白種岳　陝西蘭州府靖遠縣人。嘉慶十年三甲五十八名進士。任雲南江川知縣。

沈禮因　字天叙，號祉園。浙江會稽縣人。嘉慶十年三甲五十九名進士。

溫宜銳　字可亭。山西徐溝縣人。嘉慶十年三甲六十名進士。二十年任湖北咸寧知縣。去官後僑居湖北。著有《詩文集》。

王　橡　山東郯城縣人。嘉慶十年三甲六十一名進士。曾任山東榮城縣教諭，官至河南候補同知。

蕭朗峰　字瑤林，號炳齋。江西興國縣人。嘉慶十年三甲六十二名進士。選庶吉士。

陳毓璋　雲南河陽縣人。嘉慶十年三甲六十三名進士。

於吉中　字崧甫，號松岩。浙江歸安縣人。嘉慶十年三甲六十四名進士。任禮縣知縣。改山西交城知縣。

張範東 字南林，號曇村。山東濟陽縣人。嘉慶十年三甲六十五名進士。任河南柘城知縣，道光二年由平谷知縣擢涿州知州，三年改清苑知縣，五年遷直隸深州直隸州知州，八年推直隸正定知府，九年改保定府知府，遷陝西邠鳳鹽法道，官至雲南兵備道。

孫張兆辰，道光二十一年進士。

康　泞（《進士題名碑》作康寧，誤）山西興縣人。嘉慶十年三甲六十六名進士。任四川大足知縣、南川知縣，十八年改定遠知縣。

韓履寵 陝西城固縣人。嘉慶十年三甲六十七名進士。十二年任江蘇無錫知縣，十五年遷江蘇松江府水利通判，二十二年仍見無錫知縣。

姬學周 甘肅寧夏縣人。嘉慶十年三甲六十八名進士。二十年任江西奉新知縣。慈惠爲政，愛民如子。

郭階平 河南洛陽縣人。嘉慶十年三甲六十九名進士。十九年任陝西汧陽知縣，二十一年調蒲城，道光三年復任蒲城，四年改富平知縣，七年九月再任富平知縣。

萬起魁 雲南文山縣人。嘉慶十年三甲七十名進士。二十年任陝西安定知縣。

張濂堂 字步溪，號守鈍。河南原武縣人。嘉慶十年三甲七十一名進士。二十年任江蘇沭陽知縣，官至江蘇太倉州知州。

高其召 山東濰縣人。嘉慶十年三甲七十二名進士。任國子監監丞。

周　濟 字保緒，號未齋、止庵，別號介存居士。江蘇荊溪縣人。乾隆四十六年（1781）二月初七日生。嘉慶十年三甲七十三名進士。歸班候選知縣，改江蘇淮安府教授。後弃官隱居金陵春水園潛心著述。道光十九年（1839）閩浙總督周天爵調湖廣總督邀周濟偕行。七月初三日卒於途中，年五十九。著有《止庵詞》《味雋齋詞》《介存齋論詞雜著》《詞辨》《晋略》《說文字系》《韻原》《介存齋詩》《雜文》《宋四家詞》等。

覃學海 廣西象州人。嘉慶十年三甲七十四名進士。歸班候選知縣，任河南沈丘知縣。

焦承煒 貴州清鎮縣人。嘉慶十年三甲七十五名進士。任知縣。

童　槐 字晋三、樹眉，號萼君、晚號眉叟。浙江鄞縣人。乾隆三十八年（1773）閏三月初十日生。嘉慶十年三甲七十六名進士。任工部主事，十八年考選陝西道御史，十九年遷甘肅蘭州道，二十二年改山東兗沂曹濟道，二十四年授江西按察使，改山東、湖北按察使，二十五年官至通政司副使。降補郎中。咸豐七年（1857）八月十五日卒。年八十五。著有《今白華堂集》《補雅》《過庭從政眉叟諸筆記》。

子童華，道光十八年進士，官左都御史。

王學隽 安徽和州直隸州人。

嘉慶十年三甲七十七名進士。任安徽潁州府教授。

張之昶 湖北鍾祥縣人。嘉慶六午舉人，十年三甲七十八名進士。十一年任山東利津知縣。

程明懋 湖北天門縣人。嘉慶三年舉人，十年三甲七十九名進士。任山西夏津知縣。

色卜星額 字祥垣，號懋齋。蒙古鑲紅旗，林古特氏。嘉慶十年三甲八十名進士。選庶吉士，十四年改四川慶符知縣，道光七年纍遷至安徽池寧廣太道。十一年授安徽按察使，改山西、甘肅按察使，十三年遷甘肅布政使，十五年八月授安徽巡撫。道光十九年（1839）十一月卒。贈太子太保。

段克瑩 雲南鶴慶州人。嘉慶十年三甲八十一名進士。十二年任江西貴溪知縣。

歐陽瑚 字夏珍，號皆山。安徽建德縣人。嘉慶十年三甲八十二名進士。二十年任福建長泰知縣。著有《皆山堂文集》《紫雲庵詩稿》。

丁兆祺 （《進士題名碑》作丁兆棋，誤）字春圃，號介庭。江蘇山陽縣人。嘉慶十年三甲八十三名進士。任甘肅正寧知縣，調皋蘭知縣，升安西知州，遷湖北武昌知府，道光二年擢江西鹽法道。告歸。杜門不出，卒年八十一。

朱陛鏘 直隸新安縣人。嘉慶十年三甲八十四名進士。

郭志青 字春卿。直隸天津縣人。嘉慶十年三甲八十五名進士。十八年任山東蒲臺知縣，二十年二月調歷城知縣，二十一年任山東濮州知州。

宋士楷 陝西三原縣人。嘉慶十年三甲八十六名進士。

舒士升 貴州湄潭縣人。嘉慶十年三甲八十七名進士。任教諭。

達春布 滿洲鑲黃旗人。嘉慶十年三甲八十八名進士。

張之棟 山西陽曲縣人。嘉慶十年三甲八十九名進士。任山東寧津知縣。

魏　襄 字贊卿，號曾頌。順天大興縣人，原籍江蘇陽湖。嘉慶十年三甲九十名進士。任河南即用知縣，補永縣，調洛陽知縣，丁憂。二十三年任山東招遠知縣，調惠民知縣，丁父憂補雲南羅次知縣、寧洱知縣、昆明知縣、龍陵廳同知，升雲南順寧知府、開化知府，道光二十一年擢江西廣饒九南道，改甘肅平慶涇道，內擢太僕寺少卿。

劉　壇 順天通州人。嘉慶十年三甲九十一名進士。任四川丹稜知縣，十三年改四川崇寧知縣。

馮以引 字翼廷。陝西同官縣人。嘉慶十年三甲九十二名進士。二十一年任湖北嘉魚知縣。在任三年卒於官。

易含章 字靜庵。四川內江縣人。嘉慶十年三甲九十三名進士。二十一年任江蘇陽湖知縣，二十二年改江蘇溧陽知縣，道光元年補川沙同知。分校秋闈，以勞得疾榜前卒。

吳沆 山西沁州人。嘉慶十年三甲九十四名進士。任浙江慶元知縣。

父吳嘉炎，乾隆二十五年進士。

王鋆 字鎔庵。直隸盧龍縣人。嘉慶十年三甲九十五名進士。即用知縣，改直隸正定府教授。咸豐乙卯重宴鹿鳴。

吉禄 蒙古鑲白旗，吳郎漢吉爾們氏。嘉慶十年三甲九十六名進士。工部主事、洗馬，官至雲南同知。

嚴烱 字蓄之，號麗京。雲南宜良縣人，原籍江蘇靖江。嘉慶十年三甲九十七名進士。選庶吉士。未散館。

兄嚴烺，嘉慶元年進士。

邵自鏻 順天密雲縣人。嘉慶十年三甲九十八名進士。二十一年任山東金鄉知縣，官至濟南知州。

包棻 江西南城縣人。嘉慶十年三甲九十九名進士。十九年任順天府薊州知州，遷東路同知。道光二年署涿州知州，九年復任東路同知，十三年再任東路同知。

林家和 字民協。福建閩縣人。嘉慶十年三甲一百名進士。十一年任貴州安化知縣。告歸。稱："吾來此惟飲貴州一勺水耳。"

范澍 廣西龍州人。嘉慶十年三甲一百零一名進士。二十四年署直隸正定知縣。

徐鈞 漢軍鑲黃旗人。嘉慶十年三甲一百零二名進士。

崇綏 字鵬銜、丹霞，號蘭坡。滿洲正白旗人。嘉慶十年三甲一百零三名進士。改任侍衛，官至兵部員外郎。

顏廷彥 貴州遵義縣人。嘉慶十年三甲一百零四名進士。十一年任山東莘縣知縣，二十五年改甘肅山丹知縣，官至甘肅靜寧州知州。

李鴻祖 字誦亭。山東文登縣人。嘉慶十年三甲一百零五名進士。二十一年任直隸定興知縣，改靈壽知縣。

王作肅 直隸玉田縣人。嘉慶十年三甲一百零六名進士。任甘肅即用知縣。

鄒紹觀 字尚賓，號海瀾。四川安岳縣人。嘉慶十年三甲一百零七名進士。任廣東翁源、文昌、瓊山、樂會、普寧、饒平、順德等縣知縣。以親老告歸。著有《天文圖》《古今堪輿形勢略》《西征記》等。

陳周書 貴州普安縣人。嘉慶十年三甲一百零八名進士。

韓錦 順天宛平縣人。嘉慶十年三甲一百零九名進士。官至吏部驗封司郎中。

黃榜 江西湖口縣人。嘉慶十年三甲一百十名進士。

林有芑 福建龍岩直隸州人。嘉慶十年三甲一百十一名進士。任江西建昌知縣，二十年改廣昌知縣，道光三年改福建福州府教授。

周廷御 河南商城縣人。嘉慶十年三甲一百十二名進士。

陳蘭策　字方吾，號薌林。廣西臨桂縣人。嘉慶十年三甲一百十三名進士。任甘肅洮安同知。

熊士鵬　字兩溟、尊灣。湖北天門縣人。嘉慶六年舉人，十年三甲一百十四名進士。任湖北武昌府教授。著有《兩溟詩集》。

劉慶麟　字贊侯，號蕉林。江西崇仁縣人。嘉慶十年三甲一百十五名進士。二十三年任直隸鹽山知縣。在任五載，卒於任。

劉　謙　字受之，號藹亭。順天宛平縣人。嘉慶十年三甲一百十六名進士。選庶吉士，改任知縣。

劉兆藜　四川萬縣人。嘉慶十年三甲一百十七名進士。任四川順慶府教授，改四川汶川縣教諭。

王延慶　字北海、白海。山東福山縣人。嘉慶十年三甲一百十八名進士。歸班候選知縣，道光三年任山東青州府、萊州府教授，國子監博士，十八年署益都縣教諭，二十二年改山東兗州府教授。

趙爾份　山東濟陽縣人。嘉慶十年三甲一百十九名進士。

裘元淦　字麗生。江西新建縣人。嘉慶十年三甲一百二十名進士。選庶吉士，授檢討。

祖父裘曰修，乾隆四年進士，官禮部尚書；父裘麟，乾隆二十五年進士。

傅廷蘭　字馨谷。山東濰縣人。嘉慶十年三甲一百二十一名進士。授河南新鄭知縣，丁憂服闋。十九年補江蘇寶應知縣，二十二年十一月任江蘇吳江縣知縣。著有《開下河議》。

溫　炘　直隸束鹿縣人。嘉慶十年三甲一百二十二名進士。歸班候選知縣。

辛炳晟　字融初。江西萬載縣人。嘉慶十年三甲一百二十三名進士。十年任江西撫州府教授。

張汝樹　廣東大埔縣人。嘉慶十年三甲一百二十四名進士。任知縣。

何承先　字美承、梅生。甘肅武威縣人。乾隆六十年陝西鄉試解元，嘉慶十年三甲一百二十五名進士。選庶吉士，十四年任福建長泰知縣。

牛　霆　直隸獻縣人。嘉慶十年三甲一百二十六名進士。十年任山西盂縣知縣，二十一年改四川永川知縣，二十四年署水利同知。

馮本泰　廣東南海縣人。嘉慶十年三甲一百二十七名進士。任知縣。

尹佩棻　字茹香，號愚谷。雲南蒙自縣人。嘉慶十年三甲一百二十八名進士。任吏部主事，升員外郎，二十二年考選福建道御史，道光四年遷湖南衡州知府，十二年改浙江湖州知府，官至廣西桂平梧鬱道。

尹氏爲蒙自著姓，考中進士者還有尹佩紳，嘉慶七年三甲一百三十六名；尹佩珩，嘉慶十六年三甲十一名進士；尹佩瑲，道光三十年三甲五十二名進士。

張際熙　河南陝州人。嘉慶十年三甲一百二十九名進士。任湖北咸寧知縣，二十一年調福建海澄知縣。

姚寶煊　（《進士題名碑》作姚寶楏，誤）漢軍鑲黃旗人。嘉慶十年三甲一百三十名進士。

王大來　字審齋，號漁村。山東濟寧直隸州人。乾隆四十年舉人，嘉慶十年三甲一百三十一名進士。任山東青州府教授。道光三年（1823）卒，年八十三。著有《四書口授編》。

胡之銑　字吉輝。雲南太和縣人。嘉慶十年三甲一百三十二名進士。授甘肅兩當知縣，調張掖知縣，遷阜康升知州。越二年卒於旅寓。

德　遐　鑲白旗，宗室。嘉慶十年三甲一百三十三名進士。

趙廷俊　字特選，號秀峰。雲南太和縣人。乾隆三十八年（1773）生。嘉慶十年三甲一百三十四名進士。道光元年授陝西宜川知縣，改陝西襃城知縣，三年改漢陰廳通判，十三年遷陝西留壩廳同知，十四年升興安知府，代理漢中知府。以公罪被議去官。道光二十九年（1849）卒。年七十七。

陳廷煥　福建侯官縣人。嘉慶十年三甲一百三十五名進士。歷任福建臺灣府、興化府、漳州府、建寧府教授，調會理知州。

柴德茂　字肇修，號勵亭。山西曲沃縣人。乾隆二十一年十一月二十七日生。嘉慶十年三甲一百三十六名進士。任蒲州府教授。

習家騤　江西分宜縣人。嘉慶十年三甲一百三十七名進士。十二年任湖南祁陽知縣，改甘肅永昌知縣。

王長庚　字夢白。山西曲沃縣人。嘉慶十年三甲一百三十八名進士。任朔平府教授。

高　陞　（《進士題名碑》作高坒）漢軍鑲黃旗。嘉慶十年三甲一百三十九名進士。歷任雲南保山知縣、昭通府直隸同知。

袁希仁　陝西潼關廳人。嘉慶十年三甲一百四十名進士。

蘇廷萊　貴州貴築縣人。嘉慶十年三甲一百四十一名進士。十一年任湖南安化知縣。

陳伊言　字莘佘。四川涪州人。嘉慶六年四川鄉試解元，十年三甲一百四十二名進士。任甘肅秦安知縣，官至甘肅固原知州。

胡述文　字羲一，號琴垞。湖北江夏縣人。嘉慶五年舉人，十年三甲一百四十三名進士。二十年任浙江景寧知縣，兼雲和知縣，道光元年改浙江平湖知縣，五年浙江嘉興府同知，八年回任平湖，十一年官至浙江湖州府同知。

胡秉鈞　字退思、正統，號理軒。貴州開泰縣人。乾隆三十二年（1767）二月十七日生。嘉慶十年三甲一百四十四名進士。任河南扶溝知縣，以事降二級任遵義縣訓導。道光十六年正月二十五日（1837年2月）卒於任，年七十一。

嘉慶十三年（1808）戊辰科

第一甲三名

吳信中 字藹人，號閱甫。江蘇吳縣人。嘉慶十三年一甲第一名狀元。授修撰。入直南書房，十五年充河南鄉試主考官，二十一年充廣東鄉試主考官，二十四年以右庶子充湖北鄉試主考官，歷任侍講、侍讀學士。父病歸。卒年五十六。著有《玉樹樓稿》。

謝階樹 字子玉、欣植，號向亭。江西宜黃縣人。嘉慶十三年一甲第二名榜眼。授編修。十五年充順天鄉試同考官，十九年會試同考官，二十一年督湖南學政，升侍讀，官至侍講學士。著有《守約堂集》。

石承藻 字黼庭，號蘭溪。湖南湘潭縣人。嘉慶十三年一甲第三名探花。授編修。十九年考選江西道御史，二十年任順天南城巡城御史，官至刑科給事中，最直言有聲。後因侍郎周系英與湖南巡撫吳邦慶互劾，事牽連（一作丁憂歸，因縣民與江西商人械鬥，事被議）降光

禄寺署正。著有《桐葉山房詩草》。

第二甲一百一十五名

朱 棨 字勛楣，號海喬。廣西臨桂縣人。嘉慶十三年二甲第一名進士。選庶吉士，授編修。十五年、十八年兩充順天鄉試同考官，十九年遷廣東瓊州知府，嘉慶二十一年任江西九江知府，二十三年署江西南昌知府，道光二年改湖北施南知府，官至直隸清河道。

陳官俊 字偉堂，號籲尊。山東濰縣人。嘉慶十三年二甲第二名進士。選庶吉士，任編修。升贊善、洗馬、右庶子、山西學政、侍講學士，道光十四年授詹事。遷內閣學士、禮部侍郎，改吏部侍郎，十九年授工部尚書。因株連侵帑案革職。二十年四月授通政使，二十二年遷戶部侍郎，改吏部侍郎，二十三年遷禮部尚書，歷工部、吏部尚書，二十四年十二月授協辦大學士。道光二十九年（1849）再受一案牽連，

降級留用，鬱悶於七月初二日卒。贈太子太保。入祀賢良祠。諡"文懿"。

蕭應荃　字香臣，號芝崖。廣西臨桂縣人。嘉慶十三年二甲第三名進士。選庶吉士，散館改刑部主事。

周之琦　字稺圭，號穉岩、耘樵。河南祥符縣人。乾隆四十七年（1782）七月初七日生。嘉慶十三年二甲第四名進士。選庶吉士，任編修。纍遷四川鹽茶道，道光六年授浙江按察使，遷廣西布政使，十二年二月授江西巡撫，十六年二月改湖北巡撫。十八年四月丁憂。二十年八月授太僕寺卿，十一月遷刑部侍郎，二十一年閏三月改廣西巡撫。二十六年十月以病免職。同治元年（1862）六月二十二日卒。享年八十一。撰有《金語夢月詞》《懷夢詞》《退庵詞》《心日齋詞》等。

方保升　字玉班，號損齋。安徽桐城縣人。嘉慶十三年二甲第五名進士。選庶吉士。

陶梁　字寧求，號鳧薌，又作鳧香。江蘇長洲縣人。乾隆二十七年（1772）生。嘉慶十三年二甲第六名進士。選庶吉士，授編修。二十二年任直隸永平知府，歷正定知府、保定知府。道光十年遷清河道，天津兵備道。十二年降署大名知府，十八年遷湖北荊宜施道，二十二年補湖南糧儲道，改湖北漢黃德道，二十八年授甘肅按察使，二

十九年遷江西布政使，改太常寺卿，咸豐二年遷內閣學士，四年遷禮部侍郎。六年十二月病免。咸豐七年（1857）卒。年八十六。工詞與董國華齊名，有"陶董之目"。著有《紅豆村館詩集》《紅豆村館書畫記》，輯有《國朝詞綜補遺》。

尹濟源　字東沇，號竹農。山東歷城縣人。嘉慶十三年二甲第七名進士。選庶吉士，任禮部主事、員外郎，道光元年河南鄉試副考官，升郎中，考選江南道御史，道光二年任福建建寧知府，遷四川成綿龍茂道，七年授湖北按察使，遷四川布政使。十二年九月授山西巡撫，十三年四月改湖北巡撫。十六年二月以病免職。

董國華　字琴南，號榮若。江蘇吳縣人。嘉慶十三年二甲第八名進士。道光元年考選福建道御史，外任山東萊州知府，署雲南廣南知府，任昭通知府，官至廣東雷瓊道。致仕歸。主雲間、紫陽書院講習，自號清閑居士。工詞與陶梁齊名。著有《雲壽堂詩文集》《香影庵詞》《綠溪筆談》。

賀長齡　字耦耕，號西涯、耐庵。湖南善化縣人，原籍浙江會稽。乾隆五十年（1785）二月初八日生。嘉慶十三年二甲第九名進士。選庶吉士，任編修。遷贊善，外任江西南昌知府，道光二年任山東兗沂曹濟道，四年授廣西按察使改江蘇按察使，遷江蘇布政使改山東、江寧

布政使。十年乞養。十五年服闋補福建布政使調直隸布政使，十六年正月遷貴州巡撫，二十五年四月擢雲貴總督。二十六年因永昌回民起義一事降補河南布政使。二十七年雲南回民復亂，追論其濫捕殺革職。道光二十八年（1848）六月初六日卒。年六十四。曾與魏源同編《皇朝經世文編》一百二十卷。另有《孝經集注》《勸告學纂言》《耐庵文集》。

弟賀熙齡，嘉慶十九年進士。

趙光祿 字星藜，號雨樓。浙江歸安縣人。嘉慶十三年二甲第十名進士。選庶吉士，改戶部廣東司主事、四川司郎中，官至江蘇鎮江知府、常州知府。

饒絢春 字曉升，號晴薌。江西新城縣人。嘉慶十三年二甲十一名進士。選庶吉士，授編修。十五年充江南副考官。

錢林 字東生、志枚，號金粟、叔雅。浙江仁和縣人。乾隆二十七年（1762）生。嘉慶十三年二甲十二名進士。選庶吉士，授編修。十六年充會試同考官，十八年順天鄉試同考官，二十一年充廣東鄉試副考官，升侍講，二十四年充四川正考官，遷侍讀學士，降詹事府左庶子。道光二年再充會試同考官。道光八年（1828）十月十六日卒。年六十七。著有《文獻徵存錄》《玉山草堂集》《續集》等。

父錢琦，乾隆二年進士。

丁嘉幹 字淵初。順天大興縣人，原籍江蘇陽湖。嘉慶十三年二甲十三名進士。官至戶部員外郎。

龔以鎧 字徽五，號楞香。福建閩縣人。嘉慶十三年二甲十四名進士。選庶吉士。散館改吏部主事。

唐業謙 字受堂，號濟之、少城。湖南善化縣人。嘉慶十三年二甲十五名進士。選庶吉士，改禮部主事，升郎中，外任河南南陽知府，道光十二年改安徽太平知府，改江西瑞州知府。以病歸。卒年八十四。

鄭城 字念橋、維宗，號晚清。浙江錢塘縣人，原籍安徽休寧。嘉慶十三年二甲十六名進士。選庶吉士，改直隸肥鄉知縣。

胡兆蘭 字薌谷。湖北江陵縣人。嘉慶十二年舉人，十三年二甲十七名進士。選庶吉士，授編修。

羅家彥 字寶田，號葆恬。湖北天門縣人。嘉慶九年舉人，十三年二甲十八名進士。選庶吉士，授編修。二十年考選浙江道御史，二十一年九月改順天北城巡城御史，歷任侍讀學士，官至國子監祭酒。

史評 字衡堂，號松軒。山東樂陵縣人。嘉慶十三年二甲十九名進士。選庶吉士，授編修。十五年充四川鄉試主考官，遷左贊善、少詹事，道光十四年遷內閣學士，督浙江學政，十六年授禮部右侍郎，轉左侍郎。十七年病免。

孔傳曾 字杏興，號魯齋。浙江蕭山縣人。嘉慶十三年二甲二十名進士。十四年任福建平和知縣，道光四年改貴州貴築知縣。

陳柱 直隸南宮縣人。嘉慶十三年二甲二十一名進士。二十三年任山西曲沃知縣。

張葆 字善存，號杏坊。順天大興縣人。嘉慶十三年二甲二十二名進士。選庶吉士，授編修。

趙植庭 字樹三，號仲懷、宮槐。順天宛平縣人，原籍江蘇陽湖。嘉慶十三年二甲二十三名進士。選庶吉士，改刑部主事，二十五年充會試同考官，升廣東司郎中，任秋審處總辦，官至湖北安陸知府。著有《倚樓詩詞集》。

王耀辰 字平華，號拱如。浙江烏程縣人。嘉慶十三年二甲二十四名進士。選庶吉士，授編修。二十年考選山東道御史，二十二年九月任順天西城巡城御史，二十四年任安徽鳳陽知府，道光五年改福建汀州知府，六年福州知府，十年官至福建鹽法道。

潘恭常 字彰有，號吾亭。浙江錢塘縣人。嘉慶十三年二甲二十五名進士。選庶吉士，散館改工部主事，升員外郎，道光三年考選湖廣道御史，九年署江西吉南贛寧道，改江蘇蘇松太道，調陝西糧道。留任未赴。

弟潘恭辰，嘉慶六年進士，廣西布政使。

錢儀吉 （原名錢逵吉）字藹人、衎石，號新梧、心壺。浙江嘉興縣人。乾隆四十八年（1783）生。

嘉慶十三年二甲二十六名進士。選庶吉士，改戶部主事，進郎中，道光四年考選河南道御史，五年任順天中城巡城御史，官至工科掌印給事中，曾任會典館總纂。因公累降級，絕意仕進。歸後主講廣東海堂、河南大梁書院，凡數十年。道光三十年（1850）四月初七日卒，年六十八。喜藏書，藏書處稱"仙蝶齋"。曾集清代文集千餘家，節錄名人事狀，成《碑傳集》，又搜集宋元已來經說爲《經苑》，自著有《颺山樓集》《衎石齋記事稿》《刻楮集》《旅逸一小稿》《三國晉南北朝會要》等。

曾祖錢陳群，康熙六十年進士，刑部尚書；父錢福胙，乾隆五十五年進士。

宮煥 字辛楣，號星如。安徽懷遠縣人。嘉慶十三年二甲二十七名進士。選庶吉士，授編修。歷任洗馬、侍讀、侍講等。

楊鎮 字蓮峰，號靜齋。漢軍正紅旗人。嘉慶十三年二甲二十八名進士。改戶部主事，升浙江司郎中，道光十年官至山東青州府知府。

鄒士麟 字厚堂。順天宛平縣人。嘉慶十三年二甲二十九名進士。任渭川知縣。

屠倬 字孟昭，號琴鄔，晚號潛園。乾隆四十六年（1781）生。浙江錢塘縣人。嘉慶十三年二甲三十名進士。選庶吉士，十六年改江蘇儀征知縣，爲官清廉，政績頗豐，十七年以病乞歸。兩江總督百齡以兩漢循吏相獎堅留不得去，循聲滿大江南北，後以父憂去官。道光元年特詔起任江西袁州知府，改九江知府。以母老辭，歸後閉門謝客。道光八年（1828）卒。年僅四十八。工詩、古文，善書畫、金石、篆刻。著有《是程堂集》十四卷、《唱和投贈詩》二十二卷、《詞》二卷，另有《琴鄔印譜》等。

查有筠 字德敩、號存齋。浙江海寧州人。嘉慶十三年二甲三十一名進士。任户部主事，禮部員外郎，升吏部郎中，二十四年考選江南道御史，掌貴州道御史，升户科、禮科、兵科給事中。道光九年以病乞休，卒年八十四。

解運衢 字宜鑄，號香泉。江西吉水縣人。嘉慶十三年二甲三十二名進士。選庶吉士。十六年改任山東鄒平知縣，十九年調歷城、章丘知縣。卒於任。

元在功 （原名閎）以字行，號眉庵。直隸靜海縣人。嘉慶十三年二甲三十三名進士。選庶吉士，散館改刑部主事。

李恩繹 字巽甫，號東雲。漢軍正白旗。嘉慶十二年二甲三十四名進士。選庶吉士，授編修。十八年考選福建道御史，道光五年遷山東運河兵備道，十一年調長蘆鹽運使，十三年授廣東按察使，改陝西按察使，十六年遷江西布政使，調廣西布政使。十九年病免。

兄李思綏，嘉慶十六年進士。

彭嘉恕 江西湖口縣人。嘉慶十三年二甲三十五名進士。二十二年任福建南靖知縣。

沈學廉 字瘦山，號一士。浙江仁和縣人。嘉慶十三年二甲三十六名進士。選庶吉士。散館改兵部主事，升員外郎。二十四年考選江西道御史，道光元年充湖南鄉試主考官，二年遷江蘇淮揚道。六年官至淮徐道。

區玉麟 字報章，號仁圃。廣東南海縣人。嘉慶十三年二甲三十七名進士。選庶吉士，改吏部主事。

蕭元桂 字鏡岩，號芬圃。福建建陽縣人。嘉慶十三年二甲三十八名進士。十四年任浙江湯溪知縣，十六年改臨海知縣，在任十二年。擢烏鎮同知，道光五年八月署浙江杭州府同知，代理處州知府，官至金華知府。丁父憂哀毀卒。

鄭家蘭 字中畹，號秋皋。廣東豐順縣人。嘉慶十三年二甲三十九名進士。選庶吉士，散館十九年任福建邵武知縣。

林培厚 字輝山，號敏齋。浙江里安縣人。乾隆二十九年（1764）十二月初五日生。嘉慶十三年二甲四十名進士。選庶吉士，授編修。二十一年遷四川重慶知府，道光三年調直隸天津知府，四年遷直隸大順廣道、湖北糧儲道。道光十年（1830）九月初八日以督運卒於通州。年六十七。著有《寶香山館詩文集》。

王若閬 字迪彝，號可愚。安徽含山縣人。嘉慶十三年二甲四十一名進士。任户部主事、員外郎，道光四年考選浙江道御史，九年官至湖北荆州府知府，十八年四任荆州知府，遷荆宜施道。

李保中 字孔彰，號春蹊。江西奉新縣人。嘉慶十三年二甲四十二名進士。任安徽霍丘知縣。丁内外艱，服闋，遘疾卒。

陳傳經 字學初，號晴岩。浙江海寧州人。嘉慶十三年二甲四十三名進士。選庶吉士，授編修。卒年四十七。

沈岐 字鳴周，號飴原。江蘇通州直隸州人。嘉慶十三年二甲四十四名進士。選庶吉士，任編修。纍遷少詹事，道光十年授詹事遷内閣學士，十四年遷兵部侍郎。丁憂。十八年改禮部、吏部侍郎，二十年二月授左都御史。二十二年九月乞養歸。曾主講揚州、儀征書院。咸豐九年以明年爲庚申鄉舉重逢，賞加尚書銜。同治元年（1862）四月卒。謚"文清"。

子沈錫慶，道光二十五年進士。

郭大經 字緯之。江西萬載縣人。嘉慶十三年二甲四十五名進士。十四年授安徽太和知縣，母喪歸。後改江西南康府教授。年七十九卒。

戴宗沅 字南江。安徽來安縣人。嘉慶十三年二甲四十六名進士。選庶吉士，散館改刑部主事，道光五年纍遷至江南河庫道。六年授直隸按察使，七年署直隸布政使，九年遷河南布政使，十年升刑部右侍郎。道光十三年（1833）三月二十六日卒。

恩銘（原名恩寧）字蘭士，號靜庵。滿洲正紅旗，棟鄂氏。嘉慶十三年二甲四十七名進士。選庶吉士，任編修。纍遷少詹事，嘉慶十九年授詹事遷内閣學士，授兵部侍郎。降大理寺卿。二十一年遷盛京工部侍郎，改盛京刑部侍郎，二十三年調禮部侍郎，二十四年改吏部侍郎，二十五年改名恩銘。歷刑部、兵部、户部侍郎。道光四年革。七年授哈密辦事大臣，十一年調烏里雅蘇臺參贊大臣。十二月調理藩院侍郎改刑部、工部、倉場侍郎，十三年授漕運總督，十四年遷左都御史，十五年閏六月改禮部尚書。十六年七月革降刑部侍郎，十八年再遷左都御史，改刑部尚書，十九年三月調熱河都統。道光二十年（1840）六月卒。

劉嗣綰 字醇甫，號芙初。江蘇陽湖縣人。協辦大學士劉于義玄孫。乾隆二十七年（1762）生。嘉慶十三年會元，二甲四十八名進士。選庶吉士，授編修。在翰林十餘年，歸後主講東林書院。嘉慶二十五年（1820）丁母憂。悲傷過度卒，年五十九。著有《尚絅堂集》五十二卷、《筝船詞》二卷等。

郭仁圖 字蓮渚。福建閩縣人。

嘉慶十三年二甲四十九名進士。官至刑部河南司員外郎。加四品銜。

吳侍曾 字泰孫，號竹泉。山東海豐縣人。嘉慶十三年二甲五十名進士。任吏部主事。

王墀 字步玉。順天寶坻縣人。嘉慶十三年二甲五十一名進士。任山西長治知縣。著有《游盤詩》。

父王永芳，乾隆十七年進士。

李桂林 字道瓊，號丹巖。福建閩縣人。嘉慶十三年二甲五十二名進士。選庶吉士，十五年改四川羅江知縣，道光元年調灌縣知縣，代打箭爐同知，官至四川資州直隸州知州。以母老乞養歸。卒年六十五。

于學宗 字因亭，號雲溪。山東文登縣人。嘉慶十三年二甲五十三名進士。選庶吉士，改任直隸威縣知縣。

費丙章 （1783—1829）字會宜，號星橋。浙江仁和縣人。嘉慶十三年二甲五十四名進士。選庶吉士，授編修。二十三年考選江南道御史，二十四年遷廣東雷瓊道，改江蘇淮陽道，道光二年授廣西按察使，四年遷山東布政使，改湖北布政使，六年丁憂免。服闋，八年任河南布政使。九年去職。

高翔麟 字文瑞，號芾堂。江蘇吳縣人。嘉慶十三年二甲五十五名進士。選庶吉士，授編修。二十年考選河南道御史，外任陝西鳳翔知府，道光二年官至湖南衡永桂郴道。因事降調。乞病歸。主講各書院。卒年六十六。著有《說文字通》。

張美如 字尊五，號玉溪。甘肅武威縣人。嘉慶十三年二甲五十六名進士。選庶吉士，改戶部主事，升員外郎，官至御史。工畫，善畫山水。

趙維熊 字太占，號渭崖。江蘇上海縣人。嘉慶十三年二甲第五十七名進士。選庶吉士，散館改刑部主事。

張聯奎 字葆光。湖北興國人。嘉慶六年舉人，十三年二甲五十八名進士。任山東博山知縣、單縣知縣。

吳恩韶 字春甫，號訥人。江蘇吳縣人。嘉慶十三年二甲五十九名進士。選庶吉士，改刑部主事，升員外郎，道光三年考選山西道御史，道光六年充會試同考官，官至吏科掌印給事中。

路文澤 湖北漢陽縣人。嘉慶六年舉人，十三年二甲六十名進士。十八年任福建浦城知縣，十九年改浙江常山知縣。

吳其浚 字淇瞻，號漪堂。河南固始縣人。嘉慶十三年二甲六十一名進士。選庶吉士，改刑部主事，官至郎中。

馬毓林 山東商河縣人。嘉慶十三年二甲六十二名進士。任刑部主事，二十三年充湖南鄉試副考官，官至雲南麗江知府、雲南府知府。

劉榮黼 （1774—1854）字春舫，

號小章、矩堂。雲南大姚縣人。嘉慶十三年二甲六十三名進士。選庶吉士，授編修。外任貴州遵義知府，二十四年官至貴陽知府。與人合著有《大姚縣志》。

楊煊 字桂堂，號煦亭。江蘇上元縣人。嘉慶十三年二甲六十四名進士。選庶吉士，改四川屏山知縣，升吏部稽勳司員外郎，道光四年考選山西道御史，官至工科掌印給事中。

熊遇泰 字東岩，號拱舒。江西新建縣人。嘉慶十三年二甲六十五名進士。選庶吉士，授編修。道光元年充江南鄉試副考官，二年考選浙江道御史，掌浙江道御史，八年四月任山東登州知府，十年三月調山東沂州知府。

傅德臨 浙江山陰縣人。嘉慶十三年二甲六十六名進士。二十一年六月任順天府寧河知縣。二十五年三月去。

邵鳳依 字瑞朝，號芝臺。江蘇通州直隸州人。嘉慶十三年二甲六十七名進士。選庶吉士，授河南武安知縣，丁憂。服闋補修武知縣，改夏邑知縣，調湖北黃州府岐亭同知。因與上官不洽歸。

廖爵 廣西臨桂縣人。嘉慶十三年二甲六十八名進士。十四年署四川榮昌知縣，十六年任四川納西知縣，二十五年改廣東西寧知縣。

李若嶂 山西聞喜縣人。嘉慶十三年二甲六十九名進士。任湖北公安知縣，二十五年任湖北江陵知縣，道光六年遷湖北襄陽府同知。

唐善良 字子薰。安徽含山縣人。嘉慶十三年二甲七十名進士。選庶吉士，十五年改山東萊蕪知縣。

于德培 字修吉，號子樸。四川營山縣人。嘉慶十三年二甲七十一名進士。選庶吉士，授編修。十八年充浙江鄉試副考官，二十四年升江西道監察御史，後因事降禮部主客司主事。

涂晉 字吉孚，號椒斐。江西新城縣人。嘉慶十三年二甲七十二名進士。選庶吉士，十五年散館改廣東河源知縣。

吳鸞 安徽涇縣人。嘉慶十三年二甲七十三名進士。道光二年任福建平和知縣。

馮清聘 字應三，號菊人。山西代州直隸州人。嘉慶十三年二甲七十四名進士。選庶吉士，授編修。二十一年考選江南道御史，升吏科給事中，官至浙江紹興知府。卒於任。曾創辦育嬰堂、養濟院。

陳澄清 浙江會稽縣人。嘉慶十三年二甲七十五名進士。任內閣中書。

胡岱雲 安徽寧國縣人。嘉慶十三年二甲七十六名進士。任主事，官至員外郎。

匡晉珏 字補堂。江蘇丹陽人。嘉慶十三年二甲七十七名進士。任河南涉縣知縣。

楊濱海 福建晉江縣人。嘉慶

十三年二甲七十八名進士。道光元年任福建漳州府教授，五年改臺灣府教授。

戴屺 字己山、叔旃，號青岩。江蘇丹徒縣人。嘉慶十三年二甲七十九名進士。十五年任山東嘉祥知縣、十六年改長清、十九年改濟陽、二十一年調歷城知縣，二十五年進膠州知州，丁憂歸。道光十年任濱州知州，十四年再任膠州知州。二十七年，因忤巡撫罷官。復以七品秩起用。旋卒，年五十八。

蘇獻琛 廣東順德縣人。嘉慶十三年二甲八十名進士。十五年任江蘇婁縣知縣。

葉璟 順天宛平人。嘉慶十三年二甲八十一名進士。任廣東鶴山知縣。

趙鍾彥 字任之，號研雨。順天宛平縣人，原籍江蘇陽湖。嘉慶十三年二甲八十二名進士。選庶吉士，歸班候選知縣，後任甘肅海城縣知縣，道光二十三年任湖北蘄水知縣，二十五年改湖北均州知州。

李慎修 （改李慎彝）四川威遠縣人。嘉慶十三年二甲八十三名進士。十四年任福建清流知縣，二十一年改晉江知縣，道光三年任臺灣鳳山、淡水知縣。官至知府。

鄭世俊 字企園。湖南長沙縣人。嘉慶十三年二甲八十四名進士。任廣西來賓縣知縣，調永淳知縣，遷西隆知州、賓州知州，廣西百色廳同知，署思恩知府。

徐江 字仲紀，號山民。安徽定遠縣人。嘉慶十三年二甲八十五名進士。選庶吉士，十六年散館任浙江長興知縣，道光元年二月改江西新城知縣，歷江西新建知縣、南豐知縣。

何珣 字東美，號潤之。貴州平遠州人。嘉慶十三年二甲八十六名進士。選庶吉士，改刑部主事，升員外郎、郎中，官至廣西南寧知府。卒年七十二。

吳乙照 字子校。浙江海寧州人。嘉慶十三年二甲八十七名進士。十七年署山東福山知縣，著有《海園雜記》《海園全集》。

沈邦基 字甫臺，號萊山。浙江錢塘縣人。嘉慶十三年二甲八十八名進士。十五年任江蘇寶應知縣、上元知縣。

江秋 浙江湖州府歸安人。嘉慶十三年二甲八十九名進士。

戴楊輝 字以勤、呂昀。安徽婺源縣人。嘉慶十三年二甲九十名進士。任山西大寧知縣，歷山西隰州、大寧知縣，署浦縣知縣、永和知縣。丁父母憂歸。不赴。

郝兆鈺 字金相，號琢庵。湖北雲夢縣人。嘉慶十二年舉人，十三年二甲九十一名進士。選庶吉士，改任山東惠民、泗水、陽穀知縣。

亓保 山東商河縣人。嘉慶十三年二甲九十二名進士。任直隸臨城知縣。

龔與春 湖北漢陽縣人。嘉慶

九年舉人，十三年二甲九十三名進士。任山西靜樂知縣。

王鵬翥 字雲程，號曉山。山東蘭山縣人。嘉慶十三年二甲九十四名進士。任廣東陽春知縣，以病辭歸，以教書爲業。

吳增嘉 字巷助，號玉屏。浙江歸安縣人。嘉慶十三年二甲九十五名進士。十六年任直隸廣宗知縣，調萬全知縣，遷直隸祁州知州、延慶州知州。

秦光宸 字洛臣。湖北黃安縣人。嘉慶十二年舉人，十三年二甲九十六名進士。授直隸完縣知縣，歷任遷安、武清、滿城知縣，擢景州知州、滄州知州，官至遵化直隸州知州。

李聚元 字伯善，號竹坪。陝西朝邑縣人。嘉慶十三年二甲九十七名進士。選庶吉士，改任山西祁縣知縣。

瞿家鏊 字吾山。湖南瀏陽縣人。嘉慶十三年二甲九十八名進士。授知縣，十四年任湖南常德府教授，復改江蘇興化知縣，調山東館陶知縣。引疾歸。著有《醒心錄》《建事錄》《微雨春草書屋詩鈔》。

張廷誥 安徽歙縣人。嘉慶十三年二甲九十九名進士。任內閣中書、直隸行唐知縣，十五年任江蘇淮安府教授。

仲振履 字臨侯，號雲江。江蘇泰州人。嘉慶十三年二甲一百名進士。任廣東恩平、興寧、東莞、

南海知縣，擢南澳同知。以疾告歸。卒於家。著有《作吏九規》《虎門覽勝》《咬得菜根堂詩文稿》《弃餘稿》《家塾邇言》等。

茅潤之（原名茅棟）字松坪。江蘇丹徒縣人。嘉慶十三年二甲一百零一名進士。任內閣中書、協辦侍讀。遂告歸。著有《挹青閣詩》。

劉斯寧（一作劉斯裕）江西南豐縣人。嘉慶十三年二甲一百零二名進士。任山西和順知縣，調大同縣、陽曲縣，遷霍州知州，擢大同知府未任，改山西太原府知府。

夏國培 字廷材，號心田。貴州貴築縣人。嘉慶十三年二甲一百零三名進士。選庶吉士，授編修，十八年官至江西道監察御史，後降編修。二十二年充會試同考官。

戚宗彝 湖北江夏縣人。嘉慶十三年二甲一百零四名進士。任刑部主事，遷郎中，遷貴州銅仁知府，改廣西左江道，道光十三年授甘肅按察使。十四年病免。

譚鵬霄 字培齋。湖南清泉縣人。嘉慶十三年二甲一百零五名進士。任江蘇贛榆知縣，丁母憂。二十五年改福建邵武知縣。以老乞歸。

朱文燮 順天宛平縣人，原籍江蘇上元。嘉慶十三年二甲一百零六名進士。十四年任江蘇淮安府教授。

廖敦行 字子厚，號韻樓。雲南建水縣人。嘉慶十三年二甲一百零七名進士。選庶吉士，改刑部主

事，升員外郎，道光五年考選江南道御史，任順天中城巡城御史，進給事中，十年湖北武昌道，十一年安襄鄖荆道，官至湖北鹽茶道。致仕歸。主講五華書院。

曾冠英 字鵬宵，號雲峰。廣東和平縣人。嘉慶十三年二甲一百零八名進士。選庶吉士，十四年改任山東肥城知縣。

吳昌齡 字壽泉。安徽涇縣人。嘉慶十三年二甲一百零九名進士。選庶吉士，散館改吏部主事。

張以謨 湖北武昌縣人。乾隆五十三年舉人，嘉慶十三年二甲一百十名進士。

程際韶 字夔九、蕭庭。江蘇吳縣人。嘉慶十三年二甲一百十一名進士。署甘肅崇信知縣，補清水知縣，調寧夏中衛縣，升蘭州循化同知。道光元年（1821）卒於任。年五十九。

孫巖 字魯山，號雲本。江蘇上元縣人。嘉慶十三年二甲一百十二名進士。任浙江蘭溪縣知縣，道光七年任海鹽知縣。

魏元烺 字實夫，號麗泉。直隸昌黎縣人。嘉慶十三年二甲一百十三名進士。選庶吉士，十六年改山西洪洞、太平知縣，二十五年遷山西平定直隸州知州，纍遷雲南迤南道。道光二年授四川按察使改江西、福建按察使，五年遷廣東布政使，改福建布政使。十一年遷福建巡撫，兼署閩浙總督，十九年召京改授大理寺卿，

二十年遷兵部侍郎改刑部侍郎。二十五年遷左都御史，二十七年改禮部尚書，調兵部尚書。咸豐四年（1854）九月卒。謚"勤恪"。

兄魏元煜，乾隆五十八年進士，官漕運總督。

陳彥 字英三，號蓮舫。浙江歸安縣人。嘉慶十三年二甲一百十四名進士。任順天文安知縣，道光三年改安徽英山知縣。

程鍾靈 字慧區，號芝圃。江西南城縣人。嘉慶十三年二甲一百十五名進士。選庶吉士，改刑部主事，道光二年官至江蘇常州知府，十年仍任。

第三甲一百四十三名

侯鈐 字健六。江蘇金匱縣人。嘉慶十三年三甲第一名進士。二十一年任湖南江華知縣，二十二年改湖南安仁知縣，道光三年任衡山知縣。

劉超遠 貴州開泰人。嘉慶十三年三甲第二名進士。任湖南知縣。

龔定國 雲南昆明縣人。嘉慶十三年三甲第三名進士。十八年任陝西紫陽知縣，道光二年改富平知縣，三年遷潼關廳同知，遷陝西興安府知府，十一年官至甘肅涼州府知府。

劉亨起 （原名劉亨地）順天大興縣人。嘉慶十三年三甲第四名進士。任刑部主事、安徽司郎中，道

光四年官至安徽徽州府知府。

周貽組 廣西臨桂縣人。嘉慶十三年三甲第五名進士。十五年任山西襄陵知縣，遷保德直隸州知州，改隰州直隸州知州，二十一年官至山西澤州知府。

閻亮閣 字翼天，號龍峰。陝西府谷縣人。嘉慶十三年三甲第六名進士。任山西翼城知縣。丁憂歸。掌教榮河書院以疾卒。

楊本濬 字次潘、巨源，號清臣。雲南南寧縣人。嘉慶十三年三甲第七名進士。選庶吉士，改任直隸元城知縣、邯鄲知縣，道光二年任順天府南路同知，署西路、東路同知，十七年署順天薊州知州，十八年復任南路同知。二十二年休致歸，卒年七十。著有《説經精舍詩文集》。

蔣舒惠 湖南邵陽縣人。嘉慶十三年三甲第八名進士。授浙江義烏知縣，調鄞縣知縣，以憂歸。服闋補歸安知縣，未任卒。

高澤履 字楚亭。江西鄱陽縣人。嘉慶十三年三甲第九名進士。十四年任山東日照知縣，十八年改山東德平知縣，二十一年調泰安知縣，二十三年遷山東武定府同知，擢安徽太平府知府，官至廣東雷州知府、兵備道。

姚瑩 字石甫，號明叔、展和，晚號幸翁。安徽桐城縣人。乾隆五十年（1785）十月初七日生。嘉慶十三年三甲第十名進士。二十一年授福建平和知縣，二十二年改龍溪知縣，二十四年任臺灣知縣，道光十二年改江蘇武進知縣，擢江蘇高郵知州，升淮南同知、臺灣海防同知，十八年任臺灣道，被誣下獄，事白發四川任蓬州知州，遷湖北武昌鹽法道，咸豐元年授廣西按察使。二年十二月十六日（1853年1月）卒，年六十八。著有《東槎紀略》《寸陰叢錄》《識小錄》《東溟詩文集》《中復堂全集》等。

張翔 字仞千、拙山。山東濰縣人。嘉慶十三年三甲十一名進士。任直隸獻縣知縣，遷直隸河間知府，二十年改廣平府知府。道光元年告終養歸里。咸豐四年（1854）卒，年七十三。

隆文 字存質，號雲章。滿洲正紅旗，伊爾根覺羅氏。乾隆五十一年（1786）九月十八日生。嘉慶十三年三甲十二名進士。選庶吉士，散館授刑部主事、侍講、侍讀學士，道光八年授詹事，遷內閣學士。十三年任駐藏辦事大臣，十四年八月授理藩院侍郎，十六年改刑部右侍郎，十八年十一月改戶部侍郎，遷左都御史，改刑部尚書、軍機大臣，二十年正月改戶部尚書。二十一年（1841）以軍機大臣赴廣東參贊軍務，因與靖逆將軍、領侍衛內大臣、御前大臣宗室奕山意不相合憂憤而卒。年五十六。贈太子太保，謐"端毅"。入祀賢良祠。

許嗣容 字保誠，號蓮衣。安

徽六安直隸州人。嘉慶十三年三甲十三名進士。任國子監博士、直隸正定府同知、順天府南路同知、記名知府。請假歸田，優游以老，卒年六十四。著有《荷薪前集》。

　　徐步雲　字漢卿。貴州安化縣人。嘉慶十三年三甲十四名進士。選庶吉士，二十三年改湖北建始知縣，在任五年署安陸知縣，道光四年改光化知縣，九年官至湖北隨州知州。道光二十五年（1845）卒，年七十八。

　　劉邦柄　字寅谷。四川涪州人。嘉慶十三年三甲十五名進士。十六年任廣東海康知縣。

　　曾錫齡　河南固始縣人。嘉慶十三年三甲十六名進士。嘉慶十五年署四川涪州知州，十七年任四川安岳知縣，道光三年十二月署江西上饒知縣，十二年改江蘇無錫知縣。

　　王道行　字騰九，號蘭谷。福建閩縣人。嘉慶十三年三甲十七名進士。選庶吉士，授檢討。

　　賈天培　字因伯，號益搜。陝西三原縣人。嘉慶十三年三甲十八名進士。任廣東香山知縣，十六年任廣東英德知縣。卒於任。

　　李　煥　山東巨野縣人。嘉慶十三年三甲十九名進士。官至江蘇吳江知縣。文章書法爲世人所重。

　　林桂茂　福建霞浦縣人。嘉慶十三年三甲二十名進士。十八年任福建邵武府教授，道光元年改臺灣府教授，九年任福建延平府教授。

　　姚丙成　字在鏡，號芝房。順天大興縣人。嘉慶十三年三甲二十一名進士。選庶吉士，改任工部主事。

　　德　啓　滿洲正白旗人。嘉慶十三年三甲二十二名進士。

　　武忠額　字允元，號愚亭。滿洲正白旗，佟佳氏。乾隆四十年（1775）三月二十二日生。嘉慶十三年三甲二十三名進士。任吏部主事、國子監祭酒，道光三年授詹事，遷內閣學士。五年授盛京刑部侍郎，改兵部侍郎。七年任泰寧鎮總兵，十年授察哈爾都統，改熱河都統，任定邊左副將軍，十五年閏六月授左都御史。十六年七月改理藩院尚書，十一月復任左都御史，十七年五月復任理藩院尚書。十八年八降調。

　　傅鍾璩　河南登封縣人。嘉慶十三年三甲二十四名進士。

　　金鼎壽　（本名金永源）字鶴皋。貴州廣順州人。嘉慶十三年三甲二十五名進士。分廣西富川知縣，二十年改廣西北流知縣，丁憂。道光五年任安徽桐城知縣，七年改懷遠縣，九年改歙縣知縣，十一年遷廣德州知州，十二年改六安知州。著有《性存軒詩草》。

　　弟金鼎梅，嘉慶十六年進士；弟金鼎銘，嘉慶十九年進士；弟金鼎年，道光十二年進士。兄弟四進士。

　　陳肇英　福建連江縣人。嘉慶十三年三甲二十六名進士。任貴州清平知縣、都勻知縣，二十一年遷貴州黔西知州，調陝西葭州知州。

凌企曾 字瑞清。江蘇長洲縣人。嘉慶十三年三甲二十七名進士。任廣東惠來知縣，改安徽寧國府教授。

李象溥 字湘帆。湖南長沙縣人。嘉慶十三年三甲二十八名進士。十三年任山東榮城知縣，道光元年調山東冠縣知縣，十五年改湖南永順府教授。

李 源 四川江津縣人。嘉慶十三年三甲二十九名進士。道光二年署直隸肥鄉知縣。

劉又向 四川墊江縣人。嘉慶十三年三甲三十名進士。歸班候選知縣。卒於家。

孫 澄 奉天承德縣人。嘉慶十三年三甲三十一名進士。十六年署廣西北流知縣、天保知縣。

鍾 祥 字蘊如，號雲亭。漢軍鑲黃旗人氏。乾隆五十年（1785）三月十四日生。嘉慶十三年三甲三十二名進士。二十四年任浙江龍泉知縣，道光四年纍遷至山東濟南知府，升兗沂曹濟道，六年授山東按察使遷山東布政使，改雲南、江西布政使。十二年遷山東巡撫，十六年七月授閩浙總督。因總督印信被竊，十九年六月革職。二十年授四川布政使，二十一年召京，二十三年任庫倫辦事大臣，閏七月授東河總督。道光二十九年（1849）四月二十六日卒。年六十五。

盛化振 河南襄城縣人。嘉慶十三年三甲三十三名進士。二十五年任四川井研知縣，改雲南易門知縣、定遠知縣。

尹元龍 直隸鹽山縣人。嘉慶十三年三甲三十四名進士。任福建海澄知縣。

高 崧 江西安義縣人。嘉慶十三年三甲三十五名進士。任河南太康知縣。

王榘曾 字拂珊，號芸軒。順天大興縣人，原籍江蘇丹徒。嘉慶十三年三甲三十六名進士。選庶吉士，散館改廣西義寧知縣，降縣丞，後任江蘇桃源縣訓導。

張思勖 （《進士題名碑》作張思最，誤）字晉臣，號栗園。山東萊陽縣人。嘉慶十三年三甲三十七名進士。十五年任福建仙游知縣，改東城兵馬司正指揮，二十一年改任山東青州府教授。著有《靜安堂文稿》。

黎葆醇 江西南昌縣人。嘉慶十三年三甲三十八名進士。十四任浙江慶元知縣，調慶元知縣。

孫 鳳 雲南河陽縣人。嘉慶十三年三甲三十九名進士。任陝西臨潼知縣。

周繩祖 （一名榮組）字似堂。江蘇蕭縣人。嘉慶十三年三甲四十名進士。任知縣，卒於任。

強克捷 字月三，號樸齋。陝西韓城縣人。嘉慶十三年三甲四十一名進士。十六年任河南滑縣知縣。

捕獲白蓮教首領李文成等入獄。白蓮教劫獄，嘉慶十八年（1813）九月初七日全家三十五人遭斬殺。贈知府。予騎都尉世職。謚"忠烈"。

張懋勛　字仲襄。江蘇太倉直隸州人。嘉慶十三年三甲四十二名進士。授湖北南漳知縣，二十五年任山東昌樂知縣，丁母憂服闋，道光十一年仍補湖北南漳知縣。居官二十年家無餘資，卒後南漳士民爭賻始得反葬。

周廷勛　湖北監利縣人。嘉慶六年舉人，十三年三甲四十三名進士。任國子監監承，道光十一年改湖北南漳知縣。

易煥暄　（原名易煥旦）字雨簾。湖南湘陰縣人。嘉慶十三年三甲四十四名進士。任陝西鎮安知縣，十六年改安定知縣，道光二年任山東樂陵知縣，三年改山東淄川知縣，十一年調郯城知縣，升兗州同知，署兗州知府。

賈秉鍾　字綏禄，號屏山。四川渠縣人。嘉慶十三年三甲四十五名進士。選庶吉士，散館改山西盂縣知縣。

方時亮　安徽貴池縣人。嘉慶十三年三甲四十六名進士。任河南盧氏知縣，改直隸南河知縣，升浙江嚴州知府。

江岷　四川成都縣人。嘉慶十三年三甲四十七名進士。道光元年任江西南城知縣。

李毓昌　字皋言。山東即墨縣人。嘉慶十三年三甲四十八名進士。以即用知縣發江蘇，以查山陽縣知縣王伸漢冒賑。因拒收賄賂，六月初七日被投毒死并僞以自盡。十四年七月追贈知府銜。

席元榜　江西宜黃縣人。嘉慶十三年三甲四十九名進士。任直隸臨城知縣，道光四年改直隸盧龍知縣。

梁達榜　福建歸化縣人。嘉慶十三年三甲五十名進士。任河南汝陽知縣，遷信陽州知州。

段國奎　湖北江夏縣人。嘉慶九年舉人，十三年三甲五十一名進士。初授山西孝義知縣，二十一年改山西祁縣知縣。

時功旃　山東濟寧直隸州人。嘉慶十三年三甲五十二名進士。道光四年改安徽廬江知縣，改浙江鄞縣知縣，道光六年任江蘇吳江知縣，九年改宜興知縣，十四年再任吳江知縣，十九年改寶應知縣，二十一年任阜寧知縣。

田體清　字鑒堂。山西陽城縣人。嘉慶十三年三甲五十三名進士。十四年任湖南益陽知縣，官至湖南常德府同知。告歸。

張南圭　河南祥符縣人。嘉慶十三年三甲五十四名進士。十五年任江蘇江陰知縣，十七年改崇明知縣。

竺之侃　（《進士題名碑》作竺之祝，誤）字可陶。浙江鄞縣人。嘉慶十三年三甲五十五名進士。任浙江金華府教授。

兄子竺鑒，道光九年進士。

何奕簪 福建晉江縣人。嘉慶十三年三甲五十六名進士。二十二年任山西襄陵知縣。

王余晉 （原名余芬）字迪上，號芸村。山東福山縣人。嘉慶十三年三甲五十七名進士。任陝西麟游知縣，二十一年改沔陽知縣，二十四年改陝西蒲城知縣，調河北滿城知縣，擢山西定遠廳同知，改山東兗州府教授。致仕歸。著有《静香移屋試帖》《静香移屋詩集》。

弟王余師，嘉慶十四年進士。

郝延年 直隸天津縣人。嘉慶十三年三甲五十八名進士。任湖北石首知縣，道光年間改湖北廣濟知縣。

敏 勤 （更名既勤）字平齋。滿州正藍旗，宗室。嘉慶十三年三甲五十九名進士。散館改禮部主事，官至翰林院侍讀學士。

全 福 滿洲正黃旗人。嘉慶十三年三甲六十名進士。

王會清 雲南蒙自縣人。嘉慶十三年三甲六十一名進士。十四年任浙江東陽知縣，十八年委辦銅，二十一年回任東陽知縣，改湖北石首知縣，道光七年改湖北監利知縣、大冶知縣。

馮 芝 （1782—1849，榜名馮纘，改名）字厚田，號吾園、勘堂。山西代州直隸州人。嘉慶十三年三甲六十二名進士。選庶吉士，授檢討。

二十四年充湖南鄉試副考官，道光十二年以侍讀學士任河南鄉試主考官，遷少詹事，十八年授詹事，遷內閣學士，十九年授禮部侍郎。二十年督順天學政。道光二十九年病免。著有《山房集》。

劉書文 廣西象州人。嘉慶十三年三甲六十三名進士。

祝淳禧 浙江錢塘縣人。嘉慶十三年三甲六十四名進士。十八年任陝西安塞知縣，道光二年改户縣知縣。六年卸。

汪桂葆 順天大興縣人。嘉慶十三年三甲六十五名進士。道光元年任山西河津知縣。

沈 禮 順天大興縣人。嘉慶十三年三甲六十六名進士。

崔 偲 字怡庭，號茶農。順天霸州人。嘉慶十三年三甲六十七名進士。任山西趙城、潞城、永和、臨晋知縣，丁憂，服闋調湖南祁陽、攸縣知縣。積勞發病，道光十八年（1838）卒。年五十三。

張衍基 廣東新會縣人。嘉慶十三年三甲六十八名進士。任廣西天河知縣，改廣東瓊州府教授。

朱華臨 江西南城縣人。嘉慶十三年三甲六十九名進士。十四年任江西南昌府教授。

蔡學元 廣東新安縣人。嘉慶十三年三甲七十名進士。十八年任廣東潮州府教授。

趙家震 山西解州直隸州人。嘉慶十三年三甲七十一名進士。任陝西永壽知縣。

揚　鴻　（《進士題名碑》名楊鴻，誤）號南溟。江西清江縣人。嘉慶十三年三甲七十二名進士。二十三年任浙江龍游知縣。道光四年復任。

子揚儀韶，道光二十七年進士。

許師賢　字齊之。山西偏關縣人。嘉慶十三年三甲七十三名進士。任江西上猶知縣。母老乞養歸。主講書院以終。

崔顯宗　順天霸州人。嘉慶十三年三甲七十四名進士。任山東壽張知縣。

朱光照　江西崇仁縣人。嘉慶十三年三甲七十五名進士。任知縣。

羅夢元　湖北南漳人。嘉慶六年舉人，十三年三甲七十六名進士。二十三年任山東陽信知縣。

誠　格　滿洲鑲藍旗人。嘉慶十三年三甲七十七名進士。二十二年署四川井研知縣。

張中陽　廣東海陽縣人。嘉慶十三年三甲七十八名進士。任貴州興義知縣，二十五年改貴州畢節知縣。

李元豐　字約亭。山西介休縣人。嘉慶十三年三甲七十九名進士。十四年署四川樂至知縣，十七年改黔江知縣，改四川雅安知縣，道光元年署四川蓬州知州，二年任定遠知縣。

田文洛　號雷門。順天大興縣人。嘉慶十三年三甲八十名進士。

任承德府教授。撰有《四銘堂詩草》。

馬玉墀　奉天廣寧縣人。嘉慶十三年三甲八十一名進士。

徐時英　貴州都勻縣人。嘉慶十三年三甲八十二名進士。任湖北應山知縣，改蘄水知縣。

張煥光　字文燦。河南襄城縣人。嘉慶十三年三甲八十三名進士。任甘肅岷州知州，改山西孝義知縣，道光十年官至隰州知州。

貴　齡　蒙古鑲黃旗人。嘉慶十三年三甲八十四名進士。二十二年任四川大竹知縣，二十三年署越嶲廳同知，同治年官至雲南府知府。

王錫蒲　字爵五（一作槐午），號靜安。山西文水縣人。嘉慶十二年山西鄉試解元。十三年三甲八十五名進士。選庶吉士，十九年改任江蘇江都知縣，道光二年任阜寧知縣，六年任江蘇長洲知縣，改吳江知縣，十年改江蘇泰州知州，十四年遷貴陽知府，官至甘肅甘涼道。

楊岳東　字曉岩、愚山，號鳳皋。山東寧海州人。嘉慶十三年三甲八十六名進士。任直隸新安、遷安知縣，二十二年署灤州知州，道光三年署四川榮縣知縣，四年改四川營山知縣，六年署合州知州。

德剛阿　正藍旗，宗室。嘉慶十三年三甲八十七名進士。

陶運龢　直隸天津縣人。嘉慶十三年三甲八十八名進士。十五年任四川綿竹知縣，十八年改岳池知縣，道光二年改山東即墨知縣、單縣知縣。

谷懷清　號曉亭。直隸蠡縣人。嘉慶十三年三甲八十九名進士。任刑部奉天司主事。著有《杏錦堂詩稿》。

蔣承洙　廣西全州人。嘉慶十三年三甲九十名進士。

榮　慶　蒙古正黃旗。嘉慶十三年三甲九十一名進士。二十二年任山西絳縣知縣，道光十八年任四川石砫廳同知。十九年（1839）卒。

陳虞元　福建閩縣人。嘉慶十三年三甲九十二名進士。十七年任福建汀州府教授，二十二年改臺灣府教授，道光元年任山東臨邑知縣。

恒　祥　滿洲正紅旗人。嘉慶十三年三甲九十三名進士。任刑部主事，官至洗馬。

文　炳　滿洲鑲紅旗人。嘉慶十三年三甲九十四名進士。二十二年任江西廣豐知縣。

任　銓　陝西白水縣人。嘉慶十三年三甲九十五名進士。十四年任安徽潛山知縣，二十二年改定遠知縣。因新欠庫銀萬兩以上，十二月革職。

徐淳瑞　字璜如、輯五，號漁汀、虞廷。陝西長安縣人，祖籍浙江歸安。嘉慶十三年三甲九十六名進士。十五年任四川江津知縣，二十年改四川南部知縣。

楊蔚然　河南息縣人。嘉慶十三年三甲九十七名進士。二十二年任福建永安知縣。

杜懷英　字筠谷。山東鄒縣人。嘉慶十三年三甲九十八名進士。任直隸豐潤知縣、景州知縣、肅寧知縣。

李貢南　河南光州直隸州人。嘉慶十三年三甲九十九名進士。

崔光弼　順天寧河縣人。嘉慶十三年三甲一百名進士。二十四年任廣西容縣知縣，道光元年改廣西北流知縣。

謝登科　甘肅安西州人。嘉慶十三年三甲一百零一名進士。任四川永寧知縣。

董象昭　河南固始縣人。嘉慶十三年三甲一百零二名進士。

吳蘭蓀　（原名吳稚恭）字芝圃。福建閩縣人。嘉慶十三年三甲一百零三名進士。任福建泉州府教授，二十二年改漳州府教授。著有《周禮釋疑》《群經筆記》等。

龔　溥　甘肅武威縣人。嘉慶十三年三甲一百零四名進士。任教授。

胡之鍈　雲南太和縣人。嘉慶十三年三甲一百零五名進士。道光元年任福建永福知縣，十年改晉江知縣，十二年任臺灣嘉義知縣。

楊　黼　字佩冕，號靜存。山東滕縣人。嘉慶十三年三甲一百零六名進士。任山東青州府教授。十八年（1813）六月赴任卒。

彭程萬　字雲章。江蘇溧陽縣人。嘉慶十三年三甲一百零七名進士。十四年任安徽安慶府教授，道光二年改安徽青陽知縣。

　　王士仁　河南鄧州人。嘉慶十三年三甲一百零八名進士。二十四年任江蘇桃源知縣。

　　孫敏浦　字悟軒。直隸鹽山縣人。嘉慶十三年三甲一百零九名進士。二十三年改安徽婺源知縣，道光五年改安徽來安知縣。

　　佀　敬　山西永濟縣人。嘉慶十三年三甲一百十名進士。

　　樊　兌　陝西韓城縣人。嘉慶十三年三甲一百十一名進士。

　　黃承祈　江西浮梁縣人。嘉慶十三年三甲一百十二名進士。道光五年任湖北鄖縣知縣，十一年改京山知縣。

　　劉　統　山西介休縣人。嘉慶十三年三甲一百十三名進士。十九年任湖南永興知縣。

　　陳　鈺　字卓然。雲南楚雄縣人。嘉慶十三年三甲一百十四名進士。三十三年任浙江金華知縣。在任六年與知府不相能事，引疾歸。卒於家。

　　梁　杰　廣東嘉應府人。嘉慶十三年三甲一百十五名進士。任山東莘縣知縣。

　　郭承休　山西壽陽縣人。嘉慶十三年三甲一百十六名進士。任廣西遷江知縣。

　　揭鳳階　福建歸化縣人。嘉慶十三年三甲一百十七名進士。二十三年任湖南新田知縣，改宜章知縣。

　　功　襲　滿洲正藍旗人，宗室。

嘉慶十三年三甲一百十八名進士。任宗人府經歷司主事。

　　張作楠　字忍之，號丹村。浙江金華縣人。嘉慶十三年三甲一百十九名進士。授浙江處州府教授，遷江蘇桃源縣知縣，改陽湖知縣，道光元年擢太倉直隸州知州，五年遷徐州知府。在任二年乞養歸。道光八年（1828）卒。精天文、數學。著有《梅移隨筆》《翠微山房數學》。

　　王服經　字獲古，號筵亭。山東陵縣人。嘉慶十三年三甲一百二十名進士，時年八十五，引見時帝曰："看其精力尚健，著免庶吉士在館學習，授爲檢討。"特授檢討。卒年九十二。

　　李　爲　字雲庵。貴州遵義縣人。嘉慶十三年三甲一百二十一名進士。任知縣，改貴州黎平府教授。

　　黃錫寶　字庶徵。江蘇鎮洋縣人。嘉慶十三年三甲一百二十二名進士。任甘肅伏羌知縣，擢河州知州，官至廣東化州知州。

　　齊　森　直隸蠡縣人。嘉慶十三年三甲一百二十三名進士。任直隸順德府教授。

　　張雲龍　雲南大姚縣人。嘉慶十三年三甲一百二十四名進士。任陝西三水知縣，改麟游知縣。卒於任。著有《易經便讀》。

　　陳孝友　陝西戶縣人。嘉慶十三年三甲一百二十五名進士。

　　陳士元　字萬資。山東曲阜縣人。嘉慶十三年三甲一百二十六名進士。任直隸新河知縣。著有《學庸一貫錄》《論語講義》等。

艾濂 字齊固，號玉溪。雲南鄧川州人。嘉慶十三年三甲一百二十七名進士。二十三年任安徽寧國知縣。丁憂歸里遂不出。掌育才書院。年六十卒於家。著有《蟲吟集》行世。

龔秉衡 字簡堂。江西南昌縣人。嘉慶十三年三甲一百二十八名進士。任廣西岑溪知縣。忤上官改教職，任金溪縣教諭七年，年七十四卒。

孫鸞儀 山西興縣人。嘉慶十三年三甲一百二十九名進士。

熊學淵 江西宜黃縣人。嘉慶十三年三甲一百三十名進士。二十四年任廣東增城知縣。

王應掄 字彥升。山東鄆城縣人。嘉慶十三年三甲一百三十一名進士。授山東兗州府學正，後選直隸衡水知縣。

王洪誥 山西臨晉縣人。嘉慶十三年三甲一百三十二名進士。任山西平陽府教授。

王翔 貴州修文縣人。嘉慶十三年三甲一百三十三名進士。任山東鄆城知縣。

宋樹甲 河南西平縣人。嘉慶十三年三甲一百三十四名進士。

陳作楫 直隸南宮縣人。嘉慶十三年三甲一百三十五名進士。任直隸保定府教授。

王伩 河南商丘縣人。嘉慶十三年三甲一百三十六名進士。

蘇文彥 字含章，號汾濱。山西太平縣人。嘉慶十三年三甲一百三十七名進士。任澤州府教授，年老卒於官。

甘岳 雲南白鹽井人。嘉慶十三年三甲一百三十八名進士。嘉慶二十三年任山西太谷知縣。

王湞源 河南許州直隸州人。嘉慶十三年三甲二百三十九名進士。任河南彰德府教授。

巫繩咸 福建永定縣人。嘉慶十三年三甲一百四十名進士。十七年任福建泉州教授，二十二年改任江蘇贛榆知縣，道光六年仍任。

杜湘 雲南趙州人。嘉慶十三年三甲一百四十一名進士。二十四年五月任四川岳池知縣。

魏瑃 字官常、松齡。江西瀘溪縣人。嘉慶十三年三甲一百四十二名進士。榜前大挑二等，選杭州府教授，在任三年以憂歸，服闋，撫州太守請設教於署，二十二年補袁州府教授，代理宜春教諭，事後以病致仕，旋卒。

孫均銓 湖南辰溪縣人。嘉慶十三年三甲一百四十三名進士。十四年任湖南永州府教授。乞養歸。主講書院。

嘉慶十四年（1809）己巳恩科

本科爲清仁宗五旬壽辰恩科

第一甲三名

洪　瑩　字賓華，號鈴庵。安徽歙縣人。嘉慶十四年一甲第一名狀元授翰林院修撰。官至知府。淡於仕進，有著述。

廖鴻荃　（原名廖金城，改名）字斯和、應禮，號鈺夫。福建侯官縣人。乾隆四十九年（1784）十月十七日生。嘉慶十四年一甲第二名榜眼。任編修、侍讀學士、少詹事。道光十一年授内閣學士，十二年督江蘇學政，十三年遷工部侍郎，十八年督浙江學政，改吏部侍郎，十九年三月遷左都御史，十二月改工部尚書。二十四年二月革。咸豐元年授太僕寺卿，改太常寺卿。二年休致。同治二年以明年鄉舉重逢赴鹿鳴宴加太子少保，賞復工部尚書原銜。同治三年（1864）十二月卒，年八十一。謐“文恪”。

兄廖鴻苞，嘉慶二十二年進士；廖鴻藻，同科進士。

張岳崧　（1773—1842）字子駿、翰山，號指山。廣東定安人。嘉慶十四年一甲第三名探花。授編修。革。道光元年復職，纍遷浙江鹽運使，道光十二年授浙江按察使。十三年召京，任大理寺少卿、詹事，九月改湖北布政使。十五年曾護理巡撫。十八年去職。著有《筠心堂全集》。

第二甲一百名

黄安濤　（1777—1848）字凝輿，號霽青。浙江嘉善縣人。嘉慶十四年二甲第一名進士，選庶吉士，授編修。二十二年充雲南鄉試正考官，二十四年外任江西廣信知府，丁憂。改廣東高州知府，調潮州府，坐督捕疏懈。罷歸。著有《讀娛室詩集》《息耕草堂詩》《真有益齋文編》《嶺南從政録》《綠篆詞鈔》《昭代詞選》《説經中義》一百卷等。

吴慈鶴　字韻皋，號雲巢。江蘇吴縣人。乾隆四十三年（1778）生。嘉慶十四年二甲第二名進士。選庶吉士，授編修。遷國子監司業，二十四年充雲南鄉試副考官，道光二年督河南學政，五年以侍讀督山東學政。道光六年（1826）卒。年四十九。著有《蘭鯨錄》《鳳巢山樵》《求是錄》《岑華居士外集》。

顧元熙 字麗雨，號耕石。江蘇長洲縣人。嘉慶十四年二甲第三名進士。選庶吉士，授編修。官至翰林院侍讀，二十三年充四川鄉試主考官，二十四年督廣東學政，官主侍詩學士。年四十一卒於官。詩、古文、詞俱雋，尤工書法，學歐陽。

許乃濟（原姓沈，其祖與許姓恩義甚篤，遂改姓許）字作舟，號青士。浙江仁和縣人。嘉慶十四年二甲第四名進士。選庶吉士，授編修。歷任山東監察御史、給事中，廣東高廉道，署廣東按察使，官至太常寺少卿。任內疏陳鴉片無害，禁煙無用，成爲反禁煙黨魁。道光十八年降六品休致。著有《二許集》《許太常奏稿》。

父許學范，乾隆三十七年進士。

姚樟 字章叔，號笙華。浙江歸安縣人。嘉慶十四年二甲第五名進士。選庶吉士，十七年改福建永定縣知縣。

潘楄 字印洙，號西泉、一巢。浙江會稽縣人。嘉慶十四年二甲第六名進士。改户部主事，升雲南司郎中，道光七年遷江蘇徐州知府，十六年署甘肅蘭州知府，二十三年改涼州知府，官至甘肅寧夏道。

李振庸 字葉鍾，號樅亭。安徽太湖縣人。嘉慶十四年二甲第七名進士。選庶吉士。授編修。二十一年充浙江鄉試副考官，二十五年考選陝西道御史，升兵科給事中、禮科掌印給事中，道光十年官至浙江金衢嚴道。

徐鏞 字咏之，號吉漪塘。安徽桐城縣人。嘉慶十四年二甲第八名進士。選庶吉士，散館改工部主事，二十一年以工部郎中充山西鄉試主考官，道光元年遷福建汀州知府，五年改浙江嘉興知府，七年調臺灣知府，遷四川成綿龍茂道，十年授貴州按察使改順天府尹，十三年調大理寺卿，九月改任山西布政使，十五年召京授通政司副使，十七年官至太僕寺卿。十九年去職。

黃中模 字範亭，號習之。江西南昌縣人。嘉慶十四年二甲第九名進士。選庶吉士，授編修。十八年充江南鄉試副考官，二十一年爲湖南鄉試主考官，官至江南道御史，署兵科給事中。

陳鴻 字叔誠，號又義、午橋。浙江錢塘縣人。乾隆四十五年（1780）生。嘉慶十四年二甲第十名進士。選庶吉士，授編修。二十一年充順天鄉試同考官，二十四年充山西鄉試正考官，考選江南道御史。道光元年充河南鄉試正考官，升兵科給事中，二年督雲南學政，升光禄寺少卿，官至通政使司參議。道光十三年（1833）二月卒，年五十四。

劉教五 字敬敷，號春臺。湖

南長沙縣人。嘉慶十四年二甲十一名進士。選庶吉士，散館改任刑部主事。

俞肯堂（初名俞坊）字人表，號東躔。江蘇金匱縣人。舉人，任內閣中書，嘉慶十四年二甲十二名進士。選庶吉士，授編修。十九年充會試同考官，二十四年考選山東道御史。

齊彥槐　字夢樹，號梅麓、蔭三。安徽婺源縣人。乾隆三十九年（1774）十月十二日生。嘉慶十三年召試賞舉人。十四年二甲十三名進士。選庶吉士，十七年任江蘇金匱縣知縣，官至蘇州府督糧同知。加知府銜。道光二十一年（1841）六月二十五日卒，年六十八。著有《梅麓詩文集》二十六卷、《北極星緯度分表》《海運南漕叢議》《雙溪草堂詩文集》《書畫錄》《天球淺說》等。

孔傳綸　字言如，號夢鷗、繭園。浙江錢塘縣人。嘉慶十四年二甲十四名進士。選庶吉士，授編修。十八年充廣西鄉試主考官，二十一年任四川鄉試副考官，二十二年考選山西道御史，二十四年任湖南鄉試主考官，官至福建邵武府知府。

譚瑞東　字春生，號芝田。江蘇長洲縣人。嘉慶十四年二甲十五名進士。選庶吉士，授編修。二十一年考選江西道御史，二十三年充陝西鄉試正考官，二十五年充會試同考官，道光元年官至浙江衢州知府。

彭永思　字位存，號兩峰。湖南長沙縣人。乾隆三十六年（1771）生。嘉慶十四年二甲十六名進士。署雲南嵩明州知州，補雲南楚雄知縣，署廣通知縣，升南安州知州、姚州知州，入貲爲户部員外郎。乞養歸。道光二十二年（1842）卒。

蔡培　字岵瞻，號蓉塘。江蘇金匱縣人。嘉慶十四年二甲十七名進士。選庶吉士，十六年改任直隸寧晉縣知縣，調高邑知縣，丁憂。道光二年十月補山東文登知縣，六年調平原知縣。卒於任。

曹德贊　字仲襄，號翊庭。湖南桂陽縣人。嘉慶十四年二甲十八名進士。選庶吉士，散館十六年改安徽繁昌知縣，在任八年，父憂歸。以母老終養。後主鹿峰書院。卒年七十八。

龔鎧　字屏侯，號聲甫。江蘇陽湖縣人。乾隆四十七年（1782）四月二十日生。嘉慶十四年二甲十九名進士。選庶吉士，授編修。二十二年考選山東道御史，二十四年充河南鄉試正考官，遷鴻臚寺卿，道光十一年任奉天府丞兼學政，十三年授太僕寺卿，十四年遷內閣學士。坐順天武鄉試事降鴻臚寺卿。道光十五年（1835）八月二十七日卒，年五十四。

周之楨　字以寧，號貞木。江西新城縣人。嘉慶十四年二甲二十名進士。選庶吉士，授編修。道光八年督陝西學政，十年官至浙江湖州知府。

馬志燮 （1779—1846，原名馬維騏）字漢標，號容庵。浙江會稽縣人。嘉慶十四年二甲二十一名進士。選庶吉士，散館改刑部四川司主事、廣西司員外郎、陝西司郎中，外任安徽寧國知府，改潁州知府，以治績擢雲南迤西兵備道。引疾歸，年六十八卒於家。

聞人熙 字春臺。浙江會稽縣人。嘉慶十四年二甲二十二名進士。任內閣中書，道光十年官至貴州思南府知府，改廣西南寧知府。

吳孝銘 字伯新。江蘇武進縣人。乾隆四十八年（1783）三月二十五日生。嘉慶十四年二甲二十三名進士。選庶吉士，改工部主事，二十一年充福建鄉試副考官，升員外郎。道光元年浙江鄉試副考官，歷任郎中、鴻臚寺少卿、光祿寺少卿，八年督江西學政，改通政使司參議，十三年任順天府丞兼學政、軍機章京，十四年授太僕寺卿，督福建學政，改太常寺卿，十六年調宗人府丞。道光二十年致仕歸。

鍾昌 字汝毓，號仰山。滿洲正白旗，拜都氏。乾隆五十年（1785）正月初七日生。嘉慶十四年二甲二十四名進士。選庶吉士，改刑部主事，升員外郎、侍講、少詹事，道光五年授詹事。十一月遷內閣學士，七年授盛京禮部侍郎，八月調刑部右侍郎，十年改吏部侍郎。十一年三月改任馬蘭鎮總兵，兼內務府大臣，十二月調倉場侍郎。十二年（1832）以事降調，七月授頭等侍衛任科布多參贊大臣。十月卒，年四十八。

王家相 字宗旦、宗思，號藝齋。江蘇常熟縣人。嘉慶十四年二甲二十五名進士。選庶吉士，授編修。二十四年考選江西道御史，道光元年任順天南城巡城御史，三年改中城巡城御史，升吏科掌印給事中，外官至河南南汝光道，署河南按察使。以病去官。著有《茗香堂集》及《清秘述聞續》十六卷之卷一、二、九、十三。

李廣滋 字琳圃，號卷山。直隸樂亭縣人。嘉慶十四年二甲二十六名進士。選庶吉士，授編修。二十一年考選福建道御史。二十二年充會試同考官，後以言事忤旨，謫戍烏魯木齊，歸後不問世事，後主蓮池書院。工詩，著有《窗南草》《塞游草》《閑中吟草》《雪泥鴻爪集》《保陰集》。

程厚 安徽歙縣人。嘉慶十四年二甲二十七名進士。任吏部考工司主事。

邱雲騰 字卿瑞，號遠峰。江西南城縣人。嘉慶十四年二甲二十八名進士。選庶吉士，散館改任主事。

弓翊清 字菱溪。河南鄭州縣人。嘉慶十四年二甲二十九名進士。十六年署四川資陽知縣，十八年新寧知縣，二十一年任四川內江知縣，以卓異道光五年任四川成都知縣，六年遷四川眉州州判，遷知州，官至四川嘉定知府。

郭尚先 字元開，號蘭石、伯抑。福建莆田縣人。乾隆五十年（1785）生。嘉慶十二年福建鄉試解元，十四年二甲三十名進士。選庶吉士，授編修。十八年充貴州鄉試主考官，二十一年雲南鄉試主考官，二十四年廣東鄉試副考官，道光八年督四川學政，歷贊善、洗馬、右庶子、侍讀學士，十一年授光祿寺卿，十二年改大理寺卿。充山東鄉試主考官。十二月二十九日（1833年1月）卒。年四十八。長於書法，著有《增默庵遺集》《堅芳館題跋》《郭大理遺稿》等。

余　源 字侖源，號燭溪。浙江餘姚縣人。嘉慶十四年二甲三十一名進士。選庶吉士，改主事，十六年任江西萬安知縣，改廣西永寧知州、思恩府同知，道光十五年署廣西鎮安知府，官至兩淮鹽運使。

鄧存咏 江西南城縣人。嘉慶十四年二甲三十二名進士。縣遷廣東雷州府同知，道光十七年改福建南澳同知，十八年官至四川龍安知府。

宋廷楨 廣東花縣人。嘉慶十四年二甲三十三名進士。十五年署四川營山知縣，二十二年任汶川知縣，二十四年署岳池知縣，道光二年署四川內江知縣，四年改富順知縣。

陳繼義 字卓田，號畊餘。順天大興縣人。嘉慶十四年二甲三十四名進士。選庶吉士，授編修。二十二年充會試同考官，二十四年以江南道御史再任會試同考官，官至河南懷慶知府。

鄭家麟 字家令，號商田。直隸豐潤縣人。嘉慶十四年二甲三十五名進士。選庶吉士，授編修。二十二年考選江南道御史，道光二年任山東青州知府，九年改福建福寧知府，升充沂曹濟道，十九年官至安徽廬鳳道，改光祿寺少卿。

姚慶元 字子餘，號餘庵。順天大興縣人，祖籍浙江。乾隆五十年（1785）生。嘉慶十四年二甲三十六名進士。選庶吉士，授編修。遷刑部員外郎，道光五年考選江南道御史，官至工科掌印給事中。

鄭士杰 （原名鄭柏）江蘇儀征縣人。嘉慶十四年二甲三十七名進士。任內閣中書，道光三年任山東登州府同知。

戴鼎恒 字子京，號春羲。浙江烏程縣人。嘉慶十四年二甲三十八名進士。任內閣中書，遷禮部員外郎，道光六年考選湖廣道御史，官至江西南康府知府。

潘正常 字叔垣，號棣敷。廣東番禺縣人。嘉慶十四年二甲三十九名進士。選庶吉士，改主事。

高賜禮 字立堂，號閬岑。河南祥符縣人，原籍江蘇陽湖。嘉慶十四年二甲四十名進士。選庶吉士，改任禮部主事、江西司員外郎，官至禮部精繕司掌印郎中。

玉綬 字季維，號丹叔。滿州正白旗。嘉慶十四年二甲四十一名進士。選庶吉士，散館改主事，改雲南臨安府同知，遷雲南麗江府知府，改楚雄知府、廣南知府。

黃旭 字愛初、照人，號東鳴。江西宜黃縣人。嘉慶十四年二甲四十二名進士。選庶吉士，授編修。

光聰諧 字律原，號粟園。安徽桐城縣人。嘉慶十四年二甲四十三名進士。選庶吉士，改刑部主事，升員外郎，道光六年纍遷湖北荊宜施道，十一年授福建按察使，改直隸按察使，十三年遷甘肅布政使，改直隸布政使。十六年病免。

佘文銓 字玉衡，號次卿、革軒。湖北松滋縣人。嘉慶九年舉人，十四年二甲四十四名進士。選庶吉士。改戶部主事、員外郎，道光元年充順天鄉試同考官，升郎中，二年考選江南道御史。卒於任。

廖鴻藻 字斯嘉、應祉，號儀卿。福建閩縣人。嘉慶十四年二甲四十五名進士。選庶吉士，授編修。十八年充四川鄉試正考官，二十四年、道光九年兩充會試同考官，外官至江西糧道。以病乞歸。隱於棋酒。

弟廖鴻荃，同科榜眼，工部尚書。

陳春甲 字俊卿。江蘇元和縣人。嘉慶十四年二甲四十六名進士。任國子監學正。

朱廷錫 （原名朱福年）浙江仁和縣人。嘉慶十四年二甲四十七名進士。任內閣中書。

徐景 貴州平越直隸州人。嘉慶十四年二甲四十八名進士。

熊常錞 字象於，號聲谷、椒實。江西鉛山縣人。嘉慶十四年二甲四十九名進士。選庶吉士，授編修。二十三年充雲南鄉試主考官，二十四年督廣西學政，道光四年外任陝西榆林知府，歷西安知府、蒲州知府、山西太原知府，遷山西冀寧道，十七年授直隸按察使，改浙江按察使，十八年遷廣東布政使。二十年（1840）病免。五月初五日卒。年五十四。

張思誠 字誠之，號榴岩。陝西秦安縣人。嘉慶十四年二甲五十名進士。選庶吉士，改直隸沙河知縣，調廣西永福知縣。

父張位，乾隆四十三年進士。

蔣泰垲 字玉調，號雲甚。江蘇吳縣人。嘉慶十四年二甲五十一名進士。任內閣中書，改起居注主事，二十五年充會試同考官，遷吏部員外郎，道光七年考選山東道御史，八年充順天鄉試同考官，官至掌湖南道御史。卒年五十九。

張曾靄 字次豐，號鐵嶠。山東膠州人。嘉慶十四年二甲五十二名進士。選庶吉士，改任刑部陝西司、奉天司主事，升員外郎，遷福建司郎中，道光二年授湖南常德知府，四年遷福建汀漳龍道。後因前在刑部失察同人削職。以病卒於京。年五十六。

梁雲五 安徽當塗縣人。嘉慶十四年二甲五十三名進士。任貴州修文知縣，道光六年遷貴州貴陽府長寨同知。

馬士龍 字階陸，號銘軒。浙江鄞縣人。嘉慶十四年二甲五十四名進士。授廣東廣寧知縣，以獲盜功擢知州，仍發廣東署嘉應州，調從化縣，九年補德廣知州，十六年署澳門同知，調署東莞，十八年攝羅定知州，二十年引疾歸。

子馬廷槐，嘉慶十八年進士。

龍雲圻 字旬千，號也園。四川華陽縣人。嘉慶十四年二甲五十五名進士。選庶吉士。未散館。

楊于高 字振岩，號蘋香。浙江平湖縣人。嘉慶十四年二甲五十六名進士。任四川彭水知縣，乞歸。二十三年任浙江杭州府教授。著有《蘋香詩鈔》《退筆山館文鈔》。

顏爾樞 廣東連平州人。嘉慶十四年二甲五十七名進士。任知州。

譚言藹 字晞仁，號靜山。四川安岳縣人。嘉慶十四年二甲五十八名進士。選庶吉士，授編修。二十四年官至江南道御史。致仕歸。掌草堂書院。著有《詩經集解》《蒙求箋注》《詩韻增注》《姓氏考辯》。

朱鍾 字敏臣，號紅橋。安徽涇縣人。嘉慶十四年二甲五十九名進士。十五年署山東福山知縣，二十年署諸城知縣，二十一年改新泰知縣，道光八年改任安徽池州府教授。著有《紅橋集》。

周元位 四川安岳縣人。嘉慶十四年二甲六十名進士。十五年任陝西延川知縣，二十年改陝西洵陽知縣。

宗霈 字稼秋，號靜軒。浙江會稽縣人。嘉慶十四年二甲六十一名進士。十六年任湖南華容知縣，十九年改零陵知縣。

蔡信芳 字潤之。湖南善化縣人。嘉慶十四年二甲六十二名進士。二十四年任陝西清澗知縣，道光三年卸，四年改蒲城知縣。

繆玉銘（榜名繆琛）字薇初、右屏。順天宛平縣人，原籍江蘇江陰。嘉慶十四年二甲六十三名進士。任內閣中書，道光元年充貴州鄉試副考官，官至宗人府堂主事。丁憂歸。哀毀卒。

汪士侃 字寫阮。江蘇無錫縣人。嘉慶十四年二甲六十四名進士。十四年任四川雙流知縣，官至工部員外郎。

陳瑞球 字寶虞，號韻石。湖北羅田縣人。嘉慶十三年舉人，十四年二甲六十五名進士。選庶吉士，任江西武寧知縣，改江西樂平知縣，又改內閣中書。

銘惠（原名敏惠，改）字敏修、禹民，號潛齋。漢軍鑲黃旗。嘉慶十四年二甲六十六名進士。選庶吉士，授編修。升江西南安知府，道光四年改吉安知府，七年官至江西廣信知府，十四年回任吉安知府。

王　度　字念中。順天宛平縣人。嘉慶十四年二甲六十七名進士。任國子監學正，改江蘇常州府教授。

何觀海　字達源。江西鄱陽縣人。嘉慶十四年二甲六十八名進士。十五年任湖南嘉樂知縣，調芷江，代理桂陽知州，二十二年改湖南宜章知縣。以親老乞養歸。

子何桂芳，咸豐二年進士。

瑞　林　字輯堂，號芸卿。滿洲正藍旗人。宗室。嘉慶十四年二甲六十九名進士。選庶吉士，授編修。官至翰林院侍讀學士。

毛夢蘭　字秋伯，號緘齋。江蘇甘泉縣人。嘉慶十四年二甲七十名進士。十九年起歷任湖南沅江、邵陽、武陵、湘鄉、湘潭知縣。因案被議譴戍。道光元年釋回，年四十主講淮安奎文書院三十五年。著有《荊花書屋詩文集》《雜著》。

何　煊　（原名何炳）字允彪，號寅士。浙江蕭山縣人。乾隆三十九年（1774）十一月初五日生。嘉慶十四年二甲七十一名進士。選庶吉士，改兵部主事，升員外郎、郎中，道光五年外任福州知府，升福建鹽法道，七年授廣西按察使遷山西布政使，十五年二月授雲南巡撫。道光十七年（1837）三月二十八月卒。年六十四。

李厚泰　江西湖口縣人。嘉慶十四年二甲七十二名進士。任知縣。

魏茂林　字笛生、賓門。福建龍岩直隸州人。嘉慶十四年二甲七十三名進士。任內閣中書，二十三年充廣東鄉試副考官，改宗人府主事，道光二年充會試同考官，改刑部主事，六年再充會試同考官，升刑部郎中，十二年三充會試同考官，十三年外任直隸保定知府，十五年官至直隸通永道。去職後主泰州胡公書院。著有《駢雅訓纂》《二知軒詩鈔》。

陳雲章　字君興，號秋河。福建莆田縣人。嘉慶十四年二甲七十四名進士。任江西樂平知縣，二十四年署新昌知縣，丁母憂。道光三年補武寧知縣、餘干知縣，調臨川知縣，九年遷義寧知州，十四年官至江西寧都直隸州知州，十六年署臨江知府。二十三年回寧都任。道光三十年（1850）卒。年七十二。著有《武寧縣志》《北游日記》《清遠樓文集》等。

王雅南　河南光山縣人。嘉慶十四年二甲七十五名進士。

陳　詩　順天宛平人。嘉慶十四年二甲七十六名進士。道光十六年官至貴州黔西知州。

路　德　字閏生，號鷺洲。陝西周至縣人。乾隆四十八年（1783）四月十六日生。嘉慶十四年二甲七十七名進士。選庶吉士，任户部湖廣司主事，升員外郎，補軍機章京。以失明請假歸里。曾主講關中宏道、象峰、對峰書院。咸豐元年（1851）卒，年六十九。著有《墨子論》《檉華館詩文集》《雜錄》等。

李　錦　字鑒亭。順天通州（原籍江蘇陽湖）人。嘉慶十四年二甲七十八名進士。授內閣中書，官至協辦侍讀，以疾卒。

何惠群　字和先，號介峰。廣東順德縣人。嘉慶十四年二甲七十九名進士。選庶吉士，改江西新昌縣知縣。

喻士藩　（更名喻溥）字公輔，號少初、壬溪。湖北黃梅縣人。嘉慶五年舉人，十四年二甲八十名進士。選庶吉士，授編修。二十二年考選浙江道御史，轉兵科給事中，官至廣東雷瓊道。

王海觀　字見滄，號月槎。浙江諸暨縣人。乾隆十四年二甲八十一名進士。任河南洛陽知縣，臨潁知縣，改鎮平知縣，官至河南信陽知州。致仕後主講龍山書院。著有《月槎詩稿》十六卷。

談有本　雲南蒙自縣人。嘉慶十四年二甲八十二名進士。

童宗顏　字西橋。四川新津縣人。嘉慶十四年二甲八十三名進士。任內閣中書，升侍讀，道光十一年考選陝西道御史，十二年任福建漳州知府，官至福建汀漳龍兵備道。卒於官。

曾　斌　字昆圃。江西南城縣人。嘉慶十四年二甲八十四名進士。授內閣中書，道光五年充順天鄉試同考官，改工部主事，官至員外郎。

董　瀾　字文濤，號小韭。浙江鄞縣人。嘉慶十四年二甲八十五名進士。署江西新淦知縣，補餘干知縣，以憂去。道光四年十一月署順天府香河知縣，改寧津知縣。

王餘師　字求之。山東福山縣人。嘉慶十四年二甲八十六名進士。任直隸寧津知縣，改山東萊州府教授。

石產瑚　湖北黃梅縣人。嘉慶十三年舉人，十四年二甲八十七名進士。官至通判。

武次韶　字者泉。雲南建水縣人。嘉慶十四年二甲八十八名進士。二十四年任江西玉山知縣、德昌知縣，道光二年署江西新建知縣。著有《徵茗山房詩草》。

李光瀛　字海山。湖北江陵縣人。嘉慶九年舉人，十四年二甲八十九名進士。任山東定陶知縣，道光元年署山東榮城知縣，署高密知縣。卒於任。

徐輔忠　江西宜春縣人。嘉慶十四年二甲九十名進士。二十五年授湖北南漳知縣，道光三年改長樂知縣，道光八年調四川昭化知縣。

李光里　字恂若、東亭，號勉莽。順天寶坻縣人。乾隆三十三年（1768）生。嘉慶十四年二甲九十一名進士。任刑部主事、員外郎，二十五年遷江西吉安府知府，道光三年官至江西贛州知府。著有《春熙堂詩》。

周祖蔭　字承裕，號芝昉。河南商城縣人。嘉慶十四年二甲九十二名進士。改戶部主事,升郎中,道光九年遷直隸河間知府,十二年改保定知府,十三年遷直隸清河道、永定河道,曾署直隸按察使。

陳池養 字子龍,號春溟。福建莆田縣人。嘉慶十四年二甲九十三名進士。任直隸武邑知縣,歷隆平、平鄉、棗强、元氏、河間等知縣,署冀州、景州、深州知州。丁憂歸。主廈門、玉屏、仙游各書院講席,卒於咸豐九年(1859),年七十二。著有《毛詩擇從編》《莆陽水利志》《莆陽逸叟文集》《慎餘書屋文集》等。

董岣 號樵雲。直隸豐潤縣人。嘉慶十四年二甲九十四名進士。二十年署山東禹城知縣,二十一年任山東城武知縣,丁憂去。改浙江諸暨知縣。

關元輝 安徽六安直隸州人。嘉慶十四年二甲九十五名進士。任廣西博白知縣。

曹熊 字占吉,號瀛方。江西新建縣人。嘉慶十四年二甲九十六名進士。任內閣中書,掌江南道御史。

夏璜 浙江錢塘縣人。嘉慶十四年二甲九十七名進士。

張文化 字治南。福建連城縣人。嘉慶十四年二甲九十八名進士。署廣東新寧知縣,補饒平知縣,道光四年改山東蒲臺知縣。

陳慶芝 浙江錢塘縣人。嘉慶十四年二甲九十九名進士。任河南長葛知縣。

王鳳翰 字小蓬。山西安邑縣人。嘉慶十四年二甲一百名進士。任內閣中書,改戶部主事,升員外郎、郎中,道光四年遷湖北荊州知府,六年改武昌知府,官至雲南迤西道。

第三甲一百三十八名

范炳士 浙江會稽縣人。嘉慶十四年三甲第一名進士。

悟勤喜淳 滿洲正紅旗人。嘉慶十四年三甲第二名進士。任刑部安徽司主事。

宋慶和 字肯堂。山東濰縣人。嘉慶十四年三甲第三名進士。任廣西武緣知縣,二十年擢歸順州知州,升廣西泗城府知府。年四十五遽亡。

陳運鎮 字中緯。湖北孝感縣人。嘉慶九年舉人,十四年三甲第四名進士。授內閣中書,遷工部主事。官至郎中。年六十一卒。著有《景士堂文集》。

熊傳嫈 (《進士題名碑》作熊傳桑)河南商城縣人。嘉慶十四年三甲第五名進士。

李清傑 字企三。江蘇長洲縣人。嘉慶十四年三甲第六名進士。任甘肅皋蘭知縣,纍遷甘肅秦州直隸州知州,官至甘肅鞏昌府知府。

金洙 字文波,號五泉。山東歷城縣人。嘉慶元年署山東文登縣訓導。十四年三甲第七名進士。

選庶吉士，十六年改直隸深澤、清苑知縣，十九年遷易州直隸州知州，道光二年補廣平知府，五年改直隸正定知府，六年任保定知府，七年遷直隸天津道，十二年直隸大順廣道，十六年改江浙糧道，署鹽運使。

張孝詩 雲南石屏州人。嘉慶十四年三甲第八名進士。

李再可 河南滎陽縣人。嘉慶十四年三甲第九名進士。任廣東新會知縣。

杜薇之 字紫垣，號浣花、芸香。雲南昆明縣人。嘉慶十四年三甲第十名進士。選庶吉士，散館改禮部主事，遷主客司郎中，道光十年官至陝西榆林知府，署陝西鹽法道。著有《浣花詩鈔》。

徐　連 字子達。直隸任丘縣人。嘉慶十四年三甲十一名進士。授國子監學正，二十四年改四川冕寧知縣，道光三年改四川西昌知縣。卒於任。

崔錫華 江蘇宜興縣人。嘉慶十四年三甲十二名進士。任江蘇松江府教授。

董正方 福建閩縣人。嘉慶十四年三甲十三名進士。二十四年任江蘇睢寧知縣，道光元年仍任。

路　華 順天大興縣人。嘉慶十四年三甲十四名進士。任雲南通海知縣、順寧知縣，改湖南寶慶府同知，署寶慶知府。

鍾振超 江西龍南縣人。嘉慶十四年三甲十五名進士。道光十三年任湖北蘄州知州，十五年改鶴峰知州，十七年改湖北隨州知州，十九年代理廣西北流知縣，任廣西博白知縣，遷東蘭州知州。

慶　熙 漢軍鑲藍旗人。嘉慶十四年三甲十六名進士。任河南通許知縣。

景　綸 滿洲鑲黃旗人。嘉慶十四年三甲十七名進士。任河南信陽知州。

昔尤祖 甘肅寧州人。嘉慶十四年三甲十八名進士。十五年署四川東鄉知縣，十八年署慶符知縣，二十年署西充知縣，二十二年任四川蒲江知縣，道光八年改江蘇泰興知縣。

萬啓昀 江西南昌縣人。嘉慶十四年三甲十九名進士。道光二年任陝西蒲城知縣，改內閣中書，遷刑部主事，升員外郎，官至御史。

李曾馥 字次香。湖北孝感縣人。嘉慶十三年舉人，十四年三甲二十名進士。任江西信豐知縣，母老乞養歸，服闋補永豐縣，調署寧都知州。年五十告歸。以詩書課子自娛。年八十四卒。著有《六草軒文集》。

龍　培 安徽望江縣人。嘉慶十四年三甲二十一名進士。

孫廷松 字牖雲，號培蒼。江蘇上元縣人。嘉慶十四年三甲二十二名進士。道光元年任浙江象山知縣。

秦伯度 廣西臨桂縣人。嘉慶

十四年三甲二十三名進士。

謝增　順天大興縣人，原籍江蘇陽湖縣。嘉慶十四年三甲二十四名進士。二十五年任山東博興知縣。

汪忠均　字治平。安徽休寧縣人。嘉慶十四年三甲二十五名進士。任國子監學正，道光二年任安徽廬州府教授。

陶文植　（改名陶嘉植）字心培。江蘇吳縣人。嘉慶十四年三甲二十六名進士。任內閣中書，官至廣東雷州府同知。

張岱年　字竹溪。山西臨縣人。嘉慶十四年三甲二十七名進士。十五年署蓬州知州，十九年任四川江安知縣，改長寧知縣。乞病歸。

張震　號竹亭。四川富順縣人。嘉慶九年舉人，十四年三甲二十八名進士。十九年任山東即墨知縣，改曲阜知縣。解組歸。著有《愛竹山房文稿》行世。

宗維垣　江西南昌縣人。嘉慶十四年三甲二十九名進士。任國子監學正，二十三年署四川大竹知縣，道光元年任四川漢州知州。

江志鵬　福建侯官縣人。嘉慶十四年三甲三十名進士。任江西德興知縣。

衛鷁鳴　字松甫。直隸大名縣人。嘉慶十四年三甲三十一名進士。道光元年任江西萬載知縣。

何太青　字樂俞，號藜閣。廣東順德縣人。嘉慶十四年三甲三十二名進士。選庶吉士，十六年散館改浙江於潛知縣，歷餘杭、德清、仁和知縣，官至浙江嘉興府海防同知。著有《遵路吟》。

袁紹安　字稚山。湖北武昌縣人。嘉慶九年舉人，十四年三甲三十三名進士。內閣中書，遷刑部主事，道光三年充會試同考官，升員外郎。以疾卒。

永寧　蒙古正黃旗人。嘉慶十四年三甲三十四名進士。

唐鑑　字栗生、翁澤，號鏡海。湖南善化縣人。乾隆四十三年（1778）五月初七日生。嘉慶十四年三甲三十五名進士。選庶吉士，授檢討。二十三年擢浙江道監察御史，調廣西平樂府知府、安徽寧池太廣道，改江蘇江安糧道，道光十六年授山西按察使，七月改貴州按察使，十八年遷浙江布政使，改江蘇布政使，調江寧布政使，二十年授太常寺卿。二十五年十一月以病致仕。咸豐元年加二品銜，命主講鍾山書院。咸豐十一年（1861）卒。年八十四。著有《唐確慎公集》《國朝學案小識》《平猺紀略》《朱子年譜考異》《省身日課》《畿輔水利備覽》《易反身錄》《讀禮小事記》等。

父唐仲冕，乾隆五十八年進士，陝西布政使。

崇碩　字國輔，號小亭。滿洲鑲藍旗，宗室。嘉慶十四年三甲三十六名進士。選庶吉士，散館改主事，復改宗人府經歷。

弟崇弼，嘉慶十年進士。

黃瀾安 （原名黃燧）廣東番禺縣人。嘉慶十四年三甲三十七名進士。十七年任山東黃縣知縣、昌邑知縣。

李嗣鄴 （初名天培）字衡峰。貴州貴築縣人。嘉慶十四年三甲三十八名進士。任內閣中書，二十五年改任福建平潭同知，道光元年署興化知府，丁憂歸。四年署興化通判加知府銜，九年署福寧知府，十年改淡水同知。十五年以疾乞歸。十九年（1839）六月卒於家。

崔槐 廣東南海縣人。嘉慶十四年三甲三十九名進士。任內閣中書。

胡勛堯 江蘇青浦縣人。嘉慶十四年三甲四十名進士。任內閣中書。

丁傑 字輔高，號興齋。雲南保山籍，江西臨川人。嘉慶十四年三甲四十一名進士。選庶吉士，授檢討。官至侍讀學士。移疾歸雲南卒。

劉彥矩 字稚常，號芷裳。江蘇寶應縣人。嘉慶十四年三甲四十二名進士。任國子監學錄，升博士。以疾卒。著有《研秋齋筆記》《詩文集》。

張京泰 廣東興寧縣人。嘉慶十四年三甲四十三名進士。十五年任廣東瓊州府教授，肇慶府教授。

陶廷皋 字汝士，號允齋。貴州都勻縣人。嘉慶十四年三甲四十四名進士。選庶吉士，改廣西桂平知縣。

兄陶廷颺，嘉慶六年進士；弟陶廷傑，嘉慶十九年進士。

周際釗 字致甫，號酉山。貴州貴築縣人（今貴陽）。嘉慶十四年三甲四十五名進士。選庶吉士，散館改刑部山東司主事。以事去官。掌教貴山、正習書院。

兄周際華，嘉慶六年進士；弟周際雲，道光十二年進士。

李芬 雲南昆明縣人。嘉慶十四年三甲四十六名進士。十五年任浙江分水知縣，改平湖知縣。

葉申薌 字維彧、小庚，號培根。福建閩縣人。嘉慶十四年三甲四十七名進士。選庶吉士，散館改雲南富民、昆明知縣，遷東川府、開化府、昭通府同知，曲靖、廣南府知府，丁憂。道光十二年任浙江湖州府同知，遷寧波府知府，官至河南府知府，護陝汝道。以勞卒於任。著有《閩詞鈔》《小庚詞存》《天籟軒詞選》。

父葉觀國，乾隆十六年進士；兄葉申萬，嘉慶十年探花。

楊士雲 （原名楊愨）字龍坪。貴州貴築縣人。嘉慶十四年三甲四十八名進士。任浙江宣平知縣，丁憂服闋。道光元年改山東嘉祥知縣、蘭山知縣，四年署濟寧知州，五年改臨沂知縣。卒於任。

楊鼎望 山東寧海州人。嘉慶十四年三甲四十九名進士。任河南臨漳知縣。

揚立冠 字玉如，號小梧。廣西馬平縣人（今柳州）。嘉慶十四年三甲五十名進士。選庶吉士。

余廷珪 福建古田縣人。嘉慶十四年三甲五十一名進士。任內閣中書。

李上桃 雲南昆明縣人。嘉慶十四年三甲五十二名進士。任雲南昭通府教授。

于旭鍾 江西瀘溪縣人。嘉慶十四年三甲五十三名進士。任山西左雲知縣，道光十五年任山西分理。

黃臺 安徽歙縣人。嘉慶十四年三甲五十四名進士。嘉慶二十一年任湖北枝江知縣，道光五年改湖北襄陽知縣、石首知縣。

黃在中 甘肅皋蘭縣人。嘉慶十四年三甲五十五名進士。道光元年任福建清流知縣。

朱瀛 字東洲，號雲浦。順天大興縣人。嘉慶十四年三甲五十六名進士。選庶吉士，改任主事。

王琦 直隸無極縣人。嘉慶十四年三甲五十七名進士。任河南襄城知縣。

李錫玠 字備卿。山東費縣人。嘉慶十四年三甲五十八名進士。任直隸南皮、龍門知縣。致仕返里。

胡湛經 河南滎澤縣人。嘉慶十四年三甲五十九名進士。

黃迪光 廣東順德縣人。嘉慶十四年三甲六十名進士。二十五年任廣東高州府教授。

碩德 滿洲鑲黃旗人。覺羅氏。嘉慶十四年三甲六十一名進士。任吏部主事、稽勛司員外郎。

靳宜 山西高平縣人。嘉慶十四年三甲六十二名進士。

呂祥齡 字夢錫，號春園。河南祥符縣人。嘉慶十四年三甲六十三名進士。任直隸正定府糧馬通判，十五年補直隸容城知縣，署定興知縣。以勞瘁卒。著有《四書質疑》。

卓儞 廣西藤縣人。嘉慶十四年三甲六十四名進士。道光四年任山東登州府同知。

汪極三 字植齋。湖北黃岡縣人。嘉慶十三年舉人，十四年三甲六十五名進士。授河南正陽知縣，改河南郾城知縣。

趙崇古 河南延津縣人。嘉慶十四年三甲六十六名進士。

李㑽 陝西長安人。嘉慶十四年三甲六十七名進士。任內閣中書。

張進 字以漸。四川涪州人。嘉慶十四年三甲六十八名進士。十五年任四川龍安府教授。

毛有信 字心一，號循之。貴州餘慶縣人。嘉慶十四年三甲六十九名進士。道光三年任陝西石泉知縣，改米脂知縣。

王鼎銘 字新溪。湖北黃陂縣人。嘉慶十三年舉人，十四年三甲七十名進士。二十五年任浙江桐鄉知縣，道光五年、八年回任桐鄉，十年任浙江石門知縣，十五年再任桐鄉知縣，候選同知。

劉鴻翱 字次白、蜚英。山東濰縣人。乾隆四十四年（1779）生。嘉慶十四年三甲七十一名進士。任內閣中書，二十三年充湖北鄉試副考官，道光六年任太湖同知，十年遷江蘇徐州知府，遷甘肅蘭州道。十六年授陝西按察使遷雲南布政使，二十年十二月授福建巡撫。二十五年二月以病免職。道光二十九年（1849）卒。年七十一。輯有《山左古文鈔》，著有《綠野齋集》。

弟劉鴻翯，同榜進士。

賀懋椿 字靈圃，號星齋。湖南寧鄉縣人。嘉慶十四年三甲七十二名進士。十九年署四川德陽知縣，二十一年署雙流知縣，二十四年任四川羅江知縣，道光六年署四川簡州知州，咸豐五年任茂州，七年署簡州，十年復任羅江縣。卒於任。

劉燧 字麗中。貴州修文縣人。嘉慶十四年三甲七十三名進士。任山西石樓知縣。乞養侍母歸。

兄劉煒，嘉慶十六年進士。

馬凌雲 順天霸州人。嘉慶十四年三甲七十四名進士。任浙江桐鄉知縣。

郭安齡 字夢九，號樸園。山西定襄縣人。嘉慶十四年三甲七十五名進士。選庶吉士，改雲南羅次知縣、會澤知縣，道光初年官至雲南鎮沅直隸州知州。

馬濟廬 山東昌邑縣人。嘉慶十四年三甲七十六名進士。十六年任山東武定府教授。

劉鴻翯 字漢儀。山東濰縣人。福建巡撫劉鴻翱弟。嘉慶十四年三甲七十七名進士。二十五年任安徽蕪湖知縣，因上稱其辦事愚鈍，改教職。

楊朴 字尚之。山西夏縣人。嘉慶十四年三甲七十八名進士。任國子監學正，改直隸臨城知縣，調清豐知縣，擢磁州知州。乞養歸。

許樹棠 浙江海寧州人。嘉慶十四年三甲七十九名進士。歸班候選知縣。

劉垂緒 字裕甫。山西平定直隸州人。嘉慶十四年三甲八十名進士。任浙江永康知縣。

趙天賜 （《進士題名碑》作趙天錫，誤）字南泉。陝西商州直隸州人。嘉慶十四年三甲八十一名進士。道光二年任山東安丘知縣，五年以卓異調山東益都知縣。

李培緒 字畬齋。直隸任丘縣人。嘉慶十四年三甲八十二名進士。道光元年任江西瑞昌知縣，六年改龍泉知縣，九年署江西豐城知縣，十六年改保定府教授。

鮑珊 字滄碧、鐵帆。安徽歙縣人。嘉慶十四年三甲八十三名進士。十七年任陝西大荔知縣，調渭南知縣，道光三年升乾州直隸州知州，遷江西安化知府，十三年官至陝西興安府知府。十四年（1834）卒於任。

惟勤 字鑒堂。滿洲鑲藍旗，宗室。嘉慶十四年三甲八十四名進士。宗人府筆帖式，遷左春坊左贊善，官至熱河都統。

孫 鉞 奉天錦縣人。嘉慶十四年三甲八十五名進士。任四川崇慶知州，改甘肅武威知縣，署涼州知府。

那 峨 字我山，號嵋峰。滿洲正白旗人。嘉慶十四年三甲八十六名進士。任翰林院典簿，改禮部主事，道光十五年遷直隸正定知府，官至甘肅西寧道。

李德立 字崇園，號升齋。山東濟寧直隸州人。嘉慶十四年三甲八十七名進士。選庶吉士，授檢討。二十一年充湖南鄉試副考官，二十五年考選江南道御史，道光三年任順天西城巡城御史，遷直隸天津知府，四年改保定知府，六年遷直隸通永道，官至直隸大順廣道。

李 潤 字德輝。順天薊州人。嘉慶十四年三甲八十八名進士。任知縣。著有《學庸講義》《學治略述》。

戴鳳翔 江西都昌縣人。嘉慶十四年三甲八十九名進士。任河南太康知縣、懷慶府通判，官至安徽廬州府知府。

趙廷錫 甘肅武威縣人。嘉慶十四年三甲九十名進士。任直隸獲鹿知縣。

林汝謨 字慎人。山東文登縣人。嘉慶十四年三甲九十一名進士。任安徽銅陵知縣。在任三年歸里。

趙 瞰 字敬月，號虛谷。山東萊陽縣人。嘉慶十四年三甲九十二名進士。任河南候選知縣。著有《慎金堂詩草》。

麟 慶 字振祥，號見亭。滿洲鑲黃旗，完顏氏。乾隆五十六年（1791）三月十四日生。嘉慶十四年三甲九十三名進士。歷任內閣中書、兵部主事、中允，道光三年外任安徽徽州知府，遷河南開歸陳許道，道光九年授河南按察使遷貴州布政使。十三年正月授湖北巡撫，三月授南河總督。二十二年十一月因河決口革職。後以四品京堂候補。道光二十六年（1846）七月二十五日卒。年五十六。著有《黃運河口古今圖說》《河工器具圖說》《凝香室集》。

方德潤 安徽桐城縣人。嘉慶十四年三甲九十四名進士。任廣西思恩知縣。

王餘英 字甫成、懷仁，號菊潭。山東福山縣人。嘉慶十四年三甲九十五名進士。十六年任湖南寧鄉知縣，十九年改湖南善化知縣。卒於任。著有《四書求是》《鏡山草堂四書之集》《鏡山草堂詩集》等。

長 瑞 漢軍正黃旗人。嘉慶十四年三甲九十六名進士。

保先烈 字紹庭。雲南昆明縣人。嘉慶十四年三甲九十七名進士。道光元年任湖北雲夢知縣，四年署武昌知縣，八年署江蘇泰興知縣，改銅山知縣，九年任任嘉定知縣，十一年任江蘇上元知縣，十三年署通州知州，十六年升邳州知州。年已七十。

姚學淳 直隸天津青縣人。嘉慶十四年三甲九十八名進士。道光二年任山東曲阜知縣。

張兆祥 字農書。直隸清苑縣人。嘉慶十四年三甲九十九名進士。道光七年任山東海陽知縣。

常英瑚 字光簠。湖南衡陽縣人。嘉慶十四年三甲一百名進士。歸班候選知縣。

吉　恒 蒙古鑲白旗，吳郎漢吉爾們氏。嘉慶十四年三甲一百零一名進士。十五年署四川隆昌知縣，十九年署四川營山知縣，二十二年署四川巴縣知縣，任仁壽知縣，二十五年任四川犍爲知縣，薦遷四川川北道，道光五年署，七年實授四川按察使，十一年改浙江布政使，十二月官至廣東布政使。十五年休致。

潘光煒 字瑋吉，號黼庭。奉天承德縣人。嘉慶十四年三甲一百零二名進士。選庶吉士，道光二年任直隸曲陽知縣。四年（1824）卒於任。

王之幹 字竹筠。貴州開泰縣人。嘉慶十四年三甲一百零三名進士。任山西陽高知縣，官至兵部郎中。

王　育 字萬泉。湖南安化縣人。嘉慶十四年三甲一百零四名進士。十五年任湖南寶慶府教授，改湖南沅州府教授。

錢南榮 浙江烏程縣人。嘉慶十四年三甲一百零五名進士。任國子監學正。

萬　華 雲南江川人。嘉慶十四年三甲一百零六名進士。十四年任浙江昌化知縣，道光五年改陝西南鄭知縣。年五十卒於任。

湯世培 字植齋。江西南豐縣人。嘉慶十四年三甲一百零七名進士。道光元年任山東昌邑知縣，三年改山東滕縣知縣，六年補歷城知縣，九年官至山東武定府知府。

李蕡生 甘肅武威縣人。嘉慶十四年三甲一百零八名進士。任國子監學正。

容　昺 字南池。陝西寶雞縣人。嘉慶十四年三甲一百零九名進士。道光元年任山東新城知縣，十年調山東單縣知縣。

粟作貢 （《進士題名碑》作栗作貢，誤）廣西臨桂縣人。嘉慶十四年三甲一百十名進士。嘉慶二十三年任山東臨邑知縣。

清代廣西臨桂縣粟氏考中進士的，還有粟千鍾，康熙五十四年；粟穗，道光九年。

孫　珩 字汝苇。福建惠安縣人。嘉慶十四年三甲一百十一名進士。任河南郟縣知縣，調商丘縣，署柘城知縣。以病歸。

倪　玢 字廷玉、輝山。雲南昆明縣人。嘉慶十四年三甲一百十二名進士。任陝西洋縣知縣，道光十二年改浙江雲和知縣、江山知縣。加知州銜，卒於任。著有《小清閟閨閣詩鈔》。

兄倪璹，嘉慶四年進士；子倪應觀，道光十五年進士；孫倪恩齡，光緒二年進士。倪氏爲昆明望族。

劉湜 字持正。山西陽城縣人。嘉慶十四年三甲一百十三名進士。任直隸武安知縣，擢同知，歷安徽太平知府，改安慶知府，道光八年任安徽池州府知府。忤當事，罷後起補廣東連山廳同知。在任四年。

溫啓鵬 山西太谷縣人。嘉慶十四年三甲一百十四名進士。任吏部主事、員外郎，官至內閣侍讀學士。

景麟 滿洲鑲紅旗，宗室。嘉慶十四年三甲一百十五名進士。任刑部主事。

馬廷錫 甘肅武威縣人。嘉慶十四年三甲一百十六名進士。任廣西知縣。

曾守銳 字純庵。四川遂溪縣人。嘉慶十四年三甲一百十七名進士。任山東朝城知縣，道光八年任四川叙州府教授。

戚人鏡 （1784—1830，原名戚士鏡）字仲蘭，號蓉臺、鑒堂。浙江錢塘縣人。嘉慶十四年三甲一百十八名進士。選庶吉士，授檢討。二十一年充順天鄉試同考官，二十四年充山西鄉試副考官，進侍講，官至司經局洗馬。道光九年丁母憂歸。以哀毀卒，年四十七。

葛東昌 廣西宣化縣人。嘉慶十四年三甲一百十九名進士。任江西南城縣丞。

張茞 江蘇金山縣人。嘉慶十四年三甲一百二十名進士。任安徽寧國府教授。

王朝翰 山西平定直隸州人。嘉慶十四年三甲一百二十一名進士。任山西蒲城府教授。

王晉 山西黎城縣人。嘉慶十四年三甲一百二十二名進士。任山西澤州府教授。

王韶 字春麓。江西金溪縣人。嘉慶十四年三甲一百二十三名進士。選陝西中部知縣，甫上道即染病卒。著有《聽松堂文集》行世。

賀世清 貴州貴陽府人。嘉慶十四年三甲一百二十四名進士。

李韞英 字鴻藻，號浣泉。山東濟寧直隸州人。嘉慶十四年三甲一百二十五名進士。改主事，升戶部郎中。

高冲霄 山西太平縣人。嘉慶十四年三甲一百二十六名進士。任廣東海豐知縣、揭陽知縣。

曹佳和 字而介，號厚庵。山東淄川縣人。嘉慶十四年三甲一百二十七名進士。任兵部車駕司主事，改武庫司主事，調雲南大姚知縣。卒於任。著有《鑒古齋稿》。

王菜 字香甫。直隸高陽縣人。嘉慶十四年三甲一百二十八名進士。任順天府教授。著有《吾溪詩鈔》八卷。

牛書田 山西定襄縣人。嘉慶

十四年三甲一百二十九名進士。任四川溫江知縣，十六年署四川中江知縣，十七年改屏山知縣。

福保 滿洲正白旗人。嘉慶十四年三甲一百三十名進士。任工部堂主事、戶部海運倉主事。

林祥綏 字穆堂，號軒臣。湖北漢川縣人。乾隆五十七年舉人，嘉慶十四年三甲一百三十一名進士。任河南汝陽知縣，改確山知縣，調靈寶知縣。卒年六十六。

馬苔 字次溪。山東商河縣人。嘉慶十四年三甲一百三十二名進士。任浙江太平知縣。

王世棠 順天宛平縣人。嘉慶十四年三甲一百三十三名進士。任太常寺博士，任山西猗氏知縣，署山西鳳臺知縣，二十三年改山西汾陽知縣，道光六年改山東滋陽知縣、華縣知縣，改浙江安吉知縣，十年改浙江嘉興知縣。

余明道 廣西永淳縣人。嘉慶十四年三甲一百三十四名進士。

宋可大 山東萊陽縣人。嘉慶十四年三甲一百三十五名進士。道光十年任福建寧祥知縣，調四川塾江知縣。

蘇嘉善 河南湯陰縣人。嘉慶十四年三甲一百三十六名進士。十七年署安徽建平知縣。十九年去。

陸芝 雲南昆明縣人。嘉慶十四年三甲一百三十七名進士。

周鳴鑾 字興和，號曉坡。山東單縣人。嘉慶十四年三甲一百三十八名進士。任刑部主事、員外郎、郎中。二十一年考選河南道御史，升戶科給事中，二十三年充貴州鄉試主考官，升吏科掌印給事中，道光六年任廣東雷瓊道，咸豐二年改陝西陝安道，調甘肅鞏秦階道。

子周毓桂，道光十六年進士。

嘉慶十六年（1811）辛未科

第一甲三名

蔣立鏞 字序東，號笙陔。湖北天門縣人。嘉慶九年舉人，十六年一甲第一名狀元。授修撰。十八年充河南鄉試副考官，二十四年廣西鄉試守考官，歷任國史館纂修、侍讀學士、少詹事。道光十六年授內閣學士，兼禮部侍郎。十九年因事罷職。著有《香案集》。

吳毓英 （原名王毓英，復姓）字鞠人，號式似。江蘇吳縣人。嘉慶十六年一甲第二名榜眼。授編修。降刑部主事，升員外郎。

吳廷珍 字上儒，號叔琦。江蘇吳縣人。嘉慶十六年一甲第三名探花。授編修。十八年充雲南鄉試主考官。

第二甲九十二名

毛鼎亨 字溯汾。江蘇長洲縣人。嘉慶十六年二甲第一名進士。任吏部主事、稽勳司掌印郎中，道光十年遷至山東曹州知府，改兗州知府。未幾移疾歸。後主講東林書院。卒年六十四。

黃崇光 字暉若，號謙山、守初。湖南安化縣人。嘉慶十六年二甲第二名進士。選庶吉士，歸班候選知縣，十九年改湖南寶慶府教授。後主仰高、朗江書院講席，著有《春秋纂要》《無詩鈔略》《續子史輯要》。

曾秩 字汝宗，號望川。安徽舒城縣人。嘉慶十六年二甲第三名進士。選庶吉士，散館改任主事。

林則徐 字元撫、少穆，號石麟。福建侯官縣人。乾隆五十年（1785）七月二十六日生。嘉慶十六年二甲第四名進士。選庶吉士，授編修。歷任御史、浙江杭嘉湖道、浙江鹽運使、江蘇淮海道，道光三年授江蘇按察使，四年丁憂。七年授陝西按察使遷江寧布政使，歷湖北、河南、江寧布政使。十一年十月遷東河總督，十二年調江蘇巡撫，十七年正月遷湖廣總督。十八年十一月授欽差大臣赴廣東禁煙。十九年授兩江總督未任，十二月授兩廣總督。因在廣東查辦鴉片卓有成效，英人派兵艦北上大沽口威脅京城，直隸總督琦善及大學士、軍機大臣穆彰阿等上書道光帝，下旨以查禁鴉片"辦理不善"，二十年九月被革職遣戍伊犁。二十五年以四品京堂候補，賞三品署陝甘總督，二十六年三月授陝西巡撫，二十七年三月遷雲貴總督。二十八年加太子太保。二十九年七月病免。三十年（1850）授欽差大臣署廣西巡撫起程赴任。卒於廣東普寧縣途次。年六十六。贈太子太傅，謚"文忠"，著有《政書》《林文忠公全集》《雲左山房詩文集》等。

王贈芳　字曾馳，號霞九、倫堂。江西廬陵人。嘉慶十六年二甲第五名進士。選庶吉士，授編修。二十四年充福建鄉試副考官，道光四年考選福建道御史，歷河南、陝西、山東、江南諸道御史，道光五年督湖北學政，外任山東曹州知府，十年遷山東濟南知府，十二年任山東鹽運使，官至雲南鹽法道。病歸，著有《慎其餘齋詩文集》《書學彙編》《綱鑑要録》等。

李在青　字柏橋。湖南湘潭縣人。嘉慶十六年二甲第六名進士。任內閣中書。未幾卒。

許邦光　字汝韜，號萊山。福建晉江縣人。嘉慶十六年二甲第七名進士。選庶吉士，授編修。升左中允，二十四年督湖南學政，縈遷

大理寺少卿，道光十二年官至光祿寺卿。丁憂免。著有《二思堂史論》《詩文稿》《使湘小草》《湘南紀游志》《國史擬稿》《一統志擬稿》等。

湯儲璠　字茗孫、茗生。江西臨川縣人。嘉慶十六年二甲第八名進士。任內閣中書，官至中允。乞病歸。著有《布帆無恙草》三卷、《忍冬小草》一卷。卒年僅四十。

盧振新　字新谷，號懈香。湖北漢陽縣人。嘉慶十六年二甲第九名進士。選庶吉士，改任廣西融縣知縣、凌雲知縣。

王惟洵　（一作王維洵）字星轅，號小華。山東海豐縣人。嘉慶十二年山東鄉試解元，十六年二甲第十名進士。選庶吉士，授編修。二十一年充順天鄉試同考官，道光元年任貴州鄉試主考官，遷右贊善，道光二年外任福建建寧知府，升兩淮鹽運使，三年授湖北按察使，調浙江按察使。道光五年（1825）以病卒。年四十三。

馮雲鷸　字集軒。江蘇通州直隸州人。嘉慶十六年二甲十一名進士。二十年三月署山東東阿知縣，二十一年任山東滋陽知縣，在任九年，以病去，道光三年曾署山東膠州知州，八年調曲阜知縣。丁憂歸。

黃玉衡　字伯璣，號在庵、小舟。廣東順德縣人。乾隆四十二年（1777）生。嘉慶十六年二甲十二名進士。選庶吉士，授編修。二十一年、二十四年兩充順天鄉試同考官，二

十四年考選浙江道御史。二十五年（1820）卒，年四十四。工書畫。著有《安心竟齋詩文集》《在庵雜著》。

戴葆瑩 字凝照，號琴樵。江蘇吳縣人。嘉慶十六年二甲十三名進士。選庶吉士，改夏邑知縣，遷河南開封府同知。署彰德府知府、衛輝府知府。

孫戴光祖，光緒二十四年進士。

梅茂南 號庚村。湖北麻城縣人。嘉慶十三年舉人，十六年二甲十四名進士。任內閣中書，後改河南鹿邑知縣，東安知縣。

錢馬犬 字西來，號小峒。浙江上虞縣人。嘉慶十六年二甲十五名進士。選庶吉士，授編修。二十一年充順天鄉試同考官，道光二年京察一等，授江西九江知府，十一年擢湖北荊宜施道。因關鈔少進與上不合，引疾歸。以著述自娛。

張敦來（原名張敦頤）字復之，號曉泮。山西平定直隸州人。嘉慶十六年二甲十六名進士。選庶吉士，授編修。二十三年充福建鄉試主考官，病故。

王繼昺（改名王璟）湖南湘潭縣人。嘉慶十六年二甲十七名進士。任內閣中書，官至山東東昌府同知。

程矞采 字藹初，號晴峰。江西新建縣人。嘉慶十六年二甲十八名進士。任禮部主事，遷郎中，道光二年考選江南道御史，三年任順天東城、北城巡城御史，纍遷甘肅蘭州道。道光九年授甘肅按察使改

廣東按察使，十一年遷浙江布政使，十八年改江蘇布政使。二十一年授江蘇巡撫歷山東、廣東巡撫。二十五年正月遷漕運總督，改雲南巡撫，二十九年七月遷雲貴總督，三十年十一月調湖廣總督。咸豐二年九月因太平軍進軍湖南堵禦無方，革職遣發新疆。釋還後咸豐七年十二月（1858年1月）卒。

喻元準 字眠水，號萊峰。湖北黃梅縣人。嘉慶五年舉人，十六年二甲十九名進士。選庶吉士，散館改禮部主事、員外郎、祠祭司郎中，遷廣西柳州知府，調署梧州府，官至廣西右江道。病卒。

馬步蟾 字廣周，號漁山。浙江會稽縣人。嘉慶十六年二甲二十名進士。選庶吉士，授編修。二十三年充山東鄉試主考官，道光元年考選江南道御史，四年官至安徽徽州知府。歸後家居十年卒。

宋劭穀 字魯詒，號芸皋、辛莊。貴州安順府人。嘉慶十六年二甲二十一名進士。選庶吉士。改工部主事，道光六年充會試同考官，升員外郎、營繕司郎中，九年考選江南道御史，十一年充順天鄉試同考官，外任河南歸德知府，十三年改開封府，升甘肅甘涼道，二十年官至兩廣鹽運使。卒於任。

陳焯 字度光，號肇敏、克庵。河南商丘縣人。嘉慶十六年二甲二十二名進士。選庶吉士，改工部主事，升員外郎，道光十年考選

浙江道御史。

從子陳彬，同榜進士。

王　培　字因之，號厚田。山東樂陵縣人。嘉慶十六年二甲二十三名進士。選庶吉士，改任主事。

楊承湛　字閬仙。順天固安縣人。嘉慶十六年二甲二十四名進士。二十四年任江蘇靖江知縣，道光二年調南滙知縣，八年改元和知縣，十年擢海門同知，十四年改蘇州海防同知，十六年署松江知府，咸豐年間署江寧知府。卒年六十五。

陳述經　字子郼，號笈堂。山東濰縣人。嘉慶十六年二甲二十五名進士。任內閣中書、浙江衢州府同知。以母老乞養歸。卒年九十一。

恩　貴　字九思，號鶴田。蒙古鑲白旗人。嘉慶十六年二甲二十六名進士。選庶吉士，改任主事。

陸堯松　字荇周，號少廬。浙江平湖縣人。嘉慶十六年二甲二十七名進士。選庶吉士，改刑部主事，升郎中，道光十二年考選江南道御史，官至兵科掌印給事中。

王茂松　字聽濤，號鶴亭。貴州甕安縣人。嘉慶十六年二甲二十八名進士。選庶吉士，授編修。二十一年、二十三年兩充順天鄉試同考官，二十五年考選江南道御史，改京畿道御史，升戶科給事中，擢山西潞安、太原、平陽知府，遷河東道，官至河南陝西山西鹽法道。致仕歸。著有《有竹齋詩文集》。

尹作翰　字墨卿。湖南湘潭縣人。嘉慶十六年二甲二十九名進士。十八年任江西武寧知縣，丁憂。再起改安徽懷遠知縣、望江知縣，道光六年調桐城知縣。病歸，卒於家。

周樹槐　字星叔。湖南長沙縣人。嘉慶十六年二甲三十名進士。任山西心源知縣，道光二年改江西吉水知縣。年未五十致仕歸，杜門不出。著有《壯學堂文集》。

徐　瀚　（一作徐翰）字沛若、松坪。河南鹿邑縣人。嘉慶十六年二甲三十一名進士。任內閣中書。二十四年充順天鄉試同考官，道光元年任四川鄉試副考官。

子徐廣縉，嘉慶二十五年進士；徐廣紱，道光九年進士。

梁慎猷　廣東程鄉縣人。嘉慶十六年二甲三十二名進士。任內閣中書。

鄭長籙　（《進士題名碑》作鄭長録，非是）字紀香。順天宛平縣人。嘉慶十六年二甲三十三名進士。任甘肅會寧知縣。

湯錫蕃　字晝三，號皺山。浙江錢塘縣人。嘉慶十六年二甲三十四名進士。選庶吉士，授編修。

潘錫恩　字琴軒，號芸閣。安徽涇縣人。嘉慶十六年二甲三十五名進士。選庶吉士。任編修、侍讀、侍讀學士、江蘇淮揚道，道光六年三月授南河副總河督。九年丁憂去職。十三年授光禄寺卿改宗人府丞，遷左副都御史、順天學政，十六年改兵部侍郎、吏部侍郎，二十二年十一月調南河總督。二十八年九月以病乞歸。咸豐中命在籍治捐輸團練，因無功褫職。同治三年以捐助京倉采米經費賞復南河總督原銜。五年以鄉舉重逢加太子少保。同治六年（1867）四月卒。謚"文慎"。撰有《續行水金鑒》一百五十六卷（按：是書爲前南河總督黎世序原纂，經潘錫恩續加增訂始成）。

黃揚鑣 字秉淵，號素峰。江蘇金匱縣人。嘉慶十六年二甲三十六名進士。選庶吉士，改任山東汶上縣知縣、定陶知縣，二十年任棲霞知縣，道光元年復任棲霞知縣，後任永康知縣。

倪彤書 字珥臣、又鋤。浙江仁和縣人。嘉慶十六年二甲三十七名進士。選庶吉士。二十二年任壽張知縣，道光二年八月改菏澤知縣，七年署知州，十年任武定府同知，十五年升山東兗州知府，十七年官至山東泰安知府。

劉斯嵋 字彌山、彌三，號眉生。江西南豐縣人。嘉慶十六年二甲三十八名進士。選庶吉士，授編修。二十一年充順天鄉試同考官，二十四年任河南鄉試副考官，擢湖廣道御史，二十五年外任西安知府，升鹽道，道光元年擢安肅兵備道，遷浙江鹽運使，三年授山東按察使，改安徽按察使，五年復任山東按察使遷貴州布政使。六年丁憂免。九年服闋復任山東布政使，曾護理巡撫。十八年病休，卒於家。

邱家煒 字蓮舫，號彤伯。順天宛平縣人。嘉慶十六年二甲三十九名進士。選庶吉士，授編修。二十四年考選山東道御史，道光三年外官至湖南沅州知府。

汪鳴謙 （更名銘謙）字撝中，號益齋。廣東番禺縣人。嘉慶十六年會元，二甲四十名進士。選庶吉士，改刑部主事，官至山西太原知府。

馮元錫 （原名金綬）字伯純、組文，號紫屏、夢山。江蘇通州直隸州人。嘉慶十六年二甲四十一名進士。選庶吉士，改工部主事，升工部郎中，道光十四年官至湖廣道御史。著有《馮侍御遺稿》。

劉煒 字伯華，號心農。貴州修文縣人。嘉慶十六年二甲四十二名進士。選庶吉士，改兵部主事。乞養歸。母喪哀毀不復仕，主講正本、正習、貴山三書院。道光二十五年（1845）卒。

弟劉燫，嘉慶十四年進士。

莫焜 字豫堂，號序五。順天大興縣人。嘉慶十六年二甲四十三名進士。選庶吉士，改禮部主事，官至禮部祠祭司員外郎。

羅尹孚 （原名羅永符）字子售、子信，號菊農。安徽歙縣人。嘉慶十六年二甲四十四名進士。選庶吉士，授編修。道光三年官至浙江嘉興知府，九年降廣西橫州知州，署鬱林知州。

奕澤 （原名奕溥）字如淵、麗川，號菊泉。滿洲正紅旗，宗室。

嘉慶十六年二甲四十五名進士。選庶吉士，改禮部主事，升翰林院侍讀學士，後任少詹事，十二年遷詹事，改通政使，十三年遷左副都御史，改理藩院侍郎，十五年改盛京工部侍郎。解職，降頭等侍衛用。

文綸 （榜名文綏）字覣之，號如亭。滿洲正藍旗人。嘉慶十六年二甲四十六名進士。任雲南江川知縣，道光四年纍遷四川重慶知府，擢建昌道，十八年任山東鹽運使，官至長蘆鹽運使。

胡方朔 字翰城，號果齋。安徽桐城縣人。嘉慶十六年二甲四十七名進士。選庶吉士，改刑部主事，升郎中，道光五年充順天鄉試同考官，外官至廣東高州知府。

袁應惇 湖北漢陽縣人。嘉慶九年舉人，十六年二甲四十八名進士。官至湖南常德知府。

朱壬林 （原名朱霞）字理卿，號小雲。浙江平湖人。嘉慶十六年二甲四十九名進士。選庶吉士，散館改工部主事，道光二年充雲南鄉試副考官，升郎中，八年考選山西道御史，十二年外任直隸永平知府，十八年官至直隸清河道，曾署按察使。後以丁憂歸。著有《小雲廬詩文》《當湖文繫》《晚學文稿》。

朱文來 字采章，號質園。安徽歙縣人。嘉慶十六年二甲五十名進士。選庶吉士。

羅以豐 字實之。江西宜黃縣人。嘉慶十六年二甲五十一名進士。

選庶吉士。二十三年改陝西鰲屋知縣，加知州銜，道光二年署山東壽張知縣，四年任山東冠縣知縣。

程恩澤 字雲芬，號春海。安徽歙縣人。乾隆五十年（1785）四月十五日生。嘉慶十六年二甲五十二名進士。選庶吉士，授編修。道光元年充四川試鄉主考官，遷中允，道光三年督貴州學政，升侍講學士，六年督湖南學政，擢國子監祭酒，十三年充廣東鄉試主考官，授內閣學士，遷工部侍郎改戶部侍郎。道光十七年（1837）七月二十九月卒。年五十三。工詩，書法。與狄子奇同撰《國策地名考》二十卷，著有《程侍郎遺集》。

父程期昌，乾隆四十五年進士。

胡世墉 號杏溪。安徽涇縣人。嘉慶十六年二甲五十三名進士。十九年署江西靖安知縣，二十年補吉水知縣。

姚維藩 字價人，號翰之。安徽桐城縣人。嘉慶十六年二甲五十四名進士。選庶吉士，改山西石樓知縣。

袁銑 字楚珍，號金溪。湖北麻城縣人。嘉慶六年舉人，十六年二甲五十五名進士。選庶吉士，授編修。二十二年充會試同考官，二十三年任順天鄉試同考官，同年考選江南道御史，官至禮科給事中，降主事。後告歸。主講江漢書院。

李恩綏 字來軒，號定山。漢軍正白旗人。嘉慶十六年二甲五十六名進士。選庶吉士，散館改吏部主事。

弟李恩繹，嘉慶十三年進士，廣西布政使。

李莒 字鑒繩，號鐵城。四川長壽縣人。嘉慶十六年二甲五十七名進士。選庶吉士，散館改任知縣。

崔廷韶 順天霸州人。嘉慶十六年二甲五十八名進士。任直隸正定府教授、承德府教授，道光三十年改無極縣訓導。

吳衡照 字夏治，號子律。浙江仁和縣人。嘉慶十六年二甲五十九名進士。任浙江金華府教授。著有《蓮子居詞話》《辛卯生詩》。

陳逢年 字秋田，號農山。廣西宣化縣人。嘉慶十六年二甲六十名進士。選庶吉士，改任江西石城縣知縣。

宋延芳 字小松，號炯之。貴州甕安縣人。嘉慶十六年二甲六十一名進士。任內閣中書。

蔣超曾 字軼驤，號軒霞。江蘇吳縣人。嘉慶十六年二甲六十二名進士。選庶吉士，二十二年任山東利津知縣，道光元年改山東武城縣知縣，四年調順天府寶坻知縣，改大名知縣。

包敬堂 字升矣，號果峰。浙江烏程縣人。嘉慶十六年二甲六十三名進士。任直隸吳橋、藁城知縣，晉州知州。著有《樹敦草堂詩集》。

劉榮玠 字南屏。廣東陽春縣人。嘉慶十六年二甲六十四名進士。十七年任浙江孝豐知縣，二十年任

樂清知縣，道光二年復任樂清知縣，四年改海鹽知縣、乍浦同知，授嘉興府同知，五年署嘉興知府，六年署浙江嚴州知府，七年再任嘉興府同知，十一年回任同知，十二年復署嚴州知府，十三年仍回同知。

凌銓 字中谷，號虛臺。浙江錢塘縣人。嘉慶十六年二甲六十五名進士。選庶吉士，散館改主事，官至兵部郎中。

陶鎔 字大冶，號訪雲。順天宛平縣人，原籍浙江紹興。嘉慶十六年二甲六十六名進士。同年任山東博平知縣，改恩縣知縣，道光十二年六月署德州知州。

廖文錦 字彥雲，號邵庵。江蘇嘉定縣人，原籍福建永定。乾隆四十年（1775）八月二十九日生。嘉慶十六年二甲六十七名進士。選庶吉士，任編修，文淵閣校理。二十一年、二十三年兩充順天同考官，道光元年江西鄉試副考官，擢河南南陽知府，改衛輝知府，官至南汝光道。道光十四年（1834）卒。年六十。工詩畫山水。著有《佳想軒詩抄》。

祖父廖鴻章，乾隆二年進士。

劉體仁 字壽徵，號樂山。四川中江人。嘉慶十六年二甲六十八名進士。選庶吉士，散館改廣西羅城知縣，二十一年調湖北應山縣，丁母憂服闋，補順天懷柔知縣，改順天武清知縣。道光十年引疾歸。

趙湘 江西南豐縣人。嘉慶十六年二甲六十九名進士。任甘肅

安化知縣。

周　凱（一作周愷）字仲禮，號雲皋。浙江富陽縣人。嘉慶十六年二甲七十名進士。選庶吉士，授編修。嘉慶二十四年、道光元年兩充順天鄉試同考官，道光二年遷湖北襄陽知府，擢江西督糧道，七年改湖北漢黃德道，丁憂。十年服闋補福建興泉永道，十七年任臺灣道。升河南按察使未任卒。著有《內自訟齋詩文集》。

祝孝溶　河南固始縣人。嘉慶十六年二甲七十一名進士。

丁運泰　字大來，號葆堂。雲南石屏州人。嘉慶十六年二甲七十二名進士。任內閣中書，外補安徽太平府同知，十七年改安徽安慶府同知，丁憂服闋，道光七年十二月補山東濟南府水利同知，十年署濟南知府，官至山東沂州知府。卒於任。著有《岱青閣詩文集》《官皖日記》《守沂末議》等。

子丁寶綸，道光十五年進士。

王有焉　福建永福縣人。嘉慶十六年二甲七十三名進士。十七年任浙江分水知縣，道光四年改直隸曲陽知縣，十二年調直隸宣化知縣。

戴廷選　字捷三，號立齋。江西新昌縣人。嘉慶十六年二甲七十四名進士。十七年任浙江遂昌知縣。緣事赴省而卒。

易鏡清（原名易本杰）字煒南，號蓮昉。湖北京山縣人。嘉慶十六年二甲七十五名進士。纍遷內閣侍讀，

道光十五年考選浙江道御史，十六年任順天北城巡城御史，刑科給事中，官至甘肅慶陽知府，寧夏道。

郊掄才　字汝恒。江蘇長洲縣人。嘉慶十六年二甲七十六名進士。任兵部主事。

蔡世松　字聽濤，號友石。江蘇上元縣人。嘉慶十六年二甲七十七名進士。選庶吉士，授編修。任吏部郎中、御史，遷安徽鳳廬道，道光十三年授安徽按察使，十五年調順天府尹，以知貢舉失察事九月降太僕寺少卿。乞養歸。主講鍾山、尊經兩書院。

楊希銓　字仲衡，號硯芬。江蘇常熟縣人。嘉慶十六年二甲七十八名進士。選庶吉士，授編修。道光元年考選陝西道御史，二年充河南鄉試主考官，五年署四川潼川知府，改廣東惠州知府、肇慶知府，官至廣東惠潮嘉道。

楊思榮　字勉仁，號仰山。雲南江川縣人。嘉慶十六年二甲七十九名進士。選庶吉士。散館改刑部主事。

匡守勤　號雨峰。江蘇丹陽縣人。嘉慶十六年二甲八十名進士。任國子監助教。

盧演復　字新一，號子容。漢軍鑲黃旗。嘉慶十六年二甲八十一名進士。選庶吉士，二十一年改任福建安溪知縣。

谷善禾　直隸豐潤縣人。嘉慶十六年二甲八十二名進士。任刑部主事，遷員外部、刑部郎中，道光

十三年官至貴州興義知府。

張學尹 順天宛平縣人，祖籍湖南湘陰。嘉慶十六年二甲八十三名進士。二十一年任福建侯官知縣，二十二年任閩清知縣，道光元年官至福建臺灣府理藩同知。

汪理朝 字晉賢，號復生。浙江錢塘縣人，原籍安徽休寧。嘉慶十六年二甲八十四名進士。即用知縣。

孫貫一 字又魯，號仲魯。山東長山縣人。嘉慶十六年二甲八十五名進士。選庶吉士，授編修。歷任國史館協修、武英殿總纂。二十四年充順天鄉試同考官，道光二年擢河南道御史，官至工科給事中。卒於任。

辛文沚 字宗海、雲洲，號簡亭。山東蓬萊縣人。嘉慶十六年二甲八十六名進士。選庶吉士，改直隸盧龍知縣，二十三年調清苑、大名知縣，道光五年升東路同知，八年遷直隸河間知府，九年改大名知府，十年任保定知府，十一年官至直隸清河道。

端木坦 字履之，號淦生。江蘇江寧縣人。嘉慶十六年二甲八十七名進士。任內閣中書，道光五年充雲南鄉試副考官，十七年遷湖南寶慶府同知，代理新寧知縣。乞養歸。

方觀旭 字升卿。浙江錢塘縣人。嘉慶十六年二甲八十八名進士。選庶吉士，散館任廣西武緣知縣。曾肄業於詁經精舍，於諸經皆有研究，尤致力於《論語》，著有《論語偶記》。

張師德 順天宛平縣人。嘉慶十六年二甲八十九名進士。任山西屯留知縣，改河南寧陵知縣、孟縣知縣。

趙鉞 （原名趙春沂）字雩門，號壽伯、星甫。浙江仁和縣人。乾隆四十三年（1778）四月十三日生。嘉慶十六年二甲九十名進士。選庶吉士，散館改江蘇溧水知縣，道光元年官至江蘇泰州知州。引疾歸。道光二十九年（1849）卒。年七十二。藏書家，藏書處曰"醉經樓""種榆仙館"。著有《國朝謚法考》《官制沿革表》《會典謚法》《唐尚書省政府郎官石柱題考》等。

李彥章 字蘭卿、則文，號榕園。福建侯官縣人。嘉慶十六年二甲九十一名進士（時年十八）。任內閣中書，二十一年任軍機章京，二十三年充江西鄉試副考官。道光三年任內閣侍讀，五年外任廣西思恩知府，改慶遠知府，九年任潯州知府。丁母憂。十二年補江西吉安知府，升江蘇常鎮通海道，十六年官至山東鹽運使。積勞病卒。年四十三。工詩善書，精鑒藏。撰著有《思恩府志》《潤經堂自治官書》《江南催耕課稻編》《榕園詩集》《榕園辯韻編》《劉河志》《練湖志》《焦山志》《芍藥志》《蘇亭小志》等。

司河 雲南昆明縣人。嘉慶十六年二甲九十二名進士。十八年任貴州修文知縣，二十一年改威寧知州，道光元年擢貴州銅仁知府，十三年改貴州興義知府，十五年任大定知府。

第三甲一百四十二名

王禹功 字匋南，號于亭。山東長山縣人。嘉慶十六年三甲第一名進士。任內閣中書。

徐　謙 字益卿，號白舫。江西廣豐縣人。嘉慶十六年三甲第二名進士。選庶吉士，改吏部主事，監督儲濟倉，調海運倉。父憂歸。乞養母不出。主鹿洞、鴛湖、紫陽書院。

易良俶 字屏山。湖南黔陽縣人。乾隆四十二年（1777）生。嘉慶十六年三甲第三名進士。任河南盧氏知縣，道光五年改孟縣知縣，九年升鄧州知州。在任三年養母歸。二十七（1847）年卒。年七十一。著有《春秋撮要》《中州風俗說》《海防憶說》。

李象鵾 字廷良、雲皋，號雙圃。又號漁樵散人。湖南長沙縣人。乾隆四十七年（1782）七月初十日生。嘉慶十六年三甲第四名進士。選庶吉士，授檢討。道光二年遷直隸宣化知府，四年改正定知府，五年任保定知府，遷直隸口北道、河南鹽糧道、江西吉南贛寧道，道光十六年授江蘇按察使，改貴州按察使，二十年遷貴州布政使，二十四年以病免職。入覲以三品京堂候補。道光二十九年（1849）卒。年六十八。著有《棣懷堂隨筆》《雲湖合編》等。

兄李象鵠，嘉慶四年進士。

傅　潢（原名傅漢，誤）字星北，號篠泉、松眉。貴州貴築縣人。嘉慶十六年三甲第五名進士。歸里主講正習書院八年，道光元年入都謁選，二年選直隸博野知縣，三年署滿城，四年改豐潤縣，六年丁憂歸。十一年改廣西興安、蒼梧知縣，十五年官至廣西全州知州。十七年（1837）四月卒於桂林。

子傅壽彤，咸豐三年進士，河南按察使。

徐寶森（原名徐學理，本姓沈）字爕夫。浙江仁和縣人。嘉慶十六年三甲第六名進士。任工部主事，纍遷廣西右江道，道光十三改福建糧儲道，十六年授安徽按察使，十九年改山東按察使，二十年官至安徽布政使。二十五年去職。

顧　濤 廣西臨桂縣人。嘉慶十六年三甲第七名進士。任內閣中書。

王履謙 直隸天津縣人。嘉慶十六年三甲第八名進士。道光七年任福建長樂知縣。

周德潤 字虛谷，自號海千。江西宜春縣人。嘉慶十六年三甲第九名進士。任知縣，早逝。

王雲錦 字絅堂，號柳溪。河南固始縣人。嘉慶十六年三甲第十名進士。選庶吉士，授檢討。二十四年充順天鄉試同考官，二十五年考選湖廣道御史，道光二年任順天北城巡城御史，十一年再任北城巡城御史，官至廣東肇羅道。

尹佩珩 字玉山，號集虛、實夫。雲南蒙自縣人。嘉慶十六年三甲十一名進士。選庶吉士，改戶部主事，升郎中，道光五年考選江南道御史，六年官至陝西督糧道。十年十月緣事革。

祖父尹均，乾隆十九年進士；父尹壯圖，乾隆三十一年進士，官禮部侍郎。

姚喬齡 安徽桐城縣人。嘉慶十六年三甲十二名進士。任內閣中書。

王日新 江蘇武進縣人。嘉慶十六年三甲十三名進士。道光二年任安徽績溪知縣。

吳庭輝 （一作吳廷耀）字振行。安徽桐城縣人。嘉慶十六年三甲十四名進士。二十四年任四川定遠知縣，道光六年官至四川涪州知州。

楊思敬 （原名楊惕龍）字存之，號惕庵。浙江海寧州人。嘉慶十六年三甲十五名進士。十七年任福建安溪知縣。

高祖楊雍建，順治十二年進士。

賀崇禧 字吉人。山東歷城縣人。嘉慶十六年三甲十六名進士。即用知縣分發江蘇，二十四年任江蘇六合知縣，道光四年改華亭知縣，署如皋知縣，十年改南滙知縣，十四年任昆山知縣，十六年改吳縣知縣，署海防同知。卒於任，年六十一。

王寅弼 浙江錢塘縣人。嘉慶十六年三甲十七名進士。任甘肅渭源知縣、正寧知縣。

陳變元 （《進士題名碑》作陳燮元，誤）廣東新會縣人。嘉慶十六年三甲十八名進士。

朱棨 安徽合肥縣人。嘉慶十六年三甲十九名進士。

桂馨 蒙古正黃旗人。嘉慶十六年三甲二十名進士。

陳寶楠 字冉木，號雙湖。浙江慈溪縣人。嘉慶十六年三甲二十一名進士。任內閣中書。

王鳳翥 直隸天津縣人。嘉慶十六年三甲二十二名進士。二十三年任江蘇邳州知州，二十九年任四川井研知縣。

張向辰 福建閩縣人。嘉慶十六年三甲二十三名進士。任河南溫縣知縣。

李菜 字挹仙，號馥園。浙江歸安縣人。嘉慶十六年三甲二十四名進士。

張景 字慶星，號西坪。河南武安縣人。嘉慶十六年三甲二十五名進士。嘉慶二十年署江西廣信府同知，道光年間任江西安義、南城、豐城知縣。道光十二年調直隸安平知縣，到任未幾即卒。

袁如凱 字升庭。貴州修文縣人。嘉慶十六名三甲二十六名進士。任廣西懷集知縣。在任十餘年。

子袁思幹，同治七年進士；子袁思韓，道光二十四年進士。

陶克讓 字際華，號廉甫。江蘇山陽縣人。嘉慶十六年三甲二十七名進士。選庶吉士，道光十年改浙江金華縣知縣。

紀樹榮 字桐豫。直隸獻縣人。嘉慶十六年三甲二十八名進士。任內閣中書。著有《積雪亭稿》。

劉晉 順天大興縣人。嘉慶十

六年三甲二十九名進士。任內閣中書。

袁　鍊　字治池。山東沂水縣人。嘉慶十六年三甲三十名進士。任國子監助教。

雷景鵬　陝西合陽縣人。嘉慶十六年三甲三十一名進士。任內閣中書。

蔡世瑛　湖南湘鄉縣人。嘉慶十六年三甲三十二名進士。任雲南大理府雲南知縣、寧洱知縣，改雲南南安州知州、雲州知州。

希靈阿　滿洲正黃旗人。嘉慶十六年三甲三十三名知縣，十八年任山西壽陽知縣，遷右贊善。

陳柱勛　（原名陳攀上）福建漳平縣人。嘉慶十六年三甲三十四名進士。任國子監學政，改雲南永善知縣。

萬鼎洋　號小岑。湖北黃岡縣人。嘉慶九年舉人，十六年三甲三十五名進士。十九年到二十三年任直隸曲陽知縣，道光三年十二月任順天宛平知縣，五年遷直隸定州知州，八年改直隸易州直隸州知州。

陳　蒸　號厚村。雲南彌勒縣人，祖籍浙江餘姚。嘉慶十六年三甲三十六名進士。十九年任福建武平知縣，二十一年改臺灣鳳山知縣。

楊以澄　江西新城縣人。嘉慶十六年三甲三十七名進士。任教諭。

兆　元　漢軍鑲紅旗人。嘉慶十六年三甲三十八名進士。道光元年任江西峽江知縣，七年改江西清江知縣。

鐵　林　滿洲正白旗人。嘉慶十六年三甲三十九名進士。十七年任湖北枝江知縣，官至理藩院員外郎。

吳　榕　字遵椒，號才甫。安徽歙縣人。嘉慶十六年三甲四十名進士。十八年任揚州府學教授。

侯　圻　四川營山縣人。嘉慶十六年三甲四十一名進士。任江西星子知縣，道光年間改浙江麗水知縣，二十三年署壽昌知縣。

榮　第　字賜元，號及亭。滿洲正藍旗人。嘉慶十六年三甲四十二名進士。十九年署浙江慈溪知縣，任刑部堂主事，遷右中允。

阮貽昆　字長倫，號孟亭。江西新建縣人。嘉慶十六年三甲四十三名進士。散館改主事，二十年任福建同安知縣。

呂　璜　字禮北，號月滄。廣西永福縣人。乾隆四十二年（1777）三月生。嘉慶十六年三甲四十四名進士。任浙江慶元、奉化、鎮海、山陽、錢塘知縣，擢杭州府海防同知。晚年歸里後，曾主講榕湖書院、秀峰書院。道光十八年十一月二十八日（1839年1月）卒，年六十二。以精古文而聞名。著有《古文緒論》《月滄文集》等。

陳　彬　字謙齋。河南商丘縣人。嘉慶十六年三甲四十五名進士。任禮部主事，升郎中，道光七年官至直隸天津知府。

子陳燕，嘉慶二十二年進士；從父陳焯，同榜進士。

劉　珊　字介純，號誨樹。湖北漢川縣人。乾隆四十四年（1779）

生。嘉慶十二年舉人，十六年三甲四十六名進士。任安徽天長、合肥、桐城等縣知縣，擢泗州知州，署穎州知府。授盧州知府未任，道光四年（1824）以疾卒。年四十六。著有《詩文集》《劉氏藏書記》。

謝元暉 順天東安縣人。嘉慶十六年三甲四十七名進士。任奉天錦州府教授。

楊俊士 陝西朝邑縣人。嘉慶十六年三甲四十八名進士。任知縣，改教授。

吳文健 字壽彭。浙江錢塘縣人。嘉慶十六年三甲四十九名進士。任直隸武強知縣。任職不足三月卒。

周錫齡 字松崖。貴州貴定縣人。嘉慶十六年三甲五十名進士。任貴州鎮遠府教授，改廣西荔浦知縣，道光十八年改福建漳浦知縣。

李存周 四川鄭都縣人。乾隆六十年舉人，嘉慶十六年三甲五十一名進士。任安徽舒城知縣。

林士瑛（《進士題名碑》作林士煥）福建侯官縣人。嘉慶十六年三甲五十二名進士。任山西榮河知縣，改大同知縣，調湖北宜城知縣，改江陵知縣，道光六年任襄陽知縣，進戶部主事。

蘇榮 字臨溪。陝西府谷縣人。嘉慶十六年三甲五十三名進士。任河南閿鄉、延津知縣，丁憂。補廣東瓊山知縣，升雷瓊海防同知。以疾卒。著有《禹貢圖說》。

謝邦基 字洛初。福建連城縣人。嘉慶十六年三甲五十四名進士。二十二年授廣東海康知縣，道光元年改廣東海陽知縣。

父謝凝道，嘉慶元年進士。

魯鼎 江西新城縣人。嘉慶十六年三甲五十五名進士。十八年任湖北宜都知縣。

奎耀 字仲華，號芝圃。滿洲正白旗。嘉慶十六年三甲五十六名進士。選庶吉士，授檢討。縈遷詹事府詹事，改通政使。知貢舉。革職。降南河候補同知。

曹人傑 貴州貴築縣人。嘉慶十六年三甲五十七名進士。任江西上饒知縣、都昌知縣，二十三年任分宜知縣。

曹師恕 字存中，號服山。江西新建縣人。嘉慶十六年三甲五十八名進士。選庶吉士，改刑部陝西司主事。年五十四卒於任。

祖父曹繩柱，雍正八年進士。

羅世德 字玉成，號小峰。四川永川縣人。嘉慶十六年三甲五十九名進士。任河南湯陰知縣。

吳方文 山東文登縣人。嘉慶十六年三甲六十名進士。任內閣中書，道光十一年任浙江石門知縣，十五年任浙江嘉興府督捕同知。

張朋來 字孚若，號快亭。直隸樂亭縣人。嘉慶十六年三甲六十一名進士。任內閣中書，改奉天錦州府教授。著有《紹衣堂稿》行世。

周鳳喈 字安重。江西鄱陽縣人。嘉慶十六年三甲六十二名進士。

任廣西靈川知縣，丁憂服闋，補兵馬司指揮，改貴州餘慶知縣，十九年四月任山東新城知縣。

邊鳳翽 字藹軒，號丹麓。直隸任丘縣人。嘉慶十六年三甲六十三名進士。選庶吉士，改知縣，官至山東東平州知州。

閻善慶 字偉堂，號于詒。順天宛平縣人。嘉慶十六年三甲六十四名進士。選庶吉士，改任知縣。

張連茹 山東昌邑縣人。嘉慶十六年三甲六十五名進士。任雲南永善知縣，十九年調安徽含山知縣，改江蘇昆山知縣，道光十二年升海門廳同知，改任江蘇寶山知縣，十九年仍任。

楊恒占 直隸鹽山人。嘉慶十六年三甲六十六名進士。任山西襄陵知縣。

高蔚溶 山東膠州人。嘉慶十六年三甲六十七名進士。任直隸靈壽知縣，二十一年改定興知縣。

吳廷輝 福建晉江縣人。嘉慶十六年三甲六十八名進士。授四川定遠知縣，十七年任四川金堂知縣、銅梁知縣，道光元年代辦合州知州，遷四川涪州知州。

趙廷熙 奉天義州人。嘉慶十六年三甲六十九名進士。任內閣中書，道光十六年纍遷江蘇揚州知府，十八年任淮安知府、徐州知府，官至江蘇淮海道，二十二年署河庫道。

蔣啓廷 字琴山。廣西全州人。嘉慶十六年三甲七十名進士。道光

三年任湖北通城知縣，十年任湖北宜都知縣，十二年任蒲圻知縣，十四年改湖北應山知縣。

汪兆柯 字則亭。湖北黃岡縣人。嘉慶三年舉人，十六年三甲七十一名進士。道光二年任廣東東安知縣，升羅定州直隸州知州。引疾歸。

何炳彝 字用邕，號春舟。山西靈石縣人。嘉慶十六年三甲七十二名進士。選庶吉士，改兵部主事。

張焜 直隸昌黎縣人。嘉慶十六年三甲七十三名進士。任雲南永平知縣，道光三年改山東齊東知縣，遷雲南魯甸廳通判，改雲南東川府巧家廳同知。

林元英 福建閩縣人。嘉慶十六年三甲七十四名進士。任國子監學正，改江西上高知縣，道光九年改江西龍泉知縣。

李彬 山東樂陵縣人。嘉慶十六年三甲七十五名進士。任山西陵川知縣。

衛如玉 字子束，號璞庵。陝西白河縣人。嘉慶十六年三甲七十六名進士。任內閣中書。以親老不樂仕進歸，主講天池書院親卒入京供職，任方略館校對。

黃元吉 湖南寧遠縣人。嘉慶十六年三甲七十七名進士。任雲南永平知縣，道光十二年十二月改金山知縣。

黨紹修 字慎齋，號納庵。陝西郃陽縣人。嘉慶十六年三甲七十八名進士。選庶吉士，十九年改直

隸井陘知縣，二十三年改直隸正定知縣，道光九年遷湖北鶴峰知州。

蕭斯 廣東程鄉縣人。嘉慶十六年三甲七十九名進士。十九年任福建龍溪知縣。

王衍梅 （1776—1830）字律芳，號笠舫。浙江會稽縣人。嘉慶十六年三甲八十名進士。任廣西武宣知縣。以詿誤去官，嗜酒跌宕自喜。不修邊幅，遍游廣東、廣西。卒後有《梓綠雪堂遺集》。

龔綬 字蓮舫、寶章，號若卿。雲南昆明縣人。嘉慶十六年三甲八十一名進士。選庶吉士，授檢討。道光元年考選山西道御史，三年充山西鄉試主考官，遷工科掌印給事中，外任廣東惠潮嘉道，十二年遷甘肅按察使，調山西按察使，十五年授湖南布政使，十七年曾護理巡撫。十九年丁憂。二十二年服闋授四川布政使，二十三年四月革，二十七年降湖北安襄鄖荊道。致仕歸。卒年八十七。

崔錫榮 （原名崔景春）字笏壯。山西浮山縣人。嘉慶十六年三甲八十二名進士。任內閣中書，改河南西平知縣、寶豐知縣。以親老乞養歸。

王根 字性涵。安徽婺源縣人。嘉慶十六年三甲八十三名進士。任山西廣靈知縣。在任三年解組歸。後主書院。著有《經解》十卷、《四書釋義指掌》十卷。

余寅元 字鍾陽，號遂岩。浙江山陰縣人。嘉慶十六年三甲八十四名進士。任國子監監丞。

高敦齡 字悟庵。山東沂水縣人。嘉慶十六年三甲八十五名進士。任山東登州府教授。

全奎 滿洲正紅旗。嘉慶十六年三甲八十六名進士。詹事府右春坊，右贊善。

于允中 字傳一，號喬東。山東昌樂縣人。嘉慶十六年三甲八十七名進士。授戶部主事。道光五年任直隸深澤知縣，調湖南宜陽知縣。告歸。卒年七十八。著有《喬東詩古文詞》。

陳師慶 字餘亭。江蘇泰州人。嘉慶十六年三甲八十八名進士。授江西興安知縣，調雲南呈貢縣，道光五年署蒙化知縣。著有《滇行草》《淮陰旅草》。

伊雲崧 福建寧化縣人。嘉慶十六年三甲八十九名進士。任廣東徐聞知縣。

任養正 陝西蒲城縣人。嘉慶十六年三甲九十名進士。

李輝斗 字玉文，號映夫、可庵。四川隆昌縣人。嘉慶十六年三甲九十一名進士。任內閣中書。以疾卒。年四十九。

朱應韶 （原名朱庭標）廣西臨桂縣人。嘉慶十六年三甲九十二名進士。

席尚清 山西聞喜縣人。嘉慶十六年三甲九十三名進士。任廣西思恩知縣，道光七年官至廣西歸順知州。

黃載華 江蘇陽湖縣人。嘉慶十六年三甲九十四名進士。

石毓萱　河南祥符縣人。嘉慶十六年三甲九十五名進士。任廣東樂會知縣。

章　箎　河南虞城縣人。嘉慶十六年三甲九十六名進士。

金朝觀　字松臣。漢軍鑲黃旗。嘉慶十六年三甲九十七名進士。任四川滎經知縣、崇慶知州，官至邛州直隸知州。致仕歸。

成一寧　安徽和州直隸州人。嘉慶十六年三甲九十八名進士。

白明義　奉天承德縣人。嘉慶十六年三甲九十九名進士。十七年任直隸望都知縣，道光三年改清苑知縣，遷遵化直隸州知州、深州直隸州知州，道光六年遷直隸正定知府，七年保定知府，官至直隸清河道。

毛印午　河南鄭州人。嘉慶十六年三甲一百名進士。任河南衛輝府教授。

尹世衡　字仲興，號階平。甘肅武威縣人。嘉慶十六年三甲一百零一名進士。選庶吉士，改吏部主事，升考工司郎中，道光六年纍遷江蘇淮徐道，官至浙江糧儲道。

林作霖　福建閩縣人。嘉慶十六年三甲一百零二名進士。

父林朝陽，嘉慶七年進士。

馬章藻　雲南建水縣人。嘉慶十六年三甲一百零三名進士。任廣東樂昌知縣，遷萬州知州。

賈懋功　山西夏縣人。嘉慶十六年三甲一百零四名進士。署直隸鹽山知縣，十八年改直隸慶雲知縣，

二十二年任直隸天津知縣，道光十一年改福建順昌知縣，十四年改臺灣彰化知縣。

馬良臣　字海亭。雲南通海縣人。嘉慶十六年三甲一百零五名進士。著有《訓蒙文草》。

仇　琨　字芳蘭，號定園。安徽太湖縣人。嘉慶十六年三甲一百零六名進士。任雲南嵩明州、河陽、會澤、羅次知縣。著有《自怡詩草》。

王宗熹　廣西臨桂縣人。嘉慶十六年三甲一百零七名進士。任山東金鄉知縣。

周清現　甘肅文縣人。嘉慶十六年三甲一百零八名進士。道光四年任四川安縣知縣，七年復任，八年署彭山知縣，九年署羅江知縣，升直隸州知州。有政聲。

周　坦　河南考城縣人。嘉慶十六年三甲一百零九名進士。任江蘇山陽知縣。

沈用維　直隸清苑縣人。嘉慶十六年三甲一百十名進士。

楊兆璜　（1778—1845）字殷秋，號古生。福建邵武縣人。嘉慶十六年三甲一百十一名進士。十七年任浙江金華知縣，二十一年捐升知府，選廣西柳州府，道光十二年補直隸廣平知府。兩爲郡守，皆以忤上官奪職。著有《東霞集》《太霞山房詩》。

仝卜年　字子占。山西平陸縣人。嘉慶十六年三甲一百十二名進士。二十年任廣東長寧知縣，道光三年改福建寧化知縣，六年改惠安

知縣，十一年任臺灣噶瑪蘭通判，十五年遷臺灣海防同知，二十三年臺灣府知府，官至福建臺灣兵備道。

郭淳章 山西安邑縣人。嘉慶十六年三甲一百十三名進士。十九年任浙江仙居知縣、鄞縣知縣，道光初任鎮海知縣，在任十年，升廣西橫州知州。

盧奎 山西永濟縣（一作江西清江）人。嘉慶十六年三甲一百十四名進士。十八年六月任順天府房山知縣，二十三年遷順天霸州知州，擢順天府治中。

柏守真 字仲梅。陝西長安縣人。嘉慶十六年三甲一百十五名進士。道光三年任四川大寧知縣，八年復任大寧縣，丁母憂服闋，十六年改山西交城知縣。卒於任。

黃㸌 江西南豐縣人。嘉慶十六年三甲一百十六名進士。任直隸巨鹿知縣。

張如阜 直隸豐潤縣人。嘉慶十六年三甲一百十七名進士。任直隸河間府教授。

福申 字保之，號禹門。滿洲正黃旗人。乾隆四十五年（1780）五月初十日生。嘉慶十六年三甲一百十八名進士。選庶吉士，授檢討。纍遷少詹事，二十四年授詹事，二十五年改大理寺卿，道光五年督江西學政，六年遷左副都御史，七年改內閣學士。仍督江西學政。八年緣事革職。撰有《幹友類聯》《同書》二十四卷。

張主褒 山西趙城縣人。嘉慶十六年三甲一百十九名進士。道光三年任陝西白河知縣。

達英 滿洲鑲白旗，宗室。嘉慶十六年三甲一百二十名進士。官至刑部廣西司員外郎。

李瑩 號錦泉。山東濟寧直隸州人。嘉慶十六年三甲一百二十一名進士。任戶部主事、員外郎，二十四年考選江南道御史。

趙克明 字峻翁。山東博山縣人。嘉慶十六年三甲一百二十二名進士。任浙江武義知縣，二十三年改山東登州府教授。

曾鵬 號南池。湖北黃岡縣人。嘉慶十三年舉人，十六年三甲一百二十三名進士。任廣西陸川知縣。

湯景和 （原名湯恂齊）字養粹，號竹筠。雲南鄧川州人。嘉慶十六年三甲一百二十四名進士。道光七年任浙江松陽知縣。在任十九載。加知州銜。後以卓異薦，卸事將入都卒。

高凌雲 直隸豐潤縣人。嘉慶十六年三甲一百二十五名進士。十八年任湖南安鄉知縣。

耿錫嘏 江蘇甘泉縣人。嘉慶十六年三甲一百二十六名進士。道光十三年任湖北恩施知縣。

劉登榜 字棣華。山西平定州人。嘉慶十六年三甲一百二十七名進士。任廣東豐順知縣，改山西平陽府教授。卒於任。

秦恒齡 山西鳳臺縣人。嘉慶

十六年三甲一百二十八名進士。任直隸吳橋知縣、阜城知縣、赤峰知縣。

周天爵 字敬修，號檀蘇。山東東阿縣人。乾隆三十七年（1772）生。嘉慶十六年三甲一百二十九名進士。道光四年任安徽懷遠知縣，調阜陽知縣，九年擢宿州知州，入覲升廬州知府，遷廬鳳潁泗道。十五年授江西按察使改安徽按察使，遷陝西布政使，十七年五月授漕運總督，十九年四月調河南巡撫，六月遷閩浙總督同月改湖廣總督。道光二十年十一月被劾用酷刑，革職戍伊犁，二十一年免罪留廣東效力。二十二年予四品頂戴以知府候補調江蘇，九月署漕運總督，二十三年以二品頂戴休致。道光三十年命署廣西巡撫，專辦軍務圍剿太平軍。咸豐三年（1853）正月署安徽巡撫。仍專任軍務防剿太平軍。九月十五日卒於亳州軍營。年八十二。贈尚書銜。謚"文忠"。

陳德調 字鼎梅，號變堂。浙江義烏縣人。嘉慶十六年三甲一百三十名進士。任浙江府衢州府教諭。

金鼎梅 字子調。貴州廣順州人。嘉慶十六年三甲一百三十一名進士。道光三年十月任順天府房山知縣，六年七月去，改貴州銅仁府教授。

兄金鼎壽，嘉慶十三年進士；弟金鼎銘，嘉慶十九年進士；弟金鼎年，道光十三年進士。

黃穎 江西石城縣人。嘉慶十六年三甲一百三十二名進士。道光六年任湖北應城知縣。

耿履端 四川隆昌縣人。嘉慶十六年三甲一百三十三名進士。任河南西平知縣，二十三年任順天府平谷知縣。

欒堅 字孟固。山東棲霞縣人。嘉慶十六年三甲一百三十四名進士。道光四年任安徽舒城知縣。

張金煜 江西德化縣人。嘉慶十六年三甲一百三十五名進士。任直隸大名知縣，改元城知縣。

談錫福 雲南蒙自縣人。嘉慶十六年三甲一百三十六名進士。著有《學訒齋內外編》。

陳大綱 字福臣。陝西高陵縣人。嘉慶十六年三甲一百三十七名進士。十七年任湖南桑植知縣，改巴陵知縣，二十一年任湖南巴陵知縣。岳陽樓有其題聯曰"四面湖山歸眼底，萬家憂樂在心頭。"

海濂 滿洲鑲紅旗，宗室。嘉慶十六年三甲一百三十八名進士。道光十四年以兵部郎中，補陝西道御史。

李載懋 字維修、慎室。浙江永康縣人。嘉慶十六年三甲一百三十九名進士。

劉鳴鶴 山西平定州人。嘉慶十六年三甲一百四十名進士。任山西太原府教授。

梅樹德 福建邵武縣人。嘉慶十六年三甲一百四十一名進士。任浙江西安知縣。

戴南昆 湖南武陵縣人。嘉慶十六年三甲一百四十二名進士。任國子監學正。

嘉慶十九年（1814）甲戌科

第一甲三名

龍汝言 字子嘉，號錦珊、濟堂。安徽桐城縣人。嘉慶十九年一甲第一名狀元。授修撰。二十一年充湖北鄉試主考官，二十四年任會試同考官，入直南書房，任實錄館纂修《實錄》監修官。官至兵部員外郎。後因事革職。道光年間，賞內閣中書。著有《賜硯齋集》。

祝慶蕃 字晉甫，號蕷畦。河南固始縣人。嘉慶十九年一甲第二名榜眼。任編修。纍遷內閣侍讀學士，道光十八年授光祿寺卿，改太常寺卿。降太常寺少卿，二十年授左副都御史，歷兵部、吏部、戶部侍郎，二十四年十二月遷左都御史。二十五年十月改禮部尚書，二十七年降，二十八年授內閣學士。休致。著有《祝大宗伯疏稿》。

伍長華 字實生，號愚泉、雲卿。江蘇上元縣人。乾隆四十六年（1781）十月二十一日生。嘉慶十九年一甲第三名探花。任編修。二十四年充浙江鄉試副考官，道光二年督廣東學政（未任）。纍遷廣東右江道、廣東鹽運使，九年改長蘆鹽運使，十四年授甘肅按察使遷雲南布政使，十八年四月授湖北巡撫兼署湖廣總督。道光二十年十二月革職。著有《雲南銅法志》。

第二甲一百名

裘元善 字葆初，號春洲。江西新建縣人。因父功賜舉人，嘉慶十九年二甲第一名進士。選庶吉士，授編修。二十三年充山西鄉試副考官，二十四年督貴州學政。未終任母喪歸。年未五十遽卒。

爲禮部尚書裘曰修之孫，直隸總督裘行簡之子。

瞿溶 字仁甫，號麗江。江蘇武進縣人。嘉慶十九年二甲第二名進士。選庶吉士，改刑部主事，升郎中，道光十一年考選山西道御史，官至吏科掌印給事中。丁母憂歸。家居二十年主講龍城、延陵兩書院。

祁寯藻　字叔穎、實甫，號春浦、觀齋。山西壽陽縣人。乾隆五十八年（1793）六月初四日生。嘉慶十九年二甲第三名進士。選庶吉士，任編修。道光四年督湖南學政，遷庶子、侍講學士，十三年授光祿寺卿，遷內閣學士。十六年授兵部侍郎，改戶部、吏部侍郎，十九年遷都察院左都御史，改兵部尚書、戶部尚書、軍機大臣。二十九年七月授協辦大學士，三十年六月遷體仁閣大學士。咸豐三年加太子太保，四年休致。咸豐十一年同治帝繼位，十二月起用，以大學士銜任禮部尚書。同治三年仍以大學士銜在弘德殿行走，四年休致。同治五年（1866）九月十二日卒，年七十四。贈太保，入祀賢良祠。謚“文端”。著有《馬首農言》《勤學筆記》。

牛　鑑　字伯淵，號鏡堂、雪樵。甘肅武威縣人。乾隆五十年（1785）五月二十日生。嘉慶十九年二甲第四名進士。選庶吉士，任編修。道光七年考選山東道御史，遷刑科給事中、雲南糧道。十三年授山東按察使改順天府尹。十五年任陝西布政使改江蘇布政使，十九年遷河南巡撫，二十一年九月授兩江總督。二十二年九月因未能防止英軍進犯長江、貽誤封疆罪革職。二十四年以按察使銜勸捐募勇加二品頂戴。咸豐八年（1858）卒，享年七十四。

張　玕　字潤夫。河南尉氏縣人。嘉慶十九年二甲第五名進士。二十二年任山西太谷知縣，道光四年改江西弋陽知縣，七年改南城知縣，纍遷江西銅鼓營同知，道光十三年署江西吉安知府。

石　綸　字愚泉。安徽宿松縣人。嘉慶十九年二甲第六名進士。任內閣中書，道光五年充湖南鄉試副考官，改宗人府主事、刑部主事，十四年充順天鄉試同考官，升員外郎，二十一年充會試同考官，官至吏部驗封司郎中。

陳傳均　字衡甫，號臯蘭。浙江嘉善縣人。嘉慶十九年二甲第七名進士。選庶吉士，改戶部主事，升郎中，因事降戶部員外郎。後主講蓮池書院。

陸以烜　字子旭、孟昭，號小雅。浙江錢塘縣人。嘉慶十九年二甲第八名進士。選庶吉士，改戶部主事，升福建司郎中，道光八年考選江西道御史，掌福建道御史，官至鴻臚寺卿。

王　丙　字潤之，號蘭卿。浙江歸安縣人。嘉慶十九年二甲第九名進士。選庶吉士，授編修。道光四年考選山東道御史，遷內閣侍讀學士，十三年督山東學政，官至太僕寺少卿。

端木杰　字俊民，號過庭。江蘇江寧縣人。嘉慶十九年二甲第十名進士。選庶吉士，授編修。未幾卒。

兄端木煜，乾隆五十五年進士。

帥壽昌 字芳芷，號子定。江西奉新縣人。嘉慶十九年二甲十一名進士。選庶吉士。未散館。

呈麟 字玉書，號紱亭。滿州正藍旗。嘉慶十九年二甲十二名進士。改戶部主事、山東司員外郎，道光十七年纍遷四川永寧道，改廣西左江兵備道，遷奉天府丞。

陽宗城 字鑒堂。廣西臨桂縣人。嘉慶十九年二甲十三名進士。選庶吉士，散館改主事，官至江蘇蘇松太道。

楊殿邦 字翰屏、鶴坪，號蓬雲、疊雲。安徽泗州直隸州人。乾隆四十二年（1777）十二月初一日生。嘉慶十九年二甲十四名進士。選庶吉士，任編修。道光五年考選山西道御史，廣東南詔道，十三年授貴州按察使，十六年遷山西布政使，十七年召京任通政副使，道光二十年授詹事遷內閣學士。二十三年授禮部侍郎改倉場侍郎，二十六年九月署漕運總督。十二月實授。咸豐三年三月革職。咸豐九年（1859）九月憂鬱卒於安徽軍營。贈道員銜。

朱逵吉 字青侶，號穎雙、春衢。浙江嘉興縣人。嘉慶十九年二甲十五名進士。選庶吉士，散館改任江西東鄉知縣，道光八年以內閣中書充順天鄉試同考官，升戶部員外郎，十一年充順天鄉試同考官，十三年充會試同考官，考選陝西道

御史，掌廣西道御史，外任廣東知府，官至廣東督糧道。年六十卒於任。

奎照 字伯冲，號玉庭。滿洲正白旗，索綽絡氏。乾隆五十五年（1790）三月初四日生。嘉慶十九年二甲十六名進士。選庶吉士，授編修。纍遷少詹事，二十五年授詹事遷內閣學士。道光二年授刑部侍郎，歷吏部、禮部、工部、兵部侍郎。八年革職。十二年以國子監司業授理藩院侍郎，改工部、刑部侍郎，調泰寧鎮總兵，十六年復授工部侍郎，十七年五月遷左都御史、軍機大臣。十八年八月改禮部尚書。二十一年以病免職。二十二年授左都御史。二十三年（1843）四月十一日卒。

彭邦畯 字喜塍，號荊田。江西南昌縣人。嘉慶十九年二甲十七名進士。選庶吉士，散館改知縣，道光十年官至福建延平府知府。

祖父彭元瑞，乾隆二十二年進士，官吏部尚書；弟彭邦疇，嘉慶十年進士。

素博通額 滿洲鑲藍旗，宗室。嘉慶十九年二甲十八名進士。

祝慶揚 字子言，號海屏。河南固始人。嘉慶十九年二甲十九名進士。選庶吉士，授編修。

吳傑 字卓士，號梅梁。浙江會稽縣人。乾隆五十一年（1786）生。嘉慶十九年二甲二十名進士。選庶吉士，授編修。二

十二年充江西鄉試副考官，道光二年以山東道御史充陝西主考官，督四川學政，升給事中，以京察一等授湖南岳常澧道、湖南糧道，調四川川北道，遷廣東鹽運使。十二年授貴州按察使，十三年改順天府尹，十四年遷內閣學士，十五年擢工部右侍郎。道光十六年（1836）充會試副總裁，五月二十二日卒於任，年五十一。

王協夢 字渭南，號松廬。江西新建縣人。嘉慶十九年二甲二十一名進士。選庶吉士，散館改工部主事，道光九年升工部都水司郎中，十二年考選山東道御史，十三年外任湖北施南知府，官至江蘇常鎮通海兵備道。以疾歸。著有《奏稿》《雜文》《松廬詩鈔》。

葉維庚 字貢三，號雨垞。浙江秀水縣人。乾隆三十八年（1773）三月二十五日生。嘉慶十九年二甲二十二名進士。選庶吉士，散館任江西新喻知縣，道光四年改江蘇寶應知縣、江陰知縣，道光八年十月升授泰州知州。二十年（1840）卒於江陰縣署。年六十七。著有《紀元通考》《三國志地理考》《鍾秀山房詩文集》等。

徐　鑑 （改徐銑）字鑒人，號臨川。江蘇江寧縣人。嘉慶十九年二甲二十三名進士。選庶吉士。未散館而卒。

余鳳喈 字梧岡，號伯吹、鳴雛。浙江西安縣人。嘉慶十九年二甲二十四名進士。選庶吉士，改户部主事，升員外郎。聞訃奔喪哀毀卒。著有《梧岡剩草》。

陶廷杰 字漢生、子俊，號函三、奎峰。貴州都勻縣人。乾隆四十九年（1784）六月二十四日生。嘉慶十九年二甲二十五名進士。選庶吉士，授編修。道光二年考選湖廣道御史，升吏科給事中，十一年任江蘇督糧道，十五年病歸。道光十八年授甘肅按察使，二十年遷陝西布政使，護理巡撫。二十五年辭官回籍。咸豐三年貴州天地會起義，奉命在籍會同地方辦團練。六年（1856）七月都勻陷被殺。年七十三。謚號"文節"。

兄陶廷颷，嘉慶六年進士；陶廷皋，嘉慶十四年進士。

程楙采 （原名程贊采，改名）字曜初，號懇棠、翊庵。江西新建縣人。乾隆五十六年（1791）七月十三日生。嘉慶十九年二甲二十六名進士。選庶吉士，散館改主事，纍遷甘肅涼州知府、陝西鳳翔知府，升陝西糧道。道光十四年授山東按察使遷安徽布政使，十九年十一月授安徽巡撫，二十三年十一月改浙江巡撫。十二月（1844）未赴任卒於安慶巡撫署。

王琦慶 字景韓，號蓉塘。山東諸城縣人。嘉慶十九年二甲二十七名進士。任户部江南司主事，升員外郎、四川司郎中。補浙江道御史，道光九年十一月外任直隸霸昌道，十七年十二月調補廣東督糧道。乞假歸省母，次年（1838）赴任以疾卒。年五十九。

劉學厚 字惇甫，號載安。四川廣安州人。嘉慶十九年二甲二十八名進士。選庶吉士，授編修。道光五年考選浙江道御史，十年官至福建邵武府知府。告養歸。卒於家。

父劉大璔，嘉慶七年進士。

萬承宗 字質庭，號梓岩。湖北黃岡縣人。嘉慶十五年舉人，十九年二甲二十九名進士。選庶吉士，散館改貴州都勻知縣，道光元年改貴築知縣，擢貴州平越知州，官至大定知府。歸後主荊南江漢書院。

父萬年茂，乾隆元年進士。

程川佑 字方水，號蕉雲。安徽歙縣人。嘉慶十九年二甲三十名進士。選庶吉士，散館改工部主事。

賀熙齡 字光甫，號蔗農，又號柘農。湖南善化縣人。嘉慶十九年二甲三十一名進士。選庶吉士，授編修。二十五年充會試同考官，道光四年考選河南道御史，八年督湖北學政，官至臺灣知府。歸田後爲城南書院山長。著有《寒香館文鈔》。

兄賀長齡，嘉慶十三年進士，雲貴總督。

朱楣 安徽涇縣人。嘉慶十九年二甲三十二名進士。二十五年任江西進賢知縣，遷袁州府同知，道光十一年署九江知府。

劉逢禄 字申受，號申甫、思誤居士。江蘇武進縣人。乾隆四十一年（1776）六月十二日生。其祖父劉綸爲文淵閣大學士。嘉慶十九年二甲三十三名進士。選庶吉士，任禮部儀制司主事。道光九年（1829）八月十六日卒。年五十四。著有《穀梁廢疾申何》二卷、《公羊何氏釋事例》《公羊何氏解詁箋》一卷、《論語述何》二卷、《左氏春秋考證》《尚書今古文集解》三十卷、《四書是訓》十五卷、《箴膏肓評》一卷等。

侯大魁 陝西藍田縣人。嘉慶十九年二甲三十四名進士。任內閣中書，改四川夾江知縣，道光八年任貴州清鎮知縣、鎮遠知縣，擢貴州安順府郎岱同知。

戴於義 字子直，號訥庵。順天宛平縣人，原籍江蘇丹徒。嘉慶十九年二甲三十五名進士。選庶吉士，改吏部主事，升員外郎、吏部文選司郎中、記名知府。

盛思本 字詒安，號午洲、午舟。江蘇陽湖縣人。嘉慶十九年二甲三十六名進士。選庶吉士，改兵部主事，升員外郎、郎中。道光六年補湖廣道御史，八年充順天鄉試同考官，官至光禄寺少卿。十一年督山東學政。

周春祺 字應侯，號篠山。江西南昌縣人。嘉慶十九年二甲三十七名進士。任內閣中書、刑部主事、內閣侍讀，道光十六年充會試同考官，十八年考選福建道御史，升吏科給事中，官至內閣侍讀學士。

朱德芬 字頌清，號心園。安徽旌德縣人。嘉慶十九年二甲三十八名進士。選庶吉士。

强上林 字廷楨，號杏齋。順天通州人。嘉慶十九年二甲三十九名進士。選庶吉士，散館改山西陵川知縣，丁憂。調盛京蓋平知縣，官至奉天寧遠州知州。

朱 瑛 字履豫、黼堂。浙江黃岩縣人。嘉慶十九年二甲四十名進士。任內閣中書，道光十五年遷湖北德安府清軍同知，兼安陸知縣。

王統仁 字公弼，號右鄰、椿圃。山東樂陵人。嘉慶十九年二甲四十一名進士。選庶吉士，授編修。十三年充雲南鄉試副考官。

毛啓閎 字仲勛。江西南昌縣人。嘉慶十九年二甲四十二名進士。任刑部主事。著有《刑曹駁案》。

張 梧 山東蓬萊縣人。嘉慶十九年二甲四十三名進士。任內閣中書、宗人府主事、兵部郎中，出任湖南衡州知府。以老告歸。

李逢辰 字允廷，號馥堂、惺如。江蘇元和縣人。嘉慶十九年二甲四十四名進士。選庶吉士，授編修。道光四年考選山東道御史，七年任順天北城巡城御史，遷刑科掌印給事中，官至四川鹽茶道。

胡世琦 字瑋臣，號玉樵。安徽涇縣人。乾隆四十年（1775）八月初二日生。嘉慶十九年二甲四十五名進士。選庶吉士，任山東平原知縣，二十二年改山東費縣知縣，二十四年改山東即墨知縣，改曹縣知縣。以事罷歸。道光九年（1829）四月二十八日卒，年五十二。著有《小爾雅疏證》《三家詩輯》《立經堂集》等。入儒林傳。

顏伯燾 字魯輿，號載帆、小岱。廣東連平州人。乾隆五十三年（1788）八月二十五日生。嘉慶十九年二甲四十六名進士。選庶吉士，任編修。道光二年鼉遷陝西延榆綏道，六年授陝西按察使，遷甘肅布政使，改直隸布政使。十三年丁憂。十六年復任直隸布政使，十七年遷雲南巡撫，二十年九月授閩浙總督。因廈門失守并不能積極籌畫攻剿事宜，二十一年十二月革。召京。咸豐五年（1855）十一月卒，年六十八。

傅繩勛 字和軒（一作接武），號秋屏、古村（一作古樹）。山東聊城縣人。乾隆五十八年（1793）三月初六日生。嘉慶十九年二甲四十七名進士。選庶吉士，散館改工部主事，升員外郎、郎中，京察一等外任廣東瓊州知府，改四川夔州知府，擢陝西潼商道，改廣東鹽運使，道光二十二年授陝西按察使遷雲南布政使。改廣東、江寧布政使，二十八年六月遷浙江巡撫，同月改江西巡撫，二十九年四月調江蘇巡撫。咸豐元年二月以病免職。晚年主講濼源、啓文書院，同治四年（1865）卒於家。

長子傅浚，道光二十四年進士。

王瑋慶 字襲玉，號藕塘。山東諸城縣人。嘉慶十九年二甲四十八名進士。選庶吉士，任吏部主事、員外郎，道光九年考選福建道御史，升禮科給事中。遷大理寺少卿。十三年順天府丞，十四年授光祿寺卿，十七年遷左副都御史，十九年遷禮部侍郎改戶部侍郎。道光二十二年（1842）正月十六日卒。著有《藕塘詩集》。

蔣慶均 字春祺，號琴史。江蘇長洲縣人。嘉慶十九年二甲四十九名進士。選庶吉士，散館改湖北應山縣知縣，調河南確山知縣，改杞縣，升知州。父年高乞養歸。不復出。卒年六十七。

程德潤 字伯霖，號玉樵。湖北天門縣人。嘉慶十九年二甲五十名進士。任吏部主事、員外郎，道光四年考選江南道御史，六年任順天東城巡城御史。十二年遷山東鹽運使，十五年授甘肅按察使，十八年丁憂。二十年復任甘肅按察使，二十一年遷甘肅布政使。二十三年革。二十六年署陝西鹽法道，改陝潼商道，署陝安道。

藍瑛 （榜名藍橋）字書屏，號又航。福建崇安縣人。嘉慶十九年二甲五十一名進士。選庶吉士。散館改山西大寧知縣。

李雲青 字岱霖，號訥生。山東掖縣人。嘉慶十九年二甲五十二名進士。選庶吉士。乞假還里。年四十三卒。

鄭敦允 字兆南，號十帆、芝泉。湖南長沙縣人。乾隆五十七年（1792）生。嘉慶十九年二甲五十三年進士。選庶吉士，改刑部主事，遷員外郎、郎中，道光八年授湖北襄陽知府。道光十二年（1834）正月卒，年僅四十一。

吳振棫 字宜甫，號仲雲、再翁。浙江錢塘縣人。乾隆五十七年（1792）八月二十一日生。嘉慶十九年二甲五十四名進士。選庶吉士，授編修。纍遷雲南大理知府，歷山東登州府、沂州府、濟南府、安徽鳳陽府知府，道光十四年升山東登萊道、貴州糧儲道。二十三年授貴州按察使，二十八年遷山西布政使改四川布政使。咸豐二年遷雲南巡撫，改陝西巡撫，六年八月授四川總督，七年六月改雲貴總督。八年以病免職。同治九年（1870）十一月卒，年七十九。著有《奏議》《養吉齋叢錄》《餘錄》《黔語》《花宜館詩鈔》《杭郡詩續輯》。

明通 滿洲鑲白旗人。嘉慶十九年二甲五十五名進士。

王端履 字福將、小谷，號子臨。江蘇蕭山縣人。嘉慶十九年二甲五十六名進士。選庶吉士。著有《重論文齋筆錄》。

張翺 字孟鑾，號儀坡。廣東大埔縣人。嘉慶十九年二甲五十七名進士。選庶吉士，改主事。

德喜保 （改名德崇）滿州鑲藍

旗人，宗室。嘉慶十九年二甲五十八名進士。選庶吉士，授編修。官至右中允，後降禮部主事。

朱惠 字東里，號柳衣。湖北漢陽縣人。嘉慶六年舉人，十九年二甲五十九名進士。選庶吉士，改吏部主事。

張延閿 字麓門，號輔宸。湖南長沙縣人。乾隆五十六年（1791）生。嘉慶十九年二甲六十名進士。任內閣中書，道光十一年充會試同考官，十二年充山西鄉試副考官，補內閣侍讀。道光十五年（1835）卒年四十五。

德寧 （改名德厚）字宗維，號遠村、默庵。滿州正紅旗人。覺羅氏。嘉慶十九年二甲六十一名進士。選庶吉士，授編修。遷翰林院侍讀學士，道光八年授詹事，九年改大理寺卿，十一年授左副都御史。降調。二十年遷盛京工部侍郎，二十四年改盛京刑部侍郎，二十五年改兵部左侍郎。二十九年病休。

李之珸 字小華，號賓笙。湖北黃陂縣人。嘉慶十八年舉人，十九年二甲六十二名進士。選庶吉士。

父李培元，嘉慶元年進士。

陳炳極 （原名陳元春）字耀南，號傑峰。貴州貴築縣人。嘉慶十九年二甲六十三名進士。任內閣中書，改大定府教授，道光四年任福建上杭知縣，六年署沙縣、霞浦知縣，十一年改臺灣知縣，十六年遷山東濟南府同知。以病乞歸，主

講正習書院，道光二十六年（1846）四月卒。年七十二。

李家蕙 字香谷。福建歸化縣人。嘉慶十九年二甲六十四名進士。選庶吉士，授編修。嘉慶二十三年充山東鄉試副考官，二十四年順天同考官。

徐璈 字六驤，號樗亭。安徽桐城縣人。乾隆四十四年（1779）生。嘉慶十九年二甲六十五名進士。任戶部主事，道光九年任浙江臨海知縣，十五年任浙江壽昌知縣，後任山西陽城知縣。引疾歸。道光二十一年（1841）卒。著有《詩經廣詁》《河防類要》《黃山紀勝》《樗亭詩文集》等。

李周南 字冠三，號靜齋。江蘇甘泉縣人。嘉慶十九年二甲六十六名進士。任刑部主事。到部方十日以母老乞養歸。母喪後以子無人撫養不出，居家教授生徒，卒年七十一。著有《洗桐軒文集》《詩集》。

馮思澄 浙江山陰縣人。嘉慶十九年二甲六十七名進士。任江蘇上元知縣，道光十年署江蘇如皋知縣，十五年任江蘇高郵州知州。

李裕堂 字崞甫，號葆初。陝西長安縣人。嘉慶十九年二甲六十八名進士。選庶吉士，授編修。二十三年充浙江鄉試副考官，京察一等擢河南知府，道光十六年官至湖北鹽法道，曾署布政使。卒年五十七。

姜梅 字子和，號蓼園。河

南汜水縣人（祖籍浙江）。嘉慶十九年二甲六十九名進士。選庶吉士，改戶部主事，升戶部員外郎，道光七年考選江南道御史，十六年遷直隸保定知府，十七年遷直隸清河道，十二月改直隸霸昌道，十八年大順廣道，官至山西冀寧道。

王炳瀛 字蓮洲。四川安岳縣人。嘉慶十九年二甲七十名進士。選庶吉士，授編修。二十三年充山西鄉試正考官，升贊善、侍講，道光十一年浙江鄉試副考官，丁母憂。曾主錦江書院，十五年服闋，升侍講學士，遷少詹事，道光二十年八月授詹事，九月遷內閣學士，二十一年遷禮部右侍郎。二十三年二月以病去職。

陳寶儉 字師吾，號思捂。江蘇江寧縣人。嘉慶十九年二甲七十一名進士。授內閣中書，道光五年改湖北武昌府同知。年四十六卒。

蘇廷玉 字韞山，號鰲石、清湄，晚號退叟。福建同安縣人。嘉慶十九年二甲七十二名進士。選庶吉士，散館改刑部主事，升郎中。道光九年遷江蘇蘇州知府，十年遷陝西延榆綏道，調江蘇蘇松太道，十二年授山東按察使，改四川按察使，十五年遷四川布政使，曾署四川總督。十八年降四川按察使，二十年降大理寺少卿。休致，卒年七十。著有《亦佳室詩文鈔》《從政雜錄》。

劉光三 字屺南，號顯庵。河

南新鄭縣人。嘉慶十九年二甲七十三名進士。任吏部主事，升員外郎，道光五年考選山東道御史，十一年任順天西城巡城御史，官至兵科給事中。

熊一本 字以貫，號介臣。安徽六安直隸州人。嘉慶十九年二甲七十四名進士。選庶吉士，改刑部江蘇司主事，升員外郎，外任福建臺灣知府、臺灣道兼學政。道光十二年引疾歸。咸豐三年（1853）卒，年七十六。

李浩 字伯揚，號直卿、篆卿。雲南晉寧州人。嘉慶十九年二甲七十五名進士。選庶吉士，授編修。道光二年充湖南鄉試主考官，督湖北學政。卒年三十九。

祖父李因培，乾隆十年進士；叔父李翊，乾隆二年進士；叔父李翃，嘉慶四年進士。

王瑞徵 字莆田。直隸撫寧縣人。嘉慶十九年二甲七十六名進士。任刑部主事，二十四年署江寧知府，道光八年改刑部浙江司員外郎，十年遷江西司郎中，十一年擢江蘇道員用，十二年署江蘇常州知府，遷江蘇常鎮通海道，道光十三年授貴州按察使。未任卒。著有《滇黔吟草》。

孫曰熙 浙江錢塘縣人。嘉慶十九年二甲七十七名進士。任禮部主事、儀制司員外郎，官至禮部儀制司郎中。

任士謙 直隸天津縣人。嘉慶

十九年二甲七十八名進士。二十三年三月署山東東阿知縣，改廣西興業知縣，道光五年遷廣西歸順知州。

郭恒辰 字松泉。山西山陰縣人。嘉慶十九年二甲七十九名進士。纍遷吏部員外郎，道光十三年官至湖南岳州知府，二十二年署浙江嚴州知府。

張象乾 貴州餘慶縣人。嘉慶十九年二甲八十名進士。

傅綬 字紫若，號維卿、東堂。雲南安寧人。嘉慶十九年二甲八十一名進士。選庶吉士，授編修。曾任順天同考官和廣東鄉試副考官。著有《溫泉草堂集》。

龔文炳 字仲彪，號晴瀾。福建光澤縣人。嘉慶十九年二甲八十二名進士。選庶吉士。

蘇應珂 字韻莊。江蘇武進縣人。嘉慶十九年二甲八十三名進士。授內閣中書，改刑部主事，道光十七年充廣東鄉試副考官，升户部郎中，京察一等。

涂鴻儀 字羽皋。江西新城縣人。嘉慶十九年二甲八十四名進士。初代理四川永川知縣，二十三年任南川知縣，改遂寧知縣，道光元年署樂山知縣。任職僅六年，以剛正落職。

蔣文慶 字蔚亭。漢軍正白旗人。乾隆五十八年（1793）正月二十四日生。嘉慶十九年二甲八十五名進士。任吏部主事，纍遷雲南曲靖知府、甘肅寧夏道，二十一年授浙江按察使，二十八年遷安徽布政使，咸豐元年五月授安徽巡撫。咸豐三年（1853）太平軍沿長江東下攻打安慶，正月十七日城破戰亡，年六十一。予騎都尉世職。同治五年追諡"忠愨"。

梁藹如 字遠文，號青崖。廣東順德縣人。嘉慶十九年二甲八十六名進士。官內閣中書。著有《無息懈齋詩集》。

喬用遷 字敦安，號見齋。湖北孝感縣人。乾隆五十三年（1788）十一月二十五日生。嘉慶十三年舉人，十九年二甲八十七名進士。任內閣中書，充軍機章京，外任廣西南寧知府，遷甘肅鞏秦階道，道光十八年授廣東按察使，遷山西布政使，二十五年四月授貴州巡撫。三十年加太子少傅。咸豐元年（1851）九月卒。年六十四。

張邦棟 字崧生。湖北武昌縣人。嘉慶十五年舉人，十九年二甲八十八名進士。任浙江臨安知縣，道光元年任浙江新昌、嘉善知縣，四年改嘉興知縣，六年任寧海知縣。以老乞歸。著有《惜陰文稿》行世。

趙光祖 字述園，號裕昆。直隸盧龍縣人。嘉慶十九年二甲八十九名進士。選庶吉士，授編修。改禮部主事，道光十五年考選山西道御史，遷浙江糧道，二十二年授雲南按察使，二十五年遷雲南布政使。二十九年召京。

陳鳳翰 字翔千，號延平。山

東濰縣人。嘉慶十九年二甲九十名進士。選庶吉士，散館改廣東封川知縣，纍遷工部都水司郎中，道光十八年外任福建邵武府知府，護福建鹽法道。十九年（1839）自邵武移疾歸。卒於家。

范仕義　字廉泉、質爲。雲南保山縣人。嘉慶十九年二甲九十一名進士。嘉慶二十年任浙江孝豐知縣，道光七年歷任江蘇東臺、儀征、江寧知縣，十一年、十四年、二十二年任如皋知縣，二十六年改江蘇通州知州。

朱紹恩　廣西臨桂縣人。嘉慶十九年二甲九十二名進士。任雲南曲靖府馬龍州知州，道光二十二年改四川廣安知州，二十七年官至四川重慶知府。

李廷榮　江西南昌縣人。嘉慶十九年二甲九十三名進士。二十年任山西垣曲知縣，道光三年署平遙知縣。

羅文綱　河南光州直隸州人。嘉慶十九年二甲九十四名進士。

姚汝晉　浙江會稽縣人。嘉慶十九年二甲九十五名進士。任工部主事。

陳世泰　字聯豐。江蘇長洲縣人。嘉慶十九年二甲九十六名進士。任禮部主事。

李　藩　字樹屏，號玉山。順天寶坻縣人。乾隆五十八年（1793）生。嘉慶十九年二甲九十七名進士。任禮部主事遷郎中，道光二十二年

官至江西建昌府知府。

王九如　奉天錦縣人。嘉慶十九年二甲九十八名進士。任內閣中書，二十四年改江西信豐知縣。學問淵博，《十三經》《二十四史》均能強讀強識。

李重發　字宏盛，號培軒。雲南鶴慶州人。嘉慶十九年二甲九十九名進士。授直隸新安知縣。著有《修業堂文集》《培軒詩集》行世。

林杞材　號桂山。安徽潛山縣人。嘉慶十九年二甲一百名進士。任內閣中書，改甘肅涼州茶馬同知，署平涼知府。告歸。主講奎文書院。卒年八十三。

第三甲一百二十四名

鄧　軒　福建侯官縣人。嘉慶十九年三甲第一名進士。任工部虞衡司主事，官至工部郎中。

慶　禄　滿洲鑲黃旗人。嘉慶十九年三甲第二名進士。道光八年纍遷陝西潼商兵備道，十五年任駐藏辦事大臣。

呂偉標　字錦元，號果齋。安徽旌德縣人。嘉慶十九年三甲第三名進士。以知縣用，改教職，任江蘇江寧府教授。

張履恒　湖北黃岡縣人。嘉慶六年舉人，十九年三甲第四名進士。任內閣中書。

郭大鍾　字希音。陝西咸寧縣人。嘉慶十九年三甲第五名進士。

任内閣中書。

徐　新　江西南豐縣人。嘉慶十九年三甲第六名進士。任内閣中書。

黎　愃　（1785—1863）字迪九、雪樓，晚號拙叟。貴州遵義縣人。乾隆五十年（1785）三月二十一日生。嘉慶十九年三甲第七名進士。二十年任浙江桐鄉知縣，丁憂歸。家居十五年後改雲南大姚知縣、平彝知縣、新平知縣，改雲南雲州知州、沾益州知州、巧家廳同知。同治二年（1863）八月二十九日卒。年七十九。著有《蛉石軒詩文集》《四書纂義》《讀史紀要》《千家詩注》《北上紀程》《運銅紀程》。

常恒昌　字修吉，號静軒、芸閣。山西鳳臺縣人。嘉慶十九年三甲第八名進士。選庶吉士。改户部主事，升員外郎，道光七年考選河南道御史，外任雲南迤西道，遷光禄寺少卿，十七年授福建按察使，二十年遷浙江布政使。二十二年六月病休。著有《静軒遺稿》。

彭作邦　字對山、荷村。山西臨汾縣人。嘉慶十九年三甲第九名進士。任内閣中書，道光十一年充貴州鄉試副考官，改宗人府主事。十四年任四川鄉試副考官。丁憂歸遂不出。主講晋陽書院。著有《周易史證》《易傳偶解》《詩文集》。

游昌廷　湖北監利縣人。嘉慶十九年三甲第十名進士。二十年任福建將樂知縣。

李宗沆　字藹山、相臣，號敬之。陝西延川縣人。嘉慶十九年三甲十一名進士。二十一年任湖南益陽知縣，二十四年改善化知縣，道光三年遷湖南武岡州知州，十一年改四川劍州知州，十二年署四川嘉定府通判，二十七年任漢州知州，咸豐三年遷四川叙州知府，歷成都知府、重慶知府，官至廣東督糧道、肇羅道、鹽運使。服官五十年，年老致仕歸。同治十二年重宴鹿鳴，明年再赴瓊林，賞頭品頂帶。

孫李崇洸，光緒三年進士。

陳士楨　字仲幹、秋江。江蘇通州直隸州人。嘉慶十九年三甲十二名進士。二十年任安徽南陵知縣，二十四年改安徽阜陽知縣，調甘肅碾伯知縣，道光元年丁憂。六年任皋蘭知縣，八年升蘭州知府，十六年護甘肅甘涼道，十八年署甘州知府，護平慶涇道。卒於任。

廣　林　字喬臣。蒙古正黄旗，蘇穆察氏。嘉慶十九年三甲十三名進士。任户部豐益倉監督、詹事府主簿、少詹事，道光十九年授光禄寺卿，二十三年改左副都御史，二十四年盛京兵部侍郎，二十五年改盛京刑部侍郎，二十七年改禮部右侍郎，三十年改工部左侍郎，復改盛京兵部侍郎、工部侍郎。咸豐三年召京。

黄　暄　字春庭。廣西臨桂縣人。嘉慶十九年三甲十四名進士。選庶吉士，改山西静樂知縣，道光九年官至山西臨汾知縣。

鼎滿達　蒙古鑲黃旗人。嘉慶十九年三甲十五名進士，任兵部主事。

鄭開禧　字迪卿、雲麓。福建龍溪縣人。嘉慶十九年三甲十六名進士。任內閣中書，改吏部主事、員外郎，升文選司郎中，外任廣東糧儲道，擢山東鹽運使。

談素敦　字復庵。江蘇丹徒縣人。嘉慶十九年三甲十七名進士。二十三年任山東蓬萊知縣，道光二年任山東惠民知縣，七年調海豐知縣，十三年改山東滋陽知縣、堂邑知縣。

陳述芹　字擢軒。山東濰縣人。嘉慶十九年三甲十八名進士。二十年授廣東會同知縣（其兄致函請改教職），後改任山東登州府教授。

馮淦　順天通州人。嘉慶十九年三甲十九名進士。二十一年任山西汾西知縣，道光十年改山西潞城知縣。

趙棠　字衢亨，號闇齋。江蘇上海縣人。乾隆五十七年十一月十四日生。嘉慶十九年三甲二十名進士。即用知縣。

何榮緒　山西靈石縣人。嘉慶十九年三甲二十一名進士。任內閣中書。

郭在磐　江西湖口縣人。嘉慶十九年三甲二十二名進士。任知縣。

殷齊賢　字汝思，號敬亭。貴州貴築縣人（今貴陽）。嘉慶十九年三甲二十三名進士。選庶吉士。

程題雁　（《進士題名碑》作程題雁）字賓秋，號書亭。江西鄱陽縣人。嘉慶十九年三甲二十四名進士。授內閣中書，道光五年三月任山東長山知縣，調聊城知縣。乞養歸。

劉硯　字琢山。山西夏縣人。嘉十九年三甲二十五名進士。任湖北長陽知縣。分校鄉闈赴省卒。

唐服膺　安徽合肥縣人。嘉慶十九年三甲二十六名進士。任咸安宮教習。

鄧寅春　江西新城縣人。嘉慶十九年三甲二十七名進士。二十一年任廣東臨高知縣，道光元年改廣東新安知縣，官至知州。

林聞鶴　浙江黃岩縣人。嘉慶十九年三甲二十八名進士。授知縣未任卒。

劉國策　字簡堂，號香芸。安徽太湖縣人。嘉慶十九年三甲二十九名進士。任廣西桂平知縣，二十年改四川梓潼知縣，改署四川涪州知州，道光元年任江安知縣。四年（1824）卒於任。

邊青藜　河南封丘縣人。嘉慶十九年三甲三十名進士。任山西蒲縣知縣，改直隸容城知縣，道光十五年改直隸永年知縣。

左章晰　雲南蒙化縣人。嘉慶十九年三甲三十一名進士。道光元年任湖北恩施知縣，七年改棗陽知縣，九年遷蘄州知州。

雲麟　滿軍正黃旗，邱氏。嘉慶十九年三甲三十二名進士。二十二年任陝西白河知縣，道光六年遷陝西孝義廳同知，改潼關廳同知，十三年擢漢中知府，十四年調西安知府，纍遷甘肅安肅道，道光二十七年授甘肅按察使，二十八年改廣西布政使，二十九年官至陝西布政使。三十年以病免。

孔昭顯 字瑞堂，號小山、一峰。山東曲阜縣人。嘉慶十九年三甲三十三名進士。道光十三年任江蘇東臺知縣，十五年任江蘇鎮洋知縣，二十年回任東臺知縣，二十一年由鎮洋縣兼理太倉州直隸州知州。

陳正頤 江西玉山縣人。嘉慶十九年三甲三十四名進士。道光二年任山西靈石知縣。

趙銘彝 山東海陽縣人。嘉慶十九年三甲三十五名進士。任河南修武知縣，改武陟知縣，遷廣西隆州知州。

周 師 字子範，號望公、龍峰。雲南陸涼州人。嘉慶十九年三甲三十六名進士。選庶吉士，散館改山西安邑知縣，翼城知縣，道光四年遷貴州正安州，二十三年遷浙江衢州知府、台州府知府，官至浙江寧紹台道、金衢嚴道。

荊宇寧 山東萊陽縣人。嘉慶十九年三甲三十七名進士。任內閣中書、內閣典籍。晚年主講灤源書院。

陳道坦 字漢皋。陝西南鄭縣人。嘉慶十五年舉人，十九年三甲三十八名進士。二十年任江蘇泰興知縣，二十三年改江蘇東臺知縣，

道光元年再任，三年五月調江蘇上元知縣，六年再任東臺知縣，升廣東南雄直隸州、潮州府運同。赴香山就醫卒，年六十二。

胡 鑑 字鏡堂。浙江仁和縣人。嘉慶十九年三甲三十九名進士。二十一年任湖南龍陽知縣，道光元年改麻陽知縣，十一年遷湖南晃州廳通判，官至湖南沅州府知府。

王 璠 山東福山縣人。嘉慶十九年三甲四十名進士。

李 璋 廣東三水人。嘉慶十九年三甲四十一名進士。即用知縣，二十一年任福建武平知縣。

劉志修 字廷獻，號坦園。浙江開化縣人。嘉慶十九年三甲四十二名進士。道光三年任台州府教授。九年臨海知縣議增糧賦，志修抗，棄官而去。

陳 驤 字雲衢，號玉湖。浙江歸安縣人。嘉慶十九年三甲四十三名進士。二十四年任江西貴溪知縣，道光二年署江西新建知縣，任江西安仁知縣，調弋陽知縣，署鄱陽知縣，補玉山知縣，道光十一年官至蓮花廳同知。

韓維鏞 字配賁，號桐士。浙江平湖縣人。嘉慶十九年三甲四十四名進士。任湖北穀城知縣，署天門知縣，調黃陂知縣，官至武昌府通判。家中藏書較豐。著有《金薤山房詩稿》。

盧爾秋 （原名盧履基）號桃塢。四川墊江縣人。嘉慶十九年三

甲四十五名進士。嘉慶十二年舉人，十九年三甲四十五名進士。署湖南華容、湘鄉知縣，二十一年補芷江知縣，復署城步、平江、沅江知縣，調補武陵知縣。卒於任。在湖南二十餘年，清廉飭己，卒年五十二。

蕭德宣 字秉哲，號春田。湖北漢陽縣人。嘉慶十八年舉人，十九年三甲四十六名進士。道光四年署陝西清澗知縣，五年署西鳳知縣，十三年補直隸臨榆知縣，十五年改直隸威縣知縣，東光知縣，遷直隸大名府同知、天津海防同知。以疾告歸。卒於家。著有《蟲鳥吟詩集》。

王俊選 直隸冀州人。嘉慶十九年三甲四十七名進士。任國子監助教。

劉坤琳 四川宜賓縣人。嘉慶十九年三甲四十八名進士。十九年署湖北巴東知縣，二十年改來鳳知縣，道光六年改潛江知縣，十一年改湖北黃安知縣。

劉禮奎 字爕堂，號南宮、竹笑。順天宛平縣人。嘉慶十九年三甲四十九名進士。選庶吉士，改山西交城、聞喜知縣。捐升知府，補河南衛輝知府。卒於任。

路孟逵 字希興，號竹舟。貴州畢節縣人。嘉慶十九年三甲五十名進士。二十一年任山西榆次縣知縣。

子路璋，道光十六年進士；子路璜，道光二十五年進士。

鄭兆杞 江蘇江寧縣人。嘉慶十九年三甲五十一名進士。

李賢書 字鹿鳴。河南嵩縣人。嘉慶十九年三甲五十二名進士。道光四年閏七月任山東東阿知縣。

陳金臺 江西臨川縣人。嘉慶十九年三甲五十三名進士。任國子監助教，外用府同知。

孔繼尹 字萃農。雲南通海縣人。嘉慶十九年三甲五十四名進士。任山東海豐知縣，道光七年改山東滋陽知縣，升德州知州，十八年升山東萊州知府，改四川夔州知縣，丁憂服闋，補河南汝寧知府，以修河功擢廣東糧道，二十三年授廣東按察使，二十五年遷廣西布政使。二十八年解職。

周承錦 湖北黃陂縣人。嘉慶十五年舉人，十九年三甲五十五名進士。授河南濟源知縣，丁憂服闋，升內閣中書，不就。改甘肅隴西知縣。卒於任。

龔桓 字雲階。湖北漢陽縣人。嘉慶十三年舉人，十九年三甲五十六名進士。任湖北應山縣教諭，二十年任湖北德安府教授，道光年間改安陸府教授。

楊鶴書 福建甌寧縣人。嘉慶十九年三甲五十七名進士。二十年任浙江雲和知縣，改遂昌知縣，調雲南師宗知縣，再任浙江湯溪知縣，調補仁和知縣，升烏鎮同知，道十九年遷浙江湖州知府、寧波府知府，二十二年署嘉興知府。

宋國經 字麟圖，號紫亭。山

東益都縣人。嘉慶十九年三甲五十八名進士。任湖北黃陂知縣，二十三年改湖北宜都知縣、大冶知縣、江夏知縣，道光九年升荊門直隸州知州，十一年遷荊州知府，改武昌知府，官至浙江杭嘉湖道。

程　銓　字衡三，號春嵐。順天大興縣人，原籍浙江東陽。嘉慶十九年三甲五十九名進士。任刑部主事、陝西司郎中，道光十三年遷福建汀漳龍道，十五年授湖北按察使。十八年十月召京以四品京堂候補。

賈學閔　字謙六。山西右玉縣人。嘉慶十九年三甲六十名進士。二十二年任浙江永嘉知縣，二十三年改浙江雲和知縣。卒於任。

安　齡　漢軍正白旗。嘉慶十九年三甲六十一名進士。道光五年任湖南慈利知縣。

周立瑛　字席珍，號光圃。四川南川人。嘉慶十九年三甲六十二名進士。道光三年（1823）未仕卒。

陳鳳池　廣東東莞縣人。嘉慶十九年三甲六十三名進士。任江蘇江浦知縣。

文　達　滿洲正藍旗人。嘉慶十九年三甲六十四名進士。任雲南會澤知縣。

績　蘭　正藍旗，宗室。嘉慶十九年三甲六十五名進士。任宗人府經歷司經歷。

李　憬　字念亭。陝西臨潼縣人。嘉慶十九年三甲六十六名進士。

任廣東長樂知縣，二十三年補廣東曲江知縣，道光元年改廣東石城知縣。以勞卒。

伍先準　湖南耒陽縣人。嘉慶十九年三甲六十七名進士。二十一年任湖北宜都知縣，二十二年改湖北南漳知縣。

李世猷　山東菏澤縣人。嘉慶十九年三甲六十八名進士。二十年任安徽建德知縣。

程儒林　河南祥符縣人。嘉慶十九年三甲六十九名進士。任江西興國知縣。

楊沂秀　貴州鎮遠人。嘉慶十九年三甲七十名進士。二十年署陝西清澗知縣，二十一年任陝西鄠縣知縣，二十三年卸任，道光二年復任鄠縣知縣，改安塞知縣。

齊　康　字晉番。安徽婺源縣人。嘉慶十九年三甲七十一名進士。二十二年任江蘇淮安府教授。

彭虎文　字守威。江蘇溧陽縣人。嘉慶十九年三甲七十二名進士。以知縣用，鬱鬱不自得未任，卒於京。

劉省勛　福建侯官縣人。嘉慶十九年三甲七十三名進士。任山東丘縣知縣，二十一年任貴州鎮寧知州，改河南商城知縣。

林鳳儀　號梧岡。福建福清縣人。嘉慶十九年三甲七十四名進士。二十一年任湖南臨湘知縣，道光四年署瀏陽知縣，十三年署蒲圻知縣。

朱德璈　廣西博白縣人。嘉慶

十九年三甲七十五名進士。纍遷貴州直隸廳同知，擢貴州知府、貴州黎平府知府，道光十三年至二十九年共四次護貴州糧儲道。

龍壽長　山東萊陽縣人。嘉慶十九年三甲七十六名進士。道光五年任直隸新樂知縣，改山東兗州府教授、泰安府教授。

徐凝績　字工撫，號庶卿。江西都昌縣人。嘉慶十九年三甲七十七名進士。道光五年任四川大邑知縣，八年署永川知縣，十一年改梓桐知縣，十二年署嘉定府通判，十四年復任大邑知縣，十六年署蓬溪知縣，官至知州。

季恩沛　字蒼霖。江蘇上元縣人。嘉慶十九年三甲七十八名進士。二十年十一月任江蘇蘇州府教授，道光四年改江蘇徐州府教授。

陳　禮　直隸滄州人。嘉慶十九年三甲七十九名進士。二十一年任山西臨晋知縣。

許光泗　貴州黔西州人。嘉慶十九年三甲八十名進士。道光五年任湖南新寧知縣。

黃梓春　貴州貴築縣人。嘉慶十九年三甲八十一名進士。道光六年任福建德化知縣，十年改大田知縣、永春知州。

魏　緗　湖南長沙縣人。嘉慶十九年三甲八十二名進士。二十四年任江西峽江知縣，二十五年改江西萬安知縣。

李連夢　字西堂。直隸趙州人。

嘉慶十九年三甲八十三名進士。二十一年任山西虞鄉知縣，調介休知縣。卒於任。

劉伯英　山東濰縣人。嘉慶十九年三甲八十四名進士。道光十五年任四川灌縣知縣。

鹿裕曾　直隸定興縣人。嘉慶十九年三甲八十五名進士。舉孝廉方正，任國子監學正。

楊世顯　陝西神木縣人。嘉慶十九年三甲八十六名進士。任知縣。

金鼎銘　字子恭。貴州廣順州人。嘉慶十九年三甲八十七名進士。任貴州黎平府教授，丁憂補思南府教授。卒年五十三。

兄金鼎壽、金鼎梅、弟金鼎年，四人皆進士。

張夢連　直隸静海縣人。嘉慶十九年三甲八十八名進士。任直隸正定府教授，改順天府教授。加六品銜。

鄭元鐸　山西文水縣人。嘉慶十九年三甲八十九名進士。

謝正濱　山西臨晋縣人。嘉慶十九年三甲九十名進士。

李之梓　字文園。雲南河陽縣人。嘉慶十九年三甲九十一名進士。二十二年任湖南新化知縣，代芷江知縣，道光五年改耒陽知縣，十二年遷湖南永順府同知，代理岳州知府。

畢光堯　字冀階。湖南善化縣人。嘉慶十九年三甲九十二名進士。署甘肅會寧知縣，改寧夏寧朔知縣，補敦煌知縣。丁父憂歸不出。

許世壎　順天宛平縣人，原籍江蘇山陽。嘉慶十九年三甲九十三名進士。道光六年八月任江西廣昌知縣。十一年十月復任，卒。

程鵬里　江西瑞昌縣人。嘉慶十九年三甲九十四名進士。道光九年任福建政和知縣。

林　芳　字芷生。浙江玉環廳人。嘉慶十九年三甲九十五名進士。道光六年任湖北武昌知縣，十七年改山西洪洞知縣。

朱斗南　四川富順縣人。嘉慶十九年三甲九十六名進士。道光七年任陝西白河知縣，十一年改陝西朝邑知縣，十五年改浙江寧海知縣。

李　鵠　（原名李嶧）山東鄒平縣人。嘉慶十九年三甲九十七名進士。任山東金鄉縣教諭，二十一年改直隸成安知縣，遷江西高安知縣，改雲南宜良知縣。

劉慶元　福建閩縣人。嘉慶十九年三甲九十八名進士。道光八年任山西猗氏知縣。

邱翰元　福建閩縣人。嘉慶十九年三甲九十九名進士。任雲南元謀知縣，二十二年改福建沙縣教諭。

唐正仁　（改名唐仁）廣西臨桂縣人。嘉慶十九年三甲一百名進士。即用知縣，改廣西鎮安府教授。咸豐辛酉重宴鹿鳴。

呂玉麟　直隸武邑縣人。嘉慶十九年三甲一百零一名進士。任內閣中書。

劉盡美　奉天錦縣人。嘉慶十九年三甲一百零二名進士。任河南內黃知縣。

孫繼曾　字若愚。直隸清河縣人。嘉慶十九年三甲一百零三名進士。任河南原武知縣。以勞瘁卒於任。

邊鳴珂　字漱珊。直隸任丘縣人。嘉慶十九年三甲一百零四名進士。任內閣中書、雲南元江直隸州知州、雲南廣西直隸州知州，官至永昌知府。

陳兆騏　福建閩縣人。嘉慶十九年三甲一百零五名進士。道光七年任陝西懷遠知縣。

黃輔清　廣西貴縣人。嘉慶十九年三甲一百零六名進士。

鄧士瑛　江西南城縣人。嘉慶十九年三甲一百零七名進士。任江西瑞州府教授。

陸錫智　字若愚。浙江平湖縣人。嘉慶十九年三甲一百零八名進士。道光六年任浙江嚴州府教授。任滿歸。

汪　璨　（復姓郭）湖南湘潭縣人。嘉慶十九年三甲一百零九名進士。任陝西鄠縣知縣。

馮奉初　廣東順德縣人。嘉慶十九年三甲一百十名進士。二十三年任廣東潮州府教授。

單夢齡　山東高密縣人。嘉慶十九年三甲一百十一名進士。

楊樹年　陝西富平縣人。嘉慶十九年三甲一百十二名進士。任山西平魯知縣，調平遙知縣，道光七年改江西萍鄉知縣，十一年改江西玉山知縣，二十七年遷山西霍州知州。

孔傳習 山東曲阜縣人。嘉慶十九年三甲一百十三名進士。任廣東和平知縣，官至廣東瓊州知府。

樹德 滿洲正藍旗人。嘉慶十九年三甲一百十四名進士。

靳會昌 字子泰，號雲屏。山西潞城縣人。嘉慶十九年三甲一百十五名進士。選庶吉士，改刑鄭主事，遷福建司郎中，外任山東濟南道，道光十年遷山東鹽運使，十一年十月署山東按察使。

沈咸 順天大興縣人。嘉慶十九年三甲一百十六名進士。道光七年任安徽舒城知縣，十一年改宣城知縣。

蘇鰲 雲南晉寧州人。嘉慶十九年三甲一百十七名進士。十九年任浙江長興知縣，道光二年任福建詔安知縣，署閩縣知縣，八年任漳州海防同知。

董友筠 字師竹，號柯亭。直隸滄州人。嘉慶十九年三甲一百十八名進士。揀發湖南署興寧知縣，道光六年任湖南龍陽知縣，九年改湖南湘潭知縣，署黔陽縣，升永順府同知，官至浙江金衢嚴道。以疾告歸。

雷學淇 字瞻叔，號竹卿、介庵。順天通州人。嘉慶十九年三甲一百十九名進士。任山西和順縣知縣，改貴州永從知縣，道光十四年官至貴州平遠知州、獨山州知州。著有《竹書紀年考》《紀年義證》《古經服緯注釋》《釋問》《夏小正經傳考》《夏小正本義》《古今天象考》《圖說》《亦囂齋經義考》《文集》等。

董琮 山西黎城縣人。嘉慶十九年三甲一百二十名進士。任山西太原府教授。

邊九鰲 直隸任丘縣人。嘉慶十九年三甲一百二十一名進士。道光二年任直隸天津府教授。

薛世雨 河南原武縣人。嘉慶十九年三甲一百二十二名進士。

吳人傑 字冠百。江蘇長洲縣人。嘉慶十九年三甲一百二十三名進士。二十年任四川定遠知縣。

嘉慶二十二年（1817）丁丑科

第一甲三名

吳其濬 字季深，號瀹齋、吉蘭。河南固始縣人。嘉慶二十二年狀元。任修撰。二十四年充廣東鄉試主考官，道光十二年督湖北學政，纍遷洗馬、鴻臚寺卿、通政司副使。十六年授内閣學士，十七年遷兵部侍郎改户部侍郎。二十年十一月授湖南巡撫，二十三年五月改浙江巡撫，閏七月調雲南巡撫，二十五年四月改福建巡撫，八月改山西巡撫。道光二十六年十二月（1847）卒。贈太子少保。撰有《植物名實圖考》《植物名實長編》《雲南礦廠工器圖略》《滇南礦廠輿程圖略》《治淮上游論》等。

凌泰封 字瑞臻，號東園。安徽定遠縣人。嘉慶二十二年一甲第二名榜眼。授編修。遷左贊善，道光十六年纍遷浙江湖州知府，官至浙江杭州知府，署杭嘉道。咸豐五年（1855）卒。著有《東園詩鈔》。

吳清鵬 字程九，號笏庵、西谷。浙江錢塘縣人。乾隆五十一年（1786）正月二十八日生。嘉慶二十二年一甲第三名探花。授編修。道光九年考選山西道御史，十三年任順天東城巡城御史，擢吏科給事中，道光十四年官至順天府府丞。告歸。主講樂儀書院、安定書院。著有《笏庵集》。

爲乾隆四十年進士吳錫麒次子。

第二甲一百名

孫如金 字在鎔。安徽休寧縣人。嘉慶二十二年二甲第一名進士。任工部虞衡司主事。

張頡雲 字緝卿，號圖南。江蘇丹徒縣人。嘉慶二十二年二甲第二名進士。任户部主事，道光二十三年官至福建龍岩州知州。任未滿卒於官。

趙柄 字寄權，號斗垣、衡西。江蘇上海縣人。嘉慶二十二年二甲第三名進士。選庶吉士，授編修。道光二年考選福建道御史，升户科掌印給事中。

徐璊 字貫玉，號蘊齋、鶴坪。安徽歙縣人。嘉慶二十二年二甲第四名進士。選庶吉士，散館改工部主事、户部員外郎，升郎中，道光十八年遷直隸大順廣道、長蘆鹽運使，道光二十年遷湖北按察使，二十一年降道員。

朱階吉 字慶長、升伯，號絳槎、夾庭。浙江嘉興縣人。嘉慶二十二年二甲第五名進士。選庶吉士，授編修。道光元年督廣東學政。著有《覺世真經訓解圖説》《晨葩書屋詩賦》。

弟朱逵吉，嘉慶十九年進士。

吳敬恒 字薆庭，號艾亭。安徽涇縣人。嘉慶二十二年二甲第六名進士。選庶吉士，授編修。道光元年充雲南鄉試主考官，六年考選陝西道御史，升户科給事中。

龔裕 字惇夫、寬甫，號月舫。江蘇清河縣人。乾隆五十五年（1790）三月十一日生。嘉慶二十二年二甲第七名進士。選庶吉士。二十五年散館改四川墊江知縣，道光六年調安徽績溪知縣，七年改桐城、懷寧知縣，十三年署廣德知州，二十年任六安知州，二十三年遷直隸天津知府。改保定知府，遷直隸清河道，二十七年授直隸按察使遷甘肅布政使，改直隸布政使。二十九年八月授山西巡撫，十一月改湖北巡撫，兼署湖廣總督。咸豐二年太平軍攻陷武昌，五月革職。後遣戍新疆軍臺。

裕謙 （原名裕泰，改名）字衣谷，號魯珊、舒亭。蒙古鑲黃旗，蕩吉特氏。乾隆五十八年（1793）六月初一日生。嘉慶二十二年二甲第八名進士。選庶吉士，任禮部主事，道光六年纍遷荊州知府（改現名），擢荊施宜道。十四年授江蘇按察使，十九年遷江蘇布政使授江蘇巡撫。二十年七月署兩江總督。二十一年（1841）以欽差大臣赴浙江，九月於鎮海抗擊英軍作戰殉難。享年四十九。贈太子太保，照尚書例賜恤。謚"靖節"。予騎都尉兼一雲騎尉世職。著有《裕靖節公遺書》。

沈兆澐 字雲巢，號拙安、瑩州。直隸天津縣人。乾隆四十八年（1783）生。嘉慶二十二年二甲第九名進士。選庶吉士，授編修。纍遷江蘇松江知府，道光十三年改蘇州知府，十七年改江寧知府，二十年升江安督糧道，咸豐元年授河南按察使，二年改山西按察使，曾署河南布政使，在開封抵抗太平軍，九年升浙江布政使。十年召京致仕歸，主講輔仁書院。光緒二年（1876）七月十七日卒，年九十四。謚"文和"（一作"文忠"）。著有《捕蝗備要》《戒訟説》《易義輯聞》《義利法戒錄》《蓬窗錄》《實心編》《養止編》《尚論編》《咏史詩鈔》《沈氏宗譜》等。

趙榮 字伯期，號子啓。江蘇上海人。嘉慶二十二年二甲第十名進士。選庶吉士，改內閣中書。道光元年充順天鄉試同考官。

胡錫麟 江西新昌縣人。嘉慶二十二年二甲十一名進士。任主事。

徐培深 字資之，號松泉。貴州石阡府人。嘉慶二十二年二甲十二名進士。選庶吉士，改戶部主事，升戶部員外郎，道光十年考選江南道御史，掌廣西道御史，多次彈劾權貴，以正直聲震天下。罷官後居揚州。主講梅花書院，自號"梅花主人"。咸豐中，揚州陷，移寓泰州。工書法，善詩文。

廖鴻苞 字斯美，號竹臣。福建侯官縣人。嘉慶二十二年二甲十三名進士。選庶吉士，二十五年散館改四川雲陽知縣，道光九年任江蘇陽湖知縣，十三年遷江蘇蘇州水利同知，十五年官至揚州知府。

弟廖鴻藻，嘉慶十四年進士；廖鴻荃，嘉慶十四年進士，工部尚書。

朱能作 字斯振，號稚齋。浙江浦江縣人。嘉慶二十二年二甲十四名進士。任戶部主事，升員外郎，道光十三年考選江南道御史。母老乞養歸。

趙炳言 字子謙，號竺泉。浙江歸安縣人。乾隆四十五年十二月十一日（1781年1月）生。嘉慶二十二年二甲十五名進士。任刑部主事，升郎中。道光九年外任江蘇松江知府，遷廣東惠潮嘉道，道光十三年授湖南按察使，遷甘肅布政使，

十七年十一月降調。十八年二月授廣西按察使遷江西布政使。二十一年八月授湖北巡撫，二十九年閏四月改湖南巡撫，七月授刑部侍郎。十二月初二日（1850年1月）卒，年七十。

羅英（又名羅瑛）字景昭、仲昭，號石友。湖南善化縣人。乾隆五十四年（1789）生。嘉慶二十二年二甲十六名進士。選庶吉士。丁父憂歸。道光元年（1821）服闋入都，卒於途。好爲詩，喜獨游名山古寺。著有詩文集。

周宏緒（一作周炳緒）字恢先，號啓齋。廣西臨桂縣人。嘉慶二十二年二甲十七名進士。選庶吉士，改主事，升兵部郎中，道光六年考選浙江道御史。

魯錫恩（《進士題名碑》作曾錫恩）字覃甫，號鑒舫。河南固始縣人。嘉慶二十二年二甲十八名進士。選庶吉士，改主事。

胡柏材 湖北武昌縣人。嘉慶十五年舉人，二十二年二甲十九名進士。

徐法績 字幼公、定夫，號熙庵。陝西涇陽人。乾隆五十五年（1790）二月初四日生。嘉慶二十二年二甲二十名進士。選庶吉士，授編修。以親老歸養居家十年。道光九年考選江南道御史，升戶科給事中，十二年充會試同考官，赴東河學習河工。十四年遷太常寺少卿。引疾歸。道光十七年（1837）八月

初七日卒，年四十八。著有《東河要略》一書。

龍元任 字仰衡，號莘田。廣東順德縣人。嘉慶二十二年二甲二十一名進士。選庶吉士，授編修。道光元年督山西學政，遷中允，十五年充河南鄉試主考官，官至詹事府左庶子。卒於任。著有《春華詩集》。

父龍廷槐，乾隆五十二年進士。

周貽徽 字譽吉，號藹餘、小濂。廣西臨桂縣人。嘉慶二十二年二甲二十二名進士。選庶吉士，授編修。道光二年充順天鄉試同考官，再充會試同考官，四年考選江南道御史，十二年以戶科給事中。充順天鄉試同考官，二十二年官至順天府丞兼學政。

劉嘉會 字允亨，號石潭。山西太平縣人。嘉慶二十二年二甲二十三名進士。選庶吉士，道光二年改浙江象山知縣。

彭玉田 字韞珍，號德莊。江西新昌縣人。嘉慶二十二年二甲二十四名進士。選庶吉士，改戶部浙江司主事，升戶部員外郎，道光十年考選河南道御史，掌福建道監察御史。

雷文模 字藻人，號簡峰。江西南豐縣人。嘉慶二十二年二甲二十五名進士。選庶吉士，授編修。官至中允。

父雷維霈，乾隆五十二年進士。

易曰廉 字汝法，號心泉。江西袁州府宜春縣人。嘉慶二十二年二甲二十六名進士。選庶吉士，授編修。

賈亮采 字惠人，號漁村。江蘇高郵人。嘉慶二十二年二甲二十七名進士。任山西懷仁知縣，調絳縣，道光二年擢平定直隸州知州。以會勘鄰邑事去官，歸後卒於家。

浦曰楷 字端培，號酉槎、又詫。浙江嘉善縣人。嘉慶二十二年二甲二十八名進士。選庶吉士，道光三年任山東萊陽知縣，九年調山東滕縣知縣。以肝疾告歸。署有《自怡齋文集》《晴蘭書屋詩稿》。

莊瑤 山東莒州人。嘉慶二十二年二甲二十九名進士。任工部主事，官至河南河北道。

李煌 字鬱堂，號仲輝。雲南昆明縣人。嘉慶二十二年二甲三十名進士。選庶吉士，授編修。道光元年陝西鄉試副考官，七年督江蘇學政，歷任侍讀、侍講學士、少詹事，二十一年授內閣學士，二十三年遷禮部侍郎。丁憂。二十五年服闋署吏部右侍郎，二十六年授戶部侍郎。督山西學政。二十八年（1848）二月卒。

王植 字國楨，號曉林、叔培。直隸清苑縣人，祖籍浙江山陰。乾隆五十七年（1792）二月初一日生。嘉慶二十二年二甲三十一名進士。選庶吉士，任編修。道光九年充會試同考官，十三年大考升侍講，十四年督廣東學政，遷大理寺少卿，十五年授内閣學士，十六年遷禮部侍郎，十七年督安徽學政，十九年改刑部、吏部、刑部侍郎。二十三年十一月授浙江巡撫，同月改安徽巡撫，咸豐元年五月復任刑部侍郎，九月署江西巡撫。二年（1852）三月以病免職。三月二十一日回籍卒於安徽望江途中。年六十一。著有《經解述》《深柳書堂詩文集》。

吾德寧 浙江海鹽縣人。嘉慶二十二年二甲三十二名進士。

巫宜禩 字綏齋、蘭亭，號雨池。福建永定縣人。嘉慶二十二年二甲三十三名進士。選庶吉士，改禮部主事，升郎中，道光十六年考選山西江道御史，升給事中，二十一年官至江蘇蘇松太道。

兄巫宜福，嘉慶二十四年進士。

潘光岳 字仲英，號石閭。廣東南海縣人。嘉慶二十二年二甲三十四名進士。選庶吉士，改刑部主事。工詩文，著有《揭雲齋詩文集》。

陶惟煇（《進士題名碑》作陶惟輝）字鏡涵，號星江。江蘇吳縣人。嘉慶二十二年二甲三十五名進士。任內閣中書，改宗人府主事。

郎葆辰（初名郎福延，又名蓬鋒）字文台、蘇詞，號蘇門、又號桃花山人。浙江安吉縣人。嘉慶二十二年二甲三十六名進士。選庶吉士，授編修。道光四年考選江西道御史，升工科給事中，轉兵科掌印給事中，七年官至貴州糧儲道，九年曾署貴州按察使。十一年再署，後卒於家。著有《桃花山館詩集》。

許乃賡 字念颿，號蒲齡。浙江仁和縣人。嘉慶二十二年二甲三十七名進士。選庶吉士，授編修。進右庶子。以母老乞養歸。卒年五十五（一作五十九）。

沈巍皆 字講虞，號舜卿、樸齋。安徽六安直隸州人。嘉慶二十二年二甲三十八名進士。選庶吉士，授編修。道光二年充四川鄉試副考官，督湖南學政，七年考選江南道御史，八年充順天鄉試同考官。署兵科掌印給事中，降刑部河南司員外郎。數年後乞養歸。掌山東濼源書院三年，後掌本籍賡颺書院十餘年，晚年至晉掌晉陽書院四年，卒年七十六。著有《歷代錢譜》。

陸堯春 字同甫，號二雅。浙江仁和縣人。嘉慶二十二年二甲三十九名進士。選庶吉士，散館改任江西大庾知縣，道光四年改新喻知縣，十六年改貴溪知縣。

董基誠（原名董諒臣）字子誂，號玉椒。順天大興縣人，原籍江蘇陽湖。乾隆五十四年（1789）八月初六日生。嘉慶二十二年二甲四十名進士。任戶部主事、刑部郎中，官至河南懷慶、南陽、開封府知府。以勞瘁卒於任。著有《螾巢集》《玉椒詞》《應世文稿》《粵東記錄》等。入《清史稿》與《清史列傳》。

有慶 漢軍正白旗。嘉慶二十二年二甲四十一名進士。任內閣中書，道光二十二年官至四川重慶府知府。

張日晟 字東升，號曉瞻。貴州貴築縣人。嘉慶二十二年二甲四十二名進士。選庶吉士，任編修。道光五年充湖南鄉試主考官，八年河南鄉試主考官，京察一等，九年遷四川敘州知府。十三年改成都知府，十七年升四川建昌道。二十年改浙江鹽運使，二十一年授湖北按察使改四川按察使，遷河南布政使，二十六年八月授雲南巡撫，九月丁憂。二十九年七月復授雲南巡撫。道光三十年（1850）七月卒。著有《庶常集》《編修集》等。

毛樹棠 （1780—1845）字蔭南，號苕村。河南武陟縣人。嘉慶二十二年二甲四十三名進士。選庶吉士，授編修。升侍讀、大理寺少卿，道光十六年授詹事，十七年升內閣學士，二十一年遷禮部右侍郎，改倉場侍郎。二十三年五月以病免。工書法，為清中期書法名家。

蔡學川 字百泉，號海城。江西新昌縣人。嘉慶二十二年二甲四十四名進士。選庶吉士，授編修。道光三年考選山東道御史，五年遷湖南岳常澧道，十九年官至兩淮鹽運使，降刑部主事。

祁墦 字旬茲，號松軒、靜齋。山西高平縣人。嘉慶二十二年二甲四十五名進士。選庶吉士，改廣東長寧知縣，調湖南新寧知縣，官至廣西全州知州。

董承熙 （原名董毓薩）字葆光，號槲園。四川墊江縣人。嘉慶二十二年二甲四十六名進士。選庶吉士，二十四年任浙江青田知縣，調署餘姚知縣，丁憂歸。主凌雲書院。道光十年改嘉定府教授。二十九年重赴鹿鳴宴。

時式敷 字肩甫，號松石。山東單縣人。嘉慶二十二年二甲四十七名進士。選庶吉士，知江西大庾、臨川、廣豐、南城、新昌、興國等知縣。兼署建昌知府。其詩收入《晚晴簃詩彙》。

吳坦 字履吉，號天衢。江蘇江寧縣人。嘉慶二十二年二甲四十八名進士。選庶吉士，授編修。道光元年充山西鄉試副考官。

馬伯樂 字北固，號星房。安徽桐城縣人。嘉慶二十二年二甲四十九名進士。選庶吉士，散館改任浙江歸安知縣。

丁泰 字禮安，號卯橋。浙江平湖縣人。嘉慶二十二年二甲五十名進士。任內閣中書。著有《仙菽廬詩集》《禮記隨筆》《日本紀略》《海上文徵》《滄海還珠編》《守經堂困學錄》。

王貽桂 字小山，號丹亭、芳五。順天宛平縣人。乾隆四十九年（1784）生。嘉慶二十二年二甲五十一名進士。選庶吉士，改任兵部主事。道光八年以郎中充江西鄉試副考官，遷廣東惠潮嘉道，官至雲南督糧道。

趙先雅　字伯常，號麓潭。湖南益陽縣人。嘉慶二十二年二甲五十二名進士。選庶吉士，改户部主事，升江南司員外郎，道光九年考選福建道監察御史。以疾告歸。十年（1830）卒。著有《水經補注》《趙侍御集》。

徐　泮　山東濰縣人。嘉慶二十二年二甲五十三名進士。任户部廣東司主事。

李長峰　直隸深州直隸州人。嘉慶二十二年二甲五十四名進士。任工部主事。

汪　琳　字静山，號鑒湖。江蘇丹徒縣人。嘉慶二十二年二甲五十五名進士。選庶吉士，授編修。道光二年充順天鄉試同考官，五年考選湖廣道御史，充順天鄉試同考官，七年任順天東城巡城御史，十一年貴州大定知府，十二年遷陝西延榆綏道，十八年官至直隸長蘆鹽運使。

葉夢芝　廣東東莞縣人。嘉慶二十二年二甲五十六名進士。任主事。

岳鎮東　字卓五，號青峰。山東利津縣人。嘉慶二十二年二甲五十七名進士。選庶吉士。二十五年改廣東吴川知縣，引疾歸。起補福建長樂知縣，調奉天廣寧知縣，補蓋平知縣，丁憂服闋，二十八年改山東青州府教授。三年去任。年八十八卒於家。

弟岳鎮南，道光二年進士。

俞德淵　（原名俞登淵）字原培，號陶泉。甘肅平羅縣人。嘉慶二十二年二甲五十八名進士。選庶吉士，二十四年授江蘇荆溪知縣，道光二年歷長洲知縣，遷徐州府同知，常州知府。十年改江寧知府、蘇州知府，官至兩淮鹽運使。道光年間試辦漕糧海運，改革鹽政，建議罷停官商鹽政。道光十五年（1835）年，年五十。

祥　寧　字雲章，號雲齋。滿洲鑲白旗人。嘉慶二十二年二甲五十九名進士。選庶吉士，改安徽建平知縣，道光二年去，官至亳州知州。

涂國用　字杶山。湖北黄陂縣人。嘉慶十三年湖北鄉試解元，二十二年二甲六十名進士。任刑部主事。

譚敬昭　字子晋、康侯。廣東陽春縣人。嘉慶二十二年二甲六十一名進士。任户部主事。公餘工文詞尤肆力於詩。與黄培芳、張維屏齊名稱"粤東三子"。著有《聽雲樓集》。

李　鈞　字夢韶，號伯蘅、雨帆。直隸河間縣人。乾隆六十年（1795）十一月初五日生。嘉慶二十二年二甲六十二名進士。選庶吉士，任編修。纍遷河南糧道，道光十八年授陝西按察使，丁憂服闋，二十年改貴州按察使，二十三年去職，咸豐三年授太常寺卿，進内閣學士，十一月遷刑部侍郎，五年五月改東河總督。咸豐九年（1859）三月卒，年六十五。

周如蘭 字佩芬，號韻皋。江西上饒縣人。嘉慶二十二年二甲六十三名進士。選庶吉士，散館二十四年改湖北黃梅知縣、蘄水知縣，道光七年遷湖南永綏廳同知，升辰州知府，十一年官至湖南長沙知府，護岳常澧道。以母老乞養歸。

王金策 字中之，號香社。山東諸城縣人。六歲能詩，與兩兄有"王氏三金"之目。嘉慶二十二年二甲六十四名進士。選庶吉士，二十四年改任湖南黔陽知縣，在任十餘年，丁父憂。服除補甘肅隴西知縣。以疾卒於任。年四十九。

成世瑄 字師薛，號蘭生。貴州石阡府人。乾隆五十五年（1790）五月初七日生。嘉慶二十二年二甲六十五名進士。選庶吉士，授編修。道光二年充順天鄉試同考官，六年纍遷浙江湖州知府、歷衢州知府、杭州知府，甘肅寧夏知府、蘭州知府，道光十七年由江安糧道遷河南按察使，二十年官至江寧布政使。二十二年（1842）四月二十四日以勞卒。年五十三。

陳肇 字履元，號筱雲、篠瀛，自號四留山人。山東平度州人。嘉慶二十二年二甲六十六名進士。選庶吉士，授編修。道光四年考選江南道御史，升給事中，外任江蘇常州知府。著有《四留山人自記》。

魏鴻 字儀軒。貴州貴陽縣人。嘉慶二十二年二甲六十七名進士。任戶部主事，官至戶部郎中。

陳澐 字北愚，號大雲。湖北蘄水縣人。嘉慶二十一年舉人，二十二年二甲六十八名進士。選庶吉士。授編修。道光二年充廣西鄉試副考官，三年考選陝西道御史，因陳言邁激，降主事。歸。

章榮 字輝庭，號畫林。浙江會稽縣人。嘉慶二十二年二甲六十九名進士。後官至直隸沙河知縣。

潘光藻 字賓石，號湘門。湖北興國州人。嘉慶十五年舉人，二十二年二甲七十名進士。選庶吉士，授編修。道光五年督任四川學政，署金華知府，十七年任浙江衢州知府，官至浙江台州知府。

王允中 字精一。山東黃縣人。嘉慶二十二年二甲七十一名進士。任直隸深澤知縣，授吏部主事，升郎中，道光十四年外任天津河間兵備道，道光二十年授湖南按察使。引疾歸。卒年七十四。

繩格 漢軍鑲白旗。嘉慶二十二年二甲七十二名進士。選庶吉士，二十四年散館改任湖南清泉知縣，改太常寺博士。

李鎔經 字子余。山西定襄縣人。嘉慶二十二年二甲七十三名進士。任戶部主事、廣西司員外郎、郎中，道光十九年外任江西建昌知府，改吉安府知府。

賈楊宗 甘肅安定縣人。嘉慶二十二年二甲七十四名進士。任主事。

穆馨阿　字衣德，號吟濤。滿洲鑲白旗。嘉慶二十二年二甲七十五名進士。選庶吉士，授編修。纍遷少詹事，道光五年遷詹事，八年遷通政副使，九年改喀喇沙爾辦事，十五年遷太僕寺卿。旋免。

林士斌　福建閩縣人。嘉慶二十二年二甲七十六名進士。官至戶部員外郎。

邵　堂　字子山。江蘇青浦縣人。嘉慶二十二年二甲七十七名進士。任河南汜水知縣。撰有《大小雅堂詩鈔》。

沈　第　江蘇華亭縣人，嘉慶二十二年二甲七十八名進士。任內閣中書。改直隸祁州知州，道光二十三年遷直隸東路廳同知，二十四年改直隸遵化直隸州知州。

劉冀程　字達衢，號琰庭。江西萬年縣人。嘉慶二十二年二甲七十九名進士。選庶吉士，二十四年散館改湖南安化知縣，調衡陰知縣。以養母歸。

陳　功　字朝紀、書常、克敏，號叙齋、九叙。福建侯官縣人。嘉慶二十二年二甲八十名進士。選庶吉士，授編修。道光二年充順天鄉試同考官，六年會試同考官，七年考選浙江道御史，改順天中城巡城御史，十一年山東道御史，掌四川道御史，升給事中，十六年遷山東兗沂曹濟道，二十三年授江蘇按察使，改湖北按察使。二十五年病免，卒年五十五。

張惇訓　江蘇上海縣人。嘉慶二十二年二甲八十一名進士。任刑部主事。

熊　璞　江西新建縣人。嘉慶二十二年二甲八十二名進士。任主事。

胡　巖　福建長汀縣人。嘉慶二十二年二甲八十三名進士。二十四年任廣東徐聞知縣，道光七年改湖南辰溪知縣，十年改湖南綏寧知縣。

吳大宣　貴州畢節縣人。嘉慶二十二年二甲八十四名進士。任兵部主事。

葉殿銘　字紹渠，號心盤。福建閩縣人。嘉慶二十二年二甲八十五名進士。選庶吉士。

張攀柱　字小山。直隸灤州人。嘉慶二十二年二甲八十六名進士。二十三年任山東臨沂知縣，道光十九年任山東高密知縣，二十九年升山東東昌知府、曹州知府，咸豐元年任山東萊州知府。

裘元俊　字淑初，號漁橋。江西新建縣人。嘉慶二十二年二甲八十七名進士。選庶吉士，改吏部主事，升員外郎。道光十年考選江南道御史，十二年任順天東城巡城御史，十三年官至甘肅西寧知府。

祖父裘曰修，禮部尚書；兄裘元善，嘉慶十九年進士。

王　鑄　字陵川，號銅士、怡之。安徽全椒縣人。嘉慶二十二年二甲八十八名進士。選庶吉士。改刑部主事，升員外郎、郎中，道光九年考選江西道御史，升禮科給事中。擢廣東雷凉道，調長蘆鹽運使未任，十五年改湖南鹽法長寶道，官至兩浙鹽運使，署浙江按察使。年七十引疾歸。

孫鵬九 直隸鹽山縣人。嘉慶二十二年二甲八十九名進士。任國子監助教。

王兆琛 （原名王兆金）字叔玉，號西舶、獻甫。山東福山縣人。乾隆五十一年（1786）正月初四日生。嘉慶二十二年二甲九十名進士。選庶吉士，授編修。道光二年充會試同考官，七年考選江南道御史，九年改湖廣道御史，外任四川成都知府、重慶知府。十四年遷江西督糧道，十七年改安徽池寧太廣道，道光二十一年授甘肅按察使，遷四川布政使，二十六年十二月授山西巡撫。二十九年五月因貪贓革職。遣戍新疆，咸豐二年（1852）卒於伊犁。著有《昕棠書屋文集》《經義測海》《正俗備用字解》《重韻辯義》等。

楊所憲 山西夏縣人。嘉慶二十二年二甲九十一名進士。道光四年任四川犍爲知縣，署郫縣知縣，改蘆山知縣。

余毓祥 字夢麟。安徽黟縣人。嘉慶二十二年二甲九十二名進士。任刑部陝西司主事。

王克敬 福建晉江縣人。嘉慶二十二年二甲九十三名進士。道光七年任浙江奉化知縣，八年改福建漳州府教授。

張富經 江西武寧縣人。嘉慶二十二年二甲九十四名進士。二十四年任福建霞浦知縣，道光十年遷湖北黃州府同知，十三年任湖北宜昌府同知，兼署通判。

保瑞 字蘭階，號祉堂。滿洲正藍旗，宗室。嘉慶二十二年二甲九十五名進士。改禮部主事，國子監司業，官至侍讀學士，因事降刑部主事。

楊作梅 字庚山。山東濟寧直隸州人。嘉慶二十二年二甲九十六名進士。二十四年任直隸廣平知縣，改山西五臺知縣，在任五年，改廣陵知縣、永濟知縣，道光十七年調陽曲知縣，升河東監掣同知。尋卒。

彭履坦 字平園。江西泰和縣人。嘉慶二十二年二甲九十七名進士。二十四年任四川南川知縣，在任十餘年，道光十二年改昭化知縣。

張士醇 字醞軒。湖南臨湘縣人。嘉慶二十二年二甲九十八名進士。任户部河南司主事，升員外郎、郎中，官至御史。以疾卒於任。

龍瑛 字伯華，號雲東。湖南湘潭縣人。嘉慶二十二年二甲九十九名進士。選庶吉士，授編修。道光五年、十三年兩充會試同考官，十二年充山西鄉試正考官，官至左贊善。歸後主城南、岳麓、朗江、昭潭諸書院。卒年七十四。

毛家槐 字晉三，號蘭池、竹軒。湖北公安縣人。嘉慶二十一年舉人，二十二年二甲一百名進士。選庶吉士，散館歸班候選知縣，改湖北宜昌府教授。

第三甲一百五十二名

伍紹詩 江西新建縣人。嘉慶二十二年三甲第一名進士。道光八年任四川營山知縣。

郜文英 字樸園，號柏坡。山西霍州人。乾隆四十六年（1781）生。嘉慶二十二年三甲第二名進士。任浙江臨安知縣。在任四年。道光二年（1822）卒於官。

張灃中 字蘭芷，號苕雲。陝西潼關廳人。嘉慶二年（1797）四月二十五日生。嘉慶二十二年三甲第三名進士。任刑部主事，升郎中，道光十二年遷直隸大順廣道，十六年授福建按察使遷直隸布政使，改山西布政使，二十年九月遷雲南巡撫。二十三年閏七月召京十二月署刑部侍郎，二十四年實授。二十七年十一月調山東巡撫。道光二十八年（1848）五月卒於任。著有《紉秋吟稿》。

汪雲任 字孟棠、莘佘。安徽盱眙縣人。嘉慶二十二年三甲第四名進士。任廣東三水知縣，二十五年改番禺知縣，遷廣西歸順州知州，道光十年任江西贛州知府，十七年改江蘇蘇州知府，丁憂去，二十年遷山東督糧道，改通政使參議，二十四年授陝西按察使。二十五年丁繼母憂歸。

劉祖煥 湖南衡陽縣人。嘉慶二十二年三甲第五名進士。任山西文水知縣。

康節 字邵亭，號仰山。甘肅會寧縣人。嘉慶二十二年三甲第六名進士。二十五年任陝西洵陽知縣，道光三年改白水知縣，改韓城知縣。

汪河 江西新城縣人。嘉慶二十二年三甲第七名進士。任吏部文選司主事、員外郎，道光十二年官至江蘇常州府知府。

金開第 直隸天津縣人。嘉慶二十二年三甲第八名進士。二十五年任湖北潛江知縣，道光二年改江夏知縣，十二年官至湖南糧儲道。

李惺 字伯子，號西漚、常惺。四川墊江縣人。嘉慶二十二年三甲第九名進士。選庶吉士，授檢討。遷國子監司業，任詹事府左贊善。乞養歸。後主講錦江書院二十年。著有《冰言》《藥言》及《西漚全集》。

德玉 滿洲鑲黃旗人。嘉慶二十二年三甲十名進士。

吳曾貫 字潤尊。浙江石門縣人。嘉慶二十二年三甲十一名進士。道光三年任陝西渭南知縣，四年署寧陝同知，六年任陝西盩厔知縣。假歸。年七十六卒。著有《禮硯齋詩集》《渭南河渠考》。

鄒柟 字石岩。四川涪州人。嘉慶二十二年三甲十二名進士。任工部屯田司主事。

王輯寧 字葆元。直隸滄州人。嘉慶二十二年三甲十三名進士。任內閣中書，道光十二年充順天鄉試同考官。遷廣西南寧府同知，二十二年署百色同知，二十六年官至太平知府。三十年（1850）卒。

龐大奎 字雲章，號星齋。江蘇常熟縣人。嘉慶二十二年三甲十四名進士。選庶吉士，散館歸班候選知縣，任湖北蘄水知縣，道光八年任湖北應山知縣，改江夏知縣，十一年遷襄陽府同知，十五年遷湖北德安知府，官至湖北漢陽知府。

吳思權 甘肅會寧縣人。嘉慶二十二年三甲十五名進士。任內閣中書。

德興 字臨皋，號達夫。滿洲鑲黃旗，棟佳氏。嘉慶二十二年三甲十六名進士。選庶吉士，授檢討。纍遷內閣侍讀學士，道光九年授太僕寺卿，改太常寺卿。十年授左副都御史，十二年調盛京兵部侍郎，改盛京戶部侍郎。十六年調泰寧鎮總兵，十八年任兵部侍郎，改倉場侍郎。二十年調馬蘭鎮總兵，二十三年任西寧辦事大臣，調青海將軍，二十五年奉召還京。咸豐元年授工部侍郎，改刑部，回任工部侍郎，三年九月遷刑部尚書。咸豐五年（1855）十一月卒。謚"文恭"。

鄭謙 字光烈，號虛谷。浙江鎮海縣人。嘉慶二十二年三甲十七名進士。署福建歸化知縣，二十五年尋改南平知縣，道光四年改浙江嘉興府教授。因季弟卒哀傷致疾，自免歸。卒年七十五。

楊景軾 江蘇陽湖縣人。嘉慶二十二年三甲十八名進士。二十五年任安徽南陵知縣。

胡國英 字俊三，號嘯白。江蘇吳縣人。嘉慶二十二年三甲十九名進士。選庶吉士，授檢討。道光元年充廣西鄉試副考官，官至浙江嘉興知府、寧波知府。

陳燕 字乙庵。河南商丘縣人。嘉慶二十二年三甲二十名進士。任刑部主事，官至郎中。

父陳彬，嘉慶十六年進士。

牟雯 字雲圃。山東棲霞縣人。嘉慶十二年舉人，二十二年三甲二十一名進士。二十三年任陝西三水知縣，升邠州直隸州知州。告退歸里。

倪濟遠 字孟杭，號秋槎。廣東南海縣人。嘉慶二十二年三甲二十二名進士。二十三年署廣西北流知縣，改賀縣，調恭城。秩滿入京，卒於道。著有《味辛堂詩》《茶嵋舍詞稿》。

王鵠 字霞坡。湖北黃岡縣人。嘉慶二十一年舉人，二十二年三甲二十三名進士。道光二年授陝西石泉知縣，調米脂知縣，丁憂。改任兵馬司指揮，任滿改直隸平鄉知縣。

李廷輔 字左襄。直隸延慶州人。嘉慶二十二年三甲二十四名進士。任廣西永福知縣。因親老改奉天府教授。

全　鈺　漢軍鑲黃旗。嘉慶二十二年三甲二十五名進士。道光六年任湖南平江知縣，十二年改邵陽知縣。

李佩蓮　廣西荔浦縣人。嘉慶二十二年三甲二十六名進士。道光三年任湖南安鄉知縣，遷刑部主事。

廖運發　四川安岳縣人。嘉慶二十二年三甲二十七名進士。任吏部主事、文選司員外郎、考工司掌印郎中，外任河南懷慶知府，官至江西糧道。

孫繼謀　陝西大荔縣人。嘉慶二十二年三甲二十八名進士。任廣東信宜知縣。

那斯洪阿　（原名那丹珠）字閑齋，號萬石。滿洲鑲白旗，莫爾察氏。乾隆五十四年（1789）五月二十四日生。嘉慶二十二年三甲二十九名進士。任戶部主事、員外郎，纍遷通政司副使，道光十七年（1837）五月授內閣學士。六月充江西鄉試主考官。八月二十九日卒於南昌闈中，年四十九。

張　楷　河南河內縣人。嘉慶二十二年三甲三十名進士。道光八年任山東臨邑知縣，十一年復任臨邑知縣，十二年調山東商河知縣，二十二年復任商河知縣，改山東滋陽知縣。

王吉士　河南祥符縣人。嘉慶二十二年三甲三十一名進士。二十

四年署江西祁門知縣，改河南彰德府教授。

文廷杰　字鍾山。四川漢州人。嘉慶二十二年三甲三十二名進士。二十三年任廣東遂溪知縣，歷信宜、新會知縣，丁憂服闋，道光十二年改安徽當塗知縣，十三年調霍丘，十七年改宿松知縣，二十年任懷寧、青陽知縣，二十六年遷六安知州，三十年回任六安知州。著有《遠山房詩鈔》。

張紹衣　字二思，號孟侯。河南密縣人。嘉慶二十二年三甲三十三名進士。任戶部主事，山西司員外郎，升郎中，道光十年考選湖廣道御史。

沈錫之　江蘇武進縣人。嘉慶二十二年三甲三十四名進士。任安徽鳳陽府教授。

功　普　字亭舫。滿洲正藍旗，宗室。嘉慶二十二年三甲三十五名進士。任吏部主事，遷工部郎中。道光十五年纍遷詹事，通政使、左副都御史、盛京工部侍郎、兵部侍郎，道光十八年罷。

柳際清　字朝紳，號荃村。安徽潛山縣人。嘉慶二十二年三甲三十六名進士。任內閣中書，改廣西灌陽、思恩、宣化知縣，署全州知州、南寧府同知。後復任三月卒。

馮賡颺　字志孚，號子皋、韶石。廣東南海縣人。嘉慶二十二年三甲三十七名進士。選庶吉士，散館二十五年改任山東黃縣知縣。

梁棲鸞　字葵山。山西太平縣人。嘉慶二十二年三甲三十八名進士。纍遷甘肅肅州知州，道光三年署江西寧都直隸州知州，署寧夏知府。

奚先愷　湖北黃岡縣人。嘉慶二十一年舉人，二十二年三甲三十九名進士。任內閣中書。

戈其邁　直隸景州人。嘉慶二十二年三甲四十名進士。任戶部主事，署山西霍州知州，道光十八年官至江西吉安知府。

周百順　字備堂。山東寧陽縣人。嘉慶二十二年三甲四十一名進士。授河南林縣知縣，調江蘇金山知縣，道光十八年改湖南通道知縣，二十年任湖南耒陽知縣。年七十四致仕歸。

方亭衢　江西彭澤縣人。嘉慶二十二年三甲四十二名進士。二十四年任福建閩清知縣。

劉與權　河南新鄭縣人。嘉慶二十二年三甲四十三名進士。道光八年任江蘇睢寧知縣，十一年再任，十五年改沭陽知縣。

王　正　浙江長興縣人。嘉慶二十二年三甲四十四名進士。二十四年任安徽全椒知縣，道光五年改當塗知縣。

閔受昌　字文甫、文敷，號緘三。浙江歸安縣人。嘉慶二十二年三甲四十五名進士。選庶吉士，改刑部主事，升山東司郎中，官至鴻臚寺少卿。

閻學海　字星持，號西帆。山東昌樂縣人。嘉慶十八年任山東文登縣教諭，二十二年三甲四十六名進士。任內閣中書、戶部浙江司員外郎。道光二十二年（1842）卒於任。年七十四。著有《帶硯堂詩》。

黃德濂　字邵懷，號惺溪。湖南安化縣人。嘉慶二十二年三甲四十七名進士。選庶吉士，授檢討。道光二年充會試同考官。三年考選河南道御史，掌四川道御史。外官山西朔平知府，歷汾州知府、太原知府，升河東道，失察奪官。後發雲南補沾益知州，擢臨安知府、昭通知府，官至陝西糧儲道。卒於任。

劉承謙　字益府。直隸任縣人。嘉慶二十二年三甲四十八名進士。任內閣中書，不樂仕進，道光十五年改直隸天津府教授。丁內外艱歸不出，主講南宮東陽書院。

廖　姓　廣東南海縣人。嘉慶二十二年三甲四十九名進士。任工部主事，道光二十三年官至河南汝寧府知府。

袁汝嵩　字耘豐。湖南寧鄉縣人。嘉慶二十二年三甲五十名進士。即用知縣，道光元年代理岐山知縣，任陝西扶風知縣，道光七年署蒲城知縣，回任扶風知縣。卒於任。

雷文楣　江西南豐縣人。嘉慶二十二年三甲五十一名進士。官至雲南宣威州知州。

父雷維霈，乾隆五十二年進士。

樊師仲　奉天錦縣人。嘉慶二

十二年三甲五十二名進士。任吏部文選司主事，道光二十年纍遷江蘇徐州知府，二十三年官至江蘇淮揚道。

徐鼎臣 （原名徐宸相）貴州畢節縣人。嘉慶二十二年三甲五十三名進士。任刑部主事。

王朝桂 浙江仁和縣人。嘉慶二十二年三甲五十四名進士。任浙江處州府教授。

杜 堃 福建閩縣人。嘉慶二十二年三甲五十五名進士。

時聯輝 河南新蔡縣人。嘉慶二十二年三甲五十六名進士。

李維楨 字芳溪，號樹堂。四川成都縣人。嘉慶二十二年三甲五十七名進士。任江西大庾知縣。乞養歸。主眉山書院，年五十六卒。著有《經腴堂文稿》。

姜語曉 字際養。湖北武昌縣人。嘉慶十八年舉人，二十二年三甲五十八名進士。道光八年任福建寧化知縣。未幾去任。

黃綏誥 字曰三。江西德化縣人。嘉慶二十二年三甲五十九名進士。二十四年起任湖北安陸、天門、江夏知縣，擢知州，改荊州府同知，道光九年遷福建興化知府，加道銜，官至福州知府，卒。

路應廷 字質軒。江蘇荊溪縣人。嘉慶二十二年三甲六十名進士。以知縣改江蘇鎮江府教授，在任二十年升翰林院典簿。告歸，卒年七十七。

段程式 山西太原縣人。嘉慶二十二年三甲六十一名進士。任河南知縣。

薩爾吉祥 滿洲正黃旗人。嘉慶二十二年三甲六十二名進士。

陸元烺 字虹江、韞山。浙江海寧州人。嘉慶二十二年三甲六十三名進士。任刑部主事，升郎中，外任貴州鎮遠知府。道光二十年遷貴州兵備道，擢長蘆鹽運使，道光二十七年授江西按察使，二十九年遷江西布政使，三十年、咸豐二年、五年三署江西巡撫。咸豐六年以病去職。

袁 坦 字平軒。四川江津縣人。嘉慶二十二年三甲六十四名進士。任江蘇海州贛榆縣知縣。

李光瀛 廣西臨桂縣人。嘉慶二十二年三甲六十五名進士。二十三年任湖南益陽知縣，道光三年任湖南沅陵知縣。

楊凝陽 雲南江川縣人。嘉慶二十二年三甲六十六名進士。

王延年 （原名王延）字緒遠，號鶴汀。山東濰縣人。嘉慶二十二年三甲六十七名進士。任山西長子知縣。以母疾告歸，教授鄉里以終平生。

張 偉 字遜夫。山東掖縣人。嘉慶二十二年三甲六十八名進士。二十三年任湖南知縣，調零陵知縣。以疾辭歸。

陳宗魯 雲南劍川州人。嘉慶二十二年三甲六十九名進士。任吏部文選司主事。

楊學顏 字心齋。山西曲沃縣人。嘉慶二十二年三甲七十名進士。任廣東恩平知縣，署佛岡廳，官至瓊州府同知。卒於任。

潘鸝 順天通州人。嘉慶二十二年三甲七十一名進士。道光四年任江西安福知縣。

林筠 福建閩縣人。嘉慶二十二年三甲七十二名進士。二十四年任福建漳州府教授。

齊培元 字養和。山東濰縣人。嘉慶二十二年三甲七十三名進士。任廣東平遠知縣。因事入獄，遣戍新疆烏魯木齊。歸後奉養雙親，卒年八十二。

安樹桐 直隸樂亭縣人。嘉慶二十二年三甲七十四名進士。道光十一年任直隸廣平府教授。

斐成章 陝西鄠縣人。嘉慶二十二年三甲七十五名進士。任知縣。

夏際唐 （一作夏際堂，誤）江蘇奉賢縣人。嘉慶二十二年三甲七十六名進士。著有《此君書樓詩鈔》。

盧超宗 貴州廣平州人。嘉慶二十二年三甲七十七名進士。二十四年任山東福山知縣。

吉泰 （1796—1861）字曉岩，號怡齋。滿洲正藍旗人。嘉慶二十二年三甲七十八名進士。歷知廣西永福、馬平、懷遠知縣，廣州海防同知，道光二十八年遷湖南永順知府，官至甘肅寧夏道、西寧道。有《曉岩府君年譜》，爲季崇綬等編。

沈迺崧 號秋畦。安徽合肥縣人。嘉慶二十二年三甲七十九名進士。任江蘇江寧府教授二十年。卒年六十五。

吳鼎元 廣西雒容縣人。嘉慶二十二年三甲八十名進士。道光九年任湖南臨武知縣。

桂彬 滿洲鑲藍旗，宗室。嘉慶二十二年三甲八十一名進士。任刑部廣西司主事。

江艫 雲南騰越州人。嘉慶二十二年三甲八十二名進士。二十五年任山西絳縣知縣。

林飛鶴 廣東陸豐縣人。嘉慶二十二年三甲八十三名進士。

芊翔 河南安陽縣人。嘉慶二十二年三甲八十四名進士。

劉斯譽 字芝崖。江西南豐縣人。嘉慶二十二年三甲八十五名進士。任山西大同知縣，調陽曲縣，擢霍州知州，升大同知府未任，改太原知府。僅兩月卒。

鄭若潢 字鬢川。湖北江陵縣人。嘉慶九年舉人，二十二年三甲八十六名進士。道光十一年任湖南桑植知縣，署保靖知縣，十七年改湖南沅陵知縣。母老乞歸。

于殿章 河南湯陰縣人。嘉慶二十二年三甲八十七名進士。二十五年任江蘇金匱知縣，改雲南師宗知縣。

秦敦原 （《進士題名碑》作秦敦源）字逢資，號襄坡。湖北漢川縣人。嘉慶九年舉人，二十二年三甲甲八十八名進士。任河南南召知縣，在任八年，改滑縣知縣，晉知州銜。卒年八十三。

段聯鋒 雲南晉寧州人。嘉慶二十二年三甲八十九名進士。二十五年任福建上杭知縣。

石交泰 山西陽城縣人。嘉慶二十二年三甲九十名進士。任直隸柏鄉知縣。

施棠 順天大興縣人，祖籍浙江餘姚。嘉慶二十二年三甲九十一名進士。二十五年任浙江杭州府教授。

陳信芳 湖南瀏陽縣人。嘉慶二十二年三甲九十二名進士。直隸大名知縣。二十三年任湖南衡州府教授，道光九年改直隸望都知縣。

何燮 字理堂，號調元。貴州安平縣人。乾隆三十八年（1773）三月三十日生。嘉慶二十二年三甲九十三名進士。任貴州黎平府教授。道光二十五年（1845）十月初三卒。年七十三。

梁序鏞 廣東南海縣人。嘉慶二十二年三甲九十四名進士。任韶州府教授。

孫右章 直隸寧晉縣人。嘉慶二十二年三甲九十五名進士。道光九年任直隸永平府教授。

霍慶姚 字漪閣。山西沁水縣人。嘉慶二十二年三甲九十六名進士。任山西汾州府教授，歷三十餘年。

吳尚知 浙江奉化縣人。嘉慶二十二年三甲九十七名進士。授即用知縣，二十五年改任浙江台州府教授。卒年六十五。

查耀文 安徽涇縣人。嘉二十二年三甲九十八名進士。二十四年任安徽懷寧府教授。

周植 廣東遂溪縣人。嘉慶二十二年三甲九十九名進士。道光元年任江西吉水知縣。

傅宣化 四川簡州人。嘉慶二十二年三甲一百名進士。二十四年任四川綏定府教授。

鄭鳳翔 字仞千。直隸遷安縣人。嘉慶二十二年三甲一百零一名進士（時年七十）。任刑部山西司主事。

賀榮緒 山西永寧州人。嘉慶二十二年三甲一百零二名進士。任廣東西寧知縣。

倪植 （改名倪慎樞）雲南昆明縣人。嘉慶二十二年三甲一百零三名進士。道光十年任山西河津知縣，十九年改山西襄垣知縣。

李恒泰 河南溫縣人。嘉慶二十二年三甲一百零四名進士。道光二十年任貴州貴定知縣。

郭璋 山東濰縣人。嘉慶二十二年三甲一百零五名進士。授直隸束鹿知縣，改山東沂州府教授。

劉清和 奉天錦縣人。嘉慶二十二年三甲一百零六名進士。任直隸大名府教授。

業桐封 福建閩縣人。嘉慶二十二年三甲一百零七名進士。任浙江嵊縣知縣，道光四年改福建興化府教授。

朱士達 字公孚，號恕齋。江蘇寶應縣人。嘉慶二十二年三甲一百零八名進士。任安徽黟縣、南陵知縣，道光二年調懷寧知縣，四年改霍山知縣，升壽州知州、鳳穎捕盜同知、鳳陽知府。署安徽寧池太廣道、廣西左江道，丁憂。服闋補雲南迤東道，二十年升四川按察使，調陝西按察使，二十二年官至湖北布政使。二十七年休致。

鍾汪杰 字元甫。浙江嘉善縣人。嘉慶二十二年三甲一百零九名進士。任山西壽陽知縣，在任八年，官至山西朔州知州。著有《小綱川書屋》。

劉邦鼎 江蘇通州直隸州人。嘉慶二十二年三甲一百十名進士。二十四年任安徽當塗知縣，改南陵知縣，道光元年署安徽鳳臺知縣。乞養歸。

胡效曾 字謹齋。安徽合肥縣人。嘉慶二十二年三甲一百十一名進士。署福建晉江、壽寧、邵武、光澤知縣，改莆田知縣，以年老改補安徽穎州教諭。乞歸。

許　湘 雲南江川縣人。嘉慶二十二年三甲一百十二名進士。選庶吉士。未散館。

侯萬福 字景庵。漢軍鑲紅旗。嘉慶二十二年三甲一百十三名進士。道光九年任浙江泰順知縣，采銅差去，道光十八年任浙江石門知縣。

張夢驥 廣西武宣縣人。嘉慶二十二年三甲一百十四名進士。任貴州綏陽知縣。

羅豐賓 江西德化縣人。嘉慶二十二年三甲一百十五名進士。任江西建昌府教授。

林時行 福建龍溪縣人。嘉慶二十二年三甲一百十六名進士。

梁景元 陝西高陵縣人。嘉慶二十二年三甲一百十七名進士。官至福建興化知府。

楊霖川 字仲濟。湖北武昌縣人。嘉慶十五年湖北鄉試解元，二十二年三甲一百十八名進士。任山西寧鄉知縣，二十四年改平遥知縣、陽曲知縣，道光四年遷山西忻州直隸知州，升朔平知府，官至太原知府，護冀寧道。

春　和 滿洲正白旗人。嘉慶二十二年三甲一百十九名進士。任戶部主事。

王元洪 順天宛平縣人。嘉慶二十二年三甲一百二十名進士。任山西偏關知縣、太平知縣。

永　泰 蒙古正黃旗人。嘉慶二十二年三甲一百二十一名進士。

龔　聰 字溫如，號玉亭。貴州遵義縣人。嘉慶二十二年三甲一百二十二名進士。道光十年六月任山東武城知縣，十五年告病歸。二十八年任山東益都知縣。著有《留青山房詩鈔》《集古詩鈔》。

李亨謙 直隸新城縣人。嘉慶二十二年三甲一百二十三名進士。

任貴州遵義知縣，道光十年任貴州開泰知縣、湄潭知縣，十一年任錦屏知縣，十七年復任開泰知縣。

沈惇成 浙江歸安縣人。嘉慶二十二年三甲一百二十四名進士。任浙江溫州府教授。

汪　熙 安徽歙縣人。嘉慶二十二年三甲一百二十五名進士。二十四年任安徽池州府教授。

譚　驤 湖南邵陽縣人。嘉慶二十二年三甲一百二十六名進士。任吏部文選司主事，官至貴州威寧州知州。歸後主講濂溪書院。

周維新 號竹溪。河南光州直隸州人。嘉慶二十二年三甲一百二十七名進士。道光六年任山東昌邑知縣，十四年任福建建寧知縣，遷江南江防同知。署徐州致仕歸。

曹錫田 字建福。山東安丘縣人。嘉慶二十二年三甲一百二十八名進士。任湖北巴東知縣、移興山知縣。乞歸。杜門不與外接，惟以吟誦自怡。著有《琴舫文集》。

强望泰 字聯初，號萼圃。陝西韓城縣人。嘉慶二十二年三甲一百二十九名進士。選庶吉士，改內閣中書。多次任四川成都水利同知，道光十七年任合州知州，十九年升補忠州直隸州知州，官至四川重慶知府。未任。

石朝棟 福建侯官縣人。嘉慶二十二年三甲一百三十名進士。道光十一年任浙江孝豐知縣，二十一年改福建延平府教授，二十四年任臺灣府教授。

凌漢奎 山東平陰縣人。嘉慶二十二年三甲一百三十一名進士。

李開元 江西廣昌縣人。嘉慶二十二年三甲一百三十二名進士。任主事。

李根深 直隸景州人。嘉慶二十二年三甲一百三十三名進士。道光十四年任直隸保定府教授。

梁　弼 廣西平南縣人。嘉慶二十二年三甲一百三十四名進士。道光十一年任陝西洋縣知縣。

吉秉奇 山西翼城縣人。嘉慶二十二年三甲一百三十五名進士。嘉慶二十三年十二月任四川新繁知縣，改四川什邡知縣。

羅士蒸 字芙洲。雲南石屏州人。嘉慶二十二年三甲一百三十六名進士。任刑部主事，官至太僕寺少卿。在京師三十年勤於職守。

巫　揆 甘肅皋蘭縣人。嘉慶二十二年三甲一百三十七名進士。任陝西鳳翔府教授。

李時升 雲南河西縣人。嘉慶二十二年三甲一百三十八名進士。任雲南府教授。

何有書 廣東番禺縣人。嘉慶二十二年三甲一百三十九名進士。任內閣中書。

王甘霖 直隸任丘縣人。嘉慶二十二年三甲一百四十名進士。任直隸順德府教授。

董　憲 雲南嶍峨縣人。嘉慶二十二年三甲一百四十一名進士。

任雲南永昌府教授。

余昌泮 湖南新化縣人。嘉慶二十二年三甲一百四十二名進士。二十四年任湖南辰州府教授。

聞 通 字豁然，號睿齋。貴州威寧州人。嘉慶二十二年三甲一百四十三名進士。任刑部主事，道光十年改福建莆田知縣，改貴州興義府教授。

王祖焯 浙江浦江縣人。嘉慶二十二年三甲一百四十四名進士。

邊孔揚 字試言。直隸任丘縣人。嘉慶二十二年三甲一百四十五名進士。道光十一年任四川彭山縣，十五年署富順縣知縣。

段聯楷 雲南晋寧州人。嘉慶二十二年三甲一百四十六名進士。

馬光瀾 字厚庵。浙江會稽縣人。嘉慶二十二年三甲一百四十七名進士。任刑部主事、員外郎，道光十二年升郎中，遷湖南岳常澧道，十六年授山東鹽運使。

孫馬傳煦，咸豐九年進士。

李仙蟠 山西壽陽縣人。嘉慶二十二年三甲一百四十八名進士。任內閣中書。

王兆辰 字申曾、康民。江蘇吳縣人。嘉慶二十二年三甲一百四十九名進士。任安徽潁州教授。

祖父王岱東，乾隆三十一年進士。

黎永贊 漢軍鑲黃旗。嘉慶二十二年三甲一百五十名進士。任雲南彌勒知縣。詩情豪放，有長江大河一洩千里之勢。雲南大觀樓、湖南岳陽樓均有題咏。書法遒勁，由篆隸入手，筆筆中鋒。

王長卿 雲南昆明縣人。嘉慶二十二年三甲一百五十一名進士。任廣西賀縣知縣，道光二十一年改直隸遷安知縣。

張海瀾 字安舟。貴州石阡府人。嘉慶二十二年三甲一百五十二名進士。任內閣中書，改四川華陽知縣、資陽知縣，道光五年任渠縣知縣，七年遷資州直隸州知州。十二年調馬邊廳軍務，卒於任。

嘉慶二十四年（1819）己卯恩科

本科爲清仁宗六旬壽辰恩科

第一甲三名

陳　沆（原名陳學濂）字茂生、太初，號秋舫、蓮友。湖北蘄水縣人。乾隆五十年（1785）六月十八日生。嘉慶二十四年一甲第一名狀元。授修撰。道光元年充廣東鄉試主考官，道光三年會試同考官，調四川道監察御史。道光六年（1826）卒於任。年僅四十二。著有《詩比興箋》《近思録補注》《簡學齋詩存》《白石山館遺稿》。

弟陳澐，嘉慶二十二年進士。

楊九畹　字蘭畬，號餘田。浙江慈溪縣人。嘉慶二十四年一甲第二名榜眼。授編修。道光二年考選陝西道御史，外官甘肅慶陽知府、涼州知府、寧夏府知府，署西寧道，十年遷新疆糧臺，十三年署甘肅平慶涇道，十五年官至廣東南韶連道。二十年（1840）卒於任，年六十。

胡達源　字青甫，號芸閣。湖南益陽縣人。乾隆四十三年（1778）生。嘉慶二十四年一甲第三名探花。

任編修。擢國子監司業，道光八年充雲南鄉試正考官，督貴州學政，升侍講學士、詹事府少詹士，因事降翰林院侍講。丁憂歸。道光二十一年（1841）五月二十五日卒。年六十四。著有《弟子箴言》《神世教》《聞妙香軒文集》。

子胡林翼，道光十六年進士，湖北巡撫。

第二甲九十九名

孫起端　字極南，號心筠。安徽桐城縣人。嘉慶二十四年二甲第一名進士。選庶吉士，改户部山東司主事，道光九年充會試同考官，升吏部員外郎，二十一年考選山東道御史，二十六年官至貴州糧儲道。

蔡紹江　字曉沙。湖北蘄水縣人。嘉慶九年舉人，二十四年二甲第二名進士。授户部主事，官至刑部員外郎。在部二十年勤慎端愨，守正不阿。著有《周易補説》《宋名臣言行録》《詩文集》等。

邵甲名　字冠群，號丹畦。順天大興縣人。乾隆五十三年（1788）十月二十一日生。嘉慶二十四年二甲第三名進士。選庶吉士，授編修。道光五年充雲南鄉試主考官，八年考選陝西道御史，九年督湖南學政，纍遷湖北鹽茶道，十五年授浙江按察使，十六年丁憂。十八年改山東按察使。十九年遷安徽布政使，改江蘇布政使，署理巡撫，二十年調廣西布政使。二十四年正月病免。

俞誦芬　字郁蘭，號茗溪。安徽婺源縣人。嘉慶二十四年二甲第四名進士。選庶吉士，散館改戶部山西司主事、江西司員外郎，升山東司郎中、軍機章京，官至安徽知府，道光二十八年改福建興化知府，護興泉兵備道。卒於任。

沈鐩彪　（一作沈鐩）字蔚齋，號聽篁。浙江仁和縣人。嘉慶二十四年二甲第五名進士。選庶吉士，授編修。道光十三年考選江南道御史，升禮科掌印給事中，官至湖北漢黃德道。

魏敬中　（榜名魏建中）字治原，號和齋、和宇。福建寧德縣人。嘉慶二十四年二甲第六名進士。選庶吉士，授編修。充國史館總纂，丁母憂歸。服闋抵京，以大筆誤改京秩，遂告歸，主南浦書院。咸豐十年（1860）卒，年八十三。

王文驤　字雲子，號夢洋、西坪。山東諸城縣人。嘉慶二十四年二甲第七名進士。選庶吉士，改任廣東開平知縣。年四十八卒於任。

王星榆　字損齋。安徽合肥縣人。嘉慶二十四年二甲第八名進士。二十五年任湖北利川知縣。以艱歸。逍遙湖濱，授徒著書。著有《損齋文稿》。

楊峻　字秀山，號蒼門。雲南太和縣（今大理）人。嘉慶十八年雲南鄉試解元，二十四年二甲第九名進士。選庶吉士，授編修。

慕維德　字淇澹，號如山、笠舟。山東蓬萊縣人。嘉慶二十四年二甲第十名進士。選庶吉士，授編修。道光八年考選湖廣道御史、掌京畿道御史，升禮科給事中，十一年外任福建汀州知府，遷四川川北道，官至光祿寺少卿。以疾歸。著有《松龕古今體詩存》《如山奏議》《修治良規》等。

子慕榮幹，同治七年進士。

胡炳　湖北荆門州人。嘉慶十八年舉人，二十四年二甲十一名進士。道光元年任四川南江知縣，十一年改山東蒙陰知縣，二十年改福建海澄知縣，官至廣西賓州知州。

錢棠　字召封。江蘇吳縣人。嘉慶二十四年二甲十二名進士。道光三年任山西長治知縣，十年改四川璧山知縣，遷朔州知州。

韓大信　字也約，號鶴莊。直隸天津縣人。嘉慶二十四年二甲十三名進士。選庶吉士，授編修。道光十年考選陝西道御史。

邵正笏　字魚竹、容水，號長

庵。浙江錢塘縣人。嘉慶二十四年二甲十四名進士。選庶吉士，授編修。道光二年充順天鄉試同考官，五年充河南鄉試主考官，十年考選江南道御史，升工科掌印給事中。十二年充福建鄉試副考官、順天同考官。後因事遣戍。

文壽崟（《進士題名碑》作方壽華）字西亭。廣西鬱林直隸州人。嘉慶二十四年二甲十五名進士。任山西文水知縣，道光五年任山西陽曲知縣，升霍州知州，署澤州知府，卒。

周曰炳　字虎文，號笠帆。順天宛平縣人，原籍浙江山陰。乾隆五十八年（1793）生。嘉慶二十四年二甲十六名進士。選庶吉士，授編修。道光十二年考選山東道御史，十三年充會試同考官，官至江蘇常鎮道、福建興泉永道。

曾祖周應宿，乾隆元年進士。

陸蔭奎　字聚五，號夢坡。雲南昆明縣人。嘉慶二十四年二甲十七名進士。選庶吉士，改戶部主事，纍遷長蘆鹽運使。道光十年改兩淮鹽運使，十七年任福建興泉永道，二十一年改長蘆鹽運使，二十三年授直隸按察使，二十六年遷江蘇布政使，署理巡撫，旋罷職。

徐士芬　字誦清，號惺庵、辛庵。浙江平湖縣人。乾隆五十六年（1791）四月初四日生。嘉慶二十四年二甲十八名進士。選庶吉士，授編修。道光八年督廣東學政，纍遷

侍讀學士，十八年授內閣學士。十九年遷工部左侍郎，二十五年改戶部右侍郎。督順天學政，二十六年以病免。道光二十八年（1848）五月初四日卒。年五十八。著有《漱芳閣詩文集》。

錢寶琛　字伯瑜，號楚玉、子獻。江蘇太倉州人。乾隆五十年（1785）三月初二日生。嘉慶二十四年二甲十九名進士。選庶吉士，授編修。道光元年督貴州學政，丁父母憂。服闋入都，十一年授河南歸德知府，歷浙江督糧道，遷長蘆鹽運使，十三年授雲南按察使遷浙江布政使，十七年九月授湖南巡撫，十八年九月調江西巡撫。二十一年五月改湖北巡撫（以病未任）八月免職。咸豐九年（1859）十月二十七日卒，年七十五。好詩詞，文學。著有《存素堂詩文》。

阮燦輝　（1780—1826）字時晁、時勛、升甫。江西安福縣人。嘉慶二十四年二甲二十名進士。選庶吉士，授編修。著有《匏庵詩鈔》《館課存稿》。

宋大寅　字少白，號雲湖、星槎。雲南江川縣人。乾隆五十九年（1794）生。嘉慶二十四年二甲二十一名進士。二十四年任江西永新知縣，改德興知縣，道光十二年調浙江仙居知縣，二十年改浙江仁和知縣。

張縉雲　直隸滿城縣人。嘉慶二十四年二年二十二名進士。署福

建侯官知縣，道光三年任福建福清知縣，六年任臺灣嘉義知縣。

劉夢蘭 字穆占、覺香，號伯徵。湖南武陵縣人。乾隆五十三年（1788）生。嘉慶二十四年二甲二十三名進士。選庶吉士，改戶部江南司主事，升郎中，道光八年充河南鄉試副考官，十四年充順天鄉試同考官，十五年考選江南道御史，外官任廣西南寧知府，官至福建糧儲道。

吳文鎔 字新鋙、甄甫，號子範、雲巢。江蘇儀征縣人。乾隆五十七年（1792）閏四月二十六日生。嘉慶二十四年二甲二十四名進士。選庶吉士，授編修。道光二年充山西鄉試副考官、八年充湖北鄉試主考官，督河南學政，升贊善、侍讀學士，道光十四年督順天學政，十六年授詹事，遷內閣學士，十七年授禮部侍郎改刑部侍郎。十九年授福建巡撫，歷湖北、江西、浙江巡撫，三十年十一月遷雲貴總督，咸豐二年改閩浙總督（未任），三年八月調湖廣總督。四年正月十五日于黃州之堵城陣亡，年六十三。贈太子少保。諡"文節"。予騎都尉兼一雲騎尉世職。

張其玣 字卞玉。江西廣豐縣人。嘉慶二十四年二甲二十五名進士。任戶部陝西司主事。以病乞歸，親老不出。詩古文有盛名。

方玉璪 字采卿。安徽定遠縣人。嘉慶二十四年二甲二十六名進士。任知縣，官至郎中。

李彬然 四川長壽縣人。嘉慶二十四年二甲二十七名進士。任刑部主事。

費庚吉 字慕韓，號駢亭。江蘇武進縣人。嘉慶二十四年二甲二十八名進士。任禮部主事，升郎中，道光十七年考選湖廣道御史，出爲河南汝寧知府、開封知府，官至福建鹽法道。以病卒。著有《毛詩約旨》《歷代名臣管見》。

胡培翬 字載屏，號竹村。安徽績溪縣人。乾隆四十七（1782）生。嘉慶二十四年二甲二十九名進士。任內閣中書、戶部廣東司主事。後因事罷官歸里。主講鍾山、惜陰、涇川書院。道光二十九年（1849）七月卒。年六十八。著有《研六室文鈔》《燕寢考》，校正《孔子編年》，撰《儀禮正義》未成等。

李紹昉 字東陽、任溪，號曉園。廣西北流縣人。嘉慶二十四年二甲三十名進士。選庶吉士，授編修。道光十五年考選河南道御史，官至浙江寧紹台道。

李耀瑚 湖北利川縣人。嘉慶十八年舉人，二十四年二甲三十一名進士。任雲南易門知縣。

蔡家玕 字侖美，號玉山。江西上猶縣人。嘉慶二十四年二甲三十二名進士。選庶吉士，改工部主事，升員外郎，道光十九年考選江南道御史，充福建鄉試副考官，升吏科給事中，官至湖南衡永郴桂道、二十一年任岳常澧道。以養老乞歸。

周祖植 河南商城縣人。嘉慶二十四年二甲三十三名進士。任刑部主事，道光十七年纍遷江蘇蘇松太道，二十一年改安徽池太廣道，二十六年遷江蘇按察使，二十七年改浙江按察使。以病免職。

劉榮熙 字緝堂，號春臺。貴州貴築縣人。嘉慶二十四年二甲三十四名進士。選庶吉士，散館改禮部主事，道光二十一年官至浙江嘉興知府。

朱德華 字仲茂，號樸齋。廣西博白縣人。嘉慶二十四年二甲三十五名進士。選庶吉士，散館改四川慶符知縣。

馬洲 字佑周，號仲閑。順天宛平人，祖籍浙江會稽。嘉慶二十四年二甲三十六名進士。任户部湖廣司主事。

高容聲 字佩蒼。山東利津縣人。嘉慶二十四年二甲三十七名進士。任户部主事、郎中，京察一等，道光十七年授江蘇鎮江府知府。在任三年以疾歸。卒年七十二。

方長庚 （《進士題名碑》作方復臨）字問松，號心來。安徽桐城縣人。嘉慶二十四年二甲三十八名進士。選庶吉士，改刑部主事，官至户部郎中。

羅耆勛 字紹伊、伊亭，號蓮舟。浙江山陰縣人。嘉慶二十四年二甲三十九名進士。任河南知縣。

劉宇昌 字叔午，號次言。四川壁山縣人。嘉慶二十四年二甲四十名進士。選庶吉士，改山東肥城知縣，署東平知州，道光四年任山東嶧縣知縣，六年丁憂去。補貴州銅梓知縣，十七年改貴州湄潭知縣，十八年升都勻府八寨同知，官至署黎平知府。

易長華 字子實，號文興。江蘇上元縣人。嘉慶二十四年二甲四十一名進士。任內閣中書，道光八年充陝西鄉試副考官，外任廣東廣州知府，擢廣東督糧道。升任山東按察使。未到任卒。

裴鑑 字靜涵，號映川、印川。江蘇句容縣人。嘉慶十三年舉人，任江蘇如皋縣教諭，二十四年二甲四十二名進士。選庶吉士，改內閣中書，道光二年充湖南鄉試副考官，官至宗人府主事。告歸。卒年六十三。

黃世名 字瀛帆。湖南湘陰縣人。嘉慶二十四年二甲四十三名進士。任內閣中書，道光二年充順天鄉試同考官，十八年署江蘇蕭碭銅沛同知，二十二年補江蘇海阜廳同知，加知府銜。

楊景曾 字晉蕃，號若蓀。江蘇江陰縣人。嘉慶二十四年二甲四十四名進士。選庶吉士，改內閣中書，官至四川石柱廳同知。以疾歸。纂修邑志。主講暨陽書院。著有《蘭賢書屋詩鈔》。

周曾毓 字格人。江蘇吳縣人。嘉慶二十四年二甲四十五名進士。

任國子監學正，官至吏部員外郎，道光十七年署山西霍州直隸知州。

朱國淳 字醴泉，號湘帆。浙江嘉善縣人。嘉慶二十四年二甲四十六名進士。選庶吉士，散館改刑部主事，升郎中。道光十四年充廣西鄉試主考官。

潘一桂 字芳霞，號月栽。浙江會稽縣人。嘉慶二十四年二甲四十七名進士。分發安徽知縣。

王錦雯 安徽鳳陽縣人。嘉慶二十四年二甲四十八名進士。道光五年任直隸清苑知縣，六年遷直隸遵化直隸州知州，十一年遷直隸大名知府。

但明倫 字天氳、天叙，號敦聖、歊五、雲湖。貴州廣順州人。嘉慶二十四年二甲四十九名進士。選庶吉士，授編修。道光元年充湖南鄉試副考官，三年充會試同考官，五年考選陝西道御史，八年充浙江鄉試副考官，十八年任湖北荆州知府，十九年改襄陽知府，二十一年任鄖陽知府，擢江蘇常鎮道，官至兩淮鹽運使。道光二十二年英軍艦入長江陷鎮江，揚州難保。但明倫聽商人江壽民計，不顧國家存亡，以六十萬賄賂英軍讓其進攻江寧，以保揚州。去官後僑居揚州，卒。著有《貽謀隨筆》《誤史管見》《資治通鑑觀要》。

子但鍾良，道光十八年進士。

王世緩 字子辨，號蘇生。順天武清縣人。乾隆五十一年十二月十九日（1787年1月）生。嘉慶二十四年二甲五十名進士。任工部主事、員外郎，道光三年考選江南道御史，遷山西朔平知府，官至山西太原府知府。

程澐 字二眉，號省齋。順天大興縣人，原籍安徽休寧。嘉慶二十四年二甲五十一名進士。選庶吉士，授編修。官至山東武定府同知，升知府。

周祖培 字芝臺、叔滋，號鶴亭、青槎。河南商城縣人。乾隆五十八年十二月初二日（1794年1月）生。嘉慶二十四年二甲五十二名進士。選庶吉士，任編修。歷侍讀學士，道光十八年授詹事，遷內閣學士。二十三年授禮部侍郎改工部、刑部侍郎，咸豐元年遷刑部尚書，三年降左副都御史，改吏部侍郎。四年二月復遷左都御史改兵部尚書。六年加太子少保，改吏部尚書，八年授協辦大學士。九年改戶部尚書，十年遷體仁閣大學士。晋太子太保。同治六年（1867）四月初五日卒，年七十五。謚"文勤"。

巫宜福 字學謙，號益亭、鞠坡。福建永定縣人。嘉慶二十四年二甲五十三名進士。選庶吉士，授編修。

兄巫宜襖，嘉慶二十二年進士。

尚開模 字啓之、龍溪，號蓮渠、晴軒。河南羅山縣人。嘉慶二十四年二甲五十四名進士。選庶吉士，改刑部主事，升員外郎，道光十三年考選福建道御史，十四年任順天東城巡城御史。十七年升福建泉州知府，官至陝西潼商道。

陳兆熊 字伯元，號辛伯。江蘇崇明縣人。嘉慶二十四年二甲五十五名進士。選庶吉士，授編修。道光五年充福建鄉試副考官。

花咏春 字伯雅，號思白、魚南、辛伯。貴州貴築縣人。嘉慶二十四年二甲五十六名進士。選庶吉士，改內閣中書，道光十一年充廣西鄉試副考官，升禮部郎中，二十一年補授江南道御史，二十八年遷山東沂州知府，改濟南知府。二十九年升山東濟東道，改雲南糧道，咸豐十年授雲南按察使，署理布政使。同治二年病休。

父花傑，嘉慶四年進士；弟花譙春，道光十三年進士。

沈福清 江蘇吳江縣人。嘉慶二十四年二甲五十七名進士。任刑部主事。

林崢嶸 廣東饒平縣人。嘉慶二十四年二甲五十八名進士。道光三年任湖北東湖知縣。

胡暉吉 字谷堂。安徽休寧縣人。嘉慶二十四年二甲五十九名進士。任安徽寧國府教授，道光八年任安徽池州府教授。

蕭秉瑩（改名蕭炳椿）字素村。江西玉山縣人。嘉慶二十四年二甲六十名進士。入貲官吏部驗封司郎中，外任雲南澂江知府，母憂歸。補山東萊州知府。以事忤上官，乞歸。

李昭美 字實之，號東竹。江西德化縣人。嘉慶二十四年二甲六十一名進士。選庶吉士，授編修。道光五年充順天鄉試同考官，七年考選河南道御史，外任江蘇松江知府，調蘇州知府，十七年擢福建汀漳龍道，丁父憂。二十四年補湖北督糧道，二十五年改湖南糧儲道。致仕歸，卒年七十四。

謝興嶢 字堯山，號小泉、杲齋。湖南湘鄉縣人。乾隆四十六年（1781）生。嘉慶二十四年二甲六十二名進士。選庶吉士，改河南寶豐知縣、固始知縣，升陝州知州，遷四川欽州知府、敘州知府，官至四川成都知府，護鹽茶道。忤上官因事罷歸。

父謝振定，乾隆四十五年進士；子謝邦鑑，道光二十五年進士。

孫河 字榮庭，號小雷。浙江長興縣人。嘉慶二十四年二甲六十三名進士。道光二年任福建仙游知縣。

戴本義 字叔禮，號治庭。順天宛平縣人。嘉慶二十四年二甲六十四名進士。任內閣中書，改四川閬中知縣，道光七年署安岳知縣，值回疆不靖，調川北營。秩滿入都，卒於京。

劉潮 江西宜春縣人。嘉慶二十四年二甲六十五名進士。任主事。

姜堅 字石夫、實夫。江蘇

甘泉縣人。嘉慶二十四年二甲六十六名進士。選庶吉士，授編修。道光二年充貴州鄉試主考官。

涂崧 字禮門，號晉笙。江西奉新縣人。嘉慶二十四年二甲六十七名進士。選廣西融縣知縣，以親老告歸，道光十一年改湖北應城知縣。

德春 字愛堂，號午橋。滿洲鑲黃旗人。嘉慶二十四年二甲六十八名進士。選庶吉士，授編修。纍遷翰林院侍讀學士，道光九年授光祿寺卿，改太常寺卿，十二年調通政使，改左副都御史，十三年調盛京兵部侍郎，十六年改盛京戶部侍郎，十九年調兵部右侍郎，改倉場侍郎。二十年改泰寧鎮總兵。

明誼 （1792—1868）蒙古正黃旗，托克托莫忒氏。嘉慶二十四年二甲六十九名進士。任兵部主事，道光二十七年纍遷山西按察使，二十八年改甘肅按察使。緣事解職。咸豐三年任哈密辦事大臣，官至烏里雅蘇臺將軍。同治五年病解職。謚"勤果"。

兄明訓，嘉慶二十五年進士，吏部右侍郎。

胡美彥 字浚明，號雋民。湖北黃岡縣人。嘉慶十八年舉人，二十四年二甲七十名進士。選庶吉士，改戶部主事，升員外郎、刑部郎中，道光二十三年充順天鄉試同考官，官至廣東高州知府。卒於任。

方傳穆 字彥和，號仲雯。安徽桐城縣人。嘉慶二十四年二甲七十一名進士。選庶吉士，授編修。道光十年署江西南昌知府，任饒州府知府，十八年遷湖南辰州知府，官至福建延建邵道，咸豐元年降湖南沅州知府。

鄭瑞麒 字任圃。福建閩縣人。嘉慶二十四年二甲七十二名進士。任內閣中書，纍遷江西九江府知府，道光十九年署江西廣饒九南道，兼九江關監督，丁憂歸。服闋，二十六年補廣西慶遠知府，以守城功敘道員。解組歸。

張家枋 字敬南，號小珣。湖南湘潭縣人。乾隆五十四年（1789）生。嘉慶二十四年二甲七十三名進士。道光元年任江西峽江、萬年、武寧知縣，改四川鹽大使，署四川巴縣、遂寧知縣。以蜚語鐫級歸。咸豐八年（1858）卒，年七十。

徐經 （原名徐述虔）字恒生，號子慎。江蘇嘉定縣人。嘉慶二十四年二甲七十四名進士。選庶吉士，授編修。道光十九年纍遷山東運河道，官至山東濟東泰武臨道。

徐久道 字西雲，號成齋。貴州黔西州人。嘉慶二十四年二甲七十五名進士。二十五年任四川開縣知縣，改宜賓知縣，道光五年署四川石砫廳同知，十一年遷四川峨邊廳通判，署敘永廳，丁憂歸。改浙江湖州知府。著有《燕臺草》《蜀江草》《蜀中吟》《養餘齋文稿》等。

尹榮組 字錫圭。湖南酃縣人。

嘉慶二十四年二甲七十六名進士。授工部主事。假歸遂不復出，以著書自娛。

啓　寧　滿洲正紅旗人。嘉慶二十四年二甲七十七名進士。

羅升梧　字次垣。廣東陽春縣人。嘉慶二十四年二甲七十八名進士。道光三年任浙江石門知縣，四年改常山知縣，八年遷浙江湖州知府，丁憂。改甘肅平涼知府，因公左遷，道光二十五年署四川馬邊廳同知，三十年任酉陽直隸州知州，署潼川知府、夔州府知府，咸豐六年署四川重慶知府。

蔡鵬南　福建晉江縣人。嘉慶二十四年二甲七十九名進士。即用知縣。

朱希良　順天大興縣人。嘉慶二十四年二甲八十名進士。任河南西華知縣，道光十四年任四川璧山知縣。

陶繼堯　（榜名陶際清）字瞻雲，號槎仙。浙江會稽縣人。嘉慶二十四年二甲八十一名進士。任內閣中書，官至湖南常德府清軍水利同知。

朱　瀾　字鏡川，號月帆。浙江仁和人。嘉慶二十四年二甲八十二名進士。選庶吉士，二十五年改江蘇金壇知縣，道光三年仍任。

麥　祥　字履齋。雲南楚雄縣人。嘉慶二十四年二甲八十三名進士。授河南新野知縣，調唐縣，改固始知縣，在任六年，改福建南平知縣，遷邵武府同知。卒於任。

盛　增　字觀儀，號益齋。安徽全椒縣人。嘉慶二十四年二甲八十四名進士。選庶吉士，散館改刑部主事。

賈大夏　山西太谷縣人。嘉慶二十四年二甲八十五名進士。任刑部主事、員外郎，吏部郎中，遷雲南麗江知府，官至貴州鎮遠府知府，道光十六年署貴東道。

葉敬昌　（原名葉敏昌）字懋勤，號敬亭。福建閩縣人。嘉慶二十四年二甲八十六名進士。選庶吉士，散館改吏部主事，升員外郎、考工司郎中，外任江蘇松江知府，道光五年調湖南永州知府，十四年改湖北荊州知府，十九年官至湖北鹽茶道，代襄陽知府，署布政使。

祖父葉觀國，乾隆十六年進士；父葉申萬，嘉慶十年進士。

李嘉秀　字君實，號東山。四川樂山縣人。嘉慶二十四年二甲八十七名進士。任內閣中書，改四川保寧府教授。引疾歸。年九十卒於九峰書院。著有《虛白堂文集》行世。

龔聯奎　福建南平縣人。嘉慶二十四年二甲八十八名進士。二十五年任四川安岳知縣，道光五年復任安岳，改華陽知縣，八年升綿州直隸州知州。

李鴻卓　江西南城縣人。嘉慶二十四年二甲八十九名進士。道光二年任貴州安化知縣、桐梓知縣，官至麻哈知州。

周濂 字仁甫，號晴川。順天大興縣人，原籍江蘇陽湖。嘉慶二十四年二甲九十名進士。選庶吉士，道光十二年改江西廬陵縣知縣。

李衢 字堯尊。雲南晋寧州人。嘉慶二十四年二甲九十一名進士。任内閣中書、文淵閣校閱官，道光三年、四年二任江蘇邳州知州。弃官歸。道光年間卒。

鄭瑞玉 字石臣，號朗如。四川廣安州人。嘉慶二十四年二甲九十二名進士。選庶吉士，授編修。道光二年充順天鄉試同考官，六年會試同考官，九年考選陝西道御史，掌福建道御史，十一年督江西學政，被劾降大理寺評事，改吏部主事，升掌印員外郎。道光二十八年（1848）卒，年五十九。

圖隆阿 滿洲正黄旗人。嘉慶二十四年二甲九十三名進士。道光十三年改安徽青陽知縣，二十二年任安徽太和知縣。

孫衛 字子丹，號蒙水。浙江富陽縣人。嘉慶二十四年二甲九十四名進士。道光十年任山西太谷知縣，署平定州知州。

蔣立誠 字允一，號西園。陝西渭南縣人。嘉慶二十四年二甲九十五名進士。選庶吉士。授編修。

王雲岫 字雯谷，號譎堂。山東臨淄縣人。乾隆五十年（1785）生。嘉慶二十四年二甲九十六名進士。選庶吉士，授編修。道光元年

充順天鄉試同考官，五年考選福建道御史。後卒於京。年四十四。

陳維垣 字豐之，號星臺。江蘇江寧縣人。嘉慶二十四年二甲九十七名進士。任内閣中書，考取軍機章京。年三十五卒。

鄭繩祖 字孫卿，號翼堂。安徽祁門縣人。嘉慶二十四年二甲九十八名進士。任河南正陽知縣，補魯山知縣。解組歸。

黄錫祚 福建閩縣人。嘉慶二十四年二甲九十九名進士。二十五年署浙江龍泉知縣，改慈溪知縣，道光六年嘉善知縣，九年改嘉興知縣，升烏鎮同知、温州府玉環同知。謝病歸。

第三甲一百二十二名

陳嘉謨 字良弼。直隸阜平縣人。嘉慶二十四年三甲第一名進士。家居授徒。卒年四十八。

龔文焕 字伯耀，號霞城。福建光澤縣人。嘉慶二十四年三甲第二名進士。選庶吉士，授檢討。道光八年充順天鄉試同考官，十二年充會試同考官、江南鄉試副考官，官至江蘇鎮江知府。

弟龔文炳，嘉慶十九年進士。

馮鋐 字金聲。山東臨清直隸州人。嘉慶二十四年三甲第三名進士。任福建邵武知縣。告歸。教授里中士林。

陳學源 湖北江夏縣人。嘉慶

十五年舉人，二十四年三甲第四名進士。任刑部主事，改直隷萬全知縣，道光十年任安肅知縣。

郭應辰 字先甲，號劬生。安徽全椒縣人。嘉慶二十四年三甲第五名進士。選庶吉士，道光元年改任福建將樂知縣，四年任漳浦知縣，九年任龍溪知縣、韶安知縣。升邵武府同知，擢知府。

郭維城 湖南長沙縣人。嘉慶二十四年三甲第六名進士。二十四年授浙江縉雲知縣，同年改湖南寶慶府教授。

戴修道 字濟普，號教亭、達軒。湖北雲夢縣人。嘉慶十二年舉人，二十四年三甲第七名進士。選庶吉士，改刑部山西司主事。道光十年（1830）卒。

牛夢鯤 山西安邑縣人。嘉慶二十四年三甲第八名進士。道光元年任直隷鹽山知縣，五年改湖北當陽知縣，十四年改湖北漢川知縣。

洪錫光 （《進士題名碑》作洪永錫）江西餘干縣人。嘉慶二十四年三甲第九名進士。任知縣。

朱嶟 字仰山，號楸堂、芷堂、蓮峰。雲南通海縣人。乾隆五十六年（1791）十一月初一日生。嘉慶二十四年三甲第十名進士。選庶吉士，授檢討。道光十二年考選江南道御史，遷大理寺少卿，道光十四年授詹事遷內閣學士。十六年許乃濟奏請馳禁鴉片，他上疏反對，要求重申禁令，對犯法者處以嚴刑，

奏摺受廣泛稱贊，爲禁煙運動之先驅。十七年授兵部侍郎。二十五年坐事降。補侍讀學士、通政副使，二十八年復授內閣學士遷倉場侍郎，咸豐五年改戶部侍郎，六年十一月遷左都御史，八年十一月授禮部尚書。十一年以病免職。同治元年（1862）四月二十三日卒，年七十二。諡"文端"。

錢誠基 字雲根。江蘇青浦縣人。嘉慶二十四年三甲十一名進士。未仕歸卒。

張維甲 山東蓬萊縣人。嘉慶二十四年三甲十二名進士。道光三年任福建永定知縣。著有《古筠山房詩稿》。

潘錫榮 字錦棠、晴溪，號南軒。山東樂陵縣人。嘉慶二十四年三甲十三名進士。官至河南孟津知縣。

賈侍舜 字虞臣。甘肅鎮原縣人。嘉慶二十四年三甲十四名進士。任內閣中書，改廣東開建知縣，調署興寧知縣。

趙琇 雲南太和縣人。嘉慶二十四年三甲十五名進士。任刑部主事。

潘一奎 甘肅武威縣人。嘉慶二十四年三甲十六名進士。任吏部考工司主事。

黃華璧 享覆厚，號浴青。江西樂平縣人。嘉慶二十四年三甲十七名進士。未仕，以病卒於家。

余靖 字上田，號存齋。河

南禹州人。嘉慶二十四年三甲十八名進士。任四川資陽知縣，補鹽亭，後降直隸束鹿縣丞。母疾，歸已亡。哀毀成疾，卒年五十七。著有《春秋傳說授讀》二十卷。

廖重機 廣西臨桂縣人。嘉慶二十四年三甲十九名進士。

李 閑 山西高平縣人。嘉慶二十四年三甲二十名進士。道光二年任甘肅文縣知縣，纍遷山東運河兵備道，改廣西柱平梧鬱道，咸豐九年（1859）遷廣西按察使，官至廣西布政使。九月二十九日卒。

龔 藻 字潔之，號雪舫。浙江西安縣人。嘉慶二十四年三甲二十一名進士。任山西寧武知縣，調鳳臺知縣，改五寨縣、石樓縣知縣。引疾歸。

黃天相 河南光山縣人。嘉慶二十四年三甲二十二名進士。

松 峻 字翰生，號芸樵。滿洲正黃旗。嘉慶二十四年三甲二十三名進士。選庶吉士，散館改任主事，歷任侍講、侍讀學士，道光十七年五月授詹事，九月遷內閣學士。十八年遷盛京刑部侍郎，十一月改工部右侍郎，二十年二月改泰寧鎮總兵。

耿 麟 直隸阜平縣人。嘉慶二十四年三甲二十四名進士。二十五年任湖北保康知縣，道光元年改漢川知縣，四年改湖北江陵知縣，六年遷湖北隨州知州，調雲南路南州知州、威遠廳同知、雲南廣西直隸州知州，官至雲南普洱府知府、永昌知府。

陳增稔 順天大興縣人。嘉慶二十四年三甲二十五名進士。道光十二年署江蘇荊溪知縣，十四年任江蘇丹徒知縣，十七年補靖江知縣。

胡 裕 字道春。浙江餘姚縣人。嘉慶二十四年三甲二十六名進士。任浙江寧波府教授。

王于烈 字西泉。甘肅武威縣人。嘉慶二十四年三甲二十七名進士。道光十二年任四川合江知縣。

吳繩顯 廣西遷江縣人。嘉慶二十四年三甲二十八名進士。任國子監學正。

胡 湜 字守初、嘯雯，號峭水、耐緣。浙江鎮海縣人。嘉慶二十四年三甲二十九名進士。選庶吉士。著有《胎花樓稿》。

曾祖胡維炳，雍正十一年進士。

謝 澐 四川華陽縣人。嘉慶二十四年三甲三十名進士。任廣西宜山知縣。

訥勒亨額 滿洲正藍旗，宗室。嘉慶二十四年三甲三十一名進士。任禮部主事，纍遷駐藏邦辦，道光二十三年授盛京刑部侍郎。

譚光第 字杏樓。直隸灤州人。嘉慶二十四年三甲三十二名進士。道光十年任廣東定安知縣，升崖州知州。丁內艱歸。父老多病不欲遠離，十年後父喪遂不復出，年五十七卒。

林良弼 號秋士。福建閩縣人。

嘉慶二十四年三甲三十三名進士。任浙江縉雲知縣，道光七年任浙江雲和知縣。

饒　芝　字商山。廣東大埔縣人。嘉慶二十四年二甲三十四名進士。二十四年任浙江海鹽知縣，道光三年改分水知縣，八年復任分水縣。

王恂　字子誠。陝西大荔縣人。嘉慶二十四年三甲三十五名進士。任雲南祿勸知縣，遷山西朔州知州。卒於任。

富陞額　滿洲正白旗人。嘉慶二十四年三甲三十六名進士。道光元年任直隸昌黎知縣，二年改樂亭知縣，七年任邯鄲知縣。

王寶華　字瑞甫，號古園。浙江錢塘縣人。嘉慶二十四年三甲三十七名進士。選庶吉士，散館歸班候選知縣，道光十二年任四川名山知縣，調署合江、雅安知縣。年六十一解組歸。寓西安，卒年七十二。著有《蒙山仙館詩鈔》。

父王沅，乾隆四十九年進士。

楊培基　陝西涇陽縣人。嘉慶二十四年三甲三十八名進士。任山陰知縣。

宋仁華　字實宣，號梅莊。浙江嵊縣人。嘉慶二十四年三甲三十九名進士。授廣東英德知縣，署恩平縣二年餘，卸職旋卒。著有《碧筠書屋詩文稿》。

龔善思　字意舲。安徽合肥縣人。嘉慶二十四年三甲四十名進士。

道光十二年任江蘇興化知縣，改上元知縣，十九年任泰州知州，擢海州直隸州知州，升知府。旋以失察屬縣去官。

李德生　河南鎮平縣人。嘉慶二十四年三甲四十一名進士。任雲南易門知縣、定遠知縣，遷昭通鎮雄州知州，官至雲南東川府知府。

高履觀　字尚賓，號雲亭。山西朔州人。乾隆五十三年（1788）生。嘉慶二十四年三甲四十二名進士。任內閣中書，道光二十三年九月署浙江杭州府同知。

鐵麟　字希深，號仁山。滿洲正藍旗，宗室。乾隆五十一年（1786）三月二十八日生。嘉慶二十四年三甲四十三名進士。選庶吉士，授檢討。纍遷國子監祭酒，道光八年授光祿寺卿，改左副都御史，十一年調盛京禮部侍郎，歷兵部、倉場侍郎。十九年三月遷左都御史，二十年十二月調察哈爾都統，二十七年改任荊州將軍。十二月（1848年1月）卒。謚“文恪”。

何輝綬　字實甫，號春舫。山西靈石縣人。嘉慶二十四年三甲四十四名進士。選庶吉士，授檢討。道光三年充會試同考官，五年考選山東道御史，十一年外任山東萊州知府，署登萊青兵備道，後因事二十五年降直隸邢臺知縣，官至陝西耀州知州。

衛龍筠　河南新安縣人。嘉慶二十四年三甲四十五名進士。二十五年任湖北竹山知縣，改湖北石首知縣。

郭鑒庚（《進士題名碑錄》作郭聚奎）字尊香。河南信陽州人。嘉慶二十四年三甲四十六名進士。任四川知縣，改雲南宜良縣知縣。重宴恩榮。

曾逐淵　福建平和縣人。嘉慶二十四年三甲四十七名進士。

李培炆　字荔仙。四川漢州人。嘉慶二十四年三甲四十八名進士。任湖南澧州安福知縣，以疾卒。著有《荔仙文稿》。

王頤　字籛齡，號百期。順天宛平縣人。乾隆四十年（1776）生。嘉慶二十四年三甲四十九名進士。二十五年任浙江安吉知縣，改浙江仁和知縣，道光四年錢塘知縣，遷海寧知州，

徐作霖　字雲莊。奉天復州人。嘉慶二十四年三甲五十名進士。任國子監學正，改甘肅禮縣知縣，歷署山丹、寧靜等縣。居官勤慎，有循良聲。

慶善　號雲屏。漢軍鑲黃旗人。嘉慶二十四年三甲五十一名進士。道光元年任四川安縣知縣，二年遷峨邊廳通判。八年卸任。

汪日宣（原名汪淦）字麗泉。安徽黟縣人。嘉慶二十四年三甲五十二名進士。選庶吉士，授檢討。道光十四年官至四川重慶知府。十九年（1839）大旱禱雨中暑病卒。

張爾牧　字芻之。山東掖縣人。

嘉慶二十四年三甲五十三名進士。未仕。

侯錫珵　字肇輝，號蘊山、鍾麓。雲南鄧川州人。嘉慶二十四年三甲五十四名進士。逾十四年至道光十二年，始任福建平和知縣，改松溪知縣。引疾歸。

郭鳴高　字行祥，號藹士。福建德化縣人。嘉慶二十四年三甲五十五名進士。任吏部主事，升員外郎。道光十二年考選河南道御史，掌陝西道御史，十八年官至貴州思南知府。

楊煃　字聚五，號東垣。貴州貴築縣人，原籍浙江山陰。嘉慶二十四年三甲五十六名進士。道光十年任山東鄒平知縣，調臨沂，十一年任蘭山知縣，十三年八月改歷城知縣，升東平知州，官至山東東平知府。

陳維屏　字建之，號劍芝。江蘇江寧縣人。嘉慶二十四年三甲五十七名進士。任山西榆社知縣，歷任浮山、太平、陽曲知縣，升潞安府同知，道光二十三年署山西忻州直隸州知州，二十八年署山西澤州知府，咸豐三年遷廣西柳州知府，官至廣西右江道。未到任卒。

黃徵乂　字仲治，號平黼。浙江餘姚縣人。舉人。嘉慶十三年浙江樂清縣教諭，二十四年三甲五十八名進士。二十五年任廣東從化知縣。

趙存洵　字軒水，號眉叔。浙

江鄞縣人。嘉慶二十四年三甲五十九名進士。選庶吉士。

宜　崇（原名伊崇額）號井庵。滿州鑲紅旗人。嘉慶二十四年三甲六十名進士。任內閣中書，道光二十年由禮部員外郎補授福建道御史。

陳在元　貴州遵義縣人。嘉慶二十四年三甲六十一名進士。任直隸隆平知縣。

馬鏘鸞　山西平定直隸州人。嘉慶二十四年三甲六十二名進士。任江西安義知縣。

錫　旈　漢軍正白旗。嘉慶二十四年三甲六十三名進士。道光二年任四川犍爲知縣，四年改四川成都知縣。

希　哲　滿洲鑲藍旗人，宗室。嘉慶二十四年三甲六十四名進士。任宗人府經歷司經歷。

李　鍔　字蓮峰。山西安邑縣人。嘉慶二十四年三甲六十五名進士。道光二年任湖北宜城知縣，四年改湖北孝感知縣，五年遷湖北蘄州知州。

周　彥　字子美，號澗東。江西鄱陽縣人。嘉慶二十四年三甲六十六名進士。任兵部主事，升郎中，道光十二年考選江南道御史，十三年授臺灣知府，官至浙江寧紹台道。旋告歸。

父周崧曉，乾隆三十七年進士。

羅　珍　號佛崖。四川威遠縣人。嘉慶二十四年三甲六十七名進士。任直隸靈壽知縣，改湖北石首知縣。著有《佛崖詩鈔》行世。

梁　炳　四川仁壽縣人。嘉慶二十四年三甲六十八名進士。任內閣中書，改直隸玉田知縣。

鄂爾端　字午橋，號心齋。滿洲正藍旗，宗室。嘉慶二十四年三甲六十九名進士。宗人府主事，道光十五年由理藩院員外郎授陝西道御史，轉吏科給事中，遷通政副使，十七年授詹事。十八年改大理寺卿，十九年三月授左副都御史，七月改泰寧鎮總兵。

李廷幹　字立山。直隸慶雲縣人。嘉慶二十四年三甲七十名進士。任戶部主事，升員外郎、郎中。引疾歸。卒年七十六。

史孟和　字琴山。江蘇溧陽縣人。嘉慶二十四年三甲七十一名進士。任無錫金壇書院講席。道光年間授江西興國知縣，十七年調上饒知縣，升景德鎮同知，以疾乞歸。後以助餉勞晉知府銜。留江西竟不復出。

文　雅　滿洲正白旗人。嘉慶二十四年三甲七十二名進士。

王思義　順天寶坻縣人。嘉慶二十四年三甲七十三名進士。任內閣中書。

唐琳枝　號賓門。廣西臨桂縣人。嘉慶二十四年三甲七十四名進士。道光十三年任江西興安知縣，十四年十一月署江西上饒縣知縣，十九年署南豐知縣。

賀　緯　寧夏靈州人。嘉慶二十四年三甲七十五名進士。即用知縣。

賈　琅　字小緗，號青圃。山東歷城縣（一作齊河）人。嘉慶二十四年三甲七十六名進士。截取知縣，改任山東沂州府教授。

蔣元封　字建堂。江蘇吳縣人。嘉慶二十四年三甲七十七名進士。銓選知縣，請改教職，道光七年選安徽廬州府教授。以母老迎養爲難辭不赴，道光九年（1829）母喪，哀毀卒。

翟發宗　安徽寧國縣人。嘉慶二十四年三甲七十八名進士。任刑部主事，官至雲南昭通知府。

王善壁　字奎東。山東福山縣人。嘉慶二十四年三甲七十九名進士。任廣東和平知縣。

張啓庚　字苑春，號草堂。江西奉新縣人。嘉慶二十四年三甲八十名進士。二十五年任湖南沅江知縣，道光三年改衡陽知縣，十四年任湖南會同知縣。以軍功加同知銜。歸後主洪都、芝陽、信江、雙桂書院講席。

歐陽山　福建南靖縣人。嘉慶二十四年三甲八十一名進士。特用教職，保舉孝廉方正。

焦維械　字鏡宇，號東屏。山西忻州直隸州人。嘉慶二十四年三甲八十二名進士。選庶吉士，道光元年改四川江油知縣，七年署馬邊同知。因與上不合被劾，改任教職歸。

托渾布　字子元，號安敦、愛山。蒙古正藍旗，博爾濟吉特氏。嘉慶四年（1799）生。嘉慶二十四年三甲八十三名進士。道光五年任湖南東安知縣，安化、湘潭知縣，遷福建興化知府、漳州知府，十四年遷福建糧儲道，十六年授直隸按察使遷直隸布政使，十九年八月授山東巡撫。二十二年十二月以病免職。道光二十三年（1843）十月卒。年四十五。著有《瑞榴堂詩》。

孫淦酉　（原名衡公）奉天蓋平縣人。嘉慶二十四年三甲八十四名進士。授國子監學正。著有《詩文集》。

梅克芳　貴州普定縣人。嘉慶二十四年三甲八十五名進士。任內閣中書，改貴陽府教授。

恒　熙　漢軍正白旗人。嘉慶二十四年三甲八十六名進士。任陝西高陵知縣。

張夢蘭　字循陔。山東觀城縣人。嘉慶二十四年三甲八十七名進士。任福建光澤知縣，二十七年調浙江太平知縣。

盧履謙　貴州黃平州人。嘉慶二十四年三甲八十八名進士。

冷　煌　江西新昌縣人。嘉慶二十四年三甲八十九名進士。道光十五年任浙江分水知縣。

張　署　順天大興縣人，原籍江蘇丹徒。嘉慶二十四年三甲九十名進士。任廣東惠來知縣，升知州。

貢青選　江蘇武進縣人。嘉慶

二十四年三甲九十一名進士。任安徽廬州府教授。

彭三壽 江西新昌縣人。嘉慶二十四年三甲九十二名進士。道光元年三月任山東東阿知縣，丁憂去。二十五年任山東沂水知縣。

趙軒波 號頤山。福建閩縣人。嘉慶二十四年三甲九十三名進士。乞養歸，父母喪後未幾卒。著有《戰國通考》《結石歡齋詩文集》《犀照雜志》等。

蔣廷恩 （原名蔣棠）字華輝。江蘇元和縣人。嘉慶二十四年三甲九十四名進士。通籍時年六十八。授內閣中書。在任一年歸。歸後三年卒。

崔虞齡 字康徵。山西汾陽縣人。嘉慶二十四年三甲九十五名進士。道光十三年任陝西府谷知縣，十七年調富平知縣。卒於任。

劉鋆 江蘇泰州人。嘉慶二十四年三甲九十六名進士。歸班候選知縣。

席光繻 字雲占、繼堂。陝西朝邑縣人。嘉慶二十四年三甲九十七名進士。道光二年任直隸欒城知縣，歷署直隸平山、正定、萬全、懷安知縣，補吳橋知縣。卒於任。年六十七。

鄭永修 字慎齋。山西崞縣人。嘉慶二十四年三甲九十八名進士。授河南閿鄉知縣，母喪服闋，補廣西來賓知縣，官至廣西全州知州。積勞嘔血卒。

曲世淳 字補園。山東掖縣人。嘉慶二十四年三甲九十九名進士。歸班候選知縣。卒於鄉。

德亮 字潤之。滿洲正白旗人。嘉慶二十四年三甲一百名進士。道光十三年任陝西高陵知縣，咸豐三年擢定遠廳同知。

趙光蕙 廣東增城縣人。嘉慶二十四年三甲一百零一名進士。

劉遵和 山東沂水縣人。嘉慶二十四年三甲一百零二名進士。任戶部主事。

鄧夢鯉 福建德化縣人。嘉慶二十四年三甲一百零三名進士。任湖南臨武知縣，道光十六年改江蘇江浦知縣。

呂夢飛 字注江，號獻堂。江西德化縣人。嘉慶二十四年三甲一百零四名進士。選庶吉士，散館改任雲南元謀知縣。工詩文，著有《文獻堂文稿》。

劉霈 廣東番禺縣人。嘉慶二十四年三甲一百零五名進士。

陳璵 字奐魯，號玉堂。貴州黃平州人。嘉慶二十四年三甲一百零六名進士。任河南夏邑知縣。

蔡以倬 字倬人。湖北監利縣人。嘉慶二十一年舉人，二十四年三甲一百零七名進士。

賀雲舉 字慎舟，號蓮坪。直隸武強縣人。嘉慶二十四年三甲一百零八名進士。任江蘇阜寧知縣，道光三年署江蘇高淳知縣，五年補靖江知縣，署蘇州督糧同知，九年改鎮洋知縣。告歸。年八十五卒。

王振江　字迴瀾，號竹亭。陝西澄城縣人。嘉慶二十四年三甲一百零九名進士。授知縣未任，著有《槐堂雜稿》。

諸葛僖　字學敏，號夢岩。浙江蘭溪縣人。嘉慶二十四年三甲一百十名進士。初以廩生授教職，歷署浙江海鹽、太平、臨海等縣訓導，二十四年成進士授知縣不就，嘗以書一卷，酒一壺據案獨酌，不以榮利介懷。著有《夢岩詩稿》。

曹浦蓮　湖北枝江縣人。嘉慶十八年舉人，二十四年三甲一百十一名進士。二十四年任湖北黃州府教授。

段上功　字芝軒。直隸清苑縣人。嘉慶二十四年三甲一百十二名進士。道光十六年任直隸廣平府教授。

李印萬　字實之，號柳村。山西平定直隸州人。嘉慶二十四年三甲一百十三名進士。選庶吉士，散館改主事。

陳道隆　字郅堂。湖南黔陽縣人。嘉慶二十四年三甲一百十四名進士。授直隸臨城知縣，調順天大興知縣。被議歸。主講龍標書院。

王肇新　雲南賓川州人。嘉慶二十四年三甲一百十五名進士。

王森長　山東福山縣人。嘉慶二十四年三甲一百十六名進士。任陝西鳳翔知縣、蒲城縣知縣，官至江西袁州同知。

蔡如蘅　字結芬，號湘生。廣東順德縣人。嘉慶二十四年三甲一百十七名進士。選庶吉士，授檢討。

孫述庭　字渭明，號遹山。直隸鹽山縣人。嘉慶二十四年三甲一百十八名進士。二十五年署山東利津知縣，道光元年任山東即墨知縣，改壽光知縣。以親老解組歸不復出。

李　泰　直隸望都縣人。嘉慶二十四年三甲一百十九名進士。道光十三年任直隸東臺知縣。

周步驤　江西安福縣人。嘉慶二十四年三甲一百二十名進士。道光三年任江西贛州府教授。

王　昺　字息田，號愛廬、無庵。江西泰和縣人。嘉慶二十四年三甲一百二十一名進士。選庶吉士，散館改任知縣。

王天錫　直隸天津縣人。嘉慶二十四年三甲一百二十二名進士。任國子監學正。

嘉慶二十五年（1820）庚辰科

第一甲三名

陳繼昌 （原名陳守叡）字哲臣，號蓮史。廣西臨桂縣人。乾隆五十六年（1791）六月十一日生。嘉慶二十五年會元，一甲第一名狀元，在鄉試、會試、殿試中連中三元（是清代第二個"三元及第"，第一個"三元及第"是乾隆四十六年狀元錢棨）。授修撰。道光二年充陝西鄉試副考官，任山東兗州知府，十一年改直隸保定知府，遷直隸通永道，道光十五年授江西按察使，十七年遷山西布政使，改直隸布政使。病免。二十三年痊癒授甘肅布政使改江寧布政使，二十五年曾署江蘇巡撫。十二月病休，卒於家。著有《如話齋詩存》。

曾祖陳宏謀，雍正元年進士，東閣大學士；祖父陳蘭森，乾隆二十二年進士。

許乃普 字貞錫、鴻甫，號季鴻、滇生。浙江錢塘縣人。乾隆五十二年（1787）五月初四日生。嘉慶二十五年一甲第二名榜眼。歷任編修。遷洗馬、貴州學政、侍讀、侍講學士、少詹事，道光十七年授詹事遷內閣學士。十八年授刑部侍郎改吏部、戶部侍郎，二十一年遷兵部尚書。二十五年因事降太常寺卿，改光祿寺卿，咸豐二年授內閣學士遷兵部侍郎，改刑部侍郎，三年五月遷工部尚書調刑部尚書，四年二月因事又降內閣學士，十一月遷左都御史，六年復授工部尚書，九年五月改吏部尚書。加太子太保。十年九月以病免職。同治五年（1866）十月三十日卒，享年八十。謚"文恪"。著有《堪喜齋集》。

陳鑾 字南野、仲和、玉生，號芝楣。湖北江夏縣人。乾隆五十一年（1786）四月二十九日生。嘉慶十五年舉人，二十五年一甲第三名探花。任編修。道光二年充浙江鄉試副考官，京察一等，五年擢江蘇松江知府，遷蘇松太道、廣東鹽運使。道光十一年授浙江按察使，遷江西布政使改江蘇布政使，十六年授江西巡撫改江蘇巡撫，十九年（1839）三月署兩江總督。十一月二十三日卒。年五十四。贈太子少保。著有《耕心書屋詩文集》，又輯《三楚歷朝名賢墨迹》《撫楚帖》等。

第二甲一百名

龔文輝 字叔光，號錦溪、照衢。福建光澤縣人。嘉慶二十五年二甲第一名進士。選庶吉士，授編修。

何桂馨 字見復，號一山。江蘇吳縣人。嘉慶二十五年二甲第二名進士。選庶吉士，授編修。降內閣中書，道光十四年充順天鄉試同考官，十五年充廣東鄉試副考官，十七年督四川學政，升刑部員外郎，二十四年補授陝西道御史。二十五年充會試同考官。歸後未幾卒。

王德寬 字敬齋、敷五，號實樵、石橋。湖南武陵縣人。嘉慶二十五年二甲第三名進士。選庶吉士，散館改浙江嵊縣知縣，改德清、歸安知縣，遷山東濟南府同知，署山東東昌、曹州知府，丁憂。改刑部員外郎，道光十四年任浙江杭州府同知，二十年官至浙江衢州知府。未幾卒。

周作楫 字良弼、濟川，號夢岩、小湖。江西泰和縣人。嘉慶二十五年二甲第四名進士。選庶吉士，授編修。道光五年充廣西鄉試主考官，督廣西學政，十年考選江南道御史，十一年督河南學政，十九年

外官貴州銅仁知府，代理思南、都勻、興義知府，後任遵義知府、貴陽知府，曾三次護貴州糧道，二十七年改貴東道，官至長蘆鹽運使。

田嵩年 （1789—1837）字季高，號夢琴。山西盂縣人。嘉慶二十五年二甲第五名進士。選庶吉士，授編修。道光六年充會試同考官，八年充廣東鄉試主考官，遷侍講學士，十三年任奉天府丞兼學政，十五年擢順天府尹。十六年罷職歸。主講晉陽書院。工書法。

羅士菁 字賓門，號雅林。雲南石屏州人。嘉慶二十五年二甲第六名進士。選庶吉士，授編修。升贊善，道光十一年充福建鄉試副考官，晉國子監司業，外任江蘇常州知府，官至山西河東道。年未及四十早卒。工書法，學顏真卿、王羲之。

詹汝諧 字南英，號緘甫。江蘇高郵州人。嘉慶二十五年二甲第七名進士。任刑部主事，後任坐糧廳。卒年四十四。著有《文梓書屋經訓》《四書參注》《四書大注、後注、合注》。

方用儀 江西南昌縣人。嘉慶二十五年二甲第八名進士。任刑部主事，道光十八年纍遷山東青州知府，二十年改濟南知府，二十一年官至陝西督糧道。二十五年逸部引見。

父方振，嘉慶六年進士。

賈克慎 字叔明，號亮才、春園、閭柴。山西陽曲縣人。嘉慶二十五年二年第九名進士。選庶吉士，

授編修。道光十四年督貴州學政，官至鴻臚寺卿。工詩文、書法。

劉俊德 字紹衣，號谷虛。江西德化縣人。嘉慶二十五年二甲第十名進士。選庶吉士，道光三年散館改四川井研知縣。

許應藻 字象九，號魚泉。雲南石屏州人。嘉慶二十五年二甲十一名進士。選庶吉士，授編修。道光三年充會試同考官，升贊善，十年督湖北學政，晉侍講、侍讀，外官至浙江糧道。

陳岱霖 （原名陳啓伯）字慶覃，號雲石。湖南善化縣人。嘉慶二十五年二甲十二名進士。任工部主事，升兵部郎中，道光十九年考選福建道御史，官至刑科給事中。

吳式敏 字遜甫，號平山、春巢。山東海豐縣人。嘉慶二十五年二甲十三名進士。選庶吉士，授編修。道光八年充山西鄉試主考官，九年考選河南道御史，晉給事中，十一年出任湖北施南知府，署武昌知府，遷甘肅鞏秦道，十九年官至湖北安襄鄖荊道。二十二年回任，卒於任。

父吳侍曾，嘉慶十三年進士。

金光杰 字俊民、殿珊，號伯英。湖北黃坡縣人。嘉慶二十三年舉人，二十五年二甲十四名進士。選庶吉士，授編修。道光十六年考選河南道御史，十七年充順天鄉試同考官，官至掌福建道御史，署兵科給事中。

子金國均，道光十八年榜眼。

吳其泰 字希郭，號橘生。河南固始縣人。嘉慶二十五年二甲十五名進士。選庶吉士，授編修。道光六年考選江南道御史，九年外任浙江湖州知府，十年改杭州知府，咸豐二年遷江西督糧道，改江蘇督糧道，四年授江蘇按察使。五年罷。六年（1856）卒。著有《一帶十七實齋全集》《地理纂要》。

胡希周 字碩膚。江蘇元和縣人。嘉慶二十五年二甲十六名進士。任工部主事，官至河南歸德府知府，加道銜。緣事降。後流寓休寧，咸豐三年太平軍陷休寧，被執不曲身亡。

徐廣縉 字靖侯，號仲升。河南鹿邑縣人。嘉慶二十五年二甲十七名進士。選庶吉士，授編修。道光十年考選山東道御史，十三年遷陝西榆林知府，十七年任江西糧道，二十年授福建按察使改順天府尹。二十一年任四川布政使改江寧布政使，二十六年遷雲南巡撫改廣東巡撫。二十七年署二十八年六月授兩廣總督，兼通商大臣。二十九年以辦理洋務封一等子。咸豐二年以與太平軍作戰功加太子太保。九月以欽差大臣署湖廣總督。時太平軍已佔領武昌，以"遷延不進，株守嶽州"十二月革職逮問。釋後以四品卿銜邦辦懷鳳剿捻軍事宜。咸豐八年（1858）十月卒。

金更生 字生泉，號後山。浙

江錢塘縣人。嘉慶二十五年二甲十八名進士。選庶吉士，散館改江蘇睢寧知縣。

許有韜 字仲愚，號劍衣。福建晉江縣人。嘉慶二十五年二甲十九名進士。選庶吉士，散館改江西龍南知縣。

何文綺 廣東南海人。嘉慶二十五年二甲二十名進士。任兵部主事。

張星煥 字綺元，號挼垣。湖南善化縣人。乾隆四十七年（1782）生。嘉慶二十五年二甲二十一名進士。選庶吉士，散館改安徽繁昌知縣，道光十一年任太和知縣。十四年（1834）卒。

張日章 字美中，號裝堂。陝西城固縣人。嘉慶二十五年二甲二十二名進士。選庶吉士，授編修。道光十一年充順天鄉試同考官，升中允，十三年任會試同考官，官至鴻臚寺卿。

熊佩之 湖北松滋縣人。嘉慶二十一年舉人，嘉慶二十五年二甲二十三名進士。任刑部主事，官至刑部郎中。

梁萼涵 字心芳，號棣軒、君衡。山東榮城縣人。乾隆五十五年（1790）生。嘉慶二十五年二甲二十四名進士。選庶吉士，授編修。道光五年充順天鄉試同考官，十年考選福建道御史。十一年充河南鄉試副考官，遷光祿寺少卿，道光十六年授浙江按察使遷甘肅布政使，二

十年改雲南布政使，二十一年十二月遷山西巡撫，二十五年八月改雲南巡撫。二十六年正月以病免職。

唐惇培 字允元，號補卿。江蘇江都縣人。嘉慶二十五年二甲二十五名進士。選庶吉士，改戶部廣西司主事，道光十八年充會試同考官，升戶部郎中，二十二年考選御史，改順天南城巡城御史。二十五年官至雲南大理府知府。咸豐八年（1858）卒於任。

朱爕鼎 安徽蕪湖縣人。嘉慶二十五年二甲二十六名進士。

李璋煜 字方赤、禮南，號月汀。山東諸城縣人。嘉慶二十五年二甲二十七名進士。任刑部主事、戶部四川司郎中，外任江蘇常州知府，署揚州、江寧知府，道光十九年補蘇州知府。升江南鹽巡道，署江蘇按察使，調廣東惠潮嘉道，二十六年授浙江按察使，改廣東按察使，二十八年遷廣東布政使，改江蘇布政使。道光三十年十二月以病去職。著有《愛吾鼎齋藏器目》《琱玉山房初稿》等。

謝玉珩 字鶴齡。陝西安康縣人。嘉慶二十五年二甲二十八名進士。道光元年署四川新寧知縣，三年改四川昭化知縣，代辦德陽知縣，五年署綿竹縣。時有川省第一清官之目。

陸炯 字駕珊、戒三，號篷村。浙江平湖縣人。嘉慶二十五年二甲二十九名進士。選庶吉士，散

館改山西太谷知縣，道光四年調湖北公安知縣，五年黃岡知縣，十二年改光化知縣，升黃州府武黃同知，丁憂服闋，道光二十五年改四川綿竹知縣，二十七年改巫山知縣。淡於榮利解組歸。著有《音義叶通》《説文類編》。

蔡子璧 字六如，號耕石。山西平定直隸州人。嘉慶二十五年二甲三十名進士。任户部主事，升郎中，道光十四年考選江南道御史，掌廣東道御史，二十年官至直隸天津府知府。丁父憂歸。年八十二卒。

周學光 江西南昌縣人。嘉慶二十五年二甲三十一名進士。任户部主事。

趙　光 字仲明，號蓉舫、退盦。雲南昆明縣人。嘉慶二年（1797）四月二十八月生。嘉慶二十五年二甲三十二名進士。選庶吉士，授編修。道光十二年考選江南道御史，升給事中、光禄寺少卿，道光十八年授光禄寺卿，歷太常寺卿、通政使、大理寺卿，二十二年授左副都御史，改内閣學士。二十五年遷兵部侍郎，改户部、復改兵部侍郎，咸豐三年十二月授工部尚書，四年五月改刑部尚書。同治四年（1865）二月十九日卒，年六十九。謚"文恪"。著有《自訂年譜》。

杜紹祁 字少京。江蘇無錫縣人。嘉慶二十五年二甲三十三名進士。署福建仙游知縣，道光三年補臺灣鳳山知縣，擢淡水同知。引疾歸。主講東林書院。卒年七十六。

侯親賢 山西定襄縣人。嘉慶二十五年二甲三十四名進士。任禮部祠祭司主事。

孔傳鉥 字秉虞。山東曲阜縣人。嘉慶二十五年二甲三十五名進士。任吏部主事。

吳家懋 字敦本，號菊湖。廣東番禺縣人。嘉慶二十五年二甲三十六名進士。選庶吉士，改廣西天保知縣。

劉師陸 字子敬，號青園。山西洪洞縣人。嘉慶二十五年二甲三十七名進士。選庶吉士，改廣東清遠知縣，調南湧縣，升湖州府海防同知，遷四川保寧知府。道光二十五年擢直隸霸昌道，二十八年官至湖北荆宜施道。辭官後，主講大梁書院。爲清中葉山西著名收藏家，所收金石器物達七千餘種。著有《大清通禮品官士庶儀纂》。

馮登府 字雲伯，號勺園、抑東。浙江嘉興縣人。乾隆四十八年（1783）生。嘉慶二十五年二甲三十八名進士。選庶吉士，道光四年授福建將樂縣知縣，改浙江寧波府教授。以疾告歸。道光二十一年（1841）卒。年五十九。著有《石經考異》《金石綜例》《論語異文考證》《十三經詁答問》《浙江磚録》《梵雅》《三家詩遺説異證》等。

楊延亮 字雪吾，號景廬、菊泉。湖南長沙縣人。乾隆五十八年（1793）十一月二十八日生。嘉慶二十五年二甲三十九名進士。道光元年任山西趙城知縣，五年升授雲南安州知州未赴任。時趙城居民曹順以治病爲名，組織起義，焚燒縣治。三月初四楊延亮全家於趙城殉難，年四十三。予騎都尉世職，特諡"昭節"。

陸沅 字冠湘，號伯元、芷江。浙江平湖縣人。嘉慶二十五年二甲四十名進士。選庶吉士，改雲南祿豐知縣，調順寧知縣，丁父憂服除，補河南寧陵知縣，調署內黃知縣。回寧陵請假未及歸卒。著有《蒔桂堂詩集》《杏花書屋圖》。

侯桐 字葉堂，號玉山。江蘇無錫縣人。嘉慶二十五年二甲四十一名進士。選庶吉士，授編修。歷任侍讀學士、奉天府丞兼學政、通政司副使。道光二十一年授內閣學士，二十三年充浙江鄉試主考官，十二月遷兵部右侍郎，二十四年改吏部左侍郎。并充知貢舉。咸豐二年病休。

許融 字伯詵，號博仙。江蘇武進縣人。嘉慶二十五年二甲四十二名進士。任刑部主事，升員外郎。官至通政司參議。

俞焜 字昆上，號雲史。浙江錢塘縣人。乾隆五十八年（1793）正月二十九日生。嘉慶二十五年二甲四十三名進士。選庶吉士，授編修。道光十三年遷江西道御史，十七年授河南彰德府知府，擢直隸永定河道，二十七年改湖南衡永郴桂

道。緣事降調。咸豐九年督辦團練，復道員銜。十年（1860）助守杭州。城破三月初一戰亡，年六十。贈光祿寺卿銜。同治五年追諡"文節"。

邵曰誠 字榆南，號橘泉。順天大興縣人。嘉慶二十五年二甲四十四名進士。選庶吉士，改任主事，擢御史。

鄭翊 順天大興縣人，原籍江蘇靖江。嘉慶二十五年二甲四十五名進士。

程式金 字友石。順天大興縣人。嘉慶二十五年二甲四十六名進士。任四川遂寧、宜賓、成都、高縣、華陽知縣，道光元年署鹽亭知縣，五年擢敘永廳同知。丁父憂歸，卒於家。九年授甘肅蘭州知府，已故二年。著有《說今類求》《友石山房詩文集》。

章沅 字芝伯，號荊帆。江蘇上元縣人。嘉慶二十五年二甲四十七名進士。選庶吉士，授編修。道光八年考選福建道御史，改順天西城巡城御史，升吏科給事中，十五年外任山西雁平道，十九年官至長蘆鹽運使。卒於任。

萬轅 字昌先，號蒼仙。江西新建縣人。嘉慶二十五年二甲四十八名進士。選庶吉士，散館改任主事。

吳慶祺 字賡珊，號耕蘭。江蘇吳縣人。嘉慶二十五年二甲四十九名進士。選庶吉士，改任知縣。

戴咸寧 安徽無爲州人。嘉慶

二十五年二甲五十名進士。任刑部主事。

楊慶琛（原名楊際春）字廷之，號雪椒，晚自號絳雪老人。福建侯官縣人。嘉慶二十五年二甲五十一名進士。任刑部額外司員，道光九年補刑部河南司主事，升員外郎、郎中，十四年京察一等，授安徽池寧廣太道，十六年授湖南按察使，十八年遷山東布政使，二十二年補光祿寺卿。二十三年休致。同治二年重宴鹿鳴，賞加二品銜。六年（1867）八月卒，年八十五。著有《絳雪山房詩鈔》三十餘卷。

徐寶善（原名徐三寶，改名徐汝鑾）字敬依，號廉峰、静軒。安徽歙縣人。嘉慶二十五年二甲五十二名進士。選庶吉士，授編修。道光十二年考選山西道御史，十四年充浙江鄉試副考官，後改編修。十八年充會試同考官（未入闈）。著有《漢魏五代樂府》《壺園全集》。

韋德成 字遜元、立夫，號敦甫、心農。漢軍鑲黃旗。嘉慶二十五年二甲五十三名進士。選庶吉士，授編修。道光七年外任陝西榆林知府，十二年改西安知府，十六年遷陝西陝安道，改雲南鹽法道，二十七年官至山東鹽運使。

陳之璵 號毓溪。安徽阜陽縣人。嘉慶二十五年二甲五十四名進士。道光二年署四川榮縣知縣，三年任鄰水知縣，卒於任。

張擴廷 字充之，號海丞。直

隸南皮縣人。嘉慶二十五年二甲五十五名進士。選庶吉士，道光三年改四川華陽知縣，四年改大竹知縣，七年任成都知縣，九年署綿州知州，二十二年署彭縣知縣，二十三年任雷波廳通判，官至四川敘永廳同知。著有《燕游小草》《歸田草》。

周　濤 字籍三，號味菘。貴州貴築縣人。嘉慶二十五年二甲五十六名進士。任兵部主事，升員外郎，道光十一年充順天鄉試同考官，擢郎中、軍機章京，十三年考選山西道御史，官至直隸河間府知府。

侄周鶴，咸豐六年進士；侄周麟，咸豐十年進士。

盧　樹（一作盧炳垣）字德田，號南軒。山東蓬萊縣人。嘉慶二十五年二甲五十七名進士。任內閣中書，改吏部主事，升員外郎。咸豐三年歸里，主講瀛洲書院。五年辦團練。

錢　相 順天大興縣人。嘉慶二十五年二甲五十八名進士。任刑部主事。

沈道寬 字栗仲。順天大興縣人，祖籍浙江鄞縣。嘉慶二十五年二甲五十九名進士。道光元年署湖南寧鄉、道州、茶陵、酃縣知縣，道光十二年調耒陽知縣，十五年補桃源知縣。十八年去官，僑居長沙、揚州。卒於泰州，年八十二。著有《話山草堂文鈔》《六書糠秕》《六義郛郭》《八書筌蹄》《操縵易知》等。

吳繼昌 字述之，號信甫。江

蘇江寧縣人。嘉慶二十五年二甲六十名進士。選庶吉士，授編修。道光十二年遷陝西同州知州，官至浙江紹興知府。年四十三卒。

宋應文 安徽銅陵縣人。嘉慶二十五年二甲六十一名進士。道光元年署江西南豐知縣，十四年改江西萬安、廣昌知縣、清江知縣。

龔文齡 （榜名龔昌齡）字錫九、祝卿，號西園、蔗汀。福建侯官縣人。嘉慶二十五年二甲六十二名進士。選庶吉士，改戶部主事，升員外郎，道光十九年考選浙江道御史，改順天東城巡城御史，纍遷順天府丞，道光二十五年調奉天府丞兼學政。二十九年以大理寺少卿授太僕寺卿。咸豐元年改大理寺卿，兼署順天府尹，二年督順天學政，三年十一月擢左副都御史，十二月調工部右侍郎。咸豐五年解職。

楊簧 字履春，號竹圃。福建連城縣人。嘉慶二十五年二甲六十三名進士。任刑部主事，升郎中，道光六年擢陝西延榆兵備道，八年改江蘇蘇松糧道，十一年授湖南按察使，十三年遷江寧布政使。十八年召京，以三品京堂補用。乞養歸。居揚州。

梁昌和 廣東茂名縣人。嘉慶二十五年二甲六十四名進士。道光元年任山西陽城知縣。

黃昆 號崙山。廣東順德縣人。嘉慶二十五年二甲六十五名進士。道光三年任湖北應城知縣，道光十四年改浙江浦江知縣，十九年卸任，二十一年復任浦江縣。

馬維璜 安徽桐城縣人。嘉慶二十五年二甲六十六名進士。任四川閬中知縣。

陳輝甲 字掄一，號冠山。湖北黃陂縣人。嘉慶二十四年舉人，二十五年二甲六十七名進士。選庶吉士，道光二年改任湖南常寧知縣。

陳增印 字信甫，號月潭。順天大興縣人。嘉慶二十五年二甲六十八名進士。選庶吉士，道光二年改江西廣豐知縣。

陳榮燮 字建東，號亮士。浙江新昌縣（今屬浙江嵊縣）人。嘉慶二十五年二甲六十九名進士。選庶吉士，改任戶部主事。善畫山水。

方濤 字幼山，號長源。順天寶坻縣人。嘉慶二十五年二甲七十名進士。任刑部主事，道光十七年纍遷湖南岳常澧道，二十一年衡永郴桂道，遷山東鹽運使，道光二十三年五月授山東按察使，七月解職。咸豐五年以候補道署貴州糧儲道。

費開綬 （1794—1850）字佩青，號小甌、鶴江。江蘇武進縣人。嘉慶二十五年二甲七十一名進士。選庶吉士，授編修。道光十一年充湖北鄉試副考官，十二年充雲南鄉試正考官，同年考選浙江道御史，晉給事中，十四年遷陝西潼商道，調湖南衡永郴桂道，改浙江鹽運使，十九年授雲南按察使，二十一年遷江西布政使，二十九年四月授江西巡撫。道光三十年八月以病免職。

張祥河 （原名公璠）字詩舲。鶴在。江蘇婁縣人。乾隆五十年（1785）正月十四日生。嘉慶二十五年二甲七十二名進士。歷任內閣中書、戶部主事、郎中。道光十二年任山東濟南知府，遷山東督糧道，十七年授河南按察使，遷廣東布政使，改甘肅布政使，二十八年遷陝西巡撫。咸豐三年授內閣學士，遷吏部侍郎，督順天學政，八年十一月遷左都御史，九年五月改工部尚書。十年加太子太保。十一年十二月以病免職。同治元年（1862）正月十四日卒。年七十八。謚"溫和"。著有《小重山房集》《詩舲詩錄》《四銅鼓齋論畫集刻》。

於燦文 字景渠，號鳳湖、研番。浙江蕭山縣人。嘉慶二十五年二甲七十三名進士。任兵部主事、馬館監督。

朱 襄 （榜名朱一貫，改名）字以之、唯齋，號雲溪。安徽蕪湖縣人。乾隆五十七年（1792）四月二十八日生。嘉慶二十五年二甲七十四名進士。選庶吉士，授編修。道光五年督河南學政，十七年纍遷江蘇淮徐道，二十年改江蘇淮揚道，二十一年八月授東河總督。二十二年（1842）九月免職。卒年五十一。

鄂木順額 字見吾，號復亭、晴雪。滿洲正藍旗，紐祜祿氏。乾隆五十七年（1792）十一月初一日

生。嘉慶二十五年二甲七十五名進士。選庶吉士，授編修。歷任右庶子、侍講學士、少詹事，道光十年督安徽學政，十一年授光祿寺卿，改大理寺卿、左副都御史。道光十二年（1832）赴江寧，考錄遺才，七月十四日卒於江寧試院，年四十一。

馮贊勛 字襄甫，號愚皆。廣西宣化縣人。嘉慶二十五年二甲七十六名進士。選庶吉士，授編修。道光五年充山西鄉試主考官，督陝西學政，十一年考選湖廣道御史，十二年充會試同考官，官至太僕寺少卿。

金石聲 字理含，號愛亭、賦山。浙江仁和縣人。嘉慶二十五年二甲七十七名進士。散館改安徽合肥知縣，改東流知縣，道光十一年任懷寧知縣，十四年遷安徽六安知州，十七年官至湖北襄陽知府。

莫樹椿 字峻垣，號翹南。福建上杭人。嘉慶二十五年二甲七十八名進士。選庶吉士，道光三年改山東臨邑知縣。五年復任。

瑞 崟 （原名瑞麟保，改）號匏生。滿洲正藍旗，宗室。嘉慶二十五年二甲七十九名進士。任刑部主事，道光十九年由兵部員外郎補河南道御史。改庶子，官至侍講學士。

程煥采 字曉初，號霽亭。江西新建縣人。嘉慶二十五年二甲八十名進士。選庶吉士，授編修。道光九年考選湖廣道御史，十三年任湖南衡

州知府，乞養歸。後遷湖北鹽運使，二十五年擢湖北按察使，二十七年改湖南按察使，二十八年遷江蘇布政使。二十九年九月病告歸。

成　朗　號潤方。滿洲鑲藍旗，宗室。嘉慶二十五年二甲八十一名進士。任禮部主事，道光十七年由刑部員外郎授江西道御史。

周　頊　（原名周景，改名）字京望、介祉，號子愉、堇園。貴州貴築縣人。嘉慶二十五年二甲八十二名進士。選庶吉士，改禮部主事，升員外郎，道光十八年考選江南道御史，升兵科給事中，十九年充順天鄉試同考官，二十年湖南主考官，外官至江蘇常鎮通海道。

父周際華，嘉慶六年進士；弟周顎，道光十五年進士；周灝，道光二十五年進士。

孫序賢　安徽舒城縣人。嘉慶二十五年二甲八十三名進士。任刑部主事，升員外郎。

劉　誼　字宜庵，號金川。湖北鍾祥縣人。嘉慶十八年舉人，二十五年二甲八十四名進士。任戶部主事，升員外郎，道光十三年考官江南道御史，改京畿道御史，遷通政司參議、太常寺少卿，二十二年官至宗人府府丞。二十五年去職。

弟劉詩，道光二年進士。

胡　鑑　字遴叔，號藕灣。浙江鄞縣人。嘉慶二十五年二甲八十五名進士。選庶吉士，授編修。道光十二年充湖南鄉試副考官。

張　曾　字沂元，號怡園。江蘇江寧縣人。嘉慶二十五年二甲八十六名進士。選庶吉士，授編修。道光七年考選陝西道御史，十一年遷杭州知府，十三年官至湖南衡永郴桂道。罷歸。

劉耀椿　（1785—1858）字慶年，號衢鶴。山東安丘縣人。嘉慶二十五年二甲八十七名進士。選庶吉士，道光三年改安徽潁上知縣，調阜陽知縣，道光八年升六安知州，改泗州知州、安徽廬州知府，十七年遷安慶知府，十九年擢福建興泉永道，二十二年七月授四川按察使。因英人陷福建廈門吏議罷歸。主講濼源書院。著有《神器圖說》《海南歸櫂詞》《青州府志》。

侯承誥　四川營山縣人。嘉慶二十五年二甲八十八名進士。任禮部主事，改浙江會稽知縣，道光十五年任浙江海鹽知縣，十六年改平湖知縣。

邢福山　字伯衡，號五峰。浙江新昌縣人。嘉慶二十五年二甲八十九名進士。選庶吉士，授編修。道光十二年充廣東鄉試副考官，升侍讀，十五年充會試同考官，二十三年纍遷太僕寺卿，改大理寺卿，署宗仁府丞。二十八年乞養歸。

李泰交　字昶林，號大來。貴州貴築縣人。嘉慶二十五年二甲九十名進士。選庶吉士，授編修。道光五年充陝西鄉試副考官，升贊善、遷中允，十一年督廣東學政，遷至左中允。道光十四年自殺。著有《昶林館詩》。

李本芳 雲南新興縣人。嘉慶二十五年二甲九十一名進士。任兵部主事。

郭文匯 字朝宗。江西新建縣人。嘉慶二十五年二甲九十二名進士。任吏部主事，升郎中，外任山東泰安知府，代理山東鹽法道，十五年改山東河東兵備道，道光十八年授廣西按察使，二十年遷甘肅布政使。二十一年解職，以疾卒。

潘文輅 字晋甫，號秀士。浙江海寧州人。嘉慶二十五年二甲九十三名進士。選庶吉士。

明　訓 （1790—1852）字聽彝，號鼎雲、古樵。蒙古正黃旗。嘉慶二十五年二甲九十四名進士。選庶吉士，散館改主事，歷任右中允、漢軍正紅旗副都統。道光十八年授左副都御史，十九年改盛京刑部、禮部、户部侍郎，兼管奉天府尹。二十六年調工部侍郎，二十八年改吏部侍郎。咸豐二年病休。

弟明誼，嘉慶二十四年進士，烏里雅蘇臺將軍。

周兆錦 字延鳴，號古愚。山東金鄉縣人。嘉慶二十五年二甲九十五名進士。選庶吉士，改河南南召知縣，道光十九年改甘肅鎮番知縣，二十五年遷涇州直隸州知州，官至甘肅鞏昌知府。

宮思晋 字庶侯，號菊人。安徽懷遠縣人。嘉慶二十五年二甲九十六名進士。選庶吉士，散館改雲南太和知縣，署浪穹縣、蒼山縣。道光十四年官至四川簡州知州，加同知銜。丁憂去。

李增福 號芝泉。雲南昆明縣人。嘉慶二十五年二甲九十七名進士。道光五年任浙江宣平知縣。

趙光烈 字雪坡。山東安丘縣人。嘉慶二十五年二甲九十八名進士。任刑部主事。未幾卒於京師。

朱材哲 字梓良，號丹園、掄庵。湖北監利縣人。嘉慶二十三年舉人，二十五年二甲九十九名進士。選庶吉士，改户部主事，升員外郎、郎中，官至福建臺灣淡水同知兼知府。改興化知府，擢道員，加鹽運使銜。咸豐九年母喪去官。

葛天柱 字禮山，號雲夫、閬鴻。山西吉州人。嘉慶二十五年二甲一百名進士。選庶吉士，授編修。道光八年考選山東道御史，二十一年纍遷湖南常德知府，改雲南澂江知府，官至湖南兵備道。

父葛正華，乾隆二十六年進士。

第三甲一百四十三名

勞逢源 字均宜，號如齋。浙江仁和縣人。嘉慶二十五年三甲第一名進士。道光二年任安徽歙縣知縣。

陳震東 河南上蔡縣人。嘉慶二十五年三甲第二名進士。任户部主事。

夏　勛　江西新建縣人。嘉慶二十五年三甲第三名進士。任內閣中書。

劉本夔　字典一，號韶軒。直隸無極縣人。嘉慶二十一年舉人。二十五年三甲第四名進士。任安徽石埭知縣。歸。道光二十一年（1841）卒，年六十七。

區拔熙　廣東高明縣人。嘉慶二十五年三甲第五名進士。道光三年任四川雙流知縣，署彭縣，九年復任雙流知縣，十年改梁山知縣，十三年改巴縣，擢河南信陽知州，授山東濟南知府。未到任，二十三年（1843）卒。

董應魁　山西安邑縣人。嘉慶二十五年三甲第六名進士。道光二年任湖北房縣知縣、麻城知縣，官至湖北隨州知州。

來學醇　字若愚、心罩，號酉峰。浙江蕭山縣人。嘉慶二十五年三甲第七名進士。選庶吉士，授檢討。

張兆衡　字仲嘉，號雪槎。甘肅武威縣人。嘉慶二十五年三甲第八名進士。選庶吉士，散館改山西和順知縣，道光十九年調曲沃縣，官至山西朔州知州。

孔昭佶　山東曲阜縣人。嘉慶二十五年三甲第九名進士。任甘肅玉門知縣，官至甘肅涇州知州。

鮑崇蘭　安徽廬江縣人。嘉慶二十五年三甲第十名進士。任戶部主事，官至員外郎。

張　森　字召棠，號笑山。安徽和州直隸州人。嘉慶二十五年三甲十一名進士。任吏部考工司主事。兼驗封司行走。撰《讀易心得》二卷、《周禮會要》《儀禮會要》。

鄧夢舟　字虹舟。江西南昌縣人。嘉慶二十五年三甲十二名進士。道光二年任甘肅通渭知縣。

丁文劍　字麗生，號慎庵。順天通州人，原籍浙江山陰。嘉慶二十五年三甲十三名進士。任山西長子知縣。

劉之藹　字伯吉，號梧岡。甘肅鎮原縣人。嘉慶二十五年三甲十四名進士。選庶吉士，道光二年散館改任福建福安知縣，遷貴州普安直隸廳同知。

汪百祿　字政敷，號挂山。浙江桐廬縣人。嘉慶二十五年三甲十五名進士。任四川名山知縣，道光十一年改四川三臺知縣，十六年改昭化知縣。

閻　炘　河南新鄭縣人。嘉慶二十五年三甲十六名進士。道光十七年任福建閩縣知縣，十年任羅源知縣，官至臺灣府同知。

徐宗幹　字伯楨，號樹人。江蘇通州直隸州人。嘉慶四年（1799）十月初九日生。嘉慶二十五年三甲十七名進士。道光元年任山東曲阜知縣，四年改泰安知縣，十三年任山東高唐州知州、濟寧州。二十一年擢兗州知府、四川保寧知府，二十四年遷福建汀漳龍道、臺灣道，咸豐四年正月授福建按察使，三月解職。七年正月授浙江按察使遷浙江布政使，九年降調。同治元年授福建巡撫。圍剿太平軍餘部，同治五年（1866）十月卒。年六十八。謚"清惠"。著有《斯未信齋文稿》《濟州金石志》。

弟徐宗勉，咸豐二年進士。

何其興 字祥恒、禹修。江蘇上元縣人。嘉慶二十五年三甲十八名進士。任户部主事，十二年充貴州鄉試副考官，升郎中，道光十四年外任湖南衡州知府，十六年遷長沙知府，二十一年官至山東鹽運使。以事罷。

張萬年 字竹野，號青士、夢雙。順天大興縣人，原籍安徽桐城。嘉慶二十五年三甲十九名進士。選庶吉士，授檢討。充實録館纂修。道光五年（1825）六月以疾卒。年四十四。

褚裕仁 字伯敦。甘肅西寧縣人。嘉慶二十五年三甲二十名進士。授陝西郿縣知縣，道光十七年改直隸廣宗知縣，二十年三月改順天固安三角澱通判。致仕歸。

毛有猷 貴州平越直隸州人。嘉慶二十五年三甲二十一名進士。任陝西興平知縣，道光三年任陝西神木知縣，十二年改涇陽知縣。十七年（1837）卒於任。

盧毓嵩 字豫生，號立峰。江蘇元和縣人。嘉慶二十五年三甲二十二名進士。任户部主事，升郎中，道光二十一年考選陝西道御史。

方功鉽 字左卿、宣亭。湖南巴陵縣人。嘉慶二十五年三甲二十三名進士。道光二年任浙江浦江、蕭山知縣，改福建德化、寧祥、漳平知縣，官至龍岩直隸州知州。

劉蔭棠 字南樹，號茈林。貴州清平縣人。嘉慶二十五年三甲二十四名進士。選庶吉士，改河南祥符知縣，遷光州直隸州知州，官至知府。

馬疏 字經帷，號南園。甘肅安定縣人。嘉慶二十五年三甲二十五名進士。選庶吉士，改陝西雒南知縣，道光四年任陝西府谷知縣，十一年署富平知縣，改咸寧知縣。年四十以憂歸。不復出，讀書課子。

李謙 字撝之。甘肅秦安縣人。嘉慶二十五年三甲二十六名進士。道光十三年任四川酆都知縣，十九年兼石砫廳同知。以親老乞歸。卒於家。

董長榮 字向村。山東鄒縣人。嘉慶二十五年三甲二十七名進士。任廣東澄邁、乳源、英德等縣知縣。以積勞卒於任。

馮文燦 順天大興縣人。嘉慶二十五年三甲二十八名進士。道光七年改江西德興知縣，改湖南攸縣知縣，任湖南安化知縣。

李重輪 字瑩盛、鑒亭、月峰。雲南鶴州人。嘉慶二十五年三甲二十九名進士。選庶吉士，授檢討。降內閣中書。乞養歸。卒於家。工小楷書。

張啓圖 字桂山。江蘇丹徒縣

人。嘉慶二十五年三甲三十名進士。道光元年任安徽太平府教授。

歐陽光 湖南清泉縣人。嘉慶二十五年三甲三十一名進士。道光元年任湖南永州府教授，十年改沅州府教授。

陳修鼎 字玉涵。浙江鎮海縣人。嘉慶二十五年三甲三十二名進士。授禮部儀制司主事，升員外郎，道光十四年京察一等擢陝西鳳邠鹽法道，署督糧道，丁憂補山東運河道，調廣西右江道。二十四年告假歸。卒年七十。

周 錡 字藹堂，號湘茝。河南商城縣人。嘉慶二十五年三甲三十三名進士。選庶吉士，道光二年任江蘇蕭縣知縣，六年改江蘇武進知縣。

龍鯉門 安徽桐城縣人。嘉慶二十五年三甲三十四名進士。任河南固始知縣。

楊國翰 字鳳藻、丹山。雲南順寧縣人。嘉慶二十五年三甲三十五名進士。道光元年任浙江奉化知縣，署諸暨知縣，三年改鄞縣，四年任海鹽知縣，九年調仁和知縣，署海寧知州，升玉環廳同知、溫州府同知，改台州府同知。丁母憂歸。哀毀卒於家。

郭象升 浙江金華縣人。嘉慶二十五年三甲三十六名進士。任廣東文昌知縣。

陳 思 （復姓閔，改名閔若思）順天宛平縣人。嘉慶二十五年三甲三十七名進士。

姚金符 江蘇丹徒縣人。嘉慶二十五年三甲三十八名進士。任直隸南皮知縣，道光十二年改直隸元氏知縣，十三年至十七年任曲陽知縣。

文 蔚 字豹人，號露軒。滿洲正藍旗，費莫氏。嘉慶二十五年三甲三十九名進士。選庶吉士，授檢討。擢侍讀，侍讀學士，道光十一年授詹事，十二月改大理寺卿。十二年充福建鄉試主考官，任左副都御史，十四年賞副都統，充駐藏大臣。十五年授盛京刑部侍郎，十六年調盛京兵部侍郎，十八年改工部、戶部侍郎。二十一年英軍入侵浙江，授參贊大臣辦理浙江軍務。二十二年曾因戰功賞頭品頂帶，後因軍事失利革職下獄。咸豐二年賞藍領侍衛充喀喇沙爾辦事大臣。三年授奉天府尹。咸豐五年（1855）二月卒。

趙亨鈴 號郎山。直隸易州人。嘉慶二十五年三甲四十名進士。道光元年任湖南永定知縣，十二年任湖南零陵知縣，遷古州同知。卒於任。著有《鉛差日記》。

張秉德 字陶璋，字慎齋。山西介休縣人。嘉慶二十五年三甲四十一名進士。任刑部主事，升員外郎，道光十七年考選河南道御史。升鴻臚寺卿，遷通政副使，二十三年官至光祿寺卿。以疾歸。

保 善 字翼之，號和齋。蒙古鑲白旗人。嘉慶二十五年三甲四十二名進士。任內閣中書，遷贊善，官至翰林院侍講學士。

吕　溶　江西豐城縣人。嘉慶二十五年三甲四十三名進士。任戶部主事，官至御史。

劉萬程　字鵬翀，號星敷、止如。廣東順德縣人。嘉慶二十五年三甲四十四名進士。選庶吉士，改刑部主事，升刑部員外郎，道光十四年考選河南道御史，遷長蘆鹽運使，十六年官至兩淮鹽運使。

趙　瑭　（《進士題名碑》作趙塘）字溫伯。山東利津縣人。嘉慶二十五年三甲四十五名進士。任直隸完縣知縣，調廣昌、盧龍知縣，道光八年改順天大興知縣。丁憂歸。以疾卒。

寇　寧　雲南昆明縣人。嘉慶二十五年三甲四十六名進士。

黃金聲　字訒齋。廣西上林縣人。嘉慶二十五年三甲四十七名進士。道光元年任浙江金華知縣。母喪哀毀卒。

鄒嵩南　字仲山，號慕喬。江西奉新縣人。嘉慶二十五年三甲四十八名進士。任廣東博羅知縣。以引見失儀落職，歸後授生徒，主洪都書院。

重　謙　滿洲鑲黃旗。嘉慶二十五年三甲四十九名進士。任戶部福建司員外郎。

圖經阿　滿洲鑲藍旗人。覺羅氏。嘉慶二十五年三甲五十名進士。

陳人採　字應垣，號耐齋。浙江義烏縣人。嘉慶二十五年三甲五十一名進士。任直隸知縣。

任樹森　河南息縣人。嘉慶二十五年三甲五十二名進士。任戶部主事，道光十四年官至貴州糧儲道。

劉恩慶　直隸天津縣人。嘉慶二十五年三甲五十三名進士。任內閣中書。

李　耨　河南滎陽縣人。嘉慶二十五年三甲五十四名進士。

韓鳳修　（1786—1847）字雅笙，號譜亭（補亭）、仙甫。浙江蕭山縣人。嘉慶二十五年三甲五十五名進士。任廣東海陽知縣，官至廣東嘉應直隸州知州。

童文藻　字貢山、春溪。直隸承德府人，原籍浙江蕭山。嘉慶二十五年三甲五十六名進士。

韋天寶　廣西武緣縣人。嘉慶二十五年三甲五十七名進士。

袁文祥　字子瑞，號鳳階。貴州普定縣（一作江西豐城）人。嘉慶二十五年三甲五十八名進士。選庶吉士，授檢討。道光九年充會試同考官，母老假歸。掌教貴山書院，母喪服闋，十四年考選江南道御史，掌四川道御史，官至甘肅平涼知府，署平涼道。卒於任。

錢起源　福建閩縣人。嘉慶二十五年三甲五十九名進士。道光十四年署四川屏山知縣。

胡　鈞　字竹安。浙江鎮海縣人。嘉慶二十五年三甲六十名進士。以知縣分發湖南，歷署安仁、邵陽、長沙、武岡州。道光四年任湖南湘鄉知縣，十六年官至湖南郴州知州，署長沙知府。

范承祖　字繢之，號蘭君。順天大興縣人，原籍江蘇江寧。嘉慶二十五年三甲六十一名進士。任吏部主事，升員外郎，道光九年考選浙江道御史，官至四川夔州府知府。

祖父范鏊，乾隆四十五年二甲進士。

何蕚聯　福建侯官縣人。嘉慶二十五年三甲六十二名進士。任河南鄢陵知縣，道光二十三年官至山東莒州知州。

李霖澤　山東聊城縣人。嘉慶二十五年三甲六十三名進士。

董瀛山　字臥雲，號海峰。直隸青縣縣人。嘉慶二十五年三甲六十四名進士。任吏部主事，升員外郎，道光二十年考選陝西道御史，官至通政司副使。

陳世馨　江西武寧縣人。嘉慶二十五年三甲六十五名進士。道光十三年任山西蒲縣知縣，二十年署安徽建平知縣，改歙縣知縣，咸豐九年改江西建昌府教授。

謝長年　字松坪。雲南楚雄縣人。嘉慶二十五年三甲六十六名進士。道光二年任陝西朝邑知縣，十二年改臨潼知縣，十四年遷陝西定遠廳同知。丁憂歸，卒於家。

何愚　陝西合陽縣人。嘉慶二十五年三甲六十七名進士。道光十四年任山西靈石知縣，遷雲南武定直隸州知州，官至雲南廣南知府。

楊開泰　雲南雲南縣人。嘉慶二十五年三甲六十八名進士。

王簡　山東安丘縣人。嘉慶二十五年三甲六十九名進士。任甘肅即用知縣，署隴西縣，補鎮原縣，調皋蘭知縣，升固原知州，遷西寧知府，道光十六年調湖南岳州知府，遷辰沅永靖道，二十四年授河南按察使，二十七年遷河南布政使。二十八年以失察屬吏，罷歸。卒於家。

黎靖　四川閬中縣人。嘉慶二十五年三甲七十名進士。任貴州甕安知縣，道光十四年官至貴州黎平知府。

戴謙　字吉六，號虛谷。四川中江縣人。嘉慶二十五年三甲七十一名進士。選庶吉士，未散館授編修。年四十六病卒，時人惜之。

金澂　字憲清。江蘇太倉直隸州人。嘉慶二十五年三甲七十二名進士。授雲南順寧知縣，擢雲南武定直隸州知州，官至雲南開化知府、永昌知府。

朱華　字石笙。湖北漢陽縣人。嘉慶十八年舉人，二十五年三甲七十三名進士。道光元年任四川灌縣知縣，六年改清溪知縣，官至四川成都府同知。

勞光泰　字靜庵。廣東南海縣人。嘉慶二十五年三甲七十四名進士。道光十四年任蒲圻知縣，十八改湖北監利知縣，二十四年改蘄州知州，二十六年改湖北隨州知州。

羅宜誥　江西南豐人。嘉慶二

十五年三甲七十五名進士。任任山西介休知縣。

父羅經，乾隆三十一年進士。

陳汝衡 湖北鍾祥縣人。嘉慶二十三年舉人，二十五年三甲七十六名進士。道光二年任直隸廣平知縣，十年、十六年兩任湖南寧鄉知縣。

李 崉 字鎮南，號一峰、蓉舫。廣西荔浦縣人。嘉慶二十五年三甲七十七名進士。改知縣。

王鎮新 字仲德，號至堂。湖北崇陽縣人。嘉慶十三年舉人，二十五年三甲七十八名進士。任湖北襄陽府教授。卒年八十四。

梁之儒 雲南昆明縣人。嘉慶二十五年三甲七十九名進士。道光十八年署江西豐城知縣。

沈 英 湖北江夏縣人。嘉慶二十三年舉人，二十五年三甲八十名進士。任山東海豐知縣。

呂延慶 字冶南。山東掖縣人。嘉慶二十五年三甲八十一名進士。署河南上蔡知縣，丁憂補浙江長興知縣，道光五年改秀水知縣，捐升知府，署四川成都知府，歷寧遠府、雅州府、敘州府知府，十九年署重慶知府，署永寧道。卒年六十四。

張寶墀 山東蒲臺縣人。嘉慶二十五年三甲八十二名進士。道光二年任直隸雄縣知縣，二十三年改直隸永年知縣，二十五年官至直隸保定府同知。

恒 春 字汝占，號宜亭。滿洲正白旗，薩達拉氏。嘉慶元年

（1796）八月初六日生。嘉慶二十五年三甲八十三名進士。任刑部主事，十八年補山東道御史，遷天津知府，十九年擢直隸永定河道，二十四年授山西按察使，遷陝西布政使。二十八年授刑部侍郎。咸豐元年改察哈爾都統，閏八月授刑部尚書。二年七月降，授奉天府尹改大理寺卿，遷盛京工部侍郎改刑部侍郎，調山西巡撫，四年遷雲貴總督。因省城被回民起義軍圍困束手無策，咸豐七年（1857）六月初一日自盡。年六十二。

閔法易 廣西橫州人。嘉慶二十五年三甲八十四名進士。

陳允澤 直隸青縣人。嘉慶二十五年三甲八十五名進士。任戶部主事。

德 喜 漢軍正白旗人。嘉慶二十五年三甲八十六名進士。

張 枋 浙江桐鄉縣人。嘉慶二十五年三甲八十七名進士。任知縣。

吳寶治 浙江建德縣人。嘉慶二十五年三甲八十八名進士。歸班候選知縣。

楊振綱 字立之。四川成都縣人。嘉慶二十五年三甲八十九名進士。授江西宜黃知縣，道光十年署龍泉知縣，歷分宜、餘干、泰和、新淦知縣，官至江西建昌府同知。道光二十三年乞病歸。著有《蘭雲山館詩文集》。

許大鋐 （初名許鈺）字璞之。

江蘇長洲縣人。嘉慶二十五年三甲九十名進士。以知縣用不就，歸以教授自給。主平江書院講席，名噪一時，其門登春秋榜不可勝數。年五十餘卒。

復　蒙　滿洲鑲紅旗人。嘉慶十二年舉人，二十五年三甲九十一名進士。

保　淳　漢軍正黃旗人。嘉慶二十五年三甲九十二名進士。任廣東龍川知縣。

桂　森　字子貞，號蘭友。滿洲鑲藍旗，宗室。嘉慶二十五年三甲九十三名進士。選庶吉士，授檢討。纍遷司經局洗馬、國子監祭酒，道光十四年授詹事，十五年遷內閣學士。十七年降和闐辦事大臣。以二等侍衛補用。

凌祥烜　字謙六，號暘谷。江西安義縣人。嘉慶二十五年三甲九十四名進士。任陝西宜君知縣，任四年卒於官。

陶金烽　湖北廣濟縣人。嘉慶二十三年舉人，二十五年三甲九十五名進士。

王世亮　字鶴衫，號西泉。浙江西安縣人。嘉慶二十五年三甲九十六名進士，時年五十八。歸班候選知縣，改教授。卒於京，年六十三。

周際銓　貴州貴築縣人。嘉慶二十五年三甲九十七名進士。道光年間任陝西麟游知縣。

曾統一　字貫之。貴州開泰縣人。嘉慶二十五年三甲九十八名進士。道光十五年任福建古田知縣。歸後苗亂家破，遷寄黎平府城，主講靖州書院。

李文潭　山東蓬萊縣人。嘉慶二十五年三甲九十九名進士。任山東臨邑教諭。

郭瓊宴　福建閩縣人。嘉慶二十五年三甲一百名進士。道光十五年任浙江仙居知縣。

賁士達　字徹聞。山西平定直隸州人。嘉慶二十五年三甲一百零一名進士。授西寧知縣。不樂仕進，引疾歸。

梁宗敏　號遜齋。廣西北流縣人。嘉慶二十五年三甲一百零二名進士。以乞養歸。咸豐四年以協助知縣守城，城陷卒，贈道銜。蔭一子給雲騎尉世職。

吳　炳　字彪若，號丹岡、丙庠。浙江富陽縣人。嘉慶二十五年三甲一百零三名進士。任廣東陽春知縣，道光十四年改湖南醴陵知縣。

歐陽泉　安徽來安縣人。嘉慶二十五年三甲一百零四名進士。道光十年任蘇州府教授。

德　林　滿洲正黃旗人。嘉慶二十五年三甲一百零五名進士。道光十二年任直隸肥鄉知縣。

趙秉衡　山西解州直隸州人。嘉慶二十五年三甲一百零六名進士。道光十六年任直隸刑臺知縣，十八年署直隸永年知縣。

英　魁　字盟梅，號星使。漢

軍正藍旗人。乾隆五十二年十月十二日生。嘉慶二十五年三甲一百零七名進士。

林士俊 福建霞浦縣人。嘉慶二十五年三甲一百零八名進士。任吏部主事，官至吏部考工司郎中。

李敬修 山東陽信縣人。嘉慶二十五年三甲一百零九名進士。選山東登州府教授。赴任卒。

慶　辰 滿洲正黃旗人。嘉慶二十五年三甲一百十名進士。

張世翼 字輔之。湖南長寧縣人。嘉慶二十五年三甲一百十一名進士。任常德教諭，道光二年任湖南常德府教授。十一年復任。

程儀鳳 陝西蒲城縣人。嘉慶二十五年三甲一百十二名進士。任兵部主事，官至兵部郎中。

張樂田 字志莘，號任堂。直隸定州直隸州人。嘉慶二十五年三甲一百十三名進士。授直隸宣化府教授，道光年改山東德平知縣。一年母憂歸，卒於家，年六十三。著有《敬義堂詩文稿》。

馮雲路 （《進士題名碑》作馮路，誤）安徽東流縣人。嘉慶二十五年三甲一百十四名進士。二十五年任廣東會同知縣，咸豐四年遷直隸保安州知州。

淡春臺 字星亭。四川廣安州人。嘉慶二十五年三甲一百十五名進士。道光二年授江蘇嘉定知縣，七年回任，改江都知縣，道光二十年擢河南糧道。以誤引部例逮至京，

謫至回疆。上書伊犁將軍，條陳屯墾諸法贖罪，三十年召還。致仕歸。卒年六十六。

葉上林 字桂岩。四川綿州直隸州人。嘉慶十三年舉人，二十五年三甲一百十六名進士。著有《四書集注》《五經精義》《桂岩詩草》等。

龔作楫 福建晉江縣人。嘉慶二十五年三甲一百十七名進士。

顧　名 甘肅金縣人。嘉慶二十五年三甲一百十八名進士。

吳光鎬 字士銓，號液池、西渠。浙江東陽人。嘉慶二十五年三甲一百十九名進士。任內閣中書。

單偉志 山東高密縣人。嘉慶二十五年三甲一百二十名進士。任直隸青縣知縣。

梁有恭 湖北興國州人。嘉慶二十三年舉人，二十五年三甲一百二十一名進士。

牛　巘 陝西中部縣人。嘉慶二十五年三甲一百二十二名進士。

李　莊 四川西充縣人。嘉慶二十五年三甲一百二十三名進士。任知縣。

張健翮 奉天錦縣人。嘉慶二十五年三甲一百二十四名進士。任浙江里安知縣。

張松茂 河南汝州直隸州人。嘉慶二十五年三甲一百二十五名進士。

易卓梅 湖南湘鄉縣人。嘉慶二十五年三甲一百二十六名進士。二十五年授江蘇江都知縣，道光十八年至二十五年曾四任江蘇宿遷知

縣，咸豐元年署邳州知州。

陳昉（原名陳錕）字寶西，號芝房、午垣。四川涪州（今涪陵）人。嘉慶二十五年三甲一百二十七名進士。選庶吉士，改福建福鼎知縣，歷福建上杭、同安知縣。

韓樹椿 河南商丘縣人。嘉慶二十五年三甲一百二十八名進士。

慶全 滿洲正藍旗，宗室。嘉慶二十五年三甲一百二十九名進士。任吏部稽勳司主事。

翟升 字雲圃。直隸趙州直隸州人。嘉慶二十五年三甲一百三十名進士。任直隸順德府教授。著有《周易仰山尋源解》。

李榮 字白初。貴州遵義縣人。嘉慶二十五年三甲一百三十一名進士。歸班候選知縣，咸豐年間官至雲南鹽法道。

尚連城 字朗山，號晉卿、石友。奉天寧遠州（今遼寧）人。嘉慶二十五年三甲一百三十二名進士。選庶吉士。道光七年改福建建陽知縣。

崔三戟 山西壺關縣人。嘉慶二十五年三甲一百三十三名進士。

楊席珍 雲南鶴慶州人。嘉慶二十五年三甲一百三十四名進士。

封宗良 字弼亭。山東德州人。嘉慶十八年舉人，二十五年三甲一百三十五名進士。警敏好學，博通經史。

李淳玉（本姓王，育於李氏）號昆山。四川資陽縣人。嘉慶二十五

年三甲一百三十六名進士。由咸安宮教習補四川重慶府教授。卒於任。

張德鳳 字子韶，號梧岡、沙坦。江蘇江寧人。嘉慶二十五年三甲一百三十七名進士。選庶吉士，歸班候選知縣，改廣東仁化知縣。蒞任四月卒。

高嶙雲 字曉江。河南項城縣人。嘉慶二十五年三甲一百三十八名進士。道光十八年任浙江麗水知縣，二十二年署永嘉知縣。

邱夢旂 廣東順德縣人。嘉慶二十五年三甲一百三十九名進士。道光十六年署江西新城知縣。二十五年卸。

馮詢（1792—1867）字子良。廣東番禺縣人。嘉慶二十五年三甲一百四十名進士。道光十八年任江西永豐知縣，創建求志書院，建義倉。調浮梁知縣，二十九年進南昌府吳城同知。官至九江知府、饒州知府。以老辭歸。主書院講席。著有《子良詩存》。

王錫琨 順天寧河縣人。嘉慶二十五年三甲一百四十一名進士。任兵部主事，官至兵部員外郎。

許汝恪 字序庭、瀛仙，號湘皋、鷺園。河南臨漳縣人。嘉慶二十五年三甲一百四十二名進士。選庶吉士，改吏部考工司主事，升員外郎，道光十八年考選江西道御史。

賀嵩秀 山西文水縣人。嘉慶二十五年三甲一百四十三名進士。

道光二年（1822）壬午恩科

本科爲清宣宗登極恩科

第一甲三名

戴蘭芬 字畹香，號湘圃。安徽天長縣人。乾隆四十九年十二月二十三（1785 年 2 月）日生。道光二年一甲第一名狀元。授修撰。十年督任陝西學政，歷官至侍講學士。英年早逝，時人惜之。工詩詞。著有《香祖詩集》《望明軒詩賦》。

鄭秉恬 字雲壑、性和。江西上高縣人。道光二年一甲第二名榜眼，授編修。八年署山西平遥知縣，九年降任山西曲沃縣知縣，又任五寨等縣知縣。以憂歸，不復出，未幾卒於家。

羅文俊（1791—1850）字泰瞻，自號羅村先生。廣東南海縣人。道光二年一甲第三名探花。授編修。十九年充山東鄉試主考官，二十年督浙江學政，歷任通政副使。二十四年授詹事，遷内閣學士。二十五年授工部左侍郎。十二月病免。著有《綠夢書屋文集》等。

第二甲一百名

陳嘉樹 字亭玉，號仲雲。江蘇儀征縣人。道光二年二甲第一名進士。選庶吉士，授編修。八年充順天鄉試同考官，十二年授廣東知府改山東濟東道，十五年兼山東鹽運使，改廣東鹽運使，二十年授山西按察使，遷江西布政使。道光二十一年罷職。

曾元海 字少坡，號葉蘇。福建閩縣人。道光二年二甲第二名進士。選庶吉士，授編修。任會試同考官，五年充貴州鄉試主考官，八年督廣西學政任滿，丁祖母憂歸。遽卒，年三十七。著有《擊缽集》《使黔草》《不能詩齋詩草》。

父曾暉春，嘉慶六年進士；兄曾元炳，道光九年進士；弟曾元變，道光十八年進士。

翁心存 字二銘，號遂安。江蘇常熟縣人。乾隆五十六年（1791）五月十四日生。道光二年二甲第三名進士。選庶吉士，授編修。遷左中允，五年督廣東學政，十二年以侍講督江西學政，遷大理寺少卿，國子監祭酒，二十九年授內閣學士，遷工部侍郎，改戶部侍郎。咸豐元年授工部尚書，三年以事革。四年授吏部侍郎，改戶部侍郎遷兵部尚書，改吏部尚書。六年授協辦大學士，改戶部尚書，八年遷體仁閣大學士兼掌院學士。九年休致。十年起用以大學士銜管工部事務。同治元年（1862）入直弘德院，與祁寯藻授同治帝讀書。十一月初七日卒，享年七十二。贈太保，入祀賢良祠。諡"文端"。著有《知止齋詩文集》。

子翁同書，道光二十年進士；翁同龢，咸豐六年狀元，協辦大學士。

于蔚華 字蕚樓。江蘇江都縣人。道光二年二甲第四名進士。三年署四川南部知縣，四年任四川秀山知縣，八年署石砫廳同知。以疾卒。著有《周易纂注》十二卷、《鶴皋草堂文集》十卷、《深柳書堂詩集》八卷。

岳鎮南 字衡山，號文峰。山東利津縣人。道光二年二甲第五名進士。選庶吉士，授編修。九年充會試同考官，十一年考選江西道御史，充湖南鄉試副考官，十二年督湖南學政，升江西九江知府、江安糧道、浙江鹽運使，二十年授甘肅按察使，改直隸按察使，二十一年遷雲南布政使。二十四年（1844）卒於任。

兄岳鎮東，嘉慶二十二年進士。

李儒郊 字宋伯，號東山、東原。江西德化縣人。道光二年二甲第六名進士。選庶吉士，授編修。六年充會試同考官，十一年充湖北鄉試正考官，十三年考選浙江道御史，十五年充陝西鄉試正考官，官至甘肅甘州知府。

父李鴻賓，嘉慶六年進士，官協辦大學士。

陸建瀛 字星輔，號立夫、仲白。湖北沔陽縣人。乾隆五十七年（1792）二月初七日生。道光二年二甲第七名進士。選庶吉士，授編修。遷侍讀，二遷十年直隸天津道，二十二年授直隸按察使遷布政使，二十六年授雲南巡撫改江蘇巡撫，二十九年四月遷兩江總督。咸豐二年授欽差大臣防堵太平軍。三年（1853）因一戰兵潰倉皇遁歸，革職并抄沒家產。三月初十城破遇害，年六十二。念其與江寧城共存亡之義，賞復總督原銜還其家產。

彭宗岱 字詹魯，號小山。貴州貴築縣人。道光二年二甲第八名進士。選庶吉士，五年散館改福建將樂知縣，改江西湖口知縣，二十一年任江西會昌知縣，二十五年署江西鄱陽知縣，二十九年任新建知縣，咸豐二年改江西南昌知縣，三年署江西南康府通判，五年遷瑞州府同知，七年改建昌府同知，遷江西廣信知府、撫州知府，十年官至饒州府知府。

黃塤（原名黃本敦）字念

進士。選庶吉士，散館改西安知縣，十七年任浙江嘉善知縣，十九年鄞縣知縣，兼理慈溪知縣，升定海同知，英軍犯定海，總兵陣亡，恭受墮城未亡，後代理浙江寧波知府。後部議失守罪獄二年，本擬遣往伊犁，後仍留浙効力，道光二十八年放歸。著有《誦筥帚齋詩文集》。

父舒懋官，乾隆五十八年進士。

龍載恬 四川宜賓縣人。道光二年二甲二十九名進士。五年四月任順天府固安知縣，十七年改福建詔安知縣，二十三年任建陽知縣。

王之道 字砥平、春如，號耨雲。安徽太湖人。道光二年二甲三十名進士。四年任江西鉛山知縣，十一年改豐城知縣，署袁州府同知，升吉安府蓮花廳同知。以引見卒於京。著有《四湖居士詩文集》。

鍾錫瑞 字見庭，號小珊。順天宛平縣人，原籍浙江蕭山。道光二年二甲三十一名進士。三年任陝西沔陽知縣，二十七年改寶雞知縣，三十年任陝西臨潼知縣。

王汝弼 號夢岩。順天大興縣人。道光二年二甲三十二名進士。任陝西醴泉知縣，十二年任山東濟陽知縣。

汪于泗 字磬濱，號岱青。直隸灤州人。道光二年二甲三十三名進士。選庶吉士，授編修。九年充會試同考官，十八年考選山東道監察御史，二十一年任江蘇揚州知府，二十二年改陝西同州知府，三十三年署浙江嚴州知府。

李希曾 （《進士題名碑錄》作李希增）漢軍正白旗。道光二年二甲三十四名進士。任陝西商南知縣，六年任陝西永壽知縣，八年改涇縣知縣，十年留壩廳同知，十二年任孝義廳同知，遷同州知州，乾州直隸州知州，十六年官至西安知府。

李士林 字藝圃。雲南通海縣人。道光二年二甲三十五名進士。三年署廣西容縣知縣、臨桂知縣、岑溪知縣，十七年遷安徽滁州知州，二十四年任安徽廣德州知州，官至安徽鳳陽知府，改潁州知府。以老致仕。咸豐初卒。

李郁然 字晴圃。四川長壽縣人。道光二年二甲三十六名進士。署廣東饒平知縣，補陽山知縣。丁母憂歸。年四十四卒。

蔡賡颺 字金和，號雲士。浙江德清縣人。道光二年二甲三十七名進士。選庶吉士，授編修。五年充山西鄉試副考官，督山西學政，十三年充會試同考官，考選山西道御史，十四年任順天東城巡城御史，十七年以刑科給事中督廣東學政，改內閣侍讀學士，後降戶部廣西司主事。咸豐元年充雲南鄉試副考官。著有《貢雲書屋詩集》。

劉斯增 字乃素，號石生。江西南豐縣人。道光二年二甲三十八名進士。任雲南永善知縣，四年改廣東開平知縣，五年改博羅知縣，二十二年署廣東三水知縣，二十九年官至廣東萬州知州。

父劉炌，乾隆三十四年進士。

王庭蘭　河南固始縣人。道光二年二甲三十九名進士。授內閣中書、刑部主事，縈遷三品候補京堂，咸豐八年貴州按察使。九年留安徽防剿。

王煜　字芝泉、炯齋。安徽滁州人。道光二年二甲四十名進士。選庶吉士，授編修。五年充廣西鄉試副考官，八年任雲南學政，升國子監司業，十三年充會試同考官，官至國子監祭酒。久不遷，二十二年乞歸。主鍾山書院。

張春臺　直隸天津縣人。道光二年二甲四十一名進士。任山西懷仁知縣，七年署，八年補山西徐溝知縣，遷山西汾州府同知。

佛爾國保　滿洲正藍旗人。宗室。道光二年二甲四十二名進士。任宗人府主事。

熊傳栗　字民懷。河南商城縣人。道光二年二甲四十三名進士。五年任江蘇六合知縣，九年改江蘇吳縣知縣，十一年任南滙知縣，十五年改江蘇丹徒知縣，十八年任崇明知縣，二十五年改寶山知縣，二十六年任長洲知縣，二十九年升蘇州府總捕同知。

滕子玉　字青田，號蘭村。山東昌樂縣人。道光二年二甲四十四名進士。選庶吉士，改湖南嘉禾知縣，四年調福建平和知縣，署光澤縣加知州銜。卒於任。

蓋鈺　山東蒲臺縣人。道光二年二甲四十五名進士。五年任陝西石泉知縣，九年任陝西大荔知縣，任佛坪廳同知。

趙慶熺　（1792—1847）字積齡、繼揚，號秋舫。浙江仁和縣人。道光二年二甲四十六名進士。選陝西延川知縣，不往。改浙江金華教授。亦未上任。著有《楚游草》《蘅香館詩稿》。

朱枕之　字長書，號仁山。浙江海寧州人。道光二年二甲四十七名進士。三年正月署山東東阿知縣，補山東棲霞知縣，擢廣東韶州知府，官至禮部郎中。

石家紹　字衣言，號瑤辰、念齋、淵若。山西翼城縣人。乾隆五十七年（1792）四月初五日生。道光二年二甲四十八名進士。授江西龍南知縣，歷大庾、新城、上饒、新建知縣，擢瑞州銅鼓營同知，署饒州、贛州知府。道光十九年（1839）卒。年四十八。

王仲槐　字雨農。河南滑縣人。道光二年二甲四十九名進士。任直隸束鹿、豐潤知縣，十年改直隸清苑知縣，十二年遷直隸定州直隸州，二十一年遷直隸河間知府，二十二年改正定知府，二十五年丁憂。咸豐三年署甘肅蘭州知府，四年十二月任甘肅肅州直隸州知州。

沈其雲　字吕青，號五橋。浙江山陰縣人。道光二年二甲五十名進士。十二年任山東齊河知縣。十七年再任。

盧昆鑾 字金城，號翰坡。江西萬載縣人。嘉慶四年（1799）生。道光二年二甲五十一名進士。任浙江歸安知縣，七年調浙江石門，十年改海鹽知縣，十三年署浙江杭州府海防同知，調廣西龍州同知、南寧府同知，二十八年署鬱林直隸州知州，三十年官至廣西泗城府知府，署桂林知府。

諸豫宗 字立凡，號笠厲。浙江餘姚縣人。道光二年二甲五十二名進士。任廣東西寧知縣。

姚柬之 字伯山，號幼楷。安徽桐城縣人。乾隆五十年（1785）八月十八日生。道光二年二甲五十三名進士。任河南臨漳知縣，十二年調廣東揭陽知縣，遷連州綏瑤廳同知，十七年署肇慶知府，十九年擢貴州大定知府。以病辭歸。道光二十七年（1847）九月初六日卒。年六十三。著有《漳水圖經》《綏瑤廳志》及詩文集。

賴以立 字陶元。江西奉新縣人。道光二年二甲五十四名進士。六年任直隸新河知縣，調東安知縣，署房山縣，十一年八月改順天府宛平知縣，十二月以病去。愈後署湖北漢陽縣，十二年改黃梅知縣。以母老乞養歸。

陸我嵩 江蘇青浦縣人。道光二年二甲五十五名進士。四年授福建壽寧知縣，五年改閩縣知縣。

周鏞 字序東。湖北漢川縣人。嘉慶十五年舉人，道光二年二甲五十六名進士。四年任浙江上虞知縣，調山陰知縣。在任六年有惠政，憂歸。主講紫陽書院，卒年七十五。

史念徵 字用修，號覺庵。陝西華州人。道光二年二甲五十七名進士。任江西宜黃知縣，署江西彭澤知縣，遷貴州廣順知州。

黃德峻 廣東高要縣人。道光二年二甲五十八名進士。任戶部主事，二十年官至福建泉州府知府。

顧元愷 字杏樓、賓四。江蘇長洲縣人。道光二年二甲五十九名進士。選庶吉士。改工部主事，官至廣西潯州知府。

李菡 字豐垣，號滋園。順天寶坻縣人。嘉慶元年（1796）二月初一日生。道光二年二甲六十名進士。選庶吉士，授編修。歷任侍講、侍講學士、少詹事，二十二年督安徽學政，二十三年授光祿寺卿改通政使。二十五年遷左副都御史，歷兵部侍郎、倉場侍郎，咸豐十年調工部侍郎改吏部侍郎，同治元年三月遷工部尚書。同治二年（1863）二月初八日卒。年六十八。謚"文恪"。

弟李蕚，道光三年進士，通政副使。

胡霖蒼 字潤生，號商雨。雲南石屏人。道光二年二甲六十一名進士。選庶吉士，改浙江宣平知縣，任桐廬、錢塘知縣。任事強直，以平僅冤獄與上官力爭不獲，歸。

王　治　字熙哉，號平軒。陝西三原縣人。道光二年二甲六十二名進士。選庶吉士，改刑部主事、員外郎，考選河南道御史，外任四川叙州知府、潼川知府、成都知府，二十四年官至四川建昌道。病歸。主講關中書院。工詩，著有《紫丁香齋詩鈔》。

李棠階　字愛庭、樹南，號文園、強齋。河南河內縣人。嘉慶三年（1798）二月二十七日生。道光二年二甲六十三名進士。選庶吉士，授編修。督雲南學政，遷侍讀，二十二年督廣東學政，纍遷太常寺少卿，同治元年五月授大理寺卿遷禮部侍郎，七月授左都御史、軍機大臣。二年改工部尚書，三年加太子少保，七月調禮部尚書。同治四年（1865）十一月初九日卒。年六十八。贈太子太保，諡“文清”。著有《李文清公文集》等。

周日新　字輝谷。廣東番禺縣人。道光二年二甲六十四名進士。任湖南臨湘知縣。到任遣人迎母，母憂道遠不赴，日新辭官歸。授徒養母數十年。

夏國琦　字璞庵，號小韓。貴州遵義縣人。道光二年二甲六十五名進士。署湖南藍山知縣，五年任湖南攸縣知縣。年四十一病卒於任。

恩　桂　字步瞻，號小山。鑲藍旗宗室。嘉慶五年（1800）八月二十日生。道光二年二甲六十六名進士。選庶吉士，授編修。纍遷少詹事，道光十二年授詹事遷内閣學士。十五年授盛京工部侍郎改工部、吏部侍郎，十七年降内閣學士，十八年復授吏部侍郎。二十年遷左都御史充内務府大臣，二十一年改理藩院尚書調禮部尚書，二十二年十月改吏部尚書。兼步軍統領。道光二十八年（1848）二月初七月卒。年四十九。贈太保，諡“文肅”。

葉　桂　字薌林，號月卿。甘肅静寧縣人。道光二年二甲六十七名進士。選庶吉士，改山西和順知縣，丁憂服闋，六年任湖南寧遠知縣，以軍功十六年官至湖南道州知州。引疾歸。教子侄讀書。卒年五十二。

曾孫葉祖修，光緒二十一年進士。

周　昇　字宅暘。江蘇通州人。道光二年二甲六十八名進士。任刑部主事，官至刑部郎中。

弟周昷，道光二十四年進士。

林　綍　字湘飆，鷗恬。福建侯官縣人。道光二年二甲六十九名進士。任刑部主事，升郎中，外授山東運河兵備道未任，改廣西右江道，道光二十年授湖北按察使。十二月被誣降，以母老乞歸。事白復官召回，卒於途。

彭　齡　江西新城縣人。道光二年二甲七十名進士。三年署四川廣安知州，五年任四川冕寧知縣。

徐　棟　字德如，號南榮、志

初。直隸安肅縣人。乾隆五十七年十一月二十六日（1793年1月）生。道光二年二甲七十一名進士。任工部主事，遷都水司郎中，二十一年授陝西興安知府，調漢中、西安知府。二十九年以病歸。咸豐三年辦本省團練，同治元年以老病辭，四年（1865）卒，年七十四。著有《牧令書》《保甲書》等。

李儁 字吉人，號鳳山。陝西華陰縣人。乾隆五十五年（1790）三月二十四日生。道光二年二甲七十二名進士。任直隸撫寧、青縣、滄州、深州知縣，遷大名知府、保定知府、大順廣道，道光二十一年授直隸按察使改順天府尹，二十六年遷江蘇布政使。二十八年以病免職。三十年授甘肅布政使，咸豐元年八月遷河南巡撫，二年二月改山東巡撫。咸豐三年（1853）八月卒。年六十四。贈總督。加太子太保，諡"恭毅"。

祖父李天秀，雍正十一年進士。

陶士霖 （原名陶青芝）字澤卿，號鹿崖。安徽南陵縣人。道光二年二甲七十三名進士。選庶吉士，改禮部主事，升禮部郎中，道光十六年考選山東道御史，升吏科給事中，外任浙江溫處道，改貴州糧儲道，二十三年官至長蘆鹽運使。

黃濬 （1779—1860）字睿人，號壺舟，別號古樵道人、四素老人。浙江太平縣人。道光二年二甲七十四名進士。任江西萍鄉、雩都、臨川、東鄉、贛縣、彭澤等縣。被誣入獄，戍新疆。二十六年歸。主講黃岩萃華書院、太平宗文書院、鶴鳴書院。著有《壺舟文存》《東還記程》《音韻集》《萍鄉縣志》等。

翟雲升 字舜堂，號文泉。山東掖縣人，道光二年二甲七十五名進士。即用知縣分發廣西。官國子監助教。不樂仕進，家居以翰墨自娛。著有《隸篇》《說文辨異》。

馬步鑾 字金坡。廣西全州人。道光二年二甲七十六名進士。三年任山西武鄉知縣。

胡筠 字鳳庭，號個園。江西新昌縣人。道光二年二甲七十七名進士。任河南光山知縣，十一年調湖南安仁知縣，二十年改四川永川知縣。

繼志 字雲鵠，號琴言。漢軍正白旗。道光二年二甲七十八名進士。選庶吉士，授編修。八年充山西鄉試副考官。

梁恩照 字畫三，號曙亭。安徽合肥縣人。道光二年二甲七十九名進士。任刑部主事、員外郎、郎中，軍機處行走。八年纍遷山東曹州知府，十年三月改濟南知府。十一年升湖南岳常澧道，十五年湖南鹽法長寶道，官至廣東鹽運使。因事降調，以病歸。

于尚齡 字磻溪，號揚軒。江蘇金壇縣人。乾隆五十一年（1786）生。道光二年二甲八十名進士。任浙江昌化知縣，十三年遷杭州府海防同知，擢浙江湖州知府，十九年改浙江嘉興知府，官至河南陳州府知府。

曾祖于敏中，乾隆二年狀元，文華殿大學士。

王藻 字菽原，號燕鎬。江蘇通州人。道光二年二甲八十一名進士。選庶吉士，改任禮部主事，十一年充雲南鄉試副考官，十三年充會試同考官，升員外郎，十五年再充會試同考官，十六年考選福建道御史，十七年出任廣東瓊州知府、廣東糧儲道，十八年授湖南按察使，二十年遷湖南布政使護湖南巡撫。道光二十二年乞養歸。

孫謙豫 字立亭，號建侯。貴州貴陽府人。道光二年二甲八十二名進士。任山西沁水知縣。卒於任。

子孫濂，道光二十一年進士。

楊以曾 （碑作楊以增）字益之，號至堂、東樵。山東聊城縣人。乾隆五十二年（1787）九月十六日生。道光二年二甲八十三名進士。任貴州貴築知縣，十一年擢松桃直隸廳同知，十三年遷興義知府，十四年改貴陽知府，十五年改湖北安襄鄖道，遷兩淮鹽運使，二十三年授甘肅按察使遷陝西布政使，二十七年授陝西巡撫，二十八年九月授南河總督。咸豐五年十二月十八日（1856年1月）卒。年六十九。同治年間追謚“靖勤”。爲清代藏書家。建“海源閣”藏書樓，藏有宋、元、明、清代各種珍本數十萬卷及

字畫古玩。一名“海淵閣”。與瞿氏“鐵琴銅劍樓”有“南瞿北楊”之謂，著有《海源閣藏書目》《退思廬文存》《楊靖勤公奏疏》等。

陳文衡 福建龍岩州人。道光二年二甲八十四名進士。道光六年任江西萬載知縣，改大庚知縣，二十一年調貴州貴築知縣。

查炳華 安徽涇縣人。道光二年二甲八十五名進士。二年任浙江安吉知縣、平陽知縣，十三年纍遷湖北安襄鄖荊道，十七年改荊宜施道，曾署湖北按察使。

豫益 字子虞，號簀山、蓮塘。漢軍鑲黃旗。道光二年二甲八十六名進士。選庶吉士，授編修。八年考選江南道御史，十二年遷江蘇揚州知府，官至江蘇松江知府。

奚澄 字印川，號蘭岩。浙江平湖縣人。道光二年二甲八十七名進士。四年任直隸新城知縣，以罣誤去，後任廣東平遠知縣。忤上官歸。

黃初 （《雲南通志》稱改名黃躍樞）字星海。雲南永北廳人。道光二年二甲八十八名進士。四年任四川黔江知縣，五年改豐都知縣，署四川郫縣知縣，官至里塘同知。

鄒鳴鶴 字鍾泉，號孚庵、松友。江蘇無錫縣人。乾隆五十八年（1793）十月初三日生。道光二年二甲八十九名進士。任河南光山、羅山、新鄭知縣，升河南衛輝知府、開封知府，遷江西督糧道，道光三

十年授順天府尹，咸豐元年三月改廣西巡撫。二年四月革。以六品頂戴協辦沿江防堵太平軍事宜。太平軍攻下南京，三年（1853）二月初十被殺，年六十一。四年五月追贈道員，同治七年十月追謚"壯節"。予騎都尉兼一雲騎尉世職。撰有《道齊正軋》《守城善後紀略》《世忠堂文集》《撫粵奏議》《中河漫口紀略》等。

張維屏 字子樹，號南山、松子心、珠海老漁。廣東番禺縣人。乾隆四十五年（1780）九月二十九日生。道光二年二甲九十名進士。二年署湖北黃梅知縣，調長陽知縣，四年改廣濟知縣，五年遷襄陽府同知，丁父憂服闋，分發江西署袁州府同知，十五年任吉安府通判，官至署江西南康知府。道光十七年請假歸，遂不復出，閉門著書。咸豐九年（1859）九月十八日卒。年八十。畫山水有清致，詩文書法聲稱一時。著有《松心詩文集》《松心日錄》《松軒隨筆》《老漁閑話》。所輯《國朝詩人征略初編》《二編》最有功於文獻。

況澄 字少吳。廣西臨桂縣人。道光二年二甲九十一名進士。選庶吉士，改戶部主事，十一年充順天鄉試同考官，十三年充會試同考官，升戶部員外郎，十四年充陝西鄉試副考官，升郎中，十五年考選山東道御史，十九年任順天西城巡城御史，官至河南糧儲道。

邵勷 字彤賓，號蓮士。山東濟寧州人。道光二年二甲九十二名進士。任湖北應山知縣，改黃安知縣，四年改嘉魚知縣、天門知縣，九年改江夏知縣，十三年署湖北黃州知府，道光二十四年署四川重慶知府，改嘉定府知府，二十四年官至四川永寧道。咸豐元年任江蘇里河同知。

蔣啓敦 字明叔，號玉峰。廣西全州人。道光二年二甲九十三名進士。二年任江西廣昌知縣，三年任改江西德興知縣，五年署會昌知縣，七年改新城縣，十年改贛縣知縣，十四年改永豐知縣，十五年改南昌知縣，二十四年署江西寧州，二十五年遷南昌府同知，二十七年遷江西廣信知府，官至河南河北道，署東河總督。著有《問梅軒詩文集》。

張霄 字瀛洲。直隸南宮縣人。道光二年二甲九十四名進士。任浙江金華知縣，改會稽知縣。

武耀曾 湖北孝感縣人。嘉慶二十四年舉人，道光二年二甲九十五名進士。六年任福建建安知縣。

曹森（原名曹士鯤）字仲楷，號寶書。江蘇上元縣人。乾隆五十五年（1790）九月二十三日生。道光二年二甲九十六名進士。任山西榆次、孝義、夏縣、山陰、陽曲知縣，二十二年升山西忻州直隸州知州，署大同知府。乞養歸。服闋。咸豐三年（1853）太平軍攻江寧，命其留辦聯防，二月初十城陷自縊卒，年六十四。贈太僕寺卿銜。雲騎尉世職。

張泂 字裔蘇，號雨農。山東海豐縣人。道光二年二甲九十七名進士。選庶吉士，六年散館改浙江太平知縣，遷浙江玉環廳同知，十六年官至浙江嘉興知府。著有《桐華山館詩鈔》。

陳塏 字畊心，號爽亭、蘭垞。浙江餘姚縣人。道光二年二甲九十八名進士。六年任福建寧化知縣，十一年改四川井研知縣。卒於任。

吳登選 湖南武陵縣人。道光二年二甲九十九名進士。任山西知縣。

徐青照 字稚蘭。順天大興縣人，原籍浙江山陰。道光二年二甲一百名進士。任安徽知縣、壽州知州，遷廣東瓊州府同知，二十四年遷安徽安慶知府，二十五年改江蘇江寧府知府，官至安徽廬鳳潁道。卒於任。

第三甲一百一十九名

郭彬圖 號占樵。福建閩縣人。道光二年三甲第一名進士。五年任四川高縣知縣，十年改四川江津縣知縣，二十七年署彭縣知縣，二十九年署資州知州，官至四川天全州知州。

沈鑑 （原名沈鍈）字昆山，宇畹耘。浙江德清縣人。道光二年三甲第二名進士。道光三年署江西上猶知縣，七年任江西崇仁知縣。九年（1829）卒於任。

溫葆淳 （改名溫葆深）字子函，號明叔。江蘇上元縣人。道光二年三甲第三名進士。選庶吉士，授檢討。歷任侍讀學士，二十年督福建學政，擢少詹事，二十八年授太常寺卿。二十九年改宗人府丞，同治六年遷左副都御史，七年改禮部侍郎，十年調戶部侍郎。光緒二年以病免。後加太子太保銜。著有《春樹齋從說》。

何士祁 字仲京，號竹薌。浙江山陰縣人。道光二年三甲第四名進士。三年署江蘇婁縣知縣，五年任江蘇元和知縣，十年改吳江知縣，二十六年署昭文知縣，二十九年升松江府同知，咸豐六年署松江府知府。

孫炳臺 山東安丘縣人。道光二年三甲第五名進士。任山西浮山知縣。

李式圃 字果亭。安徽合肥縣人。道光二年三甲第六名進士。四年署浙江太平知縣，歷武康、嵊縣知縣，十年任慈溪知縣，十二年回任太平縣。

謝興宗 字裕世，號蘭軒、可亭。湖南湘鄉縣人。乾隆四十六年（1781）生。道光二年三甲第七名進士。六年任浙江縉雲知縣、蕭山知縣，改浙江金華知縣。道光二十九年（1849）卒。

舒夢齡　字錫晉，號子鶴、蘇橋。湖南漵浦縣人。乾隆五十年（1785）生。道光二年三甲第八名進士。選庶吉士。四年改安徽巢縣知縣，升亳州、泗州知州，遷鳳陽知府，二十二年改太平知府，二十三年安慶知府，二十六年升鳳宿道，咸豐元年署山東登萊青道。咸豐四年（1854）卒。

霍宗光　山西大同縣人。道光二年三甲第九名進士。任甘肅張掖知縣、安定知縣，十五年改福建海澄知縣。

蔡寵　廣東海康縣人。道光二年三甲第十名進士。三年任山東即墨知縣。

德山　滿洲鑲黃旗人。道光二年三甲十一名進士。任刑部主事，十九年纍遷湖北黃州知府，二十五年改直隸河間知府。

吳浚　字良五，號菊如。浙江歸安縣人。道光二年三甲十二名進士。八年任江蘇丹徒知縣，九年遷江蘇高郵知州。

黃有華　字仲實。江西都昌縣人。道光二年三甲十三名進士。以知縣分發山西，未到省卒。

蔡紹洛　字季瞻，號蓮橋。湖北蘄水縣人。道光元年舉人，二年三甲十四名進士。四年任山東棲霞知縣，七年調陽穀知縣，八年回任棲霞知縣，十年捐升吏部員外郎，升郎中，咸豐元年授山東道御史，二年改順天北城巡城御史，四年官

至直隸天津知府。

徐思莊　字柳臣。江西龍南縣人。道光二年三甲十五名進士。選庶吉士，授檢討。十一年充山東鄉試副考官，十五年充順天鄉試同考官，二十一年遷安徽潁州知府，改安慶知府，遷雲南迤東道，二十六年授山東按察使。捻軍擾境，二十七年罷職。後練團防，復原職，同治四年（1865）卒。

姚肇仁　安徽旌德縣人。道光二年三甲十六名進士。署浙江金華知縣，四年改浙江湯溪知縣，五年改臨海知縣，七年龍泉知縣，九年改秀水知縣、平陽知縣。

張應雲　字白也。河南淮寧縣人。道光二年三甲十七名進士。四年署山東嶧縣知縣、任山東昌邑知縣，五年任山東歷城知縣，十二月署濟南同知，十二年改安徽宿州知州，十六年官至泗州直隸州知州。

毛鳳儀　貴州貴築縣人。道光二年三甲十八名進士。四年任山西垣曲知縣，改芮城知縣。

魏駿猷　字佩蘅。江蘇丹陽縣人。道光二年三甲十九名進士。署安徽寧國知縣，道光六年丁憂服闋，九年補陝西榆林知縣，署華陰知縣，改涇陽知縣，加知州銜，卒於任。

嚴長宦　字敬亭。江西雩都縣人。道光二年三甲二十名進士。任廣東豐順、惠來知縣，補開建知縣，丁憂歸。補甘肅秦安知縣，代理山丹、皋蘭知縣，二十年擢臨洮廳同

知，代理甘肅慶陽知府、平凉知府，擢廣西潯州知府，未赴卒。

恒　祥　滿洲鑲黃旗人。道光二年三甲二十一名進士。任兵部主事。

楊上容　字玉生、裕森。湖南寧遠縣人。道光二年三甲二十二名進士。三年署四川營山知縣，四年署內江知縣，六年任四川綿竹知縣，改安縣知縣，十年代辦羅江知縣，十二年署涪州知州、酉陽直隸州知州、綿州直隸州知州。被劾，休致歸。

劉　詩　字占愚。湖北鍾祥縣人。嘉慶二十三年舉人，道光二年三甲二十三名進士。授甘肅署皋蘭知縣、平羅知縣、狄州知縣，補兩當知縣、山丹知縣，署静寧知州，擢洮州廳同知，官至署甘肅平凉府知府，以病告歸。

兄劉誼，嘉慶二十五年進士。

彭定澤　江西樂平縣人。道光二年三甲二十四名進士。任直隸安平知縣，十四年任直隸望都知縣，十八年官至直肅安州知州。

何逢青　江西新城縣人。道光二年三甲二十五名進士。三年任山東黃縣知縣，四年改山東招遠知縣。

徐雲驤　福建南安縣人。道光二年三甲二十六名進士。任廣東大浦知縣。

文　藝　字蔗農。滿洲正黃旗人。道光二年三甲二十七名進士。任湖北通山知縣，改嘉魚知縣，遷右贊善。

高乃聽　雲南沾益州人。道光二年三甲二十八名進士。

蕭韶鳴　字虞卿。貴州遵義縣人。乾隆四十六年（1781）十一月十六日生。道光二年三甲二十九名進士。任山西寧鄉知縣、河南內鄉知縣。在任五年，告終養歸，家居二十餘年，咸豐八年（1858）卒，年七十八。

孫蕭樹藩，同治十年進士。

馬方鈺　字式之。河南光州（今潢川）人。道光二年三甲三十名進士。選庶吉士，散馆歸班候選知縣，官至貴州麻哈知州。

李世彬　字械鹹，號子蔚、滋蕙。安徽太湖縣人。乾隆五十五年（1791）生。道光二年三甲三十一名進士。任浙江遂安、奉化知縣，七年改富陽知縣，十一年改石門知縣，丁母憂服闋，十八年起補四川灌縣、華陽、成都、仁壽、巴縣知縣，遷會理州、合州知州，咸豐二年改瀘州知州，官至四川順慶府知府。年七十二卒於任。

楊時雍　雲南太和縣人。道光二年三甲三十二名進士。三年署浙江麗水知縣，八年改孝豐知縣。

何熙績　號春民，號良臣。山西靈石縣人。道光二年三甲三十三名進士。十二年任直隸文安知縣，改肅寧知縣。

夏建謨　字真銓，號有橋。浙江錢塘縣人。道光二年三甲三十四名進士。六年任山東新泰知縣，七年改山東惠民知縣。

許冠瀛（榜名許士贇）字蓉叔。福建侯官縣人。道光二年三甲三十五名進士。選庶吉士，授檢討。

郭應軫 河南洛陽縣人。道光二年三甲三十六名進士。五年任貴州玉屏知縣，六年改永從知縣、青溪知縣。

疏筤 號篆莊。安徽桐城縣人。道光二年三甲三十七名進士。分發浙江即用知縣，七年任浙江武康知縣，十二年任浙江壽昌知縣。

姚廷清 字炳奎，號養泉。貴州貴築縣人，祖籍浙江慈溪。道光二年三甲三十八名進士。十九年署直隸新樂知縣，官至直隸晉州知州。

郭熊飛 字次虎，號蘭垞。山東濰縣人。乾隆五十四年（1789）生。道光二年三甲三十九名進士。任陝西武功、延長、石泉、略陽、涇陽知縣，十二年丁憂。擢安徽滁州知州，遷四川夔州知府，十八年陝西輪林道，二十一年授湖北按察使，二十三年改江蘇按察使，二十六年遷直隸布政使。二十七年（1847）以勞卒於任。年五十九。

保極 滿洲正藍旗，宗室。道光二年三甲四十名進士。任宗人府主事，官至國子監司業、左庶子。

寇秉鈞 字伯衡。貴州修文縣人。道光二年三甲四十一名進士。任山東益都知縣。以不能阿事上官罷歸。主講會城貴山書院。

王承勛 福建安溪縣人。道光二年三甲四十二名進士。任湖北鄖西知縣。

謝體仁 山東郯城縣人。道光二年三甲四十三名進士。任河南通許知縣，遷雲南南安州知州、大理府雲龍州知州。

彭翊 福建侯官縣人。道光二年三甲四十四名進士。道光四年任山東日照知縣，二十六年改山西壺關知縣，三十年署山西安邑知縣。咸豐五年山西潞安府同知。

赫特赫訥（？—1861）字蔚堂，號伯棠、藕香。滿州鑲黃旗人。道光二年三甲四十五名進士。任禮部主事、精繕司員外郎，道光十年官至江蘇督糧道。咸豐中，留辦軍務。杭州城陷，巷戰中陣亡。著有《白華館詩存》。

鄧射斗 字班黃。湖北興國州人。道光元年舉人，二年三甲四十六名進士。任湖南宜章知縣，改沅江知縣。

周樹棠 湖南長沙縣人。道光二年三甲四十七名進士。三年署四川彭明知縣，五年署內江知縣，六年改梓桐知縣，十六年復任梓桐縣，十九年署四川金堂知縣，二十一年再復任梓桐縣，二十八年改墊江知縣，二十九年改合江知縣，三十年到咸豐元年三次復任梓桐知縣，咸豐二年任鄷都知縣，遷蓬州知州。

唐廷詔 陝西三水縣人。道光二年三甲四十八名進士。任山西寧鄉知縣。

孫枝秀 字翹生。江西崇仁縣人。道光二年三甲四十九名進士。三年任江蘇寶應知縣，四年改江蘇儀征知縣，五年任江蘇震澤知縣。

受 慶 字次農。滿洲正藍旗，宗室。道光二年三甲五十名進士。選庶吉士，授檢討。歷任翰林院侍讀學士、少詹事，十三年遷詹事，十四年遷通政使，改左副都御史。十五年解職。

周康華 江蘇鎮洋縣人。道光二年三甲五十一名進士。任直隸鉅鹿知縣。

陳紹型 字守先，號慎齋。浙江蕭山縣人。道光二年三甲五十二名進士。四年任安徽靈璧知縣、河南新野知縣。

楊紹霆 號龍池。雲南太和縣人。道光二年三甲五十三名進士。三年任浙江奉化知縣，調江山縣，再調烏程縣。卒於任。著有《味蒼雪齋詩選》。

熊 燮 字調梅，號春甫。江西新昌縣人。道光二年三甲五十四名進士。四年任湖南沅江、臨湘知縣，遷河南信陽州，滎陽、羅山、商丘知縣。護知州。

何覲揚 （《進士題名碑》作何覿楊，誤）字廷對。江蘇長洲縣人。道光二年三甲五十五名進士。任河南新野知縣，二十八年改廣西昭平知縣。

畢光榮 號梧樵。雲南昆明縣人。道光二年三甲五十六名進士。二年任江西永豐知縣，八年改建昌知縣。明年（1829）卒於任。

張際庚 河南永寧縣人。道光二年三甲五十七名進士。

施化理 雲南浪穹縣人。道光二年三甲五十八名進士。四年任福建將樂知縣，六年改崇安知縣。解組歸。

劉廷榮 字戟門。山東安丘縣人。道光二年三甲五十九名進士。署河南原武縣知縣，補郟縣知縣。以疾卒於任。年僅三十七。

朱崇慶 字峻生。山東聊城縣人。道光二年三甲六十名進士。任吏部主事，升郎中，外任廣東糧道。致仕歸。課子弟。

鄭允修 字永夫，號蓉坡。山東滕縣人。道光二年三甲六十一名進士。任雲南永善知縣。解銅至京回任候升，以親老乞養歸。

張相候 雲南鄧川州人。道光二年三甲六十二名進士。三年署湖南安福知縣，四年改湖南巴陵知縣，改溆浦知縣，調廣東新安、四會知縣。同治九年雲南鄧川城陷，自縊。

梁 鞏 河南光州人。道光二年三甲六十三名年進士。四年任湖北宜城知縣，八年調湖南溆浦知縣，十五年改湖南嘉樂知縣。

王世荃 字葉傳、字書農，號紉蘭。山東濟寧州人。道光二年三甲六十四名進士。三年署湖北通城知縣，十三年調浙江安吉知縣，十七年改臨海知縣，十九年樂清知縣。

姚熊飛 奉天蓋平縣人。道光二年三甲六十五名進士。六年任湖南江華知縣，十年改桃源知縣，十三年永州府同知，二十二年遷江西廣信知府，二十三年改饒州知府，二十八年官至江蘇常鎮通海道，咸豐三年免。

歐 文 字西青。江蘇宜興縣人。道光二年三甲六十六名進士。任廣西羅成知縣、容縣知縣，調來賓縣，丁憂補山東文登知縣，十九年署海州知州，二十三年復任文登知縣，二十五年以寧海知州署榮城知縣，二十六年任單縣知縣。以勞卒於任。著有《閑齋時文》《養痾漫吟》《學嶺登高詞草》。

秦錫九 廣西靈川縣人。道光二年三甲六十七名進士。三年任山東新泰知縣，七年改山東觀城知縣，十年調補曹縣知縣，十六年改山東即墨知縣。

陶 沅 江蘇無錫縣人。道光二年三甲六十八名進士。任貴州餘慶知縣，調湖南安化知縣，改任安徽池州府教授。

韓亞熊 字介侯。陝西澄城縣人。道光二年三甲六十九名進士。三年任山東臨邑知縣、歷沂水知縣、五年調榮城、補郯城知縣、十一年菏澤知縣、十六年二月調歷城知縣，十七年升山東膠州知州，改廣順州知州。未赴任卒。年七十二。

胡維祺 字介祖，號伯眉、壽雅。浙江錢塘縣人。道光二年三甲七十名進士。任安徽銅陵知縣，改山西石樓知縣。

何鵬霄 福建閩縣人。道光二年三甲七十一名進士。九年任江西東鄉知縣。

盛 潤 （榜名盛思信）江蘇陽湖縣人。道光二年三甲七十二名進士。三年署江西樂平知縣，九年署江西武寧知縣、宜春知縣，調廣東曲江知縣。

黃 傑 福建龍岩州人。道光二年三甲七十三名進士。三年任四川大邑知縣，五年署萬縣知縣，七年改德陽知縣，咸豐元年復任德陽縣，二年改汶川知縣。

劉光斗 奉天海城縣人。道光二年三甲七十四名進士。三年任山東益都知縣，八年改山東諸城知縣，政聲卓著，民呼爲“劉青天”。丁憂去。十六年七月改江蘇句容知縣，十七年任江蘇寶應知縣，二十一年任元和知縣。

徐 勛 字吉臣。四川宜賓縣人。道光二年三甲七十五名進士。任河南上蔡知縣，調孟縣，遷湖北歸州知州。以年老告歸。

弟徐煌，道光六年進士。

書 倫 字紫園，號碩農。漢軍正藍旗人。道光二年三甲七十六名進士。三年任四川三臺知縣，改冕寧、蒼溪知縣，十年調西昌縣，十七年署越巂廳同知。著有《建南風俗略》《有益山房詩集》。

喜　禄　字怡山。滿洲正黃旗人，江寧駐防。道光二年三甲七十七名進士。任房山知縣，九年任直隸撫寧知縣，十二年改正定知縣、盧龍知縣，十六年遷灤州知州，二十年六月任直隸永定河南岸同知。

陳熙健　字荔浦。四川樂山縣人。道光二年三甲七十八名進士。選庶吉士，散館改安徽太湖知縣，改山西和順知縣。

章　雷　字震初，號迅齋。浙江嘉善縣人。道光二年三甲七十九名進士。四年任直隸雞澤知縣。

喬有豫　字象九，號潤齋。山東滋陽縣人。道光二年三甲八十名進士。三年任福建將樂知縣，二十七年改福建清流知縣。

戴　鈴　四川中江縣人。道光二年三甲八十一名進士。四年署山西太原知縣，五年改翼城知縣。

胡先達　字彝軒。直隸延慶州人。道光二年三甲八十二名進士。任江蘇溧陽知縣，署武進知縣，改吳江知縣，十年官至貴州松桃直隸廳同知。以疾歸卒於家。

陳廷杰　順天大興縣人。道光二年三甲八十三名進士。

田韶金　字恩書，號紫亭。貴州玉屏縣人。道光二年三甲八十四名進士。三年貴州貴陽府教授，五年遷湖南興寧知縣。

魏　棻　直隸安州人。道光二年三甲八十五名進士。四年任湖南安福知縣、湘潭知縣，改湖北鍾祥知縣。

劉遵海　字聿南，號溟歡。河南祥符縣人。道光二年三甲八十六名進士。三年任順天府永清知縣，七年改直隸東明知縣，十年改大名知縣、饒陽知縣、博野知縣，十七年任順天薊州知州，二十一年官至順天北路同知，二十二年遷直隸霸昌道。二十九年去。著有《深致軒詩文集》《駢體文稿》《制藝稿》等。

劉文蔚　字通軒。順天大興縣人，原籍江蘇陽湖。嘉慶二十一年舉人，道光二年三甲八十七名進士。三年署四川鹽亭知縣，五年任梁山知縣、西充知縣，十一年任四川溫江知縣，署資陽知縣，因事降，後派赴雲南購銅，十七年官至簡州知州。

趙鵬翔　字雲衢。直隸臨城縣人。道光二年三甲八十八名進士。四年任湖北羅田知縣，六年改湖北咸豐知縣，調宜城知縣，十七年改蘄水知縣。著有《宜城水災記》。

梅曾亮　（原名梅曾蔭）字伯言，號葛君。江蘇上元縣人。乾隆五十一年（1786）三月二十五日生。道光二年三甲八十九名進士。即用知縣，官至戶部郎中。因弟病乞歸。曾主講揚州梅花書院。工詩詞古文，為清桐城派後期散文作家。咸豐六年（1856）正月卒，年七十一。著有《柏梘山房文集》《詩》《駢文》等。入文苑傳。

那瑛安　蒙古正藍旗人。道光

二年三甲九十名進士。

吉達善 號茶農。滿洲鑲藍旗人。道光二年三甲九十一名進士。三年署四川新津知縣，四年署渠縣知縣，六年任四川新都知縣，七年改永川知縣，官至員外郎。

吕崇修 山東德州人。道光二年三甲九十二名進士。四年任直隸遷安知縣、懷來知縣。

黃　能 （一作黃凱）湖北黃陂縣人。嘉慶二十三年舉人，道光二年三甲九十三名進士。六年任甘肅禮縣知縣，十四年改湖南芷江知縣。

王和中 山西鳳臺縣人。道光二年三甲九十四名進士。任禮部主事。

孫德升 山東萊陽縣人。道光二年三甲九十五名進士。任河南陽武知縣，調固始知縣，升禹州知州。

張志彦 字仲芝，號滋泉。順天宛平縣人。道光二年三甲九十六名進士。六年任山東臨朐知縣，八年署曹縣知縣。

王世耀 直隸正定縣人。道光二年三甲九十七名進士。四年署山西安邑知縣，八年改山西汾陽縣，改夏縣知縣。

陳　炳 陝西三原縣人。道光二年三甲九十八名進士。任河南汲縣知縣。

吉修孝 陝西韓城縣人。道光二年三甲九十九名進士。任雲南尋甸州平彝知縣。

林振榮 字見堯，號戟門、純

叟。福建侯官縣人。道光二年三甲一百名進士。曾署任四川綦江、中江、璧山、資陽、梓潼、灌縣、珙縣、井研等縣知縣。在蜀三十年咸豐末年乞退。卒年八十三。

郝文光 字志山。山西榆次縣人。道光二年三甲一百零一名進士。任河南泌陽、虞城、杞縣知縣，調祥符縣、淅川廳同知，署光州知州，告歸里居教授。年踰八十卒。

李登螭 直隸遵化州人。道光二年三甲一百零二名進士。任陝西中部知縣，十一年任陝西鄜州直隸州知州。

朱汝衡 廣東博羅縣人。道光二年三甲一百零三名進士。三年署山東觀城知縣，六年任山東昌邑知縣，改高密知縣。

王文林 字翰亭，號瀛客。漢軍鑲黃旗。直隸通州人。乾隆四十五年十月十三日生。道光二年三甲一百零四名進士。候選知縣。

顧　椿 廣西臨桂縣人。道光二年三甲一百零五名進士。任工部主事，二十年纍遷湖北施南知府，官至浙江糧道。

李師涉 山西陽曲縣人。道光二年三甲一百零六名進士。任河南新蔡知縣，加知州銜。

李　濂 字友溪、季蓮。四川犍爲縣人。道光二年三甲一百零七名進士。任湖北黃岡縣知縣，十年改直隸大名知縣，十四年改直隸清苑知縣、滿城知縣、武邑知縣。

傅文炳　直隸灤平縣人，原籍山東昌邑。道光二年三甲一百零八名進士。任廣西融縣知縣。卒於任。

松　福　蒙古正藍旗人。道光二年三甲一百零九名進士。任禮部主事。

鄂絡額湖　（《進士題名碑》作顎絡碩瑚）蒙古正黃旗人。道光二年三甲一百十名進士。

李培謙　字榆村。江西臨川縣人。道光二年三甲一百十一名進士。署山西翼城知縣，七年補曲沃縣，九年調陽曲縣，升忻州直隸州知州。在忻六年卒。著有《少芝山房詩鈔》行世。

段士聰　山西太谷縣人。道光二年三甲一百十二名進士。任湖南東安知縣，五年改陝西郃陽知縣。九年丁憂歸。

王光宇　順天武清縣人。道光二年三甲一百十三名進士。任陝西南鄭知縣，十四年遷陝西留垻廳同知，二十四年改山東濟寧知州，官至湖北漢陽道。

吉　年　字秋佘。滿洲鑲藍旗人。道光二年三甲一百十四名進士。任吏部堂主事，道光十四年纍遷承德知府，二十二年遷直隸大順廣道，官至奉天府尹。二十六年病免。著有《藤蓋軒詩集》。《晚晴簃詩彙》選入其《冬筍》一首。

劉函剛　字史林。山東濰縣人。嘉慶二十三年舉人，道光二年三甲一百十五名進士。陝西即用知縣，署陝西保安、吳堡、高陵知縣，道光十年任蒲城知縣，丁母憂服闋，十七年改湖北鄖縣知縣。卒年六十。

李青選　字銅士，號荔亭。浙江山陰縣人。道光二年三甲一百十六名進士。分發廣西知縣。

萬啟心　字葵田。江西豐城縣人。道光二年三甲一百十七名進士。任刑部主事，升郎中，十八年考選河南道御史，遷兵科給事中，遷山西朔平知府，升福建糧道，二十五年官至福建汀漳龍道。以疾卒。

章朝勃　安徽銅陵縣人。道光二年三甲一百十八名進士。任直隸懷柔知縣。

劉映華　廣東饒平縣人。道光二年三甲一百十九名進士。任廣州府教授。

道光三年（1823）癸未科

第一甲三名

林召棠 字愛封，號芾南。廣東吳川縣人。道光三年一甲第一名狀元。授修撰。掌修國史，十一年充任陝西鄉試主考官，旋辭官歸里，主講廣雅書院、端溪書院。著有《心亭居詩文集》。

王廣蔭 字愛堂。號思庵、培之。江蘇通州人。乾隆四十七年（1782）七月二十四日生。道光三年一甲第二名榜眼。授編修。十一年充山西鄉試主考官，歷翰林院侍讀學士，二十三年授詹事遷內閣學士。督順天學政，二十五年遷工部右侍郎，二十九年授左都御史，任順天鄉試副主考官，三十年六月改工部尚書。咸豐元年十二月（1852年1月）卒。年七十。謚號"文慎"。工書法。

周開麒 字石生、石孫，號稚功。江蘇江寧縣人。道光三年一甲第三名探花。授編修。十三年考選山東道御史，任禮科、刑科給事中，遷甘肅蘭州道，十八年由山東鹽運使未任，升浙江按察使，二十一年擢甘肅布政使，二月因事革職。二十六年又授福建按察使，改直隸按察使，二十七年調浙江按察使。二十八年病休。

第二甲一百零七名

杜受田 字錫之，號芝農。山東濱洲人。乾隆五十三年（1787）九月初三日生。道光三年會元，二甲第一名進士。選庶吉士，授編修。遷中允，十三年督山西學政，歷洗馬、侍講學士，道光十八年授內閣學士，遷工部侍郎，改戶部侍郎。二十四年授都察院左都御史，歷工部尚書、刑部尚書，三十年二月加太子太傅，六月授協辦大學士。曾任咸豐帝師傅。咸豐二年（1852）七月初九日卒於江蘇清江浦差次，年六十六。贈太子太師、大學士。入祀賢良祠。謚"文正"。

父杜堮，嘉慶六年進士，禮部侍郎；子杜翰，道光二十四年進士，工部侍郎；子杜翻，道光十五年進士，禮部侍郎。

鮑　俊　字宗垣，號免卿、自號石溪生。廣東廣州香山縣人。道光三年二甲第二名進士。授刑部陝西司主事。晚年主鳳山豐湖書院。著有《榕堂詩鈔》《倚霞閣詞鈔》。

管通群　字兆籛，號全叔、椒軒。江蘇陽湖縣人。乾隆五十六年（1791）九月二十二日生。道光三年二甲第三名進士。任戶部主事，升郎中，京察一等授貴州糧道，十四年改湖南鹽法道，調長蘆鹽運使，十七年授江西按察使，十九年遷安徽布政使。二十年十月革。二十三年三月授安徽按察使遷浙江布政使，閏七月授浙江巡撫。十一月解職。

父管幹貞，乾隆三十一年進士，漕運總督。

張晉熙　雲南昆明縣人。道光三年二甲第四名進士。任戶部主事，十五年纍遷湖南衡永郴桂道。

卞士雲　（原名卞榮賢）字季華、光河，號竹辰。江蘇儀征縣人。道光三年二甲第五名進士。選庶吉士，授編修。八年充四川鄉試副考官，十年考選山東道御史，十二年充湖北鄉試主考官、會試同考官，升安徽鳳陽、寧國、安慶知府，擢廣西右江道，遷長蘆鹽運使，十九年授湖北按察使，遷湖南布政使。二十年丁憂免職。著有《退思齋詩集》。

靳登泰　字子高，號谷民。山東聊城縣人。道光三年二甲第六名

進士。授山西壽陽知縣。因未能館選而外任，鬱鬱不得，未任而卒，年三十四。

叔父靳文銳，嘉慶二年進士。

陶福恒　字亘心，號子久、松君。江西南昌縣人，祖籍浙江會稽。道光三年二甲第七名進士。選庶吉士，授編修。十三年考選山東道御史，官至河南開歸陳許道，署河南按察使。

岳維城　字蓉屏，號方亭。四川中江縣人。道光三年二甲第八名進士。選庶吉士，六年改山西武鄉知縣，十一年改汾陽知縣，官至山西澤州府同知。

常大淳　字正夫，號南陔。湖南衡陽縣人。乾隆五十八年（1793）六月二十七日生。道光三年二甲第九名進士。選庶吉士，授編修。十三年考選山東道御史，十七年擢福建糧儲道，遷浙江鹽運使。道光二十三年授安徽按察使，二十五年丁憂。二十七年十一月授湖北按察使，二十八年遷陝西布政使，改湖北布政使。三十年十一月授浙江巡撫，咸豐二年（1852）五月改湖北巡撫。八月調山西巡撫（未任），十二月初四太平軍攻陷湖北武昌投井卒。年六十。贈總督銜，謚“文節”，予騎都尉兼一雲騎尉世職。

黃仲容　字紉蘭，號雪蕉。廣東嘉應人。道光三年二甲第十名進士。選庶吉士，授編修。十五年考選江西道御史，官至掌廣西道御史。

葉沅　安徽桐城縣人。道光三年二甲十一名進士。任刑部主事。

江紹憶　字欽吉，號頤軒。江蘇儀徵縣人。道光三年二甲十二名進士。任工部虞衡司主事、軍機章京，升郎中，二十四年授湖北安襄鄖荆道。年五十卒於任。

汪世樽　字約孚，號寅禾，號星缶。浙江秀水縣人。道光三年二甲十三名進士。選庶吉士，授編修。八年督湖南學政，十二年充廣西鄉試主考官，十三年充會試同考官。著有《閱史偶鈔》《玉林餘瀝》。

高樹勛　字建庵，號南渠。陝西城固縣人。道光元年陝西鄉試解元，三年二甲十四名進士。選庶吉士，授編修。遷中允，十九年外任直隸正定知府，二十年外改保定知府，二十一年遷直隸通永道，二十四年改清河道，二十六年曾署直隸按察使。卒於任。工詩詞書法。

池生春　（1798—1836）字貪庭、貪芝，號劍芝。雲南楚雄縣人。道光三年二甲十五名進士。選庶吉士，授編修。八年充陝西鄉試主考官，十三年督廣西學政，官至國子監司業。以勞疾卒於任。工書法詩文，"五華五子"之一。著有《池司業遺集》《入奏日記》一卷、《直廬記》一卷、《詩文剩稿》四卷。

鮑文淳　（原名鮑廷淳，改）字粹然，號馨山。安徽歙縣人。道光三年二甲十六名進士。選庶吉士，授編修。道光九年充會試同考官，

十二年考選陝西道御史，改順天中城、西城巡城御史，官至禮科掌印給事中。

張敦道　字厚庵。廣東嘉應州人。道光三年二甲十七名進士。授江蘇靖江知縣，六年任江蘇常熟知縣，九年改青浦知縣。

李品芳　字增貢、潤之，號春皋、淡翁。浙江東陽縣人。道光三年二甲十八名進士。選庶吉士，授編修。十三年督雲南學政，九年、十六年兩充會試同考官，升少詹事、十九年授內閣學士兼禮部侍郎。二十四年免職。

杜彥士　（原名杜中士）字翹林、亮詢，號蕉林。福建晉江縣人。道光三年二甲十九名進士。選庶吉士，改禮部主事，升員外郎，十七年考選山西道御史，官至浙江糧儲道。

張琴　字佇暉，號桐廂。雲南安寧州人。道光三年二甲二十名進士。選庶吉士，授編修。十一年充順天鄉試同考官，十三年廣西鄉試副考官，十五年浙江鄉試副考官，同年考選江南道御史。升工科給事中，十七年督山西學政，二十七年遷湖南常澧道，官至江蘇蘇松常鎮道。

黃福屋　字念藎。浙江餘姚縣人。道光三年二甲二十一名進士。任兵部主事，官至內閣侍讀學士。

張兼山　河南原武縣人。道光三年二甲二十二名進士。六年署江西南豐知縣，十年署江西樂平知縣，十二年改安遠知縣，十五年改江西

玉山知縣，二十年遷瑞州府同知。

劉功傑 字文南。湖南長沙縣人。道光三年二甲二十三名進士。任福建鳳山知縣，調漳浦、仙游知縣，候選知府。以憂歸。

董作模 山東鄒縣人。道光三甲二甲二十四名進士。任山東鄒縣知縣，遷吏部文選司主事、稽勛司郎中。

孫瑞珍 字儲英，號符卿、寄庵。山東濟寧州人。乾隆四十八年（1783）二月初六日生。道光三年二甲二十五名進士。選庶吉士，授編修。遷侍讀學士、大理寺少卿，道光二十二年授太僕寺卿遷內閣學士。督江西學政，二十四年授兵部侍郎改戶部侍郎。二十七年五月遷左都御史，二十九年改禮部尚書，三十年調工部尚書，六月改戶部尚書。兼翰林院掌院學士。咸豐四年以病免職。咸豐八年（1858）六月十五日卒。享年七十六。贈太子太保，諡"文定"。

父孫玉庭，乾隆四十年進士，體仁閣大學士。

湯　鵬 字玉溟，號海秋。湖南益陽縣人。嘉慶六年（1801）三月十三日生。道光三年二甲二十六名進士。任禮部主事兼軍機章京，改戶部主事，升員外郎，十五年充會試同考官，同年考選山東道御史，因劾部尚書宗室載銓，罷回戶部，官至戶部江南司郎中。十九年充陝西鄉試主考官。道光二十四年（1844）七月初九日卒。年四十四。

著有《浮丘子》《明林》《七經補疏》《止信筆初稿》《誨秋詩文集》等。入文苑傳。

趙文麟 字希萊、翠薇。江蘇吳縣人。道光三年二甲二十七名進士。任內閣中書。後隱居故園，與弟趙文龍以詩文鳴一時。

林丹雲 廣東嘉應州人。道光三年二甲二十八名進士。四年任四川銅梁知縣，五年署開縣知縣，六年改華陽知縣，七年任大竹知縣，十一年署四川越雋廳通判。

沈拱辰 字星環，號蓮叔。浙江錢塘縣人。道光三年二甲二十九名進士。選庶吉士，改戶部主事，十七年任江南河庫道，十八年任兩淮鹽運使，二十五年官至山東鹽運使、直隸巡視長蘆鹽政。

王成璐 字蓮圃。湖北江夏縣人。嘉慶二十三年舉人，道光三年二甲三十名進士。選庶吉士，六年改安徽南陵知縣，署桐城、霍丘知縣，調宣城，二十二年升寧國府知府，二十六年改貴州銅仁知府、貴陽知府，擢雲南鹽法道，官至署雲南布政使。以疾解任，卒於貴州。

郝　善 直隸天津縣人。道光三年二甲三十一名進士。任刑部主事。

曾際虞 字葆初。江西宜春縣人。道光三年二甲三十二名進士。任河南登封知縣，改固始縣，丁憂。揀發廣西百色廳。卒於任。

黃光焯 （1797—？）字槐江。安徽休寧縣人。道光三年二甲三十三名進士。任户部貴州司主事。助建柘湖書院。著有《黄槐江自定年譜》。

鄭紹謙　（原名鄭榮九）字益之，號受山。廣西臨桂縣（今桂林）人。道光三年二甲三十四名進士。選庶吉士，授編修。官至雲南普洱知府、臨安知府。

林樹儀　廣東增城縣人。道光三年二甲三十五名進士。五年署山西趙城知縣，改山西榮河知縣、五臺知縣。

張大業　字梅岑。廣東連州人。道光三年二甲三十六名進士。任山西五臺知縣調陽曲縣，升代州知州。卒於任。

保肇基　雲南昆明人。道光三年二甲三十七名進士。任刑部主事。

許　球　字咏亭，號玉叔。安徽歙縣人。道光三年二甲三十八名進士。任吏部文選司主事，升員外郎，十三年考選河南道御史，掌京畿道御史，十九年官至陝西鹽道。卒於任。

田　潤　字漱芳，號石嬌。陝西臨潼縣人。道光三年二甲三十九名進士。任工部主事，升員外郎。二十二年補授江西道御史，改順天中城巡城御史，掌京畿道御史，擢山西汾州知府，遷四川川北道，貴州貴西道，官至浙江鹽運使。卒於任。年六十二。

杜鳳梧　字後山、秋來，號尺巢。浙江山陰縣人。道光三年二甲四十名進士。十年任廣東南海知縣，

十五年改湖北松滋知縣。

郭道生　字問芻。安徽合肥縣人。道光三年二甲四十一名進士。任廣西平南知縣，歷署西林、遷江、來賓諸縣。著有《貽清堂稿》。

周含萬　字光甫，號荔腴。湖南寧鄉縣人。乾隆五十年（1785）生。道光三年二甲四十二名進士。任廣西容縣知縣、灌陽知縣，丁憂。改浙江義烏知縣，十六年任永嘉知縣，十八年以罣誤罷。二十二年七月改山東鄒平知縣。加同知銜。假歸。

米繪裳　字黻卿。四川金堂縣人。道光三年二甲四十三名進士。官刑部主事。

陳鳳來　直隸肅寧縣人。道光三年二甲四十四名進士。四年任廣東長寧知縣，六年改廣東澄邁知縣，九年遷廣東儋州知州。

丁善慶　字伊輔，號養齋、自庵。順天宛平縣人，原籍湖南清泉。乾隆五十五年（1790）生。道光三年二甲四十五名進士。選庶吉士，授編修。八年充貴州鄉試主考官，十一年充廣東鄉試主考官，升右中允，十六年督廣西學政，官至翰林院侍講學士。以母老乞養。居長沙主講岳麓書院二十餘年。咸豐二年以守長沙功，贈三品卿銜。同治八年（1869）六月十五日卒，年八十。著有《養齋集》《左氏兵論》等。

任　洼　字讓川，號淵甫。浙江蕭山縣人。道光三年二甲四十六

名進士。十六年任山東德平知縣。

史秉直 字洵侯。江蘇陽湖縣人。道光三年二甲四十七名進士。任甘肅伏羌知縣，補崇信，調渭陽知縣。丁父憂。補河南西華知縣，調鹿邑以同知用，擢河南汝州知州。

郭夢齡 字文與，號小房。山東濰縣人。道光三年二甲四十八名進士。五年十二月任順天府香河知縣，調三河知縣，八年署直隸東路廳同知，十八年署湖北荆門州知州，二十一年遷湖北黃州府武黃同知，升四川順慶知府，二十五年遷甘肅蘭州道，二十八年授陝西按察使，病免。二十九年改河南按察使，咸豐元年遷山西布政使，曾署山西巡撫。因與太平軍作戰不利三年革。四年（1854）卒。宣統元年復原官。

徐盛持 字載之、夢笙。江西奉新縣人。道光三年二甲四十九名進士。任廣西修仁知縣，改平樂縣，調署北流縣，兼理博白縣，題補臨桂縣，升龍州知州。未任卒。

虞焜 字秋垣。福建侯官縣人。道光三年二甲五十名進士。任直隸唐山知縣。卒於任。

劉源灝 字鑒泉，號潤泉、曉瀛。順天永清縣人。嘉慶元年十二月二十六日（1797年2月23日）生。道光三年二甲五十一名進士。選庶吉士，授編修。十四年充山西鄉試主考官，十五年遷江蘇揚州知府，升陝西糧道，十九年丁憂歸。二十一年任陝西潼商道，二十六年任山東鹽運使，二十七年三月授山西按察使改山東按察使，二十八年遷山東布政使。咸豐三年召京，降光祿寺少卿，七年授湖南按察使，遷雲南布政使，十年二月授貴州巡撫，十月遷雲貴總督。十一年七月休致。同治四年（1865）卒。年七十。

褚登 字聲倍、宣臺。江蘇靖江縣人。道光三年二甲五十二名進士。選庶吉士，改直隸淶水知縣，丁憂服闋，補福建署長樂知縣，調署漳州石碼通判，歷同安、閩縣知縣，二十二年遷海防同知，署樟州知府。丁憂歸。家居，年六十卒。

董桂科 字蔚辛。安徽婺源縣人。道光三年二甲五十三名進士。歸班候選知縣，改江蘇松江府教授。

秦福照 字月溪。雲南呈貢縣人。道光三年二甲五十四名進士。任河南新野、光山、孟縣知縣，年四十卒於孟縣。

徐應照 字鑒堂，號秋曉。浙江嘉興平湖縣人。道光三年二甲五十五名進士。任廣東陽江、高明、南海、番禺知縣，升廣東佛山府同知。以親老告歸。

孫濟 字汝舟，號既堂。順天大興縣人，原籍山陰。道光三年二甲五十六名進士。選庶吉士，改安徽太湖知縣，十六任年福建福清知縣。

韓振歐 字又起，號雪坡。陝西涇陽人。道光三年二甲五十七名進士。選庶吉士。改直隸廣平知縣，十八年任永年知縣、涿州知州、二十三年改清苑知縣，二十四年遷直隸易州直隸州知州，隸永平知府，官至清河道，曾署按察使。

黃士瀛 字仙嶠，號恂夫。湖北松滋縣人。道光元年舉人，三年二甲五十八名進士。選庶吉士，授編修。十二年充順天鄉試同考官，外任雲南昭通知府，改雲南府知府，擢迤南道，丁母憂服闋，三十年補四川永寧道。丁父憂歸遂不出，卒年八十一。

李彥彬 字蘭屏、則雅，號蘇樓。福建侯官縣人。道光三年二甲五十九名進士。選庶吉士，改刑部四川司主事，改山東司。十七年（1837）卒。年四十六。著有《玉堂清客》《蘭亭年譜》《山谷年譜》《榕亭詩文集》。

黃爵滋 字德成，號樹齋。江西宜黃縣人。乾隆五十八年（1793）二月初八日生。道光三年二甲六十名進士。選庶吉士，授編修。八年充江南鄉試副考官，十二年考選福建道御史，進兵科給事中，十五年會試同考官，遷鴻臚寺卿，十九年授通政使，充江南鄉試主考官，遷禮部侍郎，二十年改刑部侍郎。二十二年丁父憂歸。二十四年坐失察銀庫虧短案降調，後以員外郎用。咸豐三年（1853）四月卒。年六十一。著有《海防圖表》《黃少司寇奏疏》《仙屏書屋詩文集》。

汪霦原 浙江仁和縣人。道光

三年二甲六十一名進士。四年任湖南衡山知縣。

朱毓文 字鹿賓。浙江海鹽縣人。道光三年二甲六十二名進士。十七年任安徽舒城知縣，丁父憂服闋，補貴州仁懷知縣，改安平知縣。年六十二辭歸。著有《坦坦居詩文稿》。

范公輔 字竹坪。安徽合肥縣人。道光三年二甲六十三名進士。十六年任浙江武康知縣，十九年改諸暨知縣，光緒三年山西知縣，官至山西河東道。

文 光 號星槎。漢軍正黃旗。道光三年二甲六十四名進士。七年任山西陽城知縣，十一年改榆次知縣，十七年遷平定州知州，改雲南陸良州知州、馬龍川知州，二十三年遷四川敘州知府、雲南知府，二十五年官至山西河東道。

張珍臬 字辰訏，號同莊。浙江歸安縣人。道光三年二甲六十五名進士。歸班知縣，五年任山西猗氏知縣。以事落職。

馬麗文 （原名馬利文）字彬如，號鬱齋。湖北蒲圻縣人。道光元年舉人，三年二甲六十六名進士。任禮部主事，升員外郎。十九年考選山西道御史，改順天南城巡城御史，二十二年外任廣東高州知府，二十九年調廣西思恩知府，官至廣西左江道。卒於任。

劉錞 字果田、仲宇。直隸天津縣人。道光三年二甲六十七名進士。十四年任山東德平知縣，二十六年任山東樂陵知縣，咸豐五年復任樂陵知縣。

陳師魯 字曉堂。雲南劍川州人。道光三年二甲六十八名進士。六年任直隸清河知縣，十年改新樂知縣，直隸靜海知縣，十五年調湖北南漳知縣、十六年改湖北棗陽知縣，二十年署應城知縣，二十三年遷湖北興國知州。

沈逢恩 字露斯。福建閩縣人。道光三年二甲六十九名進士。五年任浙江桐鄉知縣，八年改浙江寧海知縣，十三年任平湖知縣、鎮海知縣，三十年升奉天寧遠州知州。

張于淳 字葛民。雲南浪穹縣人。道光三年二甲七十名進士。任甘肅大通知縣，調武威知縣，遷皋蘭知縣。卒於任。

王用賓 字體之。直隸天津縣人。道光三年二甲七十一名進士。任禮部主事，十年任江蘇儀徵知縣。

瑞 光 滿洲鑲白旗人。道光三年二甲七十二名進士。任福建知縣，十五年任福建海防同知，十八年署江西南昌府，官至四川成都府知府。

華端翼 字鳳威。江蘇無錫縣人。道光三年二甲七十三名進士。十六年任直隸靈壽知縣。忤大吏歸。主講東林書院。

唐建庚 順天大興縣人，原籍浙江山陰。道光三年二甲七十四名進士。任河南原武知縣，十一年改江西都昌知縣，十三年改江西弋陽知縣。

余福謙 字履和、在岑，號醇軒。雲南太和縣人。道光三年二甲七十五名進士。四年署四川天全州知州，六年署會理知州，七年改岳池知縣，調署理番廳同知，十三年調署敘永廳同知，乞終養歸。服闋，三十年改雲南東川府教授。卒於任。著有《從學要覽》行世。

史紹聞 江蘇荊溪縣人。道光三年二甲七十六名進士。任安徽徽州府教授。年未五十引疾歸。

史致蕃 字德滋，號椒園。順天宛平縣人。嘉慶元年（1796）四月初七日生。道光三年二甲七十七名進士。任刑部主事，十九年授福建福寧知府，二十二年遷江蘇通海道，調雲南鹽法道，咸豐三年三月賞三品，授雲南布政使。六年三月以病免職。

陳克讓 字問山。奉天承德縣人。道光三年二甲七十八名進士。任吏部主事，纍遷四川寧遠知府，咸豐元年改成都知府，官至江蘇江安糧道。咸豐三年（1853）太平軍攻江寧，二月初十城陷卒。追謚"忠節"。

陳鳳圖 字樸亭。直隸阜平縣人。道光三年二甲七十九名進士。任河南內黃知縣，父喪歸。服除改廣東普寧、揭陽、新會知縣。卒於任。年四十三。

曹春曉 湖南長沙縣人。道光三年二甲八十名進士。三年任山西河曲知縣，十八年改湖南永順府教授。

何允元 漢軍鑲紅旗人。道光三年二甲八十一名進士。任工部主事。

胡憙璜 字黼堂、芾堂。河南夏邑縣人。道光三年二甲八十二名進士。選庶吉士，改直隸元城知縣，七年改大名知縣，十年任順天府大興知縣，官至順天府南路廳同知。

謝鶴翎 江西興國縣人。道光三年二甲八十三名進士。任戶部主事，升員外郎、郎中，咸豐元年遷四川重慶府知府，四年官至湖南岳常澧道。

陸嗣淵 浙江平湖縣人。道光三年二甲八十四名進士。八年任福建順昌知縣。

富明阿 蒙古正紅旗人。道光三年二甲八十五名進士。八年任陝西商南知縣，十年改陝西城固知縣，十二年病免，十四年復任城固知縣，十八年遷佛坪廳通判，三十年任陝西留壩廳同知。

普　慶 字號不詳。滿洲正藍旗人。覺羅氏。道光三年二甲八十六名進士。選庶吉士。

尋步月 字雲階，號橫山。山西榮河縣人。道光三年二甲八十七名進士。任戶部主事，升員外郎。十七年考選江南道御史，掌福建道御史。二十年擢福建糧儲道，二十七年官至湖北安襄鄖荊道。

劉　愷 陝西朝邑縣人。道光三年二甲八十八名進士。任刑部主事，二十九年任順天府密雲知縣，三十年署懷柔知縣。

李敏賢 字季畯，號劭史。廣西北流縣人。道光三年二甲八十九名進士。任山西夏縣知縣，七年改洪洞、襄垣、黎城知縣。丁外艱歸。卒年四十五。

父李治泰，乾隆四十五年進士。

萬家福 字星墅。湖北黃岡縣人。道光二年舉人，三年二甲九十名進士。選庶吉士。未散館。

谷懷濬 字景虞，號毓亭。直隸蠡縣人。道光三年二甲九十一名進士。任河南中牟知縣。加同知銜。在任四年因公進省卒。

兄谷懷清，嘉慶十三年進士。

高中謀 字億堂，號鏡霞。山東淄川縣人。嘉慶三年舉人，道光三年二甲九十二名進士。授貴州清鎮知縣、安南知縣，署玉屏知縣，調補餘慶知縣，署松桃同知，十年調貴築知縣，升鎮遠府台拱同知。卒年六十。

陳希敬 字疏之，號笠雨。浙江海鹽縣人。道光三年二甲九十三名進士。任江蘇金壇知縣，十二年任江蘇江陰知縣，二十年改直隸邢臺知縣，二十五年七月任順天府宛平知縣，二十八年七月去。官至直隸深州知州。咸豐三年太平軍攻城城陷被害，贈道銜。著有《菰蘆志屋吟稿》《退耕堂詩集》。

韋崧杰（原名韋嵩壽）字維岳、少峴、峴樵。浙江東陽縣人。道光三年二甲九十四名進士。任直隸隆平知縣。

王有樹 字萬滋，號植庭。福建長樂縣人。道光三年二甲九十五名進士。任吏部主事，補授驗封司兼文選司主事，考工司員外郎，升郎中，官至四川夔州府知府。丁母憂歸。辦理福州、海口團練加道銜。卒年八十。

慶　恩 字蘭圃。滿洲鑲黃旗人。道光三年二甲九十六名進士。四年署江西瀘溪知縣，署江西湖口知縣，八年任江西安遠知縣，十一年改江西贛縣知縣。

黎攀鏐 （原名黎攀鑾）字伯慈，號半樵。廣東東莞縣人。道光三年二甲九十七名進士。任户部主事，升員外郎，道光十六年考選湖廣道御史，升禮科給事中，十八年擢福建興泉永道，十九年官至江南河庫道。父母年老告歸。卒年七十四。

孫德鍾 字退甫，號麗農。直隸清苑縣人，原籍山陰。道光三年二甲九十八名進士。

周良卿 字雲峰。貴州都勻縣人。道光三年二甲九十九名進士。選庶吉士，八年改直隸新城縣知縣，咸豐元年改定興縣，調奉天錦縣知縣。卒於任。

程定祥 字軼凡。安徽休寧縣人。道光三年二甲一百名進士。任雲南寧州知州、威遠廳同知。

畢　楷 江西貴溪縣人。道光三年二甲一百零一名進士。七年任江西南康府教授。

吳式群 字秀文，號祖賓。山東海豐縣人。道光三年二甲一百零二名進士。任户部主事。

梁寶常 字楚香，號善庵。直隸天津縣人。乾隆五十四年（1789）六月生。道光三年二甲一百零三名進士。選庶吉士，改山東新泰知縣，七年任山東萊蕪知縣，八年改山東嶧縣知縣，十四年擢山東曹州知府，遷南河河庫道，十五年湖北荊宜施道，十七年署湖北按察使，十八年授陝西按察使，遷廣東布政使，二十二年正月授廣東巡撫，十二月改山東巡撫，二十三年十二月調浙江巡撫。二十八年六月革職。歸後咸豐年間命辦團練防太平軍，七年（1853）卒，年六十。

王　斌 浙江會稽縣人。道光三年二甲一百零四名進士。

郭維暹 河南洛陽縣人。道光三年二甲一百零五名進士。初任陝西興平知縣，遷陝西寧陝廳同知，十五年擢陝西同州知府，十七年署西安知府，改漢中知府。十九年（1839）三月卒於任。

沈　濂 字景周，號蓮溪。浙江秀水縣人。道光三年二甲一百零六名進士。任刑部主事，升安徽司員外郎、廣東司郎中，二十五年外任江蘇鎮江知府，調江寧知府，三十年官至江蘇淮徐道。河決口降調。咸豐元年降徐州知府。

子沈瑜寶，光緒十五年進士。

孟毓藻 字子鑒，號澗南。山東長清縣人。道光二年山東鄉試解元。三年二甲一百零七名進士。十六年任直隸晋寧知縣，二十年改故城知縣。

第三甲一百三十六名

汪封渭 號竹千。湖北黃岡縣。嘉慶十八年舉人，道光三年三甲第一名進士。四年任山東樂陵知縣，改夏津、丘縣知縣，十四年調山東諸城知縣，十九年遷山東東平知州，二十一年改德州知州。

李錦源 字蓉谷，號仲岷、容轃。四川犍爲縣人。道光三年三甲第二名進士。四年署雲夢知縣，五年任竹溪知縣、九年改湖北黃岡知縣，十三年改武昌知縣。卒於任。

丁 鎧 字晋侯，號松軒。甘肅武威縣人。道光三年三甲第三名進士。選庶吉士，歸班候選知縣，十七年任四川大竹知縣，二十四年十月署四川中江知縣。

衍 豫 字德崇，號怡亭、立齋。漢軍鑲黃旗人。乾隆五十六年四月二十八日生。道光三年三甲第四名進士。署主事。

父廣善，乾隆五十四年進士。

舒辰會 字來朱。直隸任丘縣人。道光三年三甲第五名進士。咸豐年間任四川江安知縣。

達 倫 滿洲鑲白旗人。道光三年三甲第六名進士。任陝西沔縣知縣。

熊光大 字子謙。湖南零陵縣人。嘉慶二年（1797）生。道光三年三甲第七名進士。任刑部主事，廣東司員外郎、江蘇司郎中，京察一等十八年（1838）遷福建興泉永道。卒於山東滕縣舟次，年僅四十二。

傅九淵 字深甫，號拙齋。江西上高縣人。道光三年三甲第八名進士。任湖北遠安知縣，親喪去職，後補山東長山知縣。甫涖任即卒。

程 煊 字鼎銘。江西鄱陽縣人。道光三年三甲第九名進士。

胡長庚 字應宿，號少白。安徽含山縣人。道光三年三甲第十名進士。任禮部主事，升郎中，十七年考選山東道御史，外任雲南昭通知府，丁憂。咸豐元年補山西汾州知府。

劉承本 江蘇無錫縣人。道光三年三甲十一名進士。任山東金鄉知縣。

齊斌達 （改名琦昌）蒙古鑲黃旗人。道光三年三甲十二名進士。任戶部主事，纍遷内閣侍讀學士，三十年授詹事府詹事。咸豐二年去職。

朱鑾廷 字翊蕃。浙江烏程縣人。道三年三甲十三名進士。任戶部主事，十九年纍遷直隸永平知府，二十一年改保定知府，二十二年八月官至直隸霸昌道。

李侖通 字子希、秬軒。直隸高陽縣人。道光三年三甲十四名進士。任戶部山東司主事，十九年充順天鄉試同考官，遷廣東惠湖嘉道，二十三年遷兩淮鹽運使，二十五年升浙江按察使。二十六年去官。

父李殿圖,乾隆三十一年進士,福建巡撫。

李苑 字茆川,號新塘。順天寶坻縣人。道光三年三甲十五名進士。選庶吉士,授檢討。十七年考選湖廣道御史,改順天南城巡城御史,遷內閣侍讀學士,二十三年授奉天府丞兼學政,咸豐四年遷安徽州知府,官至通政司副使。

兄李菡,道光二年進士,工部尚書。

楊持衡 字孚先。江蘇江都縣人。道光三年三甲十六名進士。以歸班候選知縣改教職。未及選而卒。

郭安鈺 山西定襄縣人。道光三年三甲十七名進士。任河南武安知縣。

李菡芳 字蓮塘,號信餘。山東博興縣人。道光三年三甲十八名進士。選庶吉士,改任刑部主事。

鍾章元 字霽亭。廣西鬱林州人。道光三年三甲十九名進士。五年署陝西清澗知縣,十年任陝西郃陽知縣,遷綏德州知州。

趙任 山東德州人。道光三年三甲二十名進士。十年任湖北竹溪知縣。

劉裕鉁 字見甫。湖北江夏縣人。道光元年舉人,三年三甲二十一名進士。任禮部主事,升郎中,擢四川夔州知府,遷四川建昌道,咸豐三年授安徽布政使。奉命守安徽廬州城,城陷卒。

胡允珍 字寶山。江西南昌縣人。道光三年三甲二十二名進士。任廣東開建、惠來、四會知縣,改官江西南康府教授。未抵任卒。

江兆雲 湖北黃岡縣人。道光二年舉人,三年三甲二十三名進士。五年任湖北鄖陽府教授。十六年終養告歸。

朱鳴英 浙江富陽縣人。道光三年三甲二十四名進士。任戶部主事,二十三年署四川重慶知府,官至四川雅州府知府。

王燕堂 字鹿蘋,號蘭圃。山西榆次縣人。道光三年三甲二十五名進士。選庶吉士,六年散館改直隸廣平知縣,改任巨鹿知縣,調浙江仁和、海鹽、臨海等知縣,二十五年因功升福建南澳同知,後歷任廣東潮州知州、廣州知府、惠潮嘉道,改四川雅州、成都知府,署川南道。

周鎬 字西民。湖北沔陽州人。道光元年舉人,三年三甲二十六名進士。授廣東增城知縣。赴任卒。著有《笠人詩文集》。

賈寶廷 山西徐溝縣人。道光三年三甲二十七名進士。即用知縣。

奕鼐 字鄭香,號冥階。滿洲鑲藍旗,宗室。道光三年三甲二十八名進士。任宗人府主事,二十三年由宗人府理事官補授陝西道御史,升禮科給事中。改右庶子,官至侍講學士,降筆帖式。

靖厚欽 字阮南。湖北黃岡縣人。道光元年湖北鄉試解元,三年三甲二十九名進士。四年任四川平武知縣。

佟綽圖 號翰秩。漢軍正白旗。道光三年三甲三十名進士。十七年二月任山東長山知縣。

吳翰書 山西定襄縣人。道光三年三甲三十一名進士。二十五年任直隸廣宗知縣。

岳魁 滿洲鑲黃旗人。道光三年三甲三十二名進士。

華德 字鑒堂，號建堂。滿洲鑲紅旗，宗室。道光三年三甲三十三名進士。選庶吉士，改宗人府主事，十年襲奉安將軍，十七年授佐領。

劉兆奎 陝西長安縣人。道光三年三甲三十四名進士。

劉家麟 山東章丘縣人。道光三年三甲三十五名進士。任湖北長陽知縣。

黃迪策 字建儒。江西宜黃縣人。道光三年三甲三十六名進士。四年任湖北宜都知縣，六年改湖北應山知縣，丁憂服闋，改直隸南和知縣。

袁應珹 浙江新城縣人。道光三年三甲三十七名進士。任浙江紹興府教授，道光十年任江蘇蕭縣知縣。

王震 順天寶坻縣人。道光三年三甲三十八名進士。十七年任福建長泰知縣，十九年改詔安知縣。

龔煥枝 字既平，號幹亭。江西南昌縣人。道光三年三甲三十九名進士。歷任湖北潛江、宣恩、恩施、東湖知縣，咸豐年間署湖北安陸知府。以足疾病歸。

王仁照 字鏡岩。江蘇長洲縣人。道光三年三甲四十名進士。任吏部主事。

劉家龍 山東章丘縣人。道光三年三甲四十一名進士。任河南新安知縣。

陳盛朝 字曉亭。湖南安福縣人。道光三年三甲四十二名進士。任福建建陽、古田、仙游知縣，八年任韶安知縣，遷興化府同知、邵武、噶瑪蘭、鹿仔港同知。年七十致仕。著有《問俗論》。

蔡發甲 字梅崖。甘肅涼州永昌縣人。道光三年三甲四十三名進士。九年任山東費縣知縣，改新泰知縣。因事左遷，卒。

張希哲 順天宛平縣人。道光三年三甲四十四名進士。任山東肥城知縣，五年改山東東平知縣，七年任山東臨沂知縣，改蘭山知縣。

石景芬 字志祁，號芸齋。江西樂平縣人。道光三年三甲四十五名進士。選庶吉士。散館改工部主事，升工部員外郎，十九年考選江南道御史，外任甘肅平涼知府，代理安肅道，後授浙江金華知府，擢四川鹽茶道，官至安徽蕪湖道，加按察使銜。因私心自逞被議，咸豐五年十二月革。歸後曾主講濂溪書院，卒年七十七。著有《誦清閣詩鈔》。

唐價人 字維蕃，號檢齋。浙江金華縣人。道光三年三甲四十六名進士。

沙思祖 字長卿。江蘇通州人。道光三年三甲四十七名進士。十五年任安徽廬州教授。

榮懷藻 江西義寧縣人。道光三年三甲四十八名進士。任湖南臨湘知縣。

張恩溥 江西泰和縣人。道光三年三甲四十九名進士。任直隸內丘知縣，八年任直隸遷安知縣，十二年改直隸邯鄲知縣，十五年改湖北棗陽知縣、咸寧知縣，二十五年改湖南善化知縣、永興知縣，咸豐年遷雲南普洱知府、開化知府，官至道員。

鄭敦亮 字心岳。湖南長沙縣人。道光三年三甲五十名進士。選庶吉士，散館改安徽宿松知縣，候選同知。未任。

弟鄭敦允，嘉慶十九年進士。

郭世閭 江西湖口縣人。道光三年三甲五十一名進士。十七年任湖南寧鄉知縣，升內閣中書，加知州銜，歷沅陵，咸豐元年改攸縣知縣，官至長沙府同知。

陳毓元 號葆齋。江西新昌縣人。道光三年三甲五十二名進士。二十一年任貴州永從知縣。

海 樸 鑲藍旗宗室。道光三年三甲五十三名進士。任宗人府筆帖式，官至阿克蘇辦事大臣。

吳翊昌 安徽桐城縣人。道光三年三甲五十四名進士。十八年任福建永定知縣，官至福建永春直隸州知州（知府銜）。

梁葆慶 廣西崇善縣人。道光三年三甲五十五名進士。任禮部主事。

周仲墀 字雪橋、申之，號菊存。江西湖口縣人。道光三年三甲五十六名進士。選庶吉士，授檢討。十二年充順天同考官，京察一等，遷浙江紹興知府。任四年卒。

父周厚轅，乾隆三十六年進士。

馬文波 字慶雲，號安瀾。貴州黎平府人。道光三年三甲五十七名進士。任吏部主事，十八年改江西峽江知縣，三十年調四川綦江知縣。咸豐元年（1851）六月卒。

紀煥璿 直隸獻縣人。道光三年三甲五十八名進士。任山西交城知縣、靈丘知縣，直隸保定府教授。

萬貢珍 字子偉，號荔門。江蘇宜興縣人。道光三年三甲五十九名進士。選庶吉士，改戶部主事，充軍機章京，出任歸德知府，調開封知府，罷歸。丁憂服闋，十九年十一月補湖北黃州知府，遷甘肅平慶涇道。二十二年授安徽按察使，二十三年遷湖南布政使，三十年署巡撫，八月授大理寺卿。咸豐元年革職。著有《蟾香樹詩集》。

周起岐（改名周起濱）貴州畢節縣人。道光三年三甲六十名進士。任河南林縣知縣，咸豐元年縈遷江西吉安知府，擢浙江杭嘉湖道，咸豐五年授湖南按察使，六年改廣東按察使，九年遷廣東布政使，十一年官至太常寺卿。四月病免。

魏 崧 字維岳。湖南新化縣

人。道光三年三甲六十一名進士。任四川華陽、大竹、樂山、隆昌知縣，二十四年任南川知縣。秩滿卒於任，年七十。

文懿 滿洲正藍旗人。道光三年三甲六十二名進士。

華時中 福建上杭縣人。道光三年三甲六十三名進士。任安徽太平縣知縣。

赫特賀 蒙古鑲紅旗人。道光三年三甲六十四名進士。任工部主事，道光二十九年纍遷少詹事，改詹事，授通政使，咸豐三年調庫車辦事，官至駐藏辦事大臣。七年以病免職。

羅定約 河南商城人。道光三年三甲六十五名進士。六年任陝西鄠縣知縣，七年改藍田知縣，十七年任寶雞知縣，十九年改咸寧知縣，二十一年遷陝西定遠廳同知。

張映暐 直隸天津縣人。道光三年三甲六十六名進士。任湖北利川知縣。

蔣方正 字立中，號元峰。廣西興安縣人。道光三年三甲六十七名進士。選庶吉士，散館改刑部主事，遷郎中，二十年充順天鄉試同考官，二十三年署九江知府，官至江西廣饒九南道。兼九江關監督。

萬文燨 字融堂、蓉塘。浙江上虞縣人。乾隆四十六年十月初九日生。道光三年三甲六十八名進士。

虞協 字午橋，號東筠。浙江義烏人。道光三年三甲六十九名

進士。任刑部主事，九年署江西九江知府，十二年改江西臨江知府，十七年官至山西澤州府知府。

何大經 字左卿。福建侯官縣人。道光三年三甲七十名進士。任吏部主事，升郎中，二十三年遷湖北施南知府，咸豐元年護湖北糧道，護鹽法武昌道。

林士傅 字裕弼，號說岩、可舟。福建閩縣人。道光三年三甲七十一名進士。選庶吉士，授檢討。十二年充貴州鄉試主考官，十三年考選山西道御史，改順天東城巡城御史，外任廣西慶遠知府，官至廣西桂平鬱梧鹽道。

成山 字心泉。滿洲正藍旗，博爾濟吉特氏。道光三年三甲七十二名進士。任戶部福建司主事，二十七年纍遷至直隸霸昌道，官至直隸熱河道。

袁履方 字硯亭。安徽泗州人。道光三年三甲七十三名進士。六年任福建松溪知縣，十五年調江西星子知縣，十九年署江西崇仁知縣，二十三年改高安知縣。

朱性堂 字石渠。江蘇江寧縣人。道光三年三甲七十四名進士。五年署直隸樂亭知縣，改直隸束鹿知縣，改教諭歸，三十年任安徽池州府教授。

苑祕桂 貴州鎮遠縣人。道光三年三甲七十五名進士。任陝西靖邊知縣，四年署紫陽知縣，五年丁憂。八年署陝西洵陽知縣，十六年

署陝西商州知州。

王懿德　字紹甫，號春岩、良宰。河南祥符縣人。嘉慶三年（1798）八月初六日生。道光三年三甲七十六名進士。任禮部主事，十九年纍遷湖北襄陽府知府，二十四年任山東兗沂曹濟道，二十九年遷山東鹽運使，十一月授浙江按察使改山東按察使，三十年遷陝西布政使，咸豐元年任福建巡撫兼署閩浙總督，四年正月任閩浙總督。九年四月以病免職。咸豐十一年（1861）三月二十六日卒，年六十四。諡“靖毅”。

楊茂材　貴州永寧州人。道光三年三甲七十七名進士。任廣東西寧知州。乞養歸。主講鳳儀書院。

林彭年　福建侯官縣人。道光三年三甲七十八名進士。任刑部主事。

父林樹藩，乾隆三十六年進士。

沈　中　奉天錦縣人。道光三年三甲七十九名進士。十八年任浙江慶元知縣。

丁廷模　字倫楷。山東濰縣人。道光三年三甲八十名進士。官至工部都水司郎中。十六年乞養歸。

陳志魁　福建羅源縣人。道光三年三甲八十一名進士。八年任湖北保康知縣，十一年改湖北東湖知縣。

馮德馨　字桂山，號東魯。山東濟寧州人。嘉慶九年（1804）二月二十七日生。道光三年三甲八十二名進士。任戶部主事、員外郎、郎中，京察一等二十五年任山西知府，遷山西河東道，六月授廣西按察使，二十八年遷江寧布政使，二十九年七月授湖南巡撫。三十年二月革職。遣戍新疆。咸豐三年釋回，命在籍辦團練。同治七年（1868）卒。

郭如翰　字良臣，號南屏。湖南湘潭具人。嘉慶七年（1802）生。道光三年三甲八十三名進士。

李萬倉　河南偃師縣人。道光三年三甲八十四名進士。七年任江蘇蕭縣知縣，九年至十二年三任宿遷知縣。

胡　澐　字水雲。浙江會稽縣人。道光三年三甲八十五名進士。十八年任四川榮縣知縣。

李　珙　字恭甫。山東濟寧州人。道光三年三甲八十六名進士。任四川郫縣知縣。

和色本　字勿齋，號錫山。滿洲正藍旗。道光三年三甲八十七名進士。選庶吉士，後歷任翰林院侍讀學士，二十六年授詹事。二十九年遷內閣學士，三十年遷理藩院侍郎，咸豐二年改盛京禮部侍郎，署順天府尹。咸豐六年罷職。

饒　謙　福建光澤縣人。道光三年三甲八十八名進士。十八年任湖南安化知縣。

特克興額　號朗峰。滿洲正紅旗人。道光三年三甲八十九名進士。五年署四川永川知縣，歷郫縣、樂山知縣，八年署羅江知縣，任黔江、南溪知縣，十五年任江津知縣。

于良弼　字柳溪。山東安丘具人。道光三年三甲九十名進士。即用知縣。

荊槐芳　字培齋。江蘇丹陽縣人。道光三年三甲九十一名進士。十三年任安徽安慶府教授。

劉本清　字東渠。四川廣安州人。道光三年三甲九十二名進士。任甘肅鎮番知縣，歷署隴西知縣、合水等縣，丁憂服除，補山東朝城知縣。

陳遇隆　安徽阜陽縣人。道光三年三甲九十三名進士。六年任廣東四會知縣，十一年改廣東順德知縣、曲江知縣，十六年任石浦同知，二十三年官至浙江嘉興知府。

饒耀南　安徽旌德縣人。道光三年三甲九十四名進士。任内廷三館謄錄，十三年任安徽太平府教授。

江文瑋　（《進士題名碑》作江文煒）字言起，號十華。安徽婺源縣人。道光三年三甲九十五名進士。即用知縣分發廣東，初署增城知縣，八年改廣東定安知縣。丁父憂哀毀卒。

余宗訓　湖南平江縣人。道光三年三甲九十六名進士。授知縣，改湖南永順府教授。

吉明　字哲輔，號曉帆、文峰。滿洲鑲藍旗，鄂卓氏。嘉慶五年（1800）正月初五日生。道光三年三甲九十七名進士。授戶部主事，進員外郎，歷翰林院侍讀、日講起居注官、國子監祭酒，二十四年授詹事。二十五年遷内閣學士兼禮部侍郎，十二月充葉爾羌邦辦大臣，正黃旗滿洲副都統。擊敗入侵

喀什噶爾之大和卓木。道光二十九年（1849）閏四月卒。年五十。謚"恭愨"。著有《學愈愚齋詩草》。

胡嗣瑷　江西東鄉縣人。道光三年三甲九十八名進士。任主事。

白榮西　字國華，號仁庵。河南武安縣人。道光三年三甲九十九名進士。攝湖北埔圻知縣，十三年改竹溪知縣，調房縣知縣。卒年五十四。

田瑞瑛　山西太谷縣人。道光三年三甲一百名進士。任山東知縣。

林萃禧　（初名林荷培）福建侯官縣人。道光三年三甲一百零一名進士。任廣東文昌知縣。

吳雲芝　湖北江夏縣人。道光二年舉人，三年三甲一百零二名進士。任廣東增城知縣，八年改廣東文昌知縣。

閻汝舟　山西祁縣人。道光三年三甲一百零三名進士。任河南知縣。

羅仲玉　江西德化縣人。道光三年三甲一百零四名進士。任甘肅古浪、碾伯知縣，九年任甘肅靖遠知縣，升安西直隸州知州，捐升河南督糧道。

何劉育　號蘭圃。江西臨川縣人。道光三年三甲一百零五名進士。十八年任福建順昌知縣。卒於山東差次。

魏儒珍　字美韞。直隸曲陽縣人。道光三年三甲一百零六名進士。九年任廣東化州知州，十年改廣東茂名知縣，十三年代理廣東電白知縣。

劉築巖　（鄉榜名劉衡）雲南昆

明縣人。道光三年三甲一百零七名進士。

王志超　山東諸城縣人。道光三年三甲一百零八名進士。任戶部河南司主事。早卒。

鄭用錫　字在中，號祉亭。臺灣淡水廳人。道光三年三甲一百零九名進士。任兵部武選司主事，補授禮部印製局員外郎，因母老乞歸。

方翀亮　字懋仁。廣東南海縣人。道光三年三甲一百十名進士。未仕，年四十五卒。

毛含昱　字筆臣，號丹雲、野航。四川温江縣，原籍浙江山陰。道光三年一百十一名進士。任戶部主事，升郎中，官至安徽潁州府知府。曾以計招降太平軍大將陳玉成，後復叛，被劾褫職歸。卒年六十四。

魏敦廉　字維斗，號石莊。浙江嵊縣人。道光三年三甲一百十二名進士。十九年任江蘇新陽知縣。

李百齡　字仁山。廣西蒼梧縣人。道光三年三甲一百十三名進士。任浙江蘭溪知縣，六年署浙江富陽知縣，八年改臨海知縣，十六年改直隸廣宗知縣、天津知縣，二十三年纍遷山西河東道，二十五年官至長蘆鹽運使。

丁建業　河南密縣人。道光三年三甲一百十四名進士。任刑部主事。

曾毓璜　（原名曾開省）字蔚東，號曉屏。四川銅梁縣人。道光三年三甲一百十五名進士。選庶吉士，改雲南羅次知縣。歷署路南、

蒙化、麗江、宣威知州，擢景東州同知。道光二十年父憂歸，哀毀成疾，遂不起。

劉清源　字星橋。山東臨朐縣人。道光三年三甲一百十六名進士。以親老不遠離，十七年任登州府教授，後調武定府教授。主講三臺鳳山書院。

雷時夏　字雲峰。陝西澄城縣人。道光三年三甲一百十七名進士。二十年任安徽寧國知縣，歷任無為、宿州、鳳潁、太和州縣，三十年官至河南光州直隸州知州。

莫若琦　字亦韓，號覺庵。直隸景州人。道光三年三甲一百十八名進士。十八年任山東萊蕪知縣，署泰安水利通判，引疾告歸。

李春暄　字寅庵。四川内江縣人。道光三年三甲一百十九名進士。二十五年任湖南新化知縣，二十七年改湘潭知縣，咸豐四年署湖南常德府同知。

周之瑃　字次珩，號舟之、漱石。河南祥符縣人。道光三年三甲一百二十名進士。任山西知縣。

段樹人　山西祁縣人。道光三年三甲一百二十一名進士。二十一年任山西澤州府教授。

梁興　山西祁縣人。道光三年三甲一百二十二名進士。任山西大同府教授，九年任福建建陽知縣。

王又曾　河南鞏縣人。道光三年三甲一百二十三名進士。任河南汝寧府教授。

李超凡　山西太原縣人。道光三年三甲一百二十四名進士。五年任陝西安定知縣，十三年改湖北竹山知縣、石首知縣。

蘇捷卿　山西文水縣人。道光三年三甲一百二十五名進士。河南即用知縣。

文　溥　滿洲鑲白旗人，宗室。道光三年三甲一百二十六名進士。任宗人府主事。

黃雲書　雲南雲龍州人。道光三年三甲一百二十七名進士。以親老改雲南順慶府教授。秩滿歸里，卒於家。

甯雲程　字鵬九。山東寧陽縣人。道光三年三甲一百二十八名進士。五年任江蘇高淳知縣，改如皋知縣，丁母憂。九年服闋補江西上高知縣，十三年調臨川知縣。解組歸。

鄒嶧杰　字拙山、卓凡，號庸庵。貴州廣順州人。道光三年三甲一百二十九名進士。任廣西平樂知縣，調補修仁、西隆、西林縣，升明江同知，署南寧、柳州知府，咸豐四年改泗城知府，升左江道。授廣西按察使未到任卒。

王　塏　字爽齋。山東定陶縣人。道光三年三甲一百三十名進士。任河南郾城、舞陽、固始、新蔡、密縣知縣，升直隸知州加五品銜，調裕州、信陽州知州，卒於信陽州任。

雷以諴　（原名雷鳴）字省之、作霖、春霆，號鶴皋。湖北咸寧縣人。乾隆六十年（1795）二月二十八日生。道光三年三甲一百三十一名進士。任刑部主事、員外郎、郎中，二十二年考選山東道御史，歷任給事中、奉天府丞、太常寺少卿，咸豐三年授左副都御史，改刑部侍郎。因在江蘇幫辦軍務圍剿太平軍不力，革職帶罪自効。六年遣戍新疆。九年釋回賞四品授陝西按察使，擢陝西布政使，十年授光祿寺卿。同治元年休致，主江漢書院。光緒四年以鄉舉重逢賞回原銜并加二品。八年以明年爲登第周甲之歲，賞復光祿寺銜，賞加頭品頂戴。光緒十年（1884）卒，年九十。著有《雨香書屋詩》《古文》《大學解讀》《經傳雜記》《碑傳集補》等。

秦大治　江蘇無錫縣人。道光三年三甲一百三十二名進士。任直隸武強知縣。

廖篤材　廣東永安縣人。道光三年三甲一百三十三名進士。任廣東雷州府教授。

包大成　浙江東陽縣人。道光三年三甲一百三十四名進士。十七年任湖北安陸知縣。

吳憲文　字焕其，號述庵。安徽婺源縣人。道光三年三甲一百三十五名進士。十八年任江西奉新知縣，二十七年改靖安知縣，三十年署義寧州知州。引疾歸。

劉沂水　河南上蔡縣人。道光三年三甲一百三十六名進士。任甘肅寧夏府平羅縣知縣。

道光六年（1826）丙戌科

第一甲三名

朱昌頤 字吉求，號朵山、正甫。浙江海鹽縣人。乾隆五十六年（1791）七月十四日生。道光六年一甲第一名狀元。入翰林院修撰。掌修國史，坐事降戶部湖廣司主事，進四川司員外郎，二十四年充會試同考官，二十六年充雲南鄉試副考官，創南糧海運，遷山西道御史，官至吏科給事中。被罷職。咸豐朝，起戶部主事，謝病歸。三年辦團練還給事中銜。後主敷文書院講學八年。同治元年（1862）七月二十日卒於陝西同州府署，年七十二。著作甚富，咸豐七年老嫗不警盡付於火，嗣後搜羅十不得半，僅得餘稿《鶴天鯨海詩文稿》若干卷。

海鹽朱氏一門清代共出十一名進士。朱挾鍬，順治六年進士；朱琰，乾隆三十一年進士；朱以誠，乾隆二年進士；朱鴻緒，乾隆四十年進士；朱蘭馨，乾隆四十六年進士；朱瑞春，乾隆五十八年進士；朱方增，嘉慶六年進士；朱昌頤，道光六年進士；朱右賢（敖右賢），道光十六年進士；朱丙壽，同治四年進士；朱彭壽，光緒二十四年進士。

賈　楨 字伯貞、藝林，號筠堂。山東黃縣人。嘉慶三年（1798）九月二十二日生。道光六年一甲第二名榜眼。授編修。十一年充貴州鄉試主考官，十七年以侍講任湖北鄉試主考官，遷侍講學士、少詹事，道光二十年授內閣學士，遷工部侍郎。二十七年遷都察院左都御史，改禮部尚書、吏部尚書。咸豐二年授協辦大學士，三年加太子太保。四年遷體仁閣大學士，兼翰林院掌院學士。五年十二月改武英殿大學士，六年丁憂。九年六月復授體仁閣大學士，十一年復改武英殿大學士。同治十三年（1874）九月二十五日卒。享年七十七。贈太保，入祀賢良祠。諡"文端"。著有《咸豐朝籌辦夷務始末》八十卷。

帥方蔚 （1790—1871）字子文，號石村。江西奉新縣人。道光六年一甲第三名探花。授編修。八年充山東鄉試副考官，擢京畿道御史。乞歸。主講白鹿書院。咸豐年間以團防功加道銜，九年赴鹿鳴宴，同治十一年（1872）無疾卒。著有《咫聞軒詩草》《左海交游録》等。

第二甲一百一十名

麟　魁　字星臣，號梅谷。滿洲鑲白旗，索綽絡氏。乾隆五十八年（1793）二月十九日生。道光六年二甲第一名進士。選庶吉士，任刑部主事、中允、侍講學士，道光十五年授詹事。改通政使，遷左副都御史，十七年調盛京刑部侍郎，改刑部、户部、吏部侍郎，二十三年遷禮部尚書。二十四年革。予三等侍衛充葉爾羌參贊大臣、烏里雅蘇臺參贊大臣，二十七年授禮部侍郎改刑部侍郎，遷禮部尚書。二十八年革。咸豐元年授户部侍郎，二年遷工部尚書，歷禮部、刑部、復改禮部尚書，十年降刑部侍郎，十一年遷左都御史兼正白旗蒙古都統。改兵部尚書，同治元年（1862）正月授協辦大學士。正月初七卒於甘肅蘭州差次，年七十。贈大學士，謚“文端”。

李秀發　字南枝。湖北雲夢縣人。嘉慶十五年舉人，道光六年二甲第二名進士。授貴州貴築知縣，二十七年升松姚直隸廳，官至貴州大定府知府。

許前軫　字星來，號琴舫。安徽六安州人。道光六年二甲第三名進士。選庶吉士，授編修。十八年任會試同考官，十九年充山東鄉試副考官，充武英殿纂修。假歸葬父，卒於家，年五十八。著《荷薪後集》。

父許嗣容，嘉慶十三年進士。

汪南培　安徽蕪湖縣人。道光六年二甲第四名進士。七年任山東博平知縣。

成觀宣　字子旬，號紫筠。江蘇寶應縣人。道光六年二甲第五名進士。選庶吉士，授編修。十二年充會試同考官。十四年考選陝西道御史，十五年充陝西鄉試副考官，十六年任順天北城巡城御史，遷户科給事中。二十年以通政使參議充浙江鄉試正考官、督江西學政。

林星章　福建閩縣人。道光六年二甲第六名進士。十四年任廣東石城知縣，代理茂名知縣，十六年改廣東新會知縣。

温承悌　字怡耳，號秋瀛。廣東順德縣人。道光六年二甲第七名進士。選庶吉士，改刑部主事。著有《泛香齋詩集》。

孫曰萱　字春叔，號藹卿。安徽休寧縣人。道光六年二甲第八名進士。選庶吉士，授編修。十一年充廣東鄉試副考官，十二年任會試同考官，十四年任陝西鄉試主考官，十八年考選陝西道御史，官至鴻臚寺少卿。殉難，贈世職。

陳其錕　字介琰，號棠溪。廣

東番禺縣人。道光六年二甲第九名進士。八年任禮部觀政主事、儀制司行走，十四年丁憂。十七年聘主羊城書院，官至精繕司郎中。咸豐十一年（1861）卒，年七十。

任泰 字階平，號徑蹊。江蘇荊溪縣人。道光六年二甲第十名進士。選庶御士。淡於仕進，散館後主鍾山書院講席十餘年，卒於書院。

王汝霖（一作王欽霖）江蘇沭陽縣人。道光六年二甲十一名進士。任雲南宜良知縣，遷吏部主事．。

趙仁基 字厚祉，號悔廬。江蘇陽湖縣人。道光六年二甲十二名進士。七年任江西宜春知縣，九年改江西崇仁知縣，十二年調安徽署懷寧知縣，任涇縣知縣，十四年遷安徽滁州知州，十七年改六安知州，升知府，特擢江西吉南贛寧道，二十一年升湖北按察使。卒於任。著有《江水論》《幽棲集》《登樓集》《悔廬文集》。

郭道闓（榜名郭道愷）字樂之。湖北孝感縣人。道光五年舉人，六年二甲十三名進士。選庶吉士，授編修。官至贊善，以病歸，卒。

王藩 字彥輔、秀章，號蓉坡。浙江會稽縣人。六年二甲十四名進士。任吏部主事、郎中，二十年外任江西贛州府知府，改南昌知府，二十一年署江西吉南贛寧道。

朱成毅 字香樹。浙江錢塘縣人。道光六年二甲十五名進士。選庶吉士。

吳廷鉁（改名吳贊）字偉卿，號彥懷。江蘇常熟縣人。道光六年二甲十六名進士。選庶吉士，散館改刑部主事，官至刑部員外郎。著有《塔影樓詞》。

顧夔（1790—1849）原名顧恒，字荃土，號卿裳。江蘇華亭縣人。道光六年二甲十七名進士。選庶吉士，九年授山西靈石知縣。遭母喪歸不復出。以瘁卒，年六十一。著有《城北草堂詩鈔》《城北草堂詩餘》《全清散曲》等。

俞東枝 字岱青，號心垣。湖南善化縣人。道光六年二甲十八名進士。選庶吉士，授編修。十一年充河南鄉試正考官，督山西學政，二十年官至山西道御史。致仕歸。主朗江、仰高、昭潭諸書院講席。卒年七十。

汪懷 字仁甫，號小舫。浙江錢塘縣人。道光六年二甲十九名進士。選庶吉士，散館改陝西甘泉知縣、南鄭知縣。著有《紅樵山館詩存》。

父汪潤之，嘉慶六年進士。

華濬 字星來。江蘇丹徒縣人。道光六年二甲二十名進士。七年任直隸東明知縣，調東安知縣，十二年任順天府薊州知州。卒於任，年四十九。

王篤 字慶其，號寶珊、實夫。陝西韓城縣人。乾隆五十六年（1791）十月初一日生。道光六年二甲二十一名進士。選庶吉士，授編修。十四年任江西道監察御史，督四川學政，十八年遷福建汀州知府，升廣東糧儲道，二十年授山東按察使，遷山東布政使，署巡撫。二十七年以失察家人、屬官受賄降職。咸豐五年（1855）九月二十九日卒，年六十五。

祖父王傑，乾隆二十六年狀元，東閣大學士。

馮爔 字炳乾。江蘇通州人。道光六年二甲二十二名進士。任甘肅（青海）碾伯知縣。卒於任。

王玥 字孟卿、孟鄉，號夢湘。貴州貴築縣人。道光六年二甲二十三名進士。選庶吉士，授編修。十二年充陝西鄉試主考官、會試同考官，十五年考選湖廣道御史，改順天西城巡城御史，升兵科給事中，十八年再充會試同考官，官至江蘇蘇松太道。署江蘇按察使。乞養歸。主貴山書院。咸豐七年（1857）七月卒。年六十六。

王廣業 （原名王佐業，改名）江蘇泰州人。道光六年二甲二十四名進士。任戶部主事，遷兵部郎中，十六年出任湖南衡陽知府，丁憂，補福建福寧知府、汀州知府，二十八年任漳州知府，署福建汀漳龍道，任興泉永道。因目疾致仕歸。辦團練加按察使銜，光緒癸未重宴恩榮，晉頭品頂戴銜。年八十卒。著有《鄉賢世德錄》《正文齋駢文箋》《袁文合箋》。

陳同 廣東順德縣人。道光六年二甲二十五名進士。任知縣。

高枚 字卜園，號小樓。浙江蕭山縣人。道光六年二甲二十六名進士。選庶吉士，授編修。十一年充山西鄉試副考官，十二年充順天鄉試同考官，十七年考選陝西道御史，十八年任順天中城巡城御史。十九年復任順天鄉試同考官，升安徽徽州知府，二十一年官至湖南鹽法道。

石廣均 （1794—1861）字矩生，一字方墀。安徽宿松縣人。道光六年二甲二十七名進士。官兵部職方司主事。著有《内訟齋隨錄》《人譜》《亦園遺集》。

熊守謙 江西新建縣人。道光六年二甲二十八名進士。任河南靈寶知縣，改雲南易門知縣、麗江知縣、昆明知縣、宣威州知州、麗江府中甸廳同知、昭通府直隸同知，二十二年遷直隸河間知府，二十四年改保定知府，二十七年官至直隸永定河道，二十九年曾署直隸按察使。

胡夢齡 字介眉。山東歷城縣人。道光六年二甲二十九名進士。任戶部主事。

徐上鏞 字序聲，號蓉舫。安徽歙縣人。道光六年二甲三十名進士。任兵部主事，升員外郎，二十年官至湖北黃州府知府。在任五年，卒於任。著有《吟梅館課》行世。

方宗鈞 字夔卿。湖南巴陵縣人。道光六年二甲三十一名進士。任戶部主事，升員外郎、郎中，外任河南歸德府知府，調開封知府，署鹽茶道。以河決口，被議歸。

朱成烈 字篤之，號紹庭。直隸肅寧縣人。道光六年二甲三十二名進士。選庶吉士，散館授編修。十五年考選山東道御史，升給事中，二十二年官至江西鹽法道。

程廷桂 字楞香，號芳仲、琴孫。江蘇吳縣人。嘉慶元年（1796）八月初十日生。道光六年二甲三十三名進士。任刑部主事，纍遷太僕寺少卿，二十四年授光禄寺卿，二十五年改通政使，二十九年督順天學政，遷左副都御史。咸豐二年乞養。六年以候補侍郎復任左副都御史，八年充順天鄉試副考官，九年署禮部侍郎，九月因科場作弊革。遣戍軍臺，後以七品京官用。同治七年（1868）閏四月卒。年七十三。著有《春秋希通》《戍廬隨筆》。

周啓運 字景垣，一字鼎初，號焕齋。廣西靈川縣人。道光六年二甲三十四名進士。選庶吉士，改河南淇縣知縣，歷商丘、祥符知縣，十九年纍遷湖北德安知府、襄陽知府，擢直隸通永道，咸豐元年授直隸按察使，二年改河南按察使。三年去職。著有《不爲齋詩集》等。

趙　鏞 （1792—1854）字少愚，號笙南、小甌。江西南豐縣人。道光六年二甲三十五名進士。選庶吉士，散館改刑部主事，遷員外郎，二十年外任福建漳州知府，二十五年改福州知府，二十八年擢湖北漢黄德道，署

福建按察使，官至廣東鹽運使。爲清代嘉道年間著名詩人。

吳文鼎 字健可，號湧泉。浙江嘉善縣人。道光六年二甲三十六名進士。任刑部主事，官至湖南直隸州知州。

陳光亨 字衡書，號秋門。湖北興國州人。道光二年舉人，六年二甲三十七名進士。選庶吉士，授編修。十八年考選山東道御史，掌貴州道協理京畿道，官至戶科掌印給事中。五十歲罷歸。奉命在興國幫辦團練，後入曾國藩幕。著有《興國州志》《養和堂遺集》。

莫元遴 順天大興縣人。道光六年二甲三十八名進士。七年任山東安邱知縣，十一年改益都知縣，十五年任青州府海防同知，二十四年任山東高唐州知州。

周　杺 字敬之，號小蓮、未庵。浙江諸暨縣人。道光六年二甲三十九名進士。七年任直隸南宮知縣，十二年調天津知縣，改玉田知縣，以失察去職，十八年改浙江嘉興府教授。咸豐十年（1860）卒。

田元春 字寅卿，號對橋。山東德州人。乾隆五十三年十月十一日生。道光六年二甲四十名進士。任知縣。

武天弼 （改名武新銘）順天通州人。道光六年二甲四十一名進士。任商河知縣，道光十九年至二十四年三任山東寧陽知縣。

項名達 （原名萬准）字步萊，

號梅侶、潛園。浙江錢塘縣人。乾隆五十四年十二月初七日（1790年1月）生。嘉慶二十一年舉人，考授國子監學正，道光六年二甲四十二名進士。授知縣不就。退而專攻算學。曾主講杭州紫陽書院。道光三十年（1850）正月初一卒。年六十二。著有《橢圓術》《勾股六術》等。

趙興周　字諶甫，號柳南。河南鄭州人。道光六年二甲四十三名進士。選庶吉士，十年任廣西容縣知縣，改廣西馬平縣知縣。

黃恩彤　（原名黃丕範）字若度，號存素、石琴。山東寧陽縣人。道光六年二甲四十四名進士。任刑部主事、郎中，外官江南鹽道，二十二年授江蘇按察使改廣東按察使，遷廣東布政使。二十五年正月授廣東巡撫。因違例奏請給年老武生職銜，二十六年十二月革職。光緒七年鄉舉重逢赴鹿鳴宴，賞三品銜。

許麗京　安徽桐城縣人。道光六年二甲四十五名進士。分浙江即用知縣，八年任浙江安吉知縣，改陝西雒南知縣，十四年任陝西安定知縣。

宋沛霖　字雨仁。四川雙流縣人。道光六年二甲四十六名進士。任刑部主事，官至雲南迆東道。

父宋恂，乾隆四年進士。

單朝詔　字亦廬。湖南平江縣人。道光六年二甲四十七名進士。任浙江遂昌知縣，補浙江上虞知縣。未任卒，年三十一。

程應權　字子衡，號小莊。江蘇武進縣人。道光六年二甲四十八名進士。選庶吉士，授編修。

鄂　恒　號松亭。滿洲正黃旗，姓伊爾根覺羅氏。道光六年二甲四十九名進士。選庶吉士，授編修。任工部主事、都水司員外郎，咸豐三年充會試同考官，遷陝西候補知府。著有《求是山房遺集》《昧雪齋詩鈔》。

魏謙六　字地山。河南郟縣人。道光六年二甲五十名進士。任順天文安知縣，三十年改順天府寶坻知縣。

游大琛　福建霞浦縣人。道光六年二甲五十一名進士。十一年任山西高平知縣。二十六年復任。二十九年任分理。

父游光繹，乾隆五十四年進士。

陳耀庚　（原名陳然）字應劉，號雲莊。浙江仁和縣人。道光六年二甲五十二名進士。八年署四川渠縣、三臺知縣，改華陽知縣，十二年升綿州知州，十七年、二十一年復任綿州知州，二十三年遷直隸永平知府，二十四年官至直隸天津知府。

陳熙曾　字競生，號卓堂。山東濟寧州人。道光六年二甲五十三名進士。選庶吉士，改刑部主事、升郎中，十七年考選山西道御史，掌京畿道御史，官至四川夔州知府。

龔　冕　字松五。順天宛平縣人，原籍江蘇陽湖。道光六年二甲五十四名進士。授江西即用知縣，八年署江西長寧知縣，九年改信豐知縣，署萬載知縣，補宜春知縣。引疾歸。卒年七十五。

李振習 字陵雲，號梯霞。安徽太湖縣人。道光六年二甲五十五名進士。八年任福建武平知縣。

玉　藻 字春農。漢軍鑲紅旗人。道光六年二甲五十六名進士。選庶吉士。

李舒林 順天通州人。道光六年二甲五十七名進士。任刑部主事。

方寶慶 字少良，號鶴泉。安徽桐城縣人。道光六年二甲五十八名進士。選庶吉士，改刑部主事，升員外郎，二十年充順天鄉試同考官，二十六年官至福建漳州府知府。

朱一瓊 廣西臨桂縣人。道光六年二甲五十九名進士。任直隸寧津知縣。

朱應元 字辛傳，號慎庵。浙江秀水縣人。道光六年二甲六十名進士。選庶吉士，改刑部主事，十三年入值軍機章京。二十一年以刑部員外郎充會試同考官，二十四年補授河南道御史，改順天東城巡城御史，咸豐元年外任甘肅慶陽知府，署西寧知府，官至甘肅蘭州知府。以疾卒。

父朱鴻，嘉慶七年進士。

胡　珵 浙江仁和縣人。道光六年二甲六十一名進士。任刑部主事。

景　星 漢軍正黃旗。道光六

年二甲六十二名進士。十九年任湖南瀘溪知縣，二十一年任寧遠知縣，二十四年任桃源知縣，二十八年升郴州知州，咸豐三年官至常德知府。

張虎仁 順天通州人。道光六年二甲六十三名進士。任河南河內知縣。

史寶徵 字璞山，號琛南、意園。陝西華州人。道光六年二甲六十四名進士。選庶吉士，改直隸淶水知縣，十二年改直隸靜海知縣。

譚精品 字梅庵。雲南永北廳人。道光六年二甲六十五名進士。六年任湖南瀘溪知縣，改湘鄉知縣。

邊寶樹 漢軍鑲紅旗。道光六年二甲六十六名進士。任戶部主事，官至浙江衢州府知府。

沈莪皆 安徽六安州人。道光六年二甲六十七名進士。八年署湖北隨州知州。

曾維楨 字雲松。福建彰化縣人。道光六年二甲六十八名進士。選庶吉士，散館十年改湖南石門知縣，十三年調湖南巴陵知縣。

龔維琳 字承研，號春溪。福建晉江縣人。道光六年二甲六十九名進士。選庶吉士，授編修。十二年充河南鄉試副考官，十四年督湖南學政，十六年革。著有《芳草堂集》。

李拔謀 廣西鬱林州人。道光六年二甲七十名進士。任廣西梧州府教授、泗城府教授、鎮安府教授，遷江西安義知縣。

陳天澤 福建閩縣人。道光六

年二甲七十一名進士。九年任湖北潛江知縣，迎湖北武昌府清軍同知，官至湖北鄖陽府知府。

光朝魁 安徽桐城縣人。道光六年二甲七十二名進士。分陝西即用知縣，七年署陝西漢陰通判，十年改陝西襃城知縣，十五年任陝西蒲城知縣。

張介福 江蘇江寧縣人。道光六年二甲七十三名進士。十八年任湖南保靖縣知縣，歷任清泉、桃源、衡山知縣。

廖翱 字羽皋。廣東南海縣人。道光六年二甲七十四名進士。任山西定襄縣知縣。在任十餘年，後因事被誣，卒。

武棠 字次南。山西陽高縣人。道光六年二甲七十五名進士。任刑部主事、員外郎、郎中，道二十四年擢福建鹽法道，二十八年授貴州按察使，三十年遷江蘇布政使。咸豐元年病免。

陳馭門 字啓齋，號固山。山東蓬萊縣人。道光六年二甲七十六名進士。選庶吉士。

陳之驥 字叔良。江蘇上元縣人。道光六年二甲七十七名進士。十年任甘肅靖遠知縣，改直隸長垣、高色知縣，十八年十一月任順天府大興知縣，二十二年遷直隸永平知府，二十七年署浙江嘉興知府，遷山西雁平道、二十九年改直隸清河道，道光三十年授湖南按察使。咸豐二年病免。

郭覲辰 （原名郭立中）江西新建縣人。道光六年二甲七十八名進士。十一年任湖北孝感知縣，十二年改應山、黃坡知縣，十七年改漢陽知縣，二十一年官至湖北荊門直隸州知州，二十七年回任。

德誠 字子訒，號默庵、鶴雲。滿洲鑲藍旗，宗室。嘉慶六年（1801）六月二十八日生。道光六年二甲七十九名進士。選庶吉士，授編修。纍遷侍讀學士，十六年授詹事，十二月改大理寺卿。十七年遷左副都御史，十二月任盛京工部郎侍郎，歷盛京刑部、户部侍郎，二十年改刑部侍郎，二十二年調泰寧鎮總兵，二十五年任倉場侍郎。道光三十年（1850）四月卒。年五十。著有《聽香讀畫山房遺稿》。

徐繼畬 字健南，號牧田、松龕。山西五臺縣人。乾隆六十年（1795）十月二十四日生。道光六年二甲八十名進士。選庶吉士，授編修。十六年考選陝西道御史，遷廣西潯州知府、福建延建邵道、汀漳龍道、廣東鹽運使。道光二十二年授廣東按察使遷福建布政使，二十六年十月授廣西巡撫，十二月改福建巡撫。咸豐元年三月召京候補三品京堂，同治五年以二品頂戴授太僕寺卿。六年正月解職。任同文館總理事務大臣。十二年（1873）以鄉舉周甲之歲賞加頭品頂戴，同年卒。年七十九。撰有《瀛寰志略》（該書對戊戌維新有啓蒙作用），著有

《退密齋詩文集》等。

雲茂琦（原名雲家冕）字澹人、以倬，號貝山。廣東文昌人。乾隆五十六年（1791）五月十三日生。道光六年二甲八十一名進士。署江西大庚知縣，七年補授江蘇沛縣知縣，九年改六合知縣，道光十年任江蘇碭山知縣，遷兵部郎中，改吏部郎中。乞養歸。家居十多年，道光二十九年（1849）卒，年五十九。撰有《量倉通法》《方田通法補例》《倉田通法續編》《揣龠小錄》《揣龠續錄》《高弧細草》《弧角設如》《浙江更漏中星表》《金華更漏中星表》《金華晷星表》《曲話》等。

王　辰　字星環，號次農。浙江錢塘縣人。道光六年二甲八十二名進士。任直隸知縣。

趙輝璧　字蘭如。雲南浪穹縣人。道光六年二甲八十三名進士。八年任安徽全椒知縣，十七年改山西臨縣知縣。解組歸。著有《古香書屏詩文集》行世。

查文經　字耕六，號少泉。湖北京山縣人。道光二年舉人，六年二甲八十四名進士，任户部主事，升員外郎，道光二十一年遷江蘇常州知府，歷江寧知府、徐州道、淮揚道，三十年授福建按察使，咸豐元年改江蘇按察使，署漕運總督。四年革。

張錫路　字載常，號半江、浙江鎮海縣人。道光六年二甲八十五名進士。歸班候選知縣，歸里遠隱廣東羅浮，改號霞泉，後主義烏書院，二十年謁選四川洪雅知縣。丁憂歸。爲寧海書院山長。道光二十七年（1847）卒，年五十一。

柏　葰（原名松葰）字静濤，號泉莊。蒙古正藍旗，巴魯忒氏。嘉慶四年（1799）十二月二十一日生。道光六年二甲八十六名進士。選庶吉士，授編修。纍遷侍講學士，道光十七年授詹事府詹事，遷内閣學士，兼正紅旗漢軍都統。十八年遷盛京工部侍郎，二十年起歷刑部、吏部、户部、吏部、户部侍郎。二十八年遷都察院左都御史，改兵部尚書，兼翰林院掌院學士。咸豐四年降左副都御史，後任馬蘭鎮總兵、熱河都統，五年授户部尚書，兼正黃旗漢軍都統，六年十二月授協辦大學士，八年九月遷文淵閣大學士、軍機大臣。咸豐九年（1859）因順天鄉試科場舞弊案，三月十三日以罪處斬（因與載垣、肅順不合，公報私仇，從重處理有關）。著有《薛篆吟館詩存》。

羅天池　字六湖，號性湖。廣東新會縣人。道光六年二甲八十七名進士。任刑部主事，官至雲南迤西道。鎮壓回民起事，後被指爲濫殺罷歸。居廣州。著有《珠海老漁圖》。

張翬飛　字寅卿。廣東四會縣人。道光六年二甲八十八名進士。九年署四川榮縣知縣，十一年改彭水知縣，十三年病歸。十九年復任彭水知縣。二十一年（1841）卒。

洪燮 湖南衡陽縣人。道光六年二甲八十九名進士。任山西右玉知縣。

黃登鯨 福建閩清縣人。道光六年二甲九十名進士。任四川長寧知縣，改江蘇溧陽知縣，二十五年任江蘇陽湖知縣。

袁正林 號墨村。湖北江夏縣人。嘉慶十八年舉人，道光六年二甲九十一名進士。八年任順天府香河知縣，改邯鄲知縣，署遷安知縣，十七年調清苑知縣，十八年遷直隸遵化直隸州知州，二十三年再任遵化知州。

洪錫璜 字錦帆。四川華陽縣人。道光六年二甲九十二名進士。選庶吉士，改兵部主事，官至兵部郎中。

江之紀 字修甫，號石生。安徽婺源縣人。道光六年二甲九十三名進士。八年任江蘇金匱知縣，改常熟縣知縣，加直隸州知州銜。在任六載。母喪哀毀卒。

重孫江忠振，光緒二十四年進士。

黃琮 字象坤，號槊卿、翁齋。雲南昆明縣人。嘉慶七年（1802）八月十三日生。道光六年二甲九十四名進士。選庶吉士，授編修。十一年督四鄉學政，十七年充廣東鄉試主考官，升右春坊左贊善、庶子，二十年充順天鄉試同考官，纍遷通政使副使，道光二十四年授太僕寺卿，改詹事，遷內閣學士，二十七年授兵部侍郎。二十八年乞養歸。咸豐七年命在籍辦團練，抵抗回民起義，同治二年（1863）失敗後，正月二十四日自盡。年六十二。贈騎都尉世職。光緒八年追諡"文潔"。著有《知蔬味齋詩鈔》，輯有《滇詩嗣音集》。

鍾標錦 廣東鎮平縣人。道光六年二甲九十五名進士。七年署山西盂縣知縣，十三年任貴州婺川知縣，十九年改永從知縣。

濮瑗 字又蘧，號琅圃。江蘇溧水縣人。道光六年二甲九十六名進士。八年任四川安岳知縣，調華陽知縣，十二年署犍爲知縣，兼署嘉定府通判，十五年署峨邊廳通判，十六年任成都知縣，十七年署彭縣，任江津知縣，二十六年擢簡州知州，咸豐三年官至涪州知州。咸豐三年（1853）卒。

屠湘之 字湘之，號篠園。浙江會稽縣人。道光六年二甲九十七名進士。十三年任浙江杭州府教授，丁母憂補金華府教授。卒於任。

王用賓 字禮之。安徽懷寧縣人。道光六年二甲九十八名進士。八年授江蘇沭陽知縣，十年調儀征縣，十二年擢海州知州，至二十二年升江寧知府，二十五年改福建漳州知府，二十九年官至江西吉安知府。

顧倬橚 浙江武義縣人。道光六年二甲九十九名進士。六年任江西永豐知縣，署都陽知縣，改樂平知縣，九年護南昌府吳城同知。

周　鑣　字鐵臣。湖北沔陽州人。道光五年舉人，六年二甲一百名進士。任刑部主事，升郎中，二十九年京察一等，授福建泉州知府，改邵武知府，同治元年升督糧道，二年署福建按察使。四年告歸。主講書院。著有《孔孟年表》。

劉仕望　山西汾陽縣人。道光六年二甲一百零一名進士。任廣西博白知縣。

瑞　麟　蒙古鑲藍旗人。道光六年二甲一百零二名進士。任禮部主事，二十二年官至廣東惠州知府。

王慶元　字春林，號榖庵。直隸鹽山縣人。道光六年會元，二甲一百零三名進士。任吏部主事，升文選司員外郎、郎中，二十年官至江南道御史。赴大通橋稽查漕糧暴卒。

章大奎　字光五，號見山。浙江會稽縣人。道光六年二甲一百零四名進士。任浙江處州府教授。

書　紳　字公垂。滿洲正白旗。道光六年二甲一百零五名進士。十五年任湖南黔陽知縣，官至户部郎中。

李恩繼　字藬堂。漢軍正白旗。道光六年二甲一百零六名進士。選庶吉士，授編修。外任陝西同州州，二十五年官至同州知府。

松　年　字雲樵、壽岩，號堯臣。滿洲正黃旗人。道光六年二甲一百零七名進士。任户部主事，升員外郎，擢江西道御史。奉命出差卒。

馬　湘　江蘇江寧縣人。道光六年二甲一百零八名進士。八年任四川儀隴知縣。以勞瘁卒於任。

許　炳　浙江蕭山縣人。道光六年二甲一百零九名進士。八年廣東廣寧知縣，十七年署廣東香山知縣。

毓　本　（更名豫本）字茶村，號陳芳外史。滿洲正藍旗，宗室。道光六年二甲一百十名進士。著有《選夢樓詩鈔》。

第三甲一百五十二名

熊炳離　字南垣。江西新昌縣人。道光六年三甲第一名進士。任直隸豐潤、衡水知縣，丁內外艱，十六年補廣東博羅知縣。緣事罷歸，卒年七十一。

諶厚光　字蘊山，號葆初。貴州平遠州（一作江西高安）人。道光六年三甲第二名進士。選庶吉士，授檢討，十一年充四川鄉試副考官，十三年、十五年兩充會試同考官。十六年官至山西大同知府。親老致仕歸。

金應麟　字亞伯，號蘭汀。浙江錢塘縣人。乾隆五十八年（1793）三月初六日生。道光六年三甲第三名進士。任內閣中書、刑部主事，升郎中。十二年考選江西道御史，升給事中、太常寺少卿，十五年充福建鄉試副考官。丁父憂，補鴻臚寺卿。十九年授直隸按察使，二十年改大理寺少卿。二十三年以親老乞歸。咸豐二年（1852）三月初八日卒，年六十。著有《豸華堂詩文集》《鷹華堂奏議》《駢體文》等。

成章瓚　字季圭。湖南寧鄉縣人。道光六年三甲第四名進士。任浙江寧海知縣，十三年任直隸盧龍知縣、獲鹿知縣，二十九年改湖南衡州府教授。

孫天樞　河南鄭州人。道光六年三甲第五名進士。八年任湖北宜都知縣。

易　桐　字鳳岡。湖南湘鄉縣人。道光六年三甲第六名進士。八年任山西稷山知縣，解組歸。

蔡鳳儀　字用賓。江西新昌縣人。道光六年三甲第七名進士。七年署陝西延川知縣，十年署陝西石泉知縣。二十八年改盩厔知縣。

段榮恩　字僕庵。雲南安寧州人。道光六年三甲第八名進士。九年署四川富順知縣，任蘆山知縣，十二年署四川中江知縣，二十二年署江津知縣，二十三年再署富順知縣，二十七年任犍爲知縣。

劉志本　字培之。安徽鳳臺縣人。道光六年三甲第九名進士（嘉慶十三年起九上公車）。授山西知縣，未任卒。

劉　珩　奉天蓋平縣人。道光六年三甲第十名進士。任雲南蒙自知縣、平彝知縣，雲南廣東直隸州知州。

張庭樺　字次坪，號蘭臺。山東滋陽縣人。道光六年三甲十一名進士。任刑部主事、員外郎。二十年考選江南道御史，改京畿道御史，遷工科部給事中。二十五年署浙江嚴州知府，署台州、湖州、金華知府。任四川雅州府知府，署四川建昌道，遷川北道。官至甘肅平慶經道，未任卒。

何守謐　字孟當。廣東香山縣人。道光六年三甲十二名進士。任甘肅環縣知縣。

曹擢新　字蓉舫。陝西三原縣人。道光六年三甲十三名進士。任雲南羅次知縣、保山知縣、永平知縣，補直隸平谷知縣，調湖南東安知縣。卒於任。

完迺仁　安徽合肥縣人。道光六年三甲十四名進士。十二年任廣東鶴山知縣，十三年改廣東高明知縣。

盧人珣　貴州開州人。道光六年三甲十五名進士。任四川永寧知縣，改貴州大定府教授。

寶　齡　滿洲正白旗人。道光六年三甲十六名進士。任戶部主事，二十一年纍遷廣東高州知府，改廣東廣州府知府。

武蔚文　字蓉洲。山西太谷縣人。道光六年三甲十七名進士。任工部主事，二十六年纍遷直隸大名知府，遷湖北督糧道，同治二年官至湖北按察使。三年病免。

馬　槤　字守芳，號石民。浙江仁和縣人。道光六年三甲第十八名進士。任雲南呈貢知縣。

祖父馬鳴鑣，乾隆二十五年進士。

辛聯瑋　字郎山。雲南恩安縣

人。道光六年三甲十九名進士。選庶吉士。任浙江遂安知縣。以不合時趨，引疾歸。後主講昭通東川書院二十餘年。年七十卒。

郭其觀　雲南河陽縣人。道光六年三甲二十名進士。任直隸南皮知縣，十六年任順天北城兵馬司指揮。

孫尚謙　河南魯山縣人。道光六年三甲二十一名進士。九年任湖南興寧知縣。

劉淑愈　山東費縣人。道光六年三甲二十二名進士。十九年六月任順天府房山知縣。十月去。

胡慶元　雲南寶寧縣人。道光六年三甲二十三名進士。十年任山東昌邑知縣，十一年任夏津知縣，十二年調山東平陰知縣，十八年卸任。遷戶部員外郎，後官至安徽鳳陽知府。

藍建英　福建閩縣人。道光六年三甲二十四名進士。廣東即用知縣，七年任封川知縣。

方發祥　四川邛州人。道光六年三甲二十五名進士。七年任山西壽陽知縣，改奉天海城知縣，官至遼陽州知州。

王蕙滋　字仙李。奉天承德縣人。道光六年三甲二十六名進士。任主事，升禮部儀制司員外郎。著有《榴南山房詩存》。

弟王樹滋，道光十三年進士。

許尚德　字勉齋，號鶴汀。直隸永年縣人。道光六年三甲二十七名進士。選庶吉士，授檢討。

劉守坤　湖南邵陽縣人。道光六年三甲二十八名進士。授山西知縣，不赴，七年改湖南辰州府教授。

羅超曾　字仰謨、芬餘。江西吉水縣人。道光六年三甲二十九名進士。任浙江永康知縣，調餘姚知縣，升海寧州知州，調署仁和知縣。卒於任。

孫　漆　字之膠，號東津、箐江。浙江鄞縣人。道光六年三甲三十名進士。

高龍躍　直隸盧龍縣人。道光六年三甲三十一名進士。任山東鄆城知縣。

謝廷經　福建龍岩州人。道光六年三甲三十二名進士。直隸即用知縣。

盧鴻遠　湖北黃安縣人。嘉慶二十四年舉人，道光六年三甲三十三名進士。

郁鼎鐘　字聲宏、聲金，號小諤、彝齋。浙江嘉善縣人。道光六年三甲三十四名進士。道光二十年任江西泰和知縣。乞休。貧不能歸，主贛州陽明書院，五年後歸。著書。著有《平川舊聞》《心香閣詩鈔》《彝齋集》。

王發越　字英齋，號蘭溪。山西黎城縣人。道光六年三甲三十五名進士。任山東鉅野知縣，十七年十月調山東歷城知縣，清平知縣，纍遷雲南臨安知府，改雲南曲靖知府，二十五年遷貴州貴西道，官至雲南迤西道、廣東鹽運使。

鄧錫疇　字予九、洛生，號香楠。廣西臨桂縣人。道光六年三甲三十六名進士。選庶吉士，改主事。二十年任湖北穀城知縣，二十一年改宜都知縣。

劉成詩　湖北咸寧縣人。嘉慶二十三年舉人，道光六年三甲三十七名進士。山西即用知縣。

張其仁　字靜山。雲南太和縣人。道光六年三甲三十八名進士。九年任四川蓬溪知縣，十一年改昭化縣，十二年、十五年回任蓬溪，十六年任井研知縣，十七年再回任蓬溪，十九年改江津知縣，二十三年擢合州知州，遷安徽鳳陽知府，三十年官至湖南衡永郴桂道。

傅紹祖　號蔚生。江西高安縣人。道光六年三甲三十九名進士。九年任湖南藍山知縣。

袁玉麟　字香石，號瑞人。江西新昌縣人。道光六年三甲四十名進士。選庶吉士，授檢討。十五年充順天鄉試同考官，十六年考選江南道御史，十九年任順天北城巡城御史，戶科、刑科給事中，官至廣西鹽法道，兩署按察使。卒於任。

李毓鍾　湖南清泉縣人。道光六年三甲四十一名進士。

汪壎　福建長汀縣人。道光六年三甲四十二名進士。九年任福建福寧府教授。

李蘊生　雲南太和縣人。道光六年三甲四十三名進士。

茹金　陝西漢陰廳人。道光

六年三甲四十四名進士。任山西壺關知縣，在任七年歸。二十五年署四川樂山知縣。

李玫　字玉輝。河南河內縣人。道光六年三甲四十五名進士。任江蘇宜興知縣，二十一年署金山知縣。

李澂　（原名李淑）四川達縣人。道光六年三甲四十六名進士。十九年任知縣。

袁鳴謙　江西義寧州人。道光六年三甲四十七名進士。

陳章炳　字蔚山。江西都昌縣人。道光六年三甲四十八名進士。任貴州安南知縣，署丹江通判，二十二年以親老改江西贛州府教授。著有《經義辯疑》《學庸綱目圖考》。

龍田光　廣西平南縣人。道光六年三甲四十九名進士。

張文璽　字藍田。山東利津縣人。道光六年三甲五十名進士。主講青州松林書院，任山東東昌府教授，後授廣東海康知縣。卒於任。

李昌熾　湖北江陵縣人。嘉慶二十一年舉人，道光六年三甲五十一名進士。任戶部主事，改山西盂縣知縣。

魯秉禮　江西新建縣人。道光六年三甲五十二名進士。九年任四川仁壽知縣，十二年改巫山知縣，升台拱同知，官至貴州石阡府知府。

朱琦　字次韓。順天宛平縣人，原籍江蘇如皋。道光六年三甲五十三名進士。八年任四川酆都知縣，九年署四川江津知縣，十年任四川宜賓知縣，十四年復任宜賓知縣，二十二年署四川彰明知縣，二十五年署慶符知縣。

葛起元 字子春，號梅君。浙江山陰縣人。道光六年三甲五十四名進士。七年任安徽青陽知縣，十五年、二十年、二十三年、二十五年、咸豐四年四任江蘇東臺知縣，六年改豐縣知縣。

凌鶴鳴 字載萬，號焜生。江西彭澤縣人。道光六年三甲五十五名進士。家居十二年，十九年任湖南安鄉知縣，署長沙、湘鄉知縣，改雲南師宗知縣，調雲州知州，咸豐年改雲南大姚知縣。解組歸，卒年七十一。

馬玉麟（一作馬裕霖）字石齋。順天武清縣人。道光六年三甲五十六名進士。任四川新津知縣，八年改新繁知縣，丁父憂補慶符知縣。未幾卒。年未四十。

秦琮 貴州安化縣人。道光六年三甲五十七名進士。十九年任湖南興寧知縣。

蕭鈞 字山泉。江西鄱陽縣人。道光六年三甲五十八名進士。官至州判。

張兆泰 字彙徵。山西臨汾縣人。道光六年三甲五十九名進士。任河南新野知縣，署南陽州、鄧州知州。

郭牖心 陝西蒲城縣人。道光六年三甲六十名進士。任蘭州府教授，二十三年任順天府永清知縣。

劉樹棠 字蔭南，號愛村。山東滋陽縣人。道光六年三甲六十一名進士。任貴州荔波知縣，署玉屏知縣，正安、獨山州判，任江西都江、清江知縣。

陳士枚 字勿齋。山西平定州人。道光六年三甲六十二名進士。任吏部主事，升郎中，外任湖北荊州知府，二十年擢湖北漢黃德道，二十三年遷山東鹽運使，改江西贛寧兵備道，道光二十五年授福建按察使遷四川布政使，二十八年九月授陝西巡撫。以前任山東鹽運使積案被議十二月革職。尋卒。著有《自叙年譜》等。

鄒子俊 字灼三，號茂溪。山東黃縣人。道光六年三甲六十三名進士。任山東濟南府教授。

張金拔 福建南靖縣人。道光六年三甲六十四名進士。二十年任福建福寧府教授。

阮瑩暹 字曉瀛。江西新建縣人。道光六年三甲六十五名進士。任安徽銅陵知縣。

鄒照 江西安福縣人。道光六年三甲六十六名進士。十年任直隸廣平知縣。

朱霈 漢軍鑲白旗。道光六年三甲六十七名進士。

德新 漢軍鑲白旗人。道光六年三甲六十八名進士。任工部主事、屯田司員外郎。

賀鶴雲 字立齋，號鳴皋。四

川忠州人。道光六年三甲六十九名進士。十年授江西安義知縣，十二年改萬安縣知縣。積勞成疾卒於任。

盧鴻翱 字小蓉。江西武寧縣人。道光六年三甲七十名進士。選庶吉士，散館改主事。

楊明善 順天宛平縣人，原籍江蘇江寧。道光六年三甲七十一名進士。任湖北咸豐知縣，八年改枝江知縣，十一年署安陸知縣，十二年改竹山知縣，二十五年遷湖北蘄州知州。

李嗣棠 字蔭南。湖南新化縣人。道光六年三甲七十二名進士。選庶吉士，十年改廣東恩平知縣。

許德樹 字大滋、逮孜，號蔭坪。福建侯官縣人。道光六年三甲七十三名進士。任漳州府教授，十三年任臺灣府教授，兼主海東書院講席，十七年復調漳州府教授。

鄧亮功 （改名鄧國煊）字寅軒、牧伯。貴州普安廳人，祖籍湖南清泉。道光六年三甲七十四名進士。八年任山東招遠知縣，十二年改益都知縣，十三年署山東滕縣知縣，十四年署諸城知縣，十五年署章丘知縣，擢同知，遷雲南署開化知府。咸豐七年城陷陣亡。

吳儀澄 字秋漁。河南祥符縣人。道光六年三甲七十五名進士。選庶吉士，十二年改直隸棗強知縣，十六年改順天宛平縣知縣。十八年六月去。

呂振驥 順天宛平縣人，原籍江蘇陽湖。道光六年三甲七十六名進士。任戶部主事。

邱 登 字雲甫，號谷泉。浙江仁和縣人。道光六年三甲七十七名進士。十年任廣西藤縣知縣，改浙江嘉善教授。

林聯桂 （初名家桂）字道子。廣東吳川縣人。道光六年三甲七十八名進士。八年署湖南綏寧縣，十年任湖南新化知縣，十二年署晃州直隸廳通判，十五年改邵陽知縣。卒年六十二。著有《星廬詩稿》。

卜雲程 直隸朝陽縣人。道光六年三甲七十九名進士。選河南項城知縣。年老告退，教子以壽終。

李 萼 字隸園。順天寶坻縣人。道光六年三甲八十名進士。任內閣中書、宗人府主事，改湖北大冶知縣。

盧殿衡 字星樞。江西新昌縣人。道光六年三甲八十一名進士。任江西撫州府教授，三十年改江西吉安府教授。

王士桓 字公瑞。山西鳳臺縣人。道光六年三甲八十二名進士。任河南確山知縣。在任十餘年。著有《郎陵詩集》。

陳 怡 直隸獻縣人。道光六年三甲八十三名進士。十三年任山西祁縣知縣。

張鳳翔 山西太平縣人。道光六年三甲八十四名進士。任山西陽曲縣教諭。

李復元 四川中江縣人。道光

六年三甲八十五名進士。

沈超然 字笑山。江蘇吳江縣人。道光六年三甲八十六名進士。任安徽鳳陽府教授。

劉慶凱 字頲夫。直隸鹽山縣人。道光六年三甲八十七名進士。七年任山東金鄉知縣，道光九年二月署山東歷城知縣，改山東東阿知縣，十一年任山東東平知縣，升兗州府同知，十八年任濮州知州，二十四年改濟寧知州，二十六年署山東兗沂曹濟道，二十七年官至濟南知府。

張冕 字繁露，號盅軒。福建邵武縣人。道光六年三甲八十八名進士。十一年任福建建寧府教授，十六年改泉州府教授。以老乞歸。著有《易範異同論》《易範中數論》《春秋至朔通考》等。

閻臨川 字浚源，號鏡泉。山東定陶縣人。道光六年三甲八十九名進士。任戶部主事、員外郎，二十三年考選江南道御史。剛直敢言，告歸。卒年六十六。

徐煌 字蘊之。四川宜賓縣人。道光六年三甲九十名進士。十四年任福建屏南知縣，乞養歸。二十七年母喪改成都府教授。卒於任。

兄徐勛，道光二年進士。

洪夢齡 字錫九。山東臨清州人。道光六年三甲九十一名進士。任貴州餘慶知縣。

鄭應仁 字長端。廣東香山縣人。道光六年三甲九十二名進上。即用知縣，署廣西永寧知縣。

鄭汝楫 （原名鄭佩蘭）字若川，號星舟、湖畹。浙江永嘉縣人。道光六年三甲九十三名進士。八年七月任山東平原知縣，升高唐州知州。未赴任卒。著有《雙槐軒暇筆》。

迮鶴壽 字蘭宮，號青崖。江蘇吳江縣人。乾隆三十八年（1773）生。道光六年三甲九十四名進士（時年五十四）。歸班候選知縣，十四年任安徽池州府教授。官十年閉戶著書。著有《齊詩翼氏學》《蛾術編注》《夏殷周九州經界疏證》《九州分土疏證》《龍字急就篇》《孟子疏證》等。

楊邦雋 湖南湘潭縣人。道光六年三甲九十五名進士。以知縣用，八年改湖南永州府教授，二十四年改湖南衡州府教授，咸豐二年改常德府教授。以老乞歸。後主講龍潭、昭潭講席九載，卒年八十五。

書英 字樂三。滿洲正白旗人。道光六年三甲九十六名進士。道光十二年任安徽建德知縣。

鄧克興 直隸遷安縣人。道光六年三甲九十七名進士。任刑部主事，官至刑部員外郎。

龍雲 滿洲正紅旗人。道光六年三甲九十八名進士。

祥安 滿洲正黃旗人。道光六年三甲九十九名進士。

宋林曙 字仙白，號木青。江西新昌縣人。道光六年三甲一百名進士。任戶部主事，遷戶部郎中。二十一年補授江南道御史，官至給事中。

方炳文 字雲石，號梅丞。湖北興國州人。嘉慶二十四年舉人，道光六年三甲一百零一名進士。七年署湖南鄜縣知縣，授湖南寧鄉知縣，十六年改湖南善化縣知縣。

趙定曾 直隸深州人。道光六年三甲一百零二名進士。任雲南會澤知縣。

斐　仁（改名愛人，一作同仁）蒙古正紅旗人。道光六年三甲一百零三名進士。

李　彬 字嘉亨，號菊潭。浙江烏程縣人。道光六年三甲一百零四名進士。任山東莘縣知縣、教諭。戍伊犁，賞八品銜釋歸。卒於家。曾掌教愛山書院。著有《山曉閣詩集》。

孟岱齡 字壽來。直隸交河縣人。道光六年三甲一百零五名進士。十七年任直隸天津府教授，改順天府教授。

楊際泰 雲南昆明縣人。道光六年三甲一百零六名進士。任浙江新昌知縣、雲南臨安府教授。

馮雲祥 字麟洲。貴州畢節縣人。道光六年三甲一百零七名進士。七年任安徽定遠知縣，十一年改浙江臨安知縣，十八年改永嘉知縣。引疾歸里。著有《詩經正本》《周易引蒙》《離騷注疏》《經國大業》等。

趙振清 字月坡。陝西臨潼縣人。道光六年三甲一百零八名進士。任湖北興山知縣，十二年改湖北羅田知縣，十四年署孝感知縣，十八年補興山知縣，十九年改隨州知州。二十年解任次年卒於隨州。

盛泰符 字朗庵。江蘇常熟縣人。道光六年三甲一百零九名進士。任甘肅靈台知縣。

何星漢 陝西襃城縣人。道光六年三甲一百十名進士。道光七年任安徽鳳臺知縣。

楊　彬 字升雅。陝西富平縣人。道光六年三甲一百十一名進士。任湖南興寧知縣，十年改寧遠知縣，歷湘陰、保靖知縣，十四年補慈利知縣。著有《綠槐軒集》。

劉沛霖 字仲郁，號春霆。貴州貴築縣人。道光六年三甲一百十二名進士。任雲南羅次知縣、恩樂知縣、羅平州知州、昭通府大關廳同知、他郎永北同知，遷雲南廣西直隸州知州、元江直隸州知州。

慶　安 蒙古鑲白旗人。道光六年三甲一百十三名進士。任雲南晉寧州知州，咸豐五年改雲南安寧州知州。

奕　書 字柳堂。滿洲鑲藍旗宗室。道光六年三甲一百十四名進士。選庶吉士，改宗人府主事，降筆帖式。

孟廣沅 字茗山、子湘，號芷鄉。直隸大興縣人，原籍浙江會稽。道光六年三甲一百十五名進士。授江蘇鹽城知縣。

袁風清 河南洛陽縣人。道光六年三甲一百十六名進士。十年任山東樂陵知縣，改雲南大姚知縣、楚雄知縣、寶寧知縣。

羅登舉 湖南安鄉縣人。道光六年三甲一百十七名進士。任雲南楚雄知縣，改昆明知縣。

賀錫璋 直隸武強縣人。道光六年三甲一百十八名進士。

丁穎璞 （《進士題名碑》作丁穎璞）字昆麓，號樸齋。山東日照縣人。道光六年三甲一百十九名進士。授雲南思安知縣，擢南安知州。未任。丁憂歸不出。

姚雲升 山東濰縣人。道光六年三甲一百二十名進士。八年任江蘇睢寧知縣，九年改東臺知縣，十年任金山知縣，調雲南建水知縣。

王四杰 河南銅柏縣人。道光六年三甲一百二十一名進士。九年任山西萬泉知縣。

馮江錦 山西代州人。道光六年三甲一百二十二名進士。

馬映辰 字鍾房。順天宛平縣人，原籍江蘇。道光六年三甲一百二十三名進士。任四川興文知縣，十年改四川榮縣知縣，十三年犍爲知縣，十四年署富順知縣，署馬邊廳同知，升湖南辰州知府，改湖南沅州府知府，二十五年官至貴州銅仁知府。

弟馬映階，道光二十一年進士。

樊嘉猷 山西盂縣人。道光六年三甲一百二十四名進士。任山西潞城府教授。

彭　澤 河南河内縣人。道光六年三甲一百二十五名進士。道八年任安徽潛山知縣。

巴永阿 字惺齋。滿洲鑲白旗人。道光六年三甲一百二十六名進士。

段　圻 河南偃師縣人。道光六年三甲一百二十七名進士。十一年任直隸任縣知縣。

楊師立 雲南蒙化廳人。道光六年三甲一百二十八名進士。任雲南開化府教授，任江西浮梁知縣，十九年改江西龍南知縣，二十五年遷江西瑞州府同知。

戴亨遠 湖北雲夢縣人。嘉慶十五年舉人，道光六年三甲一百二十九名進士。七年任湖北荆州府教授。

伊克唐阿 滿洲正紅旗人。宗室。道光六年三甲一百三十名進士。任宗人府主事。

殷聚五 河南温縣人。道光六年三甲一百三十一名進士。十一年任湖北竹山知縣，十二年改湖北鄖西知縣，二十五改河南歸德府教授。

薛　峸 山西安邑縣人。道光六年三甲一百三十二名進士。七年任四川屏山知縣，改四川奉節知縣，十六年署彭水知縣，十七年署隆昌知縣。

方木生 字鶴僑，號治峰。安徽太湖縣人。道光六年三甲一百三十三名進士。任刑部雲南司主事、廣西司員外郎。十八年以疾乞休，卒於家。

徐變鈞 字傅兼，號闇賓。江蘇陽湖縣人。道光六年三甲一百三十四名進士。任陝西鄠縣知縣，十七年調咸陽知縣。

熊錫祺 （原名友稷）號介堂。江西高安縣人。道光六年三甲一百三十五名進士。任直隸玉田知縣。

徐　檀　甘肅皋蘭縣人。道光六年三甲一百三十六名進士。以知縣謁選，卒於京都。

夏銘修　四川仁壽縣人。道光六年三甲一百三十七名進士。任雲南鄧川知州，晉寧州知州。

俞　焯　字俊心，號見嵐。江蘇昭文縣人。道光六年三甲一百三十八名進士。七年任安徽徽州府教授，改湖北宜都知縣，調直隸清風知縣。歸後卒。

馬　亮　字信甫，號愚庵。山東樂昌縣人。道光六年三甲一百三十九名進士。候選知縣。隱居，教授講誦不輟。著有《愚庵制義》。

薛梀昌　福建閩縣人。道光六年三甲一百四十名進士。任河南知縣。

殷　增　字益齋，號小峰。陝西乾州人。道光六年三甲一百四十一名進士。選庶吉士，改主事。

仇效忠　字藎之，號典堂。廣東靈山縣人。道光六年三甲一百四十二名進士。選庶吉士，散館九年改貴州貴定知縣。

范承遽　字伯讓。山東沾化縣人。道光六年三甲一百四十三名進士。二十年三月任順天房山知縣，二十一年改天津知縣，擢景州知州，二十四年調薊州知州。

李朝儀　字雲度，號鷺堂。山東單縣人。道光六年三甲一百四十四名進士。七年任山東登州府教授。後主講鳴琴書院。著有《補過齋文集》《耕餘偶存》等。

賈芳林　河南原武縣人。道光六年三甲一百四十五名進士。任陝西三水知縣，十一年任陝西略陽知縣，十七年改陝西臨潼知縣。

賈　坊　山西汾陽縣人。道光六年三甲一百四十六名進士。任山西太原府教授。

王聖來　山東東平州人。道光六年三甲一百四十七名進士。

周因培　號椿園。廣西臨桂縣人。道光六年三甲一百四十八名進士。任四川即用知縣，十年任灌縣知縣，改閬中縣。任一年被劾歸。

謝樹瓊　廣西臨桂縣人。道光六年三甲一百四十九名進士。八年署陝西清澗知縣，十年改隴州知州，十二年任榆林知縣，十五年改鄠縣知縣。

薛　濂　字蘅皋。江蘇元和縣人。道光六年三甲一百五十名進士。任知縣。

趙　桐　字風樓。直隸南宮縣人。道光六年三甲一百五十一名進士。署廣東定安知縣，補陽山知縣，署清遠知縣。十七年（1837）卒於任。

蘊　秀　滿洲鑲黃旗人。道光六年三甲一百五十二名進士。

道光九年（1829）己丑科

第一甲三名

李振鈞 字仲衡，號海初。安徽太湖縣人。乾隆五十九年（1794）十月十四日生。道光九年一甲第一名狀元。授翰林院修撰。歷任國史館纂修、文淵閣較理，十七年充順天鄉試同考官，年未五十遽卒。著有《味證聽葉廬詩集》。

爲乾隆四十九年進士李長森子，刑部尚書李振祜弟。

錢福昌 （原名錢攀龍）字辰田，號超衢、實齋。浙江平湖縣人。道光九年一甲第二名榜眼。授編修。十一年充江西鄉試副考官，督廣西學政，十七年以江南道御史督河南學政，遷戶科給事中，官至內閣侍讀學士。任滿歸。母老不出。著有《韡鄂書屋詩賦》。

朱蘭 （1800—1873）字久番，號耐庵。浙江餘姚縣人。道光九年一甲第三名探花。授編修。進侍講學士，遷少詹事，三十年充會試同考官，同治二年遷太僕寺卿，督安徽學政，三年改詹事，五年官至內閣學士。著有《補讀室詩文集》《日記》《師友言行錄》《孟晉錄》《群籍摭聞》《餘姚文藪》等。

第二甲一百六名

朱淳 （1785—1846）字瀛山，號葆初。雲南石屏州人。道光九年二甲第一名進士。選庶吉士，授編修。十六年充會試同考官，考選江南道御史，轉吏科、兵科給事中。外任金華、處州、紹興、寧波、溫州知府。以勞卒於任。工詩文，精書法。

步際桐 字香林，號弱侯、唐封。直隸棗強縣人。道光九年二甲第二名進士。選庶吉士，授編修。十五年充會試同考官，十六年充四川鄉試副考官，考選江南道御史。外任山西平陽知府，遷河南開歸陳許道，因河決口降同知，再起三十年甘肅蘭州知府、慶陽知府，署茶馬道。後以事遣戍。著有《杉屋文集稿》。

父步毓岩，乾隆六十年進士；兄步際逵，道光十二年進士。

李嘉端 字吉臣、慶生，號鐵梅。順天大興縣人。嘉慶十三年（1808）正月二十日生。道光九年二甲第三名進士。選庶吉士，授編修。十四年充雲南鄉試主考官，同年督雲南學政，遷左贊善、侍讀、少詹事，二十五年授內閣學士。二十七年遷倉場侍郎，二十八年復任內閣學士，督安徽學政，咸豐二年遷兵部侍郎改刑部侍郎，三年二月調安徽巡撫。因上任以來對防堵太平軍毫無布置九月革職。歸田後主講關中、保定蓮池書院、天津問津書院。光緒六年（1880）十二月卒，年七十三。

夏　恒（原名慶雲）字誦瑞，號益卿。湖南攸縣人。乾隆五十四年（1789）生。道光九年二甲第四名進士。選庶吉士，散館改吏部考功司主事，官至員外郎。道光十九年（1839）卒於任。

李國杞 字午林、南叔，號晉卿。安徽太湖縣人。道光九年二甲第五名進士。選庶吉士，授編修。十四年充福建鄉試副考官，十五年充順天鄉試同考官，官至侍讀學士，十九年督浙江學政。二十年（1840）召京，二月六日以疾卒。著有《挹爽樓文稿》。

徐廣絨 字伯華，號苹堂。河南鹿邑縣人。道光九年二甲第六名進士。選庶吉士，授編修。十六年考選江西道御史，改順天北城巡城御史，官至工科掌印給事中。乞養歸。卒年七十七。

狄　聽 字詢岳，號廣軒。江蘇溧陽縣人。道光九年二甲第七名進士。纍遷刑部廣東司郎中，十五年充貴州鄉試副考官，十八年考選江西道御史，官至掌廣西道御史。卒於任。

張沇度 字伯昭，號穆堂、鶴樵。直隸成安縣人。道光九年二甲第八名進士。選庶吉士，散館改主事。

程　度 字謹侯。湖北蘄水人。道光五年舉人，九年二甲第九名進士。任山東朝城知縣。以病解組歸。

慶　勳 字子猷，號漁杉。漢軍正白旗。道光九年二甲第十名進士。選庶吉士，散館改戶部主事，升郎中。十九年充順天鄉試同考官，二十年任雲南鄉試副考官。

王之斌 字雅臣，號粹珊。自號松俗拙翁。湖北黃陂縣人。曾就學於江漢書院，嘉慶二十一年舉人，道光九年二甲十一名進士。任刑部河南司主事，遷刑部郎中，二十九年任江南道御史，歷兵科、刑科給事中，官至河南歸德知府。後主講晴川、崇化書院。卒年七十七。著有《松俗拙翁自紀年譜》《知退軒全集》。

何瑞榴 字星園。廣東香山縣人。道光九年二甲十二名進士。任浙江嵊縣知縣。

趙光裕 字笛人。浙江仁和縣人。道光九年二甲第十三名進士。署湖南瀏陽、湘鄉、平江知縣，靖州、郴州知州兼理永興知縣，調桂陽知州，署永順知府。以疾乞休歸。

方鍇 字楚金，號鐵君。安徽定遠縣人。道光九年二甲十四名進士。選庶吉士。授編修。十四、十五年兩充順天同考官，十七年督湖北學政。以病免職。

陶澐 字廉生，號蓮笙。順天大興縣人，原籍浙江會稽。嘉慶八年（1803）八月十三日生。道光九年二甲十五名進士。選庶吉士，授編修。歷任福建道御史，廣東直隸州知州、潮州府通判、惠州海防同知。咸豐二年署廣東惠州知府。

孫陶聯琇，光緒二十年進士。

楊日襄 字伯樵。江西豐城縣人。道光九年二甲十六名進士。任直隸西寧知縣，改密雲知縣。以憂歸卒。

汪本銓 字衡甫，號菊生。江蘇陽湖縣人。嘉慶十五年（1810）九月二十四日生。道光九年二甲十七名進士。授禮部主事，充軍機章京，遷郎中。二十四年充順天鄉試同考官，擢順天府丞，二十六年授光祿寺卿，充江西鄉試主考官，十月改順天府尹，二十八年十二月改宗人府府丞，二十九年授浙江布政使。咸豐元年七月乞養歸。四年（1854）閏七月十四卒。贈太僕寺卿銜。著有《淡庵遺稿》。

朱式璟 字心石。直隸天津縣人。道光九年二甲十八名進士。任刑部主事，遷郎中，咸豐三年官至福建延平府知府。七年（1857）太平軍攻城，率子孫投水卒。贈太僕寺少卿銜。

朱其鎮 字又青，號九山。浙江嘉興縣人。道光九年二甲十九名進士。選庶吉士，授編修。十五年充雲南鄉試副考官、會試同考官，十六年考選山東道御史，十七年充順天鄉試同考官。升禮科給事中，二十年充會試同考官，官至甘肅鞏秦階道，曾署按察使。以罣誤入獄卒。著有《木天楷則》《滇南紀程錄》。

王慶雲 字家鑲、賢關、樂一，號雁汀。福建閩縣人。嘉慶三年（1798）二月二十九日生。道光九年二甲二十名進士。選庶吉士，授編修。十四年充廣西鄉試主考官，十七年督貴州學政，任侍讀、侍讀學士、通政司副使，道光三十年授詹事。署順天府尹，遷戶部侍郎，咸豐三年調陝西巡撫，改山西巡撫，七年遷四川總督，九年改兩廣總督。以病免。十一年十月授左都御史，十二月改工部尚書。同治元年（1862）自山西汾州寄寓入京供職，三月初八起程前一日卒，年六十五。謚"文勤"。著有《熙朝紀政》《石渠餘記》。

胡元博 字彥聞，號筱初。廣西臨桂縣人。道光九年二甲二十一名進士。任刑部主事，升員外郎，二十三年補授陝西道御史，改順天西城、東城巡城御史，遷給事中，官至浙江糧道，咸豐六年署皖南道。

張集馨 （1800—1878）字椒岩，號椒雲、香海、時晴庵主人。江蘇儀徵縣人。道光九年二甲二十二名進士。選庶吉士，授編修。歷任川、晋、閩等省知縣，擢山西朔平知府，二十二年遷福建汀漳龍道，改陝西糧道，二十七年授四川按察使，二十九年遷貴州布政使改甘肅、河南布政使。咸豐元年六月革職。二年授河南按察使，改湖北按察使，三年二月遷直隸布政使，十月革。九年署福建布政使，十年署江西布政使。十一年革。同治二年授陝西按察使，七月曾署陝西巡撫。四年革。著有《張集馨自訂年譜》《張集馨日記》《道咸宦海見聞錄》。等。

許正綬 （榜名許正陽）字薺生，號少白。浙江上虞縣人。道光九年二甲二十三名進士。官浙江湖州府教授，加國子監丞銜，十五年任浙江嚴州府教授，二十四年復任湖州府教授。後主講經正、五松書院。著有《魚桂堂文集》《兩浙教官詩錄》《唐一庵年譜》。

朱逢辛 字維新，號甲三。江蘇華亭縣人。道光九年二甲二十四名進士。選庶吉士，散館改主事，道光二十九年纍遷至貴州遵義知府，官至貴州鎮遠府知府。

潘紹烈 字繩之、子駿，號西村。山東萊蕪縣人。道光九年二甲二十五名進士。選庶吉士，二十年改直隸元氏知縣。丁母憂歸，因性抗直，不能媚上，遂不起用。晚年主漢源書院。有《潘太史遺稿》。

王桂 字月珊，號秋卿。江蘇甘泉人。道光九年二甲二十六名進士。任吏部文選司主事，二十年充湖南鄉試副考官，升員外郎、郎中，二十二年補授山西道御史，二十三年充貴州鄉試副考官，掌京畿道御史，二十七年官至直隸廣平府知府。以病致仕。著有《玉笙樓文集》。

全慶 字雲甫，號小汀。滿洲正白旗，葉赫納喇氏。嘉慶六年（1801）十二月初四日生。道光九年二甲二十七名進士。授編修。歷任侍講、侍講學士、少詹事，道光十九年授詹事，改大理寺卿。二十年予頭等侍衛，充古城領隊大臣，調喀喇沙爾辦事大臣。二十五年授內閣學士兼正紅旗漢軍副都統。二十六年授刑部侍郎，改吏部、戶部、倉場侍郎，咸豐四年十月遷工部尚書。改兵部、吏部尚書，兼翰林院掌院學士，總管內務府大臣。同治元年降大理寺卿，遷內閣學士、工部侍郎、左都御史。五年授禮部尚書，改刑部尚書，十一年六月授協辦大學士。十二年因順天鄉試案降職。光緒四年再授刑部尚書，協辦大學士，加太子太保，改工部尚書，六年十一月遷體仁閣大學士。七年八月休致。光緒八年（1882）四月十八日卒，享年八十二。贈太子太保，入祀賢良祠。諡"文恪"。

彭舒蕚 字棣樓，號菊香。湖南長沙縣人。嘉慶四年（1799）生。道光九年二甲二十八名進士。選庶吉士，授編修。十七年充陝西鄉試正考官，外任雲南永昌知府，改廣西思恩知府，調梧州知府，二十九年改廣東高州知府，咸豐元年官至湖北漢黃德道。三年（1853）以疾卒。

丁嘉藻 字篠泉。順天大興縣人。道光九年二甲二十九名進士。歷任河南洧川知縣，改廣東茂名知縣，二十二年改歸善知縣，遷浙江即補知府，署杭州府西塘同知。

姚振啓 字春伯。浙江仁和縣人。道光九年二甲三十名進士。選庶吉士，散館十三年改任江西新喻縣知縣。

吳　銥 字伯嵋，號笏承。四川達縣人。道光九年二甲三十一名進士。任直隸沙河、東明、長垣知縣，十六年任順天府大興知縣，改雲南署鎮雄州知州，咸豐三年改雲南武定直隸州知州，四年官至雲南澂江知府。六年丁父憂歸。卒於永寧途次。

陳起詩 字敦復，號雲心。湖南郴州人。乾隆六十年（1795）生。道光九年二甲三十二名進士。歷任吏部主事、吏部員外郎、記名御史。因以言事忤其長官遭罷官。二十一年（1842）歸後卒。工詩、雜文，爲郴州才子。

張寶璐 字舜齋，號味農、星房。浙江仁和縣人。道光九年二甲三十三名進士。選庶吉士，改主事，升戶部員外郎，二十二年任河南道監察御史。

倭　仁 字仲如、遲亭，號艮峰。蒙古正紅旗，烏齊格里氏，河南駐防。嘉慶九年（1804）十月初

五日生。道光九年二甲三十四名進士。選庶吉士，授編修。歷中允、侍講、侍讀學士，道光二十二年十一月授詹事府詹事。二十四年改大理寺卿，三十年以副都統銜充葉爾羌幫辦大臣。咸豐三年降三級，五年任侍講學士，六年授光祿寺卿，遷盛京禮部侍郎改盛京戶部侍郎，十一年十月遷都察院左都御史。同治元年改工部尚書，任弘德殿行走爲同治帝講課。同年七月授協辦大學士，閏八月遷文淵閣大學士兼翰林院掌院學士。五年十二月以纂《文宗實錄》及《聖訓》告成加太子太保。同治十年（1871）三月改文華殿大學士。四月二十一日卒。享年六十八。贈太保，入祀賢良祠。謚"文端"。著有《倭文端公遺書》等。

李光涵 （榜名李攀龍）字芸浦。順天大興縣人，原籍浙江會稽。嘉慶元年（1796）七月初八日生。道光九年二甲三十五名進士。選庶吉士，授編修。道光十四年充河南鄉試副考官，任國史館纂修、御史，十七年任山西太原知府，補寧武知府，曾署雁平道。在任十二年，因父喪哀毀過度而卒。

陶文潞 字桂門。江蘇吳縣人。道光九年二甲三十六名進士。任刑部主事，升郎中，二十八年外任四川潼川府知府，二十九年改重慶知府，官至建昌兵備道。光緒五年（1879）卒，年八十三。著有《哀矜別錄》《折獄備考》《十三經字音義》《漢唐儒臣言

行節要》《明倫集説》等。

李親賢 順天宛平縣人。道光九年二甲三十七名進士。任河南知縣。

羅繞典 字蘭階，號蘇溪、少含。湖南安化縣人。乾隆五十七年（1792）七月十二日生。道光九年二甲三十八名進士。選庶吉士，授編修。十六年纍遷山西平陽知府，十九年擢陝西糧儲道，道光二十一年授山西按察使遷貴州布政使，二十九年遷湖北巡撫。十一月丁憂。咸豐二年八月授江西巡撫改湖北巡撫，十月遷雲貴總督。咸豐四年（1854）十一月初四日卒於貴州軍營，年六十三。贈太子少保，諡"文僖"。著有《黔南職方紀略》。

陳蘭祥 字伯芝，號寶腴。江西新城縣人。道光九年二甲三十九名進士選庶吉士。未散館卒。

徐啓山 字鏡溪。安徽六安州人。道光九年二甲四十名進士。任工部虞衡司主事，補東河泇河同知，加知府銜，調下北河同知。引疾歸。著有《箋注元詩集》《史記論略》《漢書碎義》《後漢書標目及碎語》《通鑑綱目碎語》等。

李超咸 字次班，號堎雲。山東單縣人。道光九年二甲四十一名進士。任浙江建德、鎮海、仁和知縣，升海寧州知州。積勞成疾卒於任。

崔紱 字受璋、杏逋。江蘇宜興縣人。道光九年二甲四十二名進士。以知縣分發廣東，改教職任安徽廬州府教授，因母老不赴，母喪後掌教大梁書院，後主東坡書院。咸豐二年改江蘇鎮江府教授。

周茂洋 安徽歙縣人。道光九年二甲四十三名進士。任戶部陝西清吏司主事。

郭景僖 字棣園。山西陽曲縣人。道光九年二甲四十四名進士。選庶吉士。改刑部主事，官至內閣侍讀學士。

徐雲瑞 字書香，號曉村。江蘇甘泉縣人。道光九年二甲四十五名進士。選庶吉士，授編修。十四年充湖南鄉試主考官，十八年官至直隸永平府知府。年五十七卒於任。

潘楷 （1795—1864）號小裴。廣東順德縣人。道光九年二甲四十六名進士。任刑部主事，升員外郎、郎中，京察一等擢雲南迤東道，咸豐六年官至貴州按察使。七年召京，以足疾致仕歸。主講鳳山書院，卒年六十九。

司徒照 字子臨，號芷聆。廣東開平縣人。道光九年二甲四十七名進士。選庶吉士，改刑部主事，二十六年纍遷山東武定知府，二十八年改濟南知府，二十九年遷山東鹽運使，咸豐三年授四川按察使，遷陝西布政使。咸豐七年十月革職。

鄧瀛 字登三，號介槎。福建上杭縣人。道光九年二甲四十八名進士。選庶吉士，授編修。十五年充山西鄉試主考官，十八年充會試同考官，考選浙江道御史，二十二年外任安徽寧國知府，改浙江金華和府，咸豐六年官至安徽寧池太廣道。八年參劾有誤降職，歸。

鍾裕（《進士題名碑》作鍾格）漢軍鑲黃旗。道光九年二甲四十九名進士。任戶部主事，咸豐元年官至浙江嘉興府知府。

金熾福字嶧庵，號逾舫。浙江錢塘縣人。道光九年二甲五十名進士。選庶吉士，散館十二年改任山東昌邑知縣，二十三年改廣西義寧知縣，署廣西龍勝廳通判，改賓州知州。

易長楨（初名易長發）字子浚，號晴江。江蘇上元縣人。道光九年二甲五十一名進士。授編修。十四年充山西鄉試副考官，未幾卒。著有《冶城山館詩稿》。

劉禮章號心齋。安徽廬江縣人。道光九年二甲五十二名進士。任浙江里安知縣，十四年改秀水知縣，丁憂服闋，二十二年補湖南長沙知縣，二十九年遷永綏廳同知。卒於任。

胡文柏字心原。安徽績溪縣人。道光九年二甲五十三名進士。任戶部主事，二十九年縣遷雲南府知府、曲靖知府，官至雲南迤南兵備道。

馬福安字敬勝，號止齋。廣東順德縣人。道光九年二甲五十四名進士。選庶吉士，十二年散館改四川犍爲知縣，丁母憂服闋，署福建順昌知縣、漳浦知縣，官至安徽六安州知州。丁外艱未赴卒。著有《止齋文鈔》。

白謙卿字幼遷，號叔嘉。順天通州人。道光九年二甲五十五名進士。選庶吉士，改戶部主事，遷湖廣司郎中，二十九年官至廣東高州府知府。

父白鎔，嘉慶四年進士，工部尚書。

粟穗字芸畦。廣西臨桂縣人。道光九年二甲五十六名進士。十年任四川羅江知縣、仁壽知縣，十六年署遂寧縣，十八年復任羅江縣，二十年調補雅安知縣，咸豐四年任四川成都知縣，七年遷成都水利同知。

張亨衢浙江仁和縣人。道光九年二甲五十七名進士。十年任江蘇震澤知縣，十三年革。

劉良駒字星房，號叔千。江西南豐縣人。道光九年二甲五十八名進士。選庶吉士，改戶部主事，升員外郎，二十四年任江南道御史，改順天東城巡城御史，遷兵科給事中、鴻臚寺少卿，三十年官至兩淮鹽運使。咸豐三年再任。

賈允諧字信人。江蘇高郵州人。道光九年二甲五十九名進士。任吏部文選司主事。丁憂歸。掌教珠湖書院。卒年四十四。

劉元標（原名劉孝標）字霞城。安徽廬江縣人。道光九年二甲六十名進士。十年任直隸定興知縣，十二年回任，十六年七月改山東武城知縣，十七年丁憂。二十三年改貴州開泰、永平知縣，湖南沅陵知縣。

楊景字星甫，號仰山。浙江山陰縣（今紹興）人。道光九年二甲六十一名進士。選庶吉士，改任安徽南陵知縣。

余　坤　字子容，號小坡。浙江諸暨縣人。道光九年二甲六十二名進士。任刑部主事，擢郎中，外任四川雅州知府，署寧遠府，護建昌兵備道。左遷。著有《寓庸室詩文稿》《默存錄》《小坡芻議》等。

林揚祖　字孫詒，號岵瞻。福建莆田縣人。道光九年二甲六十三名進士。任刑部主事，升員外郎，二十七年任湖廣道御史，改順天北城巡城御史，遷兵科給事中，二十九年掌印給事中，遷河南開歸陳許道，咸豐三年授河南按察使，四年改陝西按察使，七年遷陝西布政使，八年調甘肅布政使，十年署陝西總督。十一年十二月休致。主講書院，卒年八十五。

涂文鈞　字平甫，號北崖。順天宛平縣人，原籍湖北嘉魚。嘉慶十一年（1806）五月十三日生。道光八年舉人，九年二甲六十四名進士。任工部主事，升員外郎，二十五年授浙江道御史，咸豐元年遷甘肅甘州知府，二年官至江南鹽道，署布政使。三年江寧城陷戰亡，卒年四十八。

章　煒　字伯剛、元成，號琯香。安徽廬江縣人。道光九年二甲六十五名進士。任刑部郎中，十二年充順天鄉試同考官，十四年考選山東道御史，改順天南城巡城御史，掌河南道御史，官至吏科給事中。丁憂回籍不復出。著有《六家詩選》《涵翠山房雜文》等。

李興元　湖南長沙縣人。道光九年二甲六十六名進士。任浙江宣平知縣。

李　城　浙江餘杭縣人。道光九年二甲六十七名進士。任山東城武知縣，十二年代理山東單縣知縣，二十一年改四川石泉知縣，二十六年改浙江台州府教授。

李從圖　字賓我，號戊莊。順天宛平縣人。道光九年二甲六十八名進士。選庶吉士，散館改甘肅文縣知縣，歷綏來、鎮原、皋蘭知縣，官至靜寧州知州。年六十五卒。

從兄李熙齡，同榜進士。

楊　霈　字徵甫，號蔚農、雲石。漢軍鑲黃旗。乾隆五十四年十二月十四日（1790年1月）生。道光九年二甲六十九名進士。任四川巴縣知縣，十一年改隆昌知縣，十三年復任，十八年代綦江知縣，十九年署中江知縣，二十八年纍遷長蘆鹽運使，咸豐三年授直隸布政使改順天府尹，四年六月授湖北巡撫，九月遷湖廣總督。坐擁重兵對圍剿太平軍毫無佈置，辜恩溺職，五年四月革。著有《筠石山房詩論》。

張修育　字伯淳，號菊譚。直隸南皮縣人。道光九年二甲七十名進士。任戶部主事，升員外郎，二十二年補授浙江道御史，咸豐五年任順天中城巡城御史，歷工科給事中、刑科掌印給事中，官至光祿寺少卿。

易　棠　字樹甘，號念園。湖南善化縣人。乾隆五十九年（1794）

六月十二日生。道光九年二甲七十一名進士。任刑部主事，纍遷廣州知府，咸豐元年授陝西按察使，遷甘肅布政使，二年十二月遷山西巡撫，三年五月署陝甘總督。四年實授。六年九月以病免職。同治二年（1863）十一月卒。年七十。著有《貼芬書屋詩文集》。

黃驤雲（榜名黃龍光）福建臺灣縣人。道光九年二甲七十二名進士。任工部主事。

何榮章（原名何煓）字斗瞻，號雲階。貴州貴築縣人。道光五年貴州鄉試解元，九年二甲七十三名進士。選庶吉士，散館十二年改直隸廣平知縣、清河知縣。

金安瀾　字澄之，號瀛仙。浙江桐鄉縣人。道光九年二甲七十四名進士。選庶吉士，改戶部主事，道光二十五年任南河銅沛同知，咸豐二年署里河同知，五年署太湖同知，官至江蘇松江府知府。著有《怡雲廬詩鈔》。

靳溏　字彙九，號廬峰。貴州鎮遠縣人。道光九年二甲七十五名進士。任刑部主事。

劉坦（原名劉坌）字竹樵、次臣。直隸慶雲縣人。道光九年二甲七十六名進士。任山西右玉知縣，丁憂。二十三年補江蘇江浦知縣，加同知銜，二十五年改山陽知縣，二十六年調甘泉知縣。卒於任。

丁彥儔　字範亭，號冉垞。河南永城縣人。道光九年二甲七十七

名進士。選庶吉士，改戶部主事，二十四年充會試同考官，官至戶部江南司員外郎。

全順　滿洲正白旗人。道光九年二甲七十八名進士。任戶部主事，纍遷翰林侍讀學士，官至四川順慶府知府。

桂文燿　字子淳，號星垣。廣東南海縣人。道光九年二甲七十九名進士。選庶吉士，授編修。十九年充湖南鄉試副考官，二十三年考選湖廣道御史，二十四年外任江蘇常州知府，二十五年改江蘇蘇州知府，二十九年署淮海揚道。咸豐元年丁父憂歸。著有《群經補證》。

袁俊　順天宛平縣人，原籍江蘇陽湖。道光九年二甲八十名進士。任河南襄城知縣。有政聲。

蘇孟暘　字震伯，號賓偶。江西鄱陽縣人。道光九年二甲八十一名進士。選庶吉士，散館改吏部主事。工詩。

李熙齡　字來泰，號芸渠。江西南城縣人。道光九年二甲八十二名進士。選庶吉士，授編修。十四年充貴州鄉試副考官，十七年考選江南道御史，十八年充會試同考官，十九年擢陝西榆林知府，改雲南澂江知府，二十八年改普洱知府，咸豐八年改山東武定知府，同治三年署山東登州知府，四年改東昌知府，官至候補道。致仕後主講書院。卒年七十八。

王寅（原名王藹）字琴槎。

湖南武陵縣人。道光九年二甲八十三名進士。任户部主事，入值軍機處章京。丁外艱歸。哀毁卒。著有《蜀游草》《紱紫山房集》。

王　巽　號申甫、參庵。河南商丘縣人。道光九年二甲八十四名進士。任工部主事，升郎中，二十六年任山東道御史，官至直隸河間知府。

白濬銑　四川營山縣人。道光九年二甲八十五名進士。任直隸南皮、廣昌、静海知縣，二十八年改四川潼川府教授。

高士魁　字映斗，號紫峰。江蘇山陽縣人。道光九年二甲八十六名進士。二十三年任四川丹稜知縣，在任九年升簡州知州，回任丹稜又任六年，二十九年升蓬州知州。年六十引疾歸。晚年主講奎文書院教授生徒，卒年七十六。著有《梅紫峰文稿》行世。

程德麟　字子定，號達庵。安徽全椒縣人。道光九年二甲八十七名進士。任工部主事，遷工部都水司郎中，京察一等，二十七年任陜西道御史。積勞卒於任。

恩　來（更名豫德）字雨帆。滿洲正紅旗人。宗室。道光九年二甲八十八名進士。改筆帖式，歷官左庶子，降户部員外郎。

王　選　字貢彦，號鐸卿。廣東東莞縣人。道光九年二甲八十九名進士。任吏部主事。

雷成樸　字震初，號固廬。陜西朝邑縣人。道光九年二甲九十名進士。選庶吉士，授編修。二十一年任山西道御史，二十二年外任湖南辰州知府，二十五年改長沙知府，署衡永郴貴道，坐事罷。開復，咸豐八年官至浙江台州府知府。卒於任。

袁彦齡　字邦傑、篠泉。江西南昌縣人。道光九年二甲九十一名進士。任刑部主事，升郎中，歷署山西平舊、汾州知府，咸豐年補潞安知府。卒於任。

陳大忠　字咸懷，號心齋。貴州黎平府人。道光九年二甲九十二名進士。十二年署順天府寧河知縣，七月去。二十一年任福建古田知縣。

崔　燾　字健屏，號虹橋。江蘇銅山縣（今徐州）。道光九年二甲九十三名進士。選庶吉士，散館改知縣，三十八年遷河南淅川廳同知，官至安徽安慶府知府。

奎　綬（改名奎俊）滿洲正藍旗人。道光九年二甲九十四名進士。任刑部主事，遷陜西邠州直隸州知州，二十九年官至安徽廬鳳潁道。

潘麗襄　江蘇溧陽縣人。道光九年二甲九十五名進士。二十年任湖南綏寧知縣，二十六年十二月改江蘇徐州府教授。

房昭素　直隸安州人。道光九年二甲九十六名進士。分發浙江知縣。

林逢年　號澤夫。福建侯官縣人。道光九年二甲九十七名進士。十一年任直隸東明知縣，二十二年改湖北通城知縣。

董世僖　字樂亭。山東寧陽縣

人。道光九年二甲九十八名進士。即用知縣，署河南伊陽知縣，補永寧知縣。丁母憂歸，卒。

王樨　山西保德州人。道光九年二甲九十九名進士。官至安徽鳳陽知府，署廬鳳兵備道。

俞樹風　字松石。江西廣豐縣人。道光九年二甲一百名進士。任禮部主事，升郎中，官至浙江温處道。

干廷熙　（《進士題名碑》作千廷熙，誤）江西星子縣人。道光九年二甲一百零一名進士。任户部主事。年四十卒。

祖父干從謙，乾隆十三年進士。

孫念祖　陝西涇陽縣人。道光九年二甲一百零二名進士。任福建長樂知縣。

宋炳垣　浙江烏程縣人。道光九年二甲一百零三名進士。十五年任福建建陽知縣。

穆通阿　字子理，號似山。滿洲鑲黃旗人。道光九年二甲一百零四名進士。選庶吉士，十二年散館改任山東博興知縣。

文鳳喈　字丹山。湖北廣濟縣人。嘉慶二十四年舉人，道光九年二甲一百零五名進士。十二年任四川綿竹知縣，十七年復任綿竹知縣。以母艱歸。

李蓉鏡　字鑒堂。甘肅秦安縣人。道光九年二甲一百零六名進士。署湖南耒陽知縣，十五年補湘陰知縣，升署道州知州。引疾歸。

第三甲一百一十二名

何俊　字晉孚，號亦民。安徽望江縣人。道光九年三甲第一名進士。選庶吉士，改工部主事，道光十六年署江蘇海阜廳同知，二十年署裹河同知，纍遷直隸大名知府，直隸大順廣道、咸豐二年改蘇松糧道，遷兩淮鹽運使，六年授江蘇布政使。七年召京。

傅繹　順天大興縣人。道光九年三甲第二名進士。

劉澐　（原名劉衛）江西南豐縣人。道光九年三甲第三名進士。任吏部主事、員外郎，官至河南南汝光道。丁母憂。遂不出。

孫義　字樸堂。浙江仁和縣人。道光九年三甲第四名進士。十五年任福建仙游縣知縣。告歸後，咸豐十一年杭州被太平軍攻陷，卒。

余熾　字秀三，號穎霞。江西奉新縣人。道光九年三甲第五名進士。候選知縣。

吳葆晉　字紅生。河南光州人。道光九年三甲第六名進士。任内閣中書，二十三年纍遷江蘇江寧知府、二十五年改揚州知府，江蘇海河河務道、鹽巡道，三十年官至兩淮鹽運使，咸豐元年淮海兵備道，三年改江南鹽法道，九年再補淮海兵備道，十年三月七日陣亡清江。

楊遇升　（改名楊裕深）字曉冬。貴州平越州人。道光九年三甲第七名進士。任浙江縉雲知縣，署天台知縣，十一年任平湖知縣，改嘉興、歸安、錢塘知縣，遷海寧知州、乍浦同知，升寧波知府，浙江寧紹台道，咸豐五年官至兩浙鹽運使。九年（1859）卒。

楊肜如 號中貺。河南密縣人。道光九年三甲第八名進士。任刑部主事，升員外郎，二十八年任山東道御史，官至廣西左江道。

劉成萬 字元圃。安徽旌德縣人。道光九年三甲第九名進士。任吏部主事，咸豐二年署浙江金衢嚴道。

黃朝輔 字庚暢。廣東香山縣人。道光九年三甲第十名進士。任湖南酃縣知縣，十二年改湖南平江知縣。卒於任。

劉蘧 山西洪洞縣人。道光九年三甲十一名進士。

江鴻升 字炳章，號翊雲。福建閩縣人。道光九年三甲十二名進士。任工部主事、員外郎，軍機處行走，二十三年補江南道御史，二十五年任順天西城巡城御史，官至禮科給事中。

李錫珖 廣西橫州人。道光九年三甲十三名進士。二十二年任湖南慈利知縣，三十年改雲南師宗知縣、元謀知縣，遷劍州知州、沾益州知州。

錫麟 字晋齋，號晋卿。滿洲正藍旗人。道光九年三甲十四名進士。選庶吉士，散館改主事。

倪杰 （1804—1869）字震林，號葉帆。浙江會稽縣人。道光九年三甲十五名進士。任禮部主事，升主客司郎中，同治七年授太僕寺卿，改宗人府丞，官至大理寺卿。八年去職。

王元本 字立齋。四川瀘州人。道光九年三甲十六名進士。十年至十七年五任江蘇豐縣知縣，改江蘇宿遷知縣，十八年改江蘇高淳知縣，後署江防同知。卒於任。

袁振瀛 山東沂水縣人。道光九年三甲十七名進士。十八年任奉天寧海知縣，二十八年遷奉天新民廳同知。

李士燮 湖北黃岡縣人。道光五年舉人，九年三甲十八名進士。任廣東四會知縣。

龔自珍 （一名龔鞏祚）字伯定、愛吾，號璱人、定庵。浙江仁和縣人。乾隆五十七年（1792）七月初五日生。道光九年三甲十九名進士。任內閣中書、禮部主客司主事，改宗人府主事。丁憂歸。遂不出。道光二十一年（1841）八月十二日卒於江蘇丹陽雲陽書院。年五十。以奇才聞名，其文字驚桀，自成學派，名聲藉藉。著有《尚書序大義》《大誓答問》《尚書馬氏家法》《左氏春秋服杜補義》《左氏決疣》《春秋決事比》《定庵詩文集》等。

父龔麗正，嘉慶二年進士。

嚴保庸 字伯常，號問樵。江蘇丹徒縣人。道光九年三甲二十名進士。選庶吉士，十三年任山東棲霞縣。譜寫《夢中緣雜劇》。托病辭官。工書畫，詩詞。著有《紅樓新曲》《孤蓬聽雨錄》。年五十八卒。

崔光笏 字正甫，號慧田。直

隸慶雲縣人。道光九年三甲二十一名進士。任山西寧鄉知縣，改臨汾、陽曲知縣，十八年遷代州知州，擢江蘇松江知府，丁憂服闋，三十年改江西九江知府，官至雲南糧儲道，曾署按察使。卒於任，年五十四。

熊廷基 號聽淥。江西安義縣人。道光九年三甲二十二名進士。任河南鄾城知縣。

孫葆元 字復之，號和甫、蓮塘。直隸鹽山縣人。道光九年三甲二十三名進士。選庶吉士，授檢討。遷少詹事，二十五年授詹事，二十六年充福建鄉試主考官，督江西學政，二十七年遷內閣學士，二十八年授兵部侍郎，咸豐元年乞養。七年服闋授禮部侍郎，十一年改吏部侍郎。同治三年休致。

盧元良 江西南康縣人。道光九年三甲二十四名進士。十一年任江蘇寶應知縣，十五年任甘泉知縣，十八年再任甘泉知縣，官至知州。

張雲喬 山西解州人。道光九年三甲二十五名進士。任户部主事。

戴絅孫 字襲孟、鳳裁，號筠帆。雲南昆明縣人。道光九年三甲二十六名進士。授工部主事，升郎中。二十六年任浙江道御史，進給事中。引疾歸。著有《明史明臣言行錄》《戴氏族譜》《味雪齋詩鈔》《味雪齋文鈔甲集》《乙集》等。

高紹曾 河南新鄭縣人。道光九年三甲二十七名進士。

胡林秀 字翹生。廣東鶴山縣人。道光九年三甲二十八名進士。十三年任四川峨嵋知縣，在任十年，十五年起六署四川安岳知縣。

靈　秀 蒙古鑲黃旗人。道光九年三甲二十九名進士。

郭昌年 福建侯官縣人。道光九年三甲三十名進士。任山東堂邑知縣。

王　惺 山西安邑縣人。道光九年三甲三十一名進士。道光九年任山西澤州府教授。

田名徵 山東濰縣人。道光九年三甲三十二名進士。十二年任湖南江華知縣。

江　光 安徽旌德縣人。道光九年三甲三十三名進士。十一年任山東招遠知縣，十二年署萊陽知縣。以疾卒於任。

王禹堂 陝西周至縣人。道光九年三甲三十四名進士。任主事，官至御史。

唐增庥 廣西興安縣人。道光九年三甲三十五名進士。十一年三月任山東平原知縣。

徐有壬 （原名徐金粟）字維摩，號鈞卿、君青。順天宛平縣人，原籍浙江烏程。嘉慶五年（1800）正月十八日生。道光九年三甲三十六名進士。任户部主事，升四川司員外郎、陝西司郎中，京察一等，二十三年外任四川成綿龍茂道，改廣東鹽運使。二十九年授四川按察使遷雲南布政使，咸豐三年改湖南布政使，五年丁憂。八年十二月授江蘇巡撫。咸豐十年（1860）太平軍圍蘇州城，城破，四月十三日遇害，年六十一。贈右都御史，謚"莊湣"（一作節湣）。予騎都尉兼一雲騎尉世職。著有《務民義齋算學》《四元玉鑒》等。

弟徐有孚，道光十五年進士。

玉　書　滿洲正白旗人。道光九年三甲三十七名進士。

黃慎修　江西都昌縣人。道光九年三甲三十八名進士。任知縣。

王春藻　雲南麗江縣人。道光九年三甲三十九名進士。十二年任湖南永定知縣。

徐林春　浙江烏程縣人。道光九年三甲四十名進士。任江蘇贛榆知縣，十六年任江蘇興化知縣，二十一年任江蘇高淳知縣。

張繼魯　山東濟寧州人。道光九年三甲四十一名進士。任甘肅敦煌知縣，有政聲。

馮錫鏞　字侶笙。廣南南海縣人。道光九年三甲四十二名進士。十二年任浙江太平知縣，調黃岩知縣。丁憂歸。卒於家。

金儲英　字琴潤，號冠千。江西蓮花廳人。道光九年三甲四十三名進士。任知縣。

李廷棨　字戟門、星恒，號蕚村。山東章丘縣人。乾隆五十五年（1790）生。道光九年三甲四十四名進士。十二年任直隸新城知縣，調玉田、宛平知縣，擢深州直隸州知州，補廣東雷州知府，遷湖廣荆宜

施道，改直隸霸昌道，二十六年九月遷順天府尹，十月仍回霸昌道，二十七年改直隸通永河道。二十九年（1849）卒。著有《㓡香草堂文集》《㓡香草堂詩集》《夏小正詩紀》等。

彭斗山　字星垣。江西安義縣人。道光九年三甲四十五名進士。十一年二月任山東鄒平知縣，十四年改壽張知縣，十六年調滕縣知縣，十八年改臨沂知縣，二十三年乞養歸。咸豐七年代理昌邑知縣，再補滕縣知縣。以疾去官，卒。

奎　光　（改名奎澤）滿洲鑲紅旗，宗室。道光九年三甲四十六名進士。

林先樑　號玉堂、愛廬。廣西北流縣人。道光九年三甲四十七名進士。任湖南巴陵知縣，署桂東知縣，十一年改江華知縣。解組歸。

夏昌申　字崧生。湖北孝感縣人。道光元年舉人，九年三甲四十八名進士。待銓知縣。年六十餘卒。

李夢愚　字潤堂，號南孝谷。山東博興縣人。道光九年三甲四十九名進士。二十五年改寶雞知縣，任陝西興平知縣，二十八年遷升佛坪廳同知。

陳士愷　直隸易州人。道光九年三甲五十名進士。

吳文林　字寶書，號森堂。湖北黃梅縣人。道光八年舉人，九年三甲五十一名進士。選庶吉士，授檢討。升御史。十五年充順天鄉試同考官，十六年會試同考官。

袁炘　山東曹縣人。道光九年三甲五十二名進士。道光十二年署直隸鹽山知縣。

朱鑣　字丹木。雲南石屏州人。道光九年三甲五十三名進士。任安徽績溪、青陽知縣，改阜陽縣，升無爲州知州、宿州知州，擢貴州興義知府，二十三年遷貴州貴東道，改江西糧儲道，二十八年授江西按察使，三十年遷陝西布政使。十月以病去職。著有《積風閣初集》《味無味齋詩鈔》。

馬沅　字湘帆，號韋伯。江蘇上元縣人。道光九年三甲五十四名進士。選庶吉士，改戶部主事，升員外郎，二十九年任山東道御史，官至湖廣道御史。三十年（1850）卒。

劉有慶　字芸軒、馨圃。直隸南皮縣人。道光九年三甲五十五名進士。任江西南康知縣，改江西玉山縣知縣。十四年（1834）奉檄文入闈，乘舟鄱陽湖，墮水卒，年三十八。加知府銜。

竇垿　字子坫，號蘭泉。雲南羅平州人。嘉慶九年（1804）二月初二日生。道光九年三甲五十六名進士。任吏部考工司主事，丁憂歸。改文選司主事，升員外郎，擢郎中，三十年任江西道監察御史，後分發貴州補用知府。同治四年（1865）卒。年六十二。著有《銖寸錄》《讀小學》。

李崇照　字宗山，號曉輪。山東利津縣人。道光九年三甲五十七名進士。直隸即用知縣，未授檄而卒。撰有《史鑒精義》《四書講義提要》。

竺鑑　字半塘，號蕙江。浙江鄞縣人。道光九年三甲五十八名進士。分福建知縣。

叔竺之侃，嘉慶十三年進士。

曹榮　江蘇上海人。道光九年三甲五十九名進士。任江蘇江寧府教授。

楊兆晉　字海樓。湖北蘄水縣人。嘉慶十八年舉人，道光九年三甲六十名進士。授廣西博白知縣，官至廣西左州知州。

胡丕昌　字克庵。河南鄧州人。道光九年三甲六十一名進士。十年任四川定遠知縣，十二年十月任四川樂至知縣。乞養歸。二十六年二月復任樂至縣。

姜秉文　四川郫縣人。道光九年三甲六十二名進士。任江西宜黃知縣，二十年改直隸深澤知縣，改廣西隆安知縣，官至雲南直隸州州判。

韓班　山西霍州人。道光九年三甲六十三名進士。

王衷亮　奉天海城縣人。道光九年三甲六十四名進士。十二年任浙江浦江知縣。

張永福　字祉堂。甘肅鎮原縣人。道光九年三甲六十五名進士。即用知縣，十一年分山西汾西知縣。

朱家學　字簣峰。雲南石屏州人。道光九年三甲六十六名進士。十一年任山西臨晉知縣，十六年調山東海陽知縣，署文登知縣，十八年署寧海州知州，二十九年三月任泰安知縣，三十年遷直隸易州直隸州知州。

郎曘　山東濰縣人。道光九年三甲六十七名進士。

弟郎昀，同榜進士；弟郎盼，道光十三年進士。

衛緒渙　字文泉。山西洪洞縣人。道光九年三甲六十八名進士。十二年任直隸蠡縣知縣，十三年改新河知縣，丁母憂，二十二年補陝西淳化知縣，遷陝西葭州知州，咸豐二年九月改隴州知州，咸豐七年八月卸，致仕歸卒。著有《筠名詩草》。

劉鐸　河南延津縣人。道光九年三甲六十九名進士。

馬笠乾　字純夫，號蓼汀。陝西武功縣人。道光九年三甲七十名進士。十三年任直隸無極知縣，丁憂。補河南汲縣知縣，忤上官解職，後任沈丘知縣，三十年改新蔡知縣，以戰功升淅川同知。卒於任。

楊夢松　字公兆。江蘇江陰縣人。道光九年三甲七十一名進士。

車申田　（改名車寶南）山東海陽縣人。道光九年三甲七十二名進士。十一年任四川定遠知縣，歷酆都、宜賓知縣，改名車寶南，捐升吏部員外郎。在文選司行走。

郎昀　字曉屏。山東濰縣人。道光九年三甲七十三名進士。十年任江西分宜知縣，十三年改江西廬陵知縣，十五年任江西新建知縣，遷定南廳同知，署贛州知府、南安知府。卒年六十一。

兄郎曘，同榜進士；弟郎盼，道光十三年三甲進士。

何朝恩　江蘇青浦縣人。道光九年三甲七十四名進士。任直隸無極知縣，十二年十月改順天府房山知縣，十三年改遷安知縣。

杜希軫　字牧園。直隸隆平縣人。道光九年三甲七十五名進士。二十一年任山東曲阜知縣，咸豐五年改直隸廣平府教授。

劉視遠　字惟明。山西忻州人。道光九年三甲七十六名進士。河南即用知縣。乞養歸。母喪不復仕。咸豐中年太平軍陷山西平陽，協當事籌軍儲，敘功加同知銜。

潘濬　浙江會稽縣人。道光九年三甲七十七名進士。十二年任四川榮昌知縣，咸豐年改雲南定遠知縣，遷雲南大理府鄧川州知州。

宋賓王　山東萊陽縣人。道光九年三甲七十八名進士。任山西太平知縣，改嵐縣知縣，二十六年調浙江武義知縣。

王者政　字春舫。山東文登縣人。道光二年舉人，九年三甲七十九名進士。任四川興文、儀隴、南充知縣，遷巴州知州，十九年任越嶲同知，升雅州、嘉定、龍安知府，調寧遠知府。乞養歸。著有《蜀道聯響集》。

陳繼思　河南祥符縣人。道光九年三甲八十名進士。十二年署江西上高知縣，十四年改江西宜黃知縣，二十八年改江西清江知縣，二十九年改江西豐城知縣，咸豐元年遷江西瑞州府同知，改建昌府同知。

張集成　山西平定州人。道光九年三甲八十一名進士。任廣西知縣，十二年任直隸元氏知縣。

曾元炳　（榜名曾元卿）福建閩縣人。道光九年三甲八十二名進士。任安徽旌德知縣，調桐城縣，十六年任安徽懷寧知縣，十七年改青陽知縣，官至亳州知州。

父曾春暉，嘉慶六年進士；弟曾元海，道光二年進士；弟曾元爕，道光十八年進士。

李疊　字畏嵐，號簡齋。山東金鄉縣人。道光九年二甲八十三名進士。二十一年任湖北通城知縣。因事戍輪臺。後母喪，五千里冒暑奔喪，歸後家居訓子。著有《新疆小記》《歷代盧號紀略》。

舒貴　漢軍正白旗人。道光九年三甲八十四名進士。

王同治　字葉生。浙江海寧州人。道光九年三甲八十五名進士。十二年代江西樂平知縣，補上猶知縣，十六年改江西永新知縣，二十三年調湖北羅田知縣。

黃位斗　福建連城縣人。道光九年三甲八十六名進士。十二年任四川新寧知縣。

孔廣義　字菱舫。安徽舒城縣人。道光九年三甲八十七名進士。任湖北大冶知縣，十一年調山東金鄉知縣。

金崇城　字卓峰。貴州黃平州人。道光九年三甲八十八名進士。二十二年任湖北黃梅知縣，二十三年署武昌知縣，二十七年復任黃梅縣。

桂星　字應侯。蒙古鑲白旗人。道光九年三甲八十九名進士。二十年任四川江油知縣，二十八年任巴州知州。

齡椿　蒙古正紅旗人。道光九年三甲九十名進士。任禮部主事、祠祭司員外郎，纍遷廣東鹽運使，咸豐九年官至廣東按察使。以病免職。

祥玉　滿洲正藍旗人。道光九年三甲九十一名進士。十三年任山西鳳臺知縣，十四年改山西靈石知縣。

許清貴　漢軍鑲藍旗。道光九年三甲九十二名進士。二十二年任廣東清遠知縣，咸豐元年改甘肅昌吉知縣，改甘肅鎮西廳同知。

丁德泰　字心逸。湖北大冶縣人。嘉慶二十四年湖北鄉試解元，道光九年三甲九十三名進士。任山西大寧知縣。

朱堅　字石友。四川興文縣人。道光九年三甲九十四名進士。任刑部廣東司主事，升廣西司員外郎，二十二年考選浙江道御史。

父朱偓，乾隆五十五年進士。

周匯淙　字柳塘、小滄，號静臣。湖北咸寧縣人。道光五年舉人，九年三甲九十五名進士。二十一年十一月署浙江天臺知縣，二十四年任浙江安吉知縣。病告歸，卒年七十五。著有《邾城雜錄》。

王德健　字懋功，號翊堂。貴州都勻縣人。道光九年三甲九十六名進士。任湖南武陵知縣。

王炳麟 字芸閣。四川安岳縣人。道光九年三甲九十七名進士。十六年任山西太原、永濟知縣，朔州知州，官至山西朔平知府。著有《飲清山房集》。

胡峰一 字對三。山東寧陽縣人。道光九年三甲九十八名進士。即用知縣，任河南永城知縣。卒於任。

汪杰 字斗南。江西鄱陽縣人。道光九年三甲九十九名進士。任河南郟縣知縣。

楊鴻漸 雲南太和縣人。道光九年三甲一百名進士。二十年任江西星子知縣。

福淳 滿洲鑲黃旗人。道光九年三甲一百零一名進士。十年署山東滕州知縣，二十四年署陝西鳳翔知縣，二十八年任咸寧知縣，咸豐元年任陝西孝義廳同知。

瑞興（原名瑞興泰）滿洲鑲紅旗，宗室。道光九年三甲一百零二名進士。

陳禹昌 字茂勛。福建光澤縣人。道光九年三甲一百零三名進士，考充咸安宮教習。移病歸。

況澍 字雨人。廣西臨桂縣人。道光九年三甲一百零四名進士。選庶吉士，散館改刑部主事，任員外郎。

弟況澄，道光二年進士。

蔡璋 字又白。浙江仁和縣人。道光九年三甲一百零五名進士。任山東蒙陰知縣，十五年八月改任山東長清知縣。

何浚 字樸村。雲南太和縣人。道光九年三甲一百零六名進士。即用知縣分發直隸，署任丘知縣，補樂城知縣，丁父憂歸。咸豐二年授廣西靈川知縣，改馬平知縣。七年赴慶遠府守城，九月張彪攻陷慶遠城遇害。

李汝霖 字樹卿，號笏舫。山東聊城縣人。道光九年三甲一百零七名進士。十年任浙江景寧知縣，歷奉化、嘉興、秀水、錢塘知縣，升乍浦同知，擢衢州知府、嘉興知府，署杭嘉湖道。忤上意引疾去。曾主講清江崇實書院，山西平定書院。光緒十四年戊子重宴鹿鳴。

章道宣 字伯郇。貴州大定府人。道光九年三甲一百零八名進士。十一年署山東平陰知縣，十二年任山東夏津知縣。十四年再任。去官後囊空，主講齊魯，遭母喪，道光二十五年始歸。二十六年（1846）卒於家。

韓天垣 字紫庭。奉天遼陽州人。道光九年三甲一百零九名進士。二十四年任江蘇睢寧、阜寧知縣，三十三年任江蘇睢寧知縣。

歐陽柱 廣東三水縣人。道光九年三甲一百十名進士。

鄧慶恩（榜名鄧光瑜）福建閩縣人。道光九年三甲一百十一名進士。任兵部主事，升郎中，咸豐元年外任甘肅涼州知府，八年官至江西鹽法道。

解芑 山東東平州人。道光九年三甲一百十二名進士。任山西交城知縣。

道光十二年（1832）壬辰恩科

本年因逢清宣宗五旬壽辰改正科爲恩科

第一甲三名

吳鍾駿 字耽聲、崧甫，號晴舫。江蘇吳縣人。道光十二年一甲第一名狀元。授修撰。道光十四年充福建鄉試主考官，十五年充湖南鄉試主考官，遷國子監祭酒。二十三年授詹事府詹事遷內閣學士，督浙江學政。二十四年遷禮部侍郎。二十九年再督浙江學政，咸豐二年調福建學政，三年（1853）病免，七月卒於福州，年五十五。

父吳頤，嘉慶六年進士。

朱鳳標 字建霞，號銅軒。浙江蕭山縣人。嘉慶五年（1800）八月二十二日生。道光十二年一甲第二名榜眼。歷任翰林院編修、湖北學政、國子監司業、侍講、侍讀學士，道光二十五年授內閣學士，遷兵部侍郎，改户部侍郎。咸豐元年遷都察院左都御史，四年起歷刑部、户部、兵部、吏部尚書。咸豐九年因順天鄉試案革職。降侍講學士，十年復授兵部尚書，十一年改吏部尚書，同治七年正月授協辦大學士，四月遷體仁閣大學士。兼翰林院掌院學士。十一年休致。同治十二年（1873）閏六月卒，享年七十四。贈太子太保。諡"文端"。

季芝昌 字雲書，號仙九。江蘇江陰縣人。乾隆五十六年（1791）九月初五日生。道光十二年一甲第三名探花（時年四十二）。授編修。十三年督山東學政，遷侍讀、少詹事，道光十九年授詹事。督浙江學政，遷內閣學士，二十三年授禮部侍郎，歷吏部、倉場侍郎，二十九年調山西巡撫，改户部侍郎。軍機大臣。三十年六月遷左都御史，咸豐元年五月調閩浙總督。二年十月以病免職。咸豐十年十一月三十日（1861年1月）卒。年七十。光緒二年追諡"文敏"。著有《丹魁堂詩集》。

第二甲一百名

趙德潾 字子白、又泉。江西

南豐縣人。道光十二年二甲第一名進士。選庶吉士，授編修。十五年充會試同考官，十六年任江蘇揚州知府，擢蘇松太道，二十三年四月授江蘇按察使，左遷山東兗沂曹濟道。

王立中　字鶴汀。貴州平越州人。道光十二年二甲第二名進士。選庶吉士，授編修。

姚福增　字子璵，號湘波。江蘇常熟縣人。道光十二年二甲第三名進士。選庶吉士，改任吏部主事，二十四年充順天鄉試同考官，升員外郎，二十五年充會試同考官，進郎中。三十年任浙江道監察御史。引疾歸。旋卒。

劉榮桂　字薌泉，號月卿。順天宛平縣人。道光十二年二甲第四名進士。選庶吉士，十六年改江蘇震澤知縣，調安徽含山知縣，改蕪湖知縣。

陳本欽　字堯農。湖南長沙縣人。道光十二年二甲第五名進士。選庶吉士，散館改工部主事，升營繕司員外郎，十六年入直軍機章京。加四品卿銜。乞養歸。主講城南書院。

單懋謙　字仲亨，號地山。湖北襄陽縣人。道光十二年二甲第六名進士。選庶吉士，授編修。十五年充江南鄉試副考官，遷贊善、洗馬、侍講，二十年督廣東學政，歷侍讀、侍讀學士、少詹事。咸豐八年授內閣學士，遷工部侍郎改吏部

侍郎。同治二年二月遷都察院左都御史，改工部、吏部尚書，十一年六月授協辦大學士，同年八月遷文淵閣大學士。同治十三年四月休致。光緒五年（1879）八月卒。年七十七。贈太子太保，謚“文恪”。著有《峴雲山房遺稿》。

瑞　常　字芝生。蒙古鑲紅旗，瑪里氏（一作石爾德特氏）。杭州駐防。嘉慶十年（1805）三月初八日生。道光十二年二甲第七名進士。選庶吉士，授編修。纍遷至詹事府少詹事，二十四年授光祿寺卿遷內閣學士，二十五年任兵部侍郎改吏部侍郎。咸豐七年八月遷都察院左都御史，八年改理藩院尚書調刑部、工部、戶部、吏部尚書，同治元年授協辦大學士。四年加太子少保。五年復授工部尚書改刑部尚書，十年遷文淵閣大學士，六月改文華殿大學士。同治十一年（1872）三月十六日卒。享年六十八。贈太保。入祀賢良祠。謚“文端”。著有《如舟吟館詩鈔》。

朱　楷　字式堂。廣西臨桂縣人。道光十二年二甲第八年進士，選庶吉士。授編修。

高人鑑　（原名高德鎔）字受甫、螺舟。浙江錢塘縣人。道光十二年二甲第九名進士。選庶吉士，授編修。十八年隨修撰林鴻年冊封琉球中山王出。十九年考選山東道御史，二十九年升湖南衡州知府，官至貴州貴東道。未任卒。著有《補

拙齋詩稿》。

辛師雲 江西萬載縣人。道光十二年二甲第十名進士。任知縣，改戶部主事。

張星燦 字微階。山西絳縣人。道光十二年二甲十一名進士。選庶吉士。授編修。十四、十五年兩任順天同考官，十六年再充會試同考官。

花沙納 字毓仲，號繩武、松岑。蒙古正黃旗，伍彌特氏。嘉慶十一年十二月二十六日（1807 年 1 月）生。道光十二年二甲十二名進士。選庶吉士，授編修。任庶子、國子監祭酒。道光二十三年授通政使改左副都御史，二十四年調盛京刑部侍郎歷禮部、工部、戶部、吏部侍郎。三十年遷左都御史，咸豐三年改工部尚書，四年改吏部尚書。八年任欽差大臣。與大學士桂良赴天津同英法聯軍議和，簽訂屈辱之《天津條約》。後又赴上海，與英、法、美等國代表簽訂通商章程。咸豐九年（1859）十二月卒。年五十四。諡“文定”。

汪震基（改名汪振基）字艮山。安徽潁上縣人。道光十二年二甲十三名進士。選庶吉士，授編修。十四年充方南鄉試副考官，十六年督山西學政，升贊善，二十年充會試同考官，官至侍讀學士。京察一等以道員用。後曾主講直隸蓮池書院。

潘鐸 字木君，號振之。江蘇江寧縣人。乾隆五十七年十一月二十三日（1793 年 1 月 5 日）生。道光十二年二甲十四名進士。選庶吉士。歷任兵部主事、軍機章京、郎中。二十年考選河南道御史，外任湖北荊州知府、江西督糧道、廣東鹽運使，道光二十二年授四川按察使遷山西布政使。二十八年授河南巡撫。咸豐元年降山西按察使，二年遷湖南布政使，三年以病免職。十一年十一月予二品頂戴署雲貴總督。同治二年（1863）正月十五日於五華書院遇害，年七十二。贈太子少保，諡“忠毅”，予騎都尉兼一雲騎尉世職。著有《上蔡語錄闡義》《方輿紀要簡覽》《評輯戰功考》。

葉抒清 江西鉛山縣人。道光十二年二甲十五名進士。任主事。

嚴良訓 字迪甫。江蘇吳縣人。道光十二年二甲十六名進士。選庶吉士，授編修。十四年充順天鄉試同考官，十六年遷江西建昌知府，由甘肅鞏秦階道遷廣東按察使，二十七年改陝西按察使，遷河南布政使，三十年召京，任三品京堂候補。

父嚴福，乾隆四十年進士。

邵燦 字耀圃、阮津，號又村。浙江餘姚縣人。道光十二年二甲十七名進士。選庶吉士。授編修。纍遷鴻臚寺卿，二十七年改光祿寺卿、太常寺卿、大理寺卿，三十年遷內閣學士、軍機大臣、吏部左侍郎、咸豐三年改漕運總督，六年兼署江南河道總督。九年請求開缺，同治元年（1862）病卒。謚號"文靖"。

堂伯邵葆醇，乾隆五十五年進士；堂弟邵甲名，嘉慶十年進士。

王朝傑（改名王朝枡）字方人。四川璧山縣人。道光十二年二甲十八名進士。選庶吉士，十四年改湖北當陽知縣，十八年麻城知縣。

劉鎔 直隸清苑縣人。道光十二年二甲十九名進士。官主事。

温肇江 字翰福。江蘇上元縣人。道光十二年二甲二十名進士。任戶部主事。卒於京。善畫山水。著有《鍾山草堂集》。

慶祺（原名慶安）字心恭，號雲舫。正藍旗宗室。嘉慶十年（1805）三月二十日生。道光十二年二甲二十一名進士。選庶吉士，任吏部主事，道光二十四年授太僕寺卿，改太常寺卿。二十五年授左副都御史，二十六年調盛京戶部侍郎，二十九年改兵部侍郎、倉場侍郎，咸豐四年任直隸泰寧鎮總兵，五年授西安將軍，改盛京將軍，八年六月遷直隸總督。咸豐九年（1859）二月卒。年五十五。贈太子太保，照尚書例賜恤。謚"恭肅"。

戴熙 字醇士，號鹿床、榆庵。浙江錢塘縣人。嘉慶六年（1801）正月十五日生。道光十二年二甲二十二名進士。選庶吉士，授編修。遷左贊善、侍講、侍講學士，二十五年授任光祿寺卿，督廣東學政，二十六年遷內閣學士，二十八

年授兵部侍郎等。二十九年以病辭官。歸里後主講崇文書院。咸豐九年督辦團練有功賞二品頂戴。十年（1860）太平軍圍攻杭州時，投水自盡。年六十。追贈尚書銜。謚"文節"。予騎都尉兼一雲騎尉世職。善畫山水。著有《習苦齋詩文集》《習苦齋畫絮》《古泉從話》《粵雅集》等。

劉仲玙 字丁佩，號耘藍。直隸滄州人。道光十二年二甲二十三名進士。任戶部四川司主事，升貴州司員外郎、郎中，京察一等，二十七年遷浙江衢州知府，丁憂服闋，咸豐二年改甘肅涼州府知府，四年護甘肅甘涼道。以疾告歸。著有《育蘭堂文稿》《育蘭堂詩稿》。

子劉子銓，同治二年進士。

陳毓棡 浙江蘭溪縣人。道光十二年二甲二十四名進士。任吏部文選司主事，改稽勳司主事。

郭利賓（改郭用賓）字觀亭、孟寅。湖北蘄水縣人。道光五年舉人，十二年二甲二十五名進士。選庶吉士，散館改主事，升刑部郎中，二十四年纍遷直隸河間知府，咸豐元年官至山西冀寧道，署山西按察使。

胡光瑩 字畫溪。江西宜春縣人。道光十二年二甲二十六名進士。授刑部主事，纍遷福建福寧知府，改汀州知府，遷福建糧儲道，署興泉永兵備道。

駱秉章（原名駱俊，以字行）

改字籲門，號儒齋。廣東花縣人。乾隆五十八年（1793）三月十八日生。道光十二年二甲二十七名進士。選庶吉士，授編修。十八年考選江南道御史，歷任給事中、鴻臚寺少卿、侍講學士，二十八年授湖北按察使，遷貴州布政使，三十年授湖南巡撫，咸豐十一年遷四川總督。同治元年加太子少保。二年六月以鎮壓太平軍擒獲石達開，晋太子太保。六年（1867）五月授協辦大學士。留四川總督任。十一月初一日卒，年七十五。贈太子太傅。入祀賢良祠，諡"文忠"。

莊心省　廣東番禺縣人。道光九年二甲二十八名進士。任戶部主事，升員外郎、郎中、軍機章京。

弟莊心庠，道光二十七年進士。

鄭錫文　字屺望，號子對。順天大興縣人，原籍浙江慈溪。道光十二年二甲二十九名進士。任戶部主事，廣東司員外郎、郎中，官至河南歸德府知府。

舒興阿　字叔起，號雲溪。滿洲正藍旗，赫舍里氏。西安駐防。嘉慶四年（1799）正月初一日生。道光十二年二甲三十名進士。選庶吉士，授編修。纍遷侍講學士，道光二十二年授詹事府詹事，遷內閣學士，十二月授盛京兵部侍郎改兵部、工部侍郎。二十四年十月調伊犁參贊大臣改和田辦事大臣，二十六年調阿克蘇辦事大臣，咸豐元年正月授戶部侍郎、軍機大臣，閏八月署陝甘總督十月實授。三年十二月革。四年代喀什噶爾辦事大臣，八月代塔爾巴哈台辦事大臣，十一月授雲南巡撫。七年以病免。咸豐八年（1858）候補內閣學士。二月卒，年六十。

方城　字楚峰。直隸吳橋縣人。道光十二年二甲三十一名進士。選庶吉士，散館改刑部主事，官至郎中。

勞崇光　字惺皆，號辛階。湖南善化縣人。嘉慶七年（1802）二月二十七日生。道光十二年二甲三十二名進士。選庶吉士，授編修。遷山西平陽知府，二十三年山西冀寧道。道光二十八年授廣西按察使，任冊封越南王國使臣。二十九年遷湖北布政使，改廣西布政使，咸豐二年授廣西巡撫改廣東巡撫，九年九月遷兩廣總督。同治元年閏八月以失察下屬納賄降三級調用，仍命以一品赴貴州按事，二年四月授雲貴總督。同治六年（1867）正月十七日卒。年六十六。贈太子太保，諡"文毅"。著有《易圖詳説》《讀書日記》《居官自省日記》《奉使越南日記》。

吳光業　字補之。江西南豐縣人。道光十二年二甲三十三名進士。選庶吉士，散館改刑部主事，官至內閣侍讀學士。後專辦江西建昌府團練，以勞瘁卒，贈太僕寺卿銜。

羅傳球　字夔典，號鳴庵。廣東順德縣人。道光十二年二甲三十四名進士。選庶吉士，授編修。丁外艱。二十六年服闋，任順天同考官。卒於任。

揚　仁（《進士題名碑》名楊仁）字愛棠。江西臨川縣人。道光十二年二甲三十五名進士。選庶吉士。未散館卒於京師。

黃廷珍　字席聘，號缶生。湖北鍾祥縣人。嘉慶十年（1805）生。道光十一年舉人，十二年二甲三十六名進士。選庶吉士，授編修。十五年充順天鄉試同考官，十八年充會試同考官，官至江南道監察御史。道光十八年十二月（1839年1月）卒。年三十四。

陳鼎雯　字子巽、小坪，號雨文。安徽定遠縣人。道光十二年二甲三十七名進士。選庶吉士，改內閣中書，十八年出爲山西洪洞知縣，二十二年署霍州知州，二十五年遷代州直隸州知州，官至河南糧儲道、開歸陳許道。

父陳俊千，嘉慶十年進士。

馬兆增　字益其。江蘇句容縣人。道光十二年二甲三十八名進士。纍遷刑部員外郎，升郎中，考取軍機章京，京察一等外任江西贛州知府。未赴任卒於京。

胡增瑞　字五雲，號典齋。江西萍鄉縣人。道光二年江西鄉試解元，十二年二甲三十九名進士。選庶吉士，散館改主事，充軍機章京。母喪哀毀奔歸。卒於道。

阿彥達　字郎山。蒙古鑲黃旗人。道光十二年二甲四十名進士。任吏部主事，咸豐元年授西寧辦事大臣。後任滿洲正白旗副都統。五年授倉場侍郎。七年去職。

楊元燮　江西新城縣人。道光十二年二甲四十一名進士。十三年任浙江湯溪知縣，十九年改直隸新樂、萬泉知縣，官至張家口同知。

許乃安　字吉齋、榕皋，號退廬。浙江錢塘縣人。道光十二年二甲四十二名進士。選庶吉士，授編修，十四年充湖南鄉試副考官，十五年充順天鄉試同考官，十六年充會試同考官，十八年考選山西道御史，改順天中城巡城御史，外官至甘肅西寧知府，二十三年蘭州知府，署蘭州道。乞歸。主講敷文書院。

堂兄許乃濟、許乃賡、許乃普俱爲嘉慶朝進士。

蔡錦泉　字文淵，號春帆。廣東順德縣人。道光十二年二甲四十三名進士。選庶吉士，授編修。十四年充順天鄉試同考官，十六年督湖南學政，秩滿以事被劾。捐內閣中書歸。主講端溪書院卒。工畫，山水名勝必畫之。著有《聽松山館集》《春帆詩鈔》。

桑春榮　字伯僑，號百齋。順天宛平縣人，原籍浙江山陰。嘉慶六年（1801）八月二十五日生。道光十二年二甲四十四名進士。選庶吉士，授編修。二十二年考選河南道御史，遷雲南臨安知府、迤南道兼署鹽法道，咸豐五年授貴州按察使，六年遷布政使，七年授雲南巡撫，十年授內閣學士，同治五年遷刑部侍郎。十一年八月授左都御史，同月改刑部尚書。光緒五年以病免職。七年以鄉舉重逢赴鹿鳴宴加太子少保。光緒八年（1882）十月二十三日卒，年八十二。謚"文恪"。

錢步文 字東塈，號東士。浙江仁和縣人。道光十二年二甲四十五名進士。任直隸昌黎知縣、交河知縣，遷戶部主事，遷福建司郎中，官至署江蘇糧道。

祖父錢本禮，乾隆五十四年進士。

金衍照 字拱辰，號曉峰。浙江嘉興縣人。道光十二年二甲四十六名進士。任刑部主事，改江蘇寶山縣知縣，二十九年任江蘇寶應知縣。

曾祖金德瑛，乾隆元年狀元，左都御史；祖父金潔，乾隆三十一年進士。

宋文榜（《進士題名碑》作朱文煥，誤）江蘇甘泉縣人。道光十二年二甲四十七名進士。十七年任廣西容縣知縣。二十一年（1841）卒於任。

許祥光 字賓衢。廣東番禺縣人。道光十二年二甲四十八名進士。任戶部主事，捐員外郎。二十一年丁母憂家居，以紳士經理投效局，先後捐軍需銀六萬兩，與眾紳復捐一百四十餘萬兩，二十二年復捐萬兩建九龍城，議敘以道員即選。咸豐元年選授廣西桂平梧道，二年

擢廣西按察使。加布政使銜，四年（1854）卒。年五十六。

鄧謙光 廣東三水縣人。道光十二年二甲四十九名進士。任刑部主事。

周銘恩 字曉春，號筱村。順天大興縣人，原籍江蘇丹徒。嘉慶四年（1799）生。道光十二年二甲五十名進士。選庶吉士，授編修。十五年充湖北鄉試副考官，十七年考選陝西道御史。

趙霖 字雨林，號笠農。江蘇丹徒縣人。道光十二年二甲五十一名進士。任戶部主事，升江西司員外郎、山東司郎中，京察一等授福建興泉永道，署按察使。以母老終養歸。

李湘棻 字蓮初，號雲舫。山東安丘縣人。乾隆五十六年（1791）十一月二十一日生。道光十二年二甲五十二名進士（時年四十二）。選庶吉士，任戶部主事、郎中，安徽寧國知府，署太常寺少卿，道光二十二年十二月署漕運總督。二十三年實授。二十四年三月丁憂免。同治四年（1865）卒。

黃大阜 廣西永康州（今廣東新會）人。道光十二年二甲五十三名進士。任刑部主事。

陳秉鈞 雲南保寧縣人。道光十二年二甲五十四名進士。咸豐元年任湖南永順知縣，十一年官至永綏直隸廳同知。

張道進 字輔之，號翼如。湖

北安陸縣人。道光五年舉人，十二年二甲五十五名進士。任刑部主事，升員外郎，以知府發江南，三十年署江蘇淮徐兵備道。致仕歸。

王正誼　四川達縣人。道光十二年二甲五十六名進士。任戶部主事、廣東司員外郎，遷湖廣司郎中，曾因反對肅順被免職。辛酉政變後復官。遷記名道員，同治二年署，四年授河南按察使。五年以病去職。

步際遽　字雲儀、翊程、宜靜。直隸棗強縣人。道光十二年二甲五十七名進士。江西即用知縣，不樂仕進乞病歸。

父步毓岩，乾隆六十年進士；弟步際桐，道光九年進士。

沈琦　浙江錢塘縣人。道光十二年二甲五十八名進士。任戶部主事。

楊踞奎　湖北鍾祥縣人。道光十一年舉人，十二年二甲五十九名進士。任禮部儀制司主事，官至禮部祠祭司員外郎。

李方　字義莊，號鏡塘、月橋。河南新安縣人。道光十二年二甲六十名進士。選庶吉士，授編修。十七年考選湖廣道御史，改京畿道御史，十九年充陝西鄉試副考官，官至甘肅平慶固化道。

陳犧　字陽生，號春腴。四川涪州人。道光十二年二甲六十一名進士。選庶吉士，授編修。十九年考選山西道締史，改順天北城巡城御史，升給事中，二十六年官至

江蘇河庫道。丁父憂歸。行至揚州卒。

朱慶祺　字蘭昌，號廉甫、蓮夫。浙江山陰縣人。道光十二年二甲六十二名進士。選庶吉士，授編修。二十三年遷山東道御史，改順天東城巡城御史，二十八年官至陝西潼商道。咸豐三年病歸。

父朱渌，嘉慶四年進士。

郭柏蔭　字彌廣，號遠堂、石泉。福建侯官縣人。嘉慶十二年（1807）十月初一日生。道光十二年二甲六十三名進士。選庶吉士，授編修。十七年補浙江道御史，二十一年掌京畿道，遷刑科給事中，二十二年因在京失察庫銀虧短，削職回籍。後復以主事起用，辦團練升員外郎、郎中，咸豐九年外任甘肅甘凉道，同治二年授江蘇糧道，旋擢江蘇按察使，以蘇州克復辦理善後出力，賞二品，五年擢江蘇布政使，六年署江蘇巡撫，二月改廣西巡撫，十月調湖北巡撫兼署湖廣總督。同治十二年十二月以病免。光緒元年歸里主鰲峰書院。十年（1884）正月二十七日卒。年六十二。著有《石泉詩集》《天開圖畫樓文稿》等。

丁琳　字昆田。江蘇山陽縣人。道光十二年二甲六十四名進士。初任江蘇沛縣教諭，改知縣，官至廣西龍州同知。卒於任。

陳廷吉　字靄臣。湖北安陸縣人。道光十一年舉人，十二年二甲

六十五名進士。任刑部主事，升員外郎。以足疾乞假歸。

善燾 字溥泉。滿州鑲白旗，宗室。道光十二年二甲六十六名進士。選庶吉士，授編修。歷任烏里雅蘇臺參贊，咸豐三年授盛京工部侍郎，五年改盛京刑部侍郎，咸豐六年，署正黃旗漢軍副都統。

楊殿邦 字蓮峰。直隸永年縣人。道光十二年二甲六十七名進士。授山東青城知縣。二十年（1840）卒於任。

趙繪 字笏山。山西平遥縣人。道光十二年二甲六十八名進士。選庶吉士，散館改貴州天柱縣知縣。

譚顯相 號槐省。湖南攸縣人。道光十二年二甲六十九名進士。任刑部主事，改光禄寺署正。應聘主講宿遷書院。歸。

王璪（原名王藻）字魯園。安徽懷寧縣人。道光十二年二甲七十名進士。任户部主事、山西司郎中，咸豐三年遷湖南寶慶知府，署衡州知府，署衡永郴道。歸後主講敬敷書院二年卒。

趙致和 字養吾、以育。江西奉新縣人。道光十二年二甲七十一名進士。十五年任湖南東安知縣，署沅江知縣，調補耒陽縣知縣。母年老請假歸。卒於家。

馮燕譽 福建侯官縣人。道光十二年二甲七十二名進士。十七年任四川梁山知縣。

賈臻 字蓮生，號退崖。直隸故城縣人。道光十二年二甲七十三名進士。選庶吉士，授編修。十八年考選山東道御史，十九年任順天中城巡城御史，三十年外任河南府知府，改開封知府，遷浙江寧紹道，咸豐九年授河南按察使，十年升布政使署巡撫，十一年改安徽布政使署巡撫，同治元年病免。四年授貴州布政使。十二月召京。八年（1869）卒。著有《退崖公牘》八卷、《退崖日札》一卷、《賈氏遺書》。

盧先駱 字半溪。安徽合肥縣人。道光十二年會元，二甲七十四名進士。十三年任廣東龍川知縣。丁憂罷官，遂卒。著有《循蘭館詩存》。

陳書曾 字心沂，號琴山。江蘇丹徒縣人。道光十二年二甲七十五名進士。任内閣中書，改户部主事，十五年充順天鄉試同考官，十六年充會試同考官，升貴州司員外郎，道光十八年考選湖廣道御史。

黃其表 號雲峰。廣東南海縣人。道光十二年二甲七十六名進士。二十一年任湖南保靖知縣，咸豐元年以卓異擢靖州知州，四年署永順知府。年老引疾歸。

程燦策 字炳黎，號酉山。山東泰安縣人。道光十二年二甲七十七名進士。即用知縣，分發江西任豐城、廣昌、會昌、南昌知縣，擢廣西慶遠知府。告歸。

李翔 湖南武陵縣人。道光十二年二甲七十八名進士。任户部主事。

汪　潤　字玉田。湖北黃安縣人。道光十一年舉人，十二年二甲七十九名進士。授工部主事，升員外郎，遷郎中，在部二十年。官至廣西左江道。

原　珏　字晋雙。陝西蒲城縣人。道光十二年二甲八十名進士。選庶吉士，改知縣，二十四年又改陝西漢中府教授。

魏大綱　字條三，號鶴芬。浙江仁和縣人。道光十二年二甲八十一名進士。任户部陝西司主事，官至廣東司員外郎。

堂叔祖魏成憲，乾隆四十九年進士。

張銘謙　（原名張懷九）字心牧，號劍潭。湖北石首縣人。道光元年舉人，十二年二甲八十二名進士。歷任刑部主事、員外郎、郎中，咸豐元年授福建道御史。

黃維同　（《進士題名碑》作黃維周，誤）字笠艭。湖南善化縣人。道光十二年二甲八十三名進士。十三年任浙江宣平知縣，十六年署慈溪縣，補鎮海縣，咸豐三年任浦江知縣，八年任黃岩知縣，官至浙江定海玉環同知。

沈玉麟　字省庵。河南固始縣人。道光十二年二甲八十四名進士。選庶吉士，散館改主事。

鍾　保　字哲生。漢軍正黃旗人。道光十二年二甲八十五名進士。選庶吉士，散館改主事，官至郎中。

王應奎　（本姓宣，原名景沂）字用升，號莜塘。浙江諸暨縣人。道光十二年二甲八十六名進士。任刑部四川司主事，改順天大興知縣，二十一年改昌黎知縣，二十九年署直隸盧龍知縣。

趙似祖　山東海陽縣人。道光十二年二甲八十七名進士。任刑部主事。

夏廷楨　字幹園。江西新建縣人。道光十二年二甲八十八名進士。選庶吉士，授編修。二十年遷湖北漢陽知府，三十年擢山東兗沂曹濟道、山東鹽茶道。

吳　珩　字佩之，號我鷗。浙江仁和縣人。道光十二年二甲八十九名進士。選庶吉士，散館改吏部主事，官至四川鹽茶道。

高叔祖吳鎮兗，乾隆十年進士。

朱珊元　字惺叔、共命，號韭橋。浙江嘉興縣人。道光十二年二甲九十名進士。任安徽望江知縣，二十一年改湖州府教授。

魯慶元　字蓉鏡，號小瑟。浙江錢塘縣人。道光十二年二甲九十一名進士。任四川知縣。

徐大綸　安徽休寧縣人。道光十二年二甲九十二名進士。任山東清平知縣。

孫岷源　安徽全椒人。道光十二年二甲九十三名進士。

陳慶鏞　字乾翔、笙叔，號頌南。福建晉江縣人。乾隆六十年（1795）生。道光十二年二甲九十四名進士。選庶吉士，改户部主事，遷員外郎，二十二年考選江南道御史，歷工科給事中，又任江西道、陝西道監察御史。曾堅決反對重用鴉片戰爭投降派琦善、奕山、文蔚等人，道光帝被迫收回成命，直震海內。後回鄉辦團練，以道員候選。抵抗太平軍。咸豐八年（1858）八月初三日卒。年六十四。贈光禄寺卿銜。著有《齊侯罍銘通釋》《籀經堂集》《三家詩考》《説文釋》。

郭錫恩　雲南河陽縣人。道光十二年二甲九十五名進士。任户部主事。父任廣東同知年老多病，乞假往奉之，歸雲南父卒，遂不出。

張淑京　山東觀城縣人。道光十二年二甲九十六名進士。十五年任浙江樂清知縣，改直隸遷安知縣，二十年任貴州貴定知縣。

黄　拱　（改名黄慶安）福建永福縣人。道光十二年二甲九十七名進士。任工部屯田司主事，山東充州運河同和，官至河南陳州知府。咸豐元年因貪贓被治罪。

陸應穀　字樹嘉，號稼堂。雲南蒙自縣人。道光十二年二甲九十八名進士。選庶吉士，授編修。十九年考選江南道御史，遷山西太原知府、山西冀寧道，道光二十八年授順天府尹，三十年十二月改江西巡撫，咸豐元年召京，二年正月署刑部侍郎。四月署河南巡撫，十二月實授。因防堵太平軍不力，三年九月革。六年十一月賞四品授直隸按察使。咸豐七年（1857）卒。九年四月追贈巡撫銜。著有《地理或問》《抱真書屋詩鈔》。

子陸葆德，同治十三年進士。

沈　鈞　字子衡，號沈樓。浙江餘杭縣人。道光十二年二甲九十九名進士。任吏部主事，官至鴻臚寺少卿。

李星沅　字子湘，號石梧。湖南湘陰縣人。嘉慶二年（1797）六月十四日生。道光十二年二甲一百名進士。選庶吉士，授編修。十五年督廣東學政，遷陝西漢中知府、河南糧道，道光二十年授陝西按察使改四川、江蘇按察使，遷江西、江蘇布政使。二十二年授陝西巡撫改江蘇巡撫，二十六年授雲貴總督，二十七年三月加太子太保調兩江總督。二十九年四月因病解職。三十年太平軍廣西興起，代爲欽差大臣督師圍剿，咸豐二年（1852）卒。諡“文恭”。著有《李文恭公遺集》四十六集、《李文恭公奏議》二十二卷、《李文恭詩集》八卷、《文集》十六卷。

第三甲一百零三名

趙長齡　字怡山，號静庵、一山、松岩。山東利津人。道光十二年三甲第一名進士。選庶吉士，授檢討。十七年擢福建道御史，外任廣東肇慶知府、廣東督糧道、肇羅道、廣東鹽運使，道光二十八年授廣東按察使，改四川按察使，同治四年八月遷陝西巡撫，同年十月署，五年正月授山西巡撫。七年二月革職。

薛鳴皋　字鶴亭，號桂洲。山西陵川人。道光十二年三甲第二名進士。任吏部主事，升員外郎、郎中，咸豐四年授陝西道御史。假歸。不復出，主講書院以終。

佟　元　漢軍正藍旗人。道光十二年三甲第三名進士。

那　琇　滿洲正白旗人。道光十二年三甲第四名進士。

李書燿　字亮茂，號懷庭。福建南安縣人。道光十二年三甲第五名進士。十六年任四川威遠知縣，官至江西南安府知府。以母老引疾歸。卒於家。

翟奎光　字星瑞，號墨卿。安徽涇縣人。乾隆五十一年五月二十九日生。道光十二年三甲第六名進士。

父翟繩武，乾隆四十九年進士。

陳山嵋　字雪堂。山東益都縣人。道光十二年三甲第七名進士。任刑部員外郎，升郎中，咸豐五年授河南道御史。

饒拱辰　字滌夫。江西新城縣人。道光十二年三甲第八名進士。署湖北通城、巴東知縣，調天門知縣，丁憂署咸寧縣，升武黃同知，咸豐四年署安陸知府。後以養病掌西川書院，年七十九卒。著有《經解》若干卷。

卞撫辰　（原名卞榕）號蕙村。

浙江歸安縣人。道光十二年三甲第九名進士。二十年任廣西陸川知縣。

曹楙堅　字樹蕃，號艮齋。江蘇吳縣人。乾隆五十一年（1786）十一月十九日生。道光十二年三甲第十名進士。選庶吉士，任刑部主事，升郎中，二十七年任福建道御史，改順天中城巡城御史。三十年以工科給事中充會試主考官，遷湖南鹽茶道，咸豐四年授湖北按察使。去職。著有《音匏隨筆》《曇雲閣詩集》。

吳冀泰　字北野。湖北通城縣人。道光八年舉人，十二年三甲十一名進士。任安徽繁昌、歙縣、潛山知縣。有"吳清廉"之稱。

郭思儀　山西介休縣人。道光十二年三甲十二名進士。十三年任陝西紫陽知縣，十四年因案被劾去職。十五年改陝西延長縣知縣。

黃鳳樓　江西德化縣人。道光十二年三甲十三名進士。分四川知縣，以親老改安徽歙縣知縣，改銅陵、繁昌、當塗知縣，署太平府同知。

謝卿謀　廣東嘉應州人。道光十二年三甲十四名進士。任陝西定邊知縣。

宋紹棻　浙江鄞縣人。道光十二年三甲十五名進士。官至陝西候補道。

范泰初　山西介休縣人。道十二年三甲十六名進士。任山東鄆城知縣。二十二年改福建將樂知縣，官至福建龍岩州知州。

丁芑詒　陝西長安縣人。道光十二年三甲十七名進士。任戶部主事，二十九年官至江西撫州府知府。

倪　崧　（原名崧高，又名崧堂）字景甫，號耕岩。浙江會稽縣人。道光十二年三甲十八名進士。任戶部主事。

子倪傑，道光九年進士，大理寺卿。

鶴　年　字松圃。滿洲正黃旗人。道光十二年三甲十九名進士。任廣西陽朔知縣，三十年調補賀縣知縣，咸豐元年任貴州婺川知縣，同治元年改貴州龍里知縣，後廣東英德盜為亂，犯境殉難。贈知府銜。

李錦業　字心一。廣西宣化縣（今南寧）人。道光十二年三甲二十名進士。選庶吉士。末散館。

常　禄　字蓮溪。正藍旗宗室。道光十二年三甲二十一名進士。任宗人府主事，官至翰林院侍講。

李燕昌　字介眉。廣西北流縣人。道光十二年三甲二十二名進士。任部主事貴州司行走，以親老乞假歸。在籍主講銅陽書院。後遷戶部員外郎，升山東司郎中，京察一等授安徽潁州知府。卒年四十九。

陳官父　山東濰縣人。道光十二年三甲二十三名進士。十九年任江西新昌知縣，二十二年署江西豐城知縣，二十三年復任新昌知縣，署南康府同知，改南昌府總捕同知。

馬學易　江蘇長洲縣人。道光

十二年會元。三甲二十四名進士。任刑部主事。

許道藩　字懿修。江西宜黃縣人。道光十二年三甲二十五名進士。任安徽銅陵、霍山、鳳陽知縣，擢壽州知州，丁憂。二十七年補四川敘州知府，擢四川建昌兵備道。加鹽運司銜。

李　兆　字立民，號逸鶴。山東嶧縣人。道光十二年三甲二十六名進士。任廣西陽朔、荔浦、灌陽知縣，丁母憂服闋，補安徽蕪湖知縣。罷職去。

董樹堂　字述齋、寶心，號寬甫。浙江嵊縣人。道光十二年三甲二十七名進士。十三年任四川璧山知縣。

王　松　直隸交河縣人。道光十二年三甲二十八名進士。十二年署四川鹽源知縣，十四年任四川大足知縣，咸豐三年改直隸宣化府教授。

惠　霖　（《進士題名碑》作惠林）正藍旗，宗室。道光十二年三甲二十九名進士。

顏錫惠　山東曲阜縣人。道光十二年三甲三十名進士。官至戶部河南司員外郎。

宋培之　山東丘縣人。道光十二年三甲三十一名進士。十八年任安徽全椒知縣、青陽知縣，二十六年改懷寧知縣，二十九年遷六安直隸州知州。

張學孔　字雲塘。直隸交河縣

人。道光十二年三甲三十二名進士。任河南鎮平知縣。

任爲琦 字小韓。河南息縣人。道光十二年三甲三十三名進士。任刑部主事，二十五年官至安徽太平府知府。

世　綸 滿洲鑲黃旗。道光十二年三甲三十四名進士。十三年任廣西桂平知縣。

顧　暄 字春暉。江蘇如皋縣人。道光十二年三甲三十五名進士。任禮部主事。

陳文笏 （原名陳錫縉）四川遂寧縣人。道光十二年三甲三十六名進士。十三年任江西武寧知縣，改江西浮梁知縣，改四川雅安府教授。

舒學魏 字師晋。江西鄱陽縣人。道光十二甲三甲三十七名進士。十三年任山東招遠知縣，十七年改壽張知縣，二十年調山東茌平知縣。

周秉文 字莪士、金華。江西鄱陽縣人。道光十二年三甲三十八名進士。十三年任山東昌樂知縣，十六年改曲阜知縣，十七年調山東壽張知縣、茌平知縣。

李　銘 河南寧陵縣人。道光十二年三甲三十九名進士。二十年署廣東化州知州，咸豐元年改德慶知州。

王茂蔭 字椿年，號子懷。安徽歙縣人。嘉慶三年（1798）三月生。道光十二年三甲四十名進士。授戶部主事、員外郎，咸豐元年授陝西道御史，遷太常寺少卿，咸豐

三年授太僕寺卿，遷戶部侍郎，四年改兵部侍郎，八年病。同治元年授工部侍郎改吏部侍郎。二年丁憂。同治四年（1865）六月卒。年六十八。有《王侍郎奏議》傳世。

張夢蓉 字人鏡。山東觀城縣人。道光十二年三甲四十一名進士。十三年任福建光澤知縣，改直隸唐縣知縣，改遷安知縣。

何　鎔 字子範，號竹如。順天宛平縣人，原籍浙江山陰。道光十二年三甲四十二名進士。十九年任山東嘉祥知縣，二十四年改山東濰縣知縣，三十年改恩縣知縣。

黃文瑄 字璧庵。福建甌寧縣人。道光十二年三甲四十三名進士。任廣西永福知縣，改臨桂、懷集知縣。以病假歸。

德　惠 字濟堂。滿洲正黃旗人。道光十二年三甲四十四名進士。歸班知縣，官至翰林院侍讀。

克星額 滿洲鑲白旗，李佳氏。道光十二年三甲四十五名進士。任工部筆帖式，十七年任山東濟寧知州，二十年署山東青州海防同知，浙江嘉興府知府，官至陝西陝甘道。

宗元醇 字小棠。河南魯山縣人。道光十二年三甲四十六名進士。任山西知縣，十四年調山東樂陵知縣，二十年改山東郯城知縣。二十六年遷安徽六安知州，纍遷廣東高廉道，咸豐元年授順天府府尹。二年十二月革。

朱庭芬 廣西臨桂縣人。道光

十二年三甲四十七名進士。

隆　濬　滿洲正紅旗人。道光十二年三甲四十八名進士。

周際雲　字書五，號芝田。貴州修文縣人。道光十二年三甲四十九名進士。任吏部主事，十八年纍遷江蘇睢南同知，二十八年官至江南河庫道。

兄周際華，嘉慶六年進士；兄周際釗，嘉慶十四年進士。

沈毓寅　字賓谷。山東新泰縣人。道光十二年三甲五十名進士。二十七年任廣西天保知縣。二十八年遇害。

汪自修　雲南通海縣人。道光十二年三甲五十一名進士。十三年任山東惠民知縣，二十三年任貴州畢節知縣，署鎮寧知州。二十七年改安徽來安知縣，咸豐四年任安徽全椒知縣。

孫　檠　字黎閣。江蘇安東縣人。道光十二年三甲五十二名進士。授福建長樂知縣。

李　鑑　陝西城固縣人。道光十二年三甲五十三名進士。任浙江會稽知縣，二十九年改縉雲知縣，咸豐初年調雲南通海知縣，官至雲南楚雄知府。

子李翰章，咸豐三年進士。

王保昌　字芝庭。安徽滁州人。道光十二年三甲五十四名進士。任河南知縣。

汪道森　字春生。浙江仁和縣人。道光十二年三甲五十五名進士。

選庶吉士，十四年散館改江西安福知縣，二十一年署臨川知縣，二十三年改江西玉山知縣，遷瑞州府同知，二十九年改廣信府水利同知，咸豐三年官至江西廣信府知府。

崔國政　安徽太平縣人。道光十二年三甲五十六名進士。十三年署廣東吳川知縣，二十年署石城知縣。

崔　侗　字同人，號葛民。順天霸州人，原籍山西洪洞。乾隆五十五年（1790）生。道光十二年三甲五十七名進士。歷任吏部考工司主事、員外郎，文選司郎中，京察一等，擢廣東南韶兵備道，未抵任三十年授廣東按察使，咸豐四年遷廣東布政使。五年（1855）四月卒於任。年六十六。

陳穎函　字怡庭，號竹書。安徽宿松縣人。道光十二年三甲五十八名進士。任廣西遷江、北流、靈川知縣，改福建平和知縣。逾年乞歸。著有《竹書文集》《竹書詩集》。

盛朝輔　字翼卿。貴州思南府人。道光十二年三甲五十九名進士。二十一年任福建同安知縣，二十九年改四川鹽源知縣，三十年改南部知縣，咸豐元年署四川簡州知州。

徐煥垣　廣東鎮平縣人。道光十二年三甲六十名進士。

梁卓英　廣西平樂縣人。道光十二年三甲六十一名進士。任吏部主事。

金　鎮　江蘇上元縣人。道光十二年三甲六十二名進士。十三年七月署安徽黟縣知縣。十四年八月卸。

劉炳青 雲南蒙化廳人。道光十二年三甲六十三名進士。任山西潞城知縣，擢吏部主事。

王有成 字化行，號蘭汀。山東夏津縣人。道光十二年三甲六十四名進士。十五年任江西新城知縣，改甘肅大通知縣，西寧知州，官至秦州直隸州知州。

曹樹奎 江蘇上海人。道光十二年三甲六十五名進士。十三年八月任山東觀城知縣。

邱以德 雲南富民縣人。道光八年舉人，十二年三甲六十六名進士。十二年任浙江寧海知縣，十七年改浙江孝豐知縣。

馬國翰 字詞溪，號竹吾。山東歷城縣人。乾隆五十九年（1794）生。道光十二年三甲六十七名進士。十四年授陝西洛川知縣，改石泉，調涇陽知縣，十九年以疾歸。二十四年病癒復任涇陽知縣，十一月改隴州知州。咸豐元年七月卸，二年引疾歸。咸豐七年（1857）卒。年六十四。家中藏書極豐，藏書處曰"玉函山房"。著有《紅藕花軒泉品》。又有《玉函山房輯佚書》，凡六百二十九種。

林發森 貴州定蕃州人。道十二年三甲六十八名進士。十四年任湖南安福知縣，二十九年改湖南耒陽知縣，咸豐二年任湖南永綏廳同知。

陳仁淳 福建長樂縣人。道光十二年三甲六十九名進士。任安徽即用知縣。

吳運樞 安徽涇縣人。道光十二年三甲七十名進士。

劉學燿 湖北江夏縣人。道光五年舉人，十二年三甲七十一名進士。任湖北漢陽府教授。

歐陽豐 字子約，號米樓。雲南劍川州人。道光十二年三甲七十二名進士。任刑部主事。著述繁富，惜兵燹遺失，今惟存《拙拙詩草》《小桂馨山詩草》。

武訪疇 字芝田。山西崞縣人。道光十二年三甲七十三名進士。授陝西清澗知縣，改鎮安、渭南知縣，咸豐元年署陝西同州知府，擢鳳翔知府，四年改西安知府，遷陝西延榆綏兵備道。鹽運使銜。母喪歸，遂不出。主講西河書院以終。

張澧翰 字注東，號松園。河南陝州直隸州人。道光十二年三甲七十四名進士。任禮部主事、員外郎，咸豐元年授湖廣道御史，五年官至江西饒州知府。

金鼎年 （原名金鼎彝）字子長。貴州廣順州人。道光十二年三甲七十五名進士。任陝西靖邊知縣。卒於任。

與兄金鼎壽、金鼎梅、金鼎銘四人均爲進士。

馬官龍 字南村。山東章丘縣人。道光十二年三甲七十六名進士。任安徽即用知縣。十四年署安徽祁門知縣，二十三年任安徽全椒知縣。二十九年（1849）正月卒於任。著有《紉香草堂文集》《詩集》等。

楊曉昀　字春野。山西和順縣人。道光十二年三甲七十七名進士。十三年任直隸東明知縣，十八年改江西永寧知縣，二十二年署龍泉知縣，二十五年改江西永豐知縣，三十年調廬陵縣。咸豐五年隨知府陳崇元守城，太平軍攻陷，全家自焚卒。照知府賜恤。

錫檀　漢軍正白旗。道光十二年三甲七十八名進士。二十九年任四川宜賓知縣。

方爲楷　四川仁壽縣人。道光十二年三甲七十九名進士。任廣東知縣。

張正元　福建屏南縣人。道光十二年三甲八十名進士。十四年任福建泉州府教授，十六年臺灣府教授，二十二年漳州府教授。

張煐　字廬江。河南鹿邑縣人。道光十二年三甲八十一名進士。十九年任廣東海豐知縣。

岳逢陽　四川新津縣人。道光十二年三甲八十二名進士。十六年任湖南華容知縣。

劉馨朝　江西武寧縣人。道光十二年三甲八十三名進士。二十年任湖南酃縣知縣，三十年改邵陽知縣。

張墉　陝西合陽縣人。道光十二年三甲八十四名進士。任山西知縣。

惠麟　漢軍正藍旗。道光十二年三甲八十五名進士。二十三年任河南臨漳知縣。

張廷瑞　字元五，號玉峰。直隸獲鹿縣人。道光十二年三甲八十六名進士。纍遷禮部郎中，二十七年任江南道御史，改順天西城巡城御史，咸豐元年遷江蘇揚州知府，三年官至兩淮鹽運使。

國治　漢軍正白旗。道光十二年三甲八十七名進士。任江西德安知縣，署南豐知縣、清江知縣，十五年遷江西蓮花廳同知，咸豐元年改江西瑞州府同知。

劉光第　直隸天津縣人。道光十二年三甲八十八名進士。道光十四年任四川隆昌知縣，至二十五年共三任，三十年改汶川知縣。

黃師度　福建光澤縣人。道光十二年三甲八十九名進士。十三年任福建泉州府教授。

王廷英　直隸河間縣人。道光十二年三甲九十名進士。二十二年任山東沂水知縣，三十年改諸城知縣，官至湖北興國州知州。

夏雲岫　字象岩、金江。奉天海城縣人，祖籍山東榮城。道光十二年三甲九十一名進士。任山西榮河、永濟知縣，二十年署湖北雲夢知縣，二十一年改黃梅知縣，二十六年署四川雙流知縣，二十八年署彭縣知縣，改四川成都知縣，咸豐三年纍遷湖南衡州知府，官至河南河陝汝道。

馬曉林　河南伊陽縣人。道光十二年三甲九十二名進士。十一年任陝西武功知縣，十四年改雒南知縣，十六年任南鄭知縣，十九年改白水知縣，二十五年任陝西咸陽知縣，曾三任咸陽縣，咸豐四年遷直隸延慶知州。

王聯堂　直隸元城縣人。道光十二年三甲九十三名進士。任山西大同知縣，咸豐元年改四川定遠知縣。

孟先穎　山西太谷縣人。道光十二年三甲九十四名進士。官至山東萊州知府。

劉凌漢　（原名劉象石）字星槎。河南鞏縣人。道光十二年三甲九十五名進士。二十三年任湖南桑植知縣，二十四年改河南南陽府教授。

王燨　字喬南。山東益都縣人。道光十二年三甲九十六名進士。授山西岳陽知縣，調署太平知縣，二十二年改安澤知縣。與上官不合引疾歸。咸豐十一年隨叔父練團練禦敵，卒於臥龍橋。

宋良　陝西神木縣人。道光十二年三甲九十七名進士。十四年任四川開縣知縣，改蓬州知州，二十二年官至貴州開州知州。

武興緒　字宜軒，號笑山。直隸遷安縣人。道光十二年三甲九十八名進士。任工部郎中升員外郎，咸豐二年授山西道御史。

成山　滿洲正藍旗人。道光十二年三甲九十九名進士。二十七年官至直隸霸昌道。

巴從周　奉天府蓋平縣人。道光十二年三甲一百名進士。任歸班候選知縣。

侯國璋　字達夫。直隸新樂縣人。道光十二年三甲一百零一名進士。二十二年任陝西褒城知縣，三十年改靖邊知縣，改榆林知縣，咸豐二年任陝西石泉知縣。

李則廣　號曠西。甘肅伏羌縣人。道光十二年三甲一百零二名進士。二十三年任浙江奉化知縣，咸豐元年改四川彭水知縣，改任四川青神知縣。

侯甲驥　山西解州人。道光十二年三甲一百零三名進士。即用知縣，任湖北咸寧知縣。

道光十三年（1833）癸巳科

值清宣宗五旬壽辰，十二年正科改爲本年舉行

第一甲三名

汪鳴相 字朗渠、佩珩，號珏生。江西彭澤縣人。道光十三年一甲第一名狀元。授修撰。掌修國史，十四年充順天同考官，十五年任廣西鄉試主考官，丁內艱歸。遂卒。

曹履泰 字樹珊、曙山。江西都昌縣人。道光十三年一甲第二名榜眼。授編修。十九年考選陝西道御史，遷兵科給事中、鴻臚寺少卿，官至廣東惠湖嘉道。告歸。

蔣元溥 字奕韓，號譽侯。湖北天門縣人。道光十三年一甲第三名探花。授編修。十四年、二十年兩充順天鄉試同考官，遷侍講，三十年充會試同考官，咸豐三年官至江西鹽茶道。卒於任。

祖父蔣祥墀，乾隆五十五年進士；父蔣立鏞，嘉慶十六年狀元；子蔣啓勛，咸豐十年進士。

第二甲一百名

司徒煦 字春野，號旭莊。廣東開平縣人。道光十三年二甲第一名進士。選庶吉士，散館改四川石泉知縣，十七年署射洪知縣。

兄司徒照，道光九年進士。

李恩慶 字季雲、寄雲，號浣生、集園。河北遵化人。漢軍正白旗。道光十二年二甲第二名進士。選庶吉士，授編修。二十二年考選陝西道御史，三十年遷甘肅涼州知府，遷甘涼兵備道，官至兩淮鹽運使。富收藏，精鑒別。輯有《愛吾廬書畫記》。

兄李恩綏，嘉慶十六年進士；兄李恩繹，嘉慶十三年進士。

朱憲曾 字鹿山，號鐵琴。順天涿州人，原籍江蘇江都。道光十三年二甲第三名進士。選庶吉士，改吏部主事，官至吏部郎中，道光二十三年入值任軍機章京。

朱麗宣 字霽堂、曙升。江蘇荊溪縣人。道光十三年二甲第四名

進士。選庶吉士，改工部主事，官至員外郎，道光二十二年入值任軍機章京。丁憂歸。卒於家中。

崇文 字杏田，號心瀾。滿洲鑲藍旗，宗室。道光十三年二甲第五名進士。選庶吉士。

沈映鈐 字輔之，號退庵。浙江仁和縣人。道光十三年二甲第六名進士。任工部主事，二十二年改安徽歙縣知縣，二十九年調廣東歸善知縣，咸豐元年改廣東徐聞知縣，十年遷韶州知府，官至廣東廣州府知府。

宋延春 字小墅，號引恬。江西奉新縣人。道光十三年二甲第七名進士，選庶吉士，改吏部主事，升員外郎，咸豐三年授福建道御史，遷雲南廣南知府、迤西道，同治五年授雲南按察使，七年升雲南布政使，曾護理雲貴總督。同治十三年四月以病免。加太子太保。

郭樟 字雲階。河南光州（今潢川）人。道光十三年二甲第八名進士。選庶吉士，散館改主事。

楊文定 字安卿，號閬仙。安徽定遠縣人。嘉慶九年（1804）十月初三日生。道光十三年二甲第九名進士。歷任刑部主事、郎中，廣東惠潮嘉道，道光二十八年授湖南按察使遷江寧布政使。咸豐元年二月授江蘇巡撫，三年二月署兩江總督。四月以江寧、江陰被太平軍占，革職遣戍軍臺。咸豐七年（1857）卒於戍所，年五十四。

黃慶昌 字六舟。江西清江縣人。道光十三年二甲第十名進士。選庶吉士，散館改知縣，遷刑部主事，咸豐三年纍遷至山東青州知府，八年改曹州知府、沂州知府，十一年官至山東濟東泰武臨道。

焦友麟 字子恭，號笠泉。山東章丘縣人。道光十三年二甲十一名進士。選庶吉士，授編修。十七年充順天鄉試同考官，十九年考選湖廣道御史，十九年再充順天鄉試同考官，二十年督山西學政，官至工科給事中。

孟毓蘭 字子徵，號湘南。山東長清縣人。道光十三年二甲十二名進士。即用知縣，十四年分發直隸靈壽知縣，二十年改江蘇寶應知縣。丁艱去。

從弟孟毓藻，同科進士。

武雲衢（原名武天亨，改名武新亨）字敬之，號芸渠。山西文水縣人。道光十三年二甲十三名進士。選庶吉士，授編修。十七年充江西鄉試副考官，二十二年考選江南道御史，二十八年官至山東青州知府。

王芳 字漱六，號蘅皋。浙江義烏縣人。道光十三年二甲十四名進士。選庶吉士，授編修。二十四年、二十六年兩任順天鄉試同考官。

何元杰 字沛如，號韻山。浙江山陰縣人。道光十三年二甲十五名進士。選庶吉士。授編修。

史策先 字吟舟。湖北棗陽縣

人。道光十一年舉人，十三年二甲十六名進士。任吏部主事，升員外郎，郎中。三十年授江南道御史，改京畿道御史，咸豐三年署直隸正定知府，六年補直隸廣平知府。告歸。著有《兵法集鑒》《射藝詳說》《恩有濟齋文集》《寄雲館詩鈔》等。

許楣（1794—1870）字金門，號辛木。浙江海寧州人。道光十三年二甲十七名進士。官戶部貴州司主事。引疾歸。主江蘇通州敦善書院講席。著有《鈔幣論》《真意齋詩存》。

吳煒　字丙臣。直隸清苑縣人，原籍江蘇陽湖。道光十三年二甲十八名進士。授禮部主事，二十二年改山東壽張知縣，二十三年改歷城知縣，二十五年任東平知州，咸豐六年代理山東膠州知州，七年再任東平知州。引疾未歸卒。

王積順　字鴻遇，號若溪。浙江仁和縣人。道光十三年二甲十九名進士。任內閣中書，官至刑部廣東司郎中。

鄧爾恒　字子久，號小筠。江蘇江寧縣人。嘉慶十三年（1808）二月十九月生。道光十三年二甲二十名進士。選庶吉士，授編修。道光二十五年任湖南辰州知府，二十九年改雲南曲靖知府，升雲南鹽法道，咸豐十年二月授雲南按察使，遷雲南布政使。十年十月授貴州巡撫，未任。十一年（1861）正月調陝西巡撫。三月二十二日於雲南曲靖府署被暗通回民軍的清軍將領何有保暗殺。年五十四。同治元年追諡“文愨”，予騎都尉世職。

父鄧廷楨，嘉慶六年進士，任兩廣總督。

廖惟勳　字椅城，號卓峰。江蘇嘉定縣人。嘉慶七年（1802）二月十四日生。道光十三年二甲二十一名進士。選庶吉士，任編修。遷貴州鎮遠知府，歷思州、銅仁、都勻、貴陽府知府。遭劾罷官。咸豐二年（1852）卒。年五十一。

父廖文錦，嘉慶十六年進士。

福暉　滿洲正白旗人。道光十三年二甲二十二名進士。十八年任廣東石城知縣。

翟惟善　字費珍。安徽涇縣人。道光十三年二甲二十三名進士。選庶吉士，十五年改江西萬安知縣，二十年改江西玉山知縣。

汪元方　字友陳，號嘯庵、貞岩。浙江餘杭縣人。嘉慶九年（1804）五月十八日生。道光十三年二甲二十四名進士。選庶吉士，授編修。二十年考選山東道御史，咸豐元年任順天南城巡城御史，遷吏科給事中、鴻臚寺卿。同治元年授太僕寺卿改通政使。三年授左副都御史，改禮部侍郎、戶部侍郎，五年三月遷左都御史，軍機大臣。同治六年（1867）十月初六日卒。諡“文端”。

華廷標　江蘇無錫縣人。道光十三年二甲二十五名進士。十四年任四川平武知縣。

唐　潮　字炳甫，號秋濤。浙江嘉善縣人。道光十三年二甲二十六名進士。選庶吉士。改户部主事，升山西司員外郎。

鄒新照　字方池，號篠臨（檽）。湖南新化縣人。嘉慶十六年（1811）生。道光十三年二甲二十七名進士。任刑部主事。十八年（1838）年僅二十八卒於任。

福　濟　字仁溥、先舟，號春瀛、元修。滿洲鑲白旗，必禄氏。嘉慶十六年（1811）二月十三日生。道光十三年二甲二十八名進士。選庶吉士，授編修。任侍講、少詹事，道光二十三年授大理寺卿，改左副都御史。二十四年調盛京兵部侍郎，歷兵部、工部、吏部、户部侍郎，正白旗護軍統領，三十年轉左翼總兵。革職。後予四品授山西按察使改山東按察使，咸豐二年授奉天府尹，十二月擢東河總督，三年三月改漕運總督，十二月調安徽巡撫。五年以克復廬州加太子少保。因圍堵太平軍徒知株守日久無功，八年六月革。後授内閣學士予副都統充西寧辦事大臣，十年授工部侍郎改成都將軍。十一年七月遷雲貴總督。因恐雲南回亂不敢赴任，十一月革。同治元年予副都統銜赴西藏查辦事件，四年還京。六年授科布多幫辦大臣，調布倫托海辦事大臣，八年四月授烏里雅蘇臺將軍。十年革。光緒元年（1875）三月初十日卒，年六十五。

張邦佺　字堯仙。廣東順德縣人。道光十三年二甲二十九名進士。選庶吉士，十六年散館改湖南寧遠知縣，署江西吉水知縣。

葉觀儀　字棣如，號黼卿。江蘇六和縣人。嘉慶四年（1799）十一月十五日生。道光十三年二甲三十名進士。選庶吉士，授編修。入值上書房，十九年充四川鄉試主考官，二十年充雲南鄉試主考官，督雲南學政，擢國子監祭酒，二十四年充江西鄉試主考官，升少詹事，二十八年官至内閣學士。遽卒。

史佩瑝　字仲和，號鶯坡。湖北漢陽縣人。道光五年舉人，十三年二甲三十一名進士。選庶吉士，授編修。十七年充廣西鄉試主考官，二十一年考選福建道御史，二十七年官至直隸永平知府。引疾歸。卒於京。著有《分韻指南》行世。

花讌春　字秋江、魚南，號秋實。貴州貴築縣人。道光十三年二甲三十二名進士。選庶吉士，改刑部主事，升禮部員外郎。

父花傑，嘉慶四年進士；兄花咏春，嘉慶二十四年進士。

陳應聘　字覺民，號蓮史。山東濰縣人。道光十三年二甲三十三名進士。任四川平山知縣，十五年改四川新都知縣，二十一年岳池知縣，丁憂歸服闋，三十年調廣東新會知縣，署韶州知府，護南韶連道。乞休歸。

黃鍾音　字子聲，號毅甫。四川巴縣人。道光十三年二甲三十四名進士。選庶吉士，授編修。二十二年考選湖廣道御史，改順天北城巡城御史，二十四年充會試同考官，遷兵科給事中，丁憂服闋，補廣東雷瓊道，咸豐五年升廣西按察使。李文茂圍梧州數月，城陷遇害。一說不知所終。

黃贊湯　字尹咸，號徵三、莘農。江西廬陵縣人。嘉慶十年（1805）七月初八日生。道光十三年二甲三十五名進士。選庶吉士，授編修。二十二年任江南道御史，遷通政副使，道光二十六年授光祿寺卿，二十七年改宗人府丞，遷左副都御史改兵部侍郎、刑部侍郎。二十九年督福建學政，咸豐七年以二品候補侍郎授通政使，八年復任刑部侍郎，九年三月調東河總督，同治元年七月改廣東巡撫。二年六月召京。以病告歸。同治八年（1869）正月十九日卒，年六十五。

兄黃贊禹，道光二十年進士。

陳光緒　（原名陳詩）字子修，號石生。浙江會稽縣人。道光十三年二甲三十六名進士。十四年七月任山東觀城知縣，十七年調補冠縣知縣，十八年任山東武定府同知，十九年官至山東曹州知府。

陳宗元　字保之，號柳平。江蘇吳江縣人。嘉慶十一年（1806）十一月二十一日生。道光十三年二甲三十七名進士。任吏部主事，升

郎中，咸豐三年授道銜，咸豐四年任江西吉安知府。六年（1856）正月二十五日吉安城被太平軍攻陷。陣亡。年五十一。同治年追謚“武烈”。

孔繼勛　（原名繼光）字熾庭。廣東南海縣人。道光十三年二甲三十八名進士。選庶吉士，授編修。十七年充順天鄉試同考官，弟卒告假南歸。

王清選　字鑒塘。漢軍鑲白旗人。道光十二年二甲三十九名進士。選庶吉士，授編修。

邱景湘　字鏡川。福建長樂縣人。道光十三年二甲四十名進士。選庶吉士，改吏部主事，升郎中，官至廣東惠潮嘉道。歸後晚年主鰲峰、越山書院。

唐金榜　安徽當塗縣人。道光十三年二甲四十一名進士。任廣西宜山知縣。

蔡宗茂　字小石。江蘇上元縣人。道光十三年二甲四十二名進士。選庶吉士，授編修。遷國子監司業，轉侍講，以事降洗馬，捐道員，咸豐三年補陝西陝安道，四年陝西潼商道，七年遷陝西按察使。八年（1858）病免，卒。

費公彥　字仲禮。江西震澤縣人。道光十三年二甲四十三名進士。十四年任山西汾西知縣，升直隸州知州。旋卒。

曹衛達　字仲行，號子安。浙江嘉善縣人。道光十三年二甲四十

四名進士。十三年任福建龍溪知縣，改邵武知縣，官至福建漳州府石碼同知。

車克慎 字薏園。山東濟寧州人。道光十三年二甲四十五名進士。選庶吉吉士，授編修。遷贊善，十九年督安徽學政，擢國子監祭酒，二十九年遷內閣學士，三十年授工部侍郎，咸豐元年丁憂。服闋署兵部侍郎，六年授禮部侍郎。咸豐七年罷職。

許　楗（1787—1862）字叔夏，號珊林。浙江海寧州人。道光十三年二甲四十六名進士。任直隸知縣，改山東平度知州，二十六年遷江蘇淮安知府，咸豐元年改徐州知府，官至江蘇糧儲道。卒年七十六。喜藏書、刻書。精研《説文解字》，嘗纂《説文解字統箋》，別纂《識字略》，又有《古均閣寶燒錄》《古均閣遺著》。

姚憲曾 字麟章，號雲樵。浙江餘杭縣人。道光十三年二甲四十七名進士。選庶吉士。未散館。

朱允惇 廣西博白縣人。道光十三年二甲四十八名進士。歷任四川知縣、嘉定府知府。

林廷禧 福建侯官縣人。道光十三年二甲四十九名進士。任戶部主事，升江西司郎中，官至雲南迤西道。

施介曾 雲南河陽縣人。道光十三年二甲五十名進士。

吳世驥 廣東豐順縣人。道光十三年二甲五十一名進士。任禮部主事。

周有簠 字汝欽，號輔亭。湖南長沙縣人。道光十三年二甲五十二名進士。選庶吉士，改主事，升刑部員外郎，咸豐元年授山西道御史，外官至四川龍安府知府。

張　寅（改名張煦）四川成都縣人。道光五年舉人，十三年二甲五十三名進士。十三年任直隸撫寧知縣，十九年再任，改直隸靜海知縣。

程　葆（原名程官堡）字震伯、鎮北。安徽歙縣人。道光十三年二甲五十四名進士。任工部虞衡司主事，升郎中，咸豐二年授廣東肇慶知府。赴任途經杭州，浙江巡撫何桂清奏令其回原籍辦團練助剿太平軍。五年率民團出境與官軍連拔休寧、石埭。後赴杭州助守，咸豐十年城陷戰亡。贈太僕寺卿銜。

保　清 字帷一，號鑑堂。滿洲正藍旗人。宗室。道光十三年二甲五十五名進士。任吏部主事，遷翰林院侍讀。

王兆松 字腹山，號公卜。直隸撫寧人。道光十三年二甲五十六名進士。選庶吉士，改工部主事，丁憂服闋，升員外郎，升郎中，咸豐三年授山東道御史，改順天西城巡城御史，遷兵科給事中，戶科掌印給事中，官至鴻臚寺少卿。丁母憂歸，同治五年（1866）卒，年六十五。

弟王兆柏，同治元年進士。

杜寶辰　字谷孫，號稼軒。浙江山陰縣人。道光十三年二甲五十七名進士。任刑部主事，官至候選知府。

萬應新　字庚溪。江蘇山陽縣人。道光十三年二甲五十八名進士。任廣東知縣。到粵一年卒，年僅四十。

韓曜　字定猷，號翼亭。浙江錢塘人。道光十三年二甲五十九名進士。十五年任湖南瀘溪知縣、新化知縣。

吳開陽　字瑤階，號形垣、少師。江蘇如皋縣人。道光十三年二甲六十名進士。任雲南羅次知縣、會澤知縣，改昆明知縣、宣威知州，遷雲南曲靖知府、臨安知府，咸豐三調湖北宜昌府知府，改安徽太平府知府。

楊開會　（《廣東通志》作原名楊開拓）廣東海陽縣人。道光十三年二甲六十一名進士。任福建永安知縣。

張熙宇　字玉山，號曉滄。四川峨嵋縣人。嘉慶十三年舉人，九上公車，道光十三年二甲六十二名進士。任廣東揭陽知縣，兼署海澄縣，二十年調署番禺縣，二十三年遷南澳同知，升廣西南寧知府。署左江道，改福建福建興泉永道，三十年授甘肅按察使，咸豐元年改安徽按察使。三年革。逮問至廬州，十二月城陷卒。著有《曲江書屋詩文集》

鄭輝堂　字蓮炬，號蘊山。直隸天津縣人。道光十三年二甲六十三名進士。改廣西陵雲知縣，升廣西西隆知州。

王景銘　字新之，號韻溪。順天宛平縣人，原籍浙江山陰。道光十三年二甲六十四名進士。任安徽五河知縣，二十一年任安徽天長知縣。

劉體舒　字雲岩。雲南景東廳人。道光十三年二甲六十五名進士。任直隸廣宗知縣，丁父憂服闋，二十一年調廣西署養利知州，進鬱林直隸知州，遷思恩知府，咸豐四年署潯州知府。咸豐五年八月廣東天地會起義軍攻潯州，城陷被殺。贈太僕寺卿銜。

方大淳　字淡生、稼軒。湖南巴陵縣人。嘉慶十一年（1806）生。道光十三年二甲六十六名進士。任兵部主事，進軍機章京。十五年（1835）年僅三十，卒於任。著有《稼軒文集》《竹林問答》《毛詩墨守》。

許謹身　字瑞徵，號金橋、師竹。浙江仁和縣人。道光十三年二甲六十七名進士。任兵部主事。

胡正仁　字谷坪、讓堂，號心蓮。安徽歙縣人。道光十三年二甲六十八名進士。選庶吉士，授編修。二十五年授江西饒州知府。以疾卒。

蕭良城　字漢溪。湖北黃陂縣人。道光元年舉人，十三年二甲六十九名進士。選庶吉士。授編修。十七年充浙江鄉試副考官，督湖南學政，官至右庶子。咸豐年間在籍辦團練。

金雲門　字吉子、菊仙，號雲衣。安徽休寧縣人。乾隆五十九年（1794）十月初六日生。道光十三年二甲七十名進士。十五年任浙江雲和知縣，丁憂改湖北天門、崇陽、黃岡知縣，晋隨州知州，遷湖北安陸府知府。咸豐三年（1853）署黃州知府，九月太平軍攻城，十六日卒於黃州。年六十。贈太僕寺卿，追謚"果毅"。

羅象晨　湖南善化縣人。道光十三年二甲七十一名進士。任山東朝城知縣。

舒　鼎　江西武寧縣人。道光十三年二甲七十二名進士。任戶部主事。

王恩慶　（原名王壬）字少華，號甲三。浙江永嘉縣人。道光十三年二甲七十三名進士。任吏部主事。

楊　培　字伯深，號心佘。貴州貴築縣人。道光十三年二甲七十四名進士。選庶吉士，授編修。十九年充四川鄉試副考官，二十一年考選湖廣道御史，遷江蘇蘇松太道，改江西督糧道，咸豐元年授福建按察使，二年升四川布政使。六年十一月召京，任四品候補京堂。

戴齊松　字雲濤。湖北雲夢縣人。道光八年舉人，十三年二甲七十五名進士。十四年授四川萬縣知縣，丁憂服闋，補浙江蕭山知縣，改石門知縣。

黃炳光　字韶甫。廣西蒼梧縣人。道光十三年二甲七十六名進士。選庶吉士，改安徽貴池知縣。

金樹本　字培生，號佩蓀。浙江諸暨縣人。道光十三年二甲七十七名進士，任廣東乳源知縣，二十年改瓊山知縣，升署廣西柳州知府。

侄金兆基，同治七年進士。

安　詩　字仲衣、芝慶，號博齋。江蘇金匱縣人。道光十三年二甲七十八名進士。任兵部主事，升郎中，二十二年考選山西道御史，官至戶科掌印給事中。

沈秉荃　浙江錢塘縣人。道光十三年二甲七十九名進士。任知縣。

姚承恩　字桐雲，號郎山。直隸天津縣人。道光十三年二甲八十名進士。授河南遂平知縣，兩充河南鄉試同考官，調河南舞陽知縣，復起歷奉天蓋平、承德知縣、遼陽州知州。卒於任。著有《郎山詩草》。

父姚逢年，乾隆四十六年進士。

黎吉雲　（原名黎光曙）字雲徵，號樾喬。湖南湘潭縣人。乾隆六十年（1795）生。道光十三年二甲八十一名進士。選庶吉士，授編修。充國史館總纂及文淵閣校理，二十年充順天鄉試同考官、會試同考官，同年考選江南道御史，進兵科、刑科掌印給事中，以丁憂歸。復起補山東道御史。以疾辭歸。咸豐四年（1854）卒。著有《方山莊文集》《詩餘》《文錄》《試幟詩》等。

劉　潯　字江湄，號鏡河。河南祥符縣人。道光十三年二甲八十二名進士。選庶吉士，授編修。二十年考選山東道御史，二十二年署廣東惠州知府，二十七年官至廣東潮州知府，改高州知府。

陳文翥 字彥超，號秋丞。福建閩縣人。道光十三年二甲八十三名進士。選庶吉士，授編修，十七年充貴州鄉試主考官，十九年官至江南道御史。

車瀛 字玉文，號春川。江西南昌縣人。道光十三年二甲八十四名進士。任刑部主事，升員外郎，官至鴻臚寺少卿。

左喬林 字瀛南。直隸河間縣人。道光十三年二甲八十五名進士。即用知縣，十四年任直隸灤州學正，二十八年改直隸保定府教授。著有《海蘭竹枝詞》。

周瑞圖 字同序。福建侯官縣人。道光十三年二甲八十六名進士。任山東剡城知縣，十五年改日照知縣，二十年二月調歷城知縣，擢德州知州，後捐俸河工，獎知府。

盧琳 字寶岩。山東泰安縣人。道光十三年二甲八十七名進士。署浙江縉雲知縣，改浙江桐鄉知縣，十六年署浙江黃岩知縣，十八年署壽昌知縣，署石浦同知，二十年回任桐鄉知縣，改分水知縣，二十五年任烏程知縣，咸豐元年官至江西瑞州府知府。

蔣鍾麒 廣西全州人。道光十三年二甲八十八名進士。

汪培基 江西崇仁縣人。道光

十三年二甲八十九名進士。十六年任四川西充知縣。

吳守仁 號樂山。安徽廬江縣人。道光十三年二甲九十名進士。任雲南河陽知縣，改太和知縣，後歷新興、大姚、尋甸、羅次等縣。政聲卓著。著有《四書文藝》。

韓椿 字樹年，號海濤。漢軍鑲白旗。道光十三年二甲九十一名進士。選庶吉士，散館改主事，升兵部郎中，二十一年充會試同考官。二十二年考選江南道御史。遷浙江糧儲道。二十七年改江蘇淮徐道，咸豐三年授福建按察使。四年升浙江布政使。六年罷職。

徐寶森 江西南昌新建人。道光十三年二甲九十二名進士。署四川宜賓知縣，任四川興文知縣、巫山知縣。

范鏞 字荔園。山西介休縣人。道光十三年二甲九十三名進士。十六年任湖南新田知縣，二十六年任浙江寧海知縣，官至浙江海寧知州。

彭作籍 字簡堂。甘肅伏羌縣人。道光十三年二甲九十四名進士。十六年二月任四川安縣知縣。父喪去任。

徐文燿 順天宛平縣人。道光十三年二甲九十五名進士。任刑部主事。

董平章 字琴虞，又字眉軒。福建閩縣人。嘉慶十六年（1811）生。道光十三年二甲九十六名進士。

任户部浙江司主事，改知甘肅環縣知縣，調皋蘭縣，二十八年十二月遷秦州直隸州知州。咸豐三年以病辭官。同治九年（1870）卒。著有《亦舫隨筆》《秦川焚餘草》。

胡嵩年　字鏡舫。江西峽江縣人。道光十二年二甲九十七名進士。選庶吉士，散館改福建長汀知縣，十九年調福清知縣加同知銜，二十一年改補甘肅平番知縣，兼代莊浪同知。以疾歸。行至陝西漢中卒。

彭元海　字萊門。湖北雲夢縣人。道光八年舉人，十三年二甲九十八名進士。浙江永康知縣，丁憂服闋，二十三年補河南長葛和縣、固始知縣。

楊寶樹　直隸遷安縣人。道光十三年二甲九十九名進士。任户部主事。

曾克敬　字芷潭。廣西平樂縣人。道光十三年二甲一百名進士。選庶吉士，授編修。任武英殿協修。

第三甲一百一十七名

陰豐潤　山東肥城縣人。道光十三年三甲第一名進士。任吏部主事，升員外郎、郎中，改禮部郎中。後任南河工員。

張炳　字文庵。甘肅皋蘭縣人。道光十三年三甲第二名進士。十六年任四川榮昌知縣，改安徽天長知縣，二十四年改太和知縣，咸豐元改寧夏府教授。

徐耀　字鶴榮，號寶山。順天宛平縣人。道光十三年三甲第三名進士。選庶吉士，授檢討。二十三年任陝西道御史，二十四年任福建延平知府，二十七年官至福建泉州知府。

王樹滋　字曉坪，號小屏。奉天承德縣人。道光十三年三甲第四名進士。選庶吉士。未散館，作終養歸。以文學自娛。著有《蔬香館詩集》。

兄王蕙滋，道光六年進士。

王黻　字贊元、淡春。江西玉山縣人。道光十三年三甲第五名進士。任山西夏縣知縣。在任九年，年四十一告歸。逾年卒。

陶春元　字梅林。江西新建縣人。道光十三年三甲第六名進士。十五年任四川樂山、安縣知縣，十六年二月卸任，十九年改浙江平湖知縣，二十四年署浙江遂安知縣。

廣勇　滿洲正紅旗人。道光十三年三甲第七名進士。十四年任直隸無極知縣，十五年改大名知縣，十六年改清苑知縣，十七年改直隸邯鄲知縣，十八年改雞澤知縣，二十年遷灤州知州，二十五年遷直隸趙州直隸州知州，二十六年擢直隸河間知府，改天津知府，咸豐元年官至山東沂州府知府，七年改江西南安知府。

董作梅　字曜仙。山東鄒縣人。道光十三年三甲第八名進士。選庶吉士。

存 葆　字芸翹，號秀岩。漢軍正黃旗人。道光十三年三甲第九名進士。任吏部主事，升員外郎，二十八年任江南道御史，咸豐三年遷江蘇揚州知府，五年改江寧知府，同治八年改淮安知府，至十三年。

李恩霖　（一作恩霖）字祥穀，號夢岩。漢軍正白旗。道光十三年三甲第十名進士。十六年任山東萊蕪縣知縣，二十六年改湖南嘉樂知縣，二十九年任湖南安福知縣。

盧同伯　廣東順德縣人。道光十三年三甲十一名進士。任刑部主事。

李烈文　字秀廷。湖北沔陽州人。道光五年舉人，十三年三甲十二名進士。任江西新喻知縣，改崇義知縣。年未五十解組歸。

吳士俊　字傅岩。直隸天津縣人。道光十三年三甲十三名進士。十七年任湖南辰溪知縣，二十一年改零陵知縣，二十五年任湖南郴州知州，官至湖南長沙府知府。以病乞歸，光緒九年（1883）卒，年八十四。著有《易義訴源》四十卷。

唐 簡　河南新鄭縣人。道光十三年三甲十四名進士。二十九年署曹河同知，咸豐四年任曹州府通判，遷刑部主事，八年官至雲南大理府知府。

王恩霈　安徽鳳陽縣人。道光十三年三甲十五名進士。十四年署長寧知縣，改江西高安知縣。卒於任。

李 樾　字春芳，號果亭。雲南麗江縣人。道光十三年三甲十六名進士。選庶吉士。二十五年改山東定陶知縣。

王蘭新　字春湧，號正亭。安徽霍山縣人。道光十三年三甲十七名進士。署廣東東安、清遠、遂溪、電白、澄海、等縣知縣，補惠來知縣，以知州用，年老思歸。二十五年改潁州府教授。

高 樞　福建長樂縣人。道光十三年三甲十八名進士。任河南正陽知縣。

吳頡鴻　（原名吳鴻謨）字嘉之，號箔江。江蘇上元縣人。道光十三年三甲十九名進士。任山西五台、靈石、臨汾知縣，補崞縣知縣，升署山西平陽府通判，官至山西代州知州。卒於崞縣。爲"毗陵後七子"之一（七子爲：吳頡鴻、莊縉度、趙申嘉、陸容、徐廷華、汪士進、周儀顥）。

郭維鍵　四川資州人。道光十三年三甲二十名進士。任工部營繕司主事。

毓 科　字條卿，號又坪。滿洲正藍旗，他塔喇氏。嘉慶十九年十二月十六日（1815年1月）生。道光十三年三甲二十一名進士。任刑部主事，二十二年任直隸宣化知府，二十七年改寧夏知府，遷直隸口北道，改新疆鎮迪道，咸豐六年授湖南按察使改江西按察使，遷江西布政使，十年閏三月授江西巡撫。

十一年因攻剿太平軍不利革。同治元年二月充西寧辦事大臣。二年以病免職。

雷五福　字疇九。陝西朝邑縣人。道光十三年三甲二十二名進士。任直隸武邑知縣，二十四年改南宮知縣、衡水知縣，二十七年改交河知縣。卒年七十二。

張鏡淳　江蘇武進縣人。道光十三年三甲二十三名進士。十六年署山東黃縣知縣，三十年改江蘇蘇州府教授。咸豐十年（1860）太平軍攻入蘇州城卒。

蘇呼訥　滿洲鑲黃旗人。道光十三年三甲二十四名進士。任工部主事，道光二十三年纍遷直隸宣化知府，改河間知府，二十六年任保定知府，官至山西歸綏道。

王汝和　江西信豐縣人。道光十三年三甲二十五名進士。十五年署四川峨嵋知縣。

李翰昌　廣東德慶州人。道光十三年三甲二十六名進士。

譚廷襄　字思贊，號竹崖。浙江山陰縣人。嘉慶十年（1805）八月初三日生。道光十三年三甲二十七名進士。選庶吉士，任刑部主事，遷郎中，二十七年外任直隸永平知府，改保定知府、順天府尹。咸豐五年授刑部侍郎，六年調陝西巡撫，十二月署直隸總督。因悾怯無能八年革。九年以三品署陝西巡撫，十一年調山東巡撫，同治元年授東河總督。因贊太后垂簾，遂内用，三

年調刑部侍郎，歷工部、户部侍郎，六年十月遷左都御史，十二月改任刑部尚書。同治九年（1870）四月初七日卒，年六十六。贈太子少保，謚“端恪”。

葉儁昌　山東聊城縣人。道光十三年三甲二十八名進士。十四年任順天府平谷知縣，二十九年改廣東英德知縣，遷廣東代州知州。

夏廷榘　字仲潔，號石珊。江西新建縣人。道光十三年三甲二十九名進士。選庶吉士，授檢討。二十年充貴州鄉試副考官，官至侍讀學士。

爲嘉慶七年進士夏修恕次子。

博迪蘇　字露庵。蒙古正白旗人。道光十三年三甲三十名進士。選庶吉士，授檢討。纍遷翰林院侍讀學士，二十年授詹事，二十一年改大理寺卿，二十三年遷左副都御史，改禮部侍郎，二十四年改盛京工部侍郎。病免。

杜錫衍　字載坤，號梅村。順天宛平縣人。道光十三年三甲三十一名進士。山東候補知縣。

喬邦憲　字斌甫，號蓉生、浚泉。山西徐溝縣人。道光十三年三甲三十二名進士。選庶吉士。授檢討。二十年考選湖廣道監察御史。

劉德熙　字穆士。江西長寧縣人。道光十三年三甲三十三名進士。選庶吉士，散館二十三年改湖南臨湘知縣，二十五年任耒陽縣知縣。卒於任。

黃廷璠 （一作黃庭璠）雲南昆明縣人。道光十三年三甲三十四名進士。選庶吉士，授檢討。

談素勛 字默庵。江蘇丹徒縣人。道光十三年三甲三十五名進士。任山西岳陽知縣，改安澤知縣，改山東惠民知縣，二十年改江蘇常州府教授。

封躬 直隸平山縣人。道光十三年三甲三十六名進士。任陝西知縣。

童單 湖南寧鄉縣人。道光十三年三甲三十七名進士。十九年任貴州畢節知縣，二十四年升貴州定番知州，二十五年官至黔西知州。

端木國瑚 字子彝，號鶴田、井伯、太鶴山人。浙江青田縣人。乾隆三十八年（1773）二月初十日生。中舉人後任浙江歸安教諭十五年，道光十年改內閣中書。十三年三甲三十八名進士（時年六十一）。仍任內閣中書。後乞歸，居家閉門著書。道光十七年（1837）九月二十二日卒。年六十五。著有《周易指》《太鶴山人詩集》《文集》《地理元文注》《辨正圖說》《周易葬說》等。

吳湘 字衡川。四川郫縣人。道光十三年三甲三十九名進士。任戶部主事，官至廣東惠州知府。

周其慤 字恂之，一字嘯巖。江蘇嘉定縣人。道光十三年三甲四十名進士。十五年任福建歸化知縣。自幼力學，能詩文，善書畫。

宋載賡 字子颺，號贊廷。順天宛平縣人，原籍浙江會稽。道光十三年三甲四十一名進士。任刑部主事，咸豐四年任山西隰州知州。

溫予巽 字季木，號東川。陝西漢陰縣人。乾隆四十九年（1784）閏三月初二日生。道光十三年三甲四十二名進士。選庶吉士，授檢討。十八年任江蘇揚州知府，二十年遷湖北荊宜施道，改河南鹽道、廣東鹽運使，二十三年授江西按察使，二十七年遷直隸布政使，二十九年改甘肅布政使，曾代理陝甘總督。爲權貴中傷罷職，後飲酖自盡。

章業 字敬叔、慧叔，號十湖。浙江山陰縣人。道光十三年三甲四十三名進士。十五年代理江西進賢知縣，十六年任江西安義知縣。

楊松磐 雲南浪穹縣人。道光十三年三甲四十四名進士。道光二十三年任湖北恩施知縣，咸豐元年改湖北應城知縣、石首知縣。

何家駒 字春谷。安徽廬江縣人。道光十三年三甲四十五名進士。選庶吉士。改山東章丘縣知縣，十五年調山東博山知縣，二十六年十二月任蓬萊知縣，二十八年署福山知縣，三十年升東昌府水利同知，官至知府。

戴鴻恩 （原名戴宏恩）字疊峰。安徽合肥縣人。道光十三年三甲四十六名進士。十四年任湖南城步知縣，加知州銜，補興寧知縣。歸里。杜門讀書，主講廬州、無爲、巢縣、泗州書院，年七十四卒。著有《棲雲樓文集》。

桂超萬　字玠舟，號丹盟。安徽貴池縣人。乾隆四十九年（1784）正月初二日生。道光十三年三甲四十七名進士。十四年任江蘇陽湖知縣，十六年改直隸欒城知縣，調萬全、豐潤知縣，遷北運河務關同知，二十三年擢直隸宣化知府，調江蘇揚州知府，二十六年改蘇州知府，二十九年遷福建汀龍漳道，乞病歸。同治年署福建糧儲道、署福建按察使。同治二年（1863）八月卒於官。年八十。著有《惇裕堂文集》《宦游紀略》《養浩齋詩稿》。

裘寶鏞　直隸河間縣人。道光十三年三甲四十八名進士。二十三年任河南河內知縣，官至河南懷慶府知府。

羅衡　（原名羅天衡）字尚柄，號玉廷。四川合州人。道光十三年三甲四十九名進士。十五年任江蘇荊溪知縣，十九年署宜興知縣。

德齡　字菊泉，號夢九。蒙古正黃旗人。道光十三年三甲五十名進士。任工部主事，纍遷翰林侍讀學士，二十五年任詹事，遷內閣學士，改英吉沙爾領隊。

陳鎔　字仲王。四川涪州人。道光十三年三甲五十一名進士。十四年任浙江龍泉知縣。

雷崟　字松亭，號星泉。四川墊江縣人。道光十三年三甲五十二名進士。任山東安丘知縣，十六年署山東利津知縣，十七年調濟陽知縣，改福建建安、甌寧、惠安、福鼎知縣，咸豐元年調廣西天河、宜山、懷遠等縣，升用直隸州知州。

溫廷獻　福建武平縣人。道光十三年三甲五十三名進士。任浙江即用知縣。

英瑞　字毓芷，號彥甫。正藍旗宗室。道光十三年三甲五十四名進士。任刑部主事，遷國子監司業，官至少詹事。復降主事。

何森林　字松皇。福建侯官縣人。道光十三年三甲五十五名進士。十五年任江蘇宜興知縣，十七年補任江蘇海州、贛榆知縣，二十二年改碭山知縣，二十八年署江蘇通州知州。

劉用賓　字觀亭、清輔。湖北松滋縣人。道光二年舉人，十三年三甲五十六名進士。選庶吉士，改四川樂山知縣，十九年署遂寧知縣，二十一年署峨嵋知縣，官至嘉定知府，候補道。年四十乞假歸。優游林下三十年卒。著有《藜照堂詩文鈔》。

張齡　安徽蕪湖縣人。道光十三年三甲五十七名進士。任廣東知縣。

吳林光　字佩芳。廣東南海縣人。道光十三年三甲五十八名進士。十三年署江西吉水知縣，改南康知縣，十七年授鉛山知縣。二十四年以盜案罣吏議歸。逾年卒。

陳芝齡　字介屏，號天渠。浙

江開化縣人。道光十三年三甲五十九名進士。十四年署江西武甯知縣，十五年改靖安知縣，補南康知縣，調德化知縣。卒於任。

徐　清　雲南宜良縣人。道光十三年三甲六十名進士。官至吏部驗封司郎中。

張集鑑　山西洪洞縣人。道光十三年三甲六十一名進士。任吏部主事。

張鵬翼　陝西咸陽縣人。道光十三年三甲六十二名進士。任户部主事。

郎　盼　字曉若。山東濰縣人。道光十三年三甲六十三名進士。任河南淇縣知縣。卒年七十一。

道光九年進士郎昀弟。

張崇恪　四川射洪縣人。道光十三年三甲六十四名進士。署廣東茂名知縣，十九年任廣東花縣知縣，署廣東廉州、雷州知府、惠州知府，特用道。

德　成　蒙古正黄旗人。道光十三年三甲六十五名進士。十五年署浙江慈溪知縣，改福建南靖知縣。

李維藩　奉天義州人。道光十三年三甲六十六名進士。任刑部主事，官至刑部員外郎。

詹　璈　廣東饒平縣人。道光十三年三甲六十七名進士。

馬逢皋　雲南太和縣人。道光十三年三甲六十八名進士。十四年任四川昭化知縣，十七年改夾江知縣，十九年署樂山知縣，二十四年

改福建南靖知縣，咸豐四年調臺灣嘉義知縣。

王丕顯　字西樓、伯康。山西五臺縣人。道光十三年三甲六十九名進士。十四年任浙江甯海知縣，十五年署石浦同知，十八年改浙江富陽知縣，十九年秀水知縣，二十五年鎮海知縣，二十六年歸安知縣，二十八年署慈溪知縣，三十年長興知縣。丁父憂歸，以母老遂不出。

王鼎彝　山西介休縣人。道光十三年三甲七十名進士。任貴州仁懷知縣。

林上砥　福建永福縣人。道光十三年三甲七十一名進士。山東即用知縣，任山東清平知縣。

袁銘泰　江西豐城縣人。道光十三年三甲七十二名進士。三十年任廣東陸豐知縣，改廣州府虎門同知，官至廣東高州知府。

黄懋祺　（初名黄庭經）字信範、巽甫。福建閩縣人。道光十三年三甲七十三名進士。二十年任四川南溪知縣，調崇甯、鄲都知縣。家藏書萬卷。著有《詒雨山房詩鈔》《入蜀日記》《政餘隨筆》《群經考異》等。

晏承仲　（《進士題名碑》作晏承冲，誤）河南光山縣人。道光十三年三甲七十四名進士。十五年任江蘇東臺知縣，十八年改桃源知縣，二十年任江蘇睢寧知縣。

唐金鑑　廣東新會縣人。道光十三年三甲七十五名進士。十四年

署四川儀隴知縣，十五年署南川知縣，十七年十一月任四川遂寧知縣。

朱其榮 順天宛平縣人。道光十三年三甲七十六名進士。

孔昭慈 字雲心，號雲鶴、文燕。山東曲阜縣人。孔子七十一代裔孫。乾隆六十年（1795）十月初十日生。道光十三年三甲七十七名進士。選庶吉士。任廣東饒平知縣，二十五年改福建古田知縣，進邵武府同知，咸豐四年擢臺灣府知府，晉臺灣道（二品銜）兼學政。同治元年（1862）三月二十三日臺灣漳化民變，城陷戰亡，卒年六十八。予雲騎尉世職，謚"剛介"。

蔣　瑾 廣西臨桂縣人。道光十三年三甲七十八名進士。

楊蔚春 （原名楊亦錞）湖南寧鄉縣人。道光十三年三甲七十九名進士。任刑部主事。

盧贊虞 福建壽寧縣人。道光十三年三甲八十名進士。任山西浮山知縣。

朱士廉 江蘇寶應縣人。道光十三年三甲八十一名進士。二十八年任河南固始知縣。

董正官 字鈞伯。雲南太和縣人。道光十三年三甲八十二名進士。二十年任福建長泰知縣，二十一年改霞浦知縣，特授臺灣噶瑪蘭廳（今臺灣宜蘭）通判。撰修《噶瑪蘭廳志》。

徐啓宇 山東濰縣人。道光十三年三甲八十三名進士。任安徽巢縣知縣。

高步蟾 直隸宣化縣人。道光十三年三甲八十四名進士。十六年任陝西榆林知縣。

袁鍾慧 河南睢州人。道光十三年三甲八十五名進士。

魏玉峰 陝西富平縣人。道光十三年三甲八十六名進士。任甘肅知縣。

文在瀛 山西曲沃縣人。道光十三年三甲八十七名進士。二十二年任直隸井陘知縣，二十四改大名知縣，改大名府同知。

洪玉珩 字善甫、雲洲。貴州大定府人。道光十三年三甲八十八名進士。十四年署江蘇荊溪知縣，十七年補華亭知縣，二十一年任江蘇元和知縣，以候補知府署太倉州知州，二十五年遷徐州知府，官至江安糧道。

杜　浣 字醉白。江西新建縣人。道光十三年三甲八十九名進士。選庶吉士。改江蘇豐縣知縣。

樊　椿 直隸天津縣人。道光十三年三甲九十名進士。仕吏部主事，升吏部員外郎，二十八年官至湖北襄陽府知府。

王麟瑞 字崇洋。山東福山縣人。道光十三年三甲九十一名進士。任直隸武邑縣知縣，二十一年改山東沂州府教授。

子王大輅，道光三十年進士。

李步瀛 河南商城縣人。道光十三年三甲九十二名進士。十三年任直隸廣宗知縣，改直隸雞澤知縣，二十三年遷直隸滄州知州，三十年任撫寧知縣，咸豐元年改直隸安州知州，三年改高陽知縣。

童　輔　湖北江夏縣人。道光十一年舉人，十三年三甲九十三名進士。十五年任直隸唐縣知縣，改廣西臨桂知縣。

王鳳翥　貴州玉屏縣人。道光十三年三甲九十四名進士。二十年署四川簡州，二十二年任四川中江知縣，三十年改井研知縣，咸豐七年復任井研知縣。

蘇蘭第　號香楣。陝西府谷縣人。道光十三年三甲九十五名進士。十五年任湖北嘉魚知縣，十六年改通山知縣。

王紹曾　江蘇丹徒縣人。道光十三年三甲九十六名進士。授知縣，官至吏部郎中。

吳保臨　河南祥符縣人。道光十三年三甲九十七名進士。官至吏部員外郎。

葉式曾　河南魯山縣人。道光十三年三甲九十八名進士。

劉文典　字徽五。山東濰縣人。道光十三年三甲九十九名進士。任內閣中書。

舒　鈞　字石甫。滿洲鑲白旗人。道光十三年三甲一百名進士。二十三年任四川筠連知縣，二十六年改羅江知縣。

許本塘　字茨堂、霽堂。湖北天門縣人。道光十三年三甲一百零一名進士。選庶吉士，改主事，咸豐八年遷江西瑞州知府，九年署南昌知府，同治元年實授南昌知府，官至署江西鹽法道。

張　涵　山西鳳臺縣人。道光十三年三甲一百零二名進士。十七年任山東新泰知縣，二十年改山東諸城知縣，二十三年改鄒平知縣，二十四年任萊陽知縣。

施壽椿　雲南浪穹縣人。道光十三年三甲一百零三名進士。

李　鈞　河南寧陵縣人。道光十三年三甲一百零四名進士。二十七年任廣西凌雲知縣，咸豐四年署順天府尹。

陳景良　陝西韓城縣人。道光十三年三甲一百零五名進士。任吏部主事。

王錫九　（原名王恩植）字蘭史。山西汾陽縣人，原籍浙江山陰。道光十三年三甲一百零六名進士。歷任江蘇嘉定、昭文、丹陽、元和、青浦、華亭、長洲、奉賢、吳縣等縣知縣。丁憂歸，服除不久哀毀卒。

文　秀　蒙古鑲藍旗人。道光十三年三甲一百零七名進士。

王　槐　字蔚岑。江西南昌縣人。道光十三年三甲一百零八名進士。任河南新鄭知縣。

孔昭然　山東曲阜縣人。道光十三年三甲一百零九名進士。十六年任直隸無極知縣，十九年改直隸臨榆知縣，二十一年署樂亭知縣，二十三年回任臨榆知縣。

福昌阿　號介五。滿洲鑲藍旗人。道光十三年三甲一百十名進士。十四年署四川西充知縣，十六年署四川梓桐知縣，十七年任永川知縣，二十五年改湖北廣濟知縣，二十六年改黃梅知縣，咸豐元年改湖北崇陽知縣。卒於任。

蔣士麒　（原名蔣搏南）字幼谷。江蘇常熟縣人。道光十三年三甲一百十一名進士。初任浙江金華、仙居、象山、嵊縣知縣，十八年補奉化知縣，後入京都揀選兵馬司指揮，調湖南嘉樂知縣。未上任卒於京。

春　熙　滿洲正黃旗人。道光十三年三甲一百十二名進士。道光二十二年任四川大足知縣。

蘇元峨　直隸交河縣人。道光十三年三甲一百十三名進士。任山西靈丘知縣，二十四年改鳳臺知縣，調交城知縣，咸豐四年改直隸永平府教授。

張樹本　字潤圃，號務村。直隸滄州人。道光十三年三甲一百十四名進士。任山西洪洞知縣，署萬全縣，改甘肅寧朔知縣，二十一年補靈臺知縣。

翟宮槐　（原名翟芳桐）字蔭堂。山東壽光縣人。道光十三年三甲一百十五名進士。十四年任直隸曲周知縣，十五年改無極知縣，十六年改南宮知縣，二十年十二月改順天府永清知縣，二十一年十月任順天府固安三角淀通判。

康孔昭　江西廬陵縣人。道光十三年三甲一百十六名進士。十七年任山西盂縣知縣。三十年復任。

徐　卓　字陶友。安徽休寧縣人。道光十三年三甲一百十七名進士。主講黟祁書院。

道光十五年（1835）乙未科

第一甲三名

劉繹 字景芳，號瞻岩。江西永豐縣人。嘉慶二年（1797）八月二十一日生。道光十五年一甲一名狀元。任修撰。入值南書房。十七年督山東學政，以親老乞歸。主講鷺洲書院及青原書院十年。咸豐八年以三品京堂銜督辦江西團練，抵抗太平軍。同治初復召入京時年已七十，以老辭。光緒四年（1878）卒。年八十二。著有《崇正黜邪論》《存吾春齋文鈔》《詩鈔》等。

曹聯桂 （原名曹本基）字子固，號馨山。江西新建縣人。道光十五年一甲第二名榜眼。授編修。二十二年署淮安知府，二十四年任里河同知，三十年任宿北同知，官至湖南衡州知府。

喬晉芳 字春皋，號心農。山西聞喜縣人。道光十五年一甲第三名探花。授編修。後改戶部主事，充軍機章京，二十九年任湖南常德知府，咸豐二年改長沙知府，署糧儲道。辭官後，主講河東書院。工書法，善詩文。

第二甲一百一十七名

張芾 字黼侯，號小浦。陝西涇陽縣人。嘉慶十九年（1814）生。道光十五年二甲第一名進士。選庶吉士，授編修。十九年充廣東鄉試主考官，纍遷少詹事，二十三年充江西鄉試主考官，督江蘇學政，二十四年授內閣學士。二十五年遷工部侍郎改吏部侍郎，二十九年督江西學政，咸豐二年改刑部侍郎，八月署十二月授江西巡撫。四年太平軍攻破九江，正月革職。九年十月以候補三品京堂授左副都御史。十年八月丁憂，十一年督辦陝西團練事宜。同治元年（1862）前往渭南招撫回民起義軍，五月十三日於倉頭鎮遇害。年四十九。諡"文毅"，予騎都尉兼一雲騎尉世職。

徐豐典 （原名徐鏞，以字行）號石林。浙江仁和縣人。道光十五年二甲第二名進士。選庶吉士，散館改戶部主事。

陶慶增 字吟筠。江蘇吳縣人。道光十五年二甲第三名進士。選庶吉士，授編修。道光二十年任山東登州知府，調山東武定府知府，二十三年官至濟南知府，加道銜。母喪不及百日哀毀卒。以孝子旌。

彭崧毓 字于蕃、漁帆，號稚宣。湖北江夏縣人。道光十二年舉人，十五年二甲第四名進士。選庶吉士，改雲南浪穹知縣，調昆明知縣，歷騰越州同知、昭通府大關廳同知、永昌府同知，三十年遷永昌知府，擢雲南迆西道。告歸。著有《求是齋文存》《緬述》。

張廷選 字子青，號午橋。甘肅狄道州（今臨洮）人。道光十五年二甲第五名進士。選庶吉士，授編修。十七年充福建鄉試副考官。以親老乞歸。主講蘭山書院。

龍元僖 字仰爲，號蘭移。廣東順德縣人。道光十五年二甲第六名進士。選庶吉士，授編修。二十六年督山西學政，遷國子監祭酒，咸豐三年授太常寺卿。病休。八年命爲團練大臣。在家鄉辦理團練。

喻增高 字鳳岡。江西萍鄉縣人。道光十五年二甲第七名進士。選庶吉士，授編修。十七年充湖南鄉試主考官，官至左庶子。著有《澹香齋遺書稿》。

葉琚 字伯華。安徽桐城縣人。道光十五年二甲第八名進士。

選庶吉士。授編修。

金濂 字讓水，號稚伯。浙江仁和縣人。道光十五年二甲第九名進士。選庶吉士。未散館。

蔣德福 （改名蔣德馨）字心香。江蘇長洲縣人。道光十五年二甲第十名進士。任工部主事。咸豐年間以罣誤去官歸里。主書院講席，晚年主正誼書院。卒年八十四。著有《且園雜體文存》。

陶恩培 字益芝，號問雲。浙江會稽縣人。嘉慶七年（1802）七月二十七日生。道光十五年二甲十一名進士。選庶吉士，授編修。二十四年任山東道御史，三十年充會試同考官，咸豐元年外任湖南衡州知府，二年擢湖南按察使遷山西布政使，改江蘇布政使，四年九月授湖北巡撫。咸豐五年（1855）太平軍攻陷武昌，二月十七日投塘卒，年五十四。謚"文節"，予騎都尉兼一雲騎尉世職。

余春照 字鬱溪，號藹人。廣西融縣人。道光十五年二甲十二名進士。選庶吉士，改戶部湖廣司主事。

廖朝翼 字東崖。四川榮縣人。道光十五年二甲十三名進士。選庶吉士，改知縣，官至浙江同知。著有《寶硯齋文稿》。

鄭敦謹 字筱三，號小山。湖南長沙縣人。嘉慶八年（1803）十月初三日生。道光十五年二甲十四名進士。選庶吉士。任刑部主事，升郎中，三十年外任山東登州知府，遷河南南汝光道，咸豐二年授廣東布政使，改河南布政使，四年署河南巡撫。五年授太常寺少卿，督山東學政，十年遷太常寺卿改大理寺卿，同治元年授山西布政使改直隸布政使，三年遷東河總督。四年改任湖北巡撫，調戶部侍郎改刑部侍郎，六年十二月遷左都御史，七年三月改工部尚書，八年六月調兵部尚書，九年四月改刑部尚書。十年七月以病免。光緒十一年（1885）六月初九日卒，年八十三。謚"恪慎"。

呂賢基 字義音，號鶴田。安徽旌德縣人。嘉慶十一年（1806）八月三十日生。道光七年任江蘇高淳知縣。十五年二甲十五名進士。選庶吉士，授編修。二十二年任湖廣道御史改山東道御史，遷禮科給事中，升鴻臚寺卿。咸豐元年超擢工部侍郎。咸豐三年（1853）督辦安徽防剿太平軍事務。十月二十九日於舒城城破時投水自盡，年四十八。贈尚書銜。謚"文節"。予騎都尉世職。

周恩綬 字艾衫，號小沙。江蘇丹徒縣人。道光十五年二甲十六名進士。選庶吉士，授編修。因事罷官。工詩、古文、詞。主講河南上蔡書院。著有《享掃齋詩文集》。

畢　至 字春亭。湖北蘄水縣人。道光八年舉人，十五年二甲十七名進士。授工部主事，升員外郎、營繕司郎中，咸豐元年官至陝西漢中府知府。

胡應泰 字懷江，號芸竹、階平。順天大興縣人，原籍浙江山陰。道光十五年二甲十八名進士。選庶吉士，授編修。二十四年充山東鄉試副考官，二十七年官至福建延平知府，署延津邵道。

方培之 字厚栽，號子畬、少牧。浙江仁和縣人。道光十五年二甲十九名進士。任禮部主事，升郎中，咸豐四年授山東道御史，改京畿道御史，官至雲南臨安府知府。

鄭獻甫 （原名鄭存紵，以字行）號小穀。廣西象州人，嘉慶六年（1801）正月二十三日生。道光十五年二甲二十名進士。任刑部主事。以親老乞養歸。巡撫奏保賞五品銜，主講象臺、秀峰、桂山、榕湖及廣東越華書院。同治十二年（1873）十月卒。年七十二。著有《手批十三經注疏》《四書經注集證》《補學軒詩文》《象州志》《家紀》《制藝雜話》《補學軒軒藝》等。

葉名琛 字芸珍，號昆臣。湖北漢陽縣人。嘉慶十二年（1807）十一月二十三日生。道光十五年二甲二十一名進士。選庶吉士，授編修。遷陝西興安府知府，道光十九年遷山西雁平道，改江西鹽道，二十一年授雲南按察使，遷湖南布政使，改江寧、甘肅、廣東布政使，二十八年遷廣東巡撫，二十九年封一等男，咸豐元年加太子少保。三年授兩廣總督。四年被天地會軍圍困於廣州城內。被解救後，曾大量屠殺。五年九月授協辦大學士，十二月遷體仁閣大學士。留廣督任。英人發動第二次鴉片戰爭，他疏於防備，廣州攻陷被俘後送往印度。咸豐八年（1858）三月二十三日以絕食卒於加爾各答（一作咸豐九年三月初七日病故於印度孟加拉大里恩寺）。年五十二。廣東人憾其誤國，稱其爲"不戰、不和、不守、不死、不降、不走；相臣度量，疆臣報負；古之所無，今之罕有。"

張　銓　字寅階，號翼南。山東利津縣人。道光十五年二甲二十二名進士。任刑部主事，升郎中，三十年外任江蘇常州府知府，咸豐三年署蘇松常鎮道。丁憂歸。著有《愛山室詩存》。

瑞　徵　字件熙，號保堂。蒙古正白旗。道光十五年二甲二十三名進士。選庶吉士。道光十七年任直隸滿城知縣，改雲南劍州知州。

崇杞林　字鬱堂，號壽南、怡樵。安徽天長縣人。道光十五年二甲二十四名進士。選庶吉士，改知縣，十九年任陝西甘泉知縣，官至陝西鹿州知州。

趙振祚　字伯厚，號芝舫。順天宛平縣人，原籍江蘇武進。嘉慶十年（1805）生。道光十五年二甲二十五名進士。選庶吉士，授編修。二十二年遷詹事府左春坊左贊善，二十六年充順天鄉試同考官，咸豐三年太平天國占南京後，自請歸本

籍辦團練，遂歸。六年解丹陽圍，加侍講銜，咸豐十年（1860）四月初六日戰死江蘇常州。年五十六。贈太僕寺卿銜。著有《明堂考》。

爲康熙九年進士户部尚書趙申喬第六世孫。

春　熙　字介軒。滿洲鑲藍旗。道光十五年二甲二十六名進士。選庶吉士，散館改刑部主事，十七年充順天鄉試同考官，二十五年遷甘肅涼州知府，二十九年由甘肅甘涼道遷山西按察使，改任江西、湖南按察使署湖南布政使。咸豐元年調雲南按察使，四月解職召京，任三四品京堂候補。

蔡　燮　字鼎臣，號耘梅。江西德化縣人。道光十五年二甲二十七名進士。任吏部考工司主事，升員外郎，咸豐四年授江南道御史，遷刑科、户科給事中，咸豐九年官至廣東肇羅道、雷瓊道。

何裕承　字小笠，號啓齋。河南祥符縣（今開封）人。道光十五年二甲二十八名進士。選庶吉士，授編修。任翰林院侍讀學士，二十七年遷詹事，二十九年任内閣學士。咸豐元年罷職。

黃宗漢　字季雲、恕堂，號坡友、壽臣。福建晉江縣人。嘉慶八年（1803）八月十八日生。道光十五年二甲二十九名進士。選庶吉士，改任兵部主事、軍機章京、員外郎、郎中，二十二年考選山東道御史，升給事中，外任廣東督糧道、

雷瓊道。道光二十八年授山東按察使改浙江按察使，咸豐元年遷甘肅布政使，二年五月授雲南巡撫（未任）改浙江巡撫，四年九月遷四川總督。六年八月召京署刑部侍郎補内閣學士，七年十二月授兩廣總督，九年四月復任四川總督。十一月召京任候補侍郎，十年三月署吏部侍郎九月實授。十一年十一月被劾與肅順結交，革職永不叙用。同治三年（1864）卒，年六十二。著有《浙江海運全案》。

易炳晃　江西分宜縣人。道光十五年二甲三十名進士。十七年任直隸曲陽知縣，二十六年署直隸容城知縣、博野知縣，任豐潤知縣。

葉爲珪　湖北蘄水縣人。道光十一年舉人，十五年二甲三十一名進士。十八年湖南江華知縣，改耒陽知縣。

陳　壇　字杏江，號少文、約齋。河南商丘縣人。道光十五年二甲三十二名進士。選庶吉士，授編修。二十二年任福建道御史，二十三年督湖南學政，官至禮科掌印給事中。

上官懋本　字蓉湖。福建光澤縣人。道光十五年二甲三十三名進士。任刑部主事，二十八年任直隸唐山知縣，咸豐三年改直隸無極知縣，遷晋州知州。

陳鶴年　字仙儕，號露坪。直隸南宫縣人。道光十五年二甲三十四名進士。選庶吉士，改刑部主事，升郎中，咸豐七年授浙江道御史，京察一等授四品京堂。後以憂歸。卒年七十九。

李維醇　字春醴，號醴泉。順天大興縣人，原籍浙江鄞縣。嘉慶十六年（1811）二月初四日生。道光十五年二甲三十五名進士。任刑部主事，升奉天司郎中，咸豐三年任山東沂州府知府，官至湖南衡永郴桂兵備道。

葉朝采　字方泉，號小鞠。浙江錢塘縣人。道光十五年二甲三十六名進士。十九年署四川梁山知縣，二十一年任四川羅江知縣，二十二年改巴縣知縣，二十三年回任羅江縣，二十八年改四川成都知縣，遷邛州直隸州。

吴式芬　字子苾，號誦孫。山東海豐縣人。道光十五年二甲三十七名進士。選庶吉士，授編修。出任江西南安知府、臨江知府、建昌知府，二十四年署南昌知府，遷廣西左江道。二十七年授河南按察使，二十九年遷直隸布政使改貴州布政使，咸豐元年調陝西布政使，三年召京任鴻臚寺卿，督浙江學政，四年遷内閣學士。六年（1856）卒。著有《金石彙目分編》《攈古金文録》《泥封考略》《陶嘉書屋詩賦稿》等。

父吴侍曾，嘉慶十三年進士；兄吴式敏，嘉慶二十五年進士；吴式群，道光三年進士；孫吴峋，同治四年進士。一門五進士。

丁寶綸　雲南石屏州人。道光

十五年二甲三十八名進士。任户部主事。

父丁運泰，嘉慶十六年進士。

陳慶偕 字季同，號古歡、慈圃。浙江會稽縣人。嘉慶六年（1801）九月二十九日生。道光十五年二甲三十九名進士。任刑部主事、侍讀學士，道光二十三年授山東按察使，二十七年遷福建布政使，二十九年九月授山東巡撫。咸豐二年以病免職。

梁　熙 四川仁壽縣人。道光十五年二甲四十名進士。任刑部主事，遷江蘇司郎中，外任福建興化府知府，署福建興泉永道。

賈　瑜 字叔玉，號石齋。山西陽曲縣人。道光十五年二甲四十一名進士。選庶吉士，授編修。十七年充順天同考官，十九年任山東主考官。

李貞木 字承樸，號訥庵。浙江秀水縣人。道光十五年二甲四十二名進士。十六年任山西黎城知縣，十七年改山西高平知縣，以疾歸。二十三年任浙江嚴州府教授。

周　顎 貴州貴築縣人。道光十五年二甲四十三名進士。任兵部主事，三十年任湖南鹽法長寶道，官至雲南鹽運使。

父周際華，嘉慶六年進士；兄周頊，嘉慶二十五年進士；弟周灝，道光二十五年進士。

徐奏鈞 （《進士題名碑》作徐奉鈞，誤）江西金溪縣人。道光十五年二甲四十四名進士。十六年署湖北隨州知州，改應山知縣。

英　淳 （改名英寶）字琴南。滿洲鑲藍旗宗室。道光十五年二甲四十五名進士。改工部屯田司主事，二十六年充順天鄉試同考官，官至工部員外郎。

張積勛 字聚中，號米山。江西鉛山縣人。道光十五年二甲四十六名進士。十五年十一月代理山東長清知縣，十六年三月署山東德平知縣，改山東鄆城知縣。卒於任，年五十四。

嚴文瀚 字淵如，號少瀛。順天大興人，祖籍浙江會稽。道光十五年二甲四十七名進士。任吏部主事。

陶　汶 安徽天長縣人。道光十五年二甲四十八名進士。任工部主事。

何桂清 字叢山，號根雲、香雲。雲南昆明縣人。嘉慶二十一年（1816）四月二十六日生。道光十五年二甲四十九名進士。選庶吉士，授編修。歷詹事府贊善、太僕寺少卿，道光二十五年授光祿寺卿改太常寺卿、山東學政，二十七年遷內閣學士。二十八年授兵部侍郎歷户部、禮部、吏部、倉場侍郎，咸豐四年授浙江巡撫，六年因病去職。七年四月授兩江總督。十二月以克復鎮江城加太子少保，十年晉太子太保。後因常州失守輾轉逃生，四月革職就逮下獄。同治元年十月二十六日處斬。年四十七。

彭蘊章　字琮達，號咏莪、貽谷老人。江蘇長洲縣人。乾隆五十七年（1792）七月初七日生。兵部尚書彭啓豐曾孫。道光十五年二甲五十名進士。任工部主事、郎中、鴻臚寺少卿、光禄寺少卿，道光二十五年授宗人府府丞，遷都察院左副都御史，二十六年督福建學政，二十八年起歷工部、兵部、禮部侍郎。咸豐四年遷工部尚書、軍機大臣。五年授協辦大學士，六年遷文淵閣大學士，八年九月改武英殿大學士。十年九月休致。同治元年（1862）十一月初九日卒。享年七十九。諡“文敬”。著有《松風閣集》《讀書記》等。

曾祖彭啓豐，雍正五年狀元，兵部尚書。

張雲藻　（原名高鑄）字伯陶，號勵庵。江蘇儀征縣人。道光十五年二甲五十一名進士。選庶吉士，授編修，十七年充雲南鄉試副考官。二十年考選福建道御史，掌京畿道。二十二年任直隸霸昌道。二十五年授安徽按察使。二十八年遷廣西布政使。二十九年以病告歸，卒於家。

春　輅　字玉峰。滿州鑲藍旗人。道光十五年二甲五十二名進士。選庶吉士，散館改主事，官至左中允。

陳寶禾　字子嘉，號似穀。浙江錢塘縣人。道光十五年二甲五十三名進士。選庶吉士，授編修，道光二十四年充陝西鄉試副考官。二十六年以侍講再充陝西鄉試主考官。遷侍講學士，二十八年官至順天府丞。

父陳嵩慶，嘉慶六年進士，任吏部左侍郎。

范中行　字復詹。山東海豐縣人。道光十五年二甲五十四名進士。任安徽盱眙知縣，改銅陵知縣，以病卒於任。

朱龍光　江蘇丹徒縣人。道光十五年二甲五十五名進士。官至刑部郎中。

張景星　字粲亭，號庚堂。浙江嵊縣人。道光十五年二甲五十六名進士。選庶吉士，散館改安徽旌德知縣。

涂文光　順天大興縣人。道光十五年二甲五十七名進士。二十一年任甘肅永昌知縣，咸豐初改甘肅隆德知縣。

汪紹曾　字東牧，號又村。順天大興縣人，祖籍浙江仁和。道光十五年二甲五十八名進士。十七年任山東寧陽知縣，卒。

謙　福　蒙古鑲黃旗人。道光十五年二甲五十九名進士。任戶部主事，遷中允，官至侍讀、詹事府詹事。

朱　琦　字濂甫，號伯韓。廣西臨桂縣人。嘉慶八年（1803）生。道光十五年二甲六十名進士。選庶吉士，授編修。二十三年升福建道御史，與陳慶鏞等時稱“諫垣三直""四虎"之一。升給事中。二十六年告歸。在鄉辦團練，咸豐二年以守廣西有城功擢道員。八年助浙江巡撫王有齡贊軍事。十一年（1861）以杭嘉湖道據守杭州，十一月二十八日太平軍攻入杭州城破而死，年五十九。予三品蔭恤。著有《怡志堂詩文集》八卷、《來鶴山房詩鈔》《臺垣奏議》等。

陳績 雲南昆明縣人。道光十五年二甲六十一名進士。

羅惇衍 字兆蕃，號椒生。廣東順德縣人。嘉慶二十二年（1817）生。道光十五年二甲六十二名進士。選庶吉士，授編修。二十年充四川鄉試副考官，遷侍講、侍讀學士、通政副使，道光二十五年授太僕寺卿，二十六年督安徽學政，改通政使，咸豐二年授左副都御史，歷刑部侍郎、戶部侍郎，丁憂。十一年授左都御史，同治元年七月改戶部尚書。八年丁母憂。同治十三年（1874）卒。年五十八。謚"文恪"。著有《集義編》《百法百戒》《庸言》《孔子集語》等。

陳祚康 福建閩縣人。道光十五年二甲六十三名進士。任河南輝縣知縣，二十九年改任浙江湯溪知縣。

秦淳熙 字介庵，號蓮溪。江蘇六合縣人。道光十五年二甲六十四名進士。選庶吉士。任湖北興國知縣，十九年改浙江龍游知縣，丁母憂歸。在鄉主講旌德、黿山書院。

服闋仍任龍游知縣。卒於任。著有《木天清課》。

許虎拜 字揚休，號小叫。河南靈寶縣人。道光十五年二甲六十五名進士。十七年任湖北通城知縣，二十三年改四川夾江知縣。

李登瀛 廣西永淳縣人。道光十五年二甲六十六名進士。三十年任陝西白河知縣，咸豐三年卸，遷甘肅涇州知州。

閻慶元 （《進士題名碑》作閏慶元，誤）字春亭。山西榆次縣人。道光十五年二甲六十七名進士。任陝西清澗知縣，改寧夏知縣，調静寧州知州。未任卒。

李佐賢 字仲敏、竹朋，號石泉。山東利津縣人。道光十五年二甲六十八名進士。選庶吉士，授編修。二十四年充江西鄉試副考官，二十六年官至福建汀州府知府。家有藏書三萬卷。著有《古泉彙》《書畫鑒影》《武定詩鈔》《石泉書屋全集》《吾廬筆談》等。

陳嵩 （改名陳塑）字梅溪，號學山。四川開縣人。道光十五年二甲六十九名進士。選庶吉士，授編修。兩任順天同考官。

劉廷檢 字子恭。順天通州人。道光十五年二甲七十名進士。任戶部浙江司主事。

劉潛之 山東東平州人。道光十五年二甲七十一名進士。任山西永濟知縣。

杜翯 （《進士題名碑》作杜

翻，誤）字漢升，號筠巢。山東濱州人。嘉慶十三年十一月二十七日（1809年1月）生。道光十五年二甲七十二名進士。選庶吉士，授編修。纍遷少詹事，道光二十九年授詹事，遷内閣學士。咸豐元年授兵部侍郎，丁憂。五年授禮部，六年十月改户部侍郎。咸豐八年丁憂免。同治四年五月二日（1865）卒。

父杜受田，道光三年進士，協辦大學士；兄杜翰，道光二十四年進士，户部侍郎。

晏淳一（原名晏純一）號心田。江西廬陵縣人。道光十五年二甲七十三名進士。二十四年任安徽婺源知縣。

劉源濬 字禹卿，號曉川。順天永清縣人。道光十五年二甲七十四名進士。選庶吉士，授編修。二十五年纍遷至湖北荆州知府，二十六年武昌知府，加道銜。以目疾乞休歸。

兄劉源灝，道光三年進士，官雲貴總督。

張　鑅 字振齋，號振之。直隸南皮縣人。道光十五年二甲七十五名進士。選庶吉士，授編修。十七年充順天鄉試同考官，二十年督湖南學政，遷國子監司業，二十四年再充順天同考官，晋太常寺少卿。咸豐二年官至奉天府丞兼學政。

蘇廷魁 字德甫，號賡堂。廣東高要縣人。嘉慶五年（1800）八月十四日生。道光十五年二甲七十六名進士。選庶吉士，授編修。二十二年考選福建道御史，升工科給事中，外任河南開歸陳許道，同治三年授河南布政使，五年八月署東河總督。七年河决口革職留任，九年實授。十年八月召京以病回鄉。光緒四年（1878）卒。著有《蘇河督年譜》。

伍輔祥 字四友，號翰屏。四川綦江縣人。道光十五年二甲七十七名進士。任工部都水司主事，遷工部郎中，咸豐三年授陝西道御史，轉京畿道。官至吏科給事中。七年病假歸。

兄伍濬祥，道光十六年進士。

王青熙 字心潭，號春明。山東清平縣人。道光十五年二甲七十八名進士。十六年署江西永寧知縣，革，補東鄉知縣，丁憂服闋，授廣西富川知縣，改兵馬司指揮。乞終養歸。主講夏津書院十餘年，同治四年（1865）卒。

費蔭樟 字聞木，號小琳。直隸天津縣人。道光十五年二甲七十九名進士。任禮部主事，升郎中，二十九年授江西道御史，官至甘肅平慶涇道。

張敬修 字敏吾，號淑庵、雨農。湖南善化縣人。嘉慶六年（1801）生。道光十五年二甲八十名進士。任刑部浙江司主事，入貲同知，二十八年代理廣西百色直隸廳，假歸。詔起，以戰功擢廣西潯州知府，晋右江道，咸豐五年授廣西按察使，以潯州失陷革。咸豐九年授江西按察使。父母喪哀毀，十一年以病歸。遂不出，卒年六十三。

戚維禮 字履伯，號蘆溪。甘肅靖遠縣人。道光十五年二甲八十一名進士。選庶吉士，改工部主事，升員外郎。

孫慧惇 （一作孫惠惇）江蘇金匱縣人。道光十五年二甲八十二名進士。十七年任山東利津知縣。

為閩浙總督孫爾准之子。

曾世儀 字鴻階。湖北黃岡縣人。道光八年舉人，十五年二甲八十三名進士。十六年授直隸昌黎知縣，二十一年擢保定府同知，二十三年署天津府，改任直隸易州直隸州知州，二十四年改直隸遵化直隸州知州，同年五月遷直隸河間知府。

徐資乾 字惕若，號健堂。河南光州縣人。道光十五年二甲八十四名進士。選庶吉士，改禮部主事、員外郎，升郎中，咸豐三年授浙江道御史，官至廣西南寧知府。

張堂 字升之、薌林，號鏡川。山東安丘縣人。道光十五年二甲八十五名進士。任四川清溪知縣，十八年補岳池知縣。以父病急歸，中途聞訃，終身憾之。服闋不出，家居奉母。

李鍾泰 雲南恩安縣人。道光十五年二甲八十六名進士。咸豐元年任山東東阿知縣，四年改范縣知縣，八年改山東臨朐知縣。

孫銘恩 字書常，號蘭檢。江蘇通州人。嘉慶十五年（1810）正月十五日生。道光十五年二甲八十七名進士。選庶吉士，授編修。纍遷至侍讀學士，咸豐二年授詹事，三年遷內閣學士，擢兵部右侍郎。督學安徽學政，駐太平府。咸豐三年（1853）太平軍攻太平府，城陷被執，誘降不屈，四月三十日遇害，年四十五。贈內閣學士，予騎都尉世職。諡"文節"。

陳錫麟 江西新淦縣人。道光十五年二甲八十八名進士。十八年任湖南永順知縣，二十四年改漵浦知縣，二十六年任長沙知縣，官至知州。

劉銘本 湖北漢陽縣人。道光五年舉人，十五年二甲八十九名進士。任河南汲縣知縣，二十三年任福建光澤知縣。

姜申璠 字魯玉，號誨佩。順天大興縣人，原籍浙江會稽。道光十五年二甲九十名進士。十七年任陝西華陰知縣，二十五年署長安知縣，二十六年任臨潼知縣。

劉德鈞 湖北孝感縣人。道光十二年舉人，十五年二甲九十一名進士。任刑部主事，咸豐五年遷廣西永寧知州，六年署廣西鬱林直隸州知州。

孟毓勛 字雲龍。山西太谷縣人。道光十五年二甲九十二名進士。二十四年署四川洪雅知縣，二十九年任四川江油知縣，署彰明、威遠知縣，改高縣知縣。弃官歸。著有

《彝訓堂文集》《永慕軒詩草》等。

韓綬 陝西涇陽縣人。道光十五年二甲九十三名進士。任刑部主事，升員外郎。

舒文 字彬甫，號質夫。滿洲正紅旗。道光十五年二甲九十四名進士。選庶吉士，授編修。纍遷至翰林侍讀學士，道光三十年改補湖北通城知縣，咸豐九年任安徽當塗知縣。

父恩銘，嘉慶十三年進士。

單興詩 廣東連州人。道光十五年二甲九十五名進士。任吏部主事、山西司員外郎，咸豐九年九月署江西建昌府知府，十年任江西臨江知府。

袁溥 字幼泉，號禮山。山東惠民縣人。道光十五年二甲九十六名進士。選庶吉士，改禮部主事，晉郎中，咸豐二年擢福建道御史，充順天鄉試同考官，官至吏科掌印給事中。卒於任。

李漢章 字倬齋。湖南平江縣人。道光十五年二甲九十七名進士。授即用知縣，十八年改湖南沅州府教授。咸豐十一年復任。歸後主講天岳書院，卒年七十五。

德俊 蒙古鑲黃旗人。道光十五年二甲九十八名進士。

莊志謙 福建惠安縣人。道光十五年二年九十九名進士。任兵部主事。

孔傳藤 字馥園。山東寧海州人。道光十五年二甲一百名進士。

二十年任安徽望江知縣，調補銅陵知縣加知州銜，改阜陽知縣，二十四年署和州直隸州知州。致仕歸。

葉承昌 福建閩縣人。道光十五年二甲一百零一名進士。任貴州餘慶知縣，改天柱縣知縣。

祖父葉觀國，乾隆十六年進士。

周人龍 湖北漢陽縣人。嘉慶十八年舉人，道光十五年二甲一百零二名進士。二十一年任山西岢嵐知州，咸豐元年改山西高平知縣，三年署山西汾縣知縣，四年補山西興縣知縣。

劉誠倬 湖北黃陂縣人。道光十一年舉人，十五年二甲一百零三名進士任戶部主事，升員外郎、郎中，二十三年官至山西澤州知府。

父劉彬士，嘉慶六年進士，浙江巡撫。

吉祥 字安止，號履庵。滿洲鑲藍旗人。道光十五年二甲一百零四名進士。任戶部主事，二十六年纍遷山西朔平知府，官至山西歸綏道。

黃廷範 字文楷、子山。江蘇甘泉縣人。道光十五年二甲一百零五名進士。十六年署山西平遙知縣，改曲沃、臨縣知縣。以疾卒。

楊三珠 河南涉縣人。道光十五年二甲一百零六名進士。任戶部主事，官至江南司郎中。

許乃釗 字貞恒、恂甫，號信臣、春漪。浙江錢塘縣人。嘉慶四年（1799）二月初七日生。道光十五年二甲一百零七名進士。選庶吉士，授編修。十九年充江西鄉試副考官，二十年督河南學政，擢侍讀，二十六年充順天鄉試同考官，升庶子，二十九年督廣東學政，遷國子監祭酒。咸豐二年授內閣學士，三年三月署江蘇巡撫。四年三月實授，六月革。後以三品京堂候補，八年補光祿寺卿。因幫辦江南軍務，屢戰屢敗，咸豐十年革職。著有《鄉守外編輯要》《武備輯要》。

兄許乃普，嘉慶二十五年進士，吏部尚書。

錫祉 字孟繁，號子受。滿洲正白旗，索綽絡氏。道光十五年二甲一百零八名進士。選庶吉士，授編修。升侍讀學士。咸豐六年遷直隸通永道，八年調永定河道，官至長蘆鹽運使，同治五年任直隸布政使。

馬秀儒 字升俊、淑清，號藝林。山東安丘縣人。道光十三年任山東夏津縣教諭。十五年二甲一百零九名進士。任安徽歙縣知縣，十八年署建平知縣，遷河南開封府督捕同知，纍遷四川成綿龍茂道，咸豐五年授四川按察使，遷湖北布政使。八年以病免職。卒年七十六。著有《晚香堂詩集》。

宋嘉玉 廣東鶴山縣人。道光十五年二甲一百十名進士。十七年六月任順天府房山知縣。十八年因吸鴉片革職永不敘用。

饒應坤 廣東嘉應州人。道光

十五年二甲一百十一名進士。任戶部主事，官至戶部郎中。

陳墉 字作甫，號卓廬、香伯。浙江錢塘縣人。道光十五年二甲一百十二名進士。任甘肅會寧知縣、張掖知縣，咸豐八年十二月任甘肅大通知縣，同治六年官至甘肅肅州知州。著有《卓廬文稿》。

陳彥泳 字玉田、保甫，號柵山。浙江山陰縣人。道光十五年二甲一百十三名進士。任河南長葛知縣，二十一年官至河南汝州直隸州知州。

程錫蕃 安徽全椒縣人。道光十五年二甲一百十四名進士。任工部主事。

張元杰 山東館陶縣人。道光十五年二甲一百十五名進士。任順天淶水知縣，二十年改順天府寶坻知縣。

賈仲山 字次樊，號崧生。山東歷城人。道光十五年二甲一百十六名進士。任兵部主事、員外郎。

英繼 鑲藍旗，宗室。道光十五年二甲一百十七名進士。任宗人府主事，遷中允，官至侍講學士，降筆帖式。

第三甲一百五十二名

吳逢甲 安徽桐城縣人。道光十五年三甲第一名進士。任山西永濟知縣，二十二年改山西天鎮知縣。

陳金鑑 字介鏞，號蓉臺。浙

江新昌縣人。道光十五年三甲第二名進士（時年五十八）。署山西潞城、曲沃知縣，十八年授黎城知縣。歸。著有《四書説易》《三禮三傳周禮説》《謚法解補》《五子山樓詩文集》等。

黃輔辰 字琴塢。貴州貴築縣人，原籍湖南醴陵。嘉慶三年（1798）生。道光十五年三甲第三名進士。任吏部主事，遷員外郎、郎中，以知府發山西，署山西濟寧道，咸豐五年官至陝西鳳邠鹽法道。在任期間墾田十八萬餘畝。同治五年（1866）十一月初三日卒。年六十九。著有《小西山房文集》。

子黃彭年，道光二十七年進士；子黃國瑾，光緒二年進士；兄黃輔相，道光二十五年進士，廣西右江道。

周頤昌 湖南寧鄉縣人。道光十五年三甲第四名進士。二十八年任湖南岳州府教授，升用知縣。

魏文翰 字綸閣。河南鄭州人。道光十五年三甲第五名進士。十六年任湖北鄖縣知縣，十七年改湖北黃梅知縣，二十七年七月調山東曹縣知縣，咸豐元年改山東陽穀知縣，任山東鄆城知縣，升山東高唐州知州。咸豐四年（1854）被太平軍占城陷卒。

王堃 字至元，號芷汀。順天宛平縣人，原籍浙江仁和。嘉慶十六年（1811）生。道光十五年三甲第六名進士。任禮部主事，升員外郎，同治六年官至湖廣道御史。

何慶元 字積之，號漱石。湖南桂陽縣人。乾隆六十年（1795）生。道光十五年三甲第七名進士。選庶吉士，未散館任實錄館協修。淡於仕進，乞假歸。主朝陽書院。三十年（1850）卒。著有《知新閣散體文鈔》。

曹笏 字石樵、定之。江西南昌縣人。道光十五年三甲第八名進士。十七年任直隸清河知縣，十九年改順天府武清知縣，改湖南長沙知縣。

蕭淦 字水亭。江西高安縣人。道光十五年三甲第九名進士。十八年署四川太平知縣，二十一年任四川射洪縣知縣，二十二年兼蓬溪知縣，署潼川通判，以直隸州用，加同知銜。以親老乞養歸。不復出。

子蕭浚蘭，道光二十四年進士。

高殿臣 漢軍鑲黃旗。道光十五年三甲第十名進士。任四川奉節知縣，十九年任四川合江知縣。

劉建庚 福建長樂縣人。道光十五年三甲十一名進士。任廣東即用知縣。

李謨 字虞臣。湖南長沙縣人。道光九年（1829）生。道光十五年三甲十二名進士。十七年任山東新城知縣。同治十年（1871）卒。

沈湘 字巨舟、春帆。浙江海寧州人。道光十五年三甲十三名進士。十七年代理山東德州知州，補福山知縣。

周振之 字仲甫，號㓜千。湖南益陽縣人。嘉慶十一年（1806）生。道光十五年三甲十四名進士。

任河南虞城知縣，調商城知縣。有"小周公"之稱。十九年（1839）卒。

毛鴻順 河南武陟縣人。道光十五年三甲十五名進士。任嘉魚知縣，十八年任湖北廣濟知縣，十九年改湖北襄陽知縣。

李訓釗 江西臨川縣人。道光十五年三甲十六名進士。任主事。

武凌雲 安徽來安縣人。道光十五年三甲十七名進士。任禮部鑄印司員外郎。

倪應觀 雲南昆明縣人。道光十五年三甲十八名進士。任户部主事，官至工部虞衡司郎中。

父倪玢，嘉慶四年進士。

胡禮筬 字雪門。河南光山縣人。道光十五年三甲十九名進士。十八年任湖南芷江知縣，二十九年遷湖南晃州直隸廳通判，咸豐二年官至郴州知州。

楊亶驊 字鐵帆。直隸晉州人。道光十五年三甲二十名進士。任廣東即用德莊州牧，任未久以罣誤被謫。發往軍臺，回籍後掌正定書院。著有《古本大學中庸集解》《四書本解》《書經輯解》《易學淺說》等。卒年六十六。

汪勤光 字益之，號穆堂。江蘇甘泉縣人。道光十五年三甲二十一名進士。任户部主事，改四川内江縣，咸豐三年任四川名山知縣，六年署德陽知縣，八年署宜賓知縣。

沈雲驤 字霞軒。江蘇荊溪縣人。道光十五年三甲二十二名進士。

十七任陝西府谷知縣，改韓城知縣。在任九年以疾歸。家居以著述自娛。著有《穀貽堂詩》《秦歸草文集》等。

杜詹 直隸灤州人。道光十五年三甲二十三名進士。十八年任山西浮山知縣。

齊秉震 江蘇上元縣人。道光十五年三甲二十四名進士。任安徽蒙城知縣。

駱奎祺 字聚斯，號蓮橋。浙江蕭山縣人。道光十五年三甲二十五名進士。十七年署四川南部知縣。

黃銘先 字守旃，號新甫。河南商城縣人。道光十五年三甲二十六名進士。選庶吉士，授檢討。二十一年補浙江道御史，二十三年官至湖南岳州府。

宋子昌 安徽望江縣人。道光十五年三甲二十七名進士。任户部主事。

周貽纓 廣西臨桂縣人。道光十五年三甲二十八名進士。任山西永濟知縣，二十九年改山西汾陽知縣。

黃守訓 （《進士題名碑》作黃守信，誤）江西南城縣人。道光十五年三甲二十九名進士。任刑部主事。

顏于鎬 字作周，號芑生。江蘇丹徒縣人。道光十五年三甲三十名進士。十七年任山西襄陵知縣，二十一年改山西平遙知縣，二十三年改曲沃知縣，升中書科中書。以疾辭歸。

徐鋅庚 （原名寶書）江西豐城縣人。道光十五年三甲三十一名進士。二十年任四川安縣知縣。二十一年（1841）卒於任。

袁甲三 字新銘、新齋，號午橋。河南項城縣人。嘉慶十一年（1806）正月二十七日生。道光十五年三甲三十二名進士。歷任禮部主事、軍機章京、郎中，三十年授江南道御史，升給事中，咸豐三年赴安徽協助侍郎呂傳基管軍務，任鳳宿兵備道，六年以三品京堂候補，授太僕寺卿，九年四月署漕運總督。十月實授并署欽差大臣督辦安徽軍務。同治元年七月以病免職。同治二年（1863）七月卒於河南陳州軍營。年五十八。贈右都御史。諡"端敏"。

古　韻 字幼溪。湖北江夏縣人。道光十四年舉人，十五年三甲三十三名進士。任直隸玉田知縣，改靜海知縣，二十二年署棗強知縣，任直隸寧晉知縣。

張　燿 雲南昆明縣人。道光十五年三甲三十四名進士。

趙德轍 字靜山，號寧庵。山西解州人。嘉慶十六年（1811）二月十六日生。道光十五年三甲三十五名進士。十六年任湖北光化知縣，改漢川知縣，二十一年改湖北漢陽知縣，二十六年遷漢陽府清軍同知，咸豐元年四月遷江蘇松江知府，三年改江寧知府，升江蘇常鎮道，咸豐六年正月授江蘇按察使，五月署

十一月授江蘇巡撫。咸豐八年十二月以病免職。

景　霖 字叔度，號星橋。滿洲正白旗人。道光十五年三甲三十六名進士。選庶吉士，授檢討。二十三年纍遷山東督糧道，咸豐三年改山東鹽運使，五年升奉天府尹，同治元年遷左副都御史，四年改任馬蘭鎮總兵。

錢炘和 字香士。雲南昆明縣人。道光十五年三甲三十七名進士。十六年任四川屏山知縣，改郫縣知縣，二十年署隆昌知縣，二十三年署四川簡州知州，二十七年遷天津知府，咸豐四年遷直隸天津道，五年授江蘇按察使，六年遷直隸布政使。八年休致。

郭永錫 山西介休縣人。道光十五年三甲三十八名進士。

胡超龍 字躍衢，號雲谷。廣西馬平縣人，原籍廣東順德。道光十五年三甲三十九名進士。任刑部主事，升江西司郎中。同治八年官至貴州大定知府，改銅仁知府、貴陽知府。

蔣霨遠 字雲卿、耘青，號嗣芳、濂生。漢軍鑲藍旗。嘉慶九年（1804）十一月初七生。道光十五年三甲四十名進士。任戶部郎中，遷雲南知府、雲南迤南道，道光二十八年授山東按察使改浙江按察使，遷山西布政使改河南布政使，咸豐元年十月遷貴州巡撫。咸豐十年（1860）正月卒。年五十七。同治十

三年追謚“勤愨”。

父蔣攸銛，乾隆四十九年進士，體仁閣大學士。

錢文偉 江蘇通州人。道光十五年三甲四十一名進士。任河南商丘知縣。二十五年改靈寶知縣，調雲南河陽知縣、彌勒知縣。

銘　岳 字瘦山，號東屏。漢軍正白旗。道光十五年三甲四十二名進士。署江西臨川知縣，十八年任東鄉知縣，二十五年改南豐知縣，二十八年署江西南昌府吳城同知，二十九年改寧都直隸州。援浙陣亡。著有《妙香館集》。

英　綬 字雲樓，號芳卿。滿洲正藍旗，宗室。道光十五年三甲四十三名進士。任兵部主事，二十五年由兵部員外郎補授山東道御史，官至兵科給事中。

隋藏珠 字松心，號赤亭、龍淵。山東樂安縣人。道光十五年三甲四十四名進士。授戶部廣西司主事、山西司員外郎、福建司郎中，在部任職二十餘年，咸豐十年六月外任江西建昌知府，後以道員用遇缺即補。同治元年父喪乞歸。著有《四書舉隅》等。

楊　衔 字叔冰。順天涿州人。道光十五年三甲四十五名進士。十九年任山西襄陵知縣，二十年改山西猗氏知縣、神池知縣。移疾歸。著有《鐵如意齋詩稿》八卷、《全史詩鈔》八十卷。

何丙勛 字覲韓，號保書。浙江山陰縣人。道光十五年三甲四十六名進士。十六年署陝西略陽知縣，十七年任陝西懷遠知縣，二十六年任涇陽知縣，二十八年署榆林知縣，二十九年遷定遠廳同知，咸豐七年擢延安知府，咸豐十一年署西安知府，同治二年官至陝西陝安道。三年進京引見。

父何蘭馥，嘉慶三年進士；叔何蘭汀，嘉慶七年進士。

姚近寶 字斗瞻，號羧庵。浙江錢塘縣人。道光十五年三甲四十七名進士。任主事，官至刑部郎中。

范榘坊 河南河內縣人。道光十五年三甲四十八名進士。

李國榛 字濟堂。安徽太湖縣人。道光十五年三甲四十九名進士。任吏部主事、文選司行走。卒年三十。

兄李國杞，道光九年進士。

戴澤長 河南光州光山縣人。道光十五年三甲五十名進士。十九年任直隸廣平知縣，二十二年改東明知縣，二十六年改直隸交河知縣，遷開州知州。

張觀藜 字芸閣。山西平定州人。道光十五年三甲五十一名進士（鄉舉後三十年始登進士）。二十三年任四川彰明知縣。以老乞歸。

錢世瑞 字柏芝，號蔚梧、榆皋。浙江嵊縣人。道光十五年三甲五十二名進士。任河南溫縣知縣。

丁守存 字心齋，號竹溪。山東日照縣人。嘉慶十七年（1812）

生。道光十五年三甲五十三名進士。任戶部主事，二十九年廣西鄉試副考官，充軍機章京。善造地雷石炮。遷員外郎、禮部郎中，調直隸辦團練，後授湖北督糧道，署按察使。著有《造化究原》《制火器說》《曠祝山房文集》。

子丁鳳年，同治二年進士。

劉建韶 福建長樂人縣。道光十五年三甲五十四名進士。十八年任陝西韓城知縣，二十二年改臨潼知縣、渭南知縣、孝義廳同知，二十六年改定遠廳同知，二十九年署陝西興安知府。

黃松年 字華容，號封五。福建永福縣人。道光十五年三甲五十五名進士。十八年任山東博興知縣，二十九年改甘肅西和知縣，咸豐四年改武威知縣，十年靜寧州知州。

林映棠 四川奉節縣人。道光十五年三甲五十六名進士。任吏部主事，遷驗封司郎中，官至陝西興安府知府。同治元年（1862）十二月城陷卒。

陳椿冠 江西新城縣人。道光十五年三甲五十七名進士。十七年署陝西平利知縣，改郿縣知縣。

王仲選 號山甫。漢軍鑲白旗。道光十五年三甲五十八名進士。十七年署四川洪雅知縣，十九年署中江知縣，二十一年任南部知縣，二十四年任成都知縣，二十八年任合州知州。

何咸亨 江蘇婁縣縣人。道光十五年三甲五十九名進士。十七年

署四川銅梁知縣，二十一年任南川知縣。

侯熒光 （一作侯榮光）河南禹州人。道光十五年三甲六十名進士。三十年任四川仁壽知縣，咸豐元年改珙縣知縣。

吳德清 字秋航，號湛溪。貴州威寧州人。道光十五年三甲六十一名進士。任刑部主事，遷刑部直隸司郎中，外任雲南曲靖知府，雲南府知府，官至雲南迤南道。

莫蒼榮 廣東陽春縣人。道光十五年三甲六十二名進士。二十年任直隸完縣知縣，二十二年改望都知縣，二十七年改直隸邯鄲知縣，咸豐七年遷山西吉州直隸州知州。

陳兆桂 號秋舫。湖北應城縣人。道光十二年舉人，十五年三甲六十三名進士。不樂仕進。者有《臥雲書屋詩稿》。

張錦帆 河南襄城縣人。道光十五年三甲六十四名進士。

李浩 （原名李灝）雲南景東廳人。道光十五年三甲六十五名進士。改任甘肅知縣，二十八年改甘肅狄道州知州，遷安西直隸州知州，同治二年代理敦煌知縣，解任後辦理肅州糧臺。四年（1865）城陷卒。

周若棠 奉天承德縣人。道光十五年三甲六十六名進士。十七年任直隸肥鄉知縣，二十年改寧晉知縣，二十二年改望都知縣，二十三年八月改順天府永清知縣。

陳玉麒 （原名陳北觀）湖北黃

安縣人。道光十二年舉人，十五年三甲六十七名進士。十七年直建正定知縣，改唐山知縣，咸豐五年改大名知縣。

王希旦 字蔭堂。江蘇吳縣人。道光十五年三甲六十八名進士。任河南新鄉知縣。

馬宗閔 直隸盧龍縣人。道光十六年三甲六十九名進士。任山西萬泉知縣，二十八年改山西左雲知縣。

王毓濂 字月岩、希求，號味蓮。貴州貴築縣人，原籍浙江山陰。道光十五年三甲七十名進士。十五年署湖北歸州知州，任湖北沔陽知縣，十九年署應城知縣，二十年改湖北湖溪知縣、黃陂知縣、沔陽知州。

郭望安 福建臺灣嘉義縣人。道光十五年三甲七十一名進士。十七年署湖北安陸知縣，十八年補巴東知縣，二十三年改湖北嘉魚知縣。

劉嘉嗣 安徽定遠縣人。道光十五年三甲七十二名進士。二十三年任貴州貴定知縣。

王思引 湖北黃岡縣人。道光二年舉人，十五年三甲七十三名進士。任直隸赤城知縣。

田林 字蓺陶。山西陽城縣人。道光十五年三甲七十四名進士。任陝西韓城、澄城、襃城、蒲城知縣，二十二年署長武知縣。著有《伴柳亭詩集》行世。

李大融 貴州龍泉縣人。道光十五年三甲七十五名進士。二十四

年任甘肅寧夏知縣。

王會極 山西靈石縣人。道光十五年三甲七十六名進士。十六年任山西寧武府教授。

陸敦庸 （原名陸沾榮）廣東南海縣人。道光十五年三甲七十七名進士。

康象書 字笏廷，號渭園。山東章丘縣人。道光十二年舉人，十五年三甲七十八名進士。十九年任陝西紫陽知縣，二十一年改陝西安定知縣。

任荃 （本姓張）字景淇，號月坡。浙江慈溪縣人。道光十五年三甲七十九名進士。十六年署廣東三水知縣，二十年補大浦知縣。被中傷罷官。著有《鴻爪集》。

李柏 奉天府廣寧縣人。道光十五年三甲八十名進士。任河南宜陽知縣，改奉天府教授。致仕後卒於家。

張士蘭 字友香，號心園。貴州普安廳人。道光十五年三甲八十一名進士。任知縣。

江泰來 字季安，號厚齋。安徽旌德縣人。道光十五年三甲八十二名進士。選庶吉士，授檢討。

何鳴章 福建侯官縣人。道光十五年三甲八十三名進士。十八年任湖南桑植知縣、黔陽知縣，咸豐元年，改湖北漢川知縣。

金謂鏐 字珌卿，號貢三。湖北京山縣人。道光十二年舉人，十五年三甲八十四名進士。任四川珙

縣知縣、崇慶知州，二十二年任四川綦江知縣，二十三年任南川知縣，二十四年任四川劍州知州。二十七、八年告終養歸。主講京山書院。著有《二泉堂稿》。

德稜額 字笛舟。滿洲鑲白旗人。道光十五年三甲八十五名進士。十九年任山東德平知縣，二十八年調山東東平知縣，復任德平知縣。卒於任。

孫玉麒 福建浦城縣人。道光十五年三甲八十六名進士。十八年任陝西石泉知縣，二十二年改大荔知縣，二十三年升寧羌州知州。

父孫承謀，乾隆五十八年進士。

劉克邁 字訓圃。江西廬陵縣人。道光十五年三甲八十七名進士。任直隸淶水知縣，調署隆平知縣，二十七年改順天府寧河知縣。五月解組歸。

張姚錫 字紹祖，號月舟。浙江仁和縣人。道光十五年三甲八十八名進士。分發山西知縣。

辛本棨 字梁輈，號鷗鄉。山東蓬萊縣人。道光十五年三甲八十九名進士。任雲南定遠知縣、蒙自知縣，升蒙化同知、普洱府思茅廳同知，擢雲南普洱知府，咸豐元年官至麗江府知府。卒於任。

陳昆玉 江蘇上元縣人。道光十五年三甲九十名進士。二十二年任山西平遙知縣。

喬松年 字健侯，號鶴儕。山西徐溝縣人。嘉慶二十年（1815）六月十九日生。道光十五年三甲九十一名進士。任工部主事，咸豐元年充湖南鄉試副考官，升員外郎，郎中，五年外任江蘇蘇州知府，升江蘇常鎮道，七年擢兩淮鹽運使，同治二年三月授江寧布政使遷安徽巡撫，五年改陝西巡撫。七年二月以病免。九年三月授倉場侍郎、十年八月調東河總督。光緒元年（1875）二月十四日卒。年六十一。贈太子太保。謚“勤恪”。著有《摩蘿亭札記》《緯捃》及詩文集等。

樊爵五 山西壽陽縣人。道光十五年三甲九十二名進士。河南即用知縣。

胡廷槐 字蔚堂。雲南普寧州人。道光十五年三甲九十三名進士。十九年任湖南臨武、新化知縣，署邵陽、醴陵知縣，二十五年改零陵知縣，以卓異擢江西九江府同知，巡撫駱秉章以知府留用。因目疾未任。

徐樹楠 字南生，號讓木、木江。江西奉新縣人。乾隆五十九年（1794）生。道光十五年三甲九十四名進士。十六年署四川東鄉知縣，二十一年任四川昭化知縣，丁父憂服除，二十五年署合川知州，二十八年改浙江龍游知縣，補錢塘知縣，擢禮部精繕司主事，外任浙江杭州海防同知，加知府銜。咸豐十年（1860）太平軍攻城，城陷卒。贈光祿寺卿銜。

朱思敬 字丹訓。江西浮梁縣

人。道光十五年三甲九十五名進士。任山西五台知縣。署保德州知州。

王恂 字藹如。四川內江縣人。道光十五年三甲九十六名進士。任雲南祿勸知縣，改安徽知縣。

邵宗渭 順天寧河縣人。道光十五年三甲九十七名進士。署廣東新寧知縣，任廣東長樂知縣。

沈鵬 字圖南、古風，號秋漁。河南祥符縣人，原籍浙江山陰。道光十五年三甲九十八名進士。任兵部主事，升員外郎、郎中，十九年官至山東道御史。

長喆 漢軍正白旗。道光十五年三甲九十九名進士。十六年署山東海防同知，十八年任山東肥城知縣，二十三年改山東泰安知縣，二十四年復任肥城知縣。

陳貽樞 福建侯官縣人。道光十五年三甲一百名進士。任河南夏邑知縣。

陳世鎔 字大治、雪樓。安徽懷寧縣人。道光十五年三甲一百零一名進士。任甘肅隴西、岷州、古浪知縣，擢同知。引疾歸。卒年八十一。著有《詩書禮春秋說》《易學支流》《周易廓》《求志居詩文》等。

張緒 陝西郃陽縣人。道光十五年三甲一百零二名進士。任刑部主事。

黃家聲 字筱原。江蘇上元縣人。道光十五年三甲一百零三名進士。任雲南知縣，二十九年改甘肅華亭知縣，升四川會理州知州。咸豐八年（1858）城陷投水卒。

王武曾 字鉅野，號迪甫、珊樵。山東福山縣人。道光十五年三甲一百零四名進士。任浙江東陽知縣，二十一年改慈溪知縣。引疾歸。

祖孫四代進士。曾祖王檢，雍正十一年進士，湖廣總督；祖王燕緒，乾隆二十五年進士；父王慶長，嘉慶七年進士。

郭超凡 字小表。貴州貴築縣人。道光十五年三甲一百零五名進士。任廣東東莞知縣，二十八年廣東香山知縣，遷南雄直隸州知州，官至廣東瓊州府知府。

高溥 四川灌縣人。道光十五年三甲一百零六名進士。分發廣東，告終養歸。未任。

左乾春 廣西臨桂縣人。道光十五年三甲一百零七名進士。

王家勛 （原名王家寶）字國光、麓屏。湖南新化縣人。嘉慶三年（1798）生。道光十五年三甲一百零八名進士。任吏部文選司主事。居官十三年，以母老解組歸。年五十六卒。

張維模 號渠堂。山東蓬萊縣人。道光十五年三甲一百零九名進士。十六年署江西宜黃知縣，十九年改興國知縣，署江西德安知縣，調雲南邱北知縣。

孫翹江 貴州黃平州人。道光十五年三甲一百十名進士。二十五年任直隸任縣知縣，改直隸淶水知縣，改福建順昌知縣。城陷遇害。

鄧烜　江西新建人。道光十五年三甲一百十一名進士。任陝西山陽知縣。

李懷庚　字西垣。陝西朝邑縣人。道光十五年三甲一百十二名進士。署甘肅兩當知縣，歷任鹽茶廳、固原、隴西、皋蘭知縣，補靜遠知縣，丁憂歸。升和州知州，署鞏昌知府，署平慶涇固道，轉鞏秦階道，同治元年（1862）襄辦軍務，憂憤成疾，嘔血卒，年七十三。

徐有孚　字孌卿，號小槎。順天宛平縣人，原籍浙江烏程。道光十五年三甲一百十三名進士。歸班候選知縣，任河南羅山知縣。

兄徐有壬，道光九年進士，江蘇巡撫。

許夢蘭　字雲浦。河南魯山縣人。道光十五年三甲一百十四名進士。任直隸柏鄉知縣，十八年改撫寧知縣，十九年回任柏鄉，二十二年復任撫寧縣，二十三年改棗強知縣，二十五年改清苑知縣，二十六年遷直隸易州直隸州知州，二十九年官至直隸宣化知府。

李景椿　字松阿。雲南建水縣人。道光十五年三甲一百十五名進士。二十八年任山西鳳臺知縣，官至山西保德直隸州知州。

張鳴岐　號于廷。福建閩縣人。道光十五年三甲一百十六名進士。任江西武寧、德安、豐城知縣，咸豐八年改新淦等縣知縣，代理玉山知縣，署九江府同知，遷建昌府知府。致仕歸。

祁爾誠　字竹岩。山西鳳臺縣人。道光十五年三甲一百十七名進士。二十七年官至湖北興國州知州。

李登　山西交城縣人。道光十五年三甲一百十八名進士。浙江即用知縣。

張元鈞　（原名張世鈞）貴州黔西州人。道光十五年三甲一百十九名進士。十六年署安徽祁門知縣，二十四年任安徽青陽知縣，二十七年改安徽寧國知縣，二十九年改霍山知縣。

高希賢　字勉齋。甘肅安化縣人。道光十五年三甲一百二十名進士。任四川南充知縣，二十五年任鹽源知縣。

馬德昭　廣西全州人。道光十五年三甲一百二十一名進士。任湖北來鳳知縣，十八年補應城知縣，三十年改湖北保康知縣。

余士璨　號菊農。安徽鳳臺縣人。道光十五年三甲一百二十二名進士。十六年署浙江黃岩知縣，二十二年任秀水知縣、西安知縣，二十九年遷嘉興知府、杭州府知府。升江蘇常鎮道。咸豐年間卒。贈太僕寺卿銜。

伊鏗額　滿洲鑲紅旗人。道光十五年三甲一百二十三名進士。十七年代理直隸臨榆知縣，二十年任直隸清河知縣，咸豐二年遷蔚州知州，九年改直隸吳橋知縣。

張裕南　河南上蔡縣人。道光

十五年三甲一百二十四名進士。

祥慶 滿洲正藍旗人。覺羅氏。道光十五年三甲一百二十五名進士。二十四年署四川新寧知縣，二十九年任四川巴縣知縣，咸豐五年遷西陽知隸州知州。

高明遠 字鏡洲。福建侯官縣人。道光十五年三甲一百二十六名進士。任江西大庾知縣。投牒歸。

邱建猷 字諤廷，號爾嘉、迪甫。廣東大埔縣人。道光十五年三甲一百二十七名進士。選庶吉士，授檢討。二十三年任山西道御史，二十六年遷江西南康知府，官至江蘇松江府知府。

羅遵殿 字有光，號牖雲、淡村、澹村。安徽宿松縣人。嘉慶三年（1798）生。道光十五年三甲一百二十八名進士。十七年署直隸肥鄉知縣，改任直隸唐山知縣，二十年改清苑知縣，遷冀州直隸州知州，二十二年擢浙江湖州知府，改杭州知府，二十九年遷湖北安襄鄖道、兩淮鹽運使，咸豐七年授湖北按察使遷湖北布政使，九年四月授福建巡撫，九月改浙江巡撫。咸豐十年（1860）太平軍攻杭州，城陷，二月二十七日戰亡，年六十三。追贈右都御史。予騎都尉世職。同治元年贈諡"壯節"。

何鍾蘭 四川慶符縣人。道光十五年三甲一百二十九名進士。任安徽旌德知縣。

丁芳蘭 江西新建縣人。道光

十五年三甲一百三十名進士。任河南靈寶知縣。

王嘉麟 字孚吉，號金澤。山東費縣人。道光十五年三甲一百三十一名進士。授江西新淦知縣，補宜春、德化、臨川知縣，升吳城同知，咸豐三年官至江西瑞州知府。光緒年鹿鳴宴加按察使銜。

陳廷揚 字小坡，號曉山。湖北蘄州人。道光二年舉人，十五年三甲一百三十二名進士。十九年署樂至知縣，任青神知縣，二十三年任四川鹽源知縣。

周應祖 江蘇豐縣縣人。道光十五年三甲一百三十三名進士。十七年任陝西鳳知縣，十九年改涇陽知縣。卒於任。

周秉讓 廣西上林縣人。道光十五年三甲一百三十四名進士。十八年署江西宜黃知縣，十九年改會昌知縣。

王介福 山東費城縣人。道光十五年三甲一百三十五名進士。任貴州餘慶知縣。與大吏忤，任一年告歸。

何增筠 字震勇，號小晴、竹卿。浙江蕭山縣人。道光十五年三甲一百三十六名進士。十六年任浙江嚴州府教授。

李道融 號檢齋。河南夏邑縣人。道光十五年三甲一百三十七名進士。任浙江新昌知縣，二十四年任浙江海鹽知縣，二十八年任蘭溪知縣。年已七十矣。

王義樟 福建閩縣人。道光十五年三甲一百三十八名進士。十六年任陝西甘泉知縣，十七年署定邊知縣，十九年改陝西延長知縣，二十一年署漢陰通判，二十七年改渭南知縣，咸豐二年升寧陝廳同知，七年遷潼關廳同知，同治元年署陝西定遠廳同知。

趙紹武 甘肅正寧縣人。道光十五年三甲一百三十九名進士。十六年任陝西知縣，十九年改陝西安定知縣。

李汝璿 （原名李鈞策）字惺原。山東惠民縣人。道光十五年三甲一百四十名進士。二十一年署安徽英山知縣，歷太湖、銅陵知縣，三十年升泗州、滁州知州，咸豐元年署寧國知府，調鳳陽知府。三年（1853），年未五十病卒。

邵桂芳 甘肅寧州人。道光十五年三甲一百四十一名進士。

慶瑞 漢軍鑲白旗人。道光十五年三甲一百四十二名進士。任雲南阿迷州知州，官至開化知府。

張箋 字雨香。河南磁州人。道光十五年三甲一百四十三名進士。十六年任陝西洵陽知縣，十八年改澄城知縣，二十年任大荔知縣，二十三年改長安知縣，二十七年遷漢中留壩廳同知。著有《綠筠書屋詩稿》

順安 蒙古正紅旗人。道光十五年三甲一百四十四名進士。

陳鑣 字升和，號鐵荂。順天大興縣人。道光十五年三甲一百四十五名進士。十九年任山東臨淄知縣，二十五年復任臨淄知縣。

馬照 雲南昆明縣人。道光十五年三甲一百四十六名進士。

歐陽時 字敏齋。湖南新化縣人。道光十五年三甲一百四十七名進士。十六年任湖北竹山知縣，告病歸。二十二年改湖南永州府教授。在任五年，卒年六十七。

王政 字立中，號績堂。湖南善化縣人。乾隆四十八年（1783）生。道光十五年三甲一百四十八名進士（時年六十三）。十七年任山東招遠知縣，十九年二月改山東博平知縣，二十四年調山東滕縣知縣。

林春溶 號蘇門。福建閩縣人。道光十五年三甲一百四十九名進士。十六年任安徽當塗知縣，歷黟縣、休寧、旌德、天長等縣知縣。

兄林春溥，嘉慶七年進士。

劉夢熊 河南虞城縣人。道光十五年三甲一百五十名進士。任四川彭山知縣，二十九年署四川梓桐知縣，三十年任四江知縣。

王以潔 字濂泉。直隸衡水縣人。道光十五年三甲一百五十一名進士。十七年代理山東陵縣知縣，十八年署山東禹城知縣，十九年署山東魚臺知縣，調山東海豐知縣、濟寧知州。著有《樂饑草堂詩》。

覃肇邦 廣西容縣人。道光十五年三甲一百五十二名進士。十八年任廣西鎮安府教授，遷甘肅會寧知縣。

道光十六年（1836）丙申恩科

本年因逢太后六旬壽辰改正科爲恩科

第一甲三名

林鴻年 字孝蔭，號勿村、康石。福建侯官縣人。嘉慶十年（1805）二月二十八日生。道光十六年狀元（廷試擬第三，宣宗拔第一）。任修撰。十八年冊封琉球國王正使。二十年充山東鄉試副考官，二十六年京察一等升廣東瓊州知府，咸豐九年調雲南臨安知府，升廣東雷瓊道。同治二年三月授雲南按察使遷雲南布政使。三年八月授雲南巡撫。五年正月革職。歸後主講鰲峰書院。光緒八年賞三品卿銜。光緒十三年（1887）閏四月卒，年八十三。

何冠英 字傑夫。福建閩縣人。道光十六年一甲第二名榜眼。授編修。十七年充山西鄉試副考官，二十年充浙江鄉試副考官，二十二年考選浙江道御史，改順天中城巡城御史，咸豐六年官至貴州知府，七年遷貴州貴東道，曾署貴州按察使、貴州布政使、十一年賞二品署貴州巡撫。八月積勞卒於任。

蘇敬衡 字伯興，號蕉林。山東沾化縣人。道光十六年一甲第三名探花。授編修。出任直隸天津知府，十九年改宣化知府，二十一年遷廣東雷瓊道，二十六年授甘肅按察使，三十年起歷任福建、四川、浙江、福建按察使。咸豐三年罷職。

父蘇兆登，嘉慶四年榜眼。

第二甲七十二名

張錫庚 字秋舫，號星白。江蘇丹徒縣人。嘉慶六年（1801）二月十二日生。大學士張玉書裔孫。道光十六年二甲第一名進士。選庶吉士，授編修。二十二年任河南道御史，二十六年遷順天府丞，咸豐二年再任順天府丞，四年授太僕寺卿，七年遷都察院左副都御史，八年督浙江學政，九年改刑部右侍郎。仍督浙江學政，十一年（1861）任滿，杭州被太平軍圍，城破，十一月二十八日自縊卒，年六十一。贈尚書銜，予騎都尉兼一雲騎尉世職。

諡號“文貞”。

李汝嶠 字方壺，號少峰。江蘇鎮洋縣人。任清河縣訓導，道光十六年二甲第二名進士。選庶吉士，授編修。十九年充湖北鄉試副考官，二十年督山東學政，二十四年以考差罣誤去職。卒年五十六。

王發桂 字月樵，號曉珊、小山、號笑山。直隸清苑縣人，原籍浙江會稽。嘉慶八年（1803）三月初二日生。道光十六年二甲第三名進士。選庶吉士，改禮部主事，任軍機章京，升郎中，咸豐三年授湖廣道御史，升給事中，遷鴻臚寺卿。咸豐九年授太僕寺卿改通政使。十一年授左副都御史，同治三年改禮部、刑部，五年改工部侍郎。十二月以病乞休。同治九年（1870）卒，年六十八。

彭以竺 字敬之，號雪嵋。山東歷城縣人。道光十六年二甲第四名進士。選庶吉士，改江蘇鹽城知縣，二十年任江蘇江都知縣，二十四年任甘泉知縣，咸豐十一年任興化知縣，同治五年再任興化知縣。官至江蘇蘇州府海防同知。

翁祖烈 字次竹。福建侯官縣人。道光十六年二甲第五名進士。選庶吉士，授編修。改雲南永善知縣、太和知縣，咸豐元年署四川瀘川知州，遷四川寧遠知府、廣南知府，官至四川成綿龍茂道。

梁敬事 字主一，號子恭、翰蘋。浙江錢塘縣人。道光十六年二甲第六名進士。選庶吉士，授編修。二十四年充順天鄉試同考官，二十九年任福建道御史，咸豐二年充會試同考官，七年官至奉天府丞兼學政。

徐士穀 （原名徐文炳）字稼生。江西豐城縣人。道光十六年二甲第七名進士。選庶吉士，授編修。二十三年充江南鄉試副考官，二十四年充順天鄉試同考官，二十六年充四川鄉試主考官，督四川學政，咸豐二年再充順天鄉試同考官，遷侍讀，官至侍讀學士。卒年六十三。

何紹基 字子貞，號東州居士、蝯叟。湖南道州人。戶部尚書何凌漢長子。嘉慶四年（1799）十二月初五日生。道光十六年二甲第八名進士。選庶吉士，授編修。任國史館提調，道光十九年充福建鄉試正考官，二十四年貴州鄉試副考官，二十九年廣東鄉試副考官，咸豐二年任四川學政，咸豐帝召見諭將“地方一切情形隨時訪察具奏”，五年以條陳時務被斥爲“肆意妄言”而降職，遂絕意仕途。後主講濟南濼源書院、長沙城南書院十餘年。又主持揚州書局兼浙江孝廉堂講席。同治十二年（1873）七月二十日卒於蘇州，年七十五。著有《東州草堂詩》《東州草堂詩餘》《東州草堂文鈔》《惜道味齋經説》《説文段注駁正》《水經注刊誤》等。

孫何維棟，光緒九年進士。

徐文藻 字荇香。浙江餘姚縣

人。道光十六年二甲第九名進士。選庶吉士，改刑部主事，升廣西司員外郎，咸豐五年改浙江寧波府教授。

趙楫 字子舟。江蘇丹徒縣人。道光十六年二甲第十名進士。選庶吉士，授編修。十九年充貴州鄉試副考官，二十二年任山東道御史，二十三年充四川鄉試副考官，升戶科給事中，二十六年官至直隸天津道。引疾歸。

梁同新 字應辰、旭初，號榘亭。廣東番禺縣人。嘉慶五年（1800）生。道光十六年二甲十一名進士。選庶吉士，授編修。二十六年督湖南學政，遷內閣侍讀學士，三十年授山東道御史，升禮科給事中，咸豐二年充陝西鄉試副考官，擢通政副使，七年授順天府尹，八年降候補四品京堂。咸豐十年（1860）正月十二日卒，年六十一。

李道生 字務滋，號德門、晴川。江西德安縣人。道光十六年二甲十二名進士。選庶吉士，授編修。二十五年充會試同考官，二十六年任陝西道御史，改順天南城巡城御史，升給事中，遷內閣侍讀學士，咸豐二年擢通政使，四年授禮部右侍郎。五年以病休致。歸後主講經訓書院。同治五年（1866）卒。

熊浦雲 江西德化縣人。道光十六年二甲十三名進士。十九年任湖南龍陽知縣，二十三年改武陵、醴陵、瀏陽、漵浦知縣，加知州銜。

趙坦 江西安福縣人。道光十六年二甲十四名進士。任戶部主事，官至直隸順德府知府。

周源緒 字叔空，號復之。河南祥符縣人。道光十六年二甲十五名進士。任吏部主事，官至安徽安慶府知府。

唐廷綸 字雪航。順天大興縣人，祖籍浙江錢塘。道光十六年二甲十六名進士。授廣東翁源知縣，十九年十二月改紹興府教授，同治五年改浙江湖州府教授。八年引疾歸。卒於山陰，年六十九。

徐榮 字慶人，號藥垣、鐵孫。漢軍正黃旗。廣州駐防，原籍湖北監利。乾隆五十七年（1793年1月）十一月十九日生。道光十六年二甲十七名進士。十七年任浙江遂昌知縣，十九年改嘉興知縣，二十八年遷紹興知府，改杭州知府，咸豐五年（1855）升福建汀漳龍道。未赴任，防堵太平軍，二月於安徽漁亭陣亡，年六十四。予騎都尉世職。著有《大戴禮補注》《日新要錄》《懷古田舍詩鈔》。

劉涝 字蘭洲。河南祥符縣人。道光十六年二甲十八名進士。選庶吉士，授編修。二十四年官至江蘇徐州知府。

彭久餘 字書三，號味之。湖北江夏縣人。道光十二年舉人，十六年二甲十九名進士。任吏部主事，升員外郎，咸豐三年授山東道御史，纍遷候補三品京堂，同治七年授太常寺卿，八年二月改大理寺卿，十月授左副都御史，九年改吏部侍郎。督江蘇學政，光緒四年以病去職。

丁楚玉 字紫琳。順天宛平縣人，原籍江蘇泰州。道光十六年二甲二十名進士。選庶吉士，改雲南祿勸知縣、蒙自知縣、元謀知縣，官至雲南臨安知府。積勞病卒於任。

孔慶鏴 字稷臣，號誠甫。山東曲阜人。孔子七十三代孫。道光十六年二甲二十一名進士。改任工部主事，入直軍機章京，升員外郎，二十七年充會試同考官，升都水司郎中，二十八年遷甘肅甘涼道，二十九年授山西按察使，改貴州按察使。咸豐五年以目疾告歸。卒年五十五。著有《省香齋詩集》。

溫文禾 字允嘉，號稼生。浙江歸安縣人。道光十六年二甲二十二名進士。官至工部主事。著有《辛夷花館詩稿》。

楊能格 字簡侯，號季良。漢軍正紅旗。道光十六年二甲二十三名進士。選庶吉士，授編修。升贊善，二十八年纍遷甘肅蘭州道，咸豐三年調江南河庫道，四年改江蘇蘇松太道，六年授江蘇按察使，七年升江蘇布政使，改江寧布政使，八年革。同治元年署甘肅按察使，四年實授，五年去職。著有《歸觀齋詩賦草》《海天集》。

沈兆霖 字尺生、雨亭，號朗亭、子菉。浙江錢塘縣人。嘉慶六年（1801）九月初九日生。道光十

六年二甲二十四名進士。選庶吉士，授編修。歷任司業、侍講、侍講學士，咸豐元年六月授詹事，遷內閣學士，咸豐二年授吏部侍郎。督江西學政，因病免職。六年復授吏部侍郎，歷工部、戶部侍郎，九年五月遷左都御史。十年改兵部尚書，十二月調戶部尚書。入直軍機大臣。同治元年正月署陝甘總督。七月初四日於甘肅平番縣途中遇山水沖沒，年六十二。贈太子太保，諡“文忠”。入祀賢良祠。著有《沈文忠公集》。

江　健 字梅賓。安徽歙縣人。道光十六年二甲二十五年進士。任禮部主事，咸豐九年改開封蘭儀同知，同治六年護山東運河道。

路慎莊 字子端，號小洲。陝西周至縣人。道光十六年二甲二十六名進士。選庶吉士，授編修。任日講起居官，二十一年充福建鄉試副考官，二十四年任福建道御史，升給事中，咸豐元年官至江蘇淮揚道。贈光祿寺卿銜。家中藏書較豐。善畫山水。著有《蒲編堂書目》《唾餘稿》。

林懋勳 號銘右。福建侯官縣人。道光十六年二甲二十七名進士。任禮部精繕司主事，官至禮部員外郎。

父林春溥，嘉慶七年進士。

朱德澄 字際青，號鏡堂。廣西博白縣人。道光十六年二甲二十八名進士。任刑部主事，光緒十二年署浙江衢州知府。十九年鄉舉重

逢重赴鹿鳴筵宴，八月賞二品銜。

胡林翼 字貺普，號賙生、潤芝。湖南益陽縣人。嘉慶十七年（1812）六月初六日生。道光十六年二甲二十九名進士。選庶吉士，任內閣中書，咸豐元年遷貴州黎平知府，遷貴州貴東道，咸豐四年六月授四川按察使，八月改湖北按察使，五年遷湖北布政使。五年三月署六年十一月賞頭品頂戴授湖北巡撫。八年以克復江西九江城加太子少保。十一年（1861）八月以克復安徽安慶晉太子太保。八月二十六日卒，年五十，贈總督銜，入祀賢良祠，謚"文忠"。同治三年追加一等輕車都尉世職。撰有《讀史兵略》四十六卷。

莊縉度 字眉叔。江蘇陽湖縣人。道光十六年二甲三十名進士。任戶部主事，官至東河同知。工詩詞。著有《迦齡庵詩鈔》一卷、《黃雁山人詞》四卷等。

莊俊元 字亦皋，號印潭、柏庭。福建晉江縣人。道光十六年二甲三十一名進士。選庶吉士，授編修。二十三年官至甘肅西寧知府。以病告假歸。

劉維禧 陝西涇陽縣人。道光十六年二甲三十二名進士。十七任湖北麻城知縣，十九年改湖北黃安知縣。

敖星煌 字乾垣。江西萍鄉縣人。道光十六年二甲三十三名進士。咸豐元年任直隸撫寧知縣，五年官至

河間府同知，道同銜，候選員外郎。

呂佺孫 字元相，號堯仙、蘭溪。江蘇陽湖縣人。嘉慶九年（1804）正月十三日生。道光十六年二甲三十四名進士。選庶吉士，授編修。纍遷至廣東高廉道，道光三十年授四川按察使遷貴州布政使，咸豐四年正月授福建巡撫。七年正月以病免職。撰有《秦漢百磚考》等。

弟呂佶孫，道光十八年進士。

許師喜 字怡庵。安徽泗州人。道光十六年二甲三十五名進士。三十年任浙江天臺、麗水知縣，咸豐四年任浙江松陽知縣，改河南商城知縣。丁憂歸。十一年捻軍犯境，率團練被圍戰亡。賞加四品，襲雲騎衛世職。

羅洪虜（原名羅廷颺）字麓泉。湖南清泉縣人。道光十六年二甲三十六名進士。十八年署江西武寧、龍泉知縣，二十年補廣豐縣以知州用，捐貲署湖北鄖陽知府。未任卒。

羅鳳儀 字威伯，號亦凡。江蘇上元縣人。道光十六年二甲三十七名進士。任河南滎陽知縣，未任，黃河決口令防護開封，後加知州銜。因勞疾歸。

夏子齡 字百初，號祝三、憩園。江蘇江陰縣人。嘉慶十一年（1806）八月二十七日生。道光十六年會元，二甲三十八名進士。任禮部主事，改河南汲縣知縣，咸豐四年歷直隸深澤、饒陽、宛平知縣，

擢易州知州，同治五年任保定府同知，後以三品銜任直隸候補知府。同治九年（1870）九月十六日卒，年六十五。

劉映丹 字息存，號慕韓。湖北廣濟縣人。道光十一年舉人，十六年二甲三十九名進士。選庶吉士，改山東平陰知縣，調商河知縣。丁憂歸不出。優游林下二十年。著有《馬稷山房詩鈔》。

李學殖 直隸天津鹽山縣人。道光十六年二甲四十名進士。咸豐四年任陝西孝義廳同知。

徐廉鍔 直隸天津縣人。道光十六年二甲四十一名進士。任湖南知縣。

樊肇新 四川慶符縣人。道光十六年二甲四十二名進士。選庶吉士，改雲南浪穹知縣、蒙自知縣，署沾益州，改雲龍州知州，官至雲南景東直隸廳同知。

詹景鍾 江西安義縣人。道光十六年二甲四十三名進士。任知縣。

高熊夢 字季璋，號績占。直隸南皮縣人。道光十六年二甲四十四名進士。任戶部主事，掌貴州習各關稅，山東司鹽課。

吳步韓 山東郯城縣人。道光十六年二甲四十五名進士。十八年任直隸深澤知縣，二十七年改望都知縣，咸豐二年改山東兗州府教授。

謝榮埭 字履初，號芳齋、方齋。順天大興縣人，原籍浙江山陰。道光十六年二甲四十六名進士。選

庶吉士，授編修。二十年充會試同考官，二十二年充順天鄉試同考官，二十四年任江南道監察御史，升禮科給事中，降浙江寧波府教授。著有《靜安室詩稿》。

陸以湉 字敬安，號定圃。浙江桐鄉縣人。道光十六年二甲四十七名進士。授知縣分湖北，改浙江台州府教授，丁憂服闋，補杭州府教授。以母老告歸，主講紫陽書院，後居上海。博覽群書，精於醫學。著有《冷廬醫話》，另有《蘇廬偶筆》《冷廬雜識》《寓滬瑣記》。

王允灌 字愚泉，號荔鄉。山東新城縣人。道光十六年二甲四十八名進士。授內閣中書，考取軍機章京。積勞成疾卒。著有《王氏詩源》《王氏世科錄》等。

溫鵬翀 江西石城縣人。道光十六年二甲四十九名進士。十九年任廣西藤縣知縣。

徐之銘 字警堂，號新齋。貴州開泰縣人。嘉慶十二年（1807）十月初六日生。道光十六年二甲五十名進士。選庶吉士，授編修。十九年丁憂。二十五年補四川保寧知府，署重慶知府，咸豐三年遷陝西潼商道，四年授湖北按察使改湖南、雲南按察使，八年十一月遷雲南巡撫。因回民起義軍杜文秀攻占省城，總督潘鐸等遇害。同治二年三月革。同治三年（1864）八月卒。年五十八。

蔡五辰 浙江蕭山縣人。道光

十六年二甲五十一名進士。任直隸盧龍知縣，二十九年遷直隸永平府同知。

和　淳　字樂田，號蘭莊。滿洲鑲藍旗，宗室。道光十六年二甲五十二名進士。選庶吉士，授編修。纍遷翰林院侍讀學士，二十三年遷太僕寺卿，改通政使，二十四年遷左副都御史。咸豐三年降職。

董用威　順天宛平縣人，原籍浙江山陰。道光十六年二甲五十三名進士。二十年任江蘇金匱知縣，二十二年改元和知縣，二十五年至三十年六任邳州知州。

黃玉階　字季生。廣東番禺縣人。道光十六年二甲五十四名進士。任刑部主事。以母老乞養歸。年四十一卒。著有《韻陀山房詩文集》《宣蘇室詞鈔》《游仙唱和詞》等。

郭世亨　字梅卿。順天大興縣人。道光十六年二甲五十五名進士。選庶吉士，散館改安徽太平知縣、蒙城知縣、亳州知州，二十三年改懷寧知縣，三十年遷安徽無為州知州，咸豐元年署安徽宿州知州。咸豐五年（1855）卒於任。

翁孝濬　字玉泉。浙江餘姚縣人。道光十六年二甲五十六名進士。任户部主事。

陳　模　浙江山陰縣人。道光十六年二甲五十七名進士。十九年任陝西宜君知縣，三十年改陝西南鄭縣知縣，咸豐五年改長武知縣。

孫曰庠　浙江仁和縣人。道光

十六年二甲五十八名進士。二十九年署山西襄垣知縣。

路　璋　字禮園。貴州畢節縣人。道光十六年二甲五十九名進士。任户部主事。

父路孟逵，嘉慶十九年進士；弟路璜，道光二十五年進士。

馮志沂　字魯川。山西代州人。道光十六年二甲六十名進士。任刑部主事、員外郎、郎中，咸豐十一年遷安徽盧州知府，署鳳潁六泗道，署安徽按察使，補安徽徽寧池太廣道。卒於任，年五十四，贈光禄寺卿銜。著有《徽尚齋詩文集》。

王翊清　江蘇通州人。道光十六年二甲六十一名進士。十九年任江蘇徐州府教授，二十五年再任。

李本仁　字藹如，號春伯。浙江錢塘縣人。道光十六年二甲六十二名進士。選庶吉士，改兵部主事，升郎中，二十三年纍遷江西贛南道，二十八年授安徽按察使，咸豐元年升安徽布政使。三年二月革職。十二月太平軍攻盧州城，城陷十七日（1854年1月）與巡撫江忠源、布政使劉裕鉁、池州知府陳源兖同卒，年四十六。著有《見山樓詩草》，編《贛州府志》。

伍濬祥　字瓊甫。四川綦江人縣。道光十六年二甲六十三名進士。任户部山西司主事，咸豐元年遷貴州司員外郎，官至郎中加知府銜。丁憂歸。主講東川書院，年七十卒。著有《懷園詩草》。

弟伍輔祥,道光十五年進士。

嚴圻 浙江仁和縣人。道光十六年二甲六十四名進士。任河南固始知縣。

朱城 浙江蕭山縣人。道光十六年二甲六十五名進士。任工部主事。

蔡振武 字宜之,號麟洲。浙江仁和人。道光十六年二甲六十六名進士。選庶吉士,授編修。二十充貴州鄉試主考官,再充會試同考官,督四川學政,二十二年任江南道御史,官至廣東肇羅道。降同知,同治元年署江蘇太倉知州。

方俊 字伯雄。江蘇江寧縣人。道光十六年二甲六十七名進士。選庶吉士,授編修。咸豐三年授山東道御史,充會試同考官,遷雲南臨安知府,官至雲南迤南道。丁母憂。服闋移疾不出。後主山西宏運書院。同治三年歸里。著有《暖春書屋集》《諫垣奏稿》。

徐瀛 字近齋。湖北黃陂縣人。道光五年舉人,十六年二甲六十八名進士。選庶吉士,二十一年改廣東香山知縣,二十七年署浙江嘉興知府,咸豐三年任江蘇泰州知州,四年任淮南鹽掣同知,官至兩淮鹽運使。

李清鳳 字翔千,號古廉、味琴。江蘇新陽縣人。嘉慶六年十二月二十六日(1802年1月)生。道光十六年二甲六十九名進士。任刑部陝西司主事、河南司郎中,纍遷

侍讀學士,咸豐四年授通政使,五年遷左副都御史,六年督順天學政,官至刑部右侍郎。咸豐八年以病免。九年(1859)六月卒,年五十九。

黃紹芳 福建侯官縣人。道光十六年二甲七十名進士。任刑部主事。

梅體萱 (原名梅棠,改名)江西南城縣人。道光十六年二甲七十一名進士。任工部主事,二十三年以湖北安陸知縣兼德安府同知,二十六年任湖北蘄水知縣,二十九年改江夏知縣、黃梅知縣,改湖北武昌府同知,官至安徽鳳陽府知府。

毓檢 字次屏,號端卿。滿洲正藍旗人。道光十六年二甲七十二名進士。改任戶部主事,翰林院侍讀學士,咸豐二年遷詹事府詹事,充福建鄉試正考官,三年改大理寺卿,四年任駐藏辦事大臣邦辦。罷職。

第三甲九十七名

孔繼鑅 字又韓、宥函。順天大興縣(祖籍山東曲阜)人。道光十六年三甲第一名進士。官刑部主事。改南河同知。以知府從軍江浦。咸豐八年(1858)八月二十日死於洪楊之役。贈太僕寺卿。著有《心嚮往齋集》《陶詩》《壬癸詩錄》。

謝雲華 字德嗣。江西宜黃縣人。道光十六年三甲第二名進士。即授湖南城步知縣,二十一年改湖

南麻陽知縣，二十五年改湖南武陵知縣。歸。

江紹儀 字蕰莊，號德隅。廣東河源縣人。道光十六年三甲第三名進士。選庶吉士，散館改任刑部主事。

徐方杰 字星槎。雲南會澤縣人。道光十六年三甲第四名進士。任廣西雒容知縣，改恭城知縣。卒於任。

黃士箕 字星橋。湖北黃陂縣人。道光五年舉人，十六年三甲第五名進士。署浙江平陽知縣。

姚禄齡 山東蓬萊縣人。道光十六年三甲第六名進士。署江蘇靖江知縣，道光二十年起歷任江蘇崇明、吳縣、震澤知縣，咸豐三年改金山知縣。

王通昭 字介民，號怡山。山西陽城縣人。道光十六年三甲第七名進士。選庶吉士，授檢討。十九年、二十年兩任順天鄉試同考官，二十二年任江南道監察御史。二十三年再任順天鄉試同考官。以母老乞歸。在籍辦團練，抵抗太平軍。

王啓曾 字貽孫。山東蓬萊縣人。道光十六年三甲第八名進士。任刑部主事，升郎中，咸豐八年外任直隸冀州直隸州知州，九年署直隸廣平知府，同治五年遷直隸正定知府。引病歸里。

陳守中 字允中，號立庵。貴州貴築縣人。道光十六年三甲第九名進士。任湖南零陵知縣。

梁協南 奉天吉林廳人。道光十六年三甲第十名進士。二十四年任河南陳留知縣。

唐李杜 字詩甫。湖南祁陽縣人。嘉慶元年（1796）生。道光十六年三甲十一名進士。任吏部稽勛司主事，二十三年改任陝西靖邊知縣，三十年調咸寧知縣，咸豐元年升陝西同州知州，三年改商州知州，加知府銜，遷即用道加鹽運使銜。同治五年（1866）卒。年七十一。著有《讀我書齋集》。

胡馨 字桂山、善餘。江西南昌縣人。道光十六年三甲十二名進士。十七年署湖北長樂知縣，補房山知縣。丁憂歸卒。

曹興仁 四川成都縣人。道光十六年三甲十三名進士。任貴州貴築知縣，二十七年遷平越知州，改刑部主事，咸豐五年官至貴州大定府知府。

朱文漣 字野蘋。江蘇長洲縣人。道光十六年三甲十四名進士。任貴州知縣。

翟松 字健人。安徽涇縣人。道光十六年三甲十五名進士。選庶吉士。道光十九年任江蘇沛縣知縣，二十三年署浙江遂昌知縣。

潘政舉 安徽懷寧縣人。道光十六年三甲十六名進士。二十二年任陝西臨潼知縣，改大荔知縣、咸寧知縣、延長知縣，署佛坪廳同知，遷商州直隸州知州、乾州直隸州知州，二十七年署陝西同州知府。

張舒翹　字秀軒。江西永豐縣人。道光十六年三甲十七名進士。纍遷山西吉州知州，遷湖南候補道。致仕歸。卒年七十八。

黃孟鴻　字邃吉。江西鄱陽縣人。道光十六年三甲十八名進士。任刑部主事。

梁述孔　字彭孫。山西定襄縣人。道光十六年三甲十九名進士。授貴州知縣。未任，以養母終身不仕。著有《卮言》《蓉州文集》。

謝本嵩　貴州仁懷直隸廳人。道光十二年舉人，十六年三甲二十名進士。十九年任廣西北流知縣，改貴州思南府教授。

羅源一　湖南長沙縣人。道光十六年三甲二十一名進士。署浙江臨安知縣，補浙江泰順知縣，二十九年任湖南辰州府教授。

李　藻　字魚雅，號惺甫。順天寶坻縣人。道光十六年三甲二十二名進士。任內閣中書、印鑄局員外郎，官至吏部稽勛司郎中。

祝　祐　河南固始縣人。道光十六年三甲二十三名進士。任户部主事，官至貴州貴西道。

陳信民　字任甫。廣東南海縣人。道光十六年三甲二十四名進士。湖南即用知縣。十八年（1838）赴任遽卒。

玉　山　滿洲鑲紅旗人。道光十六年三甲二十五名進士。任刑部主事，二十三年任江西長寧知縣，官至司經局洗馬。

許　源　字達泉。江蘇吳縣人。道光十六年三甲二十六名進士。任河南杞縣知縣，改魯山知縣。

沈衍慶　字盛符，號槐卿。安徽石埭縣人。嘉慶十八年（1813）十月二十四日生。道光十六年三甲二十七名進士。十八年署江西興國知縣，歷泰和縣，署安義知縣，鄱陽知縣。咸豐三年（1853）七月十四日太平軍攻陷鄱陽縣城，戰亡。年四十一。贈道銜，予雲騎尉世職。著有《槐卿遺稿》《槐卿政績》。

楊銘柱　（榜名楊天柱）字石臣，號昆峰。雲南尋甸州人。道光十六年三甲二十八名進士。選庶吉士，授檢討。三十六年官至湖廣道監察御史。憨直敢言，性清介不肯稍曲，久不得志，年四十卒於任。著有《史筌》。

韋　坦　江蘇山陽縣人。道光十六年三甲二十九名進士。任兵部主事，官至兵部員外郎。

許暉藻　（原名許漢騫，改名）字漸庵。雲南石屏州人。道光十六年三甲三十名進士。任陝西洋縣知縣，二十五年改榆林知縣，署西鄉知縣。

張春育　字雨帆。直隸南皮縣人。道光十六年三甲三十一名進士。任刑部主事，遷郎中，官至廣東惠潮嘉道。

劉澐　字文濤，號性庵。山東長山縣人。道光十六年三甲三十二名進士。二十一年任湖南桂陽知縣。

蘇學健　字勵臣，號松龕。廣西義寧縣人。道光十六年三甲三十三名進士。選庶吉士，授檢討。二十四年任山西道御史，改山東道御史，咸豐元年任廣東惠州知府。

李延福　雲南文山縣人。道光十六年三甲三十四年進士。十九年任廣東始興知縣，二十四年署廣東新寧知縣，二十五年改南海知縣，二十六年改番禺知縣。

音德布　字雋甫。滿洲鑲藍旗人。道光十六年三甲三十五名進士。十八年署浙江分水知縣，二十二署泰順知縣，二十三年任秀水知縣，三十年署四川漢州知州，咸豐三年署綿州知州，遷眉州知州，捐升道員。咸豐九年官至四川永寧道。

朱朝玠　漢軍鑲白旗。道光十六年三甲三十六名進士。三十年官至新疆迪化州直隸知州。

邱家燨　順天宛平縣人。道光十六年三甲三十七名進士。

陳昂　浙江義烏縣人。道光十六年三甲三十八名進士。十九年任廣東東安知縣，二十三年署吳川知縣。

慧　成　字裕亭，號秋谷。滿洲鑲黃旗，戴佳氏。嘉慶八年（1803）七月初二日生。道光十六年丙申科三甲三十九名進士。選庶吉士，授檢討。纍遷侍講學士，道光二十年授詹事遷通政使，署理藩院侍郎，二十一年八月改兵部侍郎，二十二年九月調東河總督。二十三年革職。補戶部員外郎，二十八年任科布多參贊大臣。三十年十一月召回，咸豐二年六月復授東河總督，十二月改四川總督，三年八月改閩浙總督。十二月革。同治三年（1864）卒，年六十二。

孫瑞齡　安徽太平縣人。道光十六年三甲四十名進士。咸豐二年任曹河同知。

朱爲霖　廣西臨桂縣人。道光十六年三甲四十一名進士。

陳　寬　字栗堂。直隸安州人。道光十六年三甲四十二名進士。十七年七月任山東長山知縣，任山東日照知縣，十九年八月任齊東知縣，二十一年調歷城知縣，二十四年任山東臨清直隸州知州，咸豐三年任山東曹州知府、濟南府知府，同治元年署山東濟東道。著有《月溪文稿》行世。

曾祖陳德華，雍正二年狀元，禮部尚書。

牟衍騄　字麟石。山東日照縣人。道光十六年三甲四十三名進士。任山西崞縣、繁峙、岳陽、長治、壽陽知縣，署高平知縣，咸豐元年署岢嵐知州，四年任浮山知縣。去職後貧不能歸。居太原依寺僧以終。

周沐潤　字文之，號柯亭，別號樗庵。河南祥符縣人，祖籍浙江山陰。道光十六年三甲四十四名進士。十八年任江蘇金壇、常熟、吳江知縣，二十三年改嘉定、奉賢知縣，二十七年任長洲知縣，咸豐九年升江蘇常州知府，歷蘇州、直隸保定知府。著有《柯亭子文集》《柯亭駢文集》《柯亭子詩三集》《復素堂文續》《蟄室詩錄》等。

何名儒 福建平和縣人。道光十六年三甲四十五名進士。任即用知縣。

韓象鼎 山東章丘縣人。道光十六年三甲四十六名進士。任直隸清豐知縣，改邯鄲知縣、永年知縣，升大名知府，因不能迎合大吏，降大名府同知。後告歸。

榮 菜 正藍旗人。宗室。道光十六年三甲四十七名進士。任宗人府經歷司經歷，遷工部虞衡司員外郎。

孫家良 安徽壽州人。道光十六年三甲四十八名進士。任內閣中書，二十八年改北河同知，咸豐四年遷山東沂州知府，八年調福建汀州府知府。

福 紹 字錦溪。滿洲正黃旗。道光十六年三甲四十九名進士。二十三年任湖北襄陽知縣，遷湖北沔陽知州，咸豐七年改山東濱州知州，調平度州知州。

黃鵬奮 字少石。廣西容縣人。道光十六年三甲五十名進士。署廣東鎮平知縣，改澄邁知縣。後赴都謁選行至保定卒。

楊廷冕 （原名楊家冕，改名）廣東會同縣人。道光十六年三甲五十一名進士。二十年任廣東惠州府教授。

吳文藻 浙江歸安縣人。道光十六年三甲五十二名進士。任內閣中書。

周毓桂 字仙若，號雲圃。山東單縣人。道光十六年三甲五十三名進士。任兵部主事、員外郎，咸豐九年外任廣東雷州知府，調潮州知府，同治十一年改惠州知府。卒於任。

郭紹曾 字魯堂。山東蓬萊縣人。道光十六年三甲五十四名進士。即用知縣分發直隸，歷成安、贊皇、鹽山知縣，二十三年改天津知縣，升滄州知州，調正定、大名同知，二十四年天津河防同知。丁憂歸。主講蓮池書院。著有《士學中庸說》。

張 棣 字蕚樓。山西崞縣人。道光十六年三甲五十五名進士。任直隸完縣知縣，十九年改吳橋知縣，二十七年任靜海知縣。

石鳳揚 四川崇慶州人。道光十六年三甲五十六名進士。二十年任福建松溪知縣。

鄭鳳鳴 順天寶坻縣人。道光十六年三甲五十七名進士。任貴州廣順知州。

瑞 慶 蒙古鑲紅旗人。道光十六年三甲五十八名進士。二十五年任湖北鄖縣知縣，改直隸宣化知縣，咸豐三年改靈壽知縣、安肅知縣，六年改宣化知縣，十一年遷易州直隸州知州，同治元年任清苑知縣，三年遷冀州直隸知州，四年改遵化直隸州知州。

余思韶 雲南昆明縣人。道光

十六年三甲五十九名進士。十九年任廣西桂平知縣，二十九年遷廣西歸順知州。

丁雲章 字錦堂、倬然。湖北黃陂縣人。道光十四年舉人，十六年三甲六十名進士。任四川鄰水知縣，二十年署四川威遠，二十一署筠連知縣，二十二年任四川安縣知縣，二十五年復任，咸豐二年卸任，十年署南部知縣，改天全知州，官至忠州直隸州知州。

余遂生 江西崇義縣人。道光十六年三甲六十一名進士。二十二年署四川彭水、巴縣知縣，二十三年任四川銅梁知縣，歷營山、宜賓、秀山、酉陽直隸州知州。引疾歸。

喻懷仁 字近之，號少瀛。雲南南寧縣人。道光十六年三甲六十二名進士。二十五年任福建羅源知縣。以疾卒於任。年三十二。

盛 元 字韻琴，號愷庭，自號鐵花館主人。蒙古正藍旗，姓巴魯特氏，駐防杭州。道光十六年三甲六十三名進士。任江西高安知縣，改鄱陽、餘干知縣，咸豐元年遷江西瑞州知府，五年署南昌知府，咸豐十一年改江西袁州知府，同治五年署江西建昌知府，九年改南康知府。著有《營防小志》《怡園詩草》《南昌府志》。

李光鉞 直隸清苑縣人。道光十六年三甲六十四名進士。

承 齡 字子久，一字尊生。滿洲鑲黃旗，姓裕瑚魯氏，道光十

六年三甲六十五名進士。纍遷禮部儀制司郎中，咸豐四年外任貴州同仁知府，遷貴州糧道，同治二年官至貴州按察使。著有《大小雅堂集》。

韋杰生 （初名韋才楫）字紫航。四川南川縣人。道光十四年舉人，十六年三甲六十六名進士。任刑部廣東司主事，以足疾改四川敘州府教授。

梁 瀚 字海樓，號平橋。陝西戶縣人。嘉慶十四年（1809）十一月十九日生。道光十六年三甲六十七名進士。選庶吉士，改兵部主事，後歷任軍機章京、內閣侍讀學士，咸豐三年授宗人府丞，八年改通政使，十二月授左副都御史，九年改戶部左侍郎。兼管理三庫大臣，十一年督江蘇學政。同治元年去職。三年（1864）卒，年五十八。

史 樸 字文甫，號蘭畦、竹友。直隸遵化州人。道光十六年三甲六十八名進士。歷任廣東惠來、乳源、南海諸縣知縣，擢羅定知州，升廣州知府、肇慶知府，遷廣東肇羅道。光緒二年鄉舉重逢重赴鹿鳴宴，賞加二品頂戴。

盧昌輔 江西南康縣人。道光十六年三甲六十九名進士。二十七年任直隸南樂知縣，咸豐元年改直隸邯鄲知縣。以盜案去官。

朱右賢 （榜名敖右賢）字子尚，號秋田。四川榮昌縣人，原籍浙江海鹽。嘉慶十年（1805）生。道光八年舉人，十六年三甲七十名

進士。父朱光昭，授四川軍營，署雲陽縣尉，卒後寄籍四川。朱右賢從其外祖父敖姓。中進士後十八年任貴州桐梓知縣，十九改綏陽知縣、遵義知縣，二十七年遷八寨同知，二十九年改普定知縣，升威寧州知州，署安南知縣。咸豐四年（1854）城陷被害，妻女同時殉節。以道員賜恤。襲雲騎尉世職。著有《蠻吟小草》。

韋逢甲 字毓春。山東齊河縣人。道光十六年三甲七十一名進士。即用知縣分發浙江，十七年起歷任浙江宣平、餘杭、浦江知縣，因英海軍犯浙江，二十一年調赴鎮海督鑄大炮，二十二年署嘉興府乍浦同知團練鄉勇。二十二年四月英軍攻陷乍浦，韋逢甲帶鄉勇守西行汛陣亡。賞雲騎尉世職。

陳汝銓 字秉衡，號鑒堂。浙江金華縣人。道光十六年三甲七十二名進士。十八年任四川鹽亭知縣，二十年十一月署樂至知縣，任奉節知縣，二十三年任四川榮經知縣。

張兆熊 字渭源。甘肅皋蘭縣人。道光十六年三甲七十三名進士。二十四年任浙江壽昌知縣，二十八年升寧波府同知駐石浦。咸豐六年去任，八年（1858）十二月回任，太平軍占縣城，咯血卒。

楊迺實 字伯持。山東長清縣人。道光十六年三甲七十四名進士。任江蘇興化知縣，十八年改江寧知縣，調銅山知縣。

張樹德 順天涿州人。道光十六年三甲七十五名進士。任湖南知縣。

斌桐 漢軍正白旗人。道光十六年三甲七十六名進士。

崔敬修 河南涉縣人。道光十六年三甲七十七名進士。十七年署廣東三水知縣，二十三年改永安知縣，二十八年署廣東增城知縣。

李毓馨 字椒園。山西崞縣人。道光十六年三甲七十八名進士。任貴州綏化知縣，改浙江龍泉知縣，福建歸化知縣，擢貴州定番州知州。卒於任。

俞汝本 浙江新昌縣人。道光十六年三甲七十九名進士。十八年任貴州貴定知縣、獨山州知州，二十六年任貴州黔西州知州。

吳華淳 江西玉山縣人。道光十六年三甲八十名進士。官至知府。

慶廉 滿洲正白旗人。道光十六年三甲八十一名進士。

查彬 安徽涇縣人。道光十六年三甲八十二名進士。任河南淇縣知縣、安陽知縣，升河南信陽知州。以失察罷吏議去職，開復原官，赴選卒於京。著有《易經集說》

謝克一 山東丘縣人。道光十六年三甲八十三名進士。二十一年署江蘇荊溪知縣，二十二年任江蘇宜興知縣。

朱懋勛 廣西臨桂縣人。道光十六年三甲八十四名進士。

陳驥 廣東三水縣人。道光

十六年三甲八十五名進士。任知縣，二十年改廣東高州府教府，三十年改廉州府教授。

英　敏　蒙古正黃旗人。道光十六年三甲八十六名進士。

唐　盛　字際虞。山西朔州人。道光十六年三甲八十七名進士。十八年改直隸陽曲知縣，二十一年任順天府懷柔知縣，二十二年調三河知縣，二十四年十一月去。二十六年復任三河知縣，咸豐元年改直隸欒城知縣。城破卒。

張雨田　字汾濱。山西介休縣人。道光十六年三甲八十八名進士。二十年署江蘇昭文知縣，改吏部文選司主事。

張　枚　浙江安吉縣人。道光十六年三甲八十九名進士。十七年任江西石城知縣，官至吏部文選司郎中。

張鴻逵　貴州貴築縣人。道光十六年三甲九十名進士。二十二年任貴州思南府教授。

李　鑠　漢軍鑲紅旗。道光十六年三甲九十一名進士。二十三年任山東萊陽知縣，咸豐七年任鄒平知縣。十四年再任。

朱守方　順天大興縣人。道光十六年三甲九十二名進士。

咸　孚　漢軍正白旗。道光十六年三甲九十三名進士。任雲南恩安知縣、嵩明州知州、姚州知州。

孫宗禮　江蘇江都縣人。道光十六年三甲九十四名進士。二十六年任廣東澄邁知縣。

周　潞　山東金鄉縣人。道光十六年三甲九十五名進士。十八年任貴州定番知州。

蕭秀棠　字廷翰，號子山、醒園。四川墊江縣人。道光二年舉人，十六年三甲九十六名進士。即用知縣發河南，初署祥符，歷虞城、高陽、密縣、太廣，補通許知縣。以年老解組歸，卒年八十六。著有《醒園詩草》。

桂　棥　蒙古鑲白旗人。道光十六年三甲九十七名進士。官至兵部武選司郎中。

道光十八年（1838）戊戌科

第一甲三名

鈕福保　字右申，號松泉。浙江烏程縣人。嘉慶十一年（1806）生。道光十八年一甲第一名狀元。授修撰。十九年充江南鄉試副考官，二十年充江西鄉試副考官，督廣西學政，二十五年充會試同考官，升中允二十七年再充會試同考官，官至少詹事。工書法，亦精詩文。

金國均　字階平，號秉之、可亭。湖北黃坡縣人。道光十四年舉人，十八年一甲第二名榜眼，授編修。二十年充會試同考官，二十三年督陝甘學政，咸豐元年充江南鄉試副考官，升侍讀。二年順天鄉試同考官，告養歸。

父金光傑，嘉慶二十九年進士。

江國霖　字雨農，號曉驪。四川大竹縣人。道光十八年一甲第三名探花。授編修。十九年充廣西鄉試副考官，二十四年江南鄉試主考官，二十九年湖北提學道，遷廣東惠州知府，雷瓊道，咸豐四年由廣東鹽運使遷廣東按察使，五年遷布政使，七年署理巡撫。八年革職。著有《夢蘇齋詩集》。

第二甲八十二名

靈　桂　字薌生。滿洲正藍旗，宗室。嘉慶二十年（1815）正月十五日生。道光十八年二甲第一名進士。選庶吉士，授編修。正紅旗蒙古副都統，咸豐三年授內閣學士，遷理藩院侍郎，改刑部侍郎。同治五年遷都察院左都御史，十年調理藩院尚書改禮部尚書，光緒五年加太子少保，六年十一月授協辦大學士，七年十一月遷體仁閣大學士，十年十月調武英殿大學士。光緒十一年（1885）九月初六日卒。享年七十一。贈太保。入祀賢良祠。諡"文恭"。

惲光宸　字浚生，號薇若。順天大興縣人，原籍江蘇陽湖。嘉慶十三年（1808）六月二十八日生。道光十八年二甲第二名進士。選庶吉士，授編修。二十三年充河南鄉試正考官，二十四年充浙江鄉試副考官，二十五年遷湖南嶽州知府，調長沙知府，升廣東糧道、廣東鹽運使，道光二十九年授江西按察使，咸豐八年遷江西布政使，九年九月授江西巡撫。十年（1860）三月病假，閏三月卒。年五十三。

胡　江　字友山。浙江慈溪縣人。道光十八年二甲第三名進士。任刑部主事，升員外郎、郎中，截取知府，在任以道員候選，緣事降刑部員外郎。兩充提牢廳總辦獄囚衣食，在部二十餘年，以咳血卒於任。

丁嘉葆　字誦孫、真甫。江蘇武進縣人。道光十八年二甲第四名進士。選庶吉士，授編修。在上書房行走授瑞郡王讀書，擢侍讀，教習庶吉士，升左庶子，二十六年督貴州學政，遷翰林院侍讀學士。未任卒。

鍾音鴻　字子賓。江西興國縣人。道光十八年二甲第五名進士。選庶吉士，授編修。二十三年充山東鄉試副考官，二十四年順天鄉試同考官，二十六年遷湖南辰州知府，咸豐元年改長沙知府，官至湖南辰沅永道。

林汝舟　字鏡帆。福建侯官縣人。道光十八年二甲第六名進士。選庶吉士。授編修。升侍講。湖北巡撫胡林翼疏薦幫辦江南大營軍務，未赴任卒。

兩廣總督林則徐子。

吳嘉淦　字靖如、澂之。江蘇吳縣人。道光十八年二甲第七名進士。任內閣中書，二十四年充會試同考官，二十六年充四川鄉試副考官，官至戶部河南司員外郎。歸後曾掌平江書院。著有《珠塵集》《秋綠詞》《儀宋堂詩文集》《乘桴小草》等書。

郭沛霖　字仲濟，號雨三。湖北蘄水縣人。嘉慶十四年（1809）九月二十三日生。道光十五年舉人，十八年二甲第八名進士。選庶吉士，授編修。遷左贊善，咸豐三年授江蘇淮揚道兼署兩淮鹽運使，太平軍攻陷揚州革。後調安徽定遠大營總文案。咸豐九年（1859）六月十八日捻軍攻定遠城戰亡。年五十一。開復原官贈光綠寺卿銜。予雲騎尉世職。著有《日知堂集》等。

緱　評　陝西鄜州人。道光十八年二甲第九名進士。

王履謙　字吉雲，號曉山。順天大興縣人，原籍浙江山陰。嘉慶十五年（1810）九月二十一日生。道光十八年二甲第十名進士。選庶吉士，授編修。二十三年充陝西鄉試主考官，咸豐二年以左中允充湖北鄉試主考官，六月以少詹事督湖北學政，三年六月授太常寺卿，四年四月遷左副都御史。七年乞養歸。

徐　相　字秉衡，號輔亭、琢堂。漢軍正藍旗。道光十八年二甲十一名進士。選庶吉士，授編修。二十三年充福建鄉試副考官，咸豐二年官至浙江衢州知府。

孫家澤 字伯濤，號沛農。安徽壽州人。道光十八年二甲十二名進士。任內閣中書，三十年任江西貴溪知縣，咸豐十一年任江西南昌知縣，改禮部祠祭司主事，官至刑部員外郎。刻有《筆花軒經藝》。

陳鴻翊 字交謙，號仲鸞。順天寧河縣人。嘉慶十八年（1813）六月二十四日生。道光十八年二甲十三名進士。任吏部主事，升郎中，咸豐八年授山東道御史，遷工科給事中，官至福建汀漳龍道。

劉定裕 字仲容，號鵠仁、毅人。湖北孝感縣人。道光元年舉人，十八年二甲十四名進士。選庶吉士，授編修。二十三年督河南學政。

王　壔 字少崖，號芸階。陝西蒲城縣人。道光十八年二甲十五名進士。選庶吉士，授編修。官至御史。

父王鼎，嘉慶元年進士。

吳吉昌 字藹人，號謫雲。江蘇江寧縣人。道光十八年二甲十六名進士。選庶吉士，授編修。降內閣中書，遷山東泇河同知，歷官至山東運河同知，加知府銜，咸豐八年護山東運河道。乞歸卒。

錢振倫 （榜名錢福元，改）字侖仙，又字楞仙。浙江歸安縣人。道光十八年二甲十七名進士。選庶吉士，授編修。二十四年充四川鄉試主考官，官至國子監司業。告歸後主講揚州定安書院二十餘年。工詩文，著有《鮑參軍詩注》《示樸齋駢體文》。

姚輝第 河南輝縣人。道光十八年二甲十八名進士。二十年補江蘇元和知縣，咸豐元年任上海知縣。

支清彥 （原名支元深）字碩卿，號少鶴。浙江海鹽縣人。道光十八年二甲十九名進士。選庶吉士，授編修。二十三年充順天鄉試同考官，二十五年充會試同考官，遷庶子，二十八年督四川學政，官至侍讀學士。著有《雙桂堂詩存》。

孫　治 字理亭，號琴泉。四川成都縣人，原籍浙江山陰。道光十八年二甲二十名進士。任工部主事，二十一年署陝西商南知縣，二十六年改陝西華陰知縣，二十九年署長安知縣，三十年署郃陽知縣，咸豐元年任潼關廳同知，五年遷陝西延榆綏道，八年調直隸通永道，改天津道，十一年授山東按察使改直隸按察使。同治元年十二月革。

段大章 字倬雲，號果山。四川巴縣人。道光十一年舉人，十八年二甲二十一名進士。選庶吉士，授編修。二十三年充雲南鄉試副考官，二十五年遷陝西漢中知府，二十九年改西安知府，署陝西儲糧道，咸豐元年改延榆綏道，二年遷甘肅布政使。五年丁內艱歸。工書法、古文、詩詞。

張繼郯 山東濟寧州人。道光十八年二甲二十二名進士。二十六年任廣東南海知縣。

簡逢泰　福建南靖縣人。道光十八年二甲二十三名進士。任工部虞衡司主事。

李　淳　字伯忠，號筠坨。山東日照縣人。道光十八年二甲二十四名進士。二十三年代理江西南昌知縣，二十四年改萬安知縣，二十六年改崇仁知縣，二十七年改江西鉛山知縣，乞養歸。以團練加運同銜。咸豐二年遷江西瑞州府同知。

彭世洙　（原名世鑑）字閭亭。浙江海鹽縣人。道光十八年二甲二十五名進士。以知縣分發山西。未一年卒。

王　溥　字博之，號靜庵。陝西蒲城縣人。道光十八年二甲二十六名進士。任工部都水司主事，遷員外郎、郎中。外任山西寧武知府，咸豐五年改平陽知府，十一年任太原知府，同治二年遷山西冀寧道、河東鹽道，官至兩淮鹽運使。

子王集，光緒三年進士。

宋光伯　貴州鎮寧州人。道光十八年二甲二十七名進士。二十二年任福建寧德知縣，咸豐元年改壽寧知縣。

李　莊　字翼齋。順天寶坻縣人。道光十八年二甲二十八名進士。任戶部陝西司主事，咸豐四年官至四川重慶府知府。積勞卒於任。

晏端書　字彤甫，號巢雲。江蘇儀征縣人。嘉慶五年（1800）五月十九日生。道光十八年二甲二十九名進士。選庶吉士，授編修。二十七年外任浙江湖州知府，咸豐元年改杭州知府，升浙江寧紹台道，四年授浙江按察使，遷江西布政使，改山東布政使，六年十一月授浙江巡撫。九年改大理寺卿，十年遷左副都御史，同治元年十二月署兩廣總督，二年五月回任左副都御史。三年丁憂。光緒八年（1882）八月卒，享年八十三。

丁希陶　字菊溪。雲南楚雄縣人。道光十八年二甲三十名進士。十八年署順天府霸州知州，十九年署大城知縣，改蠡縣、博野知縣，二十三年十月任順天府宛平知縣，二十五年署南路同知、西路同知，二十九年署霸昌道，同治三年官至直隸通永道。爲奸黨所誣落職，後捐復山西長子、安澤知縣。卒於任。

鍾　瀛　順天大興縣人。道光十八年二甲三十一名進士。道光二十五年任安徽盱眙知縣，二十九年改南陵知縣。

謝蘭生　江西崇仁縣人。道光十八年二甲三十二名進士。官至工部郎中。未幾卒。

沈祖懋　字念農。浙江仁和縣人。道光十八年二甲三十三名進士。選庶吉士，授編修。二十三年督山西學政，咸豐元年充順天鄉試同考官，升遷國子監司業，咸豐四年督安徽學政，官至國子監祭酒。

陳源兗　字青原，號岱雲。湖南茶陵州人。嘉慶十九年（1814）八月十一日生。道光十八年二甲三十四名進士。選庶吉士，授編修。二十四年充會試同考官，二十六年遷江西吉安知府，改廣信知府，調安徽池州知府。咸豐三年，太平軍攻廬州，安徽巡撫令協守，十二月十七日（1854年1月）城破自縊卒。年四十。巡撫江忠源同日卒。

戴鷥翔 字曜雲，號蓮溪、覺癡。順天宛平縣人，原籍安徽婺源。嘉慶十五年（1810）二月初三日生。道光十八年二甲三十五名進士。選庶吉士，授編修。咸豐元年纍遷至河南彰德府知府，官至直隸永定河道，賞鹽運使司銜。

高 鎮 河南羅山縣人。道光十八年二甲三十六名進士。纍遷戶部江南司郎中，咸豐十一年任山東青州知府。

金畇善 字禹甸，號心佘。江蘇吳縣人。道光十八年二甲三十七名進士。選庶吉士，授編修。二十六年充順天鄉試同考官，二十七年任山西道御史，改京畿道御史，官至山西潞安知府。

田 祥 浙江山陰縣人。道光十八年二甲三十八名進士。任戶部主事。

黎崇基 廣東番禺縣人。道光十八年二甲三十九名進士。任知縣，二十九年改雷州府教授，官至雲南晉寧州知州。

曾元爕 字葉鼎，號樓臣。福建閩縣人。道光十八年二甲四十名進士。任工部主事。

父曾春暉，嘉慶六年進士；兄曾元炳，道光九年進士；兄曾元海，道光二年進士。

倉景愉（初名倉景恬，避諱改倉景愉）字靜則，號少平，晚號靜叟。河南中牟縣人。道光十八年二甲四十一名進士。二十七年纍遷江西撫州知府，咸豐四年改湖南長沙知府，晋岳常澧道，十一年授湖南按察使，同治二年病免。十三年授雲南按察使，光緒三年署雲南布政使。四年以病歸。晚年主講大梁書院。

寶 鋆 字銳卿，號佩蘅、蓮幢。滿洲鑲白旗，索卓絡氏。嘉慶十二年（1807）十二月二十八日生。道光十八年二甲四十二名進士。任禮部主事、中允、侍讀學士，咸豐四年授內閣學士，遷禮部侍郎，改戶部侍郎，同治元年遷戶部尚書、軍機大臣、三年加太子少保。十一年改吏部尚書，晋太子太保，十三年授協辦大學士調兵部尚書，同年十一月授體仁閣大學士，光緒三年二月改武英殿大學士。兼翰林院掌院學士。五年晋太子太傅。十年三月休致。光緒十七年（1891）八月初三日卒。享年八十五。贈太保，入祀賢良祠。謚"文靖"。爲清代藏書家，藏書處曰"共讀樓"。著有《奉使三音諾彥紀程草》《塞上吟》等。

孫 超 字軼群、崧甫。江蘇通州人。道光十八年二甲四十三名進士。十九年任直隸曲周知縣，二十八年二月改順天府寧河知縣，咸豐元年遷順天府薊州直隸州知州。以疾歸。主講漁陽書院。

方墉 字既堂。浙江錢塘縣人。道光十八年二甲四十四名進士。選庶吉士，授編修。二十三年充山東鄉試主考官，三十年纍遷至山東運河道。

田雨公 字敬堂，號杏軒、硯農。山西盂縣人。道光十八年二甲四十五名進士。選庶吉士，授編修。二十四年充河南鄉試副考官，升鴻臚寺卿，二十九年任江西鄉試主考官，官至大理寺少卿。咸豐三年乞歸。主講平定、榆次及晉陽書院。五年奉旨督辦山西團練。工書法。

梁國琮 字儷裳。廣東番禺縣人。道光十七年廣東鄉試解元，十八年二甲四十六名進士。選庶吉士，授編修。二十四年充會試同考官。

劉印星 字松堂，號斗庵。江西龍南縣人。道光十八年二甲四十七名進士。選庶吉士。官至督糧道。

曹澍鍾 字雨若，號穎生。湖北江夏縣人。嘉慶七年（1802）正月二十二日生。道光十八年二甲四十八名進士。選庶吉士，授編修。二十六年任山東道御史，遷四川川東道，擢浙江鹽運使，咸豐六年授四川按察使遷廣西布政使，九年四月授廣西巡撫。咸豐十年閏三月赴四川專辦軍務。湖北巡撫胡林翼劾其不知軍事，遂開缺回籍。

李協中 山東益都縣人。道光十八年二甲四十九名進士。任河南尉氏知縣。

高魯 順天大興縣人。道光十八年二甲五十名進士。任雲南呈貢知縣、平彝知縣、寧洱知縣，改新興州知州、沾益知州、尋甸知州、馬龍知州。

王秀毓 字月樵。安徽六安州人。道光十八年二甲五十一名進士。即用知縣，補雲南楚雄知縣，署馬龍、麗江、會澤、建水、蒙自、恩安、新興等州縣，調昆明知縣，咸豐四年升景東直隸廳同知，遷永昌府同知。

何桂珍 字子香，號丹溪、丹畦。雲南師宗縣人。嘉慶二十二年（1817）七月二十四日生。道光十八年二甲五十二名進士。選庶吉士，授編修。二十六督貴州學政，升侍講，纍遷至福建興泉永道，調安徽池太廣道。咸豐四年巡撫令馳援廬江不及，城陷罷官。五年（1855）春以戰功予六品頂戴。十一月初三於英山被農民起義軍所殺，年三十九。開復原官，賞騎都尉世職。同治四年追諡"文貞"。著有《何文貞公遺集》《續理學正宗》等。

丁浩 字養吾，號松亭。河南寶豐縣人。道光十八年二甲五十三名進士。任內閣侍讀，咸豐元年授江南道御史，十年任廣東瓊州知府，官至廣東廣州府知府。

吳存義 字和甫，號荔裳。江蘇泰興縣人，原籍安徽休寧。嘉慶十七年（1802）三月初八日生。道光十八年二甲五十四名進士。選庶吉士，授編修。二十三年督雲南學政，歷任侍講、侍讀學士，咸豐十年授太僕寺卿改通政使，同治二年遷工部改禮部侍郎，督浙江學政，三年改吏部侍郎。同治（1868）七年病免，九月卒。年六十七。著有《榴實山莊詩文集》。

蕭良駒 湖北黃陂縣人。道光十五年舉人，十八年二甲五十五名進士。官至直隸延慶州判。

史致諤 字士良，號子愚、鐵生。順天宛平縣人，原籍江蘇溧陽。嘉慶七年（1802）十一月十六日生。道光十八年二甲五十六名進士。選庶吉士，授編修。二十六年充順天鄉試同考官，二十八年任江西廣信府知府，咸豐元年改南昌知府，官至浙江寧紹台道，同治元年與英、美、法軍聯合鎮壓太平軍。三年以籌餉功加按察使銜致仕。同治十一年（1872）三月二十三日卒。年七十一。著有《慎節齋雜記》。

耿曰椿 字壽彭，號雨橋。山東新城縣人。道光十八年二甲五十七名進士。授戶部主事，升廣東司員外郎、浙江司郎中。補漳州知府，調署福建泉州督糧道。分巡福寧海防。以病卒於任。

吳嘉賓 字子序。江西南豐縣人。嘉慶八年（1803）六月生。道光十八年二甲五十八名進士。選庶吉士，授編修。二十七年緣事謫戍軍臺。釋回，後延理軍務，防太平軍，咸豐初賞內閣中書，加侍讀銜，治鄉兵。同治三年（1864）太平軍攻城，二月十九日於南豐之三都陣亡，年六十二，予雲騎尉世職。著有《喪服同通》《周易説》《書説》《詩説》《求自得之室文鈔》《尚侗廬詩存》等。

祖父吳應咸，嘉慶元年進士。

童　華 字惟充，號薇硯。浙江鄞縣人。嘉慶二十三年（1818）生。道光十八年二甲五十九名進士。選庶吉士，授編修。纍遷翰林院侍讀學士，同治三年授光禄寺卿改太常寺、大理寺卿，七年授左副都御史，八年改工部侍郎，十一年改吏部侍郎。十二年降。十三年二月復授左副都御史，光緒三年復任吏部侍郎。五年三月遷左都御史，八年正月解職。九年降禮部侍郎。光緒十五年（1889）二月初三日卒，年七十二。著有《竹石居詩草》。

父童槐，嘉慶十年進士，官左都御史。

福　興 滿洲鑲黃旗人。道光十八年二甲六十名進士。任光禄寺署承，咸豐八年任直隸元氏知縣，同治四年改容城知縣，六年署靈壽知縣。

潘　繡 安徽懷遠縣人。道光十八年二甲六十一名進士。二十二年任山東平陰知縣。

吕德玉 字蘊卿。山西永濟縣人。道光十八年二甲六十二名進士。選庶吉士。未散館。

陸希湜　字守初。江蘇太倉州人。道光十八年二甲六十三名進士。授禮部主事，升員外郎、郎中，咸豐三年外任安徽潁州知府，後以道員用署安慶知府。咸豐七年（1857）以疾卒，贈光祿寺卿銜。

楊昇　甘肅安定縣人。道光十八年二甲六十四名進士。二十六年任江西靖安知縣，二十七年改江西吉水知縣，咸豐三年署江西新建知縣，五年署江西上饒知縣，七年署江西廣信府通判，九年官至署江西廣饒九南道，兼九江關監督。

楊和鳴　字笙友。福建侯官縣人。道光十八年二甲六十五名進士。選庶吉士，改工部主事，官至江蘇候補道。卒年五十一。

劉步駧　字章侯。直隸高陽縣人。道光十八年二甲六十六名進士。任刑部主事，升員外郎，咸豐三年充會試同考官，遷湖廣司郎中，咸豐七年署湖北宜昌府知府，八年實授，十年復任，同治十一年官至湖北施南知府。

熊家彥　湖北孝感縣人。道光十一年舉人，十八年二甲六十七名進士。任雲南祿勸知縣、劍州知州、昭通府同知，官至雲南臨安府知府。

黃樹賓　（原名棣昌）字修存。順天大興縣人，原籍廣東石城。道光十八年二甲六十八名進士。署山西大同、太原知縣，補靈丘縣，二十三年調交城縣，改鳳臺知縣，二十七年改介休知縣。咸豐元年

（1851）卒。

胡大任　字蓮舫。湖北監利縣人。道光十四年舉人，十八年二甲六十九名進士。任禮部主事，升員外郎，郎中。同治四年遷內閣侍讀學士，六年授河南按察使，七年遷山西布政使。八年八月休致。

楊福祺　字子厚，號潤生。山東歷城縣人。道光十七年舉人，十八年二甲七十名進士。選庶吉士，授編修。二十四年充福建鄉試副考官，二十七年任江南道御史，二十九年遷湖北黃州知府，咸豐元年官至安徽鳳陽知府。

俞紹型　字憲邦。江西廣豐縣人。道光十八年二甲七十一名進士。任吏部主事。歸里。以疾不起。

董似穀　字粹夫，號蓉初。順天大興縣人，原籍江蘇陽湖。嘉慶八年（1803）生。道光十八年二甲七十二名進士。選庶吉士，授編修。二十九年充順天鄉試同考官，咸豐三年充會試同考官，擢洗馬，纍遷至江西南安府知府，同治五年署江西鹽法道。

張方矩　福建屏南縣人。道光十八年二甲七十三名進士。即用知縣，道光二十三任江西新喻知縣，咸豐三年改江西清江知縣，改江西浮梁知縣。

蘇清阿　滿洲鑲紅旗人。道光十八年二甲七十四名進士。

王振綱　字重三。直隸新城縣人。嘉慶十二年（1807）生。道光十八年二甲七十五名進士。隱居不

仕，家苦貧躬耕養親，後曾國藩督直隸，聘主講保定蓮池書院。光緒三年（1877）卒。年七十一。著有《禮記通義》二十卷、《群經筆記》二卷、《先儒粹語》四卷、《地理擇言》十卷。

熙麟 字挹雲。滿洲鑲黃旗，富察氏。道光十八年二甲七十六名進士。任戶部主事，遷雲南司郎中，咸豐四年擢內閣學士，閏七月遷戶部侍郎，七年改任科布多幫辦。同治元年正月復任戶部侍郎，七月授陝甘總督。同治三年（1864）五月以病免。十月卒。諡"忠勤"。

劉琨耀 字仲瑤，號蕉坡。山西洪洞縣人。道光十八年二甲七十七名進士。選庶吉士，改刑部主事，升員外郎、郎中。咸豐五年授河南道御史。

王訓 字蔗村。陝西合陽縣人。道光十八年二甲七十八名進士。任江西瑞昌、長寧、贛縣知縣，咸豐元年代理廣信知府，署江西鹽法道，改福建糧道。後赴福建邵武防堵，城陷卒。年五十一。

朱右曾 字尊魯，號亮甫、咀霞。江蘇嘉定縣人。嘉慶五年（1800）十月初八日生。道光十八年二甲七十九名進士。選庶吉士，授編修。二十五年授安徽徽州知府，咸豐元年調貴州鎮遠知府，改遵義知府，署大定府知府，卒。撰有《逸周堂集訓校釋》《服氏解誼》《春秋左傳地理征》《汲塚紀年存真》《穆行堂隨筆》《春暉軒古文》等。

毛鴻賓 字寅庵，號寄雲、春北、雪磐。山東歷城縣人。回族。嘉慶十一年（1806）九月十二日生。道光十八年二甲八十名進士。選庶吉士，授編修。二十七年充會試同考官，擢江南道御史，升禮科給事中，咸豐七年遷湖北安襄鄖荊道，十年授安徽按察使遷江蘇布政使，十一年授湖南巡撫，參與圍剿太平軍石達開部。同治二年五月遷兩廣總督。後坐湖南巡撫任內失察，四年二月降調歸。同治七年（1868）八月十二日卒。年六十三。宣統元年六月追復原官。

呂佸孫 字蘭舫、元永，號星田。江蘇陽湖縣人。道光十八年二甲八十一名進士。選庶吉士，授編修。咸豐元年充廣東鄉試副考官，五年任廣東韶州知府，署高州知府，七年署廣東雷瓊道。九年（1859）大旱禱雨致疾，卒於任。

兄呂佺孫，道光十六年進士，官福建巡撫。

孫翔林 字梧喈。陝西府谷縣人。道光十八年二甲八十二名進士。選庶吉士，授編修。二十三年充順天同考官。

第三甲一百零九名

金寶樹 字仲珊、吟香。江蘇元和縣人。道光十八年三甲第一名進士。十九年任湖北興國知州，二十一年任湖北利川知縣，調通山，署蘄水知縣，丁母憂歸。捐輸知州，揀發安徽署和州知州，咸豐六年移署六安直隸州知州。七年捻軍至，不敵戰死。

恒　善　滿洲鑲黃旗人。道光十八年三甲第二名進士。

彭惠疇　字采廷，號雲牧。江西新昌縣人。道光十八年三甲第三名進士。任湖北鄖西、通山、利川知縣，咸豐二年改羅田知縣，三年改建始知縣，五年再改羅田知縣。

延　恒　漢軍正白旗。道光十八年三甲第四名進士。任禮部儀制司主事。

鍾宜年　（本姓王）字梅汀。福建閩縣人。道光十八年三甲第五名進士。選庶吉士。

洪　觀　字聽橋，號樂吾。浙江慈溪縣人。道光十八年三甲第六名進士。任內閣中書，升侍讀，京察一等。咸豐元年出任直隸永平知府，四年調江西撫州府知府。因病假歸。年五十六卒於家。

但鍾良　字春生、小雲。貴州廣順州人。道光十八年三甲第七名進士。選庶吉士，授檢討。乞假養母回籍，咸豐五年太平軍圍城，城陷陣亡，贈太常寺少卿銜。

父但明倫，嘉慶二十四年進士。

蔡召南　浙江紹興蕭山縣人。道光十八年三甲第八名進士。二十七年任金華府教授。

吳廷金　字毓西。江西玉山縣人，道光十八年三甲九名進士。任刑部主事，補貴州司。以積勞卒於任。

李臨馴　字友春，號葆齋。江西上猶縣人。道光十八年三甲第十名進士。選庶吉士，授檢討。咸豐元年授河南道御史，官至候補道。

湯雲林　（改名湯椿）江西南豐縣人。道光十八年三甲十一名進士。任吏部主事，升員外郎。

梅鍾澍　字霖生，號蘇民。湖南寧鄉縣人。嘉慶三年（1798）生。道光十八年三甲十二名進士。選庶吉士，改禮部主事。道光二十一年（1841）卒。著有《蘇花崖館詩集》《文略》。

甘　熙　字實庵。江蘇江寧縣人。道光十八年三甲十三名進士。任廣西知縣，二十三年纍遷禮部儀制司郎中，二十七年改戶部廣東司郎中，官記名道員。

福陞額　（一作昌禄，原名福陞額）漢軍正黃旗。道光十八年三甲十四名進士。三十年任山西代州直隸州知州。咸豐六年復任。

馬廷槐　字聲南，號蒔田。浙江鄞縣人。道光十八年三甲十五名進士。任內閣中書，未幾卒。

父馬士龍，嘉慶十四年進士。

張　嶙　浙江觀縣人。道光十八年三甲十六名進士。道光二十年任直隸南宮知縣。

劉汝新　字煥初。廣東信宜縣人。道光十八年三甲十七名進士。二十年任陝西澄城知縣，改奉天蓋平知縣，署奉天通判。

史丙榮 （一作史炳榮）字穎生。江蘇江都縣人。道光十八年三甲十八名進士。二十二年任安徽當塗知縣，二十七年署亳州知州。卒於任。

慶雲 字書五。蒙古鑲白旗，杭阿坦氏。道光十八年三甲十九名進士。二十年任江西東鄉知縣，二十二年署江西永豐知縣，二十五年改南昌知縣，署江西鹽法道，官至江西糧道。

葉聲揚 字虞廷，號鏡湖。江蘇上元縣人。道光十八年三甲二十名進士。選庶吉士，兼充武英殿纂修。假歸，卒於雄縣旅舍，年未四十。著有《汲古軒文稿》。

倪夢麟 順天宛平縣人。道光十八年三甲二十一名進士。二十六年任山東利津知縣，咸豐三年署山東嶧縣知縣。

吳雙 江蘇上元縣人。道光十八年三甲二十二名進士。

周祖衛 字鶴儕，號仙嶠。河南商城縣人。道光十八年三甲二十三名進士。選庶吉士，二十一年改湖北大冶知縣，二十四年改隨州知州，咸豐二年任湖北黃州岐亭同知。咸豐二年城陷殉難。

石贊清 字襄臣、次皋。貴州貴築縣人。道光十八年三甲二十四名進士。二十年補任直隸阜城知縣，二十三年改盧龍、正定知縣，二十九年升蘆臺撫民通判，咸豐四年任順天府治中，六年擢直隸天津知府，十一年授順天府尹，同治元年署刑部右侍郎，九月授直隸布政使，二年改湖南布政使，五年授太常寺卿，六年改宗人府丞，七年調左副都御史，七月改工部右侍郎。同治八年（1869）八月病免歸。九月卒。

招鏡常 （原名招鏡蓉）字心臺。廣東南海縣人。道光十八年三甲二十五名進士。任陝西興平知縣，丁憂服闋，二十四年任順天北城兵馬司指揮，調廣西署桂林龍勝通判，署昭平、賀縣知縣，加知府銜，咸豐三年任思恩知府，四年（1854）調署桂林知府，十一月署嚴平府。賊攻城被執不屈，卒於荔浦。

徐辰告 字葆田。浙江山陰縣人。道光十八年三甲二十六名進士。二十年任陝西洵陽知縣，署白河知縣，改甘肅山丹知縣、安定知縣，咸豐八年遷肅州知州，九年遷甘肅涼州知府，同治元年改蘭州知府，官至甘肅蘭州道。

費凌雲 字健庵。江西宜春縣人。道光十八年三甲二十七名進士。任戶部主事、貴州司員外郎，升郎中，京察一等，官至四川重慶府知府。

萬逢時 直隸遷安縣人。道光十八年三甲二十八名進士。任山西寧鄉知縣，咸豐元年改山西平遙知縣。

如山 字冠九。滿洲鑲藍旗，姓赫舍里氏。道光十八年三甲二十九名進士。咸豐七年纍遷湖北漢陽知府，八年改武昌知府，同治六年任浙江衢州知府，升督糧道，光緒二年擢長蘆鹽運使，改兩淮鹽運使。著有《官秋軒詩存》。

張夢祺 字蘭坡。安徽含山縣人。道光十八年三甲三十名進士。十九年署山東嶧縣知縣，二十一年調安邱知縣，二十九年任山東棲霞知縣，三十年改東阿知縣，咸豐元年調德平知縣。卒於任。

梁啓文 廣東南海縣人。道光十八年三甲三十一名進士。任户部主事。

楊式坊 江西清江縣人。道光十八年三甲三十二名進士。任江西南安府教授，咸豐元年改臨江府教授，補南昌府教授。

廖爲庸 字静常，號鞠裳。江西奉新縣人。道光十八年三甲三十三名進士。任山東即用知縣。丁憂歸，卒於家。

蕭尚欽 字敬之。貴州平越直隸州人。道光十八年三甲三十四名進士。選庶吉士，散館改知縣，咸豐元年任直隸臨城知縣，五年改順天武清知縣。

劉秉鉌 山東沂水縣人。道光十八年三甲三十五名進士。

劉餘慶 四川石砫直隸廳人。道光十八年三甲三十六名進士。咸豐元年任山東萊蕪知縣。

張爾琪 字瑶初。安徽合肥縣人。道光十八年三甲三十七名進士。三十年任浙江金華知縣。

成　毅 字忍齋。湖南湘鄉縣人。道光十八年三甲三十八名進士。授知縣，改湖南岳州府教授。以疾歸，卒於家。著有《求在我齋文集》。

王德固 字恒之，號子堅。河南鹿邑縣人。道光十八年三甲三十九名進士。任刑部主事，升郎中，咸豐六年授江南道御史，十年遷江西南安知府、贛州知府，同治元年署江西吉南贛寧道，六年授江西按察使，八年遷四川布政使。光緒元年四月休致。

翟鳴陽 山西鳳臺縣人。道光十八年三甲四十名進士。十九年十二月任浙江青田知縣，改烏程知縣。

顧蘭生 字毓芳，號香畹。江西廣豐縣人。道光十八年三甲四十一名進士。任刑部主事，升山東司郎中，同治三年官至廣東惠州府知府。

曾國藩 （原名曾子城）字伯涵、小南，號滌生。湖南湘鄉縣人。嘉慶十六年（1811）十月十一日生。道光十八年三甲四十二名進士。選庶吉士，授檢討。歷侍讀、侍講學士，道光二十七年授内閣學士，遷禮部侍郎。咸豐二年丁憂。三年奉旨於長沙辦團練，五年授兵部侍郎，十年以兵部尚書銜授兩江總督。并授欽差大臣，統轄四省軍務，圍剿太平軍。十一年八月克復安慶城，加太子少保。同治元年授協辦大學士。三年六月攻陷太平天國天京加太子太傅，封一等毅勇侯。四年赴山東督師圍剿捻軍，五年回任。六年遷體仁閣大學士，留任兩江總督，七年四月改武英殿大學士。七月改直隸總督，九年八月復改兩江總督。同治十一年（1872）二月初四日卒於南京，年六十二，贈太傅，入祀賢良祠。謚“文正”。所著書百數十卷，曰《曾文正公全集》。

鄭世淵 浙江鄞縣人。道光十八年三甲四十三名進士。

劉鍾洛 字葡軒。直隸臨榆縣人。道光十八年三甲四十四名進士。任江西彭澤知縣，改安福知縣，咸豐五年改廣豐知縣，軍功賞加同知銜。

余懷堂 陝西平利縣人。道光十二年舉人，十八年三甲四十五名進士。任山西稷山知縣，二十二年改山西天鎮知縣，二十三年任山西平陸知縣。

錢以同 字同生，號小蘭。江蘇華亭縣人。道光十八年三甲四十六名進士。任兵部主事，升郎中。咸豐四年授江西道御史，官至掌山東道御史。

劉文麟 字仙樵。奉天遼陽州人。道光十八年三甲四十七名進士。任廣東平遠、長樂、文昌知縣，調河南沈丘知縣。因忤上官劾降。歸里主講瀋陽書院。著有《仙樵詩鈔》。

韓潮 浙江平湖縣人。道光十八年三甲四十八名進士。任河南知縣，八年遷裕州知州。

恩麟 字君錫、詩樵。蒙古正黃旗人，諾敏氏。道光十八年三甲四十九名進士。任兵部主事，縈

遷甘肅候補道，咸豐九年授甘肅按察使，十一年遷甘肅布政使。曾護理甘肅巡撫、陝甘總督。同治四年解職。八年任駐藏辦事大臣。十二年去職。著有《筆花軒詩稿》。

張繼灝 字欽之，號廉泉。山東臨清直隸州人。道光十八年三甲五十名進士。任內閣中書，咸豐元年四月外任江西建昌府同知，以知府升用。丁憂歸。教授生徒。著有《清餘堂文稿》。卒年八十六。

李廷樟 字榕峰。廣西陸川縣人。道光十八年三甲五十一名進士。二十年任山東禹城知縣，二十九年調掖縣知縣，咸豐八年遷山西沁州知州，十年改絳州知州，擢山西平陽知府，同治四年授湖南按察使。十年去職。

延齡 滿洲鑲黃旗人。道光十八年三甲五十二名進士。咸豐三年官至直隸廣平知府。

楊柄鍠 字春樵。雲南鄧川州人。道光十八年三甲五十三名進士。任刑部主事，二十九年任四川犍爲知縣，咸豐三年署四川宜賓知縣，九年遷甘肅蘭州知府，十一年官至甘肅甘涼道，同治元年署甘肅按察使。卒年九十六。著有《怡雲山館詩集》。

李湘甲 字花潭。湖南湘潭縣人。道光十八年三甲五十四名進士。十九年任湖北羅田知縣，二十年任湖北宜都知縣，二十三年改應山知縣、麻城知縣，署漢陽府同知。未

幾卒。

李文玕 字式和，號玉泉。安徽合肥縣人。道光十八年三甲五十五名進士。任刑部主事，升郎中、記名御史，咸豐三年回鄉辦團練，以功升知府。以疾歸。卒年五十五。追贈道銜。

子李鴻章，大學士。

曾希周 廣東廣寧縣人。道光十八年三甲五十六名進士。二十一年任直隸肥鄉知縣。二十六年復任。

譚瑛 江西德化縣人。道光十八年三甲五十七名進士。任山西長子知縣，二十三署山西盂縣知縣。

丁希僑 雲南楚雄縣人。道光十八年三甲五十八名進士。任刑部主事。

張柳南 字星堂。山東高密縣人。道光十八年三甲五十九名進士。二十年任山西左雲知縣，二十三年改山西襄陵知縣，改山西屯留知縣。年餘卒於任。

姬泰聚 字星亭。河南裕州人。道光十八年三甲六十名進士。二十一年任山西黎城知縣，改長治縣、繁峙知縣，咸豐元年改襄陵知縣，調廣靈知縣，遷潞安府同知。

瑞寶 滿洲鑲黃旗人。道光十八年三甲六十一名進士。二十五年任廣東番禺知縣，二十六年改南海知縣。

鄒希孟 江西南豐縣人。道光十八年三甲六十二名進士。二十年任山東陵縣知縣，二十三年改郯城知縣，補用直隸州。

方殿謨 浙江金華縣人。道光十八年三甲六十三名進士。二十年署安徽祁門知縣，二十一年改安徽建德知縣，咸豐元年改績溪知縣。

聯英 字喆士。正藍旗，宗室。道光十八年三甲六十四名進士。任禮部主事，改右中允，復降主事。

尹輝宗 字子光，號韞山。山東諸城縣人。道光十八年三甲六十五名進士。任陝西宜君、藍田、宜川、鎮安、麟游知縣，咸豐八年改知鳳縣，十年改三水知縣。病歸，卒於家。

弟尹耀宗，咸豐三年進士。

陳則廉 順天香河縣人。道光十八年三甲六十六名進士。二十五年任天津府教授。

王本立 號禹方。河南羅山縣人。道光十八年三甲六十七名進士。任湖北咸寧知縣，二十二年任漢陽知縣，二十七年官至湖北襄陽府同知。咸豐二年在省守城殉節。

李挺芳 四川內江縣人。道光十八年三甲六十八名進士。任山西文水知縣，咸豐三年改山東曲阜知縣，候選知府。禦賊陣亡，贈太僕寺卿銜。

趙光揖 字笏山。山西崞縣人。道光十八年三甲六十九名進士。二十二年任陝西汧陽知縣，二十八年改涇陽知縣，咸豐三年官至陝西商州知州。卒於任。

高振宛 河南鄧州人。道光十

八年三甲七十名進士。二十年署浙江天台知縣，二十年任桐鄉知縣，二十八年改山西滎河知縣、神池知縣，官至山西潞州府知府，同治四年改山西澤州知府。

史炳符 山東樂陵縣人。道光十八年三甲七十一名進士。任戶部主事。

侯亮工 河南通許縣人。道光十八年三甲七十二名進士。

馬椿齡 號壽山。雲南新興州人。道光十八年三甲七十三名進士。任浙江臨安、山陰知縣，二十一年署浙江浦江知縣，二十二年署龍泉知縣，二十四年任浙江歸安知縣，二十六年署浙江杭州海防同知，咸豐四年任浙江衢州府同知，遷浙江處州知府。十年赴雲南招撫回酋遇害，贈光祿寺卿。

張 林 字扶春。山西陽城縣人。道光十八年三甲七十四名進士。任安徽懷遠知縣，纍遷廣西柳州知府。以勞卒於官。仕途三十年，貧不能葬，鄉里哀之。

劉錫光 字覲堂。山東安丘縣人。道光十八年三甲七十五名進士。河南即用知縣，署河南濟源知縣，補鞏縣知縣。以積勞成疾卒於鞏縣。

高振洛 河南鄧州人。道光十八年三甲七十六名進士。十九年署湖北興山知縣，二十年署東湖知縣，改湖北黃陂知縣，二十九年改山東沾化知縣，咸豐元年改山東單縣知縣，遷雲南廣南府知府，九年改思

州知府。

張元亨 山東惠民縣人。道光十八年三甲七十七名進士。任雲南河西知縣，改雲南廣通知縣，保山知縣，改興安知縣。

祁宿藻 字幼章，號子孺、心齋。山西壽陽縣人。嘉慶六年（1801）十一月二十五日生。道光十八年三甲七十八名進士。選庶吉士，授檢討。二十五年纍遷湖北黃州知府，曾護理黃德道，二十九年改武昌知府。擢廣東鹽運使。道光二十九年授廣東按察使遷湖南布政使。咸豐元年調江寧布政使。咸豐三年（1853）太平軍攻江寧，正月二十九日卒，年五十三。贈左副都御史銜，謚號"文節"。

父祁韻士，乾隆四十三年進士；兄祁寯藻，嘉慶十九年進士，大學士。

梁本檀 廣西宣化縣人。道光十八年三甲七十九名進士。任山東東平知縣，二十年改山東樂陵知縣。

蔡 熙 廣東澄海縣人。道光十八年三甲八十名進士。署湖北雲夢知縣，十九年署湖北安陸知縣，二十年改枝江知縣。

李萬傑 字希白，號俊民。安徽太湖縣人。道光十八年三甲八十一名進士。任刑部主事、雲南司行走，任江蘇揚州府同知，二十八年任蕭南同知，咸豐元年改淮南海防同知，八年五月官至江蘇常鎮通海道。

王景美 陝西華陰縣人。道光十八年三甲八十二名進士。二十二

年任直隸邯鄲知縣。

張思鎧 字金堂，號秋坪。江西上饒縣人。道光十八年三甲八十三名進士。任山西崞縣知縣，調陽曲縣，二十二年署洪洞知縣，升河東監掣同知、山西澤州知府，遷四川茶鹽道，咸豐七年授四川按察使。九年去職。

鄔敏學 字修來。廣西馬平縣人。道光十八年三甲八十四名進士。十九年任順天固安知縣，二十二年六月任順天香河知縣，三十年改四川雲陽知縣。

張景沂 字春波、魯泉，號松崖。直隸景州人。道光十八年三甲八十五名進士。任山西寧武知縣，歷署陽高、懷仁知縣。丁外艱服闋，無意仕進，居家課子。晚主南宮東陽書院。著有《七竹山房詩文集》。

孔慶銈 字菊農，號儀甫。山東曲阜縣人。道光十八年三甲八十六名進士。任直隸平鄉知縣，調交河知縣。咸豐三年九月太平軍攻城，城陷父子被害。追贈知府。

余庚陽 字葵階。湖北監利縣人。道光十五年舉人，十八年三甲八十七名進士。二十一年署陝西安塞知縣，任甘泉知縣，咸豐三年改三原知縣，歷署韓城、富平知縣，同治三年擢乾州直隸州知州，七年署同州知府，任西安知府，十二年卸。

慶 保 漢軍鑲黃旗。道光十八年三甲八十八名進士。咸豐七年任江西安福知縣，遷工部都水司員外郎，官至戶部四川司郎中。

李永清 山西五臺縣人。道光十八年三甲八十九名進士。山東即用知縣。

歐陽山 廣西馬平縣人。道光十八年三甲九十名進士。二十一年署陝西沔陽知縣，二十二任米脂知縣。

周 誥 江西鄱陽縣人。道光十八年三甲九十一名進士。二十八年任江西南安府教授。咸豐八年殉難。

鳳 柃 字九庵。蒙古鑲紅旗人。道光十八年三甲九十二名進士。二十八年任浙江慶元知縣，咸豐四年改遂昌知縣，九年調諸暨知縣。

陳 圩 字雲谷。山東濰縣人。道光十八年三甲九十三名進士。任福建仙游、侯官、龍溪、閩縣知縣，升臺灣鹿港同知，二十六年遷江西廣信知府，調吉安知府，擢廣東潮惠嘉道，二十八年改江西吉南贛寧道，二十九年授福建按察使遷江蘇布政使，三十年八月授江西巡撫。十二月解職。歸後命辦團練，同治九年（1870）卒。

黃炳忠 福建閩縣人。道光十八年三甲九十四名進士。二十四年任江西興安知縣。

弓嵩保 河南鄭州人。道光十八年三甲九十五名進士。二十一年署江西安遠知縣，二十二年署江西泰和知縣、廣昌知縣、萬年知縣，咸豐十一年署東鄉知縣，同治五年署江西貴溪知縣，七年署江西臨川知縣。

韓霖 字達浮，號樾溪。直隸高陽縣人。道光十八年三甲九十六名進士。即用知縣分發河南。巡撫委其閱大梁書院課卷。因父卒於汴，扶櫬北歸，抵家一病不起，卒年四十八。

楊摛藻 字錦園，號樸庵。安徽石埭縣人。道光十八年三甲九十七名進士。授刑部主事，升員外郎，卒年六十四。

張廷杰 字彥臣，號卓山。貴州遵義縣人。道光十八年三甲九十八名進士。十九年任江西進賢知縣，二十二年署江西義寧州，二十三年補信豐知縣，二十五年遷廣東南澳同知，二十七年官至江蘇松江知府。卒於任。

李正儀 陝西洋縣人。道光十八年三甲九十九名進士。二十一年任山東昌樂知縣，二十五年改聊城知縣。任二年因案被議去。

李及辰 直隸趙州人。道光十八年三甲一百名進士。任廣東乳源知縣。

郭名杰 （原名郭世杰）字宜之。江蘇江浦縣人。道光十八年三甲一百零一名進士。任浙江長興知縣，調署於潛知縣。卒於任。

金玉麟 四川閬中縣人。道光十八年三甲一百零二名進士。二十三年署陝西定邊知縣，二十四年改澄城知縣，咸豐二年任渭南知縣，八年改延長知縣，十一年任永壽知縣，改寧羌州知州。

陳之敬 江西武寧縣人。道光十八年三甲一百零三名進士。二十九年任山東觀城知縣。

王東槐 字萌之，號靖齋、次村。山東滕縣人。嘉慶七年（1802）八月二十二日生。道光十七年舉人，十八年三甲一百零四名進士。選庶吉士，授檢討。二十四年任江西道監察御史，歷戶科給事中、侍讀學士、湖南衡州知府、福建興泉永道，咸豐元年調湖北鹽法道。二年抵任，丁母憂留武昌。十二月初四（1853年1月）日，太平軍攻陷武昌自縊卒。年五十一。予雲騎都尉世職。光緒年間追諡"文直"。

時大杭 字葦洲，號濟川。廣西灌陽縣人。道光十八年三甲一百零五名進士。選庶吉士，授檢討。任二十三年充河南鄉試正考官。

侯垣 字星野。山東鄆城縣人。道光十八年三甲一百零六名進士。咸豐元年任廣東廣寧知縣，調陵水知縣。

馬雲鶴 雲南蒙化廳人。道光十八年三甲一百零七名進士。二十八年任江蘇如皋知縣，咸豐元年回任。

李鴻 號春渚。山東鄒平縣人。道光十八年三甲一百零八名進士。二十三年任浙江雲和知縣，二十七年署浙江龍泉知縣。

趙兆熙 江蘇太倉州人。道光十八年三甲一百零九名進士。嘉慶十九年任江蘇揚州府教授。

道光二十年（1840）庚子科

第一甲三名

李承霖 字雨人，號果亭。江蘇丹徒縣人。嘉慶二十年（1815）五月二十四日生。道光二十年一甲第一名狀元。授翰林院修撰。二十三年充廣西鄉試主考官，兼督學政。回京後入直上書房，授惇親王讀書，遷翰林院侍講學士。丁憂回籍，父喪決志不出，年八十四卒於鄉里。

馮桂芬 （一作馮桂芳）字猨甫，號林一、景亭。江蘇吳縣人。嘉慶十四年（1809）九月初十日生。道光二十年一甲第二名榜眼。授編修。後在蘇州辦團練，入李鴻章幕府，官至詹事府右春坊右中允。同治十三年（1874）四月十三日卒。年六十六。著有《顯志堂詩文集》《説文解字段注考證》《使粵行記》《校邠廬抗議》《兩淮鹽法志》等書。

張百揆 字叙安，號吟舫。浙江蕭山縣人。道光二十年一甲第三名探花。授編修。二十六年縈遷廣東廉州知府，三十年改廣東廣州知府，官至廣東肇羅道。

第二甲八十七名

殷壽彭 字雉斟，號述齋。江蘇吳江縣人。道光二十年二甲第一名進士。選庶吉士，授編修。升左庶子，咸豐十一年官至詹事府詹事。

莊受祺 字衛生，號蕙生。江蘇陽湖縣人。道光二十年二甲第二名進士。選庶吉士，授編修。二十三年充山西鄉試副考官，二十七年授福建福寧知府，調漳州、福州知府。丁父憂。咸豐二年十月任宜昌知府，補湖北安陸知府，四年升武昌道，五年改荆宜施道，八年六月遷湖北按察使，九年四月晋湖北布政使，十年三月降按察使，六月升浙江布政使。以疾未任，卒於益陽。著有《楓南山館遺集》《維摩室隨筆》。

王祖培 （原名王恭）字子厚，號小霖、嘯舲。順天寶坻縣人。嘉慶二十年（1815）九月初十日生。

道光二十年二甲第三名進士。選庶吉士，授編修。二十六年督陝甘學政，咸豐二年充會試同考官，纍遷侍讀學士、少詹事，同治五年授詹事。六年遷內閣學士，九年（1870）任廣東鄉試主考官，七月卒於途中。年五十五。

廉兆綸（原名廉師敏）字葆醇、樹峰，號琴舫。順天寧河人。嘉慶十六年十二月初八日（1812年1月）生。道光二十年二甲第四名進士。選庶吉士，授編修。入值南書房，任右贊善、侍讀學士，咸豐四年授內閣學士，督江西學政，五年遷工部侍郎，六年病免。八年授戶部侍郎改倉場侍郎。同治元年休致。曾主講問津書院。同治六年（1867）卒。年五十七。著有《深柳堂集》。

顧嘉蘅　字湘坡。湖北東湖縣人。道光十四年舉人，二十年二甲第五名進士。選庶吉士，授編修。二十四年充順天鄉試同考官，咸豐三年官至河南南陽知府。

金肇洛　字鳳書、虞卿，號雲卿。浙江仁和縣人。道光二十年二甲第六名進士。選庶吉士，授編修。二十三年充順天鄉試同考官，二十八年任山東道御史，三十年充會試同考官，咸豐三年任直隸通永道，五年官至山東督糧道。

莫以枋　廣東南海縣人。道光二十年二甲第七名進士。任刑部主事。

厲恩官　字錫功，號硯秋。江蘇儀徵縣人。道光二十年二甲第八名進士。選庶吉士，授編修。二十四年充河南鄉試正考官，三十年授山東道御史，咸豐二年任山東兗沂曹濟道，三年授山東按察使，四年遷布政使，六年調太常寺卿，十年改宗人府丞，十一年督福建學政，曾署福建巡撫。同治二年召京。

陳枚　字簡甫，號琴山。山東昌樂縣人。道光二十年二甲第九名進士。選庶吉士，授編修。二十一年充會試同考官，二十三年充湖南鄉試正考官，二十四年充順天鄉試同考官，二十八年授浙江道御史，遷刑科給事中、兵科掌印給事中，咸豐元年再任順天鄉試同考官，七年遷四川永寧道，同治四年降調貴州銅仁知府，五年升貴州貴東道。因與上峰不合告歸。卒於途次。著有《琴山詩鈔》。

長子陳文然，光緒十二年進士。

黃麟祥　字蓮溪。江西南城縣人。道光二十年二甲第十名進士。選庶吉士，授編修。

鄒焌杰（原名鄒正杰、鄒見龍）字雲階，號劍農。湖南瀏陽縣人。道光二十年二甲十一名進士。選庶吉士，授編修。二十四年充會試同考官，二十六年充廣西鄉試副考官，咸豐五年授山東道御史，掌京畿道御史，咸豐八年官至廣西潯州知府。以母老乞歸。卒年六十八。

邵綸　字慶生，號薇吟。浙

江慈溪縣人。道光二十年二甲十二名進士。授內閣中書，二十四年充順天鄉試同考官，二十九年外任湖北黃州府岐亭同知，咸豐三年署黃州府遇害。贈太僕寺卿銜，雲騎尉世職。

李載熙 字敬之，號采卿。廣東嘉應州（今梅縣）人。道光二十年二甲十三名進士。選庶吉士。授編修。升贊善，咸豐七年任廣西學政，官至左庶子。咸豐九年（1859）十一月十五日卒。

史 澄（原名史淳）字穆堂，號澄園。廣東番禺縣人。道光二十年二甲十四名進士。選庶吉士，授編修。道光二十六年充順天鄉試同考官，二十九年充福建鄉試副考官，遷國子監司業，咸豐元年任山西主考官，改左中允。

鄭元璧 字用蒼，號錫侯。福建長樂縣人。道光二十年二甲十五名進士。選庶吉士，授編修。三十年授陝西道御史，丁母憂歸。服闋辦團練，咸豐十年任湖南鹽法長寶道，兼署湖南按察使。卒年五十九。卒後三日補山東鹽運使。

卓 檊 字午生，號雲木、鶴溪。四川華陽縣人。嘉慶十二年（1807）八月二十五日生。大學士卓秉恬次子。道光二十年二甲十六名進士。選庶吉士，授編修。充日講起居注官，遷贊善、大理寺少卿，咸豐四年超擢內閣學士，遷兵部侍郎，改吏部侍郎。七年（1857）丁憂，

八月卒，年五十一。

翁同書 字祖庚，號藥房。江蘇常熟縣人。嘉慶十五年（1810）六月初九日生。大學士翁心存子。道光二十年二甲十七名進士。選庶吉士，授編修。二十八年督貴州學政，遷侍講、侍讀學士、少詹事，咸豐七年授詹事，八年六月授安徽巡撫。因鎮壓太平軍、捻軍不利，曾國藩參劾其"貽誤取巧，苟且偷生"，十一年正月革職。擬斬，後改戍新疆。赴甘肅軍營效力。同治四年（1865）十月二十七日卒於甘肅花馬池軍營。年五十六。後開復原官，贈右都御史。追諡"文勤"。著有《軒雜記》。

董 恂（原名董醇，避同治帝諱改）字飲之，號醖卿、蘊清。江蘇甘泉人。嘉慶十二年（1807）八月初四日生。道光二十年二甲十八名進士。任戶部主事，咸豐三年縈遷湖南糧儲道，改直隸清河道。八年授順天府尹，遷戶部侍郎，同治四年十一月授左都御史。五年改兵部尚書，八年六月調戶部尚書。光緒八年正月休致。十八年（1892）閏六月十五日卒。享年八十六。著有《楚漕工程》《江北運程》《鳳臺祇謁筆記》等。

方允鑭 字印生，號子佩。安徽歙縣人。道光二十年二甲十九名進士。選庶吉士，授編修。二十七年授山西道御史，官至刑科給事中。

王 沆 字小崖，號澄庵、蘭

居。陝西蒲城縣人。道光二十年二甲二十名進士。選庶吉士，授編修。

父王鼎，嘉慶元年進士，東閣大學士。

吳敬羲 字駕六、孟暘，號薇客、恬庵。浙江錢塘縣人。道光二十年會元，二甲二十一名進士。選庶吉士，授編修。二十三年充陝西鄉試副考官，二十九年充順天鄉試同考官，升贊善，大考左遷編修。光緒年間卒於官。著有《紫薇仙館詩鈔》。

萬青藜 字照齋、文甫，號藕舲。江西德化縣人。嘉慶十三年十二月二十三日生（1809年2月）。道光二十年二甲二十二名進士。選庶吉士，授編修。歷翰林侍讀學士，咸豐二年授內閣學士遷禮部侍郎，督浙江學政，四年改吏部侍郎。丁憂。八年授兵部侍郎，督順天學政，復改吏部侍郎。十年遷左都御史，十一年改兵部尚書，同治四年改禮部尚書，光緒四年五月調吏部尚書。八年休致。九年（1883）二月二十五日卒。年七十六。謚"文敏"。著有《順天府志》。

葉球 字叔華，號受之。安徽桐城縣人。道光二十年二甲二十三名進士。選庶吉士，改兵部主事，升郎中，咸豐八年官至江西南安知府。太平軍攻城堅守七晝夜，援兵不到，城陷戰死。

沈元泰 字吉庵，號墨生、墨莊。浙江會稽縣人。道光二十年二甲二十四名進士。選庶吉士，授編修。二十三年充湖北鄉試副考官，二十四年、咸豐元年兩任順天鄉試同考官，咸豐七年遷湖南辰州知府，官至江西候補道，同治二年署鹽法道。

秦金鑑 字厚壘，號友芝。順天宛平縣人，原籍浙江會稽。道光二十年二甲二十五名進士。授山東高密知縣，遷福建建寧知府，咸豐七年改福州知府，官至福建興泉兵備道。同治間，以勞卒於任。

鄭瓊韶 字九丹，號蘋野。福建侯官縣人。道光二十年二甲二十六名進士。選庶吉士，授編修。二十六年充順天鄉試同考官，三十年會試同考官，咸豐三年升侍講、侍讀，五年督四川學政，升侍講學士。咸豐九年充山東鄉試正考官，以父老乞歸。同治元年（1862）卒。年五十。

吳保泰 字南池，號鶴江、和庵。河南光州人，原籍固始。道光二十年二甲二十七名進士。選庶吉士，授編修。升侍講，咸豐二年督廣東學政，遷侍讀學士、國子監祭酒，咸豐五年督福建學政，十一年督浙江學政，同治元年授升詹事。三年去職。

朱瀚 字冠鰲，號寅安。浙江仁和縣人。道光二十年二甲二十八名進士。選庶吉士，二十二年任江蘇靖江知縣，二十五年署青浦知縣，以虧空被參。咸豐七年（1857）

卒。善畫梅，頗似金農。

黄兆麟 字叔文，號黻卿。湖南善化縣人。道光二十年二甲二十九名進士。選庶吉士，授編修。二十三年充順天鄉試同考官，二十九年授江南道御史，升刑部給事中，官至光禄寺少卿。咸豐二年充福建鄉試副考官。著有《古樗山房遺稿》。

李希郊 字朝俊，號庠卿。江西金溪縣人。道光二十年二甲三十名進士。任兵部主事，升郎中，咸豐七年授江南道御史，八年官至浙江處州府知府。十一年太平軍圍處州受傷被執，不屈被殺。贈太僕寺卿銜。

戚 貞 字子固、幹臣，號小蓉。浙江錢塘縣人。道光二十年二甲三十一名進士。二十三年任清河知縣，二十六年十一月改順天府宛平知縣，二十八年七月去。官至甘肅平慶涇道。

彭慶鍾 （原名彭飛鴻）字夔卿，號逵青、錫之。江西廬陵縣人。道光二十年二甲三十二名進士。選庶吉士，授編修。任山東道監察御史，同治元年遷湖南岳州知府，二年官至長沙知府，遷督糧道，加運使銜。引疾歸。修《吉安府志》，主講石陽、青陽書院。著有《黄花老圃文鈔》。

許振礽 字佑人，號雲生。江西奉新縣人。道光二十年二甲三十三名進士。選庶吉士，授編修。升右中允，加侍講銜，以侍講學士升

用。

甘守先 字薪圃。雲南白鹽井人。道光二十年二甲三十四名進士。選庶吉士，授編修。二十三年充雲南鄉試副考官，二十四年陝西鄉試主考官，升侍講學士。年未四十卒於京師。著有《燕游詩選》。

鮑錫年 字兆豐，浙江平湖縣人。道光二十年二甲三十五名進士。二十三年任福建寧化知縣。

匡 源 字學海，號鶴泉、小蓮。山東膠州人。嘉慶二十一年（1816）二月初四日生。道光二十年二甲三十六名進士。選庶吉士，授編修。纍遷侍講學士，咸豐四年授內閣學士，遷兵部侍郎改吏部侍郎、軍機大臣。與肅順同爲贊襄政務大臣。十一年“辛酉事變”被慈禧革職後家境清貧。主講濟南濼源書院。同治三年祝皇太后萬壽賞三品銜。光緒七年（1881）以疾卒。

毓 雯 字子懿，號錦堂。滿洲正藍旗人。道光二十年二甲三十七名進士。選庶吉士，二十三年改廣東龍門知縣。

朱時中 江蘇嘉定縣人。道光二十年二甲三十八名進士。二十一年任安徽青陽知縣，光緒元年任歙縣知縣。

范承典 字經甫，號小雲。順天大興縣人，原籍江蘇江寧。嘉慶三年（1798）七月二十二日生。道光二十年二甲三十九名進士。選庶吉士，授編修。二十三年充河南鄉

試副考官，二十六年任山東道御史，改兵科給事中，遷光禄寺少卿，官至通政使司副使。

父范鏊，乾隆四十五年進士。

馬壽金（改名馬鑄）字介樵，號昆銅。順天宛平縣人，原籍山西介休。嘉慶二十二年（1817）五月初二日生。道光二十年二甲四十名進士。選庶吉士，授編修。咸豐九年充陝西鄉試主考官，升國子監司業。同治元年充福建鄉試副考官。

祥　恩　字雲五。漢軍鑲黃旗人。道光二十年二甲四十一名進士。二十年十月任山東泗水知縣，改山東滋陽知縣，二十三年二月任山東鄒縣知縣，二十四年任滋陽知縣，二十七年署山東嶧縣知縣，咸豐二年任夏津知縣，三年署山東費縣知縣，四年任山東壽光知縣，五年署諸城知縣。大旱，赴黑龍潭取水抗旱，烈日徒行中暑，暴卒。

洪起熹　字文波，號舵鄉。浙江鄞縣人。道光二十年二甲四十二名進士。二十一年任山東臨淄知縣。

龔紹仁　字體之，號九曾。湖北監利縣人。道光十五年舉人，二十年二甲四十三名進士。選庶吉士，改戶部主事。告歸。著有《九曾詩鈔》。

周炳鑑（原名周燠）字安卿，號立庵。浙江諸暨縣人。道光二十年二甲四十四名進士。選庶吉士，授編修。二十四年充順天鄉試同考官，二十七年任會試同考官，二十

九年授河南道御史，咸豐元年改順天西城巡城御史，五年署湖北德安知府，八年官至湖北黃州知府。贈光禄寺卿銜。

劉寶楠　字楚楨，號念樓。江蘇寶應縣人。乾隆五十六年（1791）二月初五日生。道光二十年二甲四十五名進士（時年五十）。二十一年任順天文安知縣，改寶坻、固安、元氏、三河、交河知縣。在官十六年爲官勤於政事、清廉幹練。咸豐五年（1855）九月卒於任。年六十五。著有《漢石例》六卷、《金石例》六卷、《寶應圖經》六卷、《愈愚錄》六卷、《清芬集》十卷等，所撰《論語正義》二十四卷因公事繁忙未完，由其子劉恭冕續成。

慕維城　字紫珊。甘肅鎮原縣人。道光二十年二甲四十六名進士。二十三年任陝西石泉知縣，二十八年改蒲城知縣。

黃　倬　字樹階，號恕皆。湖南善化縣人。道光二十年二甲四十七名進士。選庶吉士，授編修。二十四年起多次充鄉試、會試同考官，咸豐十年以侍講督四川學政，同治元年任詹事遷內閣學士，十一月授兵部侍郎，歷工部、兵部、禮部、刑部、吏部侍郎。光緒六年四月病免。著有《詩韻辨學略》。

和　潤　字雨田，號澤夫、月溪。滿洲鑲藍旗，宗室。道光二十年二甲四十八名進士。選庶吉士，授編修。任宗人府理事官，咸豐二

年充會試同考官，遷大理寺少卿，五年授大理寺卿，六年遷盛京刑部侍郎，十一年改盛京戶部侍郎。同治二年調工部右侍郎。三年以病去職。

方奎炯 安徽桐城縣人。道光二十年二甲四十九名進士。三十年任陝西藍田知縣。

鄭啓掄 （原名言鼎，榜名鄭大誠）字通雨。河南祥符縣籍人。道光二十年二甲五十名進士。選庶吉士，授編修。

顏履敬 甘肅臯蘭縣人。道光二十年二甲五十一名進士。浙江即用知縣。道光二十二年（1842）三月英軍攻慈溪，卒於大寶山。

蕭時馥 字仲薌，號種香、梅生。貴州開州人。道光二十年二甲五十二名進士。選庶吉士，授編修。二十三年充湖北鄉試主考官，二十五年充會試同考官，二十六年督河南學政，咸豐元年任浙江道御史，官至江南鹽法道。

弟蕭時馨，道光二十四年進士。

陳洪鐘 京石珊。山西安邑縣人。道光二十年二甲五十三名進士。任刑部主事，升員外郎、郎中，咸豐九年外任湖北宜昌知府，改施南府，同治二年官至鄖陽知府。

車順軌 字雲衢，號子莊。陝西合陽縣人。道光二十年二甲五十四名進士。選庶吉士，授編修。二十六年充順天同考官，二十九年充湖南鄉試主考官，督湖南學政，後

任司經局洗馬、詹事府右春坊右庶子、翰林院侍讀學士，官至國子監祭酒。加三品銜。以疾歸。卒於家。

楊從矩 字心齋。湖北安陸縣人。道光十一年舉人，二十年二甲五十五名進士。任刑部安徽司主事，在任七年，後改知縣未任。卒於京。

白雙南 四川成都縣人。道光二十年二甲五十六名進士。二十三年署直隸清河知縣，改四川松潘廳教授，升都察院都事。

萬起鴻 字雲巢。江西都昌縣人。道光二十年二甲五十七名進士。任直隸巨鹿知縣，平山知縣。後主講白鹿書院，教授閭里以終。

顧份 江蘇太倉州人。道光二十年二甲五十八名進士。任禮部主事，官至禮部員外郎。

蔣琦齡 （《進士題名碑錄》作蔣琦淳）字申甫，號月石。廣西全州人。道光二十年二甲五十九名進士。選庶吉士，改主事，三十年纍遷陝西漢中知府，咸豐元年改西安知府，遷四川鹽茶道，咸豐五年授順天府尹。六年乞休。著有《空青水碧齋詩集》。

鄭鈞 （原名鄭秉醇）字和圃。江西上饒縣人。道光二十年二甲六十名進士。任禮部祠祭司主事。年四十八卒。

吳台朗 字次垣，號坡蓀、拙庵。順天宛平縣人，原籍江蘇丹徒。道光二十年二甲六十一名進士。任禮部主事，升郎中、軍機處行走，

同治元年署山東濟東道。

殷兆鏞　字補金，號序伯、譜經。江蘇吳江縣人。嘉慶十一年（1806）十月初一日生。道光二十年二甲六十二名進士。選庶吉士，授編修。歷任侍講、侍講學士、大理寺少卿，咸豐八年授詹事。同治元年遷內閣學士，六年督安徽學政，七年授禮部侍郎，十二年改吏部侍郎，光緒二年改戶部侍郎，復任禮部侍郎。七年十二月以病免職。光緒九年（1883）十月卒。年七十八。著有《御賜齋莊中正堂春夢錄》《松陵詩徵》《玉天堂詩文集》等。

尹宗淳　字紹程、熙農。直隸南皮縣人。道光二十年二甲六十三名進士。二十一年任江蘇高淳知縣，二十五年任江蘇荆溪知縣。卒於任。

周鎮南　字梅臣。雲南會澤縣人。道光二十年二甲六十四名進士。選庶吉士，授編修。丁艱歸，不復出。家居授徒年滿五十年。

李銘皖　字薇生。河南夏邑縣人。道光二十年二甲六十五名進士。任刑部主事，遷山東司郎中，同治元年署江蘇蘇州知府，五年任松江知府。光緒三年官至湖北安襄鄖荆道。

龔瑛　四川巴縣人。道光二十年二甲六十六名進士。任陝西醴泉知縣，二十五年九月署西安知府，十二月回醴泉知縣，署陝西乾州知州，二十九年改四川雅州府教授，咸豐五年任四川叙州府教授。

王爰相　陝西長安縣人。道光二十年二甲六十七名進士。二十二年任安徽舒城知縣，二十四年改安徽南陵知縣。

椿壽　滿洲正白旗人。道光二十年二甲六十八名進士。任工部主事，纍遷山西歸綏道，二十九年任湖北按察使，咸豐元年遷湖南布政使，改浙江布政使，咸豐二年署巡撫。十一月自殺。

林鶚騰　字又騫。福建同安縣人。道光二十年二甲六十九名進士。選庶吉士，授編修。

張爾宇　山東掖縣人。道光二十年二甲七十名進士。即用知縣分發直隸，不就，家居養親。著有《四書考》。

王繼閬　湖南湘潭縣人。道光二十年二甲七十一名進士。授雲南即用知縣。以親老不赴。卒於家。

張同登　安徽桐城縣人。道光二十年二甲七十二名進士。二十八年任雲南大理府雲南知縣，咸豐八年改昆明知縣，遷大理府賓州知州。

蔡壽祺　（1816—1888，原名蔡殿齊）字紫翔，號梅庵、枚安。江西德化縣人。道光二十年二甲七十三名進士。選庶吉士，授編修。咸豐五年充順天鄉試同考官，升御史。曾疏劾陝西巡撫劉蓉、恭親王奕訢，聲振朝野。後入勝保幕。著有《越縵堂日記》《夢綠草堂詩鈔》。

倪應復　字克齋。雲南昆明縣人。道光二十年二甲七十四名進士。

任户部主事、江西司員外郎、浙江司郎中、寶錢局監督，遷貴州遵義知府，改黎平知府。善行草。

洪國治 廣東番禺縣人。道光二十年二甲七十五名進士。任户部主事。

湯雲松 字容生，號鶴樹、小樵。江西南豐縣人。道光二十年二甲七十六名進士。選庶吉士，授編修。二十四年四川鄉試副考官，二十九年授湖廣道御史，咸豐七年遷蘇松太道，十年授江蘇按察使，調浙江，十一年回任江蘇按察使。同治元年正月病免。

父湯藩，乾隆五十二年進士，江蘇江安糧道。

邱璋 福建長樂縣人。道光二十年二甲七十七名進士。授刑部主事，升廣西司員外郎。

周誠之 甘肅隴西縣人。道光二十年二甲七十八名進士。二十五年任廣西義寧知縣，二十九年改藤縣知縣，署龍勝廳通判，升西隆知州，加知府銜。

顧開第 字棣園。江蘇上元縣人。道光二十年二甲七十九名進士。選庶吉士，授編修。咸豐元年纍遷四川綏定知府，升四川候補道、署川北道。

李煒 （原名李克洧）字蘭舟。湖北興國州人。道光十四年舉人，二十年二甲八十名進士。歷署陝西山陽、城固、岐山、富平、咸陽、咸寧知縣，丁憂服闋，補富平知縣，

調長安縣，同治四年署商州直隸州知州，署同州知府。未任卒。

雷維翰 字光照，號西垣。江西鉛山縣人。道光二十年二甲八十一名進士。選庶吉士，授編修。二十四年充順天鄉試同考官，二十七年會試同考官，二十九年授陝西道御史，改順天東城巡城御史，遷吏科給事中，外任湖北荆宜施道。乞病歸。太平軍起，治糧辦團練，加鹽運使銜。尋卒。

曹炯 字南洲、鏡侯。甘肅皋蘭縣人。道光二十年二甲八十二名進士。選庶吉士，改內閣中書、協辦侍讀，咸豐二年外任江蘇南河里河外南同知，纍遷至江蘇淮揚道。以母老乞歸。主關中、豐登、蘭山三書院。

趙啓春 山西崞縣人。道光二十年二甲八十三名進士。任安徽當塗知縣。

王啓圖 字慎齋。福建武平縣人。道光二十年二甲八十四名進士。任吏部主事。

吳廷溥 字雨人，號仁坡。直隸豐潤縣人。道光二十年二甲八十五名進士。選庶吉士，授編修。遷户部員外郎，三十年授江南道御史，咸豐元年改順天東城、北城巡城御史，官至户科掌印給事中。

陳魯 字伯敏。江蘇上元縣人。道光二十年二甲八十六名進士。任刑部主事，升工部郎中，同治三年授江西道御史，遷浙江衢州知府，

八年官至浙江杭州府知府。十三年復任。

胡光泰 （原名胡楫華）字韞華，號春江。順天大興縣人。嘉慶十一年（1806）生。道光二十年二甲八十七名進士。選庶吉士，授編修。

第三甲九十名

何其仁 字美中，號少麟。雲南昆明縣人。道光二十年三甲第一名進士。選庶吉士，授檢討。咸豐三年授陝西道御史，升吏科給事中，咸豐五年官至江西鹽茶道，署按察使。工書法。

邱文藻 字采臣。湖北黃陂縣人。道光二年舉人，二十年三甲第二名進士。二十一年任山東博山知縣，二十八年署益都知縣、恩縣知縣，二十九年遷陝州直隸州知州，官至河南彰德知府、候補道。

鍾英 廣西北流縣人。道光二十年三甲第三名進士。二十三年署山東榮城知縣，咸豐五年改山東莒州知州。

黃桂馥 字薌林。江西鄱陽縣人。道光二十年三甲第四名進士。任吏部主事。

張清泰 字升階，號蓮州。浙江秀水縣人。道光二十年三甲第五名進士。任兵部車駕司主事，官至兵部員外郎。

周連仲 直隸樂亭縣人，道光二十年三甲第六名進士。任禮部主事。

宋衍鏞 貴州甕安縣人。道光二十年三甲第七名進士。任福建永定知縣，調署上杭知縣，改閩縣知縣。卒於任。

湯師淇 （改名湯炳熙）字漪園。直隸南皮縣人。道光二十年三甲第八名進士。任雲南鄧川、昆陽州知州，新平知縣，内閣中書。

李祝齡 漢軍正白旗人。道光二十年三甲第九名進士。二十二年任江西安遠知縣，咸豐元年改陝西商南知縣，五年改渭南知縣，九年遷陝西潼關廳同知。

虞家泰 字思哲、希直，號怡六。順天宛平縣人，原籍浙江。嘉慶七年（1802）十一月十七日生。道光二十年三甲第十名進士。選庶吉士，改吏部主事，升稽勳司郎中，官至江蘇江寧知府。

王晉 順天大興縣人。道光二十年三甲十一名進士。

韓錦雲 （原名韓日升）字曉昕，號紫東。廣東文昌縣人。道光二十年三甲十二名進士。選庶吉士，改刑部主事，升郎中，咸豐四年授浙江道御史，官至四川鹽茶道、雲南糧儲道。

薛鴻兆 河南祥符縣人。道光二十年三甲十三名進士。咸豐五年任安徽歙縣知縣。

楊福五 字介堂。直隸保安州人。道光二十年三甲十四名進士。任山東莘縣知縣，改福建羅源知縣、長泰知縣、龍溪知縣、詔安知縣，擢延平知府。卒於任。

黃贊禹 字都廷。江西廬陵縣人。道光二十年三甲十五名進士。二十一年署順天府固安知縣，改撫寧知縣，調柏鄉，二十五年調大興知縣。引疾歸。

弟黃贊湯，道光十三年進士。官廣東巡撫。

楊汝芝 山西平定州人。道光二十年三甲十六名進士。任雲南羅次知縣、平彝知縣、新平知縣，官至雲南麗江知府。

梁寶書 廣西臨桂縣人。道光二十年三甲十七名進士。二十一年任直隸定興知縣，二十三年改正定知縣，改清苑知縣、大名知縣，官至直隸遵化直隸州知州。

許倫 雲南江川縣人。道光二十年三甲十八名進士。

魏睦庭 字棣薌，號諧堂。山東濟寧州人。道光二十年三甲十九名進士。任工部主事，升營繕司郎中，咸豐八年授湖廣道御史，官至內閣侍讀學士。

梁國珍 廣東番禺縣人。道光二十年三甲二十名進士。任知縣，奏留內閣中書。

李祜 字篤生、實仲，號受之、海麓。漢軍正白旗。道光二十年三甲二十一名進士。選庶吉士。改兵部主事，咸豐八年纍遷四川寧遠知府，官至雲南迤東道。

玉衡 蒙古正紅旗。道光二十年三甲二十二名進士。選庶吉士，授檢討。二十九年改直隸新城知縣。

曹士鶴 字季皋，號繼高。江蘇上元縣人。道光二十年三甲二十三名進士。二十二年任陝西鎮安知縣，歷陝西清澗、城固、富平知縣，咸豐十年調渭南以直隸州用。太平軍由四川入陝，入城後士鶴持印坐堂大罵而卒。

兄曹森，道光二年進士。

李樹澤 山東鄒平縣人。道光二十年三甲二十四名進士。二十五年任福建長樂知縣。未幾卒於任。

賈洪詔 字子丹，號金門。湖北均州人。嘉慶十一年（1806）九月初二日生。道光二十年三甲二十五名進士。任雲南定遠、河西、南安、元江、昆明知縣，擢景東同知，咸豐三年署順寧知府，遷雲南迤南道，九年授貴州按察使，遷雲南布政使，同治二年三月授雲南巡撫。三年因與雲南總督勞崇光意見參差，八月革。歸後主講郎山書院。光緒二十三年以鄉舉重逢賞三品卿銜赴鹿鳴筵宴，光緒二十四年以後年為庚子科重逢賞加頭品頂戴。卒年九十三。著有《保真齋集》。

范梁 字昂生，號楣孫。浙江錢塘縣人。嘉慶十三年（1808）三月十二日生。道光二十年三甲二十六名進士。二十一年任直隸威縣知縣，改雄縣知縣，二十七年六月任順天府大興知縣，二十九年遷北路同知，咸豐八年補直隸順德知府，十一年改永平知府，同治元年任保定知府，二年遷直隸通永道，三年改直隸大順廣道，八年擢山東鹽運使，九年授山西按察使改直隸按察使，光緒三年遷廣西布政使。七年召京，九年（1883）十一月卒，年七十六。

孫晉墀 字雲臣，號雲溪。直隸玉田人。道光二十年三甲二十七名進士。選庶吉士，授檢討。咸豐二年任山西學政，遷侍讀。

武汝清 字酌堂。直隸永年縣人。道光二十年三甲二十八名進士。任刑部主事，官至刑部四川司員外郎，以母老乞歸。主講磁州書院，後辦團練，加知府銜。光緒十一年重赴鹿鳴宴，加二品銜。卒年八十四。

黃夢菊 字漱莊。江西金溪縣人。道光二十年三甲二十九名進士。署雲南嵩峨、思安知縣，補會澤知縣，以憂歸，二十九年補浙江仁和知縣，代理東塘海防同知，以知府用。得疾歸。

樓瓊 浙江永康縣人。道光二十年三甲三十名進士。任雲南江川知縣，三十年改會澤知縣，咸豐年改雲南富民知縣、迷勒知縣，路南州知州、劍州知州。

馮杰 江西德化縣人。道光二十年三甲三十一名進士。署江西彭澤知縣，二十六年任福建上杭知縣。

白聯元 字捷卿、海峰。山西平定州人。道光二十年三甲三十二名進士。任江蘇江浦知縣，二十四年任江蘇高淳知縣、如皋知縣，二十九、三十、咸豐元年、六年四任阜寧知縣，遷泰州知州，官至海門同知。卒於任。

姚近韓 字若運，號良庵。浙江錢塘縣人。道光二十年三甲三十三名進士。咸豐四年任曹河同知、內閣中書，光緒十一年官至河南鹽法糧儲道。

方銘賢 安徽定遠縣人。道光二十年三甲三十四名進士。道光二十年任直隸慶雲知縣。

三壽 滿洲鑲白旗人。道光二十年三甲三十五名進士。纍遷戶部陝西司郎中，咸豐年遷雲南府知府，同治十二年遷署陝西陝安道，光緒三年官至陝西鹽法道。

晏萊 字芳若，號馨亭。四川隆昌縣人。道光二十年三甲三十六名進士。任直隸平谷知縣，丁母憂，二十六年改四川龍安府教授。歷十六年告歸。主講書院，年七十四卒。

何杓朗 雲南南寧縣人。道光二十年三甲三十七名進士。任戶部主事。

善泰 蒙古正黃旗人。道光二十年三甲三十八名進士。

韓捧日 廣東文昌縣人。道光二十年三甲三十九名進士。任雲南江川知縣、保山、永善、丘北知縣，大關廳同知，永昌府同知，元江直隸州知州。

查日華 字子穆。安徽涇縣人。

道光二十年三甲四十名進士。任禮部主事，升精繕司郎中，咸豐三年遷直隸大名知府，四年任直隸河間府知府。

李金鰲 字冠山。山東安丘縣人。道光二十年三甲四十一名進士。署直隸欒城、赤城、懷來、龍門知縣，兼理宣化所。丁憂服闋。咸豐五年改江蘇震澤知縣。未久丁憂歸。率鄉民守汶上防捻軍。亂平後不復出。

吳世涵 字淵若，號霞孫。浙江遂昌縣人。道光二十年三甲四十二名進士。二十二年任直隸博野知縣，改雲南太和知縣、會澤知縣。著有《又其次齋詩文集》《平昌詩草》。

朱以升 字生木，號次雲。浙江仁和縣人。道光二十年三甲四十三名進士。任順天平谷知縣，二十一年十二月署順天府寧河知縣，二十三年五月調昌平知縣，二十六年復任寧河知縣，二十七年正月去。任順義知縣。以憂去官。

楊春和 貴州貴築縣人。道光二十年三甲四十四名進士。二十二年任直隸新河知縣，二十六年署棗強知縣，二十八年任宛平、寶坻知縣，二十九年署直隸霸昌道，咸豐元年署直隸通永道。

孫肇元 號子春。順天大興縣人，原籍浙江山陰。道光二十年三甲四十五名進士。

鄭慶崧 廣西臨桂縣人。道光

二十年三甲四十六名進士。二十一年署陝西長武知縣，二十三年任陝西武功知縣，咸豐六年改郃陽知縣，同治三年任興平知縣，五年復任武功知縣。

李焜 山東費縣人。道光二十年三甲四十七名進士。署直隸成安知縣，二十二年改安肅知縣、景州知州，改獻縣知縣。

崔洲 安徽太平縣人。道光二十年三甲四十八名進士。二十七年任福建連城知縣。

朱鎮 字靜甫，號少遠。貴州貴築縣人。道光二十年三甲四十九名進士。任直隸衡水知縣，咸豐四年調安徽懷遠知縣，纍遷刑部郎中，同治四年官至陝西道御史。

崇亮 滿洲鑲黃旗人。道光二十年三甲五十名進士。二十一年任山東榮城知縣，二十四年改郯城知縣，二十七年調滕縣知縣，咸豐二年任恩縣知縣，五年升山東武定府同知，十四年任山東臨清州知州。

魏光宇 四川仁壽縣人。道光二十年三甲五十一名進士。任廣西全州知州。

侯履中 河南商丘縣人。道光二十年二甲五十二名進士。二十三年任直隸南樂知縣。

艾暢 字至堂。江西東鄉縣人。中進士前，即以舉人補廣東博羅知縣，在官二年乞歸。道光二十年三甲五十三名進士。任江西臨江府教授。著有《詩義求經》《論語別注》《至堂詩鈔》等。

華翊亨 字贊之。江蘇吳縣人。道光二十年三甲五十四名進士。二十七年任四川慶符知縣，改山東觀城、朝城知縣，丁憂服闋仍補四川慶符知縣。未幾殤，以虧帑不能歸，縉紳父老助之始得東下。

李蒙泉 字麓源。山東歷城縣人。道光二十年三甲五十五名進士。二十三年任江蘇昭文知縣，二十六年改江蘇吳縣知縣，二十七年改嘉定知縣、寶山知縣。

延愷 漢軍正白旗。道光二十年三甲五十六名進士。任戶部主事，同治三年纍遷陝西同州府知府，六年署延安知府。

謝寶樹 字謙貞。江西金溪縣人。道光二十年三甲五十七名進士。二十年任直隸元氏、清豐、南樂知縣，題補順義縣。以勞瘁卒，年僅三十三。

姚銘鼎 山西臨晉縣人。道光二十年三甲五十八名進士。任廣東龍門知縣。

黃賜履 湖南善化縣人。道光二十年三甲五十九名進士。二十六年任直隸大名知縣，二十三年改望都知縣，二十七年改無極知縣，咸豐十一年改湖南永州府教授。

安鑛 字冶亭。山東日照縣人。道光二十年三甲六十名進士。任工部屯田司主事。在任三十餘年，丁憂歸。

李淳 字樸齋，號鏡湖。直隸滿城縣人。道光二十年三甲六十一名進士。任甘肅知縣，二十五年遷甘肅州知州，官至廣西太平府知府。

生永錫 字夢齡，號學海。山東平陰縣人。道光二十年三甲六十二名進士。任直隸南和知縣，調獻縣、行唐知縣，丁父憂服闋，同治四年改山東萊州府教授。卒於任。

王廷幹 字西村，號子植。山東安丘縣人。道光二十年三甲六十三名進士。授福建清溪知縣，二十六年調嘉義知縣，以捕盜功進同知，加知府銜，任鳳山知縣。土匪僞裝鄉勇，全家被害。賞雲騎尉世職。

善恆 滿洲正白旗。道光二十年三甲六十四名進士。二十二年任湖南辰溪知縣。

王元善 字梅村。奉天海城縣人。道光二十年三甲六十五名進士。二十五年任山東觀城知縣，二十六年任山東昌樂知縣，二十七年調諸城知縣，咸豐四年任長清知縣。

杜廷楷 四川鹽亭縣人。道光二十年三甲六十六名進士。二十一年署直隸容城知縣，二十六年改直隸永年知縣。

李曉 字鶴寧。山東諸城縣人。道光二十年三甲六十七名進士。廣西即用知縣，二十一年補授荔浦知縣，署宜山、西林知縣。以病歸。歸後辦團練籌兵餉。卒年七十七。

劉松嶺 山東濟陽縣人。道光二十年三甲六十八名進士。任湖南湘陰知縣，二十三年改直隸慶雲知縣，同治四年改直隸雄縣知縣。

鍾漢章 貴州遵義縣人。道光二十年三甲六十九名進士。任內閣中書，咸豐元年任甘肅高臺知縣。

王金相 山東莒州人。道光二十年三甲七十名進士。二十一年十月任順天府房山知縣，二十五年任昌平知縣，二十六年改密雲知縣。

張鵬程 字又蓮。江蘇六合縣人。道光二十年三甲七十一名進士。任山東鄆城知縣，二十一年改直隸望都知縣，二十二年改直隸正定、雄縣、安平知縣。升深州知州。卒於任。著有《蓮詩集》。

王清渠 字芙生，號子蓮。浙江上虞縣人。道光二十年三甲七十二名進士。任江蘇婁縣知縣，二十五年補金壇知縣，二十七年任江蘇江陰知縣，改華亭知縣。

熊燦奎 字星階。貴州貴築縣人。道光二十年三甲七十三名進士。二十四年任四川慶符知縣，二十七年改安縣知縣。

張鳴曉 山東濱州人。道光二十年三甲七十四名進士。二十二年署江蘇金匱知縣，二十四年改上元知縣，二十五年任六合知縣，咸豐元年改宿遷知縣，三年改江蘇江浦知縣。

甯曾綸 字容閣，號理堂。直隸樂亭縣人。嘉慶十五年（1810）九月初六日生。道光二十年三甲七十五名進士。任工部主事，升員外

郎，咸豐四年授山西道御史，遷禮科給事中，外任四川川東道、改福建糧道，十年授江蘇按察使，改浙江按察使。咸豐十一年（1861）十一月二十八日，太平軍攻入杭州，與浙江巡撫王有齡、提督錢廷選、布政使麟趾等均卒。年五十二。同治年間追諡"義烈"。

趙　垣 山西平陸縣人。道光二十年三甲七十六名進士。任直隸淶水知縣。

恒　福 滿洲鑲白旗人。道光二十年三甲七十七名進士。任兵部武庫司員外郎。

閻朝貴 山東德州人。道光二十年三甲七十八名進士。二十二年署安徽祁門知縣，咸豐元年改江蘇金匱知縣。

布彥泰 （改名布彥）蒙古鑲紅旗人。道光二十年三甲七十九名進士。二十二年署直隸新樂知縣，二十四年任直隸南宮知縣，二十五年改直隸清河知縣，二十七年調三河知縣，三十年二月去。後改左贊善。

熙　恬 號引之。漢軍正藍旗。道光二十年三甲八十名進士。任工部虞衡司主事，二十九年改江西靖安知縣，咸豐元年調江西高安知縣，鄱陽知縣，五年署新建知縣，九年署江西貴溪知縣，署建昌府同知。保知府未幾卒。

王筠節 號竹溪。河南宜陽縣人。道光二十年三甲八十一名進士。二十九年任江蘇儀徵知縣，三十年

任江蘇寶應知縣，咸豐六年改巴東知縣，九年署湖北蒲圻知縣。

劉麟圖 奉天錦州人。道光二十年三甲八十二名進士。任奉天府教授。

段金甌 字鞏若。直隸蠡縣人。道光二十年三甲八十三名進士。二十九年授山西山陰知縣，署潞城。以城失守發往新疆。歸後卒於家。著有《柯古堂文集》。

姚師錫 山西朔州人。道光二十年三甲八十四名進士。二十年任山西大同府教授。

敬　和 號琴舫。滿州鑲白旗，彥佳氏。道光二十年三甲八十五名進士。任禮部主事，左中允，咸豐五年任山東運河兵備道。

陳　錕 字及峰、劍潭。順天文安縣人。道光二十年三甲八十六名進士。任四川筠連縣知縣。二十一年署太平知縣，任屏山知縣、新津二十四年改四川羅江知縣。蒞任數月即遭罣誤。

陳嘉勛 福建漳平縣人。道光二十年三甲八十七名進士。二十二年任江蘇無錫知縣，改婁縣知縣，二十六年補武進知縣。

謝重毅 江西贛縣人。道光二十年三甲八十八名進士。任知縣。

湯廷韶 廣西宜山縣人。道光二十年三甲八十九名進士。

卜葆鈐 字尹甫，號達庵。浙江平湖縣人。道光二十年三甲九十名進士。二十四年任四川大邑縣知縣。二十五年（1845）以勞瘁卒於任。

道光二十一年（1841）辛丑恩科

本年因逢清宣宗六旬壽辰，改正科爲恩科

第一甲三名

龍啓瑞 字輯五，號翰臣。廣西臨桂縣人。嘉慶十九年（1841）十月十三日生。道光二十一年一甲第一名狀元。任修撰。二十七年授侍講，督湖北學政，丁憂歸，咸豐二年升侍講學士，六年遷通政司副使，督江西學政，七年三月授江西布政使。咸豐八年（1858）九月卒。年四十五。著有《經籍舉要》《古韻通說》《爾雅經注集證》《小學高注補正》《是君是臣録》《班書識小録》《通鑑識小録》《諸子精言》《莊子字詁》《經德堂詩文集》等。

龔寶蓮 字印之，號静軒。順天大興縣人，原籍江蘇陽湖。嘉慶二十年（1815）六月十七日生。道光二十一年一甲第二名榜眼。授編修。二十三年充雲南鄉試主考官，二十五年充會試同考官，咸豐元年任江西鄉試副考官，二年仍以編修再任會試同考官，纍遷侍讀學士，五年授詹事府詹事。督廣東學政。

咸豐六年（1856）卒，年四十二。

父龔冕，道光六年進士。

胡家玉 字琢雽，號小蓮。江西新建縣人。嘉慶十九年（1814）十一月初五日生。道光二十一年一甲第三名探花。授編修。二十三年督貴州學政，歷刑部主事，進郎中，遷通政副使，同治三年授光禄寺卿，改太常寺、大理寺卿，五年授左副都御史，歷兵部、吏部侍郎，十一年八月遷左都御史。十二年坐事降。後補通政使司參議。光緒十二年（1886）三月卒，年七十五。

第二甲九十六名

何若瑶 字群玉，號石卿。廣東番禺縣人。道光十年舉人，七上公車，二十一年二甲第一名進士。選庶吉士，授編修。二十八年遷右春坊右贊善，咸豐三年丁憂遂不出。六年主禺山書院講席。年六十卒。著有《公羊注疏質疑》《兩漢考證》《海陀館詩文集》。

張金鏞 （原名張敦瞿）字良甫、邵笙，號海門、忍龕。浙江平湖縣人。道光二十一年二甲第二名進士。選庶吉士，授編修，二十六年、咸豐二年兩充順天鄉試同考官，咸豐五年充山西鄉試正考官，督湖南學政，七年官至翰林院侍讀學士。十年丁母憂歸。旋卒。著有《躬厚堂詩集》《絳跗山館詞》。

徐棻 字雲渠，號耘史。湖南長沙縣人。道光二十一年二甲第三名進士。選庶吉士，改知縣，遷起居注主事，官至戶部員外郎，四品卿銜。

俞長贊 字仲思，號子襄、芷湘。順天大興縣人，原籍浙江會稽。嘉慶二十三年（1818）八月初七月生。道光二十一年二甲第四名進士。選庶吉士，授編修。二十七年充會試同考官，二十八年以侍講學士督河南學政，咸豐元年授詹事府詹事，仍督河南學政，二年遷內閣學士。卸河南學政。罷職。

蔡念慈 字慰曾，號劬庵、蓬庵。浙江仁和縣人。道光二十一年會元，二甲第五名進士。選庶吉士，授編修。二十五年充會試同考官，二十九年任福建鄉試副考官。

高鴻飛 字伯鸞，號南卿。江蘇高郵州人。道光二十一年二甲第六名進士。選庶吉士，改福建福鼎、晉江，臺灣彰化、鳳山知縣，咸豐二年調臺灣縣知縣。陣亡。

周宗濂 字廉生，號蓮士。浙江歸安縣人。道光二十一年二甲第七名進士。選庶吉士，授編修。咸豐元年充順天鄉試同考官。

賀壽慈 （原名賀霖若）字雨田，號吉黼、雲甫。湖北蒲圻縣人。嘉慶十五年（1810）五月二十五日生。道光二十一年二甲第八名進士。任吏部主事，升郎中，咸豐七年授江南道御史，遷太常寺少卿，咸豐十一年授太僕寺卿，改太常寺卿、大理寺卿。同治三年調左副都御史，改禮部侍郎、刑部侍郎，同治六年督順天學政，十二年十二月遷左都御史，光緒三年九月改工部尚書。因奉旨詢問之事不據實復奏，五年三月降左副都御史。八月解職。光緒十七年（1891）十一月十七日卒，年八十二。

徐墉 字蓉塘，號飴庭。浙江歸安縣人。道光二十一年二甲第九名進士。選庶吉士，授編修。以病告歸，卒於途。

曾廣淵 字子默，號心齋、蔗廬。湖南湘鄉縣人，祖籍浙江歸安。道光二十一年二甲第十名進士。選庶吉士，授編修。

曹源 雲南昆明縣人。道光二十一年二甲第十一名進士。二十六年任湖南寧遠知縣，二十九年改安化知縣，咸豐七年官至湖南永順府同知。

何國琛 字寶田，號白英、澹園。浙江海寧州人。道光二十一年二甲十二名進士。任戶部主事，纍遷湖北襄陽府知府，官至湖北糧儲道。

賈　樹（原名賈忠傑）字仲翰，號樹堂、蔭軒。山東黃縣人。道光二十一年二甲十三名進士。選庶吉士。授編修。任武英殿纂修、國史館協修。

陳洪猷　字升階，號均甫。四川綦江縣人。道光二十一年二甲十四名進士。選庶吉士，改廣西靈川知縣、馬平知縣，丁憂服闋，升山東登州府同知，署青州知府，七年署陝西漢中知府。加道銜。

潘曾瑩　字審甫，號星齋。江蘇吳縣人。嘉慶十三年（1808）十一月初四日生。道光二十一年二甲十五名進士。選庶吉士，授編修。纍遷侍讀學士，咸豐二年授光祿寺卿，遷內閣學士。三年擢吏部左侍郎，四年丁憂。八年授工部侍郎。咸豐十年革。光緒四年（1878）三月初三日卒。年七十一。工書畫。著有《蝌錦堂經進文稿》《小鷗波館文鈔詩鈔補鈔詞鈔》《題畫詞》《畫識》《畫寄》《墨緣小錄》等。

爲乾隆五十八年狀元，武英殿大學士潘世恩之次子。

劉　崐（榜名劉琨）字玉昆，號韞齋。雲南景東廳人。嘉慶十三年（1808）三月十七日生。道光二十一年二甲十六名進士。選庶吉士，授編修。二十六年充順天鄉試同考官，咸豐元年督湖南學政，遷侍講學士，四年授內閣學士。六年遷工部侍郎改戶部侍郎。因附肅順、端

華等八顧命大臣，十一年革。後任鴻臚寺少卿，同治三年授太僕寺卿，充江南鄉試主考官，五年復任內閣學士，六年改湖南巡撫。十年十月解職。光緒十三年十二月二十日（1888年2月）卒，享年八十。著有《劉中丞奏稿》。

趙　畇（1806—1877）字芸譜，號岵存，晚號遂園，又號遂翁。安徽太湖縣人。道光二十一年二甲十七名進士。選庶吉士，授編修。國史館總纂、實錄館總裁，二十六年順天鄉試同考官，二十九年四川鄉試主考官，外任廣東潮州知府，升湖北荊宜施道，咸豐二年改甘肅甘涼道，調廣東雷瓊道、高廉道，署惠嘉道，署廣東按察使。曾主講敬敷書院。著有《遂翁自訂年譜》。

父趙文楷，嘉慶元年狀元。

王大宗　四川秀山縣人。道光二十一年二甲十八名進士。任禮部主事。官至禮部制義司郎中。告歸。

夏承煜　字光閣，號遠雯。貴州貴陽府人。道光二十一年二甲十九名進士。任廣東知縣。

盧定勛　江西上饒縣人。道光二十一年二甲二十名進士。任戶部主事、江南司員外郎、四川司郎中，同治四年纍遷至山東鹽運使，六年授山東按察使，遷直隸布政使，九年改浙江布政使。光緒二年召京。

洪毓琛　字琢崖、景南，號潤堂、桂亭。山東臨清州人。道光二十一年二甲二十一名進士。選庶吉

士，二十五年改福建沙縣知縣，擢臺灣海防同知，升知府，遷湖北漢黃德道未任，調臺灣道。卒於任。

汪堃 字應潮，號安齋。江蘇昆山縣人。道光二十一年二甲二十二名進士。選庶吉士，改任吏部主事，改雲南建水知縣、恩安知縣、順寧知縣，官至四川永寧道。著有《盾鼻傳聞錄》。

郭禮圖 字瑞五，號莅修、篠平。福建閩縣人。道光二十一年二甲二十三名進士。選庶吉士，改工部主事，外任江南河防同知，官至四川永寧道。

兄郭彬圖，道光二年進士。

吳祖昌 （原名吳啓清）字鄂秀，號澄甫。廣西桂平縣人，原籍廣東南海。道光二十一年二甲二十四名進士。任兵部主事，升郎中，咸豐五年授山西道御史，十一年外任江西撫州知府、瑞州知府，官至南昌知府，同治七年護理江西督糧道。母憂歸卒。著有《三樹堂詩文集》。

李希彬 字玉溪，號惠如、小軒。漢軍正白旗。道光二十一年二甲二十五名進士。選庶吉士，授編修。咸豐二年授江南道御史，三年充會試同考官，官至河南知府。

父李恩綏，嘉慶十六年進士。

趙培之 字因浦。直隸鹽山縣人。道光二十一年二甲二十六名進士。二十二年署陝西華州、富平、淳化知縣，二十四年授陝西永壽知

縣。年五十四卒於任。

陳啓邁 字子皋，號竹伯。湖南武陵縣人。嘉慶二年（1797）六月十四日生。道光二十一年二甲二十七名進士。選庶吉士，授編修。纍遷至廣西左江道，道光二十九年授江西按察使遷直隸布政使，改江寧、江蘇布政使，咸豐四年正月授江西巡撫。因曾國藩奏參其虛報軍情，卡湘軍餉需，五年七月革職。

孫燿先 字炳南，號翯卿、午亭。順天宛平人，祖籍浙江山陰。道光二十一年二甲二十八名進士。選庶吉士。未散館。

陳慶松 字青丈，號喬先、雲畊。順天大興縣人。順天大興人。嘉慶十一年（1806）生。道光二十一年二甲二十九名進士。選庶吉士，授編修。二十九年充雲南鄉試主考官并督雲南學政，咸豐五年授陝西道御史，官至雲南府知府。

田樹楨 （原名陳疇）字幹夫、聳齋，號梓堂、蔚知。甘肅伏羌縣人。道光二十一年二甲三十名進士。選庶吉士。未散館。

高延綬 字晉卿、小岑，號若山。河南祥符縣。道光二十一年二甲三十一名進士。選庶吉士，改戶部主事，任四川司郎中，遷江西吉安知府、同治二年改南康知府，緣事降同知。後主講南康、贛州書院。

葛景萊 字次尹、恂伯，號蓬山。浙江仁和縣人。道光二十一年二甲三十二名進士。選庶吉士，授

編修。二十六年督河南學政，二十九年充陝西鄉試正考官，咸豐二年充江南鄉試副考官，四年官至貴州銅仁知府。

父葛方晋，嘉慶七年進士。

童以炘 字秋湖，號煥齋。浙江仁和縣人。道光二十一年二甲三十三名進士。選庶吉士，授編修。二十九年充山東鄉試副考官。

孫鏘鳴 （1817—1900）字韶甫，號蕖田，一號藻田，晚號止庵、止園老人。浙江里安縣人。道光二十一年二甲三十四名進士。選庶吉士，授編修。纍遷侍讀學士。以言事忤當局罷歸。主講上海龍門書院。八十四歲卒。著有《止庵遺書》《讀書隨筆》等。

麒 慶 字寶臣，號玉符。滿洲正白旗，姓輝發那拉氏。道光二十一年二甲三十五名進士。任工部主事、員外郎、右庶子、侍講學士，咸豐十一年授內閣學士，同治元年遷工部左侍郎，改倉場侍郎，二年調熱河都統。七年因事免職。同治八年（1869）卒，年五十九。諡"莊敏"。著有《出塞記程詩》。

劉齊衡 字冰如。福建閩縣人。道光二十一年二甲三十六名進士。任戶部主事，升員外郎、郎中，咸豐五年授湖北德安知府，七年改襄陽知府，八年改漢陽知府，署漢黃德道，同治元年擢陝西糧道，六年授浙江按察使，八年遷河南布政使，光緒元年曾署河南巡撫。三年十一月革。歸後以疾卒。工畫山水，淡雅脫俗。

邵秉中 福建閩縣人。道光二十一年二甲三十七名進士。

王瑞慶 字庚心，號治繹。直隸清苑人，祖籍浙江山陰。道光二十一年二甲三十八名進士。選庶吉士，二十三年改四川威遠知縣，二十四年題補南部知縣，二十八年患病歸。三十年補原缺，咸豐五年改四川墊江知縣，七年復任南部縣，改蒲江知縣，因禦敵有功保升知府。同治五年以親老告歸。卒年七十四。

單懋德 字伯容，號馨山。湖北襄陽縣人。道光十四年舉人，二十一年二甲三十九名進士。任四川知縣。委審積案，多所平反，惜未竟所施而卒。

徐玉豐 字子昌，號萊峰。江蘇甘泉縣人。道光二十一年二甲四十名進士。選庶吉士，授編修。二十九年充順天鄉試同考官。官至詹事府右贊善。

吳若準 字子萊、耘石，號次平。浙江錢塘縣人。道光二十一年二甲四十一名進士。任戶部主事、河南司員外郎，二十九年授江南道御史，咸豐元年改順天南城巡城御史，升禮科給事中，三年以內閣侍讀學士督江西學政，四年官至太僕寺卿。著有《洛陽伽藍記集徵》。

許兆培 江蘇溧陽縣人。道光二十一年二甲四十二名進士。授刑部主事，擢郎中，以記名道府用。著有

《四書萃珍》《刑案疑難摘要》等。

甘晉 江西奉新縣人。道光二十一年二甲四十三名進士。任禮部主事。贈光祿寺卿銜。

高本仁 字鑒山。雲南昆明縣人。道光二十一年二甲四十四名進士。授內閣中書，外任貴州長寨同知，改古州同知，咸豐五年任貴州平越知州，後專治軍事擢道員。卒於軍，贈光祿寺卿銜。

子高蔚光，同治七年進士。

楊裕仁 號繹堂。江蘇華亭縣人。道光二十一年二甲四十五名進士。道光二十一年任湖北東湖知縣，二十六年改湖北南漳知縣，二十八年改湖北棗陽知縣，咸豐四年調安徽婺源知縣。

梁逢辰 福建長樂縣人。道光二十一年二甲四十六名進士。任兵部主事，官至兵部員外郎。

朱錫珍 （原名孔陽）字道南，號午峰、嚴溪。安徽婺源縣（今江西）人。道光二十一年二甲四十七名進士。選庶吉士。任戶部雲南司主事。

覃振甲 字輔廷，號鼎臣。湖北蒲圻縣人。道光十七年舉人，二十一年二甲四十八名進士。選庶吉士。未散館卒。

葛高嚚 字翔伯，號軒雲、舞亭。安徽懷寧縣人。道光二十一年二甲四十九名進士。選庶吉士，授編修。年四十卒。

梁紹獻 （原名梁獻廷）字國樂，號槐軒。廣東南海縣人。道光二十一年二甲五十名進士。選庶吉士，授編修。二十七年會試同考官，咸豐元年官至江南道監察御史。罷歸，先後掌西湖、羊城兩書院。五年（1855）卒。年六十一。著有《四書集解》《怡雲山房詩文集》。

楊式毅 字稼生，號貽堂、似之、介農。河南商城縣人。嘉慶十年（1805）九月初九日生。道光二十一年二甲五十一名進士。選庶吉士，授編修。遷侍讀，咸豐元年督雲南學政，纍遷翰林院侍讀學士，三年授詹事。四年遷內閣學士，六年授禮部侍郎，九年充江蘇鄉試主考官，十年督順天學政，同治元年（1862）改吏部左侍郎。六月七日卒。年五十八。

文瑞 字世希，號小雲、叔安。滿州鑲紅旗，烏蘇氏。嘉慶十八年（1813）八月十二日生。道光二十一年二甲五十二名進士。選庶吉士，授編修。進侍講，遷國子監祭酒，二十八年授通政使遷左副都御史，咸豐三年改刑部右侍郎。四年病免。後降三級調用。

徐台英 字明釗、佩章，號荷村。廣東南海縣人。嘉慶十二年（1807）正月初二日生。道光二十一年二甲五十三名進士。二十三年授湖南華容知縣，二十五年調耒陽知縣，丁憂去官。同治元年（1862）起用署浙江台州知府。未任卒。年五十九。

余錦淮　字鏡芙，號少甫、妙泉。順天宛平縣人，原籍浙江山陰。道光二十一年二甲五十四名進士。咸豐十年任河南輝縣知縣。

張振金　字鏡芙，號鏡湖。江蘇丹徒縣人。道光二十一年二甲五十五名進士。選庶吉士，改工部主事。

張宗世　字春江。四川奉節縣人。道光二十一年二甲五十六名進士。二十三年任湖南平江知縣。著有《南游小草詩集》。

蔡徵藩　（初名蔡國瑛）字價斯，號薇堂。福建侯官縣人。道光二十一年二甲五十七名進士。選庶吉士，授編修。咸豐三年授江西道御史，改順天南城巡城御史，四年升吏科給事中，外任廣東高廉道，六年改雷瓊兵備道。以疾開脫歸。九年回任。未幾卒。

父蔡以成，嘉慶七年進士。

鄧元資　江西新城縣人。道光二十一年二甲五十八名進士。任福建知縣，遷臺灣同知。

李湘華　字子蔚，號研農。山東安丘縣人。道光二十一年二甲五十九名進士。選庶吉士，授編修。記名御史。

張桐　字華甫，號怡琴。河南祥符縣（今開封）人。道光二十一年二甲六十名進士。選庶吉士，授編修。咸豐八年遷廣西柳州知府，十年官至廣東惠州府知府。

劉廷榆　字孟白，號星實、紫垣。山東茌平縣人。道光二十一年二甲六十一名進士。選庶吉士。

吳艾生　號引之。江蘇吳縣人。道光二十一年二甲六十二名進士。任工部主事，員外郎。咸豐四年授河南道御史，外任浙江台州知府、衢州知府，兩署杭嘉湖道。以疾歸。

錢寶青　字萍矼，號葉莊。浙江嘉善縣人。道光二年（1822）十月十一日生。道光二十一年二甲六十三名進士。任戶部主事，纍遷大理寺少卿，咸豐六年遷宗人府府丞，八年署吏部、禮部侍郎，九年遷左副都御史。充湖北鄉試主考官。咸豐十年（1860）閏三月卒，年三十九。

邊葆淳　直隸任丘縣人。道光二十一年二甲六十四名進士。任刑部主事、山東司郎中，官至浙江寧波府知府。

丁璜　字磻溪。湖北黃岡縣人。道光八年舉人，二十一年二甲六十五名進士。二十四年任山西左雲、萬泉、曲沃知縣。咸豐三年（1853）太平軍攻城，城陷卒。賞知府銜，雲騎尉世職。

寶珣　滿洲鑲黃旗，馬佳氏。道光二十一年二甲六十六名進士。任兵部主事，升員外郎，遷侍講學士，同治元年授內閣學士，二年遷盛京戶部侍郎。四年降。六年復任內閣學士，八年十二月遷兵部侍郎。十二年七月病免。著有《味經書屋詩存》。

顧文彬　字蔚如，號子山，晚號艮庵。江蘇元和縣人。道光二十一年二甲六十七名進士。授刑部主事，升員外郎、郎中，咸豐六年遷湖北安陸知府，十二月改漢陽知府，擢武昌鹽法道，官至浙江寧紹台道。著有《眉錄樓詞》《過雲樓書畫記》。

陳桂籍 廣東新安縣人。道光二十一年二甲六十八名進士。任戶部主事。

趙樾 字武陰，號雙溪。浙江諸暨縣人。道光二十一年二甲六十九名進士。二十五年任湖南通道知縣，署道州知州。

章瓊 字仲毅，號壁田。安徽廬江縣人。道光元年舉人，任戶部郎中。二十一年二甲七十名進士。選庶吉士，授編修。二十七年充會試同考官，二十九年浙江鄉試副考官。

兄章煒，道光九年進士。

陳象沛 山東榮城縣人。道光二十一年二甲七十一名進士。任刑部浙江司主事，升江西司郎中，同治三年官至湖南衡永郴桂道。

袁廷燮 江西都昌縣人。道光二十一年二甲七十二名進士。任知縣。

張晉祺 字子康，號錫甫。漢軍鑲紅旗。道光二十一年二甲七十三名進士。選庶吉士，授編修。咸豐十一年任山西道監察御史，同治元年充順天鄉試同考官，三年充四川鄉試副考官，官至刑科掌印給事中。

梁國瑚 字器之，號希殷、筆珊。廣東番禺縣人。道光二十一年二甲七十四名進士。選庶吉士，授編修。

弟梁國琮，道光十八年進士。

郭鳳岡 字桂嶺，號羽可、雲亭、于陽。江蘇吳縣人。道光二十一年二甲七十五名進士。選庶吉士，參校并纂《元始無量度人上品妙經注》。未散館丁父憂歸。哀毀卒。

徐楊文保（本姓楊，賜姓徐）字承伯，號芝仙。江蘇丹徒縣人。道光二十一年二甲七十六名進士。二十五年五月任四川蓬溪知縣，咸豐四年署南部知縣，五年改甘肅平涼知縣。

劉齊衢 字綺田。福建閩縣人。道光二十一年二甲七十七名進士。咸豐元年任四川興文知縣，咸豐五年署榮縣，八年調補江津知縣。年尚未五十，以勞卒於任。

張樾 字周蔭，號樹堂。雲南晉寧州人。道光二十一年二甲七十八名進士。選庶吉士。授檢討。武英殿行走，改吏部主事、稽勳司員外郎，升郎中，咸豐八年遷湖南沅州知府，改辰州知府。著有《草湖詩集》。

沈壽嵩 字祝卿，號小梅、瀾史。浙江歸安縣縣人。道光二十一年二甲七十九名進士。任內閣中書，纍遷山西大同知府，咸豐五年改陝西西安知府，官至陝西糧道。

父沈南春，乾隆四十五年進士。

胡焯（原名胡傑）字光伯，號禎軒。湖南武陵縣人。嘉慶九年（1804）生。道光二十一年二甲八十名進士。選庶吉士，授編修。充國史館協修，咸豐元年，充實錄館總纂官，二年充廣東鄉試副考官，升侍讀。督廣西學政，道光帝命館臣擬揚雄作賦，焯爲第一。咸豐二年（1852）卒於官。著有《楚頌齋詩集》《楚頌齋文稿搜存》《楚頌齋試帖詩存》《東都南海紀行》等。

盧光燮（原名盧慶綸）字理堂，號和庵。山東德州人。道光二十一年二甲八十一名進士。選庶吉士，授編修。

廉　昌　滿洲正黃旗。道光二十一年二甲八十二名進士。任户部主事，二十九年遷湖南岳州府知府。

蔣　達　字立人，號霞舫。廣西灌陽縣人。道光二十一年二甲八十三名進士。選庶吉士，授編修。咸豐三年授江南道御史，五年官至順天府府丞。

吳之觀　湖北天門縣人。道光二十一年二甲八十四名進士。任山東蒙陰知縣，二十七年改山東商河知縣。

賈廷藩　山西太谷縣人。道光二十一年二甲八十五名進士。

洗　斌（原名洗倬邦）字錫儀，號雲樵。廣東南海縣人。道光二十一年二甲八十六名進士。任工部主事，升郎中，咸豐十一年授湖廣道御史，督山西學政，改掌京畿道御史，外官安徽盧州府知府，同治五年官至鳳宿兵備道。

彭涵霖（原名彭涵淋）字迪修，號養田。江西萍鄉人。道光二

十一年二甲八十七名進士。選庶吉士，授編修。二十三年充湖北鄉試主考官，二十六年充山西鄉試副考官，二十九年充順天鄉試同考官，咸豐元年授福建道御史，官至浙江溫州知府。年四十四卒。著有《樸學齋稿》。

吳鼎昌　字仲銘，號新之、嗣樵。江蘇江寧人。道光二十一年二甲八十八名進士。選庶吉士，授編修。纍遷陝西糧儲道，二十九年授廣西按察使，咸豐元年改甘肅按察使，二年遷廣西布政使，四年授太常寺卿，五年十一月病免。八年八月授順天府尹。丁憂歸。尋卒。

弟吳吉昌，道光十八年二甲進士。

郭廷肇　漢軍正藍旗。道光二十一年二甲八十九名進士。二十三年任山西岢嵐州知州，改山西屯留知縣、壺關知縣、偏關知縣，咸豐五年改洪洞知縣。

牛樹梅　字玉堂、雪樵，號省齋、東郊。甘肅通渭縣人。嘉慶四年（1799）正月二十四日生。道光二十一年二甲九十名進士。二十五年授四川彭明縣知縣、隆昌、雅安知縣，二十八年署資州，遷茂州知州，署寧遠知府，同治元年授四川按察使。三年召京以老病休。光緒八年（1882）卒。年八十四。著有《二曲全集》《牛氏家人語》《聞善錄》《省齋全集》。

子牛瑗，光緒十八年進士。

陳壽圖　字志仁，號達甫。江蘇嘉定縣人。道光二十一年二甲九十一名進士。選庶吉士，改刑部主事，咸豐七年遷湖北安陸知府，同治三年官至鄖陽知府。

王鳳翔　字梧岡，號薔軒。陝西合陽縣人。道光二十一年二甲九十二名進士。選庶吉士，授編修。咸豐元年任順天同考官。殉難。

馬品藻　字鑒堂，號巒坡、衡齋。江蘇宿遷縣人。道光二十一年二甲九十三名進士。選庶吉士，改知縣。

劉芳雲　貴州安平縣人。道光二十一年二甲九十四名進士。二十八年任福建浦城知縣。委派山東辦軍硝，咸豐八年回本任，時太平軍圍城，寡不敵衆陣亡，追贈知府銜及雲騎尉世職。

張　煒　字赤侯，號晒齋、晒堂。山西朔州人。道光二十一年二甲九十五名進士。選庶吉士，授編修。二十六年充雲南鄉試副考官，咸豐元年授河南道御史，二年充順天鄉試同考官，五年官至奉天府丞兼學政。

曹汝賡　字希昭、古續，號惺初、秋湄。浙江金華縣人。道光二十一年二甲九十六名進士。即用知縣。

第三甲一百零三名

吳榮楷　字春岡、春山。湖南湘潭縣人。道光二十一年三甲第一名進士。初任浙江嵊縣知縣，二十四年任浦江知縣，二十六年改武康知縣，咸豐元年補餘姚知縣，四年調海鹽知縣。

譚承禮　字竹筠。江西南豐縣人。道光二十一年三甲第二名進士。二十三年署浙江景寧知縣，二十四年改象山知縣，二十七年任諸暨知縣，咸豐二年改山東福山知縣。同知銜。

張興仁　字讓之、馨伯、惕齋。浙江錢塘縣人。道光二十一年三甲第三名進士。選庶吉士，改刑部主事，升郎中，咸豐四年授陝西道御御史，六年充廣東鄉試副考官，咸豐九年官至江西建昌知府。

張衍重　字子威，號任叔、松岩。山東海豐縣人。道光二十一年三甲第四名進士。選庶吉士，授檢討。咸豐二年充貴州鄉試主考官，外任江西汀州知府，咸豐九年改饒州知府。丁憂歸，旋卒。

子張守訓，光緒六年進士。

王維桓　雲南祿豐縣人。道光二十一年三甲第五名進士。二十三年任湖南益陽知縣。

劉兆璜　湖北鍾祥縣人。道光二十年舉人，二十一年三甲第六名進士。任工部主事，升郎中，咸豐四年遷江蘇揚州知府，九年官至安徽徽州府知府。

沈大謨　字禹亭，號菊農。陝西長安縣人，祖籍浙江歸安。道光二十一年三甲第七名進士。選庶吉士，授檢討。咸豐二年充順天鄉試同考官，同治十二年署山西忻州直隸州知州，十三年官至山西解州直隸州知州。

謝廷榮 四川內江縣人。道光二十一年三甲第八名進士。二十三年任湖南芷江知縣，升武岡知州，官至辰沅兵備道。

載　齡 字夢九，號鶴峰。滿洲鑲藍旗，宗室。嘉慶十七年（1812）四月十二日生。道光二十一年三甲第九名進士。選庶吉士，授檢討。歷洗馬、侍讀學士，道光二十九年授詹事，遷內閣學士，咸豐二年降光祿寺卿，遷都察院左副都御史。三年起歷工部、刑部、戶部侍郎，調直隸泰寧鎮總兵兼總管內務府大臣，十一年復授刑部侍郎，改吏部侍郎，同治元年遷左都御史，改兵部尚書。十一年調戶部尚書，光緒三年正月改吏部尚書授協辦大學士，四年六月遷體仁閣大學士。五年三月加太子少保，六年九月休致。光緒九年（1883）十一月二十日卒，享年七十二。贈太子太保，入祀賢良祠。謚"文恪"。著有《戶部則例》。

朱　恒 字立甫，號半畦。江蘇奉賢縣人。乾隆六十年六月十五日生。道光二十一年三甲第十名進士。

楊德懿 字彝甫，號鰲峰。陝西武功縣人。道光二十一年三甲十一名進士。二十四年任山東博興知縣，丁憂歸。補廣東合浦知縣，未赴，署潮州海防同知，咸豐三年改新寧知縣。卒於任。年四十八。

顏培瑚（原名顏堉瑚）字夏庭，號鐵珊、稼珊。廣東連平縣人。道光二十一年三甲十二名進士。選庶吉士，授檢討。咸豐元年充陝西鄉試副考官，授山東道御史，改工科掌印給事中，十年任江蘇揚州知府，十一年署淮安知府，同治三年官至江蘇河務兵備道。

青　麐 字龍賓，號墨卿。滿洲正白旗，圖們氏。嘉慶九年（1804）四月初一日生。道光二十一年三甲十三名進士。選庶吉士，授檢討。歷侍講、侍讀學士、國子監祭酒，道光二十七年授光祿寺卿改太常寺卿遷內閣學士。督江蘇學政，咸豐二年遷戶部侍郎改禮部侍郎，四年（1854）二月調湖北巡撫。太平軍逼城，七月十五日以"省城失守，越境偷生"罪，於荊州處斬，年五十一。

汪　藻 字小珊，號鑒齋。浙江錢塘縣人。道光二十一年三甲十四名進士。任工部主事，官至郎中。

鄭芳蘭 山東章丘縣人。道光二十一年三甲十五名進士。

張　堉 字松亭。漢軍鑲藍旗。道光二十一年三甲十六名進士。咸豐三年任安徽鳳陽知縣，四年署合肥知縣。太平軍攻城受傷卒。

胡廷弼 字肖岩。湖南湘潭縣人。道光二十一年三甲十七名進士。

任河南禹州知州，調商城知縣，二十六年補澠池知縣，擢直隸州知州。以老乞歸。卒於家。

陳濬（改陳鴻壽）字陰椿，號蓮裳。順天大興縣人，原籍浙江秀水。道光二十一年三甲十八名進士。任吏部文選司主事。

尉光霞　字伯綺。山西洪洞縣人。道光二十一年三甲十九名進士。湖南即用知縣。遭母憂尋卒。著有《餐霞詩草》。

李光彥（原名熾昌）字子迪、二伊，號椒雨。廣東嘉應州（今梅縣）人。道光二十一年三甲二十名進士。選庶吉士，授檢討。

李瑞章　字鳳洲。直隸天津縣人。道光二十一年三甲二十一名進士。任兵部主事，遷職方司郎中，咸豐六年官至江西撫州府知府。

秀平　滿洲鑲紅旗，宗室。道光二十一年三甲二十二名進士。任工部主事。

李菜　江蘇銅山縣人。道光二十一年三甲二十三名進士。任刑部主事、四川司員外郎，咸豐五年任安徽宿州知州。

楊興林　字雨臣。甘肅西寧縣（今青海西寧）人。道光二十一年三甲二十四名進士。二十九年任四川彰明知縣。課農桑，興學校，有古儒吏風。

葛良治　安徽績溪縣人。道光二十一年三甲二十五名進士。咸豐元年任貴州銅仁知縣，同治二年復任，三年任黔西知州，改定番州知州，官至貴州銅仁知府。

楊重雅（原名楊元白，以字行）號慶伯。江西德興縣人。道光二十一年三甲二十六名進士。選庶吉士，授檢討。咸豐四年授河南道御史，五年外任四川順慶知府，十年改四川成都知府，候補道，同治四年授四川按察使，九年改甘肅按察使，光緒元年遷廣西布政使，三年十一月授廣西巡撫。五年（1879）三月入京另簡，十一月卒於湖南途中。年六十五。著有《管斑集》。

姚光發　字衡堂，號蘅塘。江蘇婁縣人。道光二十一年三甲二十七名進士。選庶吉士，散館改户部主事。著有《華亭縣志》。

王範　字橫山。山東安丘縣人。道光二十一年三甲二十八名進士。分發河南即用知縣。不赴。歸而研經授徒，歷四十年，卒年七十八。著有《序卦圖說》《易經集解》等。

龔衡齡　福建侯官縣人。道光二十一年三甲二十九名進士。二十二年署陝西孝義廳同知，二十四年任興平知縣，咸豐二年改涇陽知縣，同治二年任寧陝廳同知，四年遷興安知府，改西安知府，八年改漢中知府，十年署同州知府。

萬兆霖（原名萬大鯤）字鰲峰。江西德化縣人。道光二十一年三甲三十名進士。任安徽太平知縣，二十四年改安徽當塗知縣，二十八年署祁門知縣。

薩克持　福建閩縣人。道光二十一年三甲三十一名進士。二十四年任山東寧陽知縣，二十五年署棲霞知縣，改山東定陶知縣。卒於任。

張彥雲　順天大興縣人，原籍江蘇丹徒。道光二十一年三甲三十二名進士。二十一年任直隸保定府教授。

鄭邦立　字千仞，號振岡。浙江西安縣人。道光二十一年三甲三十三名進士。授四川知縣，改浙江寧波府教授。解組歸。

王拯　（原名王錫振，嘗服膺包拯，故更今名）字翼之、定甫，號少鶴。廣西馬平縣人，原籍浙江山陰。嘉慶十八年（1813）三月初四日生。道光二十一年三甲三十四名進士。任戶部主事，遷郎中、內閣侍讀學士，同治二年授太常寺卿，官至通政使。言事降調。乞歸不出。同治十三年（1874）卒。年六十二。著有《龍壁山房文集》《歸方集》《評點史記合筆》《茂陵秋雨詞》等。

張承諫　字直庭。陝西三原縣人。道光二十一年三甲三十五名進士。任刑部主事，升員外郎、河南司郎中、記名御史，遷廣東肇慶知府，署肇羅道。賊入境，戰亡。

張自植　甘肅靈臺縣人。道光二十一年三甲三十六名進士。二十三年任陝西安定知縣，改米脂知縣。

聯捷　蒙古正白旗人。道光

二十一年三甲三十七名進士。任禮部主事，遷主客司郎中，咸豐三年纍遷直隸大順廣道，同治三年授伊犁參贊大臣。

張炳堃　四川華陽縣人。道光二十一年三甲三十八名進士。二十二年代理江西武寧知縣，二十五年改江西東鄉知縣、雩都知縣。

鍾世耀　（原名鍾榮）字曉堂，號嘯溪。浙江仁和縣人。乾隆六十年（1795）二月二十日生。道光二十一年三甲三十九名進士。選庶吉士，改兵部主事，升員外郎。因病歸。同治元年（1862）正月初七日，太平軍攻陷杭州絕食卒。年六十八，贈郎中，予騎都尉世職。著有《思慎齋集》。

多仁　字心農。蒙古正紅旗人。道光二十一年三甲四十名進士。二十四年任湖南攸縣知縣，咸豐四年任山東東阿知縣，九年任山東淄川知縣。

張舒翰　字鵬九，號雲卿、瀛仙。江西永豐縣人。道光二十一年三甲四十一名進士。選庶吉士，散館二十七年改山西五臺知縣，改任芮城等地知縣。

孫鑾　直隸玉田縣人。道光二十一年三甲四十二名進士。咸豐元年任江東吳縣縣丞。

常山鳳　字雲溪。山西渾源州人。道光二十一年三甲四十三名進士。二十三任江西安遠知縣，二十五改江西餘干知縣、貴溪知縣，三十年官至江西建昌府同知。

錫　齡　字興九、遐庵，號鶴亭。滿洲鑲藍旗，宗室。道光二十一年三甲四十四名進士。選庶吉士，授檢討。纍進翰林院侍讀學士，二十九年授詹事，升內閣學士。咸豐二年授工部左侍郎，督安徽學政，四年降光祿寺卿，五年改盛京工部和兵部侍郎。罷職。

孫德耀　雲南昆明縣人。道光二十一年三甲四十五名進士。

李仲祁　直隸清苑縣人。道光二十一年三甲四十六名進士。二十二年任山西絳縣知縣，二十八年署山西虞鄉知縣。

畢道遠　字仲任，號東河。山東淄川縣人。嘉慶十五年（1810）七月二十日生。道光二十一年三甲四十七名進士。選庶吉士，授檢討。纍遷翰林院侍讀學士、國子監祭酒。咸豐八年授內閣學士遷兵部侍郎，同治元年改倉場侍郎，四年復授兵部侍郎改戶部侍郎、倉場侍郎，同治九年丁憂。光緒八年正月遷左都御史，十年三月改禮部尚書。十三年以病免職。光緒十五年（1889）三月卒，年八十。著有《致用堂集》。

趙文瀛　字翰渠，號亦山。奉天遼陽州人。嘉慶十三年十二月生。道光二十一年三甲四十八名進士。

劉步亭　字雲安。山東樂安縣人。道光二十一年三甲四十九名進士。即用知縣，道光二十五年任山東武定府教授，咸豐元年改山東萊州府教授。

王銘鼎　貴州安化縣人。道光二十一年三甲五十名進士。二十二年任廣東龍川知縣，二十五年復任，三十年改歸善知縣，任廣東新安知縣，咸豐三年遷儋州知州。

張兆辰　字北垣，號萊香。山東濟陽縣人。道二十一年三甲五十一名進士。任甘肅文縣知縣，咸豐元年改皋蘭知縣，遷甘肅階州知州，六年遷雲南曲靖知府、雲南糧儲道、四川川北兵備道。

祖父張範東，嘉慶十年進士。

張寶鎔　河南虞城縣人。道光二十一年三甲五十二名進士。二十三年署安徽天長知縣，二十七年改安徽太湖知縣。

陳　鑑　字鑑人，號蓉軒。山東歷城縣人。道光二十一年三甲五十三名進士。選庶吉士，改刑部主事，官至刑部廣東司郎中。

馬振文　字際雲，號樸園。山東清平縣人。道光二十一年三甲五十四名進士。任山西寧武、稷山、陽城、洪洞知縣。丁憂。無意仕進，家居授徒。

夔　達　字儀亭，號友伯。蒙古鑲黃旗人。嘉慶十九年二月二十八日生。道光二十一年三甲五十五名進士。

鄭于蕃　字愚培，號屏山。貴州思南府人，原籍浙江浦江。道光二十一年三甲五十六名進士。任刑部主事。

齊德五　山西介休縣人。道光二十一年三甲五十七名進士。咸豐元年任湖南寧鄉知縣，九年改湖南辰溪知縣，同治七年任湖南湘鄉知縣。

秦聚奎　號奉山。奉天蓋平人縣。道光二十一年三甲五十八名進士。任直隸蠡縣知縣，咸豐八年改直隸交河知縣，同治元年遷直隸大順廣道。

葉逢春　字楳卿，號調夫。順天大興縣人，原籍浙江山陰。道光二十一年三甲五十九名進士。即用知縣分發山東。

徐良梅　字曉春、和之，號鼎臣。貴州貴陽府人。道光二十一年三甲六十名進士。二十八年任廣東永安知縣，咸豐元年回任永安，六年遷欽州知州。

楊安國　河南祥符縣人。道光二十一年三甲六十一名進士。任陝西知縣。

郭汝誠　山東濟寧州人。道光二十一年三甲六十二名進士。三十年任廣東新寧知縣。

姚錫華　字曼伯，號實安。江蘇上元縣人。道光二十一年三甲六十三名進士。任山東安邱知縣，在任三年，二十四年改山東長山知縣，二十五年兼理山東新城知縣，二十九年調山東齊河知縣，咸豐三年遷山東曹州知府，遷山東督糧道，丁憂服闋，調雲南糧道，咸豐八年授雲南按察使，十年遷雲南布政使。以病乞歸。卒年六十七。著有《怡柯草堂詩文集》。

趙林成　字葆香、桂舫。河南祥符縣人，原籍浙江。道光二十一年三甲六十四名進士。二十二年署陝西洵陽知縣，三十年改沔陽知縣。

喻秉醇　字秋穀。江西南昌縣人。道光二十一年三甲六十五名進士。代理山東日照知縣。

朱汝鵬　順天永清縣人。道光二十一年三甲六十六名進士。任山西山陰知縣。

吳調元　安徽桐城縣人。道光二十一年三甲六十七名進士。二十三年署山東滋陽知縣。

吳世春　江西德化縣人。道光二十一年三甲六十八名進士。二十五年任甘肅秦安知縣，署秦州知州。

馬映階　字元六。順天宛平縣人，原籍江蘇通州。道光二十一年三甲六十九名進士。二十九年任廣東清遠知縣、合浦知縣，咸豐三年調署順德知縣。四年順德失守革，八年開復原職，九年（1859）卒於濱江書院。

兄馬映辰，道光六年進士。

湯成彥　直隸清苑縣人，原籍江蘇陽湖。道光二十一年三甲七十名進士。任刑部主事。

馬晉如　（原名馬璠如）字錫侯。直隸靈壽縣人。道光二十一年三甲七十一名進士。任戶部山東司主事，升湖廣司員外郎，賞知府銜引疾歸。

吳啓楠　（原名吳笏）字秀庭。

江西南昌縣人。道光二十一年三甲七十二名進士。以知縣即用，改九江府教授。

聯　凱　漢軍鑲黃旗人。道光二十一年三甲七十三名進士。任甘肅禮縣知縣。

吳性成　山西靈石縣人。道光二十一年三甲七十四名進士。任甘肅會寧知縣，改廣東南海知縣，官至廣東佛岡廳同知。

張建翎　字儀詹。江西南昌縣人。道光二十一年三甲七十五名進士。二十三年任湖南龍陽知縣，署澧州，咸豐元年署郴州知州，官至常德府水利同知。引疾歸。

陳　鑑　直隸清苑縣人。道光二十一年三甲七十六名進士。二十三年七月任山東泰安知縣。

何紹瑾　字蓮友，號藹卿。浙江平湖縣人。道光二十一年三甲七十七名進士。任吏部主事。丁父憂歸。咸豐十一年（1861）太平軍陷平湖，憂憤卒。著有《毛詩辯韻》《三江考》《經史輯要》。

陳秉信　號慶堂。山東榮城縣人。道光二十一年三甲七十八名進士。二十二年任直隸元氏知縣，二十四年改靈壽知縣，二十五年丁憂歸。三十年調湖南瀘溪知縣，同治五年改湖北咸寧知縣，九年改湖北竹溪知縣。

安慶瀾　字子恬，號鏡秋。山東聊城縣人。道光二十一年三甲七十九名進士。任湖北穀城知縣，在

任七年，二十七年署孝感知縣一年。以疾卒。

孫　濂　字霽帆。貴州貴築縣人。道光二十一年三甲八十名進士。二十二年任四川榮昌知縣，改四川綦江知縣，二十七年署西充知縣，二十九年任鹽亭知縣，咸豐元年任江津知縣，五年署四川犍爲知縣，改黔江知縣，七年馬邊廳同知，同治元年遷四川敘州知府，三年改成都知府，官至四川成綿龍茂道，署四川按察使。

父孫謙豫，道光二年進士。

甯　憲　字時田。山東寧陽縣人。道光二十一年三甲八十一名進士。二十二年任四川清溪知縣，改射洪、儀隴知縣，二十六年改萬縣知縣。因公赴省卒於邸。

尚鳴岐　河南輝縣人。道光二十一年三甲八十二名進士。二十三年署山東黃縣知縣，二十四年任長山知縣，二十五年任山東武城知縣，咸豐七年調廣西北流知縣。

侯雲登　字縵卿，號梯月、共亭。河南商丘縣人。嘉慶二十四年（1819）九月初九日生。道光二十一年三甲八十三名進士。任內閣中書、刑部主事、郎中，咸豐六年授江南道御史，升給事中，咸豐十年官至甘肅寧夏道。同治二年（1863）十月二十四日遇害，年四十五。贈太常寺卿，予雲騎尉世職。

封景岷　字少雲。廣西容縣人。道光二十一年三甲八十四名進士。

初署甘肅正寧知縣，任伏羌、中衛知縣，加同知銜，署秦州直隸州。咸豐十一年（1861）卒於平涼。

張　淳　字樸人。浙江山陰縣人。道光二十一年三甲八十五名進士。即用知縣分發甘肅。

蘇勒布　字穎川，號雪琴。滿洲正紅旗人。道光二十一年三甲八十六名進士。歸班候選知縣，任國子監典簿，改翰林侍讀、侍講學士、少詹事，同治十年授詹事，十二年二月改大理寺卿，八月遷左副都御史。十三年改理藩院右侍郎，光緒元年調盛京禮部侍郎。六年病免。

余兆崙　字玉山，號小昆。湖北蒲圻縣人。道光十七年舉人，二十一年三甲八十七名進士。任山西平陽知縣，二十六年起改山西浮山知縣、太平知縣、翼城知縣。

盛　昺　字春暉。江西永新縣人。道光二十一年三甲八十八名進士。二十三年署四川安縣知縣，二十四年署德陽知縣、營山知縣，二十六年改雲陽知縣，二十八年再署德陽縣。

郭先本　字培仁，號廉泉、立齋。四川合州人。道光十七年舉人，二十一年三甲八十九名進士。二十五年補甘肅靖遠知縣，丁憂。補合水知縣，咸豐七年改廣西武緣知縣，升鎮遠知州，擢柳州知府。咸豐十年（1860）卒於任。

王炳勛　山西垣曲縣人。道光二十一年三甲九十名進士。任戶部

主事，官至陝西鳳翔府知府。回民之變被執遇害。

毓　禄　字養源，號曉山。滿洲正白旗，舒穆魯氏。道光二十一年三甲九十一名進士。任刑部主事。升郎中，咸豐三年授陝西道御史，升工科給事中。歷任侍讀學士、太僕寺少卿、通政司副使，同治二年授內閣學士，三年遷工部侍郎。七年以病免職。

孫家鐸　字振之、雪筠，號筠名。安徽壽州人。道光二十一年三甲九十二名進士。二十三年任江西廣昌知縣，二十七年改江西安仁縣，改貴溪縣知縣、廬陵知縣、南昌知縣，咸豐六年十二月任江西廣信府同知，候補知府，同治八年官至江西瑞州知府。

陳開第　江西崇仁縣人。道光二十一年三甲九十三名進士。任國子監監丞。

謝方潤　河南祥符縣人。道光二十一年三甲九十四名進士。二十六年改江西進賢知縣、彭澤知縣，二十九年任江西浮梁知縣，改瑞昌知縣，咸豐二年署江西南康府通判。

鄭元善　字體仁，號鶴汀、松峰。直隸廣宗縣人。嘉慶四年（1799）六月初三日生。道光二十一年三甲九十五名進士。任河南署汝陽、湯陰、銅柏、固始、洛陽知縣，補正陽知縣，丁憂補羅山縣，咸豐五年以戰功署汝寧知府，補光州直隸州知州，九年遷陝西漢中知府，

後署南汝光道，十年授河南按察使，十一年遷布政使，十二月授河南巡撫。同治元年降調。

田福謙　山西榆社縣人。道光二十一年三甲九十六名進士。二十三年署陝西紫陽知縣，二十四年署宜川知縣，二十六年代理甘泉知縣，二十七年任陝西西鄉知縣，二十九年改延長知縣。

翟登峨　字梅峰。山東章丘縣人。道光二十一年三甲九十七名進士。咸豐元年任廣西滕縣知縣。四年天地會起義軍梁培友攻陷滕縣，被殺。

閻之階　四川渠縣人。道光二十一年三甲九十八名進士。

張書璽　字韞堂。山西盂縣人。道光二十一年三甲九十九名進士。

署廣東連平、高明、電白、石城知縣，咸豐四年補陽江縣。署靈山縣未至，丁憂歸。以疾卒。

胡菊佩　安徽霍丘縣人。道光二十一年三甲一百名進士。三十一年任江蘇松江府教授。

劉家達　雲南寧州人。道光二十一年三甲一百零一名進士。二十七年任福建清流知縣。

彭鳴盛　江西寧都州人。道光二十一年三甲一百零二名進士。任知縣。

朱元增　江西樂平縣人。道光二十一年三甲一百零三名進士。二十五年任湖南石門知縣，二十九年改桃源知縣，咸豐三年任湖南武陵知縣。

道光二十四年（1844）甲辰科

第一甲三名

孫毓溎 字犀源，號梧江。山東濟寧州人。道光二十四年一甲第一名狀元。授修撰。二十六年督雲南學政，歷江西吉安知府，道光三十年授山西按察使，咸豐元年改浙江按察使。二年十一月以病休。

祖父孫玉庭，乾隆四十年進士，體仁閣大學士。

周學濬 字彥深、深甫，號縵雲。浙江烏程縣人。道光二十四年一甲第二名榜眼。授編修。二十六年督廣西學政，咸豐二年升山東道御史。

馮培元 字因伯，號小亭。浙江仁和縣人。嘉慶二十年（1815）六月十二日生。道光二十四年一甲第三名探花。授編修。歷任侍讀、侍講學士，咸豐二年授光祿寺卿，督湖北學政。十二月初四（1853年1月）太平軍攻武昌，城陷投井卒。年三十八。贈侍郎銜。諡"文節"。予騎都尉兼一雲騎尉世職。

第二甲一百零六名

王景淳 （原名王景澄）字祖恩，號清如。江西萍鄉縣人。道光二十四年二甲第一名進士。選庶吉士，授編修。二十六年充浙江鄉試副考官，二十九年任順天鄉試同考官，咸豐三年任會試同考官，同年授山西道御史，五年再任順天鄉試同考官，外任浙江溫州知府，官至浙江候補道。

黃 經 字叔濟、瑋齋，號郝存。廣東順德縣人。道光二十四年二甲第二名進士。選庶吉士，授編修。咸豐三年授江南道御史，四年遷山西河東道，九年擢山西按察使。十年病免，卒年四十七。

兄黃統，道光三十年進士。

王之翰 字次屏。山東濰縣人。道光二十四年二甲第三名進士。選庶吉士，授編修。纍遷通政使，光緒四年授內閣學士，署禮部左侍郎、左副都御史。因連遭親喪歸。光緒八年辭官後，不求仕進，教授生徒。

曾主講順德龍閣書院、廣平清遠書院。光緒十年（1884）卒於濟南濼源書院。

李　杭　字梅生、孟龍。湖南湘陰縣人。道光元年（1821）生。道光二十四年二甲第四名進士。選庶吉士，授編修。二十八年（1848）卒。著有《小芋香館集》。

父李星沅，兩江總督，道光十二年進士。

邊浴禮　字變友，號袖石。直隸任丘縣人。道光二十四年二甲第五名進士。選庶吉士，授編修。咸豐元年充山東鄉試副考官，咸豐三年授江西道御史，擢吏部給事中，外任河南歸德知府，咸豐四年遷河南汝光道，十年授河南按察使，遷布政使。十一年革，遣戍。工詩詞，博學。著有《健修堂詩集》《空青詞集》《袖石詩鈔》。

孫鳴珂　字閣聲，號子珊。直隸鹽山縣人。道光二十四年二甲第六名進士。選庶吉士，授編修。咸豐元年授江西道御史，改順天西城巡城御史，七年官至河南歸德知府。

馮譽驥　字仲良，號展雲、崧湖。廣東高要縣人。道光二年（1822）二月二十七日生。道光二十四年二甲第七名進士。選庶吉士，授編修。二十六年充廣西鄉試主考官，升侍講，二十八年督山東學政，遷侍讀學士，咸豐四年督湖北學政，十一年改江西學政，遷少詹士，同治十二年督福建學政，光緒二年授

內閣學士，四年遷禮部侍郎改刑部侍郎，五年八月授陝西巡撫。因任用非人，光緒九年十月革職回籍。著有《綠伽南館詩稿》。

呼延根　（一作呼延振，誤）字立夫，號冠三、靜齋。陝西長安縣人。道光二十四年二甲第八名進士。選庶吉士，授編修。二十九年充江西鄉試副考官，咸豐元年任雲南鄉試主考官，二年任順天鄉試同考官，四年授山西道御史。

汪廷儒　字醇卿，號尊青。江蘇儀徵縣人。嘉慶九年（1804）生。道二十四年二甲第九名進士。選庶吉士，授編修。二十六年充江西鄉試副考官、咸豐元年充順天鄉試同考官，二年（1852）卒於京，年四十九。輯有《廣陵思左編》。著《延月軒古文鈔》《知菜根味軒詩集》。

周玉麒　字韓城、韓臣，號仁甫、小石、昆麟。湖南長沙縣人。嘉慶九年（1804）九月初十日生。道光二十四年二甲第十名進士。選庶吉士，授編修。咸豐四年授浙江道御史，歷任鴻臚寺卿、光祿寺卿、太常寺卿，咸豐五年督浙江學政，六年授內閣學士兼禮部侍郎。八年病休。光緒元年（1875）六月二十七日卒。年七十二。著有《述家訓》《思益堂詩賦》。

崇家鼇　字海秋。安徽天長縣人。道光二十四年二甲十一名進士。任貴州清溪知縣。赴任未及三載，年五十遽卒。

朱夢元　字錦堂、景唐，號貞起。江西貴溪縣人。道光二十四年二甲十二名進士。選庶吉士，改刑部主事，升福建司員外郎，咸豐九年授浙江道御史，入值任軍機章京。同治三年授太常寺卿，五月改通政使，充山東鄉試主考官，十月曾署刑部右侍郎。五年省假歸里。

吳駿昌　（原名吳麟壽）字石甫，號藕峰。江蘇儀徵縣人。道光二十四年二甲十三名進士。選庶吉士，授編修。二十九年充河南鄉試副考官。

王映斗　廣東定安縣人。道光二十四年二甲十四名進士。任戶部主事，纍遷大理寺少卿，同治七年改太僕寺卿，八年改太常寺卿，官至大理寺卿。

盧詵　（原名盧昆）字詵圃，號雲樵。山東單縣人。道光二十四年二甲十五名進士。任山西五臺知縣，咸豐二年調安徽旌德知縣。到任一年引疾辭歸。

章嗣衡　字梓梁，號星岳。浙江山陰縣人。道光二十四年二甲十六名進士。選庶吉士，授編修。咸豐三年授河南道御史。

林燕典　廣東文昌縣人。道光二十四年二甲十七名進士。任崇義知縣，二十九年改江西永豐知縣，咸豐元年復任永豐縣。

王家璧　字孝鳳。湖北武昌縣人。道光十九舉人，二十四年二甲十八名進士。任兵部主事，升員外郎、郎中，入曾國藩幕以五品京堂候補，又入左宗棠軍進陝甘，以四品京堂補用。後授太常寺少卿，改大理寺少卿，光緒二年遷順天府丞，三年奉天府丞兼學政，五年八月復任順天府丞。六年降。七年任鴻臚寺少卿，改光祿寺少卿。卒年七十。著有《狄雲行館詩文集》《周易集注》《洪範通易說》《老子注》《老子南華經注》等。

龔自闓　號養和。浙江仁和縣人。道光二十四年二甲十九名進士。任內閣中書，改宗人府主事。

周矗　字宅南，號葵圃。江蘇通州人。道光二十四年二甲二十名進士。選庶吉士。引疾歸。著有《雙梧軒詩集》。

爲道光二年進士周昇弟。

王壽同　字季如，號子蘭、蓮士。江蘇高郵州人。嘉慶九年十二月二十三日（1805年1月）生。禮部尚書王引之子。道光二十四年二甲二十一名進士。任刑部郎中、御史、貴州黎平知府、貴州貴陽知府，三十年遷湖北漢黃廣道，咸豐元年署湖北按察使。守武昌，二年武昌被太平軍圍困，城破，十二月初四日（1853年1月）戰亡。年四十九。予騎都尉世職。同治年間追謚“忠介”。

王柏心　字子壽。湖北監利縣人。道光二十三舉人，二十四年二甲二十二名進士。授兵部主事。父母皆老，乞歸後，講學荊南書院。

博涉經史、詩古文辭。著有《百柱堂全集》《東湖縣志》《當陽縣志》等。

何彤雲 字比縵、炳奎，號厴卿。雲南晉寧州人。道光二十四年二甲二十三名進士。選庶吉士，授編修。二十六年充湖北鄉試副考官，咸豐元年充四川鄉試主考官，遷國子監祭酒，升翰林院侍讀學士，四年二月授內閣學士，九月遷兵部左侍郎，改戶部侍郎。咸豐五年充順天鄉試副考官，六年丁憂。八年奉命充雲南團練大臣，道阻不得歸，留重慶主川東書院講席，九年（1859）卒於書院。工書法，善畫山水。著有《厴縵堂詩文集》。

陳廷經 字執夫，號小舫。湖北蘄水縣人。道光十四年舉人，二十四年二甲二十四名進士。選庶吉士，授編修。咸豐十一年授山東道御史，改順天東城、南城、中城巡城御史，官至內閣侍讀學士。年七十四致仕。著有《夢迦葉山房詩賦》《奏議》。

龐家淦 奉天海城縣人。道光二十四年二甲二十五名進士。三十年任河南新野知縣。

尹開勛 字素書、竹民。山東蘭山縣人。道光二十四年二甲二十六名進士。任刑部主事、山西司員外郎、四川司郎中。外任福建福寧知府、福州知府，官至福建汀漳龍道。以請假修墓卒於里。著有《靜遠堂詩集》。

華日新 字學修，號銘三、修德。江西鉛山縣人。道光二十四年二甲二十七名進士。選庶吉士，改任戶部主事，遷廣西司員外郎、陝西司郎中，外任廣西右江道，咸豐十年授廣西按察使，遷江蘇布政使。同治元年以病解職。

孫壽祺 字錫祉、子福。江蘇太倉州人。道光二十四年二甲二十八名進士。授刑部主事。後佐福州將軍文煜，咸豐二年以軍功授廣西柳州知府。因事降調歸。咸豐七年（1857）卒。年六十四。

竇奉家 字子先，號千山。山西沁水縣人。道光二十四年二甲二十九名進士。選庶吉士，授編修。二十六年充順天鄉試同考官，咸豐六年官至貴州遵義知府。

父竇心傳，嘉慶六年進士。

方　坦 浙江新城縣人。道光二十四年二甲三十名進士。二十六年任陝西武功知縣，二十九年改醴泉知縣，三十年改大荔知縣，咸豐二年任紫陽知縣，八年任浙江溫州府教授。

曹尊彝 （原名曹純一）字醴堂。山東安丘縣人。道光二十四年二甲三十一名進士。授刑部主事。卒於京師。署有《愛恩樓古文》《近體詩》。

朱彥華 字文卿。江蘇上元縣人。道光二十四年二甲三十二名進士。二十七年任山東夏津知縣，二十八年改山東嶧縣知縣。咸豐二年

（1852）卒於任。

蕭浚蘭 字儀卿，號薌泉。江西高安縣人。道光二年（1822）九月初十生。道光二十四年二甲三十三名進士。選庶吉士，授編修。二十六年湖南鄉試主考官，督雲南學政，咸豐五年授江南道御史，改順天中城巡城御史，咸豐八年甘肅甘涼道，九年署甘肅按察使，十一年正月遷四川按察使，四月遷雲南布政使。同治二年革職。四品頂帶。十二年（1873）十月三十日卒。年五十二。

父蕭淦，道光十五年進士。

田豐玉 江西瑞昌縣人。道光二十四年二甲三十四名進士。二十四年署山西太原知縣，二十六年改山西垣曲知縣。

張廣居 字葆仁，號安甫。浙江建德縣人。道光二十四年二甲三十五名進士。選庶吉士，授編修。

劉拱辰 字星平，號北垣。江西新昌縣人。道光二十四年二甲三十六名進士。三十年任河南西華知縣，咸豐十一年擢陳州知府，官至河南南陽府知府，候補道。

鄧廷楠 字杞廷、伯材，號雙坡。廣西新寧州人。道光二十四年二甲三十七名進士。改工部主事，歷任軍機章京，升郎中，咸豐六年授陝西道御史，外任福建興泉永道，同治四年授福建按察使，五年遷福建布政使，十一月召京。九年改任廣東布政使。十一年八月再召京。

陳立 字卓人，號句溪、默齋。江蘇句容縣人。嘉慶十四年（1809）五月二十一日生。道光二十四年二甲三十八名進士。選庶吉士，改刑部主事，遷江西司郎中、記名御史，咸豐十年外授雲南曲靖知府。因道梗未任。山西布政使請講介休綿山書院。同治三年被曾國藩留江寧，七年浙江巡撫李瀚章留浙江。八年（1869）因病由浙歸里，十月二十二日卒於鎮江舟次。年六十一。著有《白虎通疏證》《說文諧聲孳生述》《公羊義疏》《句溪雜著》等。

杜學禮 字立夫，號筠軒、蘭溪、召棠。湖南臨武縣人。任工部七品小京官，道光二十四年二甲三十九名進士。授戶部主事，升員外郎、郎中，咸豐二年充山西鄉試副考官，署廣東高廉道、惠朝道。以老告歸。旋卒。

吳惠元 字仲孚，號霖宇。直隸天津縣人。道光二十四年二甲四十名進士。選庶吉士，授編修。咸豐四年授山東道御史，改順天南城巡城御史、吏科給事中，官至雲南鹽法道。

張弼 字夢予，號估廷、雲村。山東掖縣人。道光二十四年二甲四十一名進士。選庶吉士，改兵部主事，候選員外郎。告養回籍。後辦團練。

周立瀛 字軼凡，號仙舫。江西安福縣人。道光二十四年二甲四十二名進士。任禮部主事，升郎中，咸豐六年授陝西道御史，七年官至福建漳州知府，代理汀漳龍道，改福州知府，代理延建邵道。以母老乞養歸。主講白鷺書院，卒年六十一。

龔自閎 字應皋、節蘭，號叔雨。浙江仁和縣人。嘉慶二十四年（1819）六月初四日生。道光二十四年二甲四十三名進士。選庶吉士，授編修。咸豐四年授江南道御史，改北城御史，遷貴州貴西道，咸豐十年貴州按察使，同治三年遷順天府丞，改大理寺少卿，十年授光祿寺卿改太常寺卿，十三年遷內閣學士，光緒二年充江南鄉試主考官，督安徽學政，四年遷禮部右侍郎，五年（1879）改工部右侍郎。四月卒。年六十一。著有《盟鷗舫文存》《詩存》。

父龔守正，嘉慶七年進士，禮部尚書。

杜 防 江西新建縣人。道光二十四年二甲四十四名進士。咸豐元年八月任陝西沔陽知縣，改榆林知縣，候選同知。

戴鹿芝 字商山。浙江蘭溪縣人。道光二十四年二甲四十五名進士。任貴州修文知縣、印江知縣，咸豐五年改貴州朗岱廳同知，十年任貴州開州知州。同治二年（1863）苗亂城陷卒。贈太常寺卿銜。

趙元模 字迪生，號心梅。順天大興縣人，原籍江蘇丹徒。道光二十四年二甲四十六名進士。任吏部主事，升郎中，咸豐六年授山西道御史，遷廣西思恩知府，同治元年改桂林知府、平樂知府，補用道，加鹽運使銜，署左江道。

恩 霖 滿洲正白旗人。道光二十四年二甲四十七名進士。二十九年任湖南安福知縣。

李宗燾 （原名李宗焱）字柞生，號午山、味柳。陝西周至縣人。道光二十四年二甲四十八名進士。選庶吉士，授編修。咸豐三年授江西道御史，升給事中，外任湖南衡州知府，改湖北武昌知府，調河南開封知府，擢河北道，同治五年授河南按察使，六年升河南布政使。八年四月病免。同治十年（1871）五月三十日卒。

富呢雅杭阿 字容齋，號芥舟。蒙古鑲紅旗人。道光二十四年二甲四十九名進士。選庶吉士，授編修。歷任翰林院侍讀學士，二十九年授光祿寺卿，咸豐三年遷盛京兵部侍侍，六年改盛京戶部侍郎，七年改內閣學士。病免。

鄭奇峰 福建長樂縣人。道光二十四年二甲五十名進士。任刑部主事。

鄒崇孟 字煦谷。廣西臨桂縣人。道光二十四年二甲五十一名進士。二十九年任山東臨淄知縣，三十年改山東滕縣知縣，咸豐元年任山東范縣知縣，五年改金鄉知縣，十年署山東嶧縣，十一年署諸城，同治三年復任滕縣知縣。四年

（1865）正月卒於任。

張塏 字希載，號文川。山東安丘縣人。道光二十四二甲五十二名進士。選庶吉士。以母年高乞歸侍養。閱十餘年母終，遂不復出，授徒講學。

延彩 字紫均。山西陽城縣人。道光二十四年二甲五十三名進士。二十五年任順天永清知縣，補直隸博野知縣。未任卒。著有《簡齋詩草》。

張建基 字溽山。順天永清縣人。道光二十四年二甲五十四名進士。二十七年任湖北蒲圻知縣，三十年署東湖知縣，遷荊州知府，同治三年纍遷至湖北荊宜施道，八年五月授湖北按察使，八月遷湖北布政使。十二年三月病致仕。

方濬頤 字子箴，號夢園、飲茗。安徽定遠縣人。嘉慶二十一年（1816）生。道光二十四年二甲五十五名進士。選庶吉士，授編修。咸豐六年授山東道御史，改順天西城巡城御史，遷廣東南韶連兵備道，同治八年遷兩淮鹽運使，光緒二年授四川按察使。五年革。後僑居揚州，主講安定書院。卒年七十五。著有《二知軒文集》《夢園書畫録》《韻祜》《朝天録》等。

王廷柱 字實丞。江西廬陵縣人。道光二十四年二甲五十六名進士。任刑部主事，遷四川司郎中，咸豐八年官至四川川東道。

陳作樞 字星樓。甘肅武威縣人。道光二十四年二甲五十七名進士。任陝西西鄉知縣，三十年改雒南知縣，咸豐十一年改白水知縣，同治五年署陝西商州直隸州知州。

胡霖澍 字儒伯，號石渠。順天宛平縣人，原籍湖北黃岡。嘉慶二十年（1815）生。道光二十四年二甲五十八名進士。任貴州婺川、貴定、興義知縣，咸豐四年遷鎮定府台拱同知，官至署貴州遵義府知府。同治元年苗人圍城，城陷陣亡，贈太僕寺卿銜、雲騎尉世職。

王德炳 字子範。河南鹿邑縣人。道光二十四年二甲五十九名進士。二十六年任湖北鄖縣知縣，二十七年改湖北竹山知縣，咸豐十一年署直隸鹽山知縣，同治元年代理直隸青縣知縣，二年任直隸永年知縣，七年調成安知縣。

文格 字式岩，號鐵梅。滿洲正黃旗，伊爾根覺羅氏。道光二年（1822）十一月十二日生。道光二十四年二甲六十名進士。任工部主事、虞衡司員外郎，纍遷湖南衡永郴桂道，咸豐四年授廣西按察使改湖南按察使，五年遷湖南布政使，同治元年改廣東布政使，二年召京。十一年八月授廣西布政使，改四川布政使，光緒二年三月遷雲南巡撫，九月改山東巡撫。光緒五年閏三月因被參節壽之日收受禮物降調。

王恩祥 字芷庭，號升庵。廣西臨桂縣人。道光二十四年二甲六十一名進士。選庶吉士，授編修。

二十六年任雲南學政未到任，三十年乞假歸里，辦團練叙功保升道員。家居不樂仕進，主桂山、榕湖、秀峰書院近十年。同治二年（1863）卒。著有《純翁吟草》。

啓 文 字仲明，號星東。漢軍鑲黄旗。道光二十四年二甲六十二名進士。選庶吉士，授編修。咸豐元年充順天鄉試同考官，三年充會試同考官，授江南道御史，五年官至湖北漢黄道。

馬百慶 字齊村、伯卿。浙江會稽縣人。道光二十四年二甲六十三名進士。分發福建南安知縣，改邵武縣，咸豐二年署福建閩縣知縣。

張見田 貴州貴築縣人。道光二十四年二甲六十四名進士。二十八年署四川中江知縣。

丁 節 湖北大冶人。道光二十年舉人，二十四年二甲六十五名進士。任吏部主事。

王榮清 字士華、百川。江蘇通州人。道光二十四年二甲六十六名進士。二十九年任順天文安知縣。

程 誠 安徽休寧縣人。道光二十四年二甲六十七名進士。任兵部主事，職方司員外郎、郎中，遷雲南府知府、雲南迤南道，同治七年授雲南按察使。十三年降調。

盛 康 字旭存。江蘇陽湖縣人。嘉慶十九年（1814）八月十三日生。道光二十四年二甲六十八名進士。任工部主事，遷安徽廬州知府，官至浙江候補道、湖北鹽法道，

咸豐十年改湖北督糧道。光緒二十八年（1902）九月二十三日卒。年八十九。爲清末藏書家。編有《皇朝經世文續編》。

郵傳部尚書盛宣懷之父。

石元珪 字介孫。江西瀘谿縣人。道光二十四年二甲六十九名進士。任户部主事，轉刑部。忤肅順下獄，咸豐十一年給還家產，釋，已死獄中。

石意恭 字小魯。湖北漢陽縣人。道光二十年湖北鄉試解元，二十四年二甲七十名進士。二十七年任浙江西安、龍游知縣，丁憂。改江蘇溧陽知縣，咸豐七年改嘉定知縣。年四十五卒。

張金鑑 字卓英。廣東東莞縣人。道光二十四年二甲七十一名進士。任禮部主事、軍機章京，給假回籍督鄉勇，屢破賊，保奏以郎中升用。主講寶安書院，年四十六卒。

邊厚慶 字雪坡。直隸任丘縣人。嘉慶十七年（1812）生。道光二十四年二甲七十二名進士。咸豐元年署浙江松陽知縣，七年任浙江富陽知縣，九年調宣平知縣。

康仲方 直隸滿城縣人。道光二十四年二甲七十三名進士。二十六年任河南林縣知縣。

傅 浚 山東聊城縣人。道光二十四年二甲七十四名進士。任吏部驗封司主事，官至吏部文選司部中。

倪 濤 字小汀。順天宛平縣人。道光二十四年二甲七十五名進

士。即用知縣分發廣西署河池州知州，二十六年改富川知縣、平樂知縣，咸豐五年署臨桂知縣，擢鬱林直隸州知州，六年十二月署潯州知府，七年夏赴任，六月二十日被土賊擄去，被害。

張鴻鼎　字松矅。江蘇江都縣人。道光二十四年二甲七十六名進士。二十七年授四川峨嵋知縣。卒於任。著有《停雲軒詩鈔》。

金萬清　字韻樓。浙江會稽縣人。道光二十四年二甲七十七名進士。三十年任福建福安知縣。

朱　源　字子湘。浙江錢塘縣人。道光二十四年二甲七十八名進士。二十八年任山東新泰知縣，咸豐二年任山東即墨知縣，三年調山東樂安知縣，八年改山東臨朐知縣，九年調日照知縣。

蔣錫寶　字崧生。江蘇元和縣人。道光二十四年二甲七十九名進士。二十九年任江蘇淮安府教授。

李葆樹　山東濟寧州人。道光二十四年二甲八十名進士。二十五年署湖北應城知縣，二十九年署湖北松滋知縣，三十年改遠安知縣。

葉桂芬　字小山。安徽青陽縣人。道光二十四年二甲八十一名進士。二十八年任山西翼城知縣，歷山西鄉寧、襄城知縣，調曲沃、沁水、陽曲知縣，咸豐六年升山西解州知州，官至山西潞安知府。卒於任。

于凌辰　奉天吉林廳人。道光

二十四年二甲八十二名進士。任工部主事，升員外郎，纍遷大理寺少卿，同治五年官至通政使，曾署工部右侍郎。光緒四年病免。

閻廷珮　字均堂，號黼卿。直隸盧龍縣人。道光二十四年二甲八十三名進士。任戶部山東司主事，升員外郎，遷郎中。咸豐十一年京察一等，授山東兗州知府，未任，丁外艱，同治四年補山東青州府知府，七年撤，八年回任，以道員用加鹽運使銜。十三年丁母憂歸。遂不出。

王應蔚　山東膠州人。道光二十四年二甲八十四名進士。以知縣用分發湖南。

杜卿霱　字潤青，號小滄、訪琴。直隸贊皇縣人。道光二十四年二甲八十五名進士。二十七年八月任山東魚臺知縣。以劫案罷官歸。主講南宮書院。

祖父杜南棠，乾隆五十二年進士。

朱　潮　字學韓。廣東香山縣人。道光二十四年二甲八十六名進士。任即用知縣分發直隸。

周　琛　字默庵。湖南湘陰縣人。道光二十四年二甲八十七名進士。任安徽維德、繁昌知縣，改祁門知縣。卒於任。

笪慕韓　（原名賢書）號賓垓。江西德興縣人。道光二十四年二甲八十八名進士。任福建浦城知縣，咸豐二年改建昌府教授。

賈世陶　山西太谷縣人。道光二十四年二甲八十九名進士。任內閣中書，二十六年官至湖北安陸府知府。

德玉　滿洲正紅旗人。道光二十四年二甲九十名進士。咸豐三年任廣東茂名知縣。

劉堃　字古山。浙江仁和縣人。道光二十四年二甲九十一名進士。任戶部主事、山東司郎中，同治二年官至陝西漢中府知府。光緒二年告病歸。

劉熙載　字伯簡，號融齋。江蘇興化縣人。嘉慶十八年（1813）正月二十五日生。道光二十四年二甲九十二名進士。選庶吉士，任編修。咸豐二年直上書房，同治三年授國子監司業，遷詹事府左春坊左中允。督廣東學政。任未滿乞病歸。後主講上海龍門書院十四年。光緒七年（1881）二月初三日卒。年六十九。著有《持志塾言》《藝概》《四音定切》《說文雙聲》《說文疊韻》《昨非集》《古桐書屋六種》等。

殷壽臻　字肇駢，號伯庭。江蘇吳江縣人。道光二十四年二甲九十三名進士。選庶吉士，授編修。

兄殷壽彭，道光二十年進士。

吳朝鳳　江西都昌縣人。道光二十四年二甲九十四名進士。二十四年任江西袁州府教授，咸豐六年任廣西平樂知縣。

章含　湖北蒲圻縣人。道光二十年舉人，二十四年二甲九十五名進士。任陝西知縣。

黃桐勳　貴州清鎮縣人。道光二十四年二甲九十六名進士。任甘肅知縣。

莫如德　四川成都人。道光二十四年二甲九十七名進士。任刑部主事，二十八年改四川順慶府教授。

宋晉　字錫蕃、佑生，號雪帆。江蘇溧陽縣人。嘉慶七年十二月二十六日（1803年1月）生。道光二十四年二甲九十八名進士。選庶吉士，授編修。歷任中允、侍讀學士，咸豐三年授光祿寺卿，五年改宗人府丞，六年遷內閣學士，八年授工部侍郎。同治元年調倉場侍郎，七年左遷內閣學士，十二年授戶部侍郎。同治十三年（1874）九月二十三日卒。年七十三。著有《水流雲在館集》。

左元烺　號一齋。順天大興縣人，原籍安徽桐城。道光十三年舉人，二十四年二甲九十九名進士。任四川青神知縣，二十八年署彭水知縣，咸豐元年改四川慶符知縣，四年任四川通江知縣。

德蔭　字裕昆，號越亭。漢軍正黃旗。道光二十四年二甲一百名進士。二十五年任山西汾西知縣，二十七年改平遥知縣，擢刑部主事，纍遷河南開歸陳許道，同治五年授河南按察使。罷歸。

吳攸之　號月槎。河南溫縣人。道光二十四年二甲一百零一名進士。咸豐三年任江西永新知縣，五年改高安知縣。

馬儀清 字芸湖。廣東高要縣（今肇慶）人。道光二十四年二甲一百零二名進士。選庶吉士，授編修。官至江蘇候補道。

趙綏章 字組堂，號蘭舫。浙江仁和縣人。道光二十四年二甲一百零三名進士。選庶吉士，散館改戶部主事，官至戶部浙江司郎中。

宋玉珂 字次山、映山，號佩聲。山東濰縣人。道光二十四年二甲一百零四名進士。選庶吉士，授編修。二十七年充會試同考官，二十九年任順天鄉試同考官，咸豐二年任河南鄉試副考官，三年授江南道御史，遷工科給事中，官至河南候補道。

栗燿 字日昭，號仲然、向然。山西渾源州人。東河總督栗毓美之子。嘉慶十三年（1808）七月初二日生。道光二十四年二甲一百零五名進士。任內閣中書，咸豐三年纍遷湖北漢陽知府，署荊宜施道，同治元年（1862）授湖北按察使。十一月卒。年六十五。

曾兆鰲 字於柱。福建閩縣人。道光二十四年二甲一百零六名進士。任刑部主事，官至陝西候補知府。

第三甲一百名

孫廷元 字景詵。江蘇通州人。道光二十四年三甲第一名進士。任廣西即用知縣。

葉華春 字蘭伯。浙江仁和人縣。道光二十四年三甲第二名進士。二十五年任貴州施秉、修文知縣，咸豐八年擢永豐知州，改大定府通判，官至貴州知府。

陳灼 字心佘，號桃溪。陝西咸寧縣人。道光二十四年三甲第三名進士。任安徽知縣，保同知，署安慶知府。咸豐九年（1859）六月捻軍攻城，城陷卒。予雲騎尉世職。

呂圻 江西建昌縣人。道光二十四年三甲第四名進士。二十六年任順天府懷柔知縣，調霸州，三十年任密雲知縣，咸豐元年任昌平知州，三年調涿州知州，歷西路、北路同知，八年任東路同知，同治四年遷直隸霸昌道。

陳曜圖 號石似。直隸清苑縣人。道光二十四年三甲第五名進士。二十五年任山西垣曲知縣，咸豐元年改山西太原知縣，三年改榆次知縣。

張賦林 字蘭莊。順天通州人。道光二十四年三甲第六名進士。二十五年任江西信豐知縣，署江西彭澤知縣，二十八年改南昌知縣，咸豐十年署江西吉安府蓮花萬同知，官至江西南昌府總捕同知，官至江西袁州知府。

聶光鑾 字陶齋。四川屏山縣人。道光二十四年三甲第七名進士。二十七年任湖北潛江知縣，咸豐元年改鄖縣，二年改恩施知縣，改應山知縣，同治二年升湖北宜昌知府，四年署湖北漢陽知府，八年官至武昌府知府。因奔喪回籍哀毀過甚卒。修有《宜昌府志》。著有《槐蔭書屋詩文集》。

杜　翰　字寄園、繼園，號鴻舉。山東濱州人。嘉慶十一年十二月初三（1807年1月）生。道光二十四年三甲第八名進士。選庶吉士，授檢討。三十年督湖北學政，擢右庶子，咸豐帝念其父舊勞，三年十二月遷內閣學士，同月授工部左侍郎。在軍機大臣上行走，辦理京城巡防事宜。八年丁母憂，九年署禮部右侍郎。十年與肅順、載垣等八人同受顧命大臣贊襄政務，反對兩宮聽政。北京“辛酉政變”起，被革職。免發遣。同治五年十二月二十二日（1867年1月）卒。年六十一。

祖杜堮，嘉慶六年進士，禮部侍郎；父杜受田，道光三年進士，協辦大學士；弟杜翮，道光十五年進士，禮部侍郎。

焦春宇　安徽太平縣人。道光二十四年三甲第九名進士。會元。咸豐十年任甘肅敦煌知縣。

蕭時馨　貴州開州人。道光二十四年三甲第十名進士。任戶部主事、雲南司郎中。官至四川龍安府知府。

兄蕭時馥，道光二十年進士。

鄭廷珪　字銅侯。福建長樂縣人。道光二十四年三甲十一名進士。二十六年十一月任浙江象山知縣，

咸豐元年改浙江金華知縣。

袁泳錫　字祉軒、次山、純之，號雪舟。山東歷城縣人。道光二十四年三甲十二名進士。選庶吉士，授檢討。咸豐三年督廣西學政，四年出任江西廣信知府。

任沛霖　字硯雲。浙江海鹽縣人。道光二十四年三甲十三名進士。任直隸高陽知縣，改成安知縣。蒞任三月卒。著有《雙桂山詩稿》。

黃慶藹　順天大興縣人。道光二十四年三甲十四名進士。

孫子淳　山西興縣人。道光二十四年三甲十五名進士。任直隸平鄉知縣。

溫德宜　四川江津縣人。道光二十四年三甲十六名進士。二十六年任湖南永興知縣。咸豐二年七月太平軍占永興，被殺。

蔣大鏞　字和叔，號九山。江蘇無錫縣人。道光二十四年三甲十七名進士。二十五年任直隸慶雲知縣，二十六年改寧津知縣，三十年改雄縣知縣，咸豐三年十二月任順天府通州知州，四年代理香河知縣，六年官至順天府治中。曾赴朝鮮議定邊界。

高　朗　（改名高士廉）號玉山。湖北蘄水縣人。道光十九年舉人，二十四年三甲十八名進士。任刑部、吏部、工部郎中，改山西道御史。母喪哀毀卒。著有《養拙堂詩》。

潘渭春　福建仙游縣人。道光

二十四年三甲十九名進士。任貴州知縣。

金　祐（原名金祐瞻）字梅備。浙江新昌縣人。道光二十四年三甲二十名進士。任山西山陰知縣，咸豐二年改山西沁源知縣。

沈西序　四川開縣人。道光二十四年三甲二十一名進士。三十年任貴州畢節知縣，咸豐五年改貴築知縣，官至貴州貴陽府知府。

姜聯陞　字芷庭。浙江餘姚縣人。道光二十四年三甲二十二名進士。任內閣中書。

曾　咏　字永言，號吟村。四川華陽縣人。道光二十四年三甲二十三名進士。任戶部主事，升員外郎、郎中，京察一等。咸豐九年升江西吉安知府。與太平軍作戰，以勞卒，贈太僕寺卿銜。

柳　淵　字時庵，號雨橋。甘肅會寧縣人。道光二十四年三甲二十四名進士。任工部主事，升郎中，同治二年纍遷江西袁州知府，五年官至江西瑞州知府。

錢　琛　字台生。浙江仁和縣人。道光二十四年三甲二十五名進士。咸豐三年署直隸樂亭知縣，四年改青縣知縣，官至直隸廣平府同知。

煜　綸　字星東，號子常。滿洲正紅旗，宗室。道光二十四年三甲二十六名進士。選庶吉士，授檢討。歷任翰林院侍讀學士，咸豐五年遷太僕寺卿，九年授左副都御史，同年九月改盛京兵部侍郎。同治元

年以病免。

胡連耀　字佛生。江蘇如皋縣。道光二十四年三甲二十七名進士。選庶吉士，改吏部主事，官至東河候補同知。

郭師泰　直隸天津縣人。道光二十四年三甲二十八名進士。二十七年任山東郯城知縣，咸豐三年改安徽定遠知縣。

袁思韓　字棟臣。貴州修文縣人。道光二十四年三甲二十九名進士。任武英殿校錄，二十七年署江西定南知縣，二十九年改江西萬安知縣。

父袁如凱，嘉慶十六年進士；兄袁思幹，同治七年進士。

崇　保　滿洲鑲黃旗人。道光二十四年三甲三十名進士。任戶部主事、貴州司員外郎，咸豐五年纍遷甘肅西寧道，改鎮迪兵備道，同治八年授甘肅布政使，光緒五年改山東布政使。十四年病免。

喬文蔚　字豹園。山東高密人縣。道光二十四年三甲三十一名進士。二十七年授直隸肥鄉知縣，咸豐元年改直隸盧龍知縣，同治元年升順天府東路同知，四年任順天府治中，五年遷直隸廣平知府，遷廣東鹽運司運同。卒於廣東。

林芝齡　字仙皋。廣西貴縣人。道光二十四年三甲三十二名進士。咸豐元年任廣東海豐知縣。四年（1854）城糧絕自刎卒。子襲雲騎尉。

施紹文　字介臣。廣西橫州人。道光二十四年三甲三十三名進士。咸豐元年任廣東曲江知縣，改海陽知縣。

梁康辰　福建長樂縣人。道光二十四年三甲三十四名進士。二十八年任山東樂安知縣，三十年調肥城知縣，咸豐二年復任肥城知縣、山東莘縣知縣。

王祺海　字琴舫。山東諸城縣人。道光二十四年三甲三十五名進士。任吏部考工司主事、員外郎、郎中，同治三年充廣西鄉試副考官，外任河南歸德知府。年五十五卒於任。

黃培昌　福建侯官人縣。道光二十四年三甲三十六名進士。任戶部山東司主事、山西司員外郎、浙江司郎中，光緒六年遷湖北宜昌知府。

曾作舟　字秋帆。江西南昌人。道光二十四年三甲三十七名進士。任刑部主事，補山西司員外郎。七年不調，以他事受中傷弃官歸。主講友教書院，卒年七十六。

克明　字叔雨、清元，號華亭。滿洲鑲黃旗人。道光二十四年三甲三十八名進士。選庶吉士，散館改主事，升任庶子、翰林院侍讀學士，咸豐三年外任直隸廣平知府，改保定知府，四年遷直隸清河道，官至長蘆鹽運使。

俞輔廷　字玉階。貴州古州廳人。道光二十四年三甲三十九名進士。同治十年署廣東信宜知縣。

吳英樾　字子略，號西橋。湖南湘陰縣人。道光二十四年三甲四十名進士。任浙江奉化知縣、新城知縣、山陰知縣，補黃岩知縣。咸豐二年（1852）卒於任。著有《西橋詩集》。

英績　正白旗，宗室。道光二十四年三甲四十一名進士。

楊大容　字惺予。安徽休寧縣人。道光二十四年三甲四十二名進士。二十六年任安徽太平府教授。

張逢辛　（榜名張增瑞）直隸清苑縣人。道光二十四年三甲四十三名進士。二十五年任貴州平遠知州，咸豐三年改直隸大名府教授。

李映棻　字香雪。四川宜賓縣人。道光二十四年三甲四十四名進士。二十五年任江蘇贛榆知縣，二十六年改上元知縣，二十八年任南滙知縣，後入巡撫胡林翼幕，咸豐十一年署湖北德安知府，任湖北漢陽府知府。官至湖北荊襄道。著有《石琴詩鈔》行世。

劉應祥　字雲皋。湖南新化縣人。道光二十四年三甲四十五名進士。二十六年署陝西城固知縣，歷靖邊、石泉、三原知縣，補安康知縣，升陝西寧羌州知州。丁母憂哀毀，卒於旅館。

劉祝庚　字頌三、筱珊。直隸南皮縣人。道光二十四年三甲四十六名進士。選庶吉士，散館改戶部主事。咸豐四年任湖南永興知縣，十年改桃源知縣。

周寅清 （原名以清）號秩卿。廣東順德縣人。道光二十四年三甲四十七名進士。任山東寧海州、城武、高密知縣，咸豐五年署山東昌樂知縣，八年任山東臨淄知縣。丁母憂去官，歸後主講鳳山書院，卒。

萬承絳 字晉耆、石麓。江西南昌縣人。道光二十四年三甲四十八名進士。二十九年任山西高平知縣，歷署陵川、寧鄉、臨縣知縣。

陳大典 陝西長安縣人。道光二十四年三甲四十九名進士。三十年任貴州貴定知縣，遷貴州大定府通判。

徐士琦 字昆山。雲南路南州人。道光二十四年三甲五十名進士。授河南襄城知縣，調滑縣知縣，年四十九卒於任。

李輔 河南商水縣人。道光二十四年三甲五十一名進士。二十六年任安徽青陽知縣，二十七年改安徽潛山知縣，咸豐二年署江西德化知縣。

郭維藩 直隸新城縣人。道光二十四年三甲五十二名進士。任河南涉縣知縣。

周治潤 字崇三，號伯期、芝臣。河南祥符縣人。道光二十四年三甲五十三名進士。任山西知縣。

周相焯 （1800—1881）字榮甫，號九梧。直隸承德府人。道光二十四年三甲五十四名進士。以知縣用分發陝西。任陝西長武、白水、宜川、渭南、米脂、富平、白河、大荔、蒲城知縣。咸豐三年曾署西安知府，升孝義廳同知、乾州知州，同治三年署鳳翔知府加二品銜。丁母憂歸。光緒六年（1881年1月）卒。年八十二。

黃之晉 字少鐵，號鐵禪。江蘇丹徒縣人。道光二十四年三甲五十五名進士。歷任江西彭澤、新喻、南豐知縣，二十六年九月擢建昌府同知。罷官後主書院講席，卒於贛州。著有《秋水齋詩集》。

李廉泉 河南輝縣人。道光二十四年三甲五十六名進士。

孫欽若 字敬之，號蘭齋。山東茌平縣人。道光二十四年三甲五十七名進士。二十八年任浙江新昌知縣，改蕭山、上虞知縣、海寧知州，同治八年官至嚴州府同知。以年老致仕。福建巡撫徐宗幹贈聯曰："兩袖清風歸故里，一輪明月照嚴州。"

戴臣法 廣西臨桂縣人。道光二十四年三甲五十八名進士。二十七年任順天府房山知縣，二十八年任寶坻知縣。

陳金堂 雲南昆明縣人。道光二十四年三甲五十九名進士。

凌錦江 浙江蕭山縣人。道光二十四年三甲六十名進士。歸班候選知縣，改浙江教授。

商昌 字仰之。山西洪洞人縣。道光二十四年三甲六十一名進士。任廣西興安知縣。以憂勞得心疾卒。

高家泰 湖北石首縣人。道光二十四年三甲六十二名進士。二十五年任湖北鄖陽府訓導,改安陸府教授。

秦時英 字恒齋。四川忠州直隸州人。道光二十四年三甲六十三名進士。二十九年任浙江新城知縣,調義烏知縣,後改四川成都府教授。

李福泰 字星衢,號鹿樵。山東濟寧州人。嘉慶十二年(1807)正月十六日生(一作嘉慶十九年正月十六日)。道光二十四年三甲六十四名進士。二十九年任廣東潮陽知縣,咸豐二年改廣東番禺知縣,纍遷廣東鹽運使。同治三年授廣東按察使遷廣東布政使,五年十一月授福建巡撫,六年十一月改廣東巡撫,九年十一月改廣西巡撫。同治十年(1871)三月二十六日卒於任。年六十五。

沈熙麟 號石齋。安徽合肥縣人。道光二十四年三甲六十五名進士。二十七年任湖北京山、應山、黃岡、漢陽知縣,官至署漢陽知府。

李峕 山西洪洞縣人。道光二十四年三甲六十六名進士。任江西萬載知縣,咸豐元年改新淦知縣。

陳紀麟 字簡齋。河南光山縣人。道光二十四年三甲六十七名進士。二十九年任江西清江知縣,咸豐二年改信豐知縣,三年十一月署江西廣信府同知,四年署江西貴溪知縣、大庚知縣,九年署泰和知縣,

同治五年署崇仁知縣,七年署江西義寧州知州,九年任南昌知縣。

應學㙺 江西宜黃縣人。道光二十四年三甲六十八名進士。咸豐元年任山西太谷知縣,二年改芮城知縣,五年改曲沃知縣。

何玉端 江西饒陽縣人。道光二十四年三甲六十九名進士。二十六年任山西芮城知縣。

楊鱸 廣東遂溪縣人。道光二十四年三甲七十名進士。二十八年任直隸井陘知縣。

孫源 字培之。雲南楚雄縣人。道光二十四年三甲七十一名進士。咸豐二年任浙江樂清知縣,四年卸,改石門知縣,調餘姚知縣。卒於任。

王道立 字子修。山西文水縣人。道光二十四年三甲七十二名進士。任陝西同官、西鄉知縣,二十九年改蒲城知縣,咸豐元年補懷遠縣,八年調大荔知縣。未幾卒。

沈雲 字舒白,號閑亭。浙江德清縣人。道光二十四年三甲七十三名進士。任廣西興安知縣。著有《臺灣鄭氏始末》。

靳丹書 號錫銘。河南祥符人縣。道光二十四年三甲七十四名進士。二十五年任江西上猶知縣,二十六年改江西新淦知縣,咸豐二任年江西樂安知縣,官至江西瑞州府同知。

宋備恪 山東樂陵縣人。道光二十四年三甲七十五名進士。二十

八年任江蘇陽湖知縣。

徐世昌 福建閩縣人。道光二十四年三甲七十六名進士。二十五年任福建延平府教授，咸豐三年改福建福寧府教諭。

劉宅俊 字愷生，號悌堂。安徽桐城縣人。道光二十四年三甲七十七名進士。歷官廣西賓縣、天河、修仁、荔浦、懷遠知縣。著有《悌堂文集》《悌堂詩集》《悌堂詩二集》。

李煥春 字玉山。雲南保山縣人。道光二十四年三甲七十八名進士。二十八年任湖北南漳知縣，三十年改長樂知縣。

白上青 陝西清澗縣人。道光二十四年三甲七十九名進士。任知縣，三十年改陝西榆林府教授。

董文炳 字奎峰。四川灌縣人。道光二十四年三甲八十名進士。任貴州永從知縣，改天柱知縣，二十七年任貴州湄潭知縣，署貴築知縣，官至仁懷廳同知。未任卒。

董宇煒 山西忻州人。道光二十四年三甲八十一名進士。任山西平陽府教授。

鄭選士 甘肅秦州人。道光二十四年三甲八十二名進士。二十八年任貴州銅仁知縣，三十年改貴州開州知州，咸豐二年改貴州貴定知縣，署大邑縣，補清平知縣，五年威寧州知州。卒於任。

汪鋅（原名汪覲光）字叔瞻。安徽桐城縣人。道光二十四年三甲八十三名進士。時年六十一。

授廣東知縣，道病歸。輯有《四書莘說》。

程祖潤（原名程錫書）字鹿樵、雨琴。河南祥符縣人，原籍江蘇丹徒。道光二十四年三甲八十四名進士。任四川新繁知縣，二十七年署合州、廣安州，二十八年調江津知縣，以禦賊功賞藍翎，入資升道員，咸豐十年署成綿龍茂道。積勞成疾，卒年五十六。著有《妙香軒集》。

鄭霖溥 字則廉，號沛雲。福建閩縣人。道光二十四年三甲八十五名進士。任四川郫縣知縣，二十八年起改井研、溫江、新繁知縣，後差貴州買銅，事畢咸豐五年調中江縣，復任郫縣。卒於郫。

奎福 蒙古正白旗人。道光二十四年三甲八十六名進士。任刑部主事，遷員外郎，官至山東司郎中。

羅憲章 雲南白鹽井人。道光二十四年三甲八十七名進士。咸豐四年任臺灣鳳山知縣。

王榕吉 字蔭堂，號子莪。山東長山縣人。嘉慶十五年（1810）二月初二日生。道光二十四年三甲八十八名進士。任直隸清苑知縣，二十八年改望都知縣，三十年改雄縣、天津知縣，咸豐二年改清苑知縣，三年遷保定府通判，改同知，四年遷定州直隸州知州，咸豐八年遷保定知府，十一年擢直隸大順廣道。同治元年授山西按察使，十二月改直隸按察使，二年遷直隸布政使，三年改山西布政使，曾署山西巡撫，六年十月授順天府府尹，九年改大理寺卿。同治十三年（1874）九月二十日卒。年六十五。著有《定州直隸州續志》。

吉　第　（一作黎吉第）漢軍鑲白旗。順天通州人。道光二十四年三甲八十九名進士。任保定府教授，二十八年改直隸承德府教授。

侯榮封　貴州永寧州人。道光二十四年三甲九十名進士。署廣東茂名知縣，三十年任廣東龍門知縣。卒於任。

薄彭齡　字仲默，號紉庵。江蘇上元縣人。道光二十四年三甲九十一名進士。任兵部主事。二十九年乞假歸。三十年（1850）回京至固安卒。年四十四。

韓懋德　字厚庵。山西陵川縣人。道光二十四年三甲九十二名進士。二十六年署浙江青田知縣，改分水知縣，擢禮部精繕司主事。告歸。教授鄉里以終。

李德莪　字蓼生。江蘇新陽縣人。道光二十四年三甲九十三名進士。任工部主事、員外郎。纍遷貴州遵義知府、貴陽知府，同治十二年任貴東道，光緒元年改貴西道，二年復任貴東道，四年授雲南按察使。十年以病免。

金　鈞　字和甫，號子梅。浙江仁和縣人。道光二十四年三甲九十四名進士。選庶吉士，改戶部主事，升郎中，咸豐四年授湖廣道御史，改順天東城巡城御史，改吏科給事中，同治十三年官至貴州清軍督糧道。

殷嘉樹　（原名殷家霖）字丙帆。直隸天津縣人。道光二十四年三甲九十五名進士。二十六年任山東萊蕪知縣，二十九年改山東青城知縣，咸豐二年調山東壽光知縣，六年遷莒州知州、膠州知州。

林錫虜　福建閩縣人。道光二十四年三甲九十六名進士。二十六年任江西萍鄉知縣，咸豐二年改興化府教授。

高廷鏌　字式如。江西東鄉縣人。道光二十四年三甲九十七名進士。二十八年任貴州甕安知縣，遷鎮定府台拱同知，咸豐三年官至貴州都勻知府。八年（1858）城陷卒。

劉宗城　河南商城縣人。道光二十四年三甲九十八名進士。二十九年任安徽當塗知縣，咸豐三年署湖南常寧知縣。

王鑑民　山西汾陽縣人。道光二十四年三甲九十九名進士。任戶部主事。

張夢拯　江西餘干縣人。道光二十四年三甲一百名進士。任江西南康府教授、臨江府教授。

道光二十五年（1845）乙巳恩科

本科爲太后七旬壽辰恩科

第一甲三名

蕭錦忠 （初名蕭衡）字史樓。湖南茶陵州人。道光二十五年一甲第一名狀元。授修撰。掌修國史，旋回鄉省親。咸豐四年，中煤氣而亡。著有《輿地彙參》《自然齋時文詩賦》《孺汾集》等。

金鶴清 字翰皋、田叔，號稚穀。浙江桐鄉縣人。道光二十五年一甲第二名榜眼。授編修。二十六年充貴州鄉試主考官，三十年、咸豐二年兩任會試同考官，記名御史。入直南書房，咸豐四年（1854）卒。著有《福壽齋詩文集》。

吳福年 （原名吳夢龍）字竹言，號築岩。浙江錢塘縣人。道光二十五年一甲第三名探花。授編修，二十六年充貴州鄉試副考官，二十九年督陝甘學政，咸豐三年督廣西學政。官至至侍讀學士。

第二甲九十八名

鍾啓峋 字伯屏，號翠崖。江西興國縣人。道光二十五年二甲第一名進士。選庶吉士，授編修。升侍讀，咸豐九年充浙江主考官，晋侍講學士。丁母憂。同治五年留蘭州，值甘肅兵變，駐軍奪門入城，啓峋父子皆被殺。贈三品騎都尉世職。

父鍾音鴻，道光十八年進士。

周壽昌 字應甫，號荇農、春伯、自庵。湖南長沙縣人。嘉慶十九年（1814）二月十三日生。道光二十五年二甲第二名進士。選庶吉士，授編修。侍讀，充日講起居注官，擢侍讀學士，同治十三年授詹事，光緒二年遷內閣學士，曾署戶部左侍郎。四年罷。光緒十年（1884）十月二十七日卒。年七十一。著有《漢書注校補》《後漢書注補正》《三國志注證遺》《思益堂文集》《詩集》《日札》等。

陳介祺 字壽卿，號簠齋，晚號海濱病史。山東濰縣人。道光二十五年二甲第三名進士。選庶吉士，授編修。三品卿銜，加侍講學士銜。咸豐四年乞歸。後在籍辦團練。光緒十年（1884）卒。年七十二。著有《簠齋印集》《集古錄》《傳古別錄》《十鐘山房印舉》等。

父陳官俊，嘉慶十三年進士，官協辦大學士。

何桂芬 （原名何其盛）字茂垣，號新甫。江蘇上元縣人。道光二十五年二甲第四名進士。選庶吉士，授編修。咸豐六年授湖廣道御史，擢刑科掌印給事中，同治五年官至陝安道。七年（1868）卒於任。著有《自樂堂遺文》。

徐元勛 字雅樵、竹盟，號傳山、銘臣。浙江海寧州人。道光二十五年二甲第五名進士。選庶吉士，授編修。二十九年充湖南鄉試副考官。

蔣志章 （原名蔣志淳）字恪卿，號璞山。江西鉛山縣人。嘉慶十九年（1814）生。道光二十五年二甲第六名進士。選庶吉士，授編修。二十九年、咸豐元年兩充順天鄉試同考官，丁父憂歸。八年補江南道御史，升兵科給事中，遷廣東督糧道、廣東鹽運使，同治三年授四川按察使遷布政使，八年十二月授陝西巡撫。同治十年（1871）十一月卒。年五十八。諡“文恪”。

祖父蔣士銓，乾隆二十二年進士。

馮琛 字小唐，號芝馨。河南武陟縣人。道光二十五年二甲第七名進士。選庶吉士，授編修。

孫鼎臣 字子餘，號芝房、蒼莨。湖南善化縣人。嘉慶二十四年

（1819）生。道光二十五年二甲第八名進士。選庶吉士，授編修。二十九年充貴州鄉試正考官，擢侍讀，充日講起居注官。丁憂歸。後居家潛心於學術。咸豐九年（1859）卒。著有《河防紀略》《蒼莨文集》。

王憲成 字仲文，號蓉洲、耘輈。江蘇常熟縣人。道光二十五年二甲第九名進士。任刑部主事，升員外郎，咸豐八年授河南道御史，同治元年改順天東城、北城巡城御史，升兵科給事中，戶科掌印給事中，官至福建汀漳龍道。未抵任卒。

父王家相，嘉慶十四年進士。

李聯琇 字小湖，號季瑩。江西臨川縣人。嘉慶二十五年十二月初八日（1821年1月）生。道光二十五年二甲第十名進士。選庶吉士，授編修。大考第一，超擢侍講學士，咸豐三年督福建學政，四年授大理寺卿。五年督江蘇學政，九年以病告歸。同治四年主講鍾山書院，光緒四年（1878）正月初八卒於江寧鍾山書院。年五十九。著有《好雲樓初二集》《采風禮記》《臨川問答》《師山詩鈔》等。

張正椿 字友榆。四川奉節縣人。道光二十五年二甲十一名進士。選吉吉士，授編修。咸豐元年丁憂歸，主講重慶川東書院，升侍講。咸豐九年督廣西學政，以罣誤歸。主講蓮峰書院，卒。

閻敬銘 字丹初，號芝航、荔門。陝西朝邑縣人。嘉慶二十二年

（1817）九月十六日生。道光二十五年二甲十二名進士。選庶吉士，任戶部主事，升郎中，候補四品京堂。咸豐十一年授湖北按察使，同治二年遷山東巡撫，六年病免。八年授工部侍郎，光緒八年授戶部尚書，十年五月授協辦大學士，十一年十二月遷東閣大學士、軍機大臣。因反對修圓明園，革職留任。十四年休致。光緒十八年（1892）二月初七日卒。享年七十六。贈太子少保，謚"文介"。著有《福永堂彙鈔》。

子閣酒竹，光緒九年進士。

童福承 字啓山。順天大興縣人，原籍浙江山陰。道光二十五年二甲十三名進士。選庶吉士，授編修。官至侍讀。

陳敬簡 字可亭。四川合州人。道光二十年舉人，二十五年二甲十四名進士。任兵部職方司主事，調武選司。卒年四十。

黃文奎 江西都昌縣人。道光二十五年二甲十五名進士。二十九年任山西定襄知縣。

潘遵祁 字覺夫，別字順之，號西甫。江蘇吳縣人。道光二十五年二甲十六名進士。選庶吉士，授翰林院編修。淡於仕進乞歸。咸豐年間避居上海，主講蕊珠書院。光緒二年江北大旱，捐穀一萬二千石，錢一萬四千緡，賞翰林院侍講銜。後主講紫陽書院二十年。光緒十八年（1892）卒，年八十五。著有《香雪草堂集》《西圃集》。

皂　保 字吟舫，號蔭方、漪齋。滿洲鑲黃旗，寧古塔人。嘉慶二十二年（1817）三月十八日生。道光二十五年二甲十七名進士。選庶吉士，授編修。任右庶子、國子監祭酒，咸豐十一年授內閣學士。同治元年遷兵部侍郎，歷戶部、吏部侍郎。十年遷左都御史，十一年七月改理藩院尚書，光緒二年十月調刑部尚書。四年解尚書職留正紅旗蒙古都統。光緒八年（1882）三月卒，年六十六。

貢　璜 字潢之、以芾，號荊山。浙江湯溪縣人。道光二十五年二甲十八名進士。選庶吉士，授編修。咸豐元年充陝甘鄉試正考官，擢山東濟南知府，六年調山東武定府知府，八年升登萊青兵備道，改長蘆鹽運使。十年授山東按察使，十一年遷山東布政使。同治三年召京候簡，同治六年（1867）畿輔旱荒，參與賑撫，積勞卒。年六十二。

沈炳垣 字榆庭，號子青、紫卿。浙江海鹽縣人。嘉慶二十四年（1819）正月十四日生。道光二十五年二甲十九名進士。選庶吉士，授編修。升右中允。咸豐二年充四川鄉試副考官，五年督廣西學政。七年（1857）太平軍攻梧州，城陷，八月初十被殺，年三十九。追贈內閣學士，予騎都尉世職。謚"文節"。著有《斫硯山房詩鈔》《祥止室詩鈔》《讀漁洋詩隨筆》。

袁芳瑛 字漱六。湖南湘潭縣

人。道光二十五年二甲二十名進士。選庶吉士，授編修。咸豐四年授陝西道御史，五年官至松江知府。卒於任。是清中期著名藏書家。與朱學勤、丁日昌并稱咸豐三大家。藏書處曰"臥雪樓"。編有《蠱園書目》二十卷。所藏之善本，多來自孫星衍舊藏。光緒初年所藏大部爲李盛鐸所購。

左　瑛　字瑤圃、漱六，號讓齋。湖北雲夢縣人。道光二十三年舉人，二十五年二甲二十一名進士。選庶吉士，授編修。咸豐元年任貴州主考官，告歸在籍以團練、籌餉，晋侍講銜。著有《鶴棲堂詩稿》《黔游記》。

李國棠　字召南、芾堂，號懇亭。安徽太湖縣人。道光二十五年二甲二十二名進士。選庶吉士。未幾卒。著有詩文集。

兄李國杞，道光九年進士。

楊　翰　字伯正、海琴，號息柯。順天宛平縣人。嘉慶十七年（1812）四月十九日生。道光二十五年二甲二十三名進士。選庶吉士，授編修。咸豐八年纍遷湖南永州知府，同治三年官至湖南辰沅永靖道。晚年罷官游粵，光緒五年（1879）卒。年六十八。工詩畫，好金石文字。著有《粵西行碑記》《息軻居士全集》等。

郭驥遠　字子展，號雲亭。山西潞城縣人。道光二十五年二甲二十四名進士。選庶吉士，授編修。二十九年充順天鄉試同考官，升左

贊善。咸豐五年再充順天同考官。

孟培楨　字幹嘗，號壽林。湖北江陵縣人。道光十九年舉人，二十五年二甲二十五名進士。選庶吉士，授編修。以母疾歸。服闋不復仕，卒於家。

胡瑞瀾　字小泉，號觀甫、子安。湖北江夏縣人。道光十九年舉人，二十五年二甲二十六名進士，選庶吉士，授編修。二十九年充山西鄉試主考官，督山西學政，咸豐七年督湖南學政，遷司經局洗馬，升侍讀學士，同治五年授光祿寺卿，六年督廣東學政，七年十月改大理寺卿，十二月改宗人府丞。八年遷左副都御史，十年改禮部、兵部侍郎。十二年督浙江學政。光緒三年二月因復審楊乃武案不實，被革職。十年復啓用授太僕寺卿，十一年改太常寺卿，督廣東學政。十二年復任大理寺卿。

梁經先　字羲初，號頡臺。陝西三原縣人。道光二十五年二甲二十七名進士。任工部主事、軍機章京，遷員外郎，升工部郎中，十年授浙江道御史，歸省親，辦城防功加四品銜，署給事中，官至福建興化府知府。引疾解歸卒。

郭印瑚　字樹珊，號寶琳。山東滕縣人。道光二十五年二甲二十八名進士。二十八年任四川秀山知縣，二十九年署遂寧知縣，三十年改蒲江知縣。爲毒酒所害。

路　璜　字漁賓，號小竹。貴

州畢節縣人。道光二十五年二甲二十九名進士。咸豐六年任河南洛陽知縣，改舞陽知縣。

父路孟逵，嘉慶十九年進士；兄路璋，道光十六年進士。

王錫齡 字松圃。江西南城縣人。道光二十五年二甲三十名進士。任工部都水司主事，丁憂歸辦團練，同治四年以守城功擢甘肅鞏昌知府，升道員加鹽運使銜，後改西寧府知府。仍留鞏昌。回民攻入城內被殺。

劉書年 字竹史、有雲，號仙石。直隸獻縣人。道光二十五年二甲三十一名進士。選庶吉士，授編修。咸豐六年遷貴州安順知府，官至貴州貴陽知府、候補道。著有《滁檻軒詩鈔》《貴陽經説》《貴陽殘稿》。

周士炳 字文五，號蓮史。浙江桐鄉縣人。道光二十五年二甲三十二名進士。選庶吉士，授編修。咸豐八年（1858）充順天鄉試同考官。卒於闈。

黃廷綬 （又名黃安綬）字倩園。浙江仁和縣人。道光二十五年二甲三十三名進士。選庶吉士，授編修。纍遷福建汀漳龍道，咸豐十年官至福建按察使。十一年（1861）卒。

何秋濤 字海槎，號巨源、願船。福建光澤縣人。道光四年十一月二十日（1825年1月）生。道光二十五年二甲三十四名進士。授刑部主事，官至刑部員外郎。丁憂去官。曾主講保定蓮池書院。同治元年（1862）六月初四日卒。年三十八。著有《北徼彙編》（咸豐帝賜名《朔方備乘》）、《王會篇箋釋》《篆源流源》《一鐙精舍甲部稿》等。

宜振 字春宇，號訦伯。漢軍鑲黃旗，楊氏。道光元年（1821）六月初一日生。道光二十五年二甲三十五名進士。選庶吉士，授編修。纍遷侍讀學士，咸豐八年授內閣學士，十一年遷禮部右侍郎，同治三年改工部侍郎，督江蘇學政，四年改禮部侍郎，五年病免。十年授倉場侍郎，十一年改工部侍郎，光緒五年改户部侍郎。七年（1881）四月病免，五月卒，年六十一。

張璐 字寶卿，號子佩。江蘇常熟縣人。道光二十五年二甲三十六名進士。任刑部主事。卒於京邸。著有《古文》二卷。

章光斗 字星北，號仙槎。江西南城人。道光二十五年二甲三十七名進士。選庶吉士。

惲世臨 字季咸，號次山。順天大興縣人，改歸江蘇陽湖原籍。嘉慶二十二年（1817）正月十三日生。道光二十五年二甲三十八名進士。選庶吉士，改吏部主事、考工司員外郎，升郎中，咸豐八年授山西道御史。外任湖南長沙知府，補常德知府，十一年升湖南岳常澧道，同治元年授湖南布政使，二年五月遷湖南巡撫。因革除積弊被誣，四年二月降調。同治十年（1871）六月初一日卒，年五十五。著有《櫟存草堂文集》。

羅嘉福 （原名羅嘉謨）字訏庭，號矩生、勖齋、雲驤。順天大興縣人，原籍浙江山陰。嘉慶十九年（1814）六月二十九日生。道光二十五年二甲三十九名進士。選庶吉士，授編修。咸豐五年充陝西鄉試副考官，遷左贊善，同治元年充江西鄉試主考官，十年以侍讀出知山西汾州知府。

馮栻 字亦軒，號曉滄、蘭雪。順天大興縣人，原籍浙江慈溪。嘉慶十年（1805）生。道光二十五年二甲四十名進士。任刑部主事、刑部員外郎、候選知府。光緒十二年（1886）卒。年八十二。

劉伯塤 順天永清縣人。道光二十五年二甲四十一名進士。三十年任廣西天保知縣，官至山西隰州知州。

蕭玉銓 （原名蕭若峰）字藕峰，號庚生。江西萍鄉縣人。道光二十五年二甲四十二名進士。選庶吉士，授編修。候選知府。

李廷楷 字式膺，號竹生。浙江山陰縣人。道光二十五年二甲四十三名進士。二十六年任江西崇仁知縣，二十七年改江西貴溪知縣。

趙炳堃 陝西渭南縣人。道光二十五年二甲四十四名進士。任禮部主事。

陳泰初 字健之，號見田。順天大興縣人，原籍廣東番禺。道光二十五年二甲四十五名進士。選庶吉士，授編修。咸豐六年充會試同考官，八年官至廣西平樂府知府，九年（1859）剿賊積勞，九月二十七日卒於軍次。加贈道銜。著有《問月樓詩文稿》。

曹驊 字雋伯，號吉雲。江蘇上海縣人。道光二十五年二甲四十六名進士。選庶吉士，授編修。

沈錫慶 字春波、鷺卿。江蘇通州人。道光二十五年二甲四十七名進士。選庶吉士，授編修。同治六年纍遷至山東兗州知府，七年署山東兗沂曹濟道，光緒二年署湖北安襄荊道，改荊宜施道。以足疾去官。

父沈岐，嘉慶十三年進士，官左都御史。

徐德周 字泰三、作孚，號愛泉。江西龍南縣人。道光二十五年二甲四十八名進士。選庶吉士，散館改戶部主事。

高會嘉 字伯颺，號樹人。江西彭澤縣人。道光二十五年二甲四十九名進士。咸豐二年任福建安溪知縣，升知府。乞病歸。主講五柳書院一年卒。著有《讀我書齋詩集》。

呂序程 字賓鴻，號秋丞、秋塍。河南羅山縣人。道光二十五年二甲五十名進士。選庶吉士，授編修。咸豐五年督山東學政，十年授陝西道御史，纍遷至貴州安順知府。

劉榮琪 廣東陽春縣人。道光二十五年二甲五十一名進士。

顧駿 順天宛平縣人。道光二十五年二甲五十二名進士。二十九年任廣東高要知縣，咸豐四年遷嘉應直隸州知州。

張　和　字理堂。甘肅河州人。道光二十五年二甲五十三名進士。咸豐元年任直隸成安知縣，二年改順天府東安知縣，四年八月遷順天府涿州知州。

姚寶銘　字藍坡。福建閩縣人。道光二十五年二甲五十四名進士。任四川成都、華陽、巴縣、榮縣、富順、大邑、犍爲知縣，升涪州知州，官至瀘州直隸知州。

尚慶潮　（《進士題名碑錄》作尚寶潮，誤）字學川。河南羅山人。道光二十五年二甲五十五名進士。任刑部主事，升刑部郎中，咸豐十一年督山東學政，同治五年官至湖南岳州知府。

周輯瑞　字子佩。湖南善化縣人。道光二十五年二甲五十六名進士。任吏部主事，丁母憂歸。咸豐九年吏部補考工司主事，遷員外郎、郎中，同治三年官至江蘇鎮江府知府。以勞卒於任。

王殿麟　山東費縣人。道光二十五年二甲五十七名進士。任廣西武緣、昭平、隆安、宣化知縣。光緒十四年（1888）卒。年八十。

高長紳　字子佩。陝西米脂縣人。道光二十五年二甲五十八名進士。二十七年任江蘇荆溪知縣。二十八年八月改江蘇元和知縣，三十年改南匯知縣。咸豐十一年纍遷江蘇長鎮通海道。因事罷官，寄迹江湖以詩酒自娛。

何廷謙　字六皆，號地山、棣

珊。安徽定遠縣人。嘉慶十九年（1814）八月初七日生。道光二十五年二甲五十九名進士。選庶吉士，授編修。咸豐十一年以中允充陝西鄉試主考官，同治元年充順天鄉試同考官，二年督江西學政，九年以少詹事督廣東學政，十年授詹事，遷內閣學士，十一年遷工部左侍郎。光緒二年督順天學政。四年（1878）十二月初六日卒。年六十五。

文　起　漢軍正藍旗。道光二十五年二甲六十名進士。任工部主事。

蔡廷蘭　福建臺灣澎湖廳人。道光二十五年二甲六十一名進士。任江西知縣，署江西豐城知縣，二十九年署江西峽江知縣，咸豐二年遷江西南昌府通判。

張守岱　字奉山、星農，號東岩。山東海豐縣人。道光二十五年二甲六十二名進士。選庶吉士，授編修。咸豐四年授江西道御史，五年充雲南鄉試副考官。升吏科給事中，官至陝西陝安道。駐漢中，奉命辦防治軍，積勞成疾卒於軍。加光禄寺銜。

子張樹楨，光緒二十一年進士。

胡慶源　（原名胡澋）字雨江，號心荃。順天大興縣人，原籍浙江錢塘。道光二十五年二甲六十三名進士。任户部主事，進員外郎，同治元年授陝西道御史，官至安徽鳳陽府知府。

王榮第　字雲楣，號春潭、春

澤。山東樂陵縣人。道光二十五年二甲六十四名進士。選庶吉士，授編修。咸豐三年授河南道御史，咸豐四年外任河南歸德知府，遷彰衛懷道，咸豐十一年遷河南按察使。同治元年丁憂免。

夏家泰 字階平。湖南善化縣人。道光二十五年二甲六十五名進士。任吏部文選司主事，遷員外郎、郎中，官至福建延建邵道，署按察使。

鄭東華 字子椿、春圃。湖北沔陽州人。道光二十五年二甲六十六名進士。分四川署墊江知縣、新津知縣，咸豐三年改四川金堂知縣、永川知縣，五年天全知州，八年代理永川知縣，丁憂補廣東平遠知縣，改廣東澄海知縣。

李鶴年 字子和，號雲樵、雪岑。奉天義州人。道光七年（1827）八月十四日生。道光二十五年二甲六十七名進士。選庶吉士，授編修。咸豐五年授福建道御史，升刑科掌印給事中，外任江蘇常鎮道，同治元年署河南按察使，二年實授，五月改直隸按察使，四年十一月遷湖北巡撫改河南巡撫，隨李鴻章、左宗棠鎮壓捻軍，十年十一月遷閩浙總督，署福州將軍。光緒二年八月改東河總督，七年八月復改河南巡撫，十三年九月署東河總督。十四年以鄭州河決口革職。光緒十六年（1890）四月卒。年六十四。宣統元年追復原官。撰有《平捻記略》。

朱德澐 廣西博白縣人。道光二十五年二甲六十八名進士。二十六年署山西壽陽知縣，二十八年任山西襄垣知縣，三十年改夏縣知縣。

蔡世佑 字吉堂。四川酉陽州人。道光二十五年二甲六十九名進士。二十七年署江蘇新陽知縣，二十九年任江蘇溧陽知縣，加知州銜。告病歸。辦團練，卒年五十三。

孫培金 江蘇甘泉縣人。道光二十五年二甲七十名進士。咸豐三年任山西陽城知縣。

李義得 字介人、雪仙。四川墊江縣人。道光二十五年二甲七十一名進士。即用知縣，二十七年以父母年高改保寧府教授。後掌綿屏書院，卒年四十八。著有《墨醉詩文存》行世。

吳昌壽 字仁甫，號少村。浙江嘉興縣人。嘉慶十五年（1810）四月十九日生。道光二十五年二甲七十二名進士。任廣東連山知縣，三十年改連平知州，以功升韶州知府，咸豐四年調廣州知府。署南韶兵備道，同治元年授廣東按察使遷廣東布政使，三年四月授湖北巡撫，四年四月改河南巡撫，五年正月降河南按察使，十一月遷廣東布政使。同治六年（1867）署廣西巡撫。七月病免，尋卒，年五十八。

謝謙亨 字吉六。福建長泰縣人。道光二十五年二甲七十三名進士。任刑部主事，升員外郎，光緒七年授江南道御史。

林壽圖 （榜名林英奇）字恭

三，號穎叔。福建閩縣人。道光二十五年二甲七十四名進士。任工部主事，員外郎，咸豐八年升郎中，九年充會試同考官，授山東道御史，升禮科給事中，同治元年遷順天府丞，九月授順天府尹，二年調陝西布政使，四年降調。五年賞三品復任陝西布政使，七年十二月乞養歸。光緒二年起授山西布政使。三年革。後辦團練，卒年七十七。著有《黃鵠山人詩集》。

鄭錫瀛 號惕庵。順天大興縣人，原籍浙江蕭山。道光二十五年二甲七十五名進士。任吏部主事，驗封司郎中，纍遷大理寺少卿，同治六年授太僕寺卿，十二月改太常寺卿，七年調宗人府丞，九月遷左副都御史。同治八年去職。

黃汝梅 字鐵崖。山西平定州人。道光二十五年二甲七十六名進士。二十七年署浙江慶元知縣，三十年改浙江東陽知縣，改龍游知縣，候補知州。

封毓璋 陝西鳳翔縣人。道光二十五年二甲七十七名進士。任知縣，咸豐四年任甘肅狄道州知州。

王書勛 字清佐，號小沂。浙江長興縣人。道光二十五年二甲七十八名進士。二十九年任安徽天長知縣。

蔣超伯 字叔起。江蘇江都縣人。道光二十五年二甲七十九名進士。由刑部主事，升江西司郎中，咸豐十年授江西道監察御史，升廣西南寧知府，同治二年調廣東高州知府，改廣東潮州知府、署廣州知府，官至廣東候補道，署按察使。十年乞休歸。五十五歲卒。著有《爽鳩要錄》《通齋詩文集》《南行紀程》《窺豹集》《南湝楛語》等。

趙桂芳 字小山。陝西鳳翔縣人。道光二十五年二甲八十名進士。任知縣，兩任甘肅河州知州，咸豐中年知靜寧知州，同治三年官至甘肅鞏昌知府。四年以病告歸。

容文明 廣東南海人縣。道光二十五年二甲八十一名進士。任刑部主事。

郭志融 字藕虹。廣東清遠縣人。道光二十五年二甲八十二名進士。二十六年任四川大邑知縣，調成都知縣，升敘永同知，署潼川知府，咸豐三年調安徽安慶知府，丁憂。七年十月授江蘇揚州知府，九年署江蘇蘇州知府，官至徽寧池太道，加按察使銜。年四十九卒。

孟傳金 字臚卿，號小圃。直隸高陽縣人。道光二十五年二甲八十三名進士。任禮部主事，升員外郎、郎中，咸豐六年授江南道御史，同治四年，以奏事忤旨，罷官歸禮部。卒年六十五。

李夢周 字子賓，號惺園。河南盧氏縣人。道光二十五年二甲八十四名進士。選庶吉士，授編修。

徐時棟 字次媚，號幢橋、子舟。浙江鄞縣人。道光二十五年二甲八十五名進士。任刑部主事。

華定祁　字少京。福建連城縣人。道光二十五年二甲八十六名進士。任戶部主事，同治元年官至廣東惠州知府。

任輝第　河南南陽縣人。道光二十五年二甲八十七名進士。二十六至二十九年三任江蘇宿遷知縣，咸豐元年改江蘇江寧知縣。

杜受履　字心蘭。山東濱州人。道光二十五年二甲八十八名進士。二十七年任安徽當塗知縣，改安徽桐城知縣。

朱鳳標（一作朱鳳梧）字伯辛、帖舫。浙江會稽縣人。道光二十五年二甲八十九名進士。任四川巴縣知縣，二十九年改大邑知縣，咸豐元年任南部知縣，五年改華陽知縣六年署犍爲知縣，七年任涪州知州。丁憂歸。

潘桂　字辛崖、小山。安徽潁上縣人。道光二十五年二甲九十名進士。任禮部祭祀司主事，兼儀制司事。丁外艱歸。主講霍山奎文書院，服闋卒。年二十三。著有《望雲書屋詩稿》。

姚玉田　安徽懷遠縣人。道光二十五年二甲九十一名進士。二十七年任直隸大名知縣，二十九年改直隸井陘知縣。

高倬　河南河內縣人。道光二十五年二甲九十二名進士。任兵部主事，官主車駕司郎中。馬館監督。咸豐九年十一月授江蘇揚州知府。

劉興桓　湖北沔陽州人。道光

二十年舉人，二十五年二甲九十三名進士。二十六年任湖南江華知縣。

閻海林　山西解州人。道光二十五年二甲九十四名進士。二十六年署湖南新化知縣，改湖南永明知縣。

定綸　滿洲鑲黃旗人，宗室。道光二十五年二甲九十五名進士。任理藩院員外郎。

林廷選　字汝佳，號慎餘。廣西貴縣人。道光二十五年二甲九十六名進士。任刑部文選司主事，升員外郎。咸豐四年授江南道御史，官至安徽徽州府知府。

曹炳燮　字衡叔，號銀香。江蘇宜興縣人。道光二十五年二甲九十七名進士。選庶吉士，改工部屯田司主事。以親老乞養歸。

張燦斗　字星樞。雲南昆明縣人。道光二十五年二甲九十八名進士。咸豐初任山西河曲知縣。九年（1859）卒於任。

第三甲一百一十六名

奎章　字星垣，號雲臺。蒙古鑲藍旗人。道光二十五年三甲第一名進士。選庶吉士。授檢討。歷任右春坊右庶子、國子監祭酒，咸豐四年授詹事，督江蘇學政，五年改通政使，十一月以病免。七年復授通政使，同治元年八月調和闐辦事大臣。

羅寶森　字玉書。浙江上虞縣

人。道光二十五年三甲第二名進士。選庶吉士，散館改刑部主事。

張觀鈞　字仲和，號貽山。山西渾源州人。道光二十五年三甲第三名進士。任吏部驗封司主事，遷吏部郎中，同治三年授福建道御史，六年遷湖北施南知府，官至湖南長寶道。

趙東曙　直隸易州人。道光二十五年三甲第四名進士。二十六年十二月任山東菏澤知縣，三十年署山東單縣知縣，咸豐元年任山東福山知縣，官至太僕寺少卿。

陳應台　廣西荔浦縣人。道光二十五年三甲第五名進士。二十八年任湖南益陽知縣。

陳德銓　福建閩縣人。道光二十五年三甲第六名進士。三十年任廣東翁源知縣。

繆嘉穀　字心如。江蘇吳縣人。道光二十五年三甲第七名進士。任工部主事。

毛昶熙　字旭初，號鏡海、達泉。河南武陟縣人。嘉慶二十二年（1817）六月初四日生。道光二十五年三甲第八名進士。選庶吉士，授檢討。咸豐六年遷江南道御史，升給事中，遷順天府丞，咸豐十一年授順天府尹，改太僕寺卿，遷內閣學士，同治元年遷禮部侍郎，歷吏部、戶部侍郎。七年遷左都御史，八年改工部尚書，十一年八月調吏部尚書，兼翰林院掌院學士，總理各國事務衙門大臣，光緒四年丁憂。

八年（1882）正月授兵部尚書。二月初九日卒。年六十六。贈太子太保，諡"文達"。

華廷傑　江西崇仁縣人。道光二十五年三甲第九名進士。咸豐三年任廣東香山知縣，四年改廣東東莞知縣，六年改南海知縣，九年遷南雄知州，官至廣東候補道。

王鍾洤　字香海。山東福山縣人。道光二十五年三甲第十名進士。署甘肅西和、渭源、寧遠知縣，升甘肅肅州知州。未抵任卒。

裕　豐　漢軍正黃旗。道光二十五年三甲十一名進士。任戶部主事。

丁士元　字秋湖、辛臣，號諤卿。浙江錢塘縣人。道光二十五年三甲十二名進士。選庶吉士，散館改兵部主事。

宋維屏　廣東花縣人。道光二十五年三甲十三名進士。二十九年任安徽五河知縣，咸豐元年改蒙城知縣。

恩　隆　字星伯，號柳庵。滿洲正白旗人。道光二十五年三甲十四名進士。任刑部主事。襲輕車都尉。

沈丙瑩　字晶如，號菁士。浙江歸安縣人。道光二十五年三甲十五名進士。任刑部廣東司主事、廣西司員外郎、江蘇司郎中。咸豐九年授山西道御史，官至貴州安順府知府，咸豐十一年署銅仁知府、貴陽知府。休致歸。卒於家。

張敏行　字勉齋。甘肅隴西縣人。道光二十五年三甲十六名進士。咸豐元年任四川隆昌知縣。

子張繼光，光緒二年進士。

楊子儀　河南內鄉縣人。道光二十五年三甲十七名進士。二十八年署直隸新河知縣，二十九年任直隸大名知縣。

張兆棟　字伯隆，號海知、友山。山東濰縣人。道光元年十二月初九日（1822年1月2日）生。道光二十五年三甲十八名進士。任刑部主事，升郎中，同治二年遷陝西鳳翔知府，三年擢四川按察使改廣東按察使，遷廣東布政使，改安徽、江蘇布政使，九年閏十月遷漕運總督，十年六月改廣東巡撫，光緒五年正月丁母憂。八年五月授福建巡撫。十年法國軍艦進福建，馬尾失守九月革職。光緒十三年十二月十七日（1888年1月）卒，年六十七。

子張僖，光緒十二年進士。

李毓珍　號樸亭。山西崞縣人。道光二十五年三甲十九名進士。二十八年任河南涉縣知縣，改河南原武知縣、福建沙縣知縣。咸豐三年（1853）太平軍攻城，城陷卒。贈知府銜，襲雲騎尉世職。

高貢齡　字次封。山東利津縣人。道光二十五年三甲二十名進士。授戶部四川司主事，歷湖廣司、福建司、浙江司員外郎，福建司郎中，外任浙江紹興知府。以疾乞歸。同治七年（1868）卒於家。年六十五。

文　祥　字文山，號博川、雲溪。滿洲正紅旗，瓜爾佳氏。嘉慶二十三年（1818）九月十七日生。道光二十五年三甲二十一名進士。任工部主事、郎中、太僕寺少卿，咸豐七年授詹事府詹事，遷內閣學士、禮部侍郎，改吏部侍郎、戶部侍郎、軍機大臣。同治元年遷都察院左都御史，改工部尚書，三年加太子太保。五年改吏部尚書。同治十年授協辦大學士，十一年六月遷體仁閣大學士，十三年十二月改武英殿大學士。光緒二年（1876）五月初四日卒，享年五十九。贈太傅，入祀賢良祠。予騎都尉世職。謚"文忠"。

李維著　雲南昆明縣人。道光二十五年三甲二十二名進士。三十年任浙江常山知縣。母、妻、女居金華，咸豐十一年（1862）金華陷，全家遇難，同治元年浙江衢州陷，卒。

閻壽鵬　字圖南，字海樵。山東德平縣人。道光二十五年三甲二十三名進士。選庶吉士，改刑部主事。以母老乞歸。後主山東禹城、齊河、商河書院。

申逢吉　河南林縣人。道光二十五年三甲二十四名進士。任福建羅源知縣，被誣入獄，昭雪後辭職歸。

裘望洙　字淑齋，號餐霞。浙江富陽縣人。道光二十五年三甲二十五名進士。官戶部主事。

徐嵩生　字少崧，號申甫、蔗汀。河南祥符縣人。道光二十五年三甲二十六名進士。選庶吉士，授檢討。官至廣東欽州知府，咸豐八年十二月改肇慶知府，候選道。

陳廣德 字茂亭。江蘇興化縣人。道光二十五年三甲二十七名進士。任戶部主事。乞養歸侍母。主講文正書院。

黃光周 福建閩縣人。道光二十五年三甲二十八名進士。咸豐二年任廣東新安知縣，六年署廣東增城知縣，八年改番禺知縣，官至廣東羅定直隸州知州。

顧鴻逵 字僅吉，號璜溪。浙江蕭山縣人。道光二十五年三甲二十九名進士。二十七年任江蘇如皋知縣，二十八年改江蘇蕭縣知縣。

豐　安 漢軍正白旗人。道光二十五年三甲三十名進士。

楊照藜 直隸定州人。道光二十五年三甲三十一名進士。二十六年任江西崇仁知縣、宜黃知縣，咸豐六年署江西會溪知縣，十一年署臨川知縣，官至署江西建昌府同知。

李朝儀 字鴻卿，號藻舟。貴州貴築縣人，原籍湖南清泉。道光二十五年三甲三十二名進士。二十八年任順天平谷、三河、大興知縣，咸豐三年署直隸南路同知，改東路同知，十一年遷直隸順德知府，改廣平知府，同治二年改大名知府，同治八年授永定河道，遷山東鹽運使，光緒五年十一月官至順天府府尹。光緒七年（1881）四月卒於任。

爲梁啟超岳父。

梁汝弼 字直卿。廣東三水縣人。道光二十五年三甲三十三名進士。代理湖南嘉禾知縣，兼護貴陽州，補授新田知縣，以母老歸。主行臺書院。服闋改廉州府教授，改韶州府教授。卒於任。

莫廷蕃 字堯蓂。廣東南海縣人。道光二十五年三甲三十四名進士。二十七年任江西安仁知縣，咸豐元年署江西上饒知縣，八年署餘干知縣，十一年署江西鉛山知縣，同治二年改江西南豐知縣，

張大觀 字愚谷。安徽銅陵縣人。道光二十五年三甲三十五名進士。二十九年任江西新昌知縣。在任五載，引疾歸。

郎應宿 雲南呈貢縣人。道光二十五年三甲三十六名進士。任禮部主事。

張秉堃 （原名張英）字子敏。貴州貴築縣人。道光二十五年三甲三十七名進士。署四川永寧知縣，三十年署江安知縣，咸豐三年署岳池知縣，五年改羅江知縣，六年署開縣知縣，調署江津縣，七年十月回任羅江縣，八年改巴縣知縣，因教案罣誤去官，同治五年署屏山知縣，九年任馬邊廳同知，後調署酉陽直隸州知州。

于醇儒 字前峰。山東平度州人。道光二十五年三甲三十八名進士。即用知縣分發江蘇，二十八年任江蘇桃源知縣，二十九年改清河知縣，咸豐元年任江浦知縣，三年改銅山知縣，六年任江蘇高郵知州。

後殉難常州。

張鍾彥 字仲升、俊升。廣東定安縣人。道光二十五年三甲三十九名進士。任河南知縣，纍遷戶部江南司郎中，咸豐三年授浙江道御史，改京畿道御史，四年遷直隸廣平知府，改宣化知府，九年官至直隸口北道。

密雲路 字仙坡，號得軒。山東蘭山縣人。道光二十五年三甲四十名進士。任浙江樂清、臨海、龍游、錢塘、蘭溪、諸暨知縣，升補玉環同知，以卓異官至金華知府。督海運赴天津卒於途次。

文穎 字魯齋。漢軍正藍旗。道光二十五年三甲四十一名進士。二十八年任山東蒙陰知縣，歷陽信知縣，咸豐二年調商河知縣，時太平軍臨陽穀縣，派文穎臨危受命，署陽穀知縣。咸豐四年（1854）城破卒。

黃輔相 字斗南。貴州貴築縣人，原籍湖南澧陵。乾隆五十八年（1793）生。道光二十五年三甲四十二名進士。二十七年署廣西陸川知縣，改博白知縣，三十年升橫州知州，咸豐二年鎮壓太平軍屢勝，擢鎮安知府，署南寧知府，官至廣西右江道。後被圍困潯州，城陷，咸豐六年（1856）戰亡。

弟黃輔辰，道光十五年進士，陝西鹽法道。

俞雲錦 江蘇泰州人。道光二十五年三甲四十三名進士。二十七年任山西猗氏知縣，咸豐四年改靈石知縣。

池劍波 福建閩縣人。道光二十五年三甲四十四名進士。二十八年署江西崇仁知縣，咸豐元年任上猶知縣，四年改福建漳州府教授，六年改臺灣府教授。

陳其晟 廣東香山縣人。道光二十五年三甲四十五名進士。二十八年署四川樂山知縣。

陳昆 號友松。四川開縣人。道光二十五年三甲四十六名進士。二十九年正月任順天府永清知縣，咸豐八年改江西宜春知縣，十年改江西新城知縣。

謝邦鑑 字吉人。湖南湘鄉縣人。道光二十五年三甲四十七名進士。二十六年（1846）任江蘇高淳知縣。抵任四個月病卒。

父謝興嶠，嘉慶二十四年進士；祖父謝振定，乾隆四十五年進士。

祝祐 字子助，號仲申。河南固始縣人。道光二十五年三甲四十八名進士。二十九年任湖北通城縣知縣，改應城知縣、應山知縣。長陽知縣，咸豐四年官至湖北襄陽府同知。

何枚 字蓮舫，號悔餘。江蘇江陰人。道光二十五年三甲四十九名進士。任吏部主事、員外郎，咸豐六年外官江西建昌府，十一年調署吉安府。以疏放謫官。不得志，牢騷抑鬱。著有《悔餘庵全集》。其牢騷抑鬱之慨，盡發於詩歌。

吕式古 （一作吕茹古，改）順天大興縣人。道光二十五年三甲五十名進士。三十年任陝西宜君知縣。

父吕溶，嘉慶二十五年進士。

吕　銓　浙江錢塘縣人。道光二十五年三甲五十一名進士。咸豐元年任廣東豐順知縣，五年遷連州知州，官至廣東廉州府知府。

楊本厚　雲南昆明縣人。道光二十五年三甲五十二名進士。二十七年任直隸博野知縣，咸豐二年任直隸清河知縣，五年署直隸新樂知縣。

朱　枬　字梅莘。江蘇高郵州人。道光二十五年三甲五十三名進士。授户部貴州司主事。三十年以疾請假歸。主講珠湖書院數年，卒年五十九。著有《茭藕閑漁文集》。

冷嘉植　湖北雲夢縣人。道光十七年舉人，二十五年三甲五十四名進士。二十七年任江蘇荊溪知縣。

宋炳文　奉天吉林廳人。道光二十五年三甲五十五名進士。咸豐三年任直隸新樂知縣，四年改直隸遷安知縣，十年署灤州知州，同治三年改清苑知縣，四年遷直隸冀州直隸州知州。

黃廷瓚　字籠溪。湖南長沙縣人。嘉慶二十三年（1818）生。道光二十五年三甲五十六名進士。任江蘇婁縣知縣，二十九年改江蘇長洲縣知縣，纍遷廣西南寧、思恩知府，官至廣西候補道。卒年五十七。

朱國賓　雲南大姚縣人。道光二十五年三甲五十七名進士。

李　珣　雲南蒙自縣人。道光二十五年三甲五十八名進士。二十八年任江西武寧知縣。丁憂回籍，咸豐六年（1856）夷民褚理髮結回民作亂，全家四十七人全卒。

韓一松　字子貞。江蘇元和縣人。道光二十五年三甲五十九名進士。二十八年署四川梓桐知縣，咸豐三年改任四川蒲江知縣。捕賊被戕。

朱慶芬　廣西博白縣人。道光二十五年三甲六十名進士。任刑部主事，遷陝西司員外郎。

鄭之鍾　字有臣、問庵。直隸豐潤縣人。道光二十五年三甲六十一名進士。署山東淄川知縣，咸豐元年任德平知縣，二年任山東昌邑知縣。卒於任。邑民哭泣遮道，焚香三十里送別。

莫　熾　（原名莫毓崗，改名）字以南。廣西荔浦縣人。道光二十五年三甲六十二名進士。三十年任山東昌樂知縣，咸豐四年任山東博興知縣，五年任滋陽知縣。引疾去官，旋卒。年六十七。

李成芳　四川巴縣人。道光二十五年三甲六十三名進士。二十八年任四川夔州府教授。

謝蘭省　廣東英德縣人。道光二十五年三甲六十四名進士。三十年任直隸贊皇知縣，改順天府密雲知縣、豐潤知縣，署良鄉知縣。

劉自清　山東黃縣人。道光二十五年三甲六十五名進士。二十七年署龍泉知縣，二十八年改江西長寧知縣。丁憂歸。

徐鼒 字彝舟，號亦才。江蘇六合縣人。道光二十五年三甲六十六名進士。選庶吉士，授檢討。記名御史，咸豐三年假歸，家居命辦團練，守城加贊善銜。八年任福建福寧知府，調延平。道光三十年，任史館協修、纂修。以勞卒於任。撰《小腆紀年附考》《小腆紀傳》記述南明史事。另有《未灰齋文集》《詩集》《周易舊注》《明史藝文志》等。

衛東陽 字曉園。山西陽城縣人。道光二十五年三甲六十七名進士。二十八年署直隸深澤知縣，二十九年署棗強知縣，任直隸無極知縣。

程培禮 字純夫。江西宜黃縣人。道光二十五年三甲六十八名進士。三十年任山西陵川知縣，歷署壽陽、太原、渾源等州縣，加州銜。卒於任。

許鳳翔 字尊榮，號恂堂。安徽廬江縣人。道光二十五年三甲六十九名進士（時年五十）。任福建福安知縣，三十年補寧德縣，咸豐三年調臺灣知縣，遷彭湖通判、鹿港同知、臺防同知、邵武府同知。年六十八卒。著有《撫摧要語》。

柏春 蒙古正黃旗人。道光二十五年三甲七十名進士。任兵部職方司主事，官至車駕司員外郎。

仲孫樊 字補侯、博山。江蘇吳江縣人。道光二十五年三甲七十一名進士。二十八年任浙江臨海縣知縣，改分水知縣，調淳安知縣，

擢寧波府同知。調上海，年三十七卒於軍營，贈道銜。

岳雲衢 字躍莊，號漢階、玉峰。陝西蘭田縣人。道光二十五年三甲七十二名進士。選庶吉士，改吏部主事。

邵啓元 福建閩縣人。道光二十五年三甲七十三名進士。三十年任安徽巢縣知縣，咸豐八年遷安徽廣德州知州。十年去。

王汝舟 字濟川。雲南晉寧州人。道光二十五年三甲七十四名進士。署四川彭水知縣，任蒼溪知縣。因案忤上官落職。貧不能歸，主講瀘州書院，卒於四川。著有《知白齋詩文稿》《半園吟草》。

周灝 字子純。貴州貴築縣人。道光二十五年三甲七十五名進士。即用知縣，咸豐元年直隸定興知縣，三年改正定知縣，九年署安肅知縣，十年任故城知縣。同治元年（1862）六月病卒。

父周際華，嘉慶六年進士；兄周頊，嘉慶二十五年進士；周頜，道光十五年進士。

楊上達 字省齋。山西長治縣人。道光二十五年三甲七十六名進士。咸豐六年任陝西白水知縣，歷署宜君、同官、安塞、紫陽、膚施知縣。忤上官罷。卒於西安。

張凱嵩 字次木，號月卿、雲卿。湖北江夏縣人。嘉慶二十五年（1820）十月十七日生。道光二十五年三甲七十七名進士。任廣西宣化、

臨桂知縣、興業知縣，代理鬱林知州，咸豐五年以守城功授慶遠知府，遷左江道，九年授廣西按察使遷布政使。同治元年授廣西巡撫，六年二月授雲貴總督。七年稱病遲不赴任，革職。光緒六年以五品京堂起用授通政使參議，內閣侍讀學士，七年授四川按察使，遷四川布政使，九年十一月遷貴州巡撫改雲南巡撫。光緒十一年（1885）十月初七日卒於任。年六十七。

王贊襄 甘肅寧夏中衛縣人。道光二十五年三甲七十八名進士。同治五年任陝西耀州知州，七年署華州知州，光緒七年署陝西商州直隸州知州，改鄜州直隸州知州，八年官至鳳翔知府。

包 煒 字含章、彤士，號怡堂。直隸河間縣人。道光二十五年三甲七十九名進士。選庶吉士，授檢討。咸豐四年授湖廣道御史，改戶科給事中，官至四川川北道。

鍾榮光 號靈皐。江西長寧縣人。道光二十五年三甲八十名進士。任湖北候補知縣，二十九年任湖北麻城知縣，咸豐元年改湖北通山知縣，三年改通城知縣。同知銜。

車汝震 字春雨，號春霆。貴州貴築縣人，江西臨川籍。道光二十五年三甲八十一名進士。三十年六月任順天府香河知縣，調寶坻知縣，官至直隸延慶知州。

兄車汝建，道光二十七年進士。

潘毓瑞 字錫五。山西榮河縣

人。道光二十五年三甲八十二名進士。二十八年雩都知縣，遷署江西蓮花廳同知，調江西寧都州知州，遷河口鎮同知。以疾乞歸。

王萬齡 字嵩山。順天府涿州人。道光二十五年三甲八十三名進士。任河南涉縣知縣，補獲嘉縣，丁父憂歸，咸豐二年防堵太平軍功擢直隸州同知，咸豐七年署嵩縣知縣。與捻軍作戰眾寡不敵陣亡。贈道銜。

施瓊芳（1815—1868，原名施龍文）字見田，一字昭德，又字星階，號珠垣。臺灣縣（祖籍福建晉江）人。道光二十五年三甲八十四名進士。授官不就，乞歸回臺，主王府井海東書院。著有《石蘭山館遺稿》。

子施士佶，光緒二年進士。

彭嘉寅 字春園。河南許州人。道光二十五年三甲八十五名進士。二十六年任山東壽張知縣，咸豐十一年改山東樂安知縣。同治四年復任。

焦肇瀛 字海峰，號持之。山東章丘縣人。道光二十五年三甲八十六名進士。二十七年任江蘇鹽城知縣，咸豐二年改金壇知縣，三年任江蘇邳州知州，四年任江蘇儀徵知縣。

黃恩霈 字竹泉。山東寧陽縣人。道光二十五年三甲八十七名進士。即用知縣。抵省即委讞獄，多所平反，未分發。以疾卒。

劉體中　字慎雲。雲南昆明縣人。道光二十五年三甲八十八名進士。任直隸慶雲知縣，咸豐元年改直隸望都知縣，五年遷直隸滄州知州。丁憂歸。窮困卒。

林澤芳　廣東順德縣人。道光二十五年三甲八十九名進士。任內閣中書。

黃開泰　福建詔安縣人。道光二十五年三甲九十名進士。咸豐三年任直隸滿城知縣。

馬玉堂　陝西澄城縣人。道光二十五年三甲九十一名進士。四川奉節知縣。

任殿選　字青甫。湖北蒲圻縣人。道光二十三年舉人，二十五年三甲九十二名進士。任浙江泰順知縣，改湖北安陸府教授。

魏　源　字默深。湖南邵陽縣人。乾隆五十九年（1794）三月二十四日生。道光二十五年三甲九十三名進士（時年五十二）。二十五年任江蘇東臺知縣，二十九年署興化知縣，咸豐元年任江蘇高郵府知州。坐事免。左副都御史袁甲三上疏復原官。咸豐六年（1856）卒。年六十三。著有《曾子章句》《公羊微》《春秋繁露注》《聖武記》《書古微》《詩古微》《元史新編》《海國圖志》。與賀長齡共編《皇朝經世文編》等。

成　福　滿洲鑲黃旗人。道光二十五年三甲九十四名進士。二十六年任安徽霍山知縣，二十九年改桐城知縣，咸豐二年遷安徽六安州

知州，同治九年改直隸冀州直隸州知州，光緒三年改易州直隸州知州。

饒褒甲　廣東大浦縣人。道光二十五年三甲九十五名進士。

董炳章　字星臺，號仲奎。貴州修文縣人。道光二十五年三甲九十六名進士。二十七年署四川彰明知縣，咸豐四年任四川墊江知縣。

唐守道　廣西靈川縣人。道光二十五年三甲九十七名進士。三十年任江蘇宜興知縣，咸豐元年任江蘇寶應知縣，四年任泰州知州，五年任甘泉知縣，同治四年任丹徒知縣，五年十二月補贛榆知縣。乞養後貧不能歸，居丁溝授徒自給。

周仁壽　字鏡瞻。湖北宜城縣人。道光二十年舉人，二十五年三甲九十八名進士。初署江西星子知縣，改署河南杞縣知縣，任息縣知縣，擢河南陝州知州，官至署南陽知府。告歸。

姚體儼　字西樓。山東巨野縣人。道光十四年舉人，二十五年三甲九十九名進士。即用知縣，改任山東東昌府教授。著有《西樓詩鈔》《聽雨山房詩話》。

趙潤芳　字育夫。江西奉新縣人。道光二十五年三甲一百名進士。署湖南東安知縣，二十九年補湖南新田知縣，兼署永桂理猺通判。年七十四卒。

黃士元　號春波。四川珙縣人。道光二十五年三甲一百零一名進士。署陝西襃城知縣。卒於任。

瑞　存　號誠齋。滿洲鑲黃旗人。密雲駐防。道光二十五年三甲一百零二名進士。咸豐四年任湖北麻城知縣，改蘄州知州，六年任郎西知縣，八年改枝江知縣，十年改湖北竹山知縣。

王者詔　字鳳諾，號西橋。山東濟陽縣人。道光二十五年三甲一百零三名進士。二十七年任順天府寶坻知縣，五月改永清知縣，調山西右玉知縣，護朔平知府。病歸卒於家。

陳光前　字的堂。陝西商州人。道光二十五年三甲一百零四名進士。任河南滎陽知縣，二十八年改原武知縣。因親老致仕歸。年六十九卒。著有《知性齋文集》《雨窗詞》。

賀　莊　字臨之。順天文安縣人。道光二十五年三甲一百零五名進士。任直隸正定府教授，二十九年改直隸永平府教授。兼主講敬勝書院。

任秩五　山西太原縣人。道光二十五年三甲一百零六名進士。任河南內鄉知縣，改江蘇豐縣知縣，咸豐八年署江蘇新陽知縣，升同知。

胡啓文　字隨季。河南汝陽縣人。道光二十五年三甲一百零七名進士。二十七年任直隸曲周知縣，改順天武清知縣，咸豐四年十月調順天大興知縣。

吳冠庠　字養軒。江西鄱陽縣人。道光二十五年三甲一百零八名進士。任湖南常寧知縣。

李國梓　字叔文，號嚴山。安徽太湖縣人。道光二十五年三甲一百零九名進士。任戶部主事，升員外郎，欲授予廣西柳州知府。力辭歸里。

堂兄李國杞，道光九年進士。

崇　光　滿洲鑲藍旗，宗室。道光二十五年三甲一百十名進士。任兵部車駕司員外郎。

張奮翼　字壽南。甘肅鎮番縣人。道光二十五年三甲一百十一名進士。三十年任四川清溪知縣，歷鄰水、筠連、墊江、奉節知縣，官至夔州知府。

陳汝峰　字對山。江西金溪縣人。道光二十五年三甲一百十二名進士。署福建泰寧、壽寧知縣，補崇安知縣，加知州銜。卒於任。

世　昌　滿洲鑲黃旗人。道光二十五年三甲一百十三名進士。任浙江分水知縣，咸豐八年改浙江武義知縣。

曹紹曾　河南開封禹州人。道光二十五年三甲一百十四名進士。二十六年任河南汝寧府教授，咸豐五年改廣東始興知縣。

李重華　山西武鄉縣人。道光二十五年三甲一百十五名進士。二十九年署直隸容城知縣，三十年改直隸新城知縣。

葉廷杰　河南光州人。道光二十五年三甲一百十六名進士。任吏部驗封司主事，官至雲南曲靖知府。

道光二十七年（1847）丁未科

第一甲三名

張之萬　字子青，號鑾坡。直隸南皮縣人。嘉慶十六年（1811）七月初八日生。道光二十七年一甲第一名狀元。歷任翰林院修撰、河南學政、侍讀學士，咸豐十一年授詹事府詹事，遷內閣學士。同治元年授禮部侍郎，改吏部侍郎。二年授河南巡撫。四年署東河總督，改漕運總督，九年調江蘇巡撫，十年九月遷閩浙總督。十一月乞養。光緒八年授兵部尚書，九年改刑部尚書，十一年授協辦大學士、軍機大臣。十五年正月授體仁閣大學士，晋太子太保銜。十八年九月改東閣大學士。二十二年九月休致。光緒二十三年（1897）五月十五日卒。享年八十七。贈太保，入祀賢良祠。謚"文達"。著有《張文達公遺集》。

袁績懋　字厚安，號藕庵。順天宛平縣人，原籍江蘇陽湖。嘉慶二十二年（1817）十月十八日生。道光二十七年一甲二名榜眼。授編修。改刑部主事，纍遷福建候補道，署福建延建邵道。咸豐八年（1858）太平軍攻陷順昌城，九月十二日被殺。年四十二。贈按察使銜，予騎都尉世職。追謚"文節"。著有《諸經質疑》《通鑑正誤》《漢碑篆額考異》《味梅齋詩草》等。

龐鍾璐　字華玉、蘊山，號寶生。江蘇常熟縣人。道光二年（1822）七月初十日生。道光二十七年一甲第三名探花。授編修。歷庶子、侍講學士，署國子監祭酒，咸豐五年授光禄寺卿，八年遷內閣學士，丁憂歸。十一年復授內閣學士。同治元年遷禮部侍郎，督順天學政，七年改戶部、吏部侍郎，九年四月遷左都御史，十年七月改刑部尚書。十一年休致。光緒二年（1876）閏五月初六日卒。年五十五。謚"文恪"。著有《孔廟祀曲考》《故辭》《奏議》《知非錄》等。

第二甲一百一十名

許彭壽（原名許壽身，以字行）字仁山，號師竹。浙江錢塘縣人。道光元年（1821）七月二十九日生。道光二十七年會元，二甲第一名進士。選庶吉士，授編修。歷任侍讀學士，少詹事，同治元年授太常寺卿，遷內閣學士，署禮部侍郎。五年（1866）卒，年四十九。

父許乃普，嘉慶三十五年榜眼，官吏部尚書。

孫觀　字國賓，號省齋。安徽舒城縣人。道光二十七年二甲第二名進士。選庶吉士，授編修。咸豐四年授山東道御史，遷兵科給事中，遷廣東雷瓊兵備道，同治六年由廣東鹽運使遷廣東按察使，十年遷直隸布政使。光緒四年召京。

徐樹銘　字壽蘅，號伯澄、號澂園。湖南長沙縣人。道光四年（1824）六月初五日生。道光二十七年二甲第三名進士。選庶吉士，授編修。歷中允，翰林院侍讀學士，山東學政，咸豐五年授內閣學士遷兵部侍郎。八年督福建學政，同治元年乞養。五年署禮部侍郎降太常寺少卿，丁父憂。光緒十年授太僕寺卿，改太常寺卿，調宗人府丞，十三年任左副都御史，歷工部、兵部、吏部侍郎，二十三年遷左都御史，二十五年五月改工部尚書。光緒二十六年（1900）四月二十五日卒。年七十七。喜收藏，家中藏書數十萬卷。著有《澂園遺集》。

曹登庸　字薌溪，號苑仙。河南光山縣人。道光二十七年二甲第四名進士。選庶吉士，授編修。咸豐二年充山西鄉試副考官，五年授湖廣道御史，官至京畿道監察御史。

周德榮　字少桓，號吉雲。河南商城縣人。道光二十七年二甲第五名進士。選庶吉士。

袁希祖　字子玉，號簡陔、寄生、玉方。湖北漢陽（祖籍浙江上虞）人。嘉慶十四年（1809）十月生。道光十七年舉人，二十七年二甲第六名進士。選庶吉士，授編修。歷侍講、侍讀、右庶子、侍讀學士，咸豐八年超擢內閣學士，九年充福建主考官，署禮部、刑部、戶部侍郎。咸豐十年十二月（1861年1月）卒。年五十二。

劉其年　字子曼，號芝泉。直隸獻縣人。道光二十七年二甲第七名進士。選庶吉士，授編修。同治元年授江西道御史，官至四川雅州知府。

兄劉書年，道光二十五年進士。

沈桂芬　字步雲，號金生、經笙。順天宛平縣人，原籍江蘇吳江。嘉慶二十二年（1817）九月初五日生。道光二十七年二甲第八名進士。選庶吉士，授編修。遷庶子、少詹事，咸豐七年授內閣學士，遷禮部侍郎，改戶部侍郎。同治三年授山西巡撫，六年改禮部侍郎，歷戶部、吏部侍郎，軍機大臣，八年六月遷都察院左都御史，九年改兵部尚書，加太子少保，光緒元年正月授協辦大學士。五年三月晉太子太保。光緒六年十二月三十日（1881年1月）卒。年六十四。贈太子太傅，入祀賢良祠。謚"文定"。子沈文燾賞舉人。輯有《吳江沈氏家傳》。

陸秉樞 字辰伯，號眉生、緶齋。浙江桐鄉縣人。道光二十七年二甲第九名進士。選庶吉士，授編修。咸豐五年授山東道御史，改順天中城、西城巡城御史，升工科給事中，咸豐九年充會試同考官，官至戶科掌印給事中。病故於軍營，贈光祿寺卿銜。

蘇仲山 字重亭、又甫，號海村、硯西。山東日照縣人。道光二十七年二甲第十名進士。選庶吉士，授編修。咸豐二年充陝西鄉試主考官，八年授浙江道御史。

郭祥瑞 字玉六，號毓麓。河南新鄉縣人。道光二十七年二甲十一名進士，任戶部主事，升廣東司員外郎，咸豐十年授江南道御史，改順天南城巡城御史，外任廣東糧道，同治五年授廣東按察使。六年降調。

鮑源深 字瀠川、穆堂，號華潭。安徽和州人。嘉慶十七年（1812）五月初十日生。道光二十七年二甲十二名進士。選庶吉士，授編修。咸豐二年充順天鄉試同考官，四年督雲南學政，同治元年督廣西學政，升侍講、侍讀學士、大理寺

少卿，同治三年授太常寺卿，四年督江蘇學政，改大理寺卿。五年八月改左副都御史。七年調工部侍郎，九年督直隸學政，十年五月改戶部侍郎，九月調山西巡撫。光緒二年八月以病免職。晚年主講金陵、上海龍門兩書院。光緒十年（1884）六月十四日卒，年七十三。著有《補竹軒詩文集》。

吳斑 字文安、字子甫，號見一。浙江歸安縣人。道光二十七年二甲十三名進士。任湖南知縣。尋卒。

孫頤臣 字仲嘉，號璇舟。湖南善化縣人。道光元年（1821）生。道光二十七年二甲十四名進士。任兵部主事。咸豐四年（1854）卒。年僅三十四。

陳元鼎 字實庵，號芰裳。浙江錢塘縣人。道光二十七年二甲十五名進士。選庶吉士，授編修。工詩詞，天才俊敏。著有《同夢樓詞草》《實庵存稿》《鴛鴦宜福館吹月詞》。

徐申錫 字叔成，號勉如。浙江平湖縣人。道光二十七年二甲十六名進士。選庶吉士，授編修。咸豐四年充順天鄉試同考，外官至江蘇知府。

父徐士芬，嘉慶二十四年進士。

陳毓祺 字衛生，號書伯、書紱。浙江錢塘縣人。道光二十七年二甲十七名進士。選庶吉士，授編修。

李德儀　字小麟。江蘇新陽縣人。道光二十七年二甲十八名進士、選庶吉士，授編修。充國史館協修，實錄館纂修，升侍讀學士。咸豐八年充四川鄉試正考官，督四川學政。積勞成疾卒於四川邛州，年四十三。

蔣兆鯤　字躍滄，號翰槎。江蘇豐縣人。道光二十七年二甲十九名進士。選庶吉士。官至知府。

劉鴻恩　河南尉氏縣人。道光二十七年二甲二十名進士。任刑部主事，咸豐十年官至陝西鹽法道。同治二年緣事革。

崔荊南　字孟楚、晴江，號雲湘。四川華陽縣人。道光二十七年二甲二十一名進士。選庶吉士，授編修。

李培祐　字汝受，號靜山。雲南昆明縣人。道光二十七年二甲二十二名進士。選庶吉士，授編修。五年充順天鄉試同考官，咸豐六年授山東道御史，咸豐十年遷直隸宣化知府，同治七年二任、九年三任宣化知府，十一年改直隸保定知府，光緒五年遷直隸通永道，調廣東督糧道。

父李煌，嘉慶二十二年進士，戶部左侍郎。

伍肇齡　字崧生，號椿年。四川邛州人。道光二十七年二甲二十三名進士。選庶吉士，授編修。咸豐二年充順天同考官，辭官後主講錦江書院十餘年，賞侍讀學士銜。工書法，善古文詞。

謝煌　字仲霖，號雨蓀。江西宜黃縣人。道光二十七年二甲二十四名進士。任兵部主事，遷郎中，咸豐二年授江南道御史，四年官至湖南糧儲道。

李宗羲　字潤農，號雨亭、小逸。四川開縣人。嘉慶二十三年（1818）七月二十一日生。道光二十七年二甲二十五名進士。任安徽英山、太平知縣，咸豐九年署安慶知府，署兩淮鹽運使，同治四年授安徽按察使，遷江寧布政使，八年授山西巡撫，九年七月丁憂。十二年正月遷兩江總督。十三年十二月病免。光緒十年（1884）閏五月初四日卒。年六十七。

劉崧駿　字洛生，號聽襄。浙江仁和人。道光二十七年二甲二十六名進士。選庶吉士，未散館，後以軍功賞候補道。

胡壽椿　（原名定仁）字大年，號硯生。江西南昌縣人。道光二十七年二甲二十七名進士。選庶吉士，授編修。咸豐十一年授河南道御史。同治三年充順天鄉試同考官。

帥遠燡　字仲謙、逸齋，號蘊輝。湖北黃梅縣人。嘉慶二十二年（1817）正月初四日生。道光二十七年二甲二十八名進士。選庶吉士，授編修。官至江西候補道。咸豐七年（1857）十月初七日，在東鄉抵抗太平軍石達開，戰死。年四十一。予騎都尉世職。同治年追諡"文毅"。著有詩文集。

祖父帥承瀛，嘉慶元年進士，浙江巡撫。

尹泗 字魯泉。雲南昆明縣人。道光二十七年二甲二十九名進士。即用知縣，署甘肅碾伯、中衛、武威等縣知縣，同治五年代理靈州知州。八年（1869）馬化漋攻城，不敵服毒卒。

潘斯濂 字兆瑞，號蓮舫。廣東南海縣人。道光二十七年二甲三十名進士。選庶吉士，授編修。同治三年授江南道御史，六年充順天鄉試同考官，光緒元年以光祿寺少卿充四川鄉試主考官，二年充浙江鄉試主考官，督山東學政，三年任順天府丞。五年任奉天府丞兼學政。光緒七年（1881）卒。

蕭銘卣 字偉侯，號松坡。山東福山縣人。道光二十七年二甲三十一名進士。選庶吉士。刑部候補主事。

華祝三 （又名華作三）字鼎臣、肇猷，號堯峰、瘦石。江西鉛山縣人。道光二十七年二甲三十二名進士。選庶吉士，授編修。咸豐元年充貴州鄉試副考官，咸豐十一年授山西道御史，同治元年改順天南城巡城御史，三年遷甘肅西寧知府，四年遷甘肅蘭州道，官至廣東南韶連兵備道。

鄧清淦 陝西長安縣人。道光二十七年二甲三十三名進士。任主事，咸豐二年任四川鹽亭知縣，五年九月回任鹽亭，六年署儀隴知縣。

劉廷鑑 字保三。廣東南海縣人。道光二十七年二甲三十四名進士。咸豐三年任陝西大荔知縣，咸豐十年官至陝西榆林府知府。

李品三 字麗生，號昆田。四川江津縣人。道光二十七年二甲三十五名進士。選庶吉士，授編修。

李鴻章 字漸甫、子黻，號少荃、少泉、儀叟。安徽合肥縣人。道光三年（1823）正月初五日生。道光二十七年二甲三十六名進士。選庶吉士，授編修。纍遷福建延建邵道，同治元年授江蘇巡撫，二年以克復蘇州城加太子太保銜。三年克復太平天國天京江寧城封一等肅毅伯。四年四月署兩江總督，六年調湖廣總督。七年授協辦大學士，十年調直隸總督，十一年六月遷武英殿大學士留直隸總督任，十三年十二月改文華殿大學士。仍留總督任。光緒五年晉太子太傅。九年署北洋大臣。十一年會同醇親王辦理海軍。十二年共同重修《畿輔通志》二百卷成。光緒二十年甲午海戰日本連奪大連、旅順，復據山東威海劉公島，海軍殆盡。二十一年以全權大臣與日本訂立《馬關條約》割臺灣，賠款二萬萬兩。二十六年八國聯軍入侵，充議和全權大臣與奕劻代表清政府訂立《辛丑合約》，賠款四萬萬五千萬兩。光緒二十七年（1901）九月二十七日卒於京師。年七十九（自同治七年授協辦大學士起至光緒二十七年共任職大學士三十四年，是清代任職大學士時間最長的一名寵臣。僅文華殿大學士一職就連續任二十七年）。贈太傅，晋一等侯。入祀賢良祠。謚"文忠"。著有《李文忠公全集》。

黃彭年 字敬一，號子壽、陶樓、陶廬。貴州貴築縣人，原籍湖南醴陵。道光三年（1823）六月十一日生。道光二十七年二甲三十七名進士。選庶吉士，授編修。咸豐年間曾和其父黃輔辰辦團練。光緒八年授湖北安襄鄖荊道，九年遷湖北按察使改陝西按察使，十三年遷江蘇布政使，十六年改湖北布政使。十二月（1891年1月）卒。年六十八。曾先後主持關中書院和掌教保定蓮池書院。家中藏書較豐，藏書處曰"訓真堂"。著有《黃陶樓雜著文鈔》《萬卷樓藏書總目》《蓮池日記》等。

父黃輔辰，道光十五年進士；子黃國瑾，光緒二年進士。

張增道 陝西邠州人。道光二十七年二甲三十八名進士。任戶部主事，官至山西司員外郎。

沈葆楨 （原名沈振宗）字益興、翰宇，號幼丹。福建侯官縣人。嘉慶二十五年（1820）二月二十七日生。道光二十七年二甲三十九名進士。選庶吉士，授編修。咸豐四年授江南道御史，五年外任江西九江知府，升江西廣饒九南道、江西吉南贛寧道，十一年超擢江西巡撫。同治三年六月太平天國首都江寧被清軍攻下，洪秀全幼主洪福瑱逃至江西石城，被清軍俘獲，賞沈葆楨頭品頂帶，一等輕車都尉。四年丁母憂歸。六年授船政大臣，光緒元年四月授兩江總督，兼南洋通商大臣。督辦南洋海防，擴充南洋水師，與李鴻章同爲清海軍締造者。五年（1879）十一月初六日卒。年六十。贈太子太保，入祀賢良祠。謚"文肅"。著有《沈文肅公政書》。

爲林則徐女婿。

葉士煥 江西臨川縣人。道光二十七年二甲四十名進士。任刑部主事。

郭椿壽 字毓籠，號静山。山西安邑縣人。道光二十七年二甲四十一名進士。選庶吉士，授編修。充《貞觀政要》總校，署廣東雷州知府，調廉州知府。因屬縣靈山失守罷職，旋又以軍功復職，因病卒。

吳慰曾 字子安、怡堂，號福田。安徽當塗縣人。道光二十七年二甲四十二名進士。選庶吉士，授編修。丁憂歸。因太平軍占江南恐受辱，服毒卒，賞右春坊。

戚天保 字少雲。湖北沔陽州人。道光十五年舉人，二十七年二甲四十三名進士。二十八年署湖南安化知縣，咸豐三年改常寧知縣，補澧州知州，官至署湖南寶慶知府。

金壽萱 字慈華。山東歷城縣人。道光二十七年二甲四十四名進士。任陝西知縣。

唐壬森 （1805—1891，原名唐楷）字叔未，號根石。浙江蘭溪縣人。道光二十七年二甲四十五名進士。選庶吉士，授編修。咸豐四年授江南道御史，升禮科給事中，咸豐十一年充陝西鄉試副考官，遷大理寺少卿，同治九年授太僕寺卿，五月改宗人府丞，充順天鄉試副考官，十年擢左副都御史。光緒三年假歸。旋病免。

李德增 字小屏，號曉坪。順天寶坻縣人。嘉慶十六年（1811）三月二十一日生。道光二十七年二甲四十六名進士。任工部主事，咸豐九年纍遷山東東昌知府，同治六年官至山東兗州府知府。

喻懷恭 雲南南寧縣人。道光二十七年二甲四十七名進士。二十八年署湖北鶴峰知州，咸豐元年任湖北建始知縣。

陳 澮（原名陳霖）字華槎，號心泉。福建閩縣人。道光二十七年二甲四十八名進士。選庶吉士，授編修。咸豐七年授山東道御史，十一年改順天北城巡城御史，署吏科給事中，遷江西贛州知府，改南安知府，同治元年改安徽安慶知府，升安廬滁和道，九年官至湖北鹽法武昌道。卒年五十六。著有《論語話解》《易義蒙訓》。

周振璘 字彬叔，號造蒲。貴州都勻府人。道光二十七年二甲四十九名進士。咸豐元年任廣東樂會知縣，遷德慶知州。

祖父周景益，乾隆三十六年進士。

彭嘉炯 江西湖口縣人。道光二十七年二甲五十名進士。考取內閣中書，二十九年署山西洪洞知縣。

黃瑞圖 雲南昆明縣人。道光二十七年二甲五十一名進士。二十九年任江西萬安知縣，咸豐四年署安義知縣、安遠知縣，八年署江西萍鄉知縣，九年署江西吉安府通判，十年復任萬安知縣，同治十年署龍泉知縣，署南昌府吳城同知。

龍元儼 廣東順德縣人。道光二十七年二甲五十二名進士。官至戶部河南司郎中。

何 璟 字伯玉，号小宋。廣東香山縣人。嘉慶二十二年（1872）六月初八日生。道光二十七年二甲五十三名進士。選庶吉士，授編修。咸豐七年授江南道御史，升給事中，同治元年外任安徽廬鳳道，五年授安徽按察使遷湖北布政使，八年改山西布政使，九年遷福建巡撫改山西巡撫，十年九月調江蘇巡撫，十一年二月署兩江總督，十月丁憂。光緒二年九月授閩浙總督。因法軍攻擊福建水師，九船沉毀，馬尾失守，十年七月革。光緒十四年（1888）卒。享年七十二。

白恩佑（1808—1880）字叔啓、啓南，號蘭岩、藹人。山西介休縣人。道光二十七年二甲五十四名進士。選庶吉士，改禮部主事，升郎中，咸豐九年授江南道御史，掌福建道御史，十一年督湖南學政，充軍機章京，官至湖南長寶道、湖南驛鹽道。著有《進修堂集》《小五岳山房詩》。

賀桂齡 字丹麓，號星槎。湖南善化縣人。乾隆五十八年（1793）生。道光二十七年二甲五十五名進士。廣東即用知縣，咸豐三年任廣東潮陽知縣，遷潮州府同知。咸豐八年（1858）卒。

兄賀長齡，嘉慶十三年進士；賀熙齡，嘉慶十九年進士。

周悦讓 字孟伯、夢伯。山東萊陽縣人。道光二十七年二甲五十六名進士。選庶吉士，改戶部主事、禮部主事，升員外郎。著有《倦游庵文集》《史通》《子通》等。

張炳堃 字鶴甫，號鹿仙。浙江平湖縣人。道光二十七年二甲五十七名進士。選庶吉士，任江西臨川知縣，官至湖北糧道。著有《抱山樓詩詞録》。

兄張金鏞，道光二十一年進士。

尹國珍 字聘三，號殷儒。漢軍鑲紅旗。道光二十七年二甲五十八名進士。選庶吉士，授編修。咸豐四年授江南道御史，遷雲南澂江知府，官至四川候補道，署建昌道。

李湘萼 字棣生、壽岩，號柯亭。山東安丘縣人。道光二十七年二甲五十九名進士。任雲南宜良知縣、大姚知縣，遷雲州知州，官至雲南師宗知州。

郭嵩燾 字伯深，號筠仙。湖南湘陰縣人。嘉慶二十三年（1818）三月初七日生。道光二十七年二甲六十名進士。選庶吉士，授編修。纍遷蘇松糧儲道、兩淮鹽運使，同治二年六月授廣東巡撫。五年二月召京。光緒元年二月授福建按察使，七月出使英國（未行）署兵部侍郎。二年十月啓程赴英，是首任駐英公使，四年兼駐法公使，四年七月召回任兵部侍郎。主張學習西方科技，興辦路礦，是洋務派中堅。五年七月以病免。歸後主講城南書院。光緒十七年（1891）六月十三日卒。年七十四。撰有《罪言存略》《湘陰縣圖志》《禮祀質疑》《大學章句質疑》《中庸章句質疑》《訂正朱子家禮》《養知書屋文集》《詩集》《讀書記》《會合聯吟集》《周易釋例》《毛詩餘義》《綏邊征實》《郭嵩燾日記》《使西紀程》等。

汪先烺 安徽桐城縣人。道光二十七年二甲六十一名進士。任戶部主事，改貴州普安知縣、綏陽知縣，咸豐十一年遷仁懷直隸廳同知。

張青筒 江西德安縣人。道光二十七年二甲六十二名進士。任福建光澤知縣。

福 全 字小庵。滿洲正藍旗人。道光二十七年二甲六十三名進士。選庶吉士。

陳 鼐 字作梅，號竹湄。江蘇溧陽縣人。道光二十七年二甲六十四名進士。選庶吉士，同治九年官至直隸清河道，十一年曾署直隸按察使。卒於任。

劉 潤 河南祥符縣人。道光

二十七年二甲六十五名進士。三十
年任浙江秀水知縣，咸豐二年署浙
江龍泉知縣。

劉秉厚 字仁山，號南溪。山
東章丘縣人。道光二十七年二甲六
十六名進士。任刑部主事，遷廣東
司郎中，同治三年授江南道御史，
改順天西城巡城御史，官至江南鹽
巡道。光緒五年閏三月病故。

駱利鋒 （改名駱敏修）湖北蘄
州人。道光二十三年舉人，二十七
年二甲六十七名進士。任禮部主事，
升員外郎、郎中，官至江西南安知
府。

朱壽康 （原名朱瑄，改）廣西
臨桂縣人。道光二十七年二甲六十
八名進士。

章倬標 字錦歸，號果堂。浙
江金華縣人。道光二十七年二甲六
十九名進士。任禮部主事，升郎中，
咸豐九年授陝西道御史，十一年官
至福建泉州府知府。

陳秉彝 字星堂。江蘇元和縣
人。道光二十七年二甲七十名進士。
咸豐四年任甘肅平番知縣，遷西寧
府河州同知，官至甘肅候補知府。

薛 湘 字曉颿。江蘇無錫縣
人。道光二十七年二甲七十一名進
士。二十八年任鎮江府教授，咸豐
三年改湖南安福知縣，七年改湖南
新寧知縣，官至廣西潯州府知府。
著有《說文》《未雨齋詩》。

曹鴻舉 字時庵，號仲翔、秋
泉。山西陵川縣人。嘉慶二十四年

四月二十二日生。道光二十七年二
甲七十二名進士。河南即用知縣。
補授溫縣未任，遽卒。著有《印雪
山房詩草》。

沈 鍠 字駿聲。江蘇通州人。
道光二十七年二甲七十三名進士。
任戶部主事，咸豐九年官至山東兗
州運河同知。

李士瑞 字鼎福，號芝田。廣
西北流縣人。道光二十七年二甲七
十四名進士。即用知縣，二十八年
改廣西慶遠府教授。

弟李士琨，同治元年進士。

王友端 字汝仁，號月川。安
徽婺源縣人。嘉慶二十三年（1818）
九月二十七日生。道光二十七年二
甲七十五名進士。任戶部主事，升
員外郎、郎中，京察一等咸豐五年
任浙江糧道，八年署杭嘉湖道，九
年署浙江布政使。咸豐十年（1860）
二月十七日，太平軍攻杭州，城陷
卒，年四十三。予騎都尉世職。謚
“貞介”。

李友梅 江西宜春縣人。道光
二十七年二甲七十六名進士。

粟增煜 字照黃、果齋，號冬
蓀。廣西臨桂縣人。道光二十七年
二甲七十七名進士。選庶吉士，授
編修。

宋肇昌 字次薇、幼海。浙江
仁和縣人。道光二十七年二甲七十
八名進士。任甘肅張掖知縣。

蔡應嵩 字岳生、少彭。廣東
歸善縣人。道光二十七年二甲七十

九名進士。三十年任江西安義知縣，改臨川、豐城，咸豐八年遷江西袁州知府，改贛州知府，同治三年授江西廣饒九南道，未任，署吉南贛寧道。贈光祿寺卿。

孔廣泉 字醴生，號漱山。浙江蕭山縣人。道光二十七年二甲八十名進士。三十年任山西安澤知縣，咸豐五年改山西交城知縣、永濟知縣，官至山西太原知府。

李仁元 字伯元，號資齋。河南濟源縣人。道光六年（1826）生。道光二十七年二甲八十一名進士。任內閣中書，改江西樂平知縣。樂平與鄱陽相鄰，咸豐三年太平軍攻南昌，巡撫令鄱陽知縣沈衍慶助剿南昌，鄱陽縣由李仁元兼管，七月太平軍攻鄱陽，沈衍慶馳歸與李仁元同守。十四日城陷，被殺，年二十八。贈知府銜，予雲騎尉世職。

林之望 字伯穎，號遠村。安徽懷遠縣人。道光二十七年二甲八十二名進士。選庶吉士，授編修。咸豐二年充順天鄉試同考官，七年授江西道御史，改戶科給事中，同治二年由甘肅鞏秦階道遷甘肅按察使，四年授甘肅布政使，八年病。十二年調湖北布政使。光緒元年召京，以老乞歸。卒年七十二。

文啓 字子承、佑人，號翰初。蒙古正紅旗人。道光二十七年二甲八十三名進士。任兵部主事，武庫司員外郎、郎中，官至四川候補知府。

楊書香 字慧堂，號芸坪。直隸武邑縣人。道光二十七年二甲八十四名進士。選庶吉士，授編修。咸豐十一年授江西道御史，改順天中城巡城御史，升鴻臚寺卿，光緒元年任奉天府府丞兼學政。

華國清 四川瀘州人。道光二十七年二甲八十五名進士。咸豐四年任雲南羅次知縣，改會澤知縣、寧洱知縣、鎮南知州、定遠知縣，官至雲南蒙化直隸廳同知。

許利賓 福建侯官縣人。道光二十七年二甲八十六名進士。二十八年任河南光山知縣。早卒。

來煦 字熙齋，號桂堂、春農。浙江蕭山縣人。道光二十七年二甲八十七名進士。選庶吉士。末散館。

劉有銘 字鐫山、緘三，號蔗園。直隸南皮縣人。嘉慶十年（1805）五月十一日生。道光二十七年二甲八十八名進士。選庶吉士，授編修。咸豐九年授江南道御史，遷通政副使。同治八年授太僕寺卿，改太常寺卿、大理寺卿，九年遷左副都御史，十二年改刑部左侍郎。十三年降太常寺卿。光緒二年（1876）六月卒。年七十二。著有《蔗園詩集》。

郝應宿 字柳園。山西代州人。道光二十七年二甲八十九名進士。任吏部考工司主事。以親老辭歸。主講繁峙書院。

周劼 江西彭澤縣人。道光

二十七年二甲九十名進士。任河南輝縣、太康、商丘知縣，署睢州知州、洧川、桐柏、滎澤知縣，升直隸州，即補知府。有《并城山館詩鈔》十八卷行世。

載鏗 字仲琴，號瑟庵。滿洲鑲紅旗，宗室。道光二十七年會試會元，二甲九十一名進士。選庶吉士，散館改主事，改宗人府經歷。

裴季芳 河南祥符縣人。道光二十七年二甲九十二名進士。任內閣中書，官至工部員外郎。

侯樹衡 字翰冰。甘肅隴西縣人。道光二十七年二甲九十三名進士。任四川興文知縣，咸豐二年署四川威遠知縣，八年署銅梁知縣。致任歸。行抵天水途次，適鞏昌城陷卒。

莊心庠 廣東番禺縣人。道光二十七年二甲九十四名進士。咸豐元年任湖南湘鄉知縣，三年署長沙知縣，改永綏直隸廳同知。

兄莊心省，道光十二年進士。

葉毓祥 字銘臣，號莘來。江蘇江寧縣人。道光二十七年二甲九十五名進士。選庶吉士。散館改工部主事。

張培仁 廣西賀縣人。道光二十七年二甲九十六名進士。任湖南湘鄉知縣，改寧鄉知縣，同治六年改湖南善化縣知縣。

丁斌 字文存、義門。福建閩縣人。道光二十七年二甲九十七名進士。任安徽蕪湖知縣。遽卒於任。著有《雨香書屋吟草》。

楊文熙 廣東瓊山縣人。道光二十七年二甲九十八名進士。任雲南呈貢知縣、嵋峨知縣。

耿灼然 河南襄城縣人。道光二十七年二甲九十九名進士。任雲南呈貢知縣。

黃金韶 字印山。廣西容縣人。道光二十七年二甲一百名進士。二十九年任江蘇常熟知縣，咸豐三年署江蘇昭文知縣，五年升海州直隸州，同治初年署通州直隸州，四年署蘇州知府。丁母憂歸。主繡江書院。年四十六卒於家。

李明壎 字葉和。江西德化縣人。道光二十七年二甲一百零一名進士。分湖北以知縣用。十月巡江陽遇暴風覆舟，贈知府銜。

余光倬 （榜名余汝侗）江蘇武進縣人。道光二十七年二甲一百零二名進士。授刑部主事，廣西司員外郎，升郎中。因屢被參劾撤銷京察一等及御史記名。同治年間丁母憂歸，遂不復出。

車汝建 字敬之。貴州貴陽籍，江西臨川人。道光二十七年二甲一百零三名進士。任陝西鳳縣知縣。

弟車汝震，道光二十五年進士。

王揆一 河南新鄉縣人。道光二十七年二甲一百零四名進士。官至湖南道州知州。咸豐二年因道州失陷，革職拿問。

龐公照 字襄雲，號子監。浙江歸安縣人。道光二十七年二甲一百零五名進士。任湖南知縣。

張國士　字少韓。順天東安縣人。道光二十七年二甲一百零六名進士。任直隸河間府教授。歸後主講永清書院。

王宏謨　江西清江縣人。道光二十七年二甲一百零七名進士。二十八年任湖南安福知縣。咸豐元年改湖南沅陵知縣，二年任湖南宜章知縣。

張希仲　貴州貴築縣人。道光二十七年二甲一百零八名進士。咸豐二年任直隸南樂知縣，咸豐十年署湖南寧鄉知縣，同治元年任長沙知縣。

瑞　明　蒙古正白旗人。道光二十七年二甲一百零九名進士。任兵部職方司主事。

張清瀛　字海峰。山西夏縣人。道光二十七年二甲一百十名進士。咸豐元年任河南溫縣知縣，直隸州用，署河南陳留知縣。

第三甲一百一十八名

李　森　字春谷。江西永新縣人。道光二十七年三甲第一名進士。任廣西思恩知縣，攝武緣縣。卒於任。著有《周易易簡》二十卷。

左駿章　安徽涇縣人。道光二十七年三甲第二名進士。任河南新蔡知縣。

薛　銘　陝西咸寧縣人。道光二十七年三甲第三名進士。任吏部驗封司主事。

謝佳玉　（《進士題名碑》作謝佳士，誤）江西清江縣人。道光二十七年三甲第四名進士。二十九年任山東滋陽知縣，改滕縣知縣。

廖宗元　字梓臣。湖南寧鄉縣人。嘉慶十五年（1810）生。道光二十七年三甲第五名進士。二十八年任浙江仙居知縣，二十九年任德清知縣，咸豐元年改黃岩知縣，十年改歸安知縣，署紹興知府。十三年（1861）九月二十八日太平軍攻入紹興被殺。贈太僕寺卿銜。

馬新貽　字谷山，號燕門、鐵舫。山東菏澤縣人。道光元年（1821）十月初九日生。道光二十七年三甲第六名進士。署亳州知州，二十九年任安徽太和、宿松、合肥知縣，平亂有功，咸豐六年升廬州知府、安慶知府，記名道員。同治二年授安徽按察使遷布政使，因丟失官印革職留任。三年授浙江巡撫，六年十二月遷閩浙總督，七年七月改兩江總督兼通商大臣。九年（1870）七月二十七日赴箭道閱兵被刺受傷卒。年五十。贈太子太保，入祀賢良祠，謚"端敏"。予騎都尉兼一雲騎尉世職。

馮　霦　浙江山陰縣人。道光二十七年三甲第七名進士。

沈　鎬　字愚亭。江蘇震澤縣人。道光二十七年三甲第八名進士。任兵部主事，升員外郎，官至兵部車駕司郎中。

張修府　字允六，號東墅。江蘇嘉定縣人。道光二十七年三甲第九名進士。選庶吉士，授檢討。咸豐十一年纍遷至湖南永順知府。著有《小琅環園詩錄》。

馮森　廣東鶴山縣人。道光二十七年三甲第十名進士。三十年任河南新安知縣。

葉維藩　字價人。浙江松陽縣人。道光二十七年三甲十一名進士。湖南即用知縣，歷桂陽、黔陽知縣。咸豐十一年太平軍攻松陽迎戰不敵被擒，與知府李希郊同遇害。

徐振墉　字芝船、子材。浙江石門縣人。道光二十七年三甲十二名進士。任户部主事，咸豐五年改浙江紹興府教授。

郭種德　字邁庵。山東恩縣人。道光二十七年三甲十三名進士。三十年署湖北監利知縣，咸豐三年改嘉魚知縣。

李孟群　字鶴人、少樵。河南光州人。道光二十七年三甲十四名進士。任廣西靈川知縣，補南寧府同知，遷泗城知府，調江西九江知府，咸豐七年授湖北按察使，七年遷安徽布政使，旋改統陸軍，與太平軍轉戰湖北、安徽各省，八年署安徽巡撫。七月因廬州失守革職留營。咸豐九年（1859）二月十六日被太平軍陳玉成執，自到死。年三十二。開復原官，諡“武愍”。同治元年追予騎都尉兼一雲騎尉世職。

揚儀韶　（原名揚翎）江西清江縣人。道光二十七年三甲十五名進士。任知縣。

父揚鴻，嘉慶十三年進士。

孫家醇　字懿士、鴻卿，號欽生。安徽壽州人。道光二十七年三甲十六名進士。任內閣中書，咸豐五年選四川石砫廳同知，擢知府。卒於任。

朱奐　四川合州人。道光二十七年三甲十七名進士。

陳鍾芳　字潤森。順天宛平縣人。道光二十七年三甲十八名進士。任內閣中書，改宗人府主事，遷吏部郎中，咸豐中年赴奉天辦海防，以五品京堂候補差。旋道卒。

周鳴鹿　直隸南和縣人。道光二十七年三甲十九名進士。二十九年署江西金溪知縣，咸豐元年改江西瑞昌知縣。三年太平軍至，迎戰三晝夜，戰亡。

延齡　漢軍正白旗。道光二十七年三甲二十名進士。咸豐三年任甘肅古浪知縣，遷南河同知。

伍奎祥　四川綦江縣人。道光二十七年三甲二十一名進士。署山西陽高知縣，調署垣曲縣，以防堵功加知州銜，再加運同銜。

霍爲棻　字苑史。陝西朝邑縣人。道光二十七年三甲二十二名進士。三十年署浙江太平縣知縣，丁憂歸。咸豐九年代辦四川梓桐知縣，十一年署綿竹知縣，同治二年任四川成都知縣、犍爲知縣，六年改華陽知縣，八年署合州知州，官至四川邛州直隸州知州，加知府銜。卒於任。年五十八。

父霍樹清，嘉慶七年進士。

方學蘇 順天寶坻縣人。道光二十七年三甲二十三名進士。任工部主事、都水司郎中，同治九年官至湖南衡永郴桂道。

周道治 字季文，號郎垣、平齋。順天宛平縣人，原籍湖南長沙。嘉慶二十五年（1820）生。道光二十七年三甲二十四名進士。選庶吉士，改刑部主事。

胡長新 字子何。貴州黎平府人。嘉慶二十三年（1818）九月二十一日生。道光二十七年三甲二十五名進士。分發江蘇知縣，不就，改貴州貴陽府教授，再改銅仁府教授，升翰林院典簿。辭不赴。主講黎陽書院。光緒十八年（1892）八月十一日卒。

黃淳熙 字子春。江西鄱陽縣人。道光二十七年三甲二十六名進士。任湖南綏寧、會寧知縣。以剛直忤上，引疾歸。後起署湘鄉知縣，父憂歸。後以湖南戰功擢知府，以道員記名。咸豐十年隨駱秉章入川，與太平軍作戰。十一年（1861）五月十五日於定遠二郎場受傷被俘，斷足臂卒。年四十五。贈布政使銜內閣學士。謚"忠壯"。

段培元 順天大興縣人。道光二十七年三甲二十七名進士。任吏部驗封司主事。

汪有恭 湖北江夏縣人。道光

二十六年舉人，二十七年三甲二十八名進士。二十九年任直隸邯鄲知縣。

沈墉 字崇如。順天大興縣人。道光二十七年三甲二十九名進士。任河南永城知縣。

匡慶榆 字星亥。湖北羅田縣人。道光十五年舉人，二十七年三甲三十名進士。三十年任直隸故城知縣，改隆平知縣，補肥鄉知縣。因親老乞養歸。後以疾卒。

武元鶴 河南武安縣人。道光二十七年三甲三十一名進士。任安徽貴池知縣。

任瑛 字憩堂。江蘇宜興縣人。道光二十七年三甲三十二名進士。任湖南桃源知縣，咸豐八年調補武陵知縣未任，時太平軍攻湖南，後署祁陽，調桂陽，轉嘉禾，調署永順知縣，官至知府。引疾歸。著有《綴園詩文集》。

辛本栒 字芬堂、香如，號蘅浦。山東蓬萊縣人。道光二十七年三甲三十三名進士。即用知縣，分發安徽任英山、銅陵、霍邱、貴池知縣，以軍功升同知，知府加道銜。

父辛文沚，嘉慶十六年進士。

李燦 字堯章，號黼堂。山東諸城縣人。道光二十七年三甲三十四名進士。署廣西養利、義寧知縣，調羅成、融縣知縣，咸豐二年調馬平知縣。流民吳老四攻城，陣亡，年僅三十三。

張汝弼 字丹亭。雲南劍川州

人。道光二十七年三甲三十五名進士。咸豐元年任直隸肥鄉知縣，二年改順天房山知縣。

陳心榮 福建閩縣人。道光二十七年三甲三十六名進士。任江蘇知縣，咸豐四年改福建邵武府教授。

馬綸篤 字少園。甘肅安定縣人。道光二十七年三甲三十七名進士。即用知縣，咸豐元年任陝西鄠縣知縣，十年任陝西鳳翔知縣，改長安知縣，同治四年卸任，七年復任長安知縣，八年改涇陽知縣、郿縣知縣，十二年署佛坪廳通判，光緒二年改興安府通判。

徐家杰 字冠英，號偉侯。順天宛平人，原籍江蘇宜興。嘉慶二十五年（1820）正月十二日生。道光二十七年三甲三十八名進士。咸豐七年改山東商河知縣，九年改丘縣知縣，同治六年改山東陽信知縣，光緒二年調山東益都縣知縣，六年復任益都知縣。後入京師主金臺書院講席十餘年。著有《正誼堂詩文集》。

王序賓 山西榆次縣人。道光二十七年三甲三十九名進士。任河南內鄉知縣。

趙廷銘 字伯庸。貴州遵義縣人。道光二十七年三甲四十名進士。咸豐二年任江蘇句容知縣。七年再任。同治七年官至江蘇揚州知府，補徐州知府。十一年代理江寧知府，賞加道銜。病卒。

朱麟祺 江蘇六合縣人。道光二十七年三甲四十一名進士。任刑部主事贈知府銜。

王玉 字謁如，號紫珊。浙江永嘉縣人。道光二十七年會元，三甲四十二名進士。任山西臨縣知縣，改繁峙知縣。

熊其光 江蘇青浦縣人。道光二十七年三甲四十三名進士。任戶部主事。

萬良 字純齋，號心田。江西新建縣人。道光元年舉人，二十七年三甲四十四名進士（年已六十七），選庶吉士。蹭蹬公車二十七年，乞假歸，主講經訓書院，卒年八十四。

周雲燾 順天涿州人。道光二十七年三甲四十五名進士。二十九年任山西交城知縣，咸豐六年改山西絳縣知縣，改大同知縣，後任監掣同知。

增祿 滿洲正藍旗。道光二十七年三甲四十六名進士。咸豐元年任山東樂安知縣，改鄒平知縣。

彥昌 字少博，號文起。滿洲正黃旗。道光二十七年三甲四十七名進士。選庶吉士。授檢討。歷任侍講、侍讀學士，官至國子監祭酒。

丁壽昌 字頤伯，號菊泉。江蘇山陽縣人。道光二十七年三甲四十八名進士。任戶部陝西司主事，升郎中，同治二年授福建道御史，三年官至浙江嚴州知府。四年（1865）七月卒於任。尤精許氏《説文》。著有《臺垣疏稿》《讀易會通》《説文諧聲略例》《山陽文徵》《睦州存稿》。

兄丁壽祺，咸豐九年進士。

高化鵬　陝西城固縣人。道光二十七年三甲四十九名進士。咸豐元年代理山東武城知縣，三年任山東青城知縣。

張今第　山東夏津縣人。道光二十七年三甲五十名進士。任河南襄城知縣，同知銜。

馬先登　字伯岸。陝西大荔縣人。道光二十七年三甲五十一名進士。任河南陽武知縣，改永寧知縣。遷懷慶知府，改河南開封府知府，擢道員，加布政使銜。

敖國琦　字慕韓，號浩然。貴州貴陽府人。道光二十七年三甲五十二名進士。任河南知縣。

陳兆鳳　福建閩縣人。道光二十七年三甲五十三名進士。任湖北知縣。

姚繼勉　字紹泉，號最堂。安徽廬江縣人。道光二十七年三甲五十四名進士。署山東鄒縣知縣，咸豐二年任山東臨淄知縣，改樂安知縣，擢兗州府同知。未久告歸。

蔣　培　廣西全州人。道光二十七年三甲五十五名進士。咸豐元年任廣西鎮安府教授，八年改泗城府教授。

吳懷玉　號勵符。直隸河間縣人。道光二十七年三甲五十六名進士。二十七年任浙江龍游知縣，二

十九年改蕭山知縣，咸豐六年改直隸正定府教授。

文　玉　滿洲鑲黃旗。道光二十七年三甲五十七名進士。任吏部主事，遷考工司郎中，光緒九年遷廣東廣州虎門同知，官至廣東高州知府。

朱豐侯　安徽涇縣人。道光二十七年三甲五十八名進士。任刑部主事，遷陝西司郎中，咸豐五年官至湖北安陸知府，改湖北德安府知府。

吳佩陶　字學用，號楊胡。湖北武昌縣人。道光五年舉人，二十七年三甲五十九名進士。二十八年任湖北襄陽府教授。

王平格　山西榆次縣人。道光二十七年三甲六十名進士。授陝西即用知縣，咸豐九年改山西澤州府教授。

李國瀛　陝西寧羌州人。道光二十七年三甲六十一名進士。咸豐元年署山西平遙知縣，七年改榆社知縣，九年改山西洪洞知縣，同治六年復任洪洞知縣。

興　蒼　正藍旗，宗室。道光二十七年三甲六十二名進士。

張　晋　字捷三。雲南呈貢縣人。道光二十七年三甲六十三名進士。三年任河南偃師知縣，歷任南召、盧氏、寶豐、封丘等縣知縣，擢禹州知州。卒於任。

陳星焕　湖南長沙縣人。道光二十七年三甲六十四名進士。咸豐五年任同知銜江蘇奉賢知縣。

馬益臧　安徽涇縣人。道光二十七年三甲六十五名進士。二十八年任安徽安慶府教授。

趙開元　雲南思安縣人。道光二十七年三甲六十六名進士。二十九年任山東掖縣知縣，咸豐元年改臨沂知縣，二年調山東棲霞知縣，五年五月任山東魚臺知縣。

祝塏　字爽亭。陝西安康縣人。道光二十七年三甲六十七名進士。署河南內鄉知縣，改柘城、新鄉知縣，遷光州知州、歸德知府，同治十一年任直隸大順廣道，光緒元年以戰功升署長蘆鹽運使，兼司北洋海防營務，卒。

成善　漢軍正黃旗。道光二十七年三甲六十八名進士。任工部主事，升郎中，光緒二年遷安徽鳳陽知府，八年復任鳳陽知府，九年改安慶府知府。

陶塈　四川夾江縣人。道光二十七年三甲六十九名進士。三十年任江西廣昌知縣，咸豐三年改江西武寧知縣。

楊延俊　江蘇金匱縣人。道光二十七年三甲七十名進士。任山東章丘知縣，三十年改山東恩縣知縣，咸豐二年任山東樂安知縣，四年調山東肥城縣知縣。後解任。

張殿賓　湖北廣濟縣人。道光十七年舉人。二十七年三甲七十一名進士。二十八年任湖北荊州府教授。

陳喬榮　字松軒。福建閩縣人。道光二十七年三甲七十二名進士。咸豐十年任江西清江知縣，十一年署江西上饒知縣，任南昌知縣，同治元年任江西廣信府同知，寧都直隸州知州。

白潤　（本名鳳池）字瀛賓。河南新鄉縣人。道光二十七年三甲七十三名進士。任湖北監利知縣，咸豐二年改湖北南漳知縣，三年署武昌知縣，九年改鍾祥知縣，署大冶知縣。

阮壽松　字子岩，號牕雲。江西新建縣人。道光二十七年三甲七十四名進士。任刑部主事，升河南司員外郎，同治六年江南道御史。

雷尌　江蘇華縣亭人。道光二十七年三甲七十五名進士。咸豐五年任湖南龍山知縣。

瞿績凝　字酉橋，號禊生。順天宛平縣人，祖籍浙江蕭山。道光二十七年三甲七十六名進士。

朱孔模　湖北均州人。道光二十三年舉人，二十七年三甲七十七名進士。三十年署直隸欒城知縣。

周坊　山東萊陽縣人。道光二十七年三甲七十八名進士。咸豐九年任山東東昌府教授，升翰林院典籍。

萬年　漢軍正藍旗人。道光二十七年三甲七十九名進士。二十九年任山西長子知縣。

鄭奎齡　字璧西。江西德化縣人。道光二十七年三甲八十名進士。二十八年任山西黎城知縣，丁憂。

改中、南、北城兵馬司正指揮，咸豐三年改湖北巴東知縣，四年署東湖知縣，捐知府。

杜滋 陝西榆林縣人。道光二十七年三甲八十一名進士。二十九年任安徽全椒知縣，咸豐三年改鳳臺知縣。

賀際運 河南汲縣人。道光二十七年三甲八十二名進士。二十九年任江蘇無錫知縣，咸豐五年任江蘇吳江知縣，八年改青浦知縣，九年又見吳江知縣。

楊錞 江蘇鎮洋縣人。道光二十七年三甲八十三名進士。咸豐元年署江西龍泉知縣，四年署江西泰和知縣、浮梁知縣，同治二年署九江府同知，遷江西袁州知府，九年署九江知府，遷江西南安府知府。

禹建鈞 山東樂陵縣人。道光二十七年三甲八十四名進士。任河南知縣。

陳秩五 河南信陽縣人。道光二十七年三甲八十五名進士。咸豐六年任陝西洵陽知縣。

黃光彬 字質軒。福建連江縣人。道光二十七年三甲八十六名進士。任湖北石首知縣，同治元年改安徽英山知縣，四年改安徽廬江知縣。

德恒 滿洲鑲紅旗人。道光二十七年三甲八十七名進士。任刑部主事。

鄭士蕙 字芸若、柏崖。陝西華州人。道光二十七年三甲八十八名進士。二十九年代理直隸鹽山知縣，咸豐二年任直隸新城知縣，改吳橋、吳邑、天津、雄縣、靜海知縣，同治十三年遷保定府同知，升知府。以年老辭。著有《飲冰書屋文集》。

樊丙南（《進士題名碑》作樊雁飛）山西曲沃縣人。道光二十七年三甲八十九名進士。咸豐元年任湖北漢川知縣，二年改湖北穀城知縣，三年改遠安知縣。

毛玉成 字琢庵，號希銘。山東歷城縣人。道光二十七年三甲九十名進士。任雲南太和知縣、平彝知縣，改河陽知縣，任南寧知縣。

錫榮 滿洲正白旗人。道光二十七年三甲九十一名進士。咸豐三年任江西分宜知縣，五年改宜春知縣，九年改萍鄉知縣，同治四年改江西臨川知縣，十年改江西安義知縣。

詹錦堂 直隸寧津縣人。道光二十七年三甲九十二名進士。咸豐四年任直隸保定府教授。

王廷才 奉天開原縣人。道光二十七年三甲九十三名進士。二十九年署直隸鹽山知縣，三十年改交河知縣，咸豐三年八月任順天府香河知縣。引疾歸。

傅培峰 字耦村。甘肅鎮番縣人。道光二十七年三甲九十四名進士。咸豐三年任江西宜黃知縣，四年改江西崇仁知縣。八年（1858）太平軍攻城卒。贈知府銜。

張韶南 河南澠池縣人。道光

二十七年三甲九十五名進士。咸豐二年署江西鉛山知縣，署豐城知縣，五年代理江西新建知縣，任餘干知縣。

馮峻 陝西咸陽縣人。道光二十七年三甲九十六名進士。任雲南通海知縣，改文山知縣。

李得春 字東園，一字東垣。湖南湘陰縣人。道光二十七年三甲九十七名進士。山東即用知縣，咸豐元年改湖南永州府教授。後引疾歸。任仰高書院山長。著有《敏學齋詩文集》。

王汝銓 字以衡，號謹堂。山東濟寧州人。道光二十七年三甲九十八名進士。咸豐二年任甘肅秦安知縣，八年調張掖知縣。卒於任。

劉熙敬 江西星子縣人。道光二十七年三甲九十九名進士。三十年任山西武鄉知縣，咸豐三年改山西高平知縣。

陰昌庚 山西夏縣人。道光二十七年三甲一百名進士。江南即用知縣，署江蘇溧陽，咸豐元年任金山知縣。遇賊被刺卒。著有《燕翼堂詩稿》。

劉郁膏 字蘇生，號松岩。河南太康縣人。嘉慶二十三年（1818）十一月二十三日生。道光二十七年三甲一百零一名進士。任江蘇即用知縣，署婁縣。四年三月署嘉定知縣，五年改青浦知縣，八年加同知銜調上海縣，有"劉青天"之稱。咸豐十一年加道銜以知府用，擢海

防同知。同治元年授江蘇按察使，遷布政使，護江蘇巡撫。五年四月丁母憂。十二月二十日（1867年1月）卒。年四十九。贈右都御史。

叢壇 山東文登縣人。道光二十七年三甲一百零二名進士。任直隸東安知縣，咸豐二年改雞澤知縣，七年調臨榆知縣。

楊師震 甘肅鎮遠縣人。道光二十七年三甲一百零三名進士。即用知縣，咸豐四年任甘肅西寧府教授。

任國楨 甘肅武威縣人。道光二十七年三甲一百零四名進士。咸豐元年任陝西洋縣知縣，五年改陝西永壽知縣。

羅家頤 廣東順德縣人。道光二十七年三甲一百零五名進士。任知縣。

阿克丹 （《進士題名碑》作阿克敦）滿洲正藍旗人。道光二十七年三甲一百零六名進士。任刑部主事，遷宗人府理事官。

許亦崧 字高甫。順天宛平縣人。道光二十七年三甲一百零七名進士。咸豐三年任山西鳳臺知縣，調太谷知縣，官至署忻州直隸知州。著有《壯學堂詩稿》。

馬象奎 雲南昆明縣人。道光二十七年三甲一百零八年進士。甘肅即用知縣，任通渭、崇信、狄道、中衛等州縣，後升鞏昌知府、寧夏知府。

吳應寬 （原名吳一松）字敖

枝。浙江餘姚縣人縣。道光二十七年三甲一百零九名進士。候選知縣。

王元治 字榆村。奉天海城縣人。道光二十七年三甲一百十名進士。咸豐三年任河南陳留知縣，十一年改山東濮州知州。

陳椿年 直隸南宮縣人。道光二十七年三甲一百十一名進士。二十八年任山東夏津知縣，咸豐二年代任山東肥城知縣。

鄧培槐 江西新淦縣人。道光二十七年三甲一百十二名進士。任內閣中書。

袁銓 廣西平南縣人。道光二十七年三甲一百十三名進士。

朱次琦 字九江、子襄，號稚圭。廣東南海縣人。嘉慶十二年（1807）八月二十二日生。道光二十七年三甲一百十四名進士。咸豐三年署山西襄陵知縣。引疾歸，歸後在鄉講學。光緒七年賞五品卿銜。十二月十九日（1882年2月）卒。年七十五。著有《國朝名臣言行錄》《五史實徵錄》《晉乘》《國朝逸民傳》《性學源流》《蒙古聞見》。後盡焚之，僅存手輯《朱氏傳芳集》《南海九江朱氏家譜》《大雅堂詩集》《燔餘集》《橐中集》。

劉鎧 甘肅武威縣人。道光二十七年三甲一百十五名進士。咸豐三年署順天府三河知縣，七年署新樂知縣，九年調東明知縣，同治元年改直隸樂亭知縣。

盧日新 廣東東莞縣人。道光二十七年三甲一百十六名進士。任工部主事。

郭定柱 字名臣。直隸臨榆縣人。道光二十七年三甲一百十七名進士。任山西榆社知縣，咸豐六年署山東蓬萊知縣，十年任昌樂知縣，同治六年調掖縣知縣，十三年任泰安知縣，光緒二年二月任山東臨清直隸州知州。

姚體備 字萬子，號秋浦。山東鉅野縣人。道光二十七年三甲一百十八名進士。任江西德安、新淦知縣，丁憂歸。咸豐七年改江西盧陵知縣，升直隸州知州，署江西吉安府通判，補用知府，署安徽池州知府，署安徽池太廣道。同治元年（1862）八月卒於軍營。著有《詩古文集》。

兄姚體嚴，道光二十五年進士。

第一甲三名

陸增祥　字魁仲、若候，號星農、亦文。江蘇太倉直隸州人。嘉慶二十一年（1816）九月初四日生。道光三十年一甲第一名狀元。授修撰。六年充會試同考官，奉詔在鄉督辦團練，論功賞賚善。咸豐十年任廣西慶遠知府，調湖南糧儲道、長寶道。光緒二年官至湖南辰沅永靖兵備道（布政使銜）。以疾告歸。光緒八年（1882）六月十三日卒。年六十七。著有《磚錄》《筠清館金石記目》《篆墨述詁》《楚辭疑異釋證》《紅鱗魚室詩存》。撰《古今字表》未成，編《金石補正》等。

許其光　（原名許乃德）字耀斗、懋昭，號涑文。廣東番禺縣人。道光三十年一甲第二名榜眼。授編修。咸豐二年充湖北鄉試副考官，十年授福建道御史，同治元年充順天鄉試同考官，官至直隸候補道。

謝　增　字晋齋，號孟餘、夢漁。江蘇儀徵縣人。道光三十年一甲第三名探花。授編修。咸豐元年充順天鄉試同考官，六年授江西道御史，充會試同考官，升吏科給事中，十一年再充順天鄉試同考官，官至兵科掌印給事中。

第二甲一百零四名

黃　統　字伯垂，號少岳。廣東順德縣人。道光三十年二甲第一名進士。選庶吉士，授編修。咸豐二年任貴州學政。

弟黃經，道光二十四年進士。

何元輔　安徽桐城縣人。道光三十年二甲第二名進士。任浙江鎮海知縣，咸豐二年改里安知縣，九年改浙江德清知縣，改刑部主事。

孫衣言　（又名孫依言）字琴西、克繩，號劭聞。浙江里安縣人。嘉慶十九年（1814）八月十七日生。道光三十年二甲第三名進士。選庶吉士，授編修。咸豐六年充會試同考官，十年署安慶知府，同治三年任安徽廬鳳道，十一年由江蘇鹽道授安徽按察使，光緒元年遷湖北布政使，三年改江寧布政使。五年内調太僕寺卿，六年以病去職。光緒二十年（1894）卒。年八十一。爲清代藏書家，藏書處曰“玉海樓”，藏書八九萬卷。輯有《永嘉叢書》二百五十四卷，著有《遜學齋詩文鈔》。

慎毓林 字壬甫、延青，號吉孫、芙卿。浙江歸安縣人。道光三十年二甲第四名進士。選庶吉士。授編修。咸豐九年督陝甘學政。

蔣繼珠 字椒林，號止庵。山東曲阜縣人。道光三十年二甲第五名進士。授工部主事，補軍機章京，升虞衡司員外郎、都水司郎中。同治七年充會試同考官，八年外任江西廣信知府，調吉安府，補南昌知府，光緒五年升江西吉南贛寧道，官至鹽運使。十年以病辭歸。卒年八十一。著有《間雲館詩文集》。

楊慶麟 字敬士，號振甫。江蘇吳江縣人。道光三十年二甲第六名進士。選庶吉士，授編修。纍遷侍讀學士，同治十三年授順天府尹，光緒元年調廣東布政使。五年（1879）二月卒。年五十三。其著作後爲其婿邵松年編入《古緣萃錄》中。

張瑞珍 字寶卿。安徽壽州人。道光三十年二甲第七名進士。任甘肅寧遠、秦安、張掖、安定、皋蘭等知縣，同治元年調靈州知州，二年署甘肅蘭州知府，五年署甘肅鞏秦階道，九年遷蘭州道。告歸。著

有《隴游草》《蜀游草》等。

王繼庭 字丕之，號筠軒、幼坡。順天武清縣人。嘉慶二十一年十一月十六（1817年1月）生。道光三十年二甲第八名進士。任吏部文選司主事，遷考工司郎中、記名御史，咸豐十年任山東青州知府，同治五年調兗州府知府。以病未任。十三年（1874）卒。年五十九。

錢寶廉 （原名錢鋑）字平甫，號湘吟。浙江嘉善縣人。道光三年（1823）五月二十六日生。三十年二甲第九名進士。選庶吉士，授編修。升左中允，同治二年督湖南學政，纍遷少詹事，九年授内閣學士。十年遷工部右侍郎改刑部侍郎，十二年督順天學政，光緒六年改吏部侍郎。七年十二月十九日（1882年2月）卒。年五十九。

兄錢寶青，道光二十一年進士，官左副都御史。

何傳興 字筱軒。河南封丘縣人。道光三十年二甲第十名進士。咸豐二年任山東章平知縣，三年任山東東阿知縣，四年改任山東黃縣知縣。任未久卒，一貧如洗。

晉 康 字安舟，號少谷、古愚，一號蔗存。滿洲正黃旗，載佳氏。道光三十年二甲十一名進士。選庶吉士，授編修。纍遷左庶子，官至侍讀學士。

何福咸 字吉甫，號受山。山西靈石縣人。道光三十年二甲十二名進士。選庶吉士，授編修。咸豐五年、

八年兩充順天鄉試同考官，十年授江南道御史，遷兵科給事，後出任甘肅甘涼道，官至雲南迤西道。

匡汝諧 江西廬陵縣人。道光三十年二甲十三名進士。任刑部主事。

張雲望 字泰封，號椒岩。江蘇婁縣人。道光三十年二甲十四名進士。選庶吉士，授編修。咸豐六年授福建道御史，官至福建候補道。

武廷珍 字葆怡，號鹿蘋。陝西平利縣人。道光三十年二甲十五名進士。選庶吉士，散館改吏部主事，升員外郎，進郎中，同治五年授江西道御史，八年外任廣東惠州知府，丁憂歸。十二年改湖南衡州知府。告歸。杜門著述。著有《養靜山廬全集》《江東雲游寄錄》。

袁保恆 字小午、篠塢，號貞叔。河南項城縣人。道光六年（1826）七月十四日生。道光三十年二甲十六名進士。選庶吉士，授編修。先後佐李鴻章、左宗棠幕二十年，鎮壓太平軍，賜號“伊勒圖巴圖魯”。同治十一年授詹事，十三年遷內閣學士（頭品頂戴），九月授戶部侍郎，光緒二年改刑部侍郎。四年（1878）四月初六日，以幫辦河南賑務，卒於差次。年五十三。謚“文誠”。著有《袁文誠公集》。

父袁甲三，道光十五年進士，任漕運總督。

季念詒 字芑伯，號君梅。江蘇江陰縣人。閩浙總督季芝昌子。道光三十年二甲十七名進士。選庶吉士，授編修。賞四品卿銜。歸後主紫琅、求志、禮延書院。卒年七十四。曾修《通州志》《江陰府志》，著有《江陰死難忠義錄》。

畢應辰 字稚誠，號星艘。雲南昆明縣人。道光三十年二甲十八名進士。任刑部主事，升員外郎。咸豐十一年督陝甘學政，同治四年授福建道御史，官至京畿道銜史。著有《悔齋詩稿》。

俞樾 字蔭甫，號中山、絢山、曲園。浙江德清縣人。道光元年（1821）十二月初二日生。道光三十年二甲十九名進士。選庶吉士，任編修。咸豐五年督河南學政，七年被劾試題割裂罷官。歸後僑居蘇州。主講蘇州紫陽、上海求志書院。主杭州三十餘年，光緒二十八年以後爲鄉舉重逢赴鹿鳴宴賞復原官。光緒三十二年十二月二十三日（1907年2月）卒於蘇州。年八十六。家中藏書較豐，藏書處曰“俞樓”“曲園”。生平專意著述有《賓萌外集》《賓萌集》《春在堂詩篇》《詞錄》《隨筆》《雜文》《尺牘》《諸子平議》《第一樓叢書》《群經平議》《曲園雜纂》等。另有詩詞、戲曲一百二十三種，近五百卷。

張師右 字左侯。順天宛平縣人。道光三十年二甲二十名進士。咸豐三年任浙江慈溪知縣、蘭溪知縣，六年改浦江知縣。

羅家勤 廣東順德縣人。道光三十年二甲二十一名進士。任刑部主事。

吴焯 字質安，號拙庵。安徽涇縣人。道光三十年二甲二十二名進士。選庶吉士，授編修。咸豐五年充順天鄉試同考官，六年授山東道御史，升吏科掌印給事中，十一年再充順天鄉試同考官，官至湖北糧儲道。

吴鼎立 字銘齋。河南固始縣人。道光三十年二甲二十三名進士。咸豐元年任四川汶川知縣，三年八月署四川射洪知縣，七年署東鄉知縣，改奉節知縣，同治十年任成都知縣，十二年改彭縣知縣，光緒三年回任彭縣，八年改四川閬中知縣。

朱文江 字湘聆，號晴洲。湖北江夏縣人。道光二十年舉人，三十年二甲二十四名進士。選庶吉士，授編修。咸豐七年授江南道御史，升給事中，京察一等擢廣西右江道。後遭父母喪，哀毀卒於家。著有《留香閣詩文集》。

丁先庚 字象山。山西平定州人。道光三十年二甲二十五名進士。任刑部主事，咸豐二年改陝西鄜縣知縣。

戚士彦 字子美，號英甫。浙江德清縣人。道光三十年二甲二十六名進士。選庶吉士，授編修。

子戚人銑，同治七年進士。

劉維嶽 字松樵。江西廣豐縣人。道光三十年二甲二十七名進士。咸豐三年署四川溫江知縣，五年補永寧縣。未赴任以疾卒。

楊映奎 字星臣。山西寧鄉縣人。道光三十年二甲二十八名進士。授刑部主事，升員外郎、廣西司郎中，記名知府。在部十八年，以親老乞歸。

岳世仁 字尹人，號莘農。四川中江縣人。道光三十年二甲二十九名進士。選庶吉士，授編修。咸豐五年督山西學政。

吴台壽 字介臣，號星眉、愛山。順天宛平縣人，原籍江蘇丹徒。道光三十年二甲三十名進士。任工部主事，進郎中，同治元年官至山東道御史。晚年主講揚州安定書院，工書，篆隸行楷皆擅長。

趙樹吉 字元卿、沅青，號迪初。四川宜賓縣人。道光三十年二甲三十一名進士。選庶吉士，授編修。咸豐八年授江西道御史，升工科給事中，官至雲南迤西道。忤當權，引疾歸。授徒自給。著有《存鄦山房集》四卷、《詩集》四卷、《疏草》二卷、《甕天瑣錄》一卷。

李吉言 字靄堂。直隸永年縣人。道光三十年二甲三十二名進士。咸豐二年署江西上高知縣，五年調署萬載知縣、廣昌知縣，升樟樹鎮通判、銅鼓營同知，同治元年遷瑞州府同知、袁州知府，官至福建建寧府知府。光緒二年告歸。卒於家。

梁巍 字思煥，號堯階、冕山。廣東信宜縣人。道光三十年二甲三十三名進士。選庶吉士。母憂歸，服闋後卒於家。

郭桐生　河南新安縣人。道光三十年二甲三十四名進士。任禮部主事。

陳元楷　字階雲、範儒，號玉珊、伯裴。廣東順德縣人。道光三十年二甲三十五名進士。選庶吉士，散館改知縣。纍遷吏部驗封司郎中，寶泉局監督。

丁紹周　字濂甫，號亦溪、召南。江蘇丹徒縣人。道光元年（1821）六月十六日生。道光三十年二甲三十六名進士。選庶吉士，授編修。咸豐六年充廣西鄉試副考官，遷左中允，同治元年授湖廣道御史，四年充福建鄉試正考官，遷太僕寺少卿，九年充四川鄉試正考官，督浙江學政，十一年授光禄寺卿。十二年（1873）六月初五日卒。年五十三。著有《蜀游草》。

子丁立瀛同治十年進士；丁立鈞，光緒六年進士。

鄭守誠　字傳善，號小研、篤齋。福建閩縣人。道光三十年二甲三十七名進士。選庶吉士，授編修。

李嗣元　字元之，號春圃。四川江津縣人。道光三十年二甲三十八名進士。選庶吉士，改刑部主事，咸豐中年主講東川書院。後以同知赴雲南，七年捐升知府。奉使徵餉，遇賊不屈卒。贈太僕寺卿。著有《慎齋詩集》。

王凱泰　（原名王敦敏）字幼軒、補帆。江蘇寶應縣人。道光三年（1823）四月初九日生。道光三十年二甲三十九名進士。選庶吉士，授編修。纍遷補用道，同治五年授浙江按察使遷廣東布政使，九年七月授福建巡撫。光緒元年（1875）十月二十三日卒。年五十三。贈太子少保，諡“文勤”。著有《嶺南鴻爐篇》《自訂年譜》等。

尹耕雲　字瞻甫，號杏農。江蘇桃源縣人。嘉慶二十年（1815）三月二十一日生。道光三十年二甲四十名進士。任禮部主事，升郎中。咸豐七年授湖廣道御史，官至河南陝汝道（布政使銜）。光緒三年（1877）卒。年六十三。著有《奏議》《心白日齋集》《大學緒言》《周易輯說》《豫軍記略》。

馬斌　（一作馬霦）字孔郎，號蓮峰。浙江餘姚縣人。道光三十年二甲四十一名進士。咸豐元年任直隸新樂知縣。

儲德燦　字惺甫，號笙庭、廉石。順天宛平縣人。道光三十年二甲四十二名進士。選庶吉士，散館改戶部主事。

程祖誥　安徽休寧縣人。道光三十年二甲四十三名進士。任戶部主事，遷刑部福建司郎中，纍遷通政副使，同治十年授太常寺卿，十一月改宗人府丞，光緒三年授左副都御史。七年七月休致。

梁駿觀　字遹文、志驤，號少猷、兩峰。陝西興平縣人。道光三十年二甲四十四名進士。選庶吉士，授編修。

錢桂森（原名錢桂枝）字馨伯、辛伯，號稚庵。江蘇泰州人。道光三十年二甲四十五名進士。選庶吉士，授編修。咸豐五年充貴州鄉試副考官，七年授山西道御史，纍遷翰林院侍讀學士，光緒九年充會試同考官，授詹事。十年遷內閣學士。十一年充廣東鄉試正考官，十四年充浙江鄉試正考官，督安徽學政。十八年引疾歸。曾主講江寧鍾山書院、揚州安定書院、泰州胡公書院。著有《松軒詩集》。

葉炳華　字始茂、蔚堂，號芾臣。廣東南海縣人。道光三十年二甲四十六名進士。選庶吉士，授編修。纍遷至福建邵武知府。

孫成基　字詒堂。山西襄陵縣人。道光三十年二甲四十七名進士。任刑部主事。

沈善昌　貴州貴陽府人。道光三十年二甲四十八名進士。

曾璧光　字毓秀、麗東，號樞垣。四川洪雅縣人。嘉慶十四年（1809）三月十八日生。道光三十年庚戌科二甲四十九名進士。選庶吉士，授編修。記名御史，纍遷貴州鎮遠知府，咸豐八年擢貴東道，署貴州督糧道、按察使，同治六年八月賞二品署貴州巡撫。七年七月實授。十二月加太子少保。光緒元年（1875）八月二十六日卒。年六十七。贈太子太保，諡"文誠"。

陶紹緒　字希禹，號贊臣。四川安岳縣人。道光三十年二甲五十名進士。選庶吉士，咸豐三年改山東高密知縣，五年任山東長山知縣，八年改樂陵知縣，十年任益都知縣，同治三年調歷城知縣，七年遷山東臨清知州，護濟南知府。卒於任。

高鑾宣　字恒猷。福建長樂縣人。道光三十年二甲五十一名進士。即用知縣，咸豐二年署四川太平知縣，三年署鹽源知縣，四年任四川大邑知縣，五年改新寧知縣。

邵亨豫　字子立，號汧生。順天宛平縣人，原籍江蘇常熟。嘉慶二十二年十二月二十二日（1818年1月）生。道光三十年二甲五十二名進士。選庶吉士，授編修。咸豐八年以贊善督安徽學政，遷廣西慶遠知府、國子監祭酒，同治六年授詹事，七年遷內閣學士。十年授禮部侍郎改倉場侍郎，十二月署陝西巡撫。十一年八月實授。光緒元年二月以病免職。三年八月授湖北巡撫，四年三月改湖南巡撫，五年調禮部侍郎，六年賞頭品改吏部侍郎。光緒九年（1883）六月初四日卒。年六十七。著有《願學齋集》。

周譽芬（一作周星譽）字容之，號畇叔、芝薌。河南祥符縣人，祖籍浙江山陰。道光六年（1826）二月初十日生。道光三十年二甲五十三名進士。選庶吉士。授編修。同治二年授江南道御史，官至廣東鹽運使。光緒十年十二月初九日（1885年1月）卒，年五十九。著有《傳忠堂古文》《鷗堂日記》《東漚草堂詞》等。

宋金鑑 字紹唐，號瑞卿、琴齋。陝西岐山縣人。道光三十年二甲五十四名進士。選庶吉士，改內閣中書，官至刑部貴州司郎中。

張祺恒 字壽臣。山東安丘縣人。道光三十年二甲五十五名進士。授刑部主事。緣事罷歸。

宋恪符 河南商丘縣人。道光三十年二甲五十六名進士。咸豐元年任安徽太和知縣。

鄭植 字德建、直士。福建閩縣人。道光三十年二甲五十七名進士。任禮部主事。旋告歸課弟，後辦團練獎四品卿銜。

呂耀斗 字庭芷，號定子。江蘇陽湖縣人。道光三十年二甲五十八名進士。選庶吉士，授編修。咸豐九年充陝西鄉試副考官，官至直隸清河道、光緒十五年署天津道。著有《鶴緣詞》，編有《丹徒縣志》。

成琦 字魏卿，號小韓。滿洲正黃旗人。道光三十年二甲五十九名進士。任戶部主事，纍遷通政副使，咸豐八年授詹事改左副都御史，九年調工部侍郎改戶部侍郎，與俄簽汀《北京續約》，改倉場侍郎。與俄人勘分黑龍江東界。十一年十月革。

賴子猷 廣東順德縣人。道光三十年二甲六十名進士。任內閣中書。

杜如芝 河南杞縣人。道光三十年二甲六十一名進士。任吏部主事、文選司員外郎，官至廣西潯州府知府。

吳蘭芬 字潤生、季芬，號香谷。貴州大定府人。道光三十年二甲六十二名進士。選庶吉士，改內閣中書，丁父憂服闋。任廣西昭平知縣，擢廣西慶遠知府，丁母憂。同治二年任河池知州。卒於任。

孫學駧 字以藏，號怡莊。浙江鄞縣人。道光三十年二甲六十三名進士。選庶吉士，授編修。

張大枬 字夢錫，號幼涵。陝西膚施縣人。道光三十年二甲六十四名進士。選庶吉士，授編修。

祖父張井，嘉慶六年進士，官南河總督。

馮承基 以字行，一字弼甫。福建長樂縣人。道光三十年二甲六十五名進士。即用浙江知縣。抵省丁內艱歸，以毀卒。

劉銳 陝西綏德人。道光三十年二甲六十六名進士。任吏部主事，改四川廣元知縣。

徐桐 字豫如，號仲琴、蔭軒。漢軍正藍旗。嘉慶二十四年（1819）四月初九日生。禮部尚書徐澤淳子。道光三十年二甲六十七名進士。選庶吉士，授編修。纍遷侍講學士，為同治帝師傅。同治九年授太常寺卿，遷內閣學士，十年授禮部侍郎，改吏部侍郎，光緒三年遷都察院左都御史，五年改禮部尚書，十一月加太子少保，十年改吏部尚書，十五年正月授協辦大學士兼翰林院掌院學士，晋太子太保，二十二年十一月遷體仁閣大學士。光緒二十六年（1900）八國聯軍攻陷北京，七月自盡而亡，年八十二。因支持義和團被指爲"罪魁"，十二月追奪原官。著有《治平寶鑒》等。

翟雲章 湖北蘄水縣人。道光十七年舉人，三十年二甲六十八名進士。任刑部主事，改直隸獲鹿知縣。

杜聯 字耀川，號蓮衢。浙江會稽縣人。道光三十年二甲六十九名進士。選庶吉士，授編修。歷任庶子、翰林院侍讀學士、少詹事，同治五年督廣東學政，遷内閣學士，七年七月授禮部右侍郎。八月病免，光緒六年（1880）卒，年七十七。

劉傳祺 字介茲，號小崧。順天宛平縣人，原籍江蘇丹徒。道光三十年二甲七十名進士。選庶吉士，改刑部主事，升浙江司郎中，咸豐十年外任安徽寧國府知府、徽州知府，同治六年改安慶知府，遷安徽寧池太廣道，江蘇江安糧道。卒於任。

王道墉 字勤垣，號崇庵。湖北黄坡縣人。道光二十三年舉人，三十年二甲七十一名進士。選庶吉士，授編修。咸豐九年充四川鄉試副考官，同治元年充順天鄉試同考官，補授江南道御史。

鍾琇 雲南昆明縣人。道光三十年二甲七十二名進士。任工部主事。

鄒石麟 字叔東，號翼生。山東聊城縣人。道光三十年庚戌科會元，二甲七十三名進士。選庶吉士，授編修。

姚詩彦 字魯生，號蓮舫。廣東番禺縣人，祖籍浙江山陰。道光三十年二甲七十四名進士。選庶吉士，授編修。

沈史雲 字少韓。廣東番禺縣人。道光三十年二甲七十五名進士。選庶吉士。授編修。官至侍講。

張爾周 字筱莊。甘肅鎮番縣人。道光三十年二甲七十六名進士。咸豐五年署四川夾江知縣，七年署四川長壽知縣，八年改仁壽知縣。丁憂歸。服闋同治六年調陝西西鄉知縣，十二年改紫陽知縣，光緒三年改陝西甘泉知縣，四年改蒲城知縣。以勞卒於任。

段啓宜 陝西三原縣人。道光三十年二甲七十七名進士。任刑部主事。

何拔秀 湖南湘潭縣人。道光三十年二甲七十八名進士。咸豐三年任湖南寶慶府教授，同治四年改常德府教授。

崇實 字子華，號樸山。滿洲鑲黄旗，完顏氏。嘉慶二十五年（1820）七月十八日生。道光三十年二甲七十九名進士。選庶吉士，授編修。任左贊善、侍讀學士，咸豐三年授通政使遷内閣學士。五年授工部侍郎，六月降太僕寺少卿。九年遷詹事，復授内閣學士，十月調駐藏大臣。十年署四川總督，十一年改成都將軍，同治十年任鑲白旗蒙古都統，十二年授刑部尚書。光緒二年（1876）十月十九日卒。年五十七。贈太子少保，諡"文勤"。著有《適齋詩文稿》。

袁嵩齡　字翰生，號午橋、松巢。浙江嘉善縣人。道光三十年二甲八十名進士。選庶吉士，散館改知縣。不謁選歸。

饒　豐　湖北廣濟縣人。道光二十年舉人，三十年二甲八十一名進士。

寇嘉相　字小衡，號實丞、蘭生。貴州貴築縣人。道光三十年二甲八十二名進士。選庶吉士，授編修。

張　瀛　字石洲，號怡軒、蘅塘。陝西蒲城縣人。嘉慶二十二年（1817）五月二十九日生。道光三十年二甲八十三名進士。任刑部主事，升員外郎、郎中，同治二年授山東道御史，遷河南汝寧知府、開封知府，擢開歸歸陳許道，十一年授廣東按察使，光緒元年遷山西布政使。二年九月以病免職歸。後幫辦全省賑務，贈內閣學士銜。

李時敏　江西鉛山縣人。道光三十年二甲八十四名進士。任主事。

何元愷　廣西平樂縣人。道光三十年二甲八十五名進士。任內閣中書，同治元年遷署湖北黃州府武黃同知，八年漢陽府清軍同知。

李　鼎　字象九。河南祥符縣人。道光三十年二甲八十六名進士。咸豐四年任直隸廣平知縣，有流寇百餘人入城，往捕寡不敵眾，庫獄衙署搶掠一空，罷官。八年改直隸大名知縣，同治五年改直隸昌黎知縣。

徐光第　字春衢。浙江蕭山縣人。道光三十年二甲八十七名進士。咸豐四年任河南閿鄉知縣，八年改永寧知縣。曾修《淅川直隸廳志》，另有《含清堂詩存》。

衛元燮　字槐三。河南陝縣人。道光三十年二甲八十八名進士。署四川峨嵋知縣，咸豐三年任南部知縣，改永寧知縣，遷劍州知州。

何開泰　字梅生。安徽鳳陽縣人。道光三十年二甲八十九名進士。咸豐元年任湖北武昌知縣。咸豐二年十二月（1853年1月）太平軍攻陷武昌卒。七年贈道銜，襲雲騎尉。

徐　引　安徽宿松縣人。道光三十年二甲九十名進士。任廣西恭城、馬平、遷江知縣，署柳州、思恩同知，泗城知府。未赴任卒。

李羲鈞　（原名李錫鈞）字仲鴻，號稚和。直隸任丘縣人。道光三十年二甲九十一名進士。選庶吉士，授編修。同治四年纍遷署陝西延榆綏道，十年陝西候補道，官至署陝西陝安道。十二年丁憂歸。

馮拱宸　字仲慈。江蘇武進縣人。道光二十七年二甲九十二名進士。授貴州即用知縣，補遵義縣，署松桃直隸州同知、古州、郎岱同知，貴州鎮遠府台拱同知，署思州知府。以疾告歸。寓湖南授徒自給。卒於湖南。

孔繼中 浙江蕭山縣人。道光三十年二甲九十三名進士。咸豐六年任河南濟源知縣、固始知縣，九年改修武知縣。

黃榮庚 （原名黃良采）字星舫。福建長樂人縣。道光三十年二甲九十四名進士。以知縣分發江西，代理豐城知縣，咸豐四年署定南同知，五年以靖安知縣，八年由龍南知縣調大庾縣。太平軍攻城卒。

符鼎庸 江西宜黃縣人。道光三十年二甲九十五名進士。任知縣。

夏獻烈 江西新建縣人。道光三十年二甲九十六名進士。咸豐四年任直隸無極知縣，改束鹿知縣、豐潤知縣，同治二年改直隸邢臺知縣，三年改滿城知縣，七年十二月改直隸正定知縣。

但紳 字茶翰。江西鄱陽縣人。道光三十年二甲九十七名進士。任戶部主事。以母憂歸。

高欽中 河南項城縣人。道光三十年二甲九十八名進士。任吏部驗封司主事。

張允熙 字堯民。湖南澧州人。道光三十年二甲九十九名進士。任吏部主事，遷吏部郎中，同治二年官至甘肅甘涼道，鹽運使銜。積勞病卒，贈光祿寺卿銜。

吉惠 漢軍正藍旗。道光三十年二甲一百名進士。咸豐五年任江西龍南知縣。

吳可讀 字柳堂，號吳樵。甘肅皋蘭縣人。嘉慶十七年（1812）生。道光三十年二甲一百零一名進士。任刑部主事、員外郎，咸豐九年充順天鄉試同考官，升吏部郎中，同治十一年官至河南道御史，因烏魯木齊都統成祿罪論斬改監候事，復疏語過戇直，被阿貴降級歸里。主講蘭山書院。光緒年間復啟用任吏部主事。五年（1879）同治帝穆宗奉安，閏三月初五隨光緒帝至薊縣，懷疏自盡。年六十八。照五品賜恤。著有《孤忠錄》。

吳鼎元 字宇成、禹臣，號仲牧。湖北雲夢縣人。道光十五年舉人，三十年二甲一百零二名進士。任戶部主事，升員外郎。同治六年授江西道御史，改順天東城巡城御史，十年七月授江蘇鎮江知府，同年十二月改江蘇常州府知府。未幾致仕歸。

壽昌 字湘帆，號魯齋。滿州鑲黃旗人。道光三十年二甲一百零三名進士。選庶吉士，改戶部主事，官至湖南寶慶知府。

常恩 字潤伯，號小澂。滿洲鑲黃旗人。道光三十年二甲一百零四名進士。任戶部主事，遷左中允、侍講學士，同治八年授內閣學士，十年充會試副考官，遷刑部右侍郎。十二年正月以病去職。

第三甲一百零五名

鍾昌勤 湖南平江縣人。道光三十年三甲第一名進士。任四川西昌知縣，咸豐七年署四川營山知縣，九年任四川大邑知縣，官至四川補用道，鹽運使銜，署寧遠知府。

張仁法 陝西山陽縣人。道光三十年三甲第二名進士。咸豐三年任江西新昌知縣，九年改江西吉水知縣，同治元年（1862）正月署安徽黟縣知縣，八月卒。

鄒溥霖（原名鄒子律）字岳餘，號春笙。湖南新化縣人。嘉慶二十年（1815）生。道光三十年三甲第三名進士。任刑部陝西司主事。丁母憂歸。尋卒。著有《詩文集》。

王浚 直隸河間縣人。道光三十年三甲第四名進士。四年任四川三臺知縣。

許應騤 字昌德，號筠庵。廣東番禺縣人。道光十年（1830）三月二十二日生。道光三十年三甲第五名進士。選庶吉士，任檢討。遷侍讀學士，遷少詹事，光緒四年授內閣學士遷兵部侍郎，歷戶部、吏部侍郎，十七年調倉場侍郎，二十一年遷左都御史，改工部尚書，二十三年調禮部尚書。二十四年革。九月授閩浙總督。二十九年三月解職。光緒三十二年（1906）六月初二日卒。年七十七。

惲鴻儀 字伯力（一作伯方）。順天大興縣人，原籍江蘇陽湖。道光三十年三甲第六名進士。咸豐二年補選庶吉士，改刑部主事，遷貴州鎮遠知府，官至貴州貴陽知府。

童秀春 字伯雍、仲華，號圭農。湖南寧鄉縣人。嘉慶十七年（1812）生。道光三十年三甲第七名進士。選庶吉士，授檢討。官至廣東候補道，署肇羅道，加鹽運使銜。

張崇本 字立之。四川瀘州人。道光三十年三甲第八名進士。任户部主事，咸豐五年改甘肅文縣知縣，同治年署陝西清澗知縣，官至廣西潯州府知府。

傅觀海 字星源，號澄濤。直隸盧龍縣人。道光三十年三甲第九名進士。選庶吉士，改刑部主事，升郎中，咸豐十一年授江南道御史，同治元年改順天北城巡城御史，外任湖北知府，十三年官至山東鹽運使。

呼震 漢軍正白旗人。道光三十年三甲第十名進士。任兵部主事，咸豐十一年纍遷山東督糧道，署山東濟東道，同治元年任山東鹽運使。

李文瀾 湖南武陵縣人。道光三十年三甲十一名進士。任知縣。

高崇基 字仲巒，號紫峰、琴舫。直隸靜海縣人。道光二年（1822）閏三月十一日生。道光三十年三甲十二名進士。咸豐九年任山西壽陽、介休、陽曲、鳳臺知縣，同治十年署忻州知州，遷安徽安慶府同知，光緒七年任安慶府知府，擢山西河東道，光緒九年授山西按察遷山西布政使，改廣東布政使，十四年十月授廣西巡撫。光緒十五年（1889）七月十三日卒。年六十八。

劉毓勤　字補之，號勵齋。山東茌平縣人。道光三十年三甲十三名進士。任户部陝西司主事。辛勞成疾卒於任。

徐繼達　江蘇南匯縣人。道光三十年三甲十四名進士。咸豐三年任直隸無極知縣。

蔣陽麟　字仲甫，號一樵。浙江餘姚縣人。道光三十年三甲十五名進士。任福建沙縣知縣。

楊承烈　江西分宜縣人。道光三十年三甲十六名進士。甘肅即用知縣。

來　秀　蒙古正黃旗。道光三十年三甲十七名進士。任内閣中書，咸豐元年任山東青州海防同知，三年任濟寧知州，同治元年任山東曹州知府，七年改泰安知府，八年官至河南衛輝府知府。

載　肅　字秋濤，號寅谷。滿洲鑲紅旗，宗室。道光三十年三甲十八名進士。選庶吉士，授檢討。歷任侍讀、侍讀學士、殿試讀卷官，咸豐六年遷光祿寺卿，九年遷内閣學士，十一年任盛京工部侍郎。同治三年罷官。

唐正恩　字霈亭。四川巴州人。道光三十年三甲十九名進士。任刑部主事，署陝西三原知縣，咸豐六年改淳化知縣，同治六年署白水知

縣，八年改陝西臨潼知縣。

楊彝珍　字季涵（湘涵），號性農。湖南武陵縣人。嘉慶十二年（1807）生。道光三十年三甲二十名進士。選庶吉士，改兵部主事。後辭官歸里。杜門不出。鄉舉重逢賞四品卿銜。著有《移芝室集》等。

李可琳　字輝珊。廣東歸善縣人。道光三十年三甲二十一名進士。任兵部主事。加員外郎銜。

謙　惠　宗室，滿洲正紅旗人。道光三十年三甲二十二名進士。任吏部稽勳司主事。

喬家槐　山西臨汾縣人。道光三十年三甲二十三名進士。任江西知縣。

李信芳　字藝齋。甘肅寧朔人、道光三十年三甲二十四名進士。咸豐八年任浙江天台知縣，改開化知縣。

邵春卿　字惠堂。奉天寧遠州人。道光三十年三甲二十五名進士。即用知縣分發廣西，署永福、平樂、臨桂知縣，補授天保知縣，遷百色廳同知，咸豐六年任柳州知府，柳州城陷後復兼慶遠知府。因積勞發病七年（1857）卒。

趙世緒　江西新城縣人。道光三十年三甲二十六名進士。任湖南醴陵知縣。

徐寶治　字少巖。江蘇震澤縣人。道光三十年三甲二十七名進士。任刑部主事，遷河南司郎中，咸豐十一年官至浙江金華府知府。

孫志銘　江西泰和縣人。道光三十年三甲二十八名進士。任知縣。

張亮采　貴州安平縣人。道光三十年三甲二十九名進士。即用知縣。

劉名馨　字一山，號補庵。湖北咸寧縣人。道光二年舉人，三十年三甲三十名進士。任刑部主事，升福建司員外郎，記名知府。卒於京。

王世遠　陝西平利縣人。道光三十年三甲三十一名進士。任戶部主事。

汪賀遷　江西臨川縣人。道光三十年三甲三十二名進士。任知縣。

杜義山　字玉溪。山東鄒縣人。道光三十年三甲三十三名進士。授工部主事，擢郎中，官至福建汀漳龍道。

鄭惠常　福建閩縣人。道光三十年三甲三十四名進士。即用知縣，咸豐六年任廣東清遠知縣，十年改徐聞知縣。

徐步雲　字梅臣。廣西臨桂縣人。道光三十年三甲三十五名進士。咸豐元年任湖北雲夢知縣，咸豐二年兼應城知縣，改湖北公安知縣。

蔣昌期　字伊蔚，號綢生。浙江錢塘縣人。道光三十年三甲三十六名進士。咸豐元年任浙江處州府教授，晉知縣。因太平軍進攻未任，以疾卒。

陳謨　字訏堂。江西安仁縣人。道光三十年三甲三十七名進士。咸豐三年任浙江金華知縣，十年署嘉興知縣，同治七年任石門知縣，十二年改浙江仁和知縣。

尹式芳　字菊田。山東歷城縣人。道光三十年三甲三十八名進士。任直隸故城、慶雲、鹽山、清豐知縣。以終養歸。晚年主講景賢書院。

楊汝焉　字贊臣。福建政和縣人。道光三十年三甲三十九名進士。咸豐四年補直隸安肅知縣，不能迎奉大吏解任，同治元年補廣平知縣，加同知銜。後忤大吏辭歸。

林述訓　字綏卿。安徽和州人。道光三十年三甲四十名進士。任戶部湖廣司主事，升員外郎、郎中，外任廣東高廉道，光緒元年遷長蘆鹽運使，六年改山東鹽運使，九年授山東按察使。光緒十二年二月解職。卒年六十四。

張保衡　字莘夫，號任庵。安徽全椒縣人。道光三十年三甲四十一名進士。以知縣揀發兵馬司正指揮，改山西嵐縣知縣，以憂歸。後署奉天寧遠縣，調任江蘇丹陽知縣，改吳江知縣，以功保升知府，擢道員。改湖北宜昌川鹽局。年六十八卒於任。著有《鑒古齋文集》。

黃崇禮　河南南陽縣人。道光三十年三甲四十二名進士。咸豐十一年任甘肅高臺知縣，遷涇州知州，同治十二年遷署甘肅慶陽知府，光緒元年官至甘肅涼州知府。

楊順時　山東茌平縣人。道光三十年三甲四十三名進士。任四川清溪知縣，咸豐七年改威遠等知縣。

鍾佩賢　字肇陽，號六英、小

舲。順天宛平縣人，原籍浙江山陰。嘉慶二十四年（1819）十月二十七日生。道光三十年三甲四十四名進士。任户部主事，升員外郎，咸豐十年授陝西道御史，遷工科給事中，官至太僕寺少卿。光緒二十五年鄉舉重逢賞三品銜。二十八年（1902）十一月二十日卒。年八十四。

陳渭川　河南商丘縣人。道光三十年三甲四十五名進士。咸豐六年任直隸定興知縣，同治四年改直隸廣宗知縣。

周必超　廣西臨桂縣人。道光三十年三甲四十六名進士。咸豐年任甘肅會寧知縣，六年改直隸定興知縣。

謝慶雲　字克暉。福建侯官縣人。嘉慶十九年九月十一日生。道光三十年三甲四十七名進士。即用知縣分發廣東。

胡叔琳　直隸清苑縣人。道光三十年三甲四十八名進士。咸豐三年任章丘知縣，改樂陵知縣，九年署山東蓬萊知縣，十年任山東臨沂知縣，十一年改山東茌平知縣。

黎樹楨　廣西平南縣人。道光三十年三甲四十九名進士。

徐　行　江西東鄉縣人。道光三十年三甲五十名進士。任貴州安南知縣，同治元年官至貴州獨山知州。

侯　玭　山西陽城縣人。道光三十年三甲五十一名進士。三十年任山西平陽府教授。

尹佩璜　字秀擎，號訥天。雲南蒙自縣人。道光三十年三甲五十二名進士。咸豐元年署順天三河知縣，三年正月任順天宛平知縣，五年改直隸欒城，六年改巨鹿知縣，八年改天津知縣，十一年改直隸成安知縣。

魯　方　直隸遵化縣人。道光三十年三甲五十三名進士。咸豐元年任順天府教授。

恒　林　滿洲鑲藍旗人。道光三十年三甲五十四名進士。任光禄寺署丞。官至廣州府虎門同知。

朱學程　山東平陰縣人。道光三十年三甲五十五名進士。

秦鎮藩　廣西義寧縣人。道光三十年三甲五十六名進士。咸豐三年任貴州清平知縣。

周文昭　四川仁壽縣人。道光三十年三甲五十七名進士。咸豐元年署山東黃縣知縣，五年任壽張知縣，八年六月署沾化知縣，十年改山東惠民知縣。

李人鏡　雲南河陽縣人。道光三十年三甲五十八名進士。咸豐四年任江西廣昌知縣，八年改江西南城知縣，同治六年改江西萍鄉知縣。

晏　湘　字蓀民。雲南南寧縣人。道光三十年三甲五十九名進士。署四川郫縣知縣，咸豐二年署安岳知縣，四年改新都知縣，六年署珙縣知縣。

王大輅　字樸園，號文峰。山東福山縣人。道光三十年三甲六十名進士。歸班候選知縣，丁母憂哀毀卒。

父王麟瑞，道光十三年進士。

宋來賓 字寅谷。雲南昆明縣人。道光三十年三甲六十一名進士。任甘肅玉門知縣，署兩當、隴縣、禮縣、金昌知縣，遷寧州、寧靜知州，階州直隸州知州。光緒元年（1875）卒。年五十九。

劉鍾璟 字璞生。雲南鎮南州人。道光三十年三甲六十二名進士。咸豐三年任四川榮經知縣，五年署四川劍州知州，七年署秀山知縣，同治二年任四川夾江知縣，八年署簡州知州、階州直隸州知州，光緒元年授四川瀘州直隸州知州。

方葆珊 （本名方壺，以字行）安徽桐城縣人。道光三十年三甲六十三名進士。任內閣中書。

濮慶孫 字秋農，號壽君。浙江錢塘縣人。道光三十年三甲六十四名進士。選庶吉士，散館改禮部主事，遷主客司郎中，同治十年纍遷直隸正定知府，光緒元年官至直隸河間知府，四年署順德知府。

子濮子潼，光緒三年進士。

林廷杰 江西廣豐縣人。道光三十年三甲六十五名進士。任戶部浙江司主事，咸豐五年十月署安徽黟縣知縣。六年五月卸。

靳文蔚 字豹卿。山西安邑縣人。道光三十年三甲六十六名進士。任戶部浙江司主事。以母老乞養歸，遂不復出。主講書院，著有《貽燕堂集》。

李兆煦 山東萊陽縣人。道光三十年三甲六十七名進士。任江西星子知縣。

祥　齡 漢軍正白旗。道光三十年三甲六十八名進士。咸豐二年任安徽合肥知縣，明年改奉天府教授，官至和州直隸州知州。

李鏡江 河南靈寶縣人。道光三十年三甲六十九名進士。任戶部山東司主事，兼四川司行走，員外郎銜。

徐傳冕 江西豐城人。道光三十年三甲七十名進士。咸豐十一年任浙江奉化知縣，同治二年丁憂。光緒元年改浙江秀水知縣。

李文森 字恕皆，號海珊。貴州鎮遠府人。道光九年（1829）九月二十一日生。三十年三甲七十一名進士。任奉天新民、海城知縣，義州知州，調安徽亳州知州、潁州知府，遷皖南道，同治三年官至安徽廬鳳潁道。後調雲南。同治六年（1867）赴任，卒於長沙舟次。年三十九。

王炳同 （原名王履謙）字六吉。山西文水縣人。道光三十年三甲七十二名進士。咸豐七年任福建歸化知縣。

陳五典 字蔭莊。陝西長武縣人。道光三十年三甲七十三名進士。咸豐六年任湖北沔陽知州，八年改湖北穀城知縣，同治元年改蘄水知縣。

陳繼仁 字子静。廣西臨桂縣

人。道光三十年三甲七十四名進士。咸豐元年任甘肅文縣知縣。年甫弱冠。

薩炳阿　字蘭谷。滿洲正藍旗人。道光三十年三甲七十五名進士。咸豐三年署直隸雞澤知縣，四年改肥鄉知縣，改昌黎知縣，同治元年改盧龍知縣。

洪　璠　字國弼，號蓮生。江西安仁縣人。道光三十年三甲七十六名進士。任兵部主事，丁憂服闋，升員外郎，補郎中，分發湖北候補道辦團練，以戰功加鹽運使銜。以疾卒。贈光祿寺卿銜。

李漸鴻　字用之，號蘋州。貴州鎮遠縣人。道光三十年三甲七十七名進士。咸豐四年署四川秀山知縣，以戰功任知府銜同知，直隸州知州。總辦酉陽州事，八年討貴州思渠寇中伏陣亡。贈太僕寺卿銜。

楊先英　（改名楊先澤）字菊人。貴州貴築縣人。道光三十年三甲七十八名進士。任兵部武選司主事，升郎中，遷陝西榆林知府，官至福建漳州府知府。

龍　璇　安徽望江縣人。道光三十年三甲七十九名進士。三十年任安徽池州府教授。

伊麟泰　漢軍鑲藍旗人。道光三十年三甲八十名進士。咸豐四年署山西盂縣知縣。

裘嗣錦　字癸賓，號鴻秋。浙江嵊縣人。道光三十年三甲八十一名進士。咸豐四年任四川丹稜知縣，六年署羅江知縣，七年署太平知縣，

同治二年任四川華陽知縣，三年署大竹知縣，四年署洪雅知縣、鹽源知縣，八年署廣安知州，十年任鹽源知縣。

逢希澄　字鏡秋。山東黃縣人。道光三十年三甲八十二名進士。任直隸安平知縣，咸豐五年改安徽蕭縣知縣，以直隸州州同用，辦團練，後以知府用。

徐宗海　陝西城固縣人。道光三十年三甲八十三名進士。任知縣。

郭　珍　字端五，號靖庵。陝西扶風縣人。道光三十年三甲八十四名進士。咸豐二年任直隸元氏知縣，四年署正定知縣，改順天香河縣知縣。

劉毓敏　字遜之，號易農。山東茌平縣人。道光三十年三甲八十五名進士。任安徽徽州府同知，署知府，官至江蘇候補道。卒於任。

王書瑞　字雲史，號又沂。浙江長興縣人。道光三十年三甲八十六名進士。任工部主事，升員外郎、郎中，同治二年授江南道御史，遷戶科給事中，官至刑部掌印給事中。工書畫。

暴大儒　河南滑縣人。道光三十年三甲八十七名進士。咸豐二年任江西都昌知縣，同治五年署江西南城知縣，七年改江西峽江知縣。

高集祥　字麟閣，號瑞峰。山東壽張縣人。道光三十年三甲八十八名進士。授吏部考工司主事，員外郎銜，任覺羅官學漢教習。外任安徽全

椒知縣，補舒城知縣。卒於任。

李廷楠 直隸豐潤縣人。道光三十年三甲八十九名進士。任户部山西司主事。

韋承瀛 河南封丘縣人。道光三十年三甲九十名進士。任户部主事。

馬佩瑶 字以周，號香谷。河南光州人。道光三十年三甲九十一名進士，選庶吉士，授檢討。

祝壽昌 河南息縣人。道光三十年三甲九十二名進士。

曹中技 河南新野縣人。道光三十年三甲九十三名進士。咸豐六年任浙江仙居知縣。

薩大年 字蘭臺，號肇修。福建侯官縣人。道光三十年三甲九十四名進士。任内閣中書，充國史館分校，進翰林院侍讀學士。著有《荔影堂詩鈔》。

敖彤臣 字丹崖、珥卿。四川榮昌縣人。道光十九年舉人，三十年三甲九十五名進士。咸豐元年署浙江湯溪知縣，改署嵊縣，三年補浙江德清知縣，署蕭山縣，五年改仁和知縣，六年任海塘同知，署溫州知府。

李際昌 廣西靈川人縣。道光三十年三甲九十六名進士。任直隸巨鹿知縣，咸豐四年改直隸淶水知縣，七年改任縣知縣。

蔡式鈺 甘肅武威縣人。道光三十年三甲九十七名進士。即用知縣，咸豐七年任湖南安鄉知縣，改瀏陽知縣，十年改湖南善化知縣，

同治元年任武岡州知州，五年靖州直隸州知州，七年官至澧州直隸州知州。

王寶權 字秉中，號公衡。山東聊城縣人。道光三十年三甲九十八名進士。咸豐四年任直隸交河知縣，三河知縣，六年改順天密雲知縣。致仕歸。主講啓文書院一年卒。

劉觀光 甘肅寧州人。道光三十年三甲九十九名進士。咸豐二年署江西吉水知縣。

蓋星階 字平山。山東蒲臺縣人。道光三十年三甲一百名進士。咸豐二年任四川冕寧知縣，六年改墊江知縣，十年任儀隴知縣，改廣元知縣，同治元年署四川岳池知縣，七年任仁壽知縣。

曲芝圃 字寶田。山東寧海州人。道光三十年三甲一百零一名進士。

黃來晨 字鑄海。山東滕縣人。道光三十年三甲一百零二名進士。任江西瀘溪知縣，咸豐八年官至江西饒州府同知。

孫汝霖 字靜三。奉天錦州人。道光三十年三甲一百零三名進士。任吏部主事。

余盛藻 江西清江縣人。道光三十年三甲一百零四名進士。咸豐三年任雲南河西知縣。

歐陽藜照 字炳垚、右文，號赤霞。湖南新化縣人。嘉慶十五年（1810）生。道光三十年三甲一百零五名進士。任安徽太平知縣，遷同知。咸豐六年（1856）殉難，贈道銜。

咸豐二年（1852）壬子恩科

本科爲清文宗登極恩科

第一甲三名

章鋆 字酕芝，號采南。浙江鄞縣人。嘉慶二十五年（1820）四月十一日生。咸豐二年一甲第一名狀元。授修撰。五年充四川鄉試主考官，九年充順天鄉試同考官、會試同考，同治元年廣西鄉試主考官，官至國子監祭酒，同治二年督福建學政，十二年仍以祭酒督廣東學政。光緒元年（1875）卒於廣東廉州。年五十六。輯有《閩儒學則》，另有《望雲館詩稿》《治平寶鑒》。

楊泗孫 字鍾魯，號濱石。江蘇常熟縣人。咸豐二年一甲第二名榜眼。授編修。咸豐七年充湖南鄉試主考官，九年充福建鄉試副考官，十年充會試同考官，同治元年充山東鄉試副考官，官至太常寺少卿。歸後曾爲東林書院、禮延書院、上海詁經精舍、求志書院教習。後人編有《楊濱石年譜》。

潘祖蔭 字東鏞，號伯寅、鳳笙、鄭庵。江蘇吳縣人。道光十年（1830）十月初六日生。咸豐二年一甲第三名探花。任編修。遷侍讀、侍讀學士、大理寺少卿，同治元年授光祿寺卿，三年遷左副都御史，五年改工部侍郎、戶部侍郎。十二年降調。光緒元年以候補三品京堂授大理寺卿，補禮部侍郎改戶部侍郎，五年遷左都御史改工部尚書，加太子少保，四月任刑部尚書、軍機大臣，九年丁憂。十一年復任工部尚書。十五年晋太子太保。光緒十六年（1890）十月三十日卒。年六十一。贈太子太傅，謚“文勤”。爲清代藏書家，藏書處曰“滂喜齋”“八求精舍”“龍威洞天”。著有《攀古樓彝器款式》《士禮居藏書題跋記》《芬陀利室詞》《滂喜齋藏書記》等。輯有《功順堂從書》，共百餘卷。

祖父潘世恩，乾隆五十八年狀元。

第二甲一百零八名

彭瑞毓 字子嘉，號芝泉、姜畦。湖北江夏縣人。咸豐元年舉人，二年二甲第一名進士。選庶吉士，授編修。八年督山西學政，同治二年授山西道御史，官至雲南鹽法道，督糧道，曾署布政使。工詩畫。

薛書堂 字世香，號少柳。河南靈寶縣人。咸豐二年二甲第二名進士。選庶吉士，授編修。九年充湖北鄉試副考官，授湖廣道御史，同治元年外任江蘇常州知府，三年七月任江蘇蘇州知府。官至江蘇淮徐道，署布政使。

朱潮 字亞韓，號海門。浙江會稽縣人。嘉慶二十一年正月十七日生。咸豐二年二甲第三名進士。選庶吉士，授編修。咸豐十年授山西道御史，同治五年遷四川敘州知府，官至成都知府。著有《寶善堂集》。

蕭培元 （原名蕭培英）字仲之，號質齋。雲南昆明縣人。咸豐二年二甲第四名進士。選庶吉士，授編修，六年、九年兩充會試同考官，升右贊善，同治元年縶遷山東濟南知府，七年遷山東濟東泰武道，曾署山東按察使。著有《思過齋集》十二卷。

鄭世恭 字虞臣。福建閩縣人。咸豐二年二甲第五名進士。任戶部主事。時歲入至微，不足糊一人之口，假歸授徒，主鳳池書院山長，十年改致用書院，再十年後正誼書院講席，數年卒。

蔣英元 字樸山。廣西全州人。咸豐二年二甲第六名進士。選庶吉士，散館改戶部主事。

羅瀚隆 字海農。江西德化縣人。咸豐二年二甲第七名進士。選庶吉士，授編修。改廣東長樂知縣，署西寧知縣，同治二年改廣東南海知縣，官至知府。著有《暈碧齋詩》。

周學源 字星海，號岷帆。浙江烏程縣人。咸豐二年二甲第八名進士。選庶吉士，授編修。官至侍讀學士。

扎拉豐阿 蒙古鑲白旗。咸豐二年二甲第九名進士。選庶吉士，改江西萬安知縣，六年改江西貴溪知縣。

倪文蔚 字枡輔、茂甫，號豹岑。安徽望江縣人。道光三年（1823）十月初二日生。咸豐二年二甲第十名進士。選庶吉士，散館任刑部主事，遷郎中，同治十一年遷湖北荊州知府，擢河南開歸陳許道，光緒六年授廣東按察使，遷廣西布政使，八年正月授廣西巡撫，九年九月改廣東巡撫，十二年以病免。十三年五月授河南巡撫。光緒十六年（1890）六月十三日卒。年六十八。學問博雅，著《今文尚書》。另有《禹貢說》《詩文集》。

董元章 （原名董元醇）字子厚，號竹坡。河南洛陽縣人。咸豐二年二甲十一名進士。選庶吉士，授編修。九年充山東鄉試副考官，會試同考官，十年授山東道御史，十一年曾奏請"太后垂簾、親王輔政"。官至太僕寺少卿。

張庭學 （原名張玢）字仲圭，號詩農。浙江鄞縣人。咸豐二年二甲十二名進士。選庶吉士，後以軍功授編修。

兄張鼎輔，同榜進士。

馮　晟　字少山，號春皋。江蘇武進縣人。咸豐二年二甲十三名進士。選庶吉士，改山東五臺知縣，七年調湖南宜章知縣，纍遷至湖南辰州府同知，候補知府。

胡履吉　字理生。江蘇青浦縣（今上海）人。咸豐二年二甲十四名進士。選庶吉士。未散館。

李慶翱　字公度，號筱湘。山東歷城縣人。嘉慶十六年（1811）生。咸豐二年二甲十五名進士。選庶吉士，授編修。以辦團練功升山西大同知府、蒲州知府，升山西河東道，同治九年授山西按察使遷山西布政使，光緒元年五月授河南巡撫。三年十一月降調。光緒十五年（1889）八月十二日卒。著有《來青館詩文集》。

王蘭谷　字孟祥，號馨山、蕙生。江蘇金壇縣人。咸豐二年二甲十六名進士。選庶吉士，改刑部主事，升員外郎、郎中，十一年授山東道御史，改順天西城巡城御史，署戶、兵、吏三科給事中，升鴻臚寺少卿，官至光祿寺少卿。卒於任。

王　楷　（原名王兆騏）字子模，號雁峰。湖南長沙縣人。道光三年（1823）生。咸豐二年二甲十七名進士。選庶吉士，散館改刑部主事，升河南司員外郎，咸豐八年充順天鄉試同考官，外官至雲南知府。

李鴻藻　（碑名李洪藻）字季雲、研齋，號石孫、蘭孫。直隸高陽縣人。嘉慶二十五年（1820）正月初一日生。咸豐二年二甲十八名進士。選庶吉士，授編修。七年督河南學政，遷侍講。同治三年授內閣學士，遷禮部侍郎，改戶部侍郎、軍機大臣。十年遷都察院左都御史。十一年改工部尚書，九月加太子少保，光緒七年正月改兵部尚書，六月授協辦大學士。八年正月改吏部尚書，十年降內閣學士。十三年遷禮部尚書，光緒二十二年十月復授協辦大學士，改吏部尚書、軍機大臣。光緒二十三年（1897）六月二十五日卒。年七十八。贈太子太傅。入祀賢良祠。謚"文正"。曾任同治帝師傅。

黃先瑜　（榜名黃先渝）字韞之。安徽合肥縣人。咸豐二年二甲十九名進士。選庶吉士，改禮部主事。以治鄉兵禦敵有功，加五品銜。晚年主講廬陽書院。著有《帶草堂詩文集》。

孫　楫　字濟川、駕舟，號芥航。山東濟寧州人。咸豐二年二甲二十名進士。選庶吉士，改內閣中書，咸豐五年以侍讀充四川鄉試副考官，遷禮部郎中，九年充會試同考官，授福建道御史，十年改順天東城巡城御史，再充會試同考官，十二年外任廣東廣州知府，改雷州知府，遷廣東肇高道、廣西左江道，十七年二月授湖南按察使，十月改順天府尹，曾署左副都御史。光緒二十年罷職。

曾祖孫玉庭，體仁閣大學士；父孫毓桂，道光二十四年狀元。

吳嘉善 字竹言，號子登。江西南豐縣人。嘉慶二十年（1820）八月初六日生。咸豐二年二甲二十一名進士。選庶吉士，授編修。侍講銜，光緒元年赴美任留美事務所監督。五年出使法國，駐巴黎，歸國後卒。所著算學二十一種，刊入《白英堂叢書》。

吳伯敬 福建侯官縣人。咸豐二年二甲二十二名進士。任刑部雲南司主事，官至員外郎。

景其濬 字劍泉。貴州興義府人。咸豐二年二甲二十三名進士。選庶吉士，授編修。五年充浙江鄉試副考官，八年督陝甘學政，十一年督河南學政，遷少詹事，同治七年授詹事，八月遷內閣學士。九年督安徽學政，十一年卸學政，光緒二年解職。

陳介猷 字莪卿。山東濰縣人。咸豐二年二甲二十四名進士。選庶吉士，任吏部文選司員外郎，外官至安徽池州知府。

丁培鎰 字默之、簡庵。山東黃縣人。咸豐二年二甲二十五名進士。選庶吉士，授編修。擢侍講，右庶子，官至國子監祭酒。同治四年福建鄉試副考官，未任卒。

吳仰賢 （1821—1887）字牧騶，號萃恩。浙江嘉興縣人。咸豐二年二甲二十六名進士。選庶吉士，散館授雲南羅次知縣，調昆明知縣，擢武定直隸州知州，官至雲南迤東道。以病乞歸。參修《嘉興府志》，另有《小匏庵詩存》《詩話》《南湖百咏》。

龔顯章 字倬漢，雲浦。湖南巴陵縣人。嘉慶二十二年（1817）生。咸豐二年二甲二十七名進士。任吏部主事。卒於官。

梅啓照 （1826—1894）字小岩。江西南昌人。咸豐二年二甲二十八名進士。選庶吉士，任吏部主事，進考工司員外郎、郎中，同治元年授浙江道御史，二年遷廣東惠州知府，三年改廣州知府，擢長蘆鹽運使，同治六年授廣東按察遷江寧布政使，光緒三年二月遷浙江巡撫，六年九月任內閣學士，七年遷兵部侍郎，八月授東河總督。因前辦理河南胡體安臨刑呼冤一案，不能據實平反，回護屬員處分，蒙混奏結，九年二月革職。著有《中國黃河經緯度圖》《增廣驗方新編》。

鄧兆熊 江西清江縣人。咸豐二年二甲二十九名進士。選庶吉士，授編修。官至江蘇道員。

龐際雲 字致福，號省三。直隸寧津縣人。咸豐二年二甲三十名進士。選庶吉士，任刑部主事、盛京刑部郎中，改知府分發安徽入曾國藩幕積功以道員用，同治三年補江南巡鹽道，八年署兩淮鹽運使，光緒三年改江蘇淮揚道，六年二月授湖北按察使、遷湖南布政使，十年二月署湖南巡撫，十一年二月卸署，三月改廣東布政使，四月調雲南布政使。光緒十二年（1886）解職。八月十九日卒。著有《淮南鹽法紀略》《十五芝山房文集》。

周恒祺 字子維，號福陔、芾階。湖北黃陂縣人。咸豐二年二甲三十一名進士。選庶吉士，授編修。九年充順天鄉試同考官，十一年充廣東鄉試副考官，同治元年授山西道御史，九年遷山東督糧道，十二年改山東鹽運使，光緒元年授山東按察使遷福建布政使，四年改直隸布政使，五年閏三月遷山東巡撫，七年五月授漕運總督。八年正月以病免職。

俞奎垣 字龔芸，號叔鸞。順天大興縣人。道光六年（1826）十二月初一日生。咸豐二年二甲三十二名進士。選庶吉士，授編修。六年充會試同考官，八年充湖北鄉試副考官，督湖北學政，後考取記名御史。同治二年（1863）探親行至涿州，母病去井上汲水失足墮井卒，年三十八。

張洵 字肖梅，號蘇泉、小岩。浙江錢塘縣人。嘉慶二十五年十一月二十七日（1821年1月）生。咸豐二年二甲三十三名進士。選庶吉士，授編修。入直上書房，任文淵閣校理。咸豐十一年（1861）丁母憂歸。時太平軍圍杭州，赴杭助守，十一月二十八日城陷全家六口皆卒。年四十二。同治八年二月追諡“文節”。著有《張文節公遺集》。

趙曾向 字郎甫、心日，號嗇庵。江蘇陽湖縣人。咸豐二年二甲三十四名進士。選庶吉士，授編修。加侍講銜，升左贊善，外任浙江金華知府，加鹽運使銜。光緒八年（1882）卒於任。

劉成忠 字子恕，號固齋。江蘇丹徒縣人。咸豐二年二甲三十五名進士。選庶吉士。授編修。八年授福建道御史，外任河南歸德知府、汝寧知府、開封知府，官至河南南汝光道，調開歸陳許道，光緒元年以布政使銜乞休。卒於家。著有《困齋詩存》《河防芻議》。

景廉 字石臣，號儉卿、秋坪、季泉。滿洲正黃旗，顏札氏。道光三年（1823）六月二十五日生。咸豐二年二甲三十六名進士。選庶吉士，授編修。纍遷侍講學士，咸豐五年授內閣學士遷工部侍郎，改刑部侍郎，九年十月授伊犁參贊大臣，十年任烏魯木齊都統，同治元年改葉爾羌參贊大臣。三年革。十年復任烏魯木齊都統，十三年督辦新疆軍務，改正白旗漢軍都統。光緒元年九月授左都御史、軍機大臣，三年改工部尚書，四年調戶部尚書。九年六月降。九月授內閣學士遷吏部侍郎，授兵部尚書，十年再降內閣學士。同年（1884）八月二十四日卒。年六十三。光緒二十八年追復原官。著有《冰嶺紀程》。

張方泳 字廣川。山西陽曲縣人。咸豐二年二甲三十七名進士。選庶吉士，散館改工部主事。歸後主講鳳鳴書院。

衛榮光 字靜瀾。河南新鄉縣人。咸豐二年二甲三十八名進士。

選庶吉士，授編修。歷任侍講、侍講學士，同治二年遷山東泰武臨道，署山東鹽運使，改江安糧道，光緒元年授安徽按察使遷浙江布政使，四年二月授湖南巡撫，三月丁憂。六年十二月授山西巡撫，七年十一月改江蘇巡撫，十二年五月調浙江巡撫，十四年十月復任山西巡撫。十五年十月以病免職。光緒十六年（1890）閏二月卒。

蔡興楷　字孟模。湖北蘄水縣人。道光二十九年舉人，咸豐二年二甲三十九名進士。選庶吉士，散館改主事。

曹翰書　山西陽城縣人。咸豐二年二甲四十名進士。任内閣中書，署侍讀。

張鴻荃　字克烺，號芳洲。福建永福縣人。咸豐二年二甲四十一名進士。任刑部河南司主事。

徐啓文　字華軒、芾青，號夢江。順天大興縣人，原籍浙江會稽。道光四年（1824）四月二十一日生。咸豐二年二甲四十二名進士。選庶吉士，授編修。咸豐九年授山西道御史，十一年充河南鄉試副考官，官至福建福州知府。

孫翼謀　字硯詒、鵬九，號谷庭。福建侯官縣人。咸豐二年二甲四十三名進士。選庶吉士，授編修。同治三年授山東道御史，遷安徽寧國知府，光緒元年改安徽安慶知府，七年復任，署廬滁和道，遷兩淮鹽運使，光緒十年授浙江按察使，十二年擢湖南布政使。十五年去職。

葆　謙　滿洲正藍旗人。咸豐二年二甲四十四名進士。任刑部主事，十一年署四川威遠知縣，四川候補知州。

易堂俊　字彦華、見三，號海青。湖南湘陰縣人。嘉慶十九年（1814）生。咸豐二年二甲四十五名進士。選庶吉士，散館改内閣中書。辭歸。主講城南書院凡二十年。

孫慶咸　字暨宸、珊麓，號偉卿、際辰。浙江山陰縣人。咸豐二年二甲四十六名進士。選庶吉士，散館改任户部主事，官至員外郎。

何惟烈　字子原，號述山、儒山。浙江山陰縣人。咸豐二年二甲四十七名進士。

祖父何蘭復，嘉慶四年進士；叔父何丙勛，道光十五年進士。

華　鑅　直隸天津縣人。咸豐二年二甲四十八名進士。任工部主事。

何　燦　字亦清，號藜輝。浙江會稽縣人。咸豐二年二甲四十九名進士。任内閣中書，八年遷甘肅寧夏府水利同知。

曾光斗　字璧東。福建古田人縣。咸豐二年二甲五十名進士。選庶吉士，散館改任刑部主事，官至刑部郎中。

同揆奎　字星岳，號允中、龍臯。陝西朝邑縣縣人。咸豐二年二甲五十一名進士。選庶吉士，改任知縣，同治三年任浙江麗水知縣。解任後病卒。

張啓辰　字星階。四川宜賓人。咸豐二年二甲五十二名進士。歷署雲南江川、河陽、彌勒、師宗、富民知縣，昆陽知州，遷景東同知。告歸。後主敷文、翠屏兩書院。年六十九卒。著有《漚榭詩鈔》。

李恩長　字錦齋，號厚甫、纖雲。河南中牟縣人。咸豐二年二甲五十三名進士。咸豐七年任江西萬載知縣，九年改彰澤知縣，同治十三年改安徽寧國知縣。

黃師闓　字暗如，號小琴。山東寧陽縣人。咸豐二年二甲五十四名進士。選庶吉士，授編修。記名御史，詹事府右春坊右贊善，外任廣西思恩知府，官至廣西桂林知府。

綿　宜　字聽濤，號佩卿。滿洲鑲白旗，宗室。道光七年十一月三十日（1828年1月）生。咸豐二年二甲五十五名進士。選庶吉士，任禮部主事、左中允、侍讀、侍讀學士，咸豐十年授詹事，遷內閣學士。同治二年擢禮部侍郎，八年改盛京兵部侍郎，十一年回任禮部，光緒四年復任盛京兵部侍郎，六年因事革。十二年五月起用授內閣學士，遷理藩院侍郎，改兵部、盛京戶部侍郎，二十一年病假。二十二年再任理藩院侍郎。光緒二十四年（1899）正月二十八日卒。年七十二。

弟綿文，光緒九年進士，禮部右侍郎。

童大昕　字硯芸。浙江山陰縣人。咸豐二年二甲五十六名進士。

任戶部主事、員外郎，同治二年纍遷湖南寶慶知府、沅州知府，十一年改長沙知府，光緒七年官至湖南辰沅兵備道。

祖父童璜，嘉慶十年進士。

賀澍恩　（原名賀興霖）字順之。江西萍鄉人。咸豐二年二甲五十七名進士。選庶吉士，散館改山西稷山知縣，同治二年改曲沃知縣、太原知縣，九年遷山西永寧知州。

衍　秀　字東之，號壽田、小堂。滿洲正白旗，費莫氏。改籍漢軍鑲黃旗。咸豐二年二甲五十八名進士。選庶吉士，授編修。遷詹事府右庶子，纍遷國子監祭酒，同治三年授詹事，遷內閣學士，五年任泰寧鎮總兵，七年遷倉場侍郎。九年（1870）正月卒。年四十九。

裴季勛　河南祥符縣人。咸豐二年二甲五十九名進士。

陳　贊　福建長樂縣人。咸豐二年二甲六十名進士。八年任河南固始知縣。

梁元桂　廣西恩平縣人。咸豐二年二甲六十一名進士。任禮部主事，遷祠祭司員外郎。

陸仁愷　（原名陸仁恬）字民彝，號澹吾。廣西臨桂縣人。咸豐二年二甲六十二名進士。選庶吉士，改吏部主事，升員外郎，咸豐十一年督貴州學政，同治五年授山西道御史，改順天中城巡城御史，遷工科給事中，光緒五年遷山東督糧道，十年官至山東運河道。

吕錦文　字蔚人，號簡卿、畫堂、綱齋。安徽旌德縣人。道光八年（1828）八月二十三日生。咸豐二年二甲六十三名進士。選庶吉士，授編修。因其父工部侍郎吕賢基咸豐三年於安徽舒城戰亡，擢侍讀。并予騎都尉世職。

父吕賢基，道光十五年進士。

李　榕　（原名李甲先）字申甫，號六容。四川劍州人。咸豐二年二甲六十四名進士。選庶吉士，改禮部主事。從曾國藩辦理營務，纍遷至浙江鹽運使，同治五年授湖北按察使，六年遷湖南布政使。八年坐事革職。著有《十三峰書屋全集》《華岳志》。

陳丙曾　字子燕，號南魚。浙江秀水縣人。咸豐二年二甲六十五名進士。選庶吉士。未散館。

曾省三　字習之，號佑卿。四川榮縣人。咸豐二年二甲六十六名進士。選庶吉士，改兵部主事，升郎中，咸豐十年外任江西南康知府，同治元年改吉安知府。丁母憂歸。

饒世賢　字石芳。江西南豐縣人。咸豐二年二甲六十七名進士。選庶吉士，授編修。

婁道南　（1823—1900）字丙青、炳青，號簡齋、信吾。山西萬泉縣（今萬榮）人。咸豐二年二甲六十八名進士。選庶吉士，四年改直隸武邑知縣，八年調曲陽知縣。辭官後，主講平陽太平書院。工書法，有“鐵筆婁道南”之譽。

蔣慶第　字著生、季萼，號杏坡。直隸玉田縣人。咸豐二年二甲六十九名進士。三年代理山東武城知縣，任濰縣知縣，四年十月任博平知縣，七年署嶧縣知縣，八年回任博平，改章丘知縣，進內閣中書。善詩文，精通古籍。著有《友竹草堂文集》。

鄧楚翹　河南商城縣人。咸豐二年二甲七十名進士。

游顯廷　字蓉裳。廣東南海縣人。咸豐二年二甲七十一名進士。選庶吉士。未散館。

李光廷　字著道，號恢恒。廣東番禺縣人。咸豐二年二甲七十二名進士。任吏部主事，遷員外郎。後乞歸里。著有《漢西域圖考》《榕園叢書》《普法戰紀輯要》。

張灃卿　字霽亭，號迪前、雲航。雲南太和縣人。道光三年（1823）五月初八日生。咸豐二年二甲七十三名進士。任禮部主事，進郎中，同治二年授河南道御史，改順天東城巡城御史。同治六年以光祿寺少卿充浙江鄉試主考官，九年奉天府丞兼學政，十二年遷順天府丞，光緒二年授順天府尹。三年改宗人府丞，調左副都御史，五年授工部右侍郎，督浙江學政，七年改禮部左侍郎。九年（1883）十月初二日卒。年六十一。

慶錫綸　安徽含山縣人。咸豐二年二甲七十四名進士。任工部主事，升郎中、寶泉局監督。光緒二年官至山西雁平道，布政司銜。

高得善　河南汲縣人。咸豐二年二甲七十五名進士。

韓弼元　字叔起。江蘇丹徒縣人。咸豐二年二甲七十六名進士。任刑部主事。告歸。晚年主講梅花書院。光緒二十九年重宴鹿鳴，加員外郎銜。卒年八十四。著有《文述詩》《翠岩室詩》。

廖秩瑋　字石香。江西德化縣人。咸豐二年二甲七十七名進士。任兵部主事，三年改江蘇婁縣知縣，調補清浦知縣、華亭知縣，官至直隸州知州。

張鼎輔　（原名張珩）字小峰，號楚佩。浙江鄞縣人。咸豐二年二甲七十八名進士。任內閣甲書，改主事，外官任山東武定同知，十年署登州知府，十一年官至武定知府。

弟張庭學，同榜進士。

繼　格　字述堂。滿洲正白旗，馬佳氏。咸豐二年二甲七十九名進士。任戶部主事，遷左春坊左庶子、侍讀學士。同治四年授詹事，五年二月改大理寺卿，十二月授左副都御史。十一年改盛京兵部侍郎，光緒四年調刑部左侍郎，五年改倉場侍郎。九年調熱河都統，十年改廣州將軍。二十一年解職。

何瑞丹　字應時，號小直、獻山。廣東香山縣人。咸豐二年二甲八十名進士。選庶吉士。

趙汝淑　山東蓬萊縣人。咸豐二年二甲八十一名進士。任工部主事、都水司行走。回籍省親闔門遇害卒。

潘文耀　字星垣。江蘇金壇縣人。咸豐二年二甲八十二名進士。授內閣中書，遷宗人府主事，升吏部驗封司員外郎。

豫　師　字錫之，號矩門。漢軍鑲黃旗，姓劉。咸豐二年二甲八十三名進士。任內閣侍讀，九年擢山東道御史，同治元年遷蘭州知府，二年改涼州知府，辦理軍需糧餉，六年署甘肅鞏秦階道，八年改蘭州道，九年賞副都統銜任西寧辦事大臣。以征討回民起義功，賞頭品頂戴授烏魯木齊都統。十年十月罷。

永　順　字樹人，號子健。滿洲正黃旗，索勒豁氏。咸豐二年二甲八十四名進士。任內閣中書，改兵部主事，遷左中允、少詹事，光緒八年授詹事，改通政使。九年病免。

劉洪簡　字子敬，號艾畦。陝西漢陰廳人。咸豐二年二甲八十五名進士。選庶吉士，改任刑部主事。

王化堂　字蒞之、覲侯，號葆初。河南密縣人。咸豐二年二甲八十六名進士。選庶吉士，散館改兵部主事，進郎中，同治六年授福建道御史，官至山東運河道。

陳承裘　字孝錫，號子良。福建閩縣人。咸豐二年二甲八十七名進士。任刑部浙江司主事。假歸不仕。

祖父陳若霖，乾隆五十二年進士，刑部尚書。

郭鑑襄　字介卿。奉天鐵嶺縣人。咸豐二年二甲八十八名進士。

選庶吉士，改戶部主事，光緒二十二年官至山東督糧道。後重赴恩榮宴，加頭品頂戴。

尋鑾煒 （1824—1880）字管香，號幼雲。山西榮河縣人。咸豐二年二甲八十九名進士。選庶吉士，授編修。咸豐七年充湖南鄉試主考官，九年順天鄉試同考官，授江南道御史，改順天東城巡城御史，升禮科給事中，光緒四年官至陝西潼商兵備道。辭官後，主講河東、文清書院。

弟尋鑾晉，同治元年進士。

陳維嶽 字崧生。廣東增城縣人。咸豐二年二甲九十名進士。任刑部主事，三年乞假歸辦團練，戰功以直隸州用。事平維嶽不謁選，卒年四十八。

謝金誥 （原名謝奎光）字宜廷、聚五。貴州貴築縣人。咸豐二年二甲九十一名進士。選庶吉士。改任河南氾水、鎮平、伊陽知縣，官至裕州知州。加同知銜。

鄭守廉 字儉甫、仲濂。福建閩縣人。咸豐二年二甲九十二名進士。選庶吉士。改任吏部考工司主事，官至員外郎。

長子鄭孝胥。

杜瑞聯 字聚五，號星垣、鶴田、棣雲。山西太谷縣人。道光十三年十二月二十七日（1834年2月）生。咸豐二年二甲九十三名進士。選庶吉士，授編修。七年充河南鄉試副考官，九年督陝西學政，同治元年授浙江道御史，五年遷湖南寶

慶知府，八年改長沙知府，十年任湖南辰沅永靖道。光緒元年授四川按察使遷雲南布政使，三年八月署，四年授雲南巡撫。九年降調，被罷職。著有《古芬閣書畫記》。

張文泗 廣東番禺縣人。咸豐二年二甲九十四名進士。任刑部主事。光緒元年署江西崇仁知縣。

尹匯瀛 字福山，號仙嶠。山東肥城縣人。咸豐二年二甲九十五名進士。任工部主事，加四品銜兼總理各國事務衙門行走。

蔡逢年 江蘇丹徒縣人。咸豐二年二甲九十六名進士。任兵部主事，員外郎、車駕司郎中。同治五年充湖北鄉試副考官，官至四川鹽茶道。

孫登瀛 字步洲、繼庭。江蘇南通州人。咸豐二年二甲九十七名進士。選庶吉士，散館改吏部主事。

吳潮 字述韓。江蘇儀徵縣人。咸豐二年二甲九十八名進士。任刑部主事，升郎中，纍遷河南河北道，以治河功加二品署河南按察使，因事罷，光緒六年左遷安徽寧國知府，十五年調太平知府。以疾卒。年六十九。

武尚仁 字厚山，號蓮峰、靜山。甘肅隴西縣人。咸豐二年二甲九十九名進士。選庶吉士，散館改任知縣，四年任四川岳池知縣，七年奉命解京餉，八年回任岳池，十一年署廣安知州，擢知府。

子武鑣，光緒十五年進士。

鄧賢芬 字子華、蒓甫。安徽

泗州人。咸豐二年二甲一百名進士。選庶吉士，散館六年任江蘇寶應知縣，七年九月任江蘇元和知縣，八年改南滙知縣。

許峕 字子中、夏行，號荔牆。山西河津人。寓居陝西涇陽。咸豐二年二甲一百零一名進士。選庶吉士，授編修。官贊善。旋告歸。主講河東書院。善畫花卉。著有《茶艷樓詩稿》。

李應選 字瀛山。陝西謂南縣人。咸豐二年二甲一百零二名進士。五年任保定知縣。九年調固安知縣，歷順義、文安、懷柔知縣，後加同知銜。

陳松齡 直隸獻縣人。咸豐二年二甲一百零三名進士。四年代理山西高平知縣，五年署山西陽城知縣，同治八年署山西孟縣知縣，九年任山西襄垣知縣、永濟知縣，改甘肅華亭知縣、平番知縣，光緒十一年署江蘇溧陽知縣。

郎郡環 字皆山。山東濰縣人。咸豐二年二甲一百零四名進士。任內閣中書，江蘇蘇州府總捕廳同知。以母病歿，悲傷卒。年四十四。

朱緗 字青士，號匡生。廣西臨桂縣人。咸豐二年二甲一百零五名進士。任禮部主事，五年改江蘇荊溪縣知縣，改溧陽知縣，光緒十三年革。

高天寵 字異之，號榮齋。貴州貴陽府人。咸豐二年二甲一百零六名進士。七年任河南魯山知縣，九年改唐縣知縣。

馬緝熙 字穆堂。直隸萬全縣人。咸豐二年二甲一百零七名進士。任內閣中書。以家書致促，弃官而歸，隱居不復出。晚年主講萬全書院。光緒五年（1879）卒，年六十二。

陳壽元 字沃經，號仁山。江西武寧縣人。咸豐二年二甲一百零八名進士。九年署山東福山知縣，同治元年任山東曹縣知縣。

第三甲一百二十八名

何桂芳 （一名何桂芬，初名何國華）字青才，號小亭。江西鄱陽縣人。咸豐二年三甲第一名進士。任户部主事、員外郎，遷郎中，光緒八年授山東道御史，遷刑科掌印給事中，十四年官至順天府丞兼學政。十五年京察休致。著有《户部漕運全書》九十六卷。

父何觀海，嘉慶十四年進士。

陳駿 字子安，號秋帆。直隸天津縣人。咸豐二年三甲第二名進士。任刑部奉天司主事，遷浙江司郎中，同治五年授山東道御史。

宋蔚謙 廣東花縣人。咸豐二年三甲第三名進士。任刑部主事。

李焜 雲南太知縣人。咸豐二年三甲第四名進士。任兵部主事，同治四年改安徽宣城知縣。卒於任。

夏廷楫 字石禄。江西新建縣人。咸豐二年三甲第五名進士。選庶吉士，三年改山東即墨知縣，同治七年纍遷雲南昭通知府，官至雲南迤西道。

彭宗達 號信甫。湖北黃安縣人。道光二十四年舉人，咸豐二年三甲第六名進士。授戶部主事。乞假歸。四年率鄉勇與太平軍交戰，戰亡。贈雲騎尉世職。

余　撰 字咏沂，號子春、異之。浙江龍游縣人。咸豐二年三甲第七名進士。選庶吉士，改刑部廣東司主事、山東司員外郎、直隸司郎中，外任直隸大名知府，歷署貴州安順、遵義、大定知府。官至貴西兵備道。著有《子春遺稿》。

李應田 字仲禾，號研卿。廣東順德縣人。咸豐二年三甲第八名進士。選庶吉士，授編修。七年發東河學習，以諸禦功加侍讀銜，丁母憂奏留辦軍務，以道員用。卒於杭州，年四十。

饒桂豐 字小山。貴州威寧州人。道光三年（1823）生。咸豐二年三甲第九名進士。任刑部主事，官至禮部郎中。

汪時元 安徽旌德縣人。咸豐二年三甲第十名進士。任刑部主事。

駱文蔚 浙江諸暨縣人。咸豐二年三甲十一名進士。任刑部主事。

蔣奎樓 湖北黃梅縣人。道光二十年舉人，咸豐二年三甲十二名進士。任戶部主事。

上官煜 字子傑，號南村。陝西乾州人。咸豐二年三甲十三名進士。任戶部主事，升兵部郎中，光緒六年官至安徽池州知府。

高大奎 福建閩縣人。咸豐二年三甲十四名進士。任內閣中書，同治二年改山西汾州府水利同知。

郜雲鵠 安徽五河縣人。咸豐二年三甲十五名進士。任工部主事，改江蘇邳州知州、三年改海州知州，同治五年遷徐州知府、江蘇即補道、江蘇鹽巡道。

任兆堅 字希庭，號賚臺。山東高密縣人。咸豐二年三甲十六名進士。選庶吉士，授檢討。九年充順天鄉試同考官，授江西道御史。同治元年任中城御史，二年十月任順天府丞，六年以太常寺少卿任奉天府丞兼學政，官至鴻臚寺卿。以病歸。卒於家。

陶雲升 字可階，號晴初。直隸天津縣人。道光三年（1823）生。咸豐二年三甲十七名進士。任浙江分水知縣、淳安知縣、餘姚知縣，七年署上虞知縣，同治六年署浙江錢塘知縣，七年署嘉善知縣。

丁鹿鳴 字秋墅，號蘋原。湖北漢陽縣人，原籍浙江上虞。道光二十九年舉人，咸豐二年三甲十八名進士。任戶部河南司主事。乞假省親。父喪，六年（1856）服除，奉母入都以疾卒。

金耀遠（一作金燿遠）字朗山。安徽英山縣人。咸豐二年三甲十九名進士。四年雲南署鎮南州，八年署武定直隸州。城陷卒。

王效虞 字卿雲。江西上饒縣人。咸豐二年三甲二十名進士。任知縣，官至貴州獨山知州。未幾卒。年五十四。

黎福疇 字壽民。湖南湘潭縣人。道光四年（1824）生。咸豐二年三甲二十一名進士。任吏部主事，改直隸藁城知縣，父卒扶柩回湘，投曾國藩，後署安徽寧國知府，赴任卒於涇城，贈太僕寺卿銜。

張世樑 字正邦，號右石。浙江嘉興縣人。咸豐二年三甲二十二名進士。七年任直隸成安知縣。

魁齡 字華峰。滿洲正紅旗，瓜爾佳氏。嘉慶二十年（1815）二月二十二日生。咸豐二年三甲二十三名進士。任工部主事、都水司郎中，纍遷大理寺少卿，同治四年授詹事，遷內閣學士，五年授理藩院侍郎，歷工部、戶部、吏部侍郎，十三年十一月遷左都御史，光緒元年九月改工部尚書，三年正月調戶部尚書。光緒四年（1878）十一月十八日卒。年六十四。謚“端恪”。

劉懋功 四川華陽縣人。咸豐二年三甲二十四名進士。八年署陝西沔陽知縣，九年改洋縣知縣，十一年任咸陽知縣，官至甘肅寧羌州候補知州。以積勞卒於任。

趙廷愷 字存之、子暨。江西安福縣人。咸豐二年三甲二十五名進士。任刑部主事。旋歸，辦團練。卒年七十一。著有《詩文集》。

張崇 號一峰。河南陝縣人。咸豐二年三甲二十六名進士。任刑部主事，光緒十二年遷安徽滁州直隸州知州。

俞允若 字硯香。江蘇昭文縣人。咸豐二年三甲二十七名進士。任刑部主事。

李標 雲南麗江縣人。咸豐二年三甲二十八名進士。任戶部主事。

王守基 河南密縣人。咸豐二年三甲二十九名進士。任戶部福建司主事，官至雲南司郎中。

顧鳳仞 江蘇金匱縣人。咸豐二年三甲三十名進士。任刑部主事。

張家鈺 字堅甫。湖南邵陽縣人。嘉慶二十三年（1818）生。咸豐二年三甲三十一名進士。任內閣中書，官至員外郎。

王文韶 字耕娛，號夔石、虇虞。浙江仁和縣人。道光十年（1830）十月二十一日生。咸豐二年三甲三十二名進士。任戶部主事、郎中，湖北安襄鄖荊道，同治六年授湖北按察使，八年遷湖南布政使，十一年五月授湖南巡撫。光緒四年四月遷禮部侍郎，改戶部侍郎、軍機大臣。八年乞養。十四年復授湖南巡撫，遷雲貴總督，二十一年改直隸總督，二十四年遷戶部尚書、軍機大臣，二十五年十一月授協辦大學士，二十六年遷體仁閣大學士，二十七年改文淵閣大學士、外務部會辦大臣，二十九年五月任武英殿大學士。三十三年五月休致。三十四年（1908）正月加太子少保，十一月二十二日卒。享年七十九。贈太保，謚“文勤”。

吴芳蕙　字瑶階。江西南昌縣人。咸豐二年三甲三十三名進士。四年任浙江建德知縣、富陽知縣，九年改奉化知縣。撤職去。

方炳奎　字見四，號月樵。安徽懷寧縣人。咸豐二年三甲三十四名進士。三年任直隸靈壽知縣，歷晉州、靜海知縣，八年四月任直隸永定河北岸同知，十一年官至廣西平樂知府，候選道。著有《中穩堂詩》。

陳鳴玉　字簡卿。雲南宜良縣人。咸豐二年三甲三十五名進士。授兵部職方司主事。以親老告歸。主講五華、育才書院。著有《不自是齋詩文集》。

馮德珍　字子儒。湖南武陵縣人。嘉慶二十一年（1816）生。咸豐二年三甲三十六名進士。任刑部主事，三年改廣西永福知縣。

相變埅　（原名相清）字理卿，號寅甫、瀛府。浙江仁和縣人。咸豐二年三甲三十七名進士。任工部屯田司主事。

桂迂衡　字穆堂。安徽貴池縣人。咸豐二年三甲三十八名進士。任刑部主事，同治二年任海門同知，四年任江蘇武進知縣。七年改泰州知州，光緒二年再任泰州知州，三年告病歸。

鄭韶庚　字用銘、石友。福建侯官縣人。咸豐二年三甲三十九名進士。任刑部主事。

張榮祝　山東濟寧州人。咸豐二年三甲四十名進士。任工部主事。

陳景祺　號星橋。浙江上虞人縣。咸豐二年三甲四十一名進士。任刑部主事。辦團練，太平軍攻城卒，贈知府銜。

子陳夢麟，同治十年進士。

阿里漢　正藍旗宗室。咸豐二年三甲四十二名進士。任宗人府主事。

何毓福　字松亭。漢軍鑲紅旗。咸豐二年三甲四十三名進士。任戶部主事，同治五年署山東益都知縣，六年改山東齊河知縣，八年改泰安知縣（以知府用）。

陳夢蘭　字潤田，號湘浦。河南信陽州人。咸豐二年三甲四十四名進士。選庶吉士，散館改刑部主事，升員外郎，同治元年充順天鄉試同考官，升山東司郎中，五年擢江南道御史，同治八年官至湖北荊州知府。

李文敏　字少頹，號捷峰。陝西西鄉縣人。咸豐二年三甲四十五名進士。任禮部主事，升郎中，同治六年任安徽鳳陽知府，七年改天津知府，九年升直隸大順廣道，十年授廣東按察使改江西按察使，遷江西布政使，光緒四年七月授江西巡撫。八年十月休致。曾重修《江西通志》一百八十五卷成。

林溥　字少紫，號堅園。江蘇甘泉縣人。咸豐二年三甲四十六名進士。同治七年任山東即墨知縣，十二年改東平知州。卒於官。著有《暉吉堂詩集》。

徐河清　（1821—1864，原名徐鑌）字華冶，號華野。山東昌邑縣人。咸豐二年三甲四十七名進士。授貴州甕安知縣，三年署鎮寧知州，官至思南知府。

石　峻　山西陽曲縣人。咸豐二年三甲四十八任名進士。任兵部車駕司主事，遷職方司郎中，遷雲南楚雄知府、臨安府知府、雲南府知府，官至雲南迤南兵備道。

周世英　湖北蘄水縣人。道光二十四年舉人，咸豐二年三甲四十九名進士。任刑部主事。

董春卿　直隸豐潤縣人。咸豐二年三甲五十名進士。四年任山東長山知縣，五年改山東寧陽知縣。七年復任。

欒以綏　字曉坡。山東茌平縣人。咸豐二年三甲五十一名進士。任工部主事、員外郎，外任山西朔平知府、山西寧武府知府。告假歸。以疾卒於家。

王廣佑　（《進士題名碑》作張廣佑）江蘇通州人。咸豐二年三甲五十二名進士。安徽即用知縣。

陳繼業　字述之，號幼軒。順天大興縣人，原籍浙江仁和。嘉慶二十二年（1817）十一月初八日生。咸豐二年三甲五十三名進士。任內閣中書，官至山東東昌府知府，同治六年護山東運河道。

吳學淳　湖北蘄水縣人。咸豐元年舉人，二年三甲五十四名進士。任湖南茶陵知縣。

章學淳　（改名章學淵）寄籍江西玉山縣，宜黃縣人。咸豐二年三甲五十五名進士。四年任湖南衡山知縣，八年改湖南瀏陽知縣，九年任善化知縣，官至道員。

張　榘　湖北江夏縣人。道光二十六年舉人，咸豐二年三甲五十六名進士。任直隸知縣。

杜琢章　號寶田。四川樂山人縣。咸豐二年三甲五十七名進士。任貴州修文知縣，改龍泉、廣順知縣。禦賊殉難，年四十五。

志　和　字叔雅，號小軒、葛雲。滿洲正藍旗，費莫氏。道光三年（1823）八月初五日生。咸豐二年三甲五十八名進士。任主事、國子監司業、通政副使，咸豐十一年授左副都御史，同治元年改盛京禮部、盛京刑部侍郎，八年調禮部，歷刑部、戶部侍郎。十二年改盛京戶部侍郎，光緒元年署盛京將軍，二年降太僕寺卿改通政使，遷內閣學士，三年遷禮部侍郎復改刑部、戶部、吏部侍郎，五年十一月遷左都御史，六年十月改理藩院尚書，七年十月調兵部尚書。光緒九年（1883）二月解職。五月二十一日卒。年六十一。

王鑑塘　字清如。甘肅平番縣人。咸豐二年三甲五十九名進士。任主事，光緒二年改四川合江知縣。

許宗衡　（初名許鯤）字海秋，號我園。江蘇上元縣人。咸豐二年三甲六十名進士。選庶吉士，散館改任內閣中書，遷翰林院侍講，官至日講起居注主事。其詩縱橫跌宕，古文尤倜儻。著有《玉井山館集》《拳峰館詩鈔》。

劉翼之 山西壽陽縣人。咸豐二年三甲六十一名進士。六年任直隸靈壽知縣、安肅知縣，同治五年改陝西襃城知縣，光緒三年官至寧陝廳同知。

李徽昉 陝西三原縣人。咸豐二年三甲六十二名進士。任知縣，十一年改延安府教授。

楊豐紳 順天大興縣人。咸豐二年三甲六十三名進士。同治四年任山西芮城知縣。以耿直忤上罷歸。

梁珏 河南鹿邑縣人。咸豐二年三甲六十四名進士。任吏部主事。

原峰峻 河南溫縣人。咸豐二年三甲六十五名進士。任戶部主事，官至陝西鳳翔府知府。

興 恩（初名恩興）字誠齋。滿洲正白旗人。咸豐二年三甲六十六名進士。任吏部主事、刑部員外郎、右庶子、侍讀學士，同治四年授光祿寺卿，六年改大理寺卿，九年升左副都御史，光緒元年始稱興恩，改任盛京工部侍郎。九年以病解職。

鄭濟美 四川綿州人。道光二十三年舉人，咸豐二年三甲六十七名進士。任吏部主事，遷郎中，官至江蘇江寧知府。殉節。

劉秉琳 字昆圃。湖北黃安縣人。道光十九年舉人，咸豐二年三甲六十八名進士。五年授順天府寶坻知縣，九年十月調宛平知縣，署任丘知縣，擢深州直隸州知州，九年遷正定府知府，光緒元年授天津河道。二品銜。五年乞病歸。光緒八年（1882）卒。

何謹順 字巽甫，號鐵琴。浙江山陰縣人。咸豐二年三甲六十九名進士。任內閣中書，九年任廣西上林知縣，同治二年署廣西貴縣知縣，光緒三年再任。六年官至廣西梧州府同知。

葉燦章 字星皆。廣西岑溪縣人。咸豐二年三甲七十名進士。任內閣中書，五年遷雲南石屏知州、羅平知州，官至雲南臨安知府。

任起鵬 字和麟。江西上高縣人。道光六年三甲七十一名進士。任刑部主事。

林駿聲 福建閩縣人。咸豐二年三甲七十二名進士。任工部主事。

李昌瑞 漢軍鑲黃旗人。咸豐二年三甲七十三名進士。八年任湖南善化知縣。六月因庸劣不稱職革。

明之綱 廣西蒼梧縣人，原籍廣東南海。咸豐二年三甲七十四名進士。任知縣。

張雲輝 直隸天津縣人。咸豐二年三甲七十五名進士。任貴州龍泉知縣，同治二年任山西汾西知縣。

龐立忠 字魯山。山西盂縣人。咸豐二年三甲七十六名進士。署福建長樂知縣，補長汀知縣，以疾辭歸。同治四年補浙江長興知縣。著有《四書舉燭及粹說》《宦游錄》《臨民錄》等。

翟允之　河南密縣人。咸豐二年三甲七十七名進士。三甲任湖北鄖縣知縣，九年改湖南臨武知縣，同治元年改湖南攸縣知縣，二年遷郴州直隸州知州。

劉濟　河南祥符縣人。咸豐二年三甲七十八名進士。八年任湖南石門知縣，改河南歸德府教授。

楊凝照　字亦凡。四川鄰水縣人。道光二年舉人，咸豐二年三甲七十九名進士。任戶部江西司主事。

韓蔭華　湖北江夏縣人。道光十九年舉人，咸豐二年三甲八十名進士。十一年任陝西定邊知縣。

文彬　字若山，號質夫。滿洲正白旗，納喇氏。道光五年（1825）四月初十日生。咸豐二年三甲八十一名進士。歷任戶部主事，雲南司員外郎、郎中，同治元年任山東沂州知府，五年遷山東兗沂曹濟道，六年授山東按察使遷山東布政使，十二年正月授漕運總督。光緒六年（1880）六月初三日卒。年五十六。贈太子少保。

馬世璜　江西大庾縣人。咸豐二年三甲八十二名進士。任貴州知縣，代理八寨廳同知。太平軍攻城，歷四月糧盡，城陷戰亡，母、妻、子均自焚。

高徽翰　山東膠州人。咸豐二年三甲八十三名進士。即用知縣。三年改山東泰安府教授。

何現圖　河南睢州人。咸豐二年三甲八十四名進士。七年任湖北

穀城知縣。

劉毓楠　字南卿，號古香。河南祥符縣人。咸豐二年三甲八十五名進士。任禮部主事，升員外郎、郎中，十一年授江南道御史，遷吏科給事中，同治二年官至安徽鳳穎六泗道。

范鳴璃（改名范鳴龢）字鶴生。湖北武昌縣人。咸豐二年三甲八十六名進士。選庶吉士，散館改內閣中書，同治元年充會試同考官，改宗人府主事，二年再任會試同考官，六年任江西鄉試副考官，纍遷吏部驗封司郎中，官至江西糧儲道。

李昴　山東諸城縣人。咸豐二年三甲八十七名進士。任湖北松滋知縣，光緒二年改山東武定府教授。

陳景雍　字熙堂，號命唐。河南商丘縣人。咸豐二年三甲八十八名進士。二年任湖北通山知縣。殉難恤知府銜。

王鈵紳　字雲書。雲南賓川州人。咸豐二年三甲八十九名進士。任廣西灌陽、蒼梧知縣，擢寧明州知州，官至雲南寧州知州。

王卓然　河南陝州盧氏縣人。咸豐二年三甲九十名進士。

徐宗勉　字仲修，號驥人、霽吟。江蘇南通州人。咸豐二年三甲九十一名進士。官至安徽安慶府同知。未赴任。後人有《徐霽吟年譜》。

兄徐宗幹，嘉慶二十五年進士，福建巡撫。

武澄清（1800—1884）字霽宇，

號秋瀛。直隸永年縣人。咸豐二年三甲九十二名進士。任直隸樂亭教諭，五年遷河南舞陽知縣，以同捻軍作戰功加同知銜，升信陽知州。以母老乞歸養。卒年八十五。著有《詩文稿》行世，編有《自訂年譜》。

崔玉徵 陝西戶縣人。咸豐二年三甲九十三名進士。任內閣中書。

王家勤 河南祥符縣人。咸豐二年三甲九十四名進士。任吏部主事。

李友齡 甘肅安定縣人。咸豐二年三甲九十五名進士。二年任甘肅涼州府教授。

濮尚暄 貴州清鎮縣人。咸豐二年三甲九十六名進士。任廣西羅城知縣。

鄒嶧麟 字迪先，號雲溪。江西宜黃縣人。咸豐二年三甲九十七名進士。署山東范縣知縣，五年補城武知縣，六年十二月調山東沾化知縣，八年改海陽知縣。加同知銜。

張烺 字子容，號芝生。貴州貴築縣人。咸豐二年三甲九十八名進士。河南即用知縣。

宋志濂 山西崞縣人。咸豐二年三甲九十九名進士。任陝西鳳縣知縣。

張焱（原名張文楷）四川南部縣人。咸豐二年三甲一百名進士。任刑部河南司主事。

吳錫岱 字魯瞻。陝西乾州人。咸豐二年三甲一百零一名進士。通籍後即乞養歸。授生徒。

鄧慶麟 號香閣。奉天鐵嶺縣人。咸豐二年三甲一百零二名進士。任吏部文選司主事、員外郎、郎中，同治九年授山東道御史。

李昌祺 字頤谷。雲南昆明縣人。咸豐二年三甲一百零三名進士。咸豐四年任直隸獻縣知縣，九年改直隸清河知縣，十年任通州運河糧運通判。解組歸。

趙新 字又銘，號古彝。福建侯官縣人。咸豐二年三甲一百零四名進士。選庶吉士。授檢討。九年充江西鄉試副考官，同治元年廣西鄉試副考官，四年充冊封疏球國王正使，升左贊善，記名御史，六年官至陝西糧儲道。光緒二年（1876）以疾歸。十日後卒。

胡聯奎 山西交城縣人。咸豐二年三甲一百零五名進士。三年署山東招遠知縣，五年改朝城知縣。

馬丙昭 甘肅寧夏縣人。咸豐二年三甲一百零六名進士，官至湖南知府。

高鏡澄 字虛齋。山東海豐縣人。咸豐二年三甲一百零七名進士。任湖南安化知縣。在任三年告歸。

馮克勛 甘肅洮州廳人。咸豐二年三甲一百零八名進士。即用知縣，任雲南呈貢知縣。

龔敬敷 四川閬中縣人。咸豐二年三甲一百零九名進士。任雲南會澤知縣，遷東川府巧家廳同知。

景聞 蒙古鑲黃旗人。咸豐二年三甲一百十名進士。任戶部主事，遷山西司員外郎、陝西司郎中。

吳之浚　安徽涇縣人。咸豐二年三甲一百十一名進士。任雲南知縣。

彭大賓　雲南平彝縣人。咸豐二年三甲一百十二名進士。八年任山東肥城知縣，改山東新城知縣，改甘肅兩當知縣，丁母憂去。

丁元正　字輔堂。江蘇通州人。咸豐二年三甲一百十三名進士。任兵部主事。

辛于鏞　山東汶上縣人。咸豐二年三甲一百十四名進士。三年八月署江蘇昆山知縣，五年補寶山知縣，六年署新陽知縣、金壇知縣。

王之英　甘肅武威縣人。咸豐二年三甲一百十五名進士。即用知縣，五年十二月署四川安岳知縣。

王　錫　甘肅和州人。咸豐二年三甲一百十六名進士。任兵部主事。

李耀琛　直隸滄州人。咸豐二年三甲一百十七名進士。

孫桐生　字小峰。四川綿州（今綿陽）人。咸豐元年舉人，二年三甲一百十八名進士。選庶吉士，改湖南桃源知縣，捐升知府，同治八年署湖南永州知府。乞假歸。主講書院。

陳泰增　河南固始縣人。咸豐二年三甲一百十九名進士。七年任雲南保山知縣，遷石屏知州。

何　芳　山東歷城縣人。咸豐二年三甲一百二十名進士。任直隸龍門知縣，九年改直隸故城知縣。

傅篤興　字子厚。河南嵩縣人。咸豐二年三甲一百二十一名進士。

三年任河南南陽府教授。

石虎臣　雲南昆明縣人。咸豐二年三甲一百二十二名進士。任貴州候補同知，五年任貴州開州知州。九年（1859）苗亂城陷卒。贈按察司銜。

汪雨時　字霈蒼。江西弋陽縣人。咸豐二年二甲一百二十三名進士。歸班候選知縣。

夏家升　（改名夏家疇）字午衡、雲津，號韻泉。湖南善化縣人。嘉慶二十四年（1819）生。咸豐二年三甲一百二十四名進士。任雲南廣通、會澤知縣，武定知州，擢雲南迤西道，調迤南道。以勞疾卒。

倪應頤　（鄉榜倪應咸）字梅羹，一字鼎和。雲南昆明縣人。咸豐二年三甲一百二十五名進士。八年任湖北大冶知縣。十一年與太平軍作戰陣亡。贈知府銜。

趙福純　（又名趙福淳）字子厚、薦如，號琴方、晴舫。甘肅高臺縣人。咸豐二年三甲一百二十六名進士。選庶吉士，改戶部主事。

陳名傑　字伯英，號小農、逸村。湖南長沙縣人。道光九年（1829）生。咸豐二年三甲一百二十七名進士。任山東禹城知縣，五年改山東黃縣知縣。

雲蔚桐　字雨人。甘肅西寧縣人。咸豐二年三甲一百二十八名進士。任內閣中書。三年（1853）簡派贊襄安徽軍務，積勞成疾，年二十九卒於軍。

咸豐三年（1853）癸丑科

第一甲三名

孫如僅 字松坪，號亦何。山東濟寧州人。咸豐三年一甲第一名狀元。授修撰。五年督陝甘學政，九年、十年充會試同考官，遷庶子，同治元年三月再充會試同考官，進侍讀學士，同治元年七月督雲南學政，八月調江蘇學政，十二月授內閣學士，署禮部侍郎。同治三年罷職。在陝甘任內，著有《曲從（徙）粗議十六策》。多爲左宗棠督辦西北邊務時采用。

吳鳳藻 字翔士，號蓉圃、丹山。浙江錢塘縣人。咸豐三年會元，一甲第二名榜眼。授編修。五年充福建鄉試副考官，六年任會試同考官，同治九年補陝西道御史，十二年充湖北鄉試副考官，升禮科給事中。

呂朝瑞 字九霞，號廷雲。安徽旌德縣人。咸豐三年一甲第三名探花。授編修。同治二年充會試同考官，督湖南學政。

第二甲一百零七名

黃鈺 字孝侯，號穉漁。安徽休寧縣人。嘉慶二十二年（1817）五月初六日生。咸豐三年二甲第一名進士。選庶吉士，授編修。歷任國子監司業、侍讀、左庶子、國子監祭酒，同治十一年授詹事，擢內閣學士，十三年授刑部左侍郎。光緒二年，病免。七年（1881）十月卒。年六十五。

沈祖諫 字子言，號果臺、味香、君直。浙江仁和縣人。咸豐三年二甲第二名進士。選庶吉士，授編修。

朱學勤 字渠甫，號修伯。浙江仁和縣人。道光三年（1823）正月初五日生。咸豐三年二甲第三名進士。選庶吉士，授編修。歷任戶部主事、員外郎、內閣侍讀學士，同治七年授光祿寺卿，九年改宗人府丞，十三年調大理寺卿，入值軍機處。執掌機密達十七年。光緒元年（1875）正月初四日卒。年五十三。爲清中期著名藏家，與袁芳瑛、丁日昌并稱“咸豐三大家”。藏書處曰“結一廬”。曾藏有宋元明刻及精抄數百種，著有《結一廬書目》《讀書跋記》《樞桓日記》等。

林慶貽 字福泉。山東掖縣人。咸豐三年二甲第四名進士。選庶吉士，改禮部主事，升郎中，外任至福建福州知府。

陳亮疇 字德生，號魯農。江蘇武進縣人。咸豐三年二甲第五名進士。選庶吉士，授編修。八年督雲南學政，同治四年記名御史。以太平軍陷常州母喪，服闋還京後鬱鬱不自得，悲泣徹月不寐。遂乞假漫游，以疾卒於湖北。著有《心潛書屋遺稿》。

汪承元 字慕杜。江蘇甘泉縣人。咸豐三年二甲第六名進士。選庶吉士，授編修。九年充浙江鄉試副考官，以會辦五城團防升五品京堂。年五十卒。

陳蘭彬 字麗秋。廣東吳川縣人。咸豐三年二甲第七名進士。選庶吉士，授戶部主事，進員外郎，同治十一年，與容閎率留學生赴美，任監督。光緒二年授太常寺卿出使美國、秘魯、西班牙大臣。光緒四年授宗人府丞，五年遷左副都御史，總理各國事務衙門行走。署兵部右侍郎。十年八月病免。著有《詩經札記》《治河芻言》《使美紀略》等。

高延祐 字德夫、秩斯，號星峴、亦仙。浙江蕭山縣人。道光元年（1821）十二月初五日生。咸豐三年二甲第八名進士。選庶吉士，授編修。咸豐九年授陝西道御史，改順天中城巡城御史，同治元年以刑科給事中充會試同考官，四年以吏科給事中再任會試同考官，官至內閣侍讀學士。

盧士杰 字子英，號芝圃。河南光州人。嘉慶二十二年十一月二十六日（1818年1月2日）生。咸豐三年二甲第九名進士。選庶吉士，授編修。同治五年補浙江道御史，改順天南城巡城御史，薦遷至福建鹽法道，光緒四年授福建按察使，五年遷江寧布政使，改福建、安徽、江西布政使，十二年五月遷漕運總督。光緒十四年（1888）九月卒於任。年七十三。

王兌 字商言，號西侯、幼園。陝西戶縣人。咸豐三年二甲第十名進士。選庶吉士，歸班後選知縣。

李慎 字勤伯。漢軍正藍旗。咸豐三年二甲十一名進士。任工部主事，薦遷陝西鳳翔知府，同治五年改西安知府，光緒五年升陝西延榆綏兵備道，光緒八年官至西寧辦事大臣。十四年以病去職。

杜來錫 河南新鄉縣人。咸豐三年二甲十二名進士。任工部主事，官至山西朔平府知府。

歐陽雲 號石甫。江西彭澤縣人。咸豐三年二甲十三名進士。任戶部山東司主事，升雲南司員外郎。光緒三年授河南道御史。

恩　吉　字藹如，號子謙。滿洲正白旗。咸豐三年二甲十四名進士。選庶吉士，授編修。官至左中允，復降編修。

郭夢惠　字小連。山東濰縣人。咸豐三年二甲十五名進士。選庶吉士，授編修。八年充順天鄉試同考官。

顏宗儀　字挹甫，號雪廬。浙江海鹽縣人。咸豐三年二甲十六名進士。選庶吉士，授編修。出爲廣東候補道，官至翰林院侍讀學士。九年督雲南學政。曾主講詁經精舍。著有《夢笠山房詩存》《琅華仙館詩集》。

賀錫福　字楷仙。直隸清苑縣人。咸豐三年二甲十七名進士。選庶吉士，同治元年改河南羅山知縣，調輝縣。丁母憂歸。

宋夢蘭　字滋九。安徽歙縣人。咸豐三年二甲十八名進士。選庶吉士，授編修。八年充順天鄉試同考官，十年加侍講銜督辦皖南團練。後與太平軍作戰，戰亡。

閔　璜　字稚蘋，號渭川。湖北沔陽州人。道光十七年舉人，咸豐三年二甲十九名進士。選庶吉士。散館授吏部文選司主事。年餘乞病歸。早卒。著有《志勤堂文集》。

曹熾昌　河南夏邑縣人。咸豐三年二甲二十名進士。任工部主事。

王　澎　（榜名王泉）字漁莊，號廉卿。順天寶坻縣人。道光六年（1826）五月二十三日生。咸豐三年二甲二十一名進士。選庶吉士，授編修。十一年督廣東學政。同治五

年十二月十八日（1867年1月）卒，年四十一。

丁寶楨　字稚璜，號佩之。貴州平遠州人。嘉慶二十五年（1820）四月二十八日生。咸豐三年二甲二十二名進士。選庶吉士，在籍辦團練以軍功授編修。十年授湖南岳州知府，同治元年調長沙知府，十一月署湖南按察使，改署陝西按察使，二年授山東按察使，遷山東布政使，六年擢山東巡撫，七年七月加太子少保。任內鎮壓捻軍，并誅太監安德海成名，光緒元年在濟南創辦山東機器局，二年遷四川總督。在成都創辦四川機器局，十二年（1886）四月二十一日卒。年六十七。贈太子太保。入祀賢良祠，謐“文誠”。著有《十五弗齋詩存》《丁文誠公奏稿》。

子丁壽鶴，光緒九年進士。

許應鑅　字星臺。廣東番禺縣人。咸豐三年二甲二十三名進士。任工部主事，同治二年遷江西臨江知府，五年署九江關監督，署江西廣饒九南道，六年任江西撫州知府，八年改南昌知府，十三年改江西吉寧道，光緒四年授河南按察使改江蘇按察使，十年遷浙江布政使。十七年正月召京。

張　沄　字子沆，號竹汀。湖南長沙縣人。咸豐三年二甲二十四名進士。任刑部主事，升員外郎、郎中，同治七年授陝西道御史，歷順天北城巡城御史，掌山西道御史，官至吏科給事中。以病乞休。未行

卒於京。

父張再英，嘉慶元年進士。

陳鳴謙 山西平陸縣人。咸豐三年二甲二十五名進士。任陝西知縣，十年署江西永豐知縣，同治三年改江西南城知縣。

張德容 字松坪，號少微、安之。浙江西安縣人。咸豐三年二甲二十六名進士。選庶吉士，散館改刑部主事，入值軍機章京，同治元年外任湖北安陸知府，改荊州知府，十一年官至湖南岳州知府。以母老乞養歸。著有《二銘草堂遺稿》《金石聚》。

徐振瀛 順天武清縣人。咸豐三年二甲二十七名進士。四年任河南封丘知縣，改河南滑縣知縣。

余　鵬 字翼南。江西都昌縣人。咸豐三年二甲二十八名進士。選庶吉士。

唐翊清 字輔臣。湖北安陸縣人。咸豐元年舉人，三年二甲二十九名進士。任刑部主事。卒年三十。

周式濂 字蓮生。河南濬縣人。咸豐三年二甲三十名進士。選庶吉士。散館九年任福建安溪知縣，同治元年改侯官知縣，官至臺灣府同知。

楊榮緒 （原名楊榮）字孟桐，號韞香。廣東番禺縣人。嘉慶十四年（1809）生。咸豐三年二甲三十一名進士。選庶吉士，授編修。九年充順天鄉試同考官，十年授河南道御史，十一年再任順天鄉試同考官，同治二年任浙江湖州知府，

在任十年，後捐升道員。十三年（1874）卸任知府，九月卒於湖州，年六十六。著有《十三經音義考》《左傳博引》《讀律提綱》。

陳光甲 字鼎甫。山東蓬萊縣人。咸豐三年二甲三十二名進士。選庶吉士。

浦　安 字遠帆。滿州鑲黃旗人。咸豐二年二甲三十三名進士，選庶吉士，授編修。後以事置法。

敖冊賢 字金甫，號庚吉。四川榮昌縣人，原籍江西高安。咸豐三年二甲三十四名進士。選庶吉士，散館改刑部主事，升員外郎，官至江蘇司郎中。

蔡兆槐 字宗培，號植三。江蘇崇明縣人。咸豐三年二甲三十五名進士。改戶部主事、貴州司員外郎，入值任軍機章京，同治四年外官至陝西榆林知府。光緒二年卸任。

李鶴齡 廣東鶴山縣人。咸豐三年二甲三十六名進士。選庶吉士，散館改兵部主事。八年因參與科場舞弊獲罪，翌年被處死。

顧敦敏 字希曾，號厚齋。江蘇丹徒縣人。咸豐三年二甲三十七名進士。任兵部主事、員外郎，升御史。卒年四十三。

薛春黎 字淮生、稚農。安徽全椒縣人。咸豐三年二甲三十八名進士。選庶吉士，授編修。咸豐十年授湖廣道監察御史。十一年充順天鄉試同考官，劾權貴，以敢言著稱。同治元年充江西副考官，卒。

著有《味經得雋齋采集》。

郝鐸　字木齋、春聲。奉天錦縣（今遼寧錦州）人。咸豐三年二甲三十九名進士。選庶吉士，改工部主事，官至工部郎中、都水司行走。

任廷槐　字植三。江西玉山縣人。咸豐三年二甲四十名進士。選庶吉士。散館改湖北蘄水知縣，同治元年改湖北來鳳知縣。

方熊祥　字蒂堂，號子望。浙江仁和縣人。咸豐三年二甲四十一名進士。選庶吉士，散館改戶部主事，升郎中，同治九年授江南道御史，外官福建興化知府。

林式恭　（原名林鳳輝）字曙新、五樓，號藹人。浙江蕭山縣人。咸豐三年二甲四十二名進士。選庶吉士，改刑部主事，進郎中，同治四年授陝西道御史，官至貴州銅仁知府。

子林國柱，同治十年進士。

袁榘實　湖南寧鄉縣人。道光元年（1821）生。咸豐三年二甲四十三名進士。任兵部主事。年四十卒。

劉澍覃　（原名劉寰）字霖生。湖南桂陽州人。咸豐三年二甲四十四名進士。選庶吉士，改知縣，九年任福建龍溪知縣。

吳榮　湖北黃岡縣人。道光十七年舉人，咸豐三年二甲四十五名進士。任刑部主事，官至湖南岳常澧道。

王金臺　字曉雲，號小耘。直隸高陽縣人。咸豐三年二甲四十六名進士。任戶部雲南司主事，遷員外郎、郎中。

梁肇煌　字檀圃。廣東番禺縣人。咸豐三年二甲四十七名進士。選庶吉士，授編修。九年充順天鄉試同考官，同治四年以左庶子督雲南學政，擢侍讀學士，七年授詹事，九年改順天府尹，十三年省假。光緒五年復任順天府尹，十一月調福建布政使，改江蘇江寧布政使。光緒十二年六月召京。

袁方城　字郢材，號南濱、玉麓。四川江津縣人。咸豐三年二甲四十八名進士。選庶吉士，授編修。同治七年官至浙江道御史。

張錫嶸　（原名張錫榮）字敬堂，號薇卿。安徽靈璧縣人。道光八年（1828）十月二十七日生。咸豐三年二甲四十九名進士。選庶吉士，授編修。九年充山西鄉試副考官，十一年督雲南學政，丁母憂。服闋隨曾國藩征捻軍，統三營支援陝西解西安圍。同治六年（1867）正月初六戰死於西安。贈侍講學士。著有《孝經章句讀》《讀朱子就正錄》《孝經問答》。

楊維藩　字子價。陝西合陽縣人。咸豐三年二甲五十名進士。六年署四川夾江知縣，改石泉知縣，同治年間任北川知縣，八年改太平知縣。以老乞歸，卒於家。

楊贊勛　字竹書。江蘇儀徵縣人。咸豐三年二甲五十一名進士。任刑部主事。卒年未五十。著有《見聞録》《省心錄》《紅杏山房詩草》。

藍拔奇　字縵卿。江西興國縣人。咸豐三年二甲五十二名進士。選庶吉士，授編修。

夏家鎬　字伯音。江蘇江寧縣人。咸豐三年二甲五十三名進士，任户部主事、陝西司郎中，纍遷太常寺少卿、通政副使，光緒四年授太僕寺卿，五年改太常寺卿，九月改宗人府丞，七年遷刑部右侍郎。八年以病去職。著有《蚓竅集》。

熊鍾麟　字性仁，號厚岡。江西新昌縣人。咸豐三年二甲五十四名進士。任内閣中書，七年署湖北長樂知縣，遷雲南大理府趙州知州、貴州黔西州知州。

張其文　字焕軒。江西吉水縣人。咸豐三年二甲五十五名進士。任河南葉縣知縣。卒於任。

張曰衛　字冰子，號秋粟、鶴書、思素。浙江仁和縣人。咸豐三年二甲五十六名進士。選庶吉士，散館改廣東香山知縣，同治三年改番禺知縣，八年改從化知縣，官至廣東嘉應知州、南澳同知。著有《白城詩存》。

袁承業　字紹庭，號曉艇。山西翼城縣人。咸豐三年二甲五十七名進士。選庶吉士，授編修。同治七年補湖廣道監察御史，改順天南城巡城御史。辭官後，主講晉陽書院。

龍雲　字伯卿，號紫樵。四川崇慶州人，祖籍湖南常寧。嘉慶二十四年（1819）生。咸豐三年二甲五十八名進士。任户部主事，咸豐六年改湖北鄖西知縣，十一年署改湖北武昌知縣。

黃圖南　字遠德，號滄秋。福建永福縣人。咸豐三年二甲五十九名進士。選庶吉士，授編修。八年督貴州學政，遷侍讀，官至左春坊左庶子。假歸。同治二年（1863）卒。著有《率真集》。

段廣瀛　字宴洲。江蘇蕭縣人。咸豐三年二甲六十名進士。選庶吉士，授編修。同治三年任直隸趙州知州，官至河南糧儲道署河南按察使。

王思沂　字瑞卿、仰會，號興軒。浙江歸安縣人。咸豐三年二甲六十一名進士。任工部主事，升員外郎、郎中，同治七年纍遷至安徽安廬滁和道，光緒三年授安徽按察使，四年七月遷陝西布政使，五年五月曾護理巡撫。光緒九年二月以病免。

蔡兆輅　浙江建德縣人。咸豐三年二甲六十二名進士。九年任浙江嘉興府教授。十年殉難。

雷瑞光　廣西宣化縣人。咸豐三年二甲六十三名進士。五年任福建泰寧知縣。

鄭維駒　江西廣豐縣人。咸豐三年二甲六十四名進士。任浙江即用知縣，欽加同知銜。

黃雲鵠　字湘芸、祥人。湖北蘄州人。道光二十三年舉人，咸豐三年二甲六十五名進士。授刑部主事，遷兵部郎中，外任四川雅州知府，調成都知府，擢四川建昌道、川南道。以老乞歸，主講江漢書院。卒年八十。著有《實其文齋詩鈔》。

徐忠銳 字勵堂。四川遂寧縣人。咸豐三年二甲六十六名進士。任刑部主事。假歸辦團練，回部後卒。

葛桐衛 字承勛，號晋侯。江蘇嘉定縣人。咸豐三年二甲六十七名進士。選庶吉士，散館改知縣，官至浙江侯補道，署金華知府。

張𬙋霄 字伯昂。山東齊河縣人。咸豐三年二甲六十八名進士。任刑部主事、山西司員外郎，記名御史。

麟　書 字素文，號芝庵。滿洲正藍旗，宗室。道光九年（1829）二月十三日生。咸豐三年二甲六十九名進士。任宗人府主事、鴻臚寺卿，同治四年改太常寺卿，遷內閣學士，八年授盛京禮部侍郎，改刑部、戶部、吏部侍郎。光緒六年遷都察院左都御史，改理藩院尚書，兼步軍統領，九年起改工部、刑部、吏部尚書。十八年八月授協辦大學士，二十一年遷文淵閣大學士，二十二年五月改武英殿大學士。仍兼翰林院掌院學士。光緒二十四年（1898）閏三月初一日卒。享年七十。贈太子太保，入祀賢良祠。謚"文慎"。

徐賡臣 字良卿，號韻初。奉天復州人。咸豐三年二甲七十名進士。選庶吉士，散館七年改直隸肥鄉知縣，官至直隸州知州。

張冲魁 字枕參。山西保德州

人。咸豐三年二甲七十一名進士。署河南商水知縣，補河南柘城知縣。卒於任。

李步瀛 河南閿鄉縣人。咸豐三年二甲七十二名進士。六年任四川天全知州，同治三年任四川中江知縣。因不稱職革。

劉志沂 江西臨川縣人。咸豐三年二甲七十三名進士。任刑部主事、員外郎、郎中，光緒九年官至陝西潼商道。

穆蘭泰 滿洲鑲黃旗人。咸豐三年二甲七十四名進士。任刑部主事。

孫恩壽 字韻武。直隸清苑縣人。咸豐三年二甲七十五名進士。任戶部主事，禮部員外郎、郎中，同治元年至六年官至江蘇揚州知府。

師長灼 字伯駿，號疊華。陝西韓城縣人。咸豐三年二甲七十六名進士。任戶部主事，升郎中，同治十一年授江南道御史，光緒元年任順天西城巡城御史，七年任順天中城巡城御史，升刑科給事中。

劉毓棠 河南祥符縣人。咸豐三年二甲七十七名進士。五年六月任四川樂至知縣，同治九年署高縣知縣，光緒二年復代理樂至知縣，署榮昌知縣，官至理番廳同知。

曹貽誠 字心一、心儀。湖北江夏縣人。咸豐元年舉人，三年二甲七十八名進士。選庶吉士，散館改知縣，官至禮部郎中。同治二年充會試同考官。

曼惠吉 字壽農，號迪齋。河

南寶豐縣人。咸豐三年二甲七十九名進士。選庶吉士，散館改知縣，升福建知府。

包欣芳 字榮皋，號鳳笙、蒒石。四川南溪縣人。道光二十四年舉人，咸豐三年二甲八十名進士。選庶吉士，改刑部主事。早卒。著有《留雲館塾課》。

慶　文 漢軍正黃旗。咸豐三年二甲八十一名進士。同治五年任山西汾陽知縣，光緒元年改垣曲知縣，七年復任汾陽縣，十二年改山西太原知縣。

黃秩韶 字雨九。江西宜黃縣人。咸豐三年二甲八十二名進士。五年代辦四川梁山知縣，十年任四川丹稜知縣，同治五年改峨嵋知縣。

李漢章 陝西城固縣人。咸豐三年二甲八十三名進士。任山西榮河知縣。

父李鑑，道光十二年進士。

陳榮紹 字子惠。江蘇江陰縣人。咸豐三年二甲八十四名進士。任戶部主事。廣西司兼河南司行走。

賴運揚 字頌墀。江西豐新縣人。咸豐三年二甲八十五名進士。任刑部主事。安徽司行走。

李廷簫 字小軒，號成九。湖北黃安縣人。道光十一年（1831）九月二十四日生。咸豐二年舉人，三年二甲八十六名進士。任戶部主事，升郎中，光緒元年授陝西道御史，二年改順天西城、北城巡城御史，十三年外任江蘇江寧知府，改

河南歸德知府，二十二年遷安徽安廬滁和道，二十五年授山西按察使遷山西布政使，二十六年改甘肅布政使，護陝甘總督。二十七年正月革。二十八年（1902）卒。年七十二。

潘國鏞 江西新城縣人。咸豐三年二甲八十七名進士。五年任山西榮城知縣，同治元年任廣西武緣知縣。

何耀綸 字雲舫。山西靈石縣人。咸豐三年二甲八十八名進士。選庶吉士，改吏部主事，遷員外郎、考工司郎中，官至四川順慶知府。

谷　暄 雲南趙州人。咸豐三年二甲八十九名進士。四年任河南濟源知縣。

李　淇 漢軍鑲藍旗。咸豐三年二甲九十名進士。任內閣中書，官至吏部稽勛司郎中。

蔣理祥 字吉雲。廣東東莞縣人。咸豐三年二甲九十一名進士。選庶吉士。

靳邦慶 字迪臣，號廣與。廣西臨桂縣人。咸豐三年二甲九十二名進士。選庶吉士，散館改吏部主事，升員外郎，九年入值任軍機章京，官至浙江衢州知府。

方　駿 字卓群，號鏡湖。浙江西安縣人。咸豐三年二甲九十三名進士。授工部營繕司主事，升郎中，記名御史。

薛時雨 （1818—1885）字慰農、澍生，晚號桑根老人。安徽全椒縣人。咸豐三年二甲九十四名進士。

四年任浙江嘉興知縣，八年改嘉善知縣，署嘉興知府，授杭州知府，署糧儲道。年未五十以病辭歸。後主講崇文書院。光緒十一年（1885）卒於江寧。年六十八。著有《藤香館詩刪》《詞刪》《札記》等書。

章永康 字子和、晉堂，號瑟廬。貴州大定府人。咸豐三年二甲九十五名進士。選庶吉士。改內閣中書。母喪歸。同治三年（1864）城破殉難，年三十三。贈內閣侍讀銜。著有《瑟廬詩草》十六卷、《瘦梅書屋詩存》一百二十四卷、《海粟樓詞》十二卷。

田景瀛 字翰池。河南林縣人。咸豐三年二甲九十六名進士。選庶吉士，散館改吏部主事，同治六年任陝西鄜州直隸州知州。

李新莊 湖南寧鄉縣人。道光七年（1827）生。咸豐三年二甲九十七名進士。任刑部陝西司主事，遷廣東司郎中，記名道員。

黃翰華 廣東四會縣人。咸豐三年二甲九十八名進士。任刑部主事，改廣州府教授。

曾椿壽 字靈皋。江西臨川縣人。咸豐三年二甲九十九名進士。選庶吉士，授編修。改兵部員外郎，官至知府。

侯嗣章 廣東嘉應州人。咸豐三年二甲一百名進士。任戶部主事。

郁銘 字剛克，號燕山。浙江海鹽縣人。咸豐三年二甲一百零一名進士。任刑部主事。

李佩琳 字玉泉。江西宜春縣人。咸豐三年二甲一百零二名進士。選庶吉士，散館改福建上杭知縣，同知銜。

馬恩溥 （1820—1874）字雨農，號芝楣。雲南太和縣人。咸豐三年二甲一百零三名進士。選庶吉士，授編修。十年會試同考官，督安徽學政，遷侍讀學士，同治六年充廣東鄉試副考官，遷少詹事，十年授詹事，十一年遷內閣學士。十二年充福建鄉試主考官，督江蘇學政，十三年卒於任，年五十五。

田際春 字芳村。甘肅隴西縣人。咸豐三年二甲一百零四名進士。任刑部主事。

尹耀宗 字貽堂。山東諸城縣人。咸豐三年二甲一百零五名進士。任禮部主事，升員外郎。

董學履 字爾安，號樵孫。浙江鄞縣人。咸豐三年二甲一百零六名進士。任刑部主事，官至廣西慶遠府知府。

周延年 字菊溪。直隸南皮縣人。咸豐三年二甲一百零七名進士。河南即用知縣。

第三甲一百一十二名

武驪珠 字碧潭，號探卿。山西榮河縣人。咸豐三年三甲第一名進士。選庶吉士，改河北唐山知縣。未赴任卒。

李廷鉽 直隸易州人。咸豐三年

三甲第二名進士。任湖北咸寧知縣。

汪時渭 安徽旌德縣人。咸豐三年三甲第三名進士。任湖南知縣，升同知。

王袞 廣東高要縣人。咸豐三年三甲第四名進士。任刑部四川司主事，升郎中，官至直隸宣化府知府。

任式坊 字亦春、春浦，號毅民。順天密雲縣人。嘉慶二十年（1815）生。咸豐三年三甲第五名進士。任禮部主事，擢員外郎，十一年外任江西瑞州知府，丁憂。同治五年（1866）授貴州安順府知府。十一月赴任經貴州玉屏縣遇賊被害，年五十二。贈太僕寺卿銜。予雲騎尉世職。

聶泰 字夢蓮，號幼菊。湖南衡山縣人。嘉慶二十五年（1821）生。咸豐三年三甲第六名進士。選庶吉士，改知縣，官至廣東高州知府，補用道員。

傅壽彤 （1818—1887，原名傅昶青）字青餘、玉叔，號澹琴、澹叟。貴州貴築縣人。咸豐三年三甲第七名進士。選庶吉士，未散館從軍，以記名知府留河南治兵，與太平軍轉戰。後任歸德、南陽、開封知府，授南汝光兵備道，光緒元年擢河南按察使，調署布政使。因被糾參辦賑不善，挂冠去。著有《汴城籌防備覽》《孔庭學裔》《孝經述》等。

父傅潢，嘉慶十六年進士。

傅起巖 字古民。江西南昌縣人。咸豐三年三甲第八名進士。任刑部主事。

張煦 字藹如，號春浦、小山、毅齋。甘肅靈州人。道光七年（1827）七月初二日生。咸豐三年三甲第九名進士。任刑部主事，升員外郎、郎中，京察一等出任貴州鎮遠知府，調貴陽知府，丁母憂服闋，光緒八年補貴州貴東道。九年授陝西按察使遷廣東布政使，改山西布政使，十四年九月授陝西巡撫，十五年十二月改湖南巡撫，十八年閏六月調山西巡撫。光緒二十一年（1895）正月召陞。七月卒，年六十九。

陸汝疇 字鳳旭。廣西灌陽縣人。咸豐三年三甲第十名進士。任戶部主事，改咸安宮教習。

崔承之 山東茌平縣人。咸豐三年三甲十一名進士。任內閣中書。

汪世澤 字少谷。雲南昆明縣人。咸豐三年三甲十二名進士。同治三年署江西龍泉知縣、浮梁知縣，五年署臨川知縣，八年署江西新建知縣，十年任南昌知縣，調陝西醴泉知縣。

屈懷珠 字星五。四川鄰水縣人。道光二十四年舉人，咸豐三年三甲十三名進士。任江西貴溪、新建知縣，八年遷南昌知縣，同知銜。同治元年署江西崇仁知縣。

金益謙 字受益，號懷谷。江西高安縣人。咸豐三年三甲十四名進士。七年任河南涉縣知縣，改刑部主事。

韓綏昌　字漱泉。江蘇銅山縣人。咸豐三年三甲十五名進士。五年代理山東諸城知縣，八年改山東陵縣知縣。

榮誥　字鳳樓。蒙古正白旗人。咸豐三年三甲十六名進士。四年、八年、同治元年、同治三年四任邢臺知縣，九年改直隸開州知州。

程維清　字秋甫。福建侯官縣人。咸豐三年三甲十七名進士。選庶吉士。散館改戶部陝西司主事。早卒。

岳秉炬　號濟亭。四川南充縣人。嘉慶二十四年舉人，咸豐三年三甲十八名進士。

恩承　字露圃。滿洲鑲黃旗，葉赫那拉氏。嘉慶二十五年（1820）二月二十九日生。咸豐三年三甲十九名進士。任筆帖式，纍遷禮部郎中、侍讀學士，同治元年授太常寺卿，遷內閣學士。四年革。五年授理藩院侍郎，歷工部、禮部、刑部、吏部侍郎。光緒四年遷都察院左都御史、正藍旗漢軍都統，五月改禮部尚書兼步軍統領。五年加太子少保，十年五月改刑部尚書，調吏部尚書，九月授協辦大學士，十一年十一月遷體仁閣大學士，十五年二月改東閣大學士。光緒十八年（1892）閏六月二十三日卒。享年七十三。贈太子太保，入祀賢良祠。謚“文慎”。

朱儀訓　字光啓、雪塍，號燮臣。順天大興縣人，原籍江蘇陽湖。道光二年十二月初七（1822年1月）生。咸豐三年三甲二十名進士。任工部主事、員外郎，升郎中，光緒九年授山西道御史。

陳秀芝　廣西興安縣人。咸豐三年三甲二十一名進士。

胡子材　陝西鎮安縣人。咸豐三年三甲二十二名進士。任四川閬中知縣，同治元年任四川丹稜知縣，升巴州知州。

單象庚　奉天府金州廳人。咸豐三年三甲二十三名進士。五年署直隸慶雲知縣，八年改清豐知縣。

況逢春　字元初，號藹如。江西上高縣人。咸豐三年三甲二十四名進士。五年十二月任廣西平樂知縣。

張殿元　陝西岐山縣人。咸豐三年三甲二十五名進士。任工部主事。

瑞聯　字珠垣，號睦庵。正藍旗宗室。道光十年十二月二十四日（1831年2月）生。咸豐三年三甲二十六名進士。選庶吉士，授檢討。任國子監祭酒，同治五年授詹事，遷內閣學士。六年遷盛京兵部侍郎，改盛京刑部、盛京戶部侍郎。十二年授熱河都統改察哈爾都統，光緒三年任綏遠將軍改杭州將軍。六年授工部尚書，九年二月調兵部尚書，十年改江寧將軍。閏五月以病免職。光緒十八年（1892）六月卒，年六十三。

趙鳴琴　河南澠池縣人。咸豐三年三甲二十七名進士。七年十二月署山東博平知縣。

封蔚初　字少霞。廣西容縣人。咸豐三年三甲二十八名進士。任内閣中書，同治十一年任湖北蘄州知州，光緒二年回任，八年復任蘄州知州，在任候補直隸州，加知府銜。

陳瑞氝　字諸濟、沅浦。福建長樂縣人。咸豐三年三甲二十九名進士。任山西趙城知縣，同治三年改和順知縣。

李淇　漢軍鑲黃旗。咸豐三年三甲三十名進士。九年任江西大庾知縣。

杜田之　字甸南。直隸隆平縣人。咸豐三年三甲三十一名進士。任刑部主事，官至刑部員外郎。在部十餘年致仕歸。

喬蔭甲　陝西三原人。咸豐三年三甲三十二名進士。任户部主事。

李咸　雲南太和縣人。咸豐三年三甲三十三名進士。咸豐五年署江西南昌府通判。

李上林　字漢圃，號杏莊。江西上高縣人。咸豐三年三甲三十四名進士。四年任直隸交河知縣，六年改順天府順義知縣，兼署懷柔知縣，七年擢直隸薊州知州。

張照南　字午亭。甘肅皋蘭縣人。咸豐三年三甲三十五名進士。任户部主事、山西司員外郎，遷河南司郎中。在部任職近三十年。歸後主五泉書院。

曹俊亮　四川榮縣人。咸豐三年三甲三十六名進士。任刑部主事，改陝西潼興街同知，改雲南禄勸知縣，官至雲南武定直隸州知州。

陸履貞　字步衢。河南武陟縣人。咸豐三年三甲三十七名進士。任内閣中書，改宗人府主事。

賈鐸　字振之，號宜亭。河南光州人。咸豐三年三甲三十八名進士。任吏部主事，進郎中，同治三年授山西道御史，改順天南城、西城巡城御史，官至雲南大理府知府、曲靖知府。

周範　貴州畢節縣人。咸豐三年三甲三十九名進士。任刑部主事，光緒四年官至雲南順寧府知府，十三年改普洱知府、曲靖知府。

趙敏　字修來。河南鞏縣人。咸豐三年三甲四十名進士。任安徽懷遠知縣。

姚亮臣　字筠農。直隸遷安縣人。咸豐三年三甲四十一名進士。選庶吉士，散館七年改河南通許知縣。

劉應龍　山東樂安縣人。咸豐三年三甲四十二名進士。十一年授甘肅隴西知縣。

柳炯　字照岩，號鑒堂、瀛山。甘肅静寧州人。咸豐三年三甲四十三名進士。選庶吉士，八年任四川江安知縣。

葉葆元　字體仁，號春伯。浙江仁和縣人。咸豐三年三甲四十四名進士。五年任廣西興業知縣，七年改廣西賀縣知縣，遷廣西全州知州、鬱林直隸州知州，同治七年官至廣西太平府知府。

李　檀　河南滎陽縣人。咸豐三年三甲四十五名進士。任戶部主事，九年改浙江定海廳同知。

吳熙年　福建侯官縣人。咸豐三年三甲四十六名進士。

燕　晉　直隸獻縣人。咸豐三年三甲四十七名進士。任國子監監丞。

陶汝霖　字商岩。江蘇高淳縣人。咸豐三年三甲四十八名進士。五年任山西蒲縣知縣，因忤上峰撤職。同治元年署山西榮河知縣，調徐溝知縣、安澤知縣，補岳陽知縣，九年調寧鄉知縣，改山西安邑知縣，護解州知州，署解州鹽道，候選知府。年六十五卒於任。著有《惜蔭齋文集》。

周鍾岱　（原名周述謙）貴州思南府人。咸豐三年三甲四十九名進士。任江西瑞昌知縣。

歐陽廷景　貴州餘慶縣人。咸豐三年三甲五十名進士。七年任廣西永福知縣。

鄧國光　字潤生。廣西藤縣人。咸豐三年三甲五十一名進士。任山西懷仁知縣，改山西屯留知縣。卒於任。

閻敦本　山西太谷縣人。咸豐三年三甲五十二名進士。任山西大同府教授。

曹會成　奉天錦縣人。咸豐三年三甲五十三名進士。任吏部稽勳司主事。

果漢源　順天良鄉縣人。咸豐三年三甲五十四年進士。任吏部主事，官至吏部驗封司員外郎。

凌松林　字曉渠。河南西華縣人。咸豐三年三甲五十五名進士。四年任直隸肥鄉知縣，五年改雄縣知縣，在任七年，同治元年任直隸永定河北岸同知。官至直隸候補知府。

郝本裕　河南武安縣人。咸豐三年三甲五十六名進士。歷任陝西商南、扶風等知縣。

紀　暘　字寅谷。順天文安縣人。咸豐三年三甲五十七名進士。任吏部文選司主事。

苟斐然　陝西扶風縣人。咸豐三年三甲五十八名進士。任刑部主事。

吳鴻鈞　雲南昆明縣人。咸豐三年三甲五十九名進士。

翟寶善　陝西富平縣人。咸豐三年三甲六十名進士。任四川新津知縣，同治年間改四川興文知縣。

徐克剛　字經畬，號壬階。山西保德州人。咸豐三年三甲六十一名進士。任禮部主事，遷禮部郎中，光緒五年補山東道御史。

楊元溥　雲南太和縣人。咸豐三年三甲六十二名進士。

王蓮塘　字吏香，號雨舲。山東諸城縣人。咸豐三年三甲六十三名進士。河南即用知縣，任汜水、新安、洛陽、澠池、杞縣知縣。升鄭州知州，擢知府。年已六十，挂冠歸田。卒年七十五。

劉肇域　直隸獻縣人。咸豐三年三甲六十四名進士。九年任直隸大名府教授。

何鎮之　河南光州人。咸豐三年三甲六十五名進士。四年任福建建安知縣。

賈樹勛　字酉山。河南武安縣人。咸豐三年三甲六十六名進士。歷任浙江浦江、分水、餘姚等知縣，有循聲。九年襄辦軍務後告歸。復主書院，卒年八十四。

朱聯奎　字淳夫，號星渣。湖南郴州人。嘉慶二十二年（1817）生。咸豐三年三甲六十七名進士。任刑部主事。

覃遠璲　湖南石門縣人。咸豐三年三甲六十八名進士。六年署廣西陸川知縣，九年改宣化知縣。

黃見三　福建長樂縣人。咸豐三年三甲六十九名進士。五年任河南氾水知縣，九年改內黃知縣，同治元年官至河南睢州知州。

薩維翰　（一作薩維瀚）字聿汀，號希亭。福建閩縣人。咸豐三年三甲七十名進士。五年任河南伊陽知縣。

王作孚　（原名王永恩）字信臣、汝惠，號春亭。貴州綏陽縣人。咸豐三年三甲七十一名進士。選庶吉士，散館改兵部主事，升員外郎，記名御史，同治元年擢江西瑞州知府，九年調署山東曹州知府，光緒二年署充沂曹濟道、濟東泰武臨道，十七年官至山東鹽運使，曾署布政使。卒於任。著有《金字山房詩稿》。

珂克僧額　滿洲鑲藍旗人。咸豐三年三甲七十二名進士。任刑部主事。

傅國卿　雲南昆明縣人。咸豐三年三甲七十三名進士。同治二年任山西興縣知縣。

王炳壇　字杏樵。山西稷山縣人。咸豐三年三甲七十四名進士。任兵部主事，光緒十年官至直隸深州直隸州知州。

高鴻儒　甘肅金縣縣人。咸豐三年三甲七十五名進士。任主事，改廣西西林知縣。

張　昭　字曉崖。貴州綏陽縣人。咸豐三年三甲七十六名進士。五年任順天延慶、寧河知縣，在任四年有政聲，八年調宛平知縣，九年辦理永定河工，以知府候補。著有《二銘窗詩元賦稿》。

崔　瀾　字靜方。河北獻縣人。咸豐三年三甲七十七名進士。六年任山東茌平知縣。十年署諸城知縣。

徐從樞　（原名徐從龍，改名）四川溫江縣人。咸豐三年三甲七十八名進士。四年任四川嘉定府教授。

曾思沂　號泗源。雲南通海縣人。咸豐三年三甲七十九名進士。同治六年任廣西北流知縣，補懷遠知縣。未任而卒。

楊福豫　雲南麗江縣人。咸豐三年三甲八十名進士。

張象鼎　山東濰縣人。咸豐三年三甲八十一名進士。任河南長葛知縣。

周士俊　字子英。甘肅皋蘭縣人。咸豐三年三甲八十二名進士。

任內閣中書，七年改廣東長樂知縣，署高明縣，調署番禺知縣，同治三年署羅定知州，五年署嘉應知州，署香山、揭陽知縣，擢潮州知府。未任卒。

劉　曦　號升庵。河南林縣人。咸豐三年三甲八十三名進士。三年任浙江宣平知縣，八年署泰順知縣。

程惇甲　湖北孝感縣人。道光二十年舉人，咸豐三年三甲八十四名進士。三年任湖北武昌府教授。

趙昌業　字光坪。山西寧鄉縣人。咸豐三年三甲八十五名進士。選庶吉士，散館改禮部主事。

孫兆蘭　廣東高要縣人。咸豐三年三甲八十六名進士。

江懷廷　字獻卿，號蘭皋。福建長汀縣人。咸豐三年三甲八十七名進士。四川即用知縣，署溫江、蓬州、南溪、雙流、崇慶、南充等州縣，授璧山知縣，加同知銜。光緒八年（1882）九月十五日卒，年六十四。

牛　宜　字方山。山西朔州人。咸豐三年三甲八十八名進士。五年任浙江寧海知縣，七年改浙江於潛知縣，九年改義烏知縣。

孫　杰　（原名孫昌烈）字鳳樓。雲南蒙化廳人。咸豐三年三甲八十九名進士。任浙江孝豐知縣。

傅斯懌　字用之、豫齋。山東聊城縣人。咸豐三年三甲九十名進士。任浙江里安知縣，九年改嘉善知縣，光緒九年官至浙江湖州知府，十二年（1886）代杭州知府。僅三

月以疾卒。

席樹馨　字鶴如。直隸懷來縣人。咸豐三年三甲九十一名進士。同治十三年署四川峨嵋知縣，光緒元年任四川長寧知縣，五年署南溪知縣。

喬學易　河南孟津縣人。咸豐三年三甲九十二名進士。八年任江蘇高淳知縣。

呂際韶　字九成。陝西咸寧縣人。咸豐三年三甲九十三名進士。任戶部主事，五年改甘肅隆德知縣，升丹噶爾同知，署固安同知、固原知州、寧夏知府，同治二年叛回攻城，夫妻同自盡，贈太僕寺卿銜。

蔣常垣　字星門。陝西漢陰廳人。咸豐三年三甲九十四名進士。任戶部主事，光緒七年纍遷湖南寶慶府知府。在任二年告歸。年八十三卒。

王　佑　字竹溪。山東恩縣人。道光二十四年舉人，咸豐三年三甲九十五名進士。五年任陝西清澗知縣，改安徽英山知縣，以同知升用。積勞致疾，卒於任。

韓樹屏　甘肅文縣人。咸豐三年三甲九十六名進士。即用知縣，同治五年任四川清溪知縣。

陳玉堂　雲南昆明縣人。咸豐三年三甲九十七名進士。五年署四川西充知縣，任四川南充知縣，十一年改安縣知縣，同治二年改雲陽知縣。

彭繩祖　字觀堂。甘肅秦安縣人。咸豐三年三甲九十八名進士。署河南嵩縣知縣，以捍寇功加運同

衔，以直隸州用補河南南召知縣。告歸，卒年八十五。

曹以燿 字映遐。山東定陶縣人。咸豐三年三甲九十九名進士。任浙江桐廬、鎮海、嘉善知縣，捐奉擢知府。乞歸後優游林下，抄書論文自娛。

馬道亨 陝西合陽縣人。咸豐三年三甲一百名進士。任知縣。

林發深 字育泉。四川樂至縣人。道光二十年舉人，咸豐三年三甲一百零一名進士。任甘肅武威知縣，同治元年官至甘肅涇州知州。歷任八年積勞成疾，解任貧不能歸，各界積資治裝，未抵家卒。涇人謳頌曰"涇細福星。"

林大木 字棟軒，號梅溪。山東德州人。咸豐三年三甲一百零二名進士。任河南鹿邑知縣。

劉德驤 山東昌邑人縣。咸豐三年三甲一百零三名進士。官至刑部員外郎。

蘇名顯 字炳臣。直隸交河縣人。咸豐三年三甲一百零四名進士。五年代理濰縣知縣，六年署山東平原知縣，七年任齊東知縣，十一年六月任榮城知縣，同治八年任嶧縣知縣，十一年調山東泰安知縣，十二年再任嶧縣知縣，光緒元年任山東滕縣知縣，再任泰安知縣，候升直隸州加二品銜。以疾卒。

孫長慶 山東蓬萊縣人。咸豐三年三甲一百零五名進士。即用知縣發江西，歷上高、鉛山、峽山、瑞金、吉水知縣。

童梜 字牧村，號樸人、遜庵。四川新津縣人。咸豐三年三甲一百零六名進士。選庶吉士，授檢討。官至廣東雷瓊道。

謝輔墀 字惺齋。浙江鎮海縣人。咸豐三年三甲一百零七名進士。選庶吉士，改知縣，又改浙江處州府教授。

謝膺禧 字奕堂，號均卿、笑同。順天大興縣人。嘉慶十六年（1811）生。咸豐三年三甲一百零八名進士。任吏部主事，升郎中，同治三年授浙江道御史，纍遷四川成綿龍茂道，光緒二年授安徽按察使。三年以病免職。

劉灝 甘肅會寧縣人。咸豐三年三甲一百零九名進士。即用知縣，五年任直隸故城知縣。

唐綏章（榜名唐世翼，改名）貴州松桃廳人。咸豐三年三甲一百十名進士。六年任浙江縉雲知縣，七年改平陽知縣。

張增祥 號晉卿。河南密縣人。咸豐三年三甲一百十一名進士。十年署廣西北流知縣，同治元年改廣西桂平知縣。卒於任。

晉騏 字海瀾。安徽全椒縣人。咸豐三年三甲一百十二名進士。以知縣用，改選安徽潁州府教授，後聘主講淮濱書院，告歸後年七十八卒。

咸豐六年（1856）丙辰科

第一甲三名

翁同龢　字叔平、訒夫，號聲甫、松禪。江蘇常熟縣人。道光十年（1830）四月二十七日生。體仁閣大學士翁心存子。咸豐六年一甲第一名狀元。歷任翰林院修撰。陝西學政、贊善、中允、弘德殿行走、國子監祭酒。同治九年授太僕寺卿，遷內閣學士、戶部侍郎，光緒四年授都察院左都御史，歷刑部尚書、工部尚書。七年九月加太子少保，十一年八月調戶部尚書，二十三年八月授協辦大學士，軍機大臣。成爲光緒帝智囊。二十四年四月戊戌政變解職。光緒三十年（1904）五月二十一日卒。享年七十五。宣統元年五月追復原官，追謚"文恭"。曾爲同治帝、光緒帝師傅。爲清末藏書家，藏書處曰"瓶廬"。著有《翁文恭公日記》《瓶廬詩文稿》等。

孫毓汶　字彙溪，號萊山。山東濟寧州人。道光十四年（1834）六月二十四日生。咸豐六年一甲第二名榜眼。任編修。遷司經局洗馬、侍講學士，同治九年督福建學政，光緒五年授詹事，督安徽學政，遷內閣學士，七年遷工部侍郎。十年入直軍機大臣。十四年改吏部侍郎，十五年遷刑部尚書，加太子少保，十九年十二月改兵部尚書。光緒二十五年（1899）三月初七日卒，年六十六。謚"文恪"。著有《遲庵集杜詩》。

洪昌燕　字敬傳，號張伯。浙江錢塘縣人。咸豐六年一甲第三名探花。授編修。八年充河南鄉試副考官，十年任會試同考官，十一年授江南道御史，改順天東城、北城巡城御史，官至工科掌印給事中。同治八年（1869）卒。著有《務時敏齋詩稿》。

第二甲一百名

鍾寶華　字煥文，號莊山。浙江蕭山縣人。咸豐六年二甲第一名進士。選庶吉士，授編修。升侍講學士，同治三年任陝西學政。著有

《綠漫廬詩集》。

史崧秀 字琴生，號晴孫。江蘇溧陽縣人。咸豐六年二甲第二名進士。選庶吉士，改吏部主事，升員外郎、郎中。同治八年入值任軍機章京。十三年遷四川敘州知府，升道員，鹽運使銜。

趙有淳 （改名趙佑宸）字仲淳，號粹甫、蕊史。浙江鄞縣人。咸豐六年二甲第三名進士。選庶吉士。授編修，同治三年督山東學政，遷江蘇鎮江知府，光緒六年改江寧知府，纍遷通政司副使，光緒十一年遷太僕寺卿，十二年改大理寺卿，罷職。著有《平安如意詩文鈔》。

徐昌緒 字子正，號琴舫。四川豐都縣人。咸豐六年二甲第四名進士。選庶吉士，授編修。官至侍講學士。以肅順黨被免職，歸後主講東川書院二十餘年，能文工書。

雷榜榮 字瀛仙。陝西朝邑縣人。咸豐六年二甲第五名進士。任刑部主事、員外郎，升郎中，光緒十二年外任福建延平府知府。代理延建邵兵備道，以疾歸，卒於湖北旅次。

弟雷棣榮，同治十三年進士。

李壽蓉 字篁仙，號秋白。湖南長沙縣人。道光五年（1825）生。咸豐六年二甲第六名進士。任戶部主事，官至湖北候補道，光緒十六年署湖北漢黃德道。光緒二十年（1894）卒。

沈秉成 （原名沈秉輝）字玉汝，號仲復。浙江歸安縣人。道光二年（1822）九月初十日生。咸豐六年二甲第七名進士。選庶吉士，授編修。纍遷雲南迤東道，勸民植桑養蠶，調任江蘇常鎮道、江蘇蘇松太道，同治十三年授河南按察使改四川按察使，光緒元年以病免職。十年十一月授順天府尹，兼總理各國事務衙門大臣，十二年遷內閣學士，十三年七月改廣西巡撫，十四年十月調安徽巡撫。光緒二十年（1894）四月解職。七月十九日卒。年七十三。

陳彬綬 字子蔚，號吟舫。湖南善化縣人。道光四年（1824）生。咸豐六年二甲第八名進士。選庶吉士，授編修。

延 煦 字育卿，號樹南。正藍旗宗室。道光八年（1828）八月十四日生。任禮部主事，咸豐六年二甲第九名進士。選庶吉士，授編修。遷四品京堂、贊善、翰林院侍讀學士，同治三年授詹事遷內閣學士，進盛京兵部侍郎。六年改戶部侍郎、倉場侍郎，光緒二年調熱河都統，九年授左都御史，十年改理藩院尚書，五月調禮部尚書。十二年兩宮謁東陵，慈禧太后不欲對孝貞顯皇后行跪拜禮，延煦堅持不可，慈禧甚怒，不得已跪拜如儀。光緒十三年（1887）二月二十八日卒。年六十。其與他人合作《避暑山莊圖》為藝林珍品。

譚鍾麟 （原名譚二監）字雲覲，號文卿。湖南茶陵州人。道光二年（1822）三月十九日生。咸豐六年二甲第十名進士。選庶吉士，授編修。同治二年授江南道御史，五年外任浙江杭州知府，升浙江杭嘉湖道，七年授河南按察使遷陝西布政使，光緒元年二月遷陝西巡撫改浙江巡撫，七年八月遷陝甘總督。十四年二月病免。十七年四月授吏部侍郎，十八年五月改閩浙總督，二十年正月加太子少保，十月改四川總督，二十一年三月改兩廣總督。二十五年十一月解職。光緒三十一年（1905）二月十二日卒。年八十四。諡"文勤"。著有《蠶桑輯要》。

洪調緯 字幼元，號耒農。湖北江夏縣人。道光二十九年舉人，咸豐六年二甲十一名進士。選庶吉士，授編修。十一年充廣西鄉試正考官，同治元年任河南鄉試副考官，三年升福建道御史。

汪祖綬 字漢青、岸青，號無綸。安徽盱眙縣人。咸豐六年二甲十二名進士。選庶吉士，改江蘇吳縣知縣，歷金山、新陽、常熟、青浦、江陰等縣知縣，同治七年署松江府同知，補用直隸州知州。編著有《青浦縣志》。

華晉芳 字藝泉，號孟塤、菡洲。江蘇金匱縣人。咸豐六年二甲十三名進士。選庶吉士。

楊秉璋 字禮南，號莪士。安徽懷寧縣人。咸豐六年二甲十四名進士。選庶吉士，授編修。升侍講學士，署國子監祭酒，同治二年官至侍讀學士。督四川學政。

曾祖楊汝毅，康熙三十九年進士。

蔣彬蔚 字頌芬，號子良。江蘇吳縣人。咸豐六年二甲十五名進士。選庶吉士，授編修。同治二年授湖廣道御史，改順天中城、西城巡城御史，官至刑科掌印給事中。曾續成《董方立漢官譜》，取李志常所撰《丘長春西游記》，考其山川道里，釋以今名，纍數千言。

唐嘉德 字實齋，號用修、薇階。江蘇六合縣人。咸豐六年二甲十六名進士。選庶吉士，十年改江西吉水知縣，調貴溪知縣未任。官至湖北鹽茶道，司宜昌鹽稅。卒於任。

馮端本 字子立。河南祥符縣人。咸豐六年二甲十七名進士。十一年任直隸玉田知縣，改饒陽知縣，改刑部主事，升員外郎，官至廣東廣州府知府。

徐景軾 字同瞻、抑齋，號肖坡，室名草心閣。安徽歙縣人。咸豐六年二甲十八名進士。選庶吉士，改禮部主事。同治二年入值任軍機章京，升禮部郎中，八年授湖廣道御史，外官任四川雅州知府、夔州知府、成都知府，官至四川成綿龍茂道、建昌道。著有《草心閣自訂年譜》《草心閣詩存》。

張衍熙 字子緝。山東海豐縣人。咸豐六年二甲十九名進士。任刑部主事，告養歸。十年後親喪回京，後升員外郎、郎中，光緒二十年外任陝西鳳翔知府。在任三年告歸。

龔嘉儁 字幼安。雲南昆明縣

人。道光十年（1830）生。咸豐六年二甲二十名進士。任禮部主事，員外郎、郎中，同治十年遷浙江紹興知府，光緒元年官至浙江杭州府知府。居官清廉，卒後家無餘財，妻子留浙寄居雲貴會館。著有《銅音館詩集》。

父龔綬，嘉慶十六年進士。

夏同善 字舜樂，號子松。浙江仁和縣人。道光十一年（1831）二月十九日生。咸豐六年二甲二十一名進士。選庶吉士，授編修。歷任右庶子、侍講學士，同治六年督順天學政，授詹事。十年遷兵部侍郎，督江蘇學政，光緒五年改吏部侍郎，曾授皇帝學業。六年（1880）七月二十四日卒。年五十。宣統年間追謚"文敬"。

柴友芝 字眉叔，號鹿筵。山西襄陵縣人。咸豐六年二甲二十二名進士。選庶吉士，改戶部主事。同治間辭官後主講姑汾書院。同治六年抵抗捻軍，被殺。

周才錦 江西瑞昌縣人。咸豐六年二甲二十三名進士。任禮部主事。

李士芸 字荔園、康飴，號萊峰。直隸高陽縣人。咸豐六年二甲二十四名進士。選庶吉士，散館改工部主事。

葉衍蘭 （1823—1897）字蘭臺、南雪。廣東番禺縣人，原籍浙江餘姚。咸豐六年二甲二十五名進士。選庶吉士，散館授戶部主事、員外郎，考取軍機章京、雲南司郎中，

在樞垣二十餘年。歸田後主講越華書院。著有《秋夢庵詞》《續詞》《海岳樓詩集》等。

涂覺綱 字伯衡，號莘佘。湖南長沙縣人。嘉慶二十四年（1819）生。咸豐六年二甲第二十六名進士。任吏部主事，丁父憂服闋，遷文選司員外郎，升郎中，記名知府。丁母憂服闋，年五十八卒。

于光甲 字慎卿。直隸滄州人。咸豐六年二甲二十七名進士。選庶吉士，授編修。大考又降內閣中書。同治年間奉使琉球，官久不遷，卒年五十。

銘　安 字新甫，號鼎臣。滿洲鑲黃旗，葉赫那拉氏。道光八年十二月十九日（1829年1月）生。咸豐六年二甲二十八名進士。選庶吉士，授編修。歷任贊善、少詹事，同治五年授詹事遷內閣學士，十年遷盛京刑部侍郎，光緒三年署，五年授吉林將軍。九年以病免職。三十四年鄉舉重逢加太子少保。宣統三年（1911）閏六月十七日卒，年八十四。贈太子太保。謚"文肅"。著有《止足齋詩存》《東使紀略草》。

李應莘 字稼門。陝西延川縣人。咸豐六年二甲二十九名進士。任內閣中書。

父李宗沆，嘉慶十九年進士。

邵占鰲 字柱峰。順天府東安縣人。咸豐六年二甲三十名進士。任刑部主事，升員外郎。回籍辦團練。

任傳綸 字子鐸，號渭漁、荊

門。江蘇宜興縣人。咸豐六年二甲三十一名進士。選庶吉士，授編修。同治年改雲南平彝知縣、元謀知縣、會澤知縣，官至景東直隸廳同知。

孔憲轂 字玉雙，號閬仙。山東曲阜縣人。咸豐六年二甲三十二名進士。選庶吉士，改戶部江西司主事，升員外郎，同治七年充會試同考官，光緒四年補浙江道御史，五年任順天南城、西城巡城御史。遷吏科掌印給事中。官至廣東肇羅道。爲人正直不畏權貴。

彭潤芳 四川新津縣人。咸豐六年二甲三十三名進士。任刑部主事，官至湖南寶慶府知府。

孫慶恒 浙江山陰縣人。咸豐六年二甲三十四名進士。同治元年任江西湖口知縣，十一年署江西弋陽知縣。

繆冠瀛 順天大興縣人，原籍安徽合肥。咸豐六年二甲三十五名進士。任吏部主事。

龐掌運 字卓卿、治堂，號仙峰、果亭。河南內鄉縣人。咸豐六年二甲三十六名進士。選庶吉士，九年改廣東鎮平知縣。

錫縝（榜名錫淳）字子默，號厚庵。滿洲正藍旗，博爾濟吉特氏。道光三年（1823）三月初一日生。咸豐六年二甲三十七名進士。任戶部主事，遷郎中，同治十一年進江西督糧道，未任。官至駐藏大臣。乞病歸。光緒十三年十二月（1888年1月）卒。年六十五。爲

清代藏書家，藏書處曰"退復軒"。著有《退復軒詩文隨筆》《金貞佑銅印題詞》《感舊拾遺集》。

顏卓之 字鶴臣。貴州大定府（一作湖南清泉）人。咸豐六年二甲三十八名進士。任四川即用知縣。卒於川。

胡義質 字鐵龕。河南光山縣人。咸豐六年二甲三十九名進士。任兵部主事，遷郎中，光緒七年任順天府丞。十年正月開缺。

潘祖同 字桐生，號琴譜。江蘇吳縣人。咸豐六年二甲四十名進士。選庶吉士，授編修。充國史館協修。九年參與程庭桂父子科場舞弊，爲其遞送關節獲罪，發遣新疆。著有《竹山草堂詩稿》《竹山草堂詞稿》《竹山草堂詩補》。

紹祺 字子壽，號秋皋。滿洲鑲黃旗，馬佳氏。道光四年十二月初八日（1825年1月）生。咸豐六年二甲四十一名進士。選庶吉士，授編修。遷國子監司業、右庶子、侍讀學士，同治九年授詹事，遷內閣學士，十三年授刑部侍郎。光緒三年任泰寧鎮總兵，九年授察哈爾都統，十二年二月授理藩院尚書。光緒十四年（1888）十一月卒，年六十四。

鍾孟鴻 字逵於，號遇賓。廣東鎮平縣人。咸豐六年二甲四十二名進士。任刑部主事，升員外郎、郎中，光緒五年授福建道御史。

李貽良 字繼朋。山東利津縣

人。咸豐六年二甲四十三名進士。任內閣中書，刑部員外郎、郎中。以病卒於任。

李　鼎　字定九，號禹堂。雲南晉寧州人。咸豐六年二甲四十四名進士。選庶吉士，授編修。假歸，主育才書院，與侍郎黃琮辦團練，以勞卒於軍中。

卓景濂　字友蓮。四川華陽縣人。道光十一年（1831）生。咸豐六年二甲四十五名進士。任吏部主事、員外郎，光緒三年官至河南懷慶府知府。

祖父卓秉恬，嘉慶七年進士，體仁閣大學士；父卓楳，道光二十年進士。

范運鵬　字搏九，號靜方。四川隆昌縣人。咸豐六年二甲四十六名進士。選庶吉士，改戶部主事、軍機處章京，升郎中，同治七年官至安徽鳳陽知府。

馬元瑞　字兆祥、雲占，號符齋。山東臨清州人。嘉慶二十三年（1818）三月十二日生。咸豐六年會元，二甲四十七名進士。選庶吉士，授編修。同治二年擢江南道御史，升刑科掌印給事中，外授河南河北道。同治六年（1867）九月未赴任卒。年五十。

邢景周　字子紳，號新之、楷夫。陝西平利縣人。咸豐六年二甲四十八名進士。選庶吉士。假歸募團勇防禦太平軍有功，加贊善銜。後太平軍入境，被圍，被執後不屈

被殺。贈知府銜。

嚴　昉　字湘生。雲南宜良縣人。咸豐六年二甲四十九名進士。任刑部主事，遷河南司郎中，同治八年遷湖北漢陽知府，官至湖北武昌府知府，光緒七年以道員候補署漢陽道。

高廷棟　字毓才，號雲松。江蘇江都縣人。咸豐六年二甲五十名進士。選庶吉士。

何崧泰　字駿生。安徽鳳陽縣人。咸豐六年二甲五十一名進士。任直隸任丘知縣，補昌黎知縣，調玉田、清苑縣，同治九年遷天津河防同知，十年升直隸遵化直隸州知州，保至補用道（二品）。卒於官。著有《遼西政紀》《北平政略》。

張振新　字少銘。山西忻州人。咸豐六年二甲五十二名進士。任工部虞衡司主事。以憂歸。主講書院以終。

夏獻馨　字岫村、菊人，號蘭莊。江西新建縣人。咸豐六年二甲五十三名進士。選庶吉士，授編修。十一年、同治元年兩充順天鄉試同考官，三年授山東道御史，升戶部科給事中，十三年、光緒二年、三年三充會試同考官，官至廣東糧儲道。

于宗綬　字少亭。漢軍鑲藍旗。咸豐六年二甲五十四名進士。任吏部主事、文選司員外郎，光緒二年官至四川寧遠府知府、雅州知府。

賈春暄　字昶齋。奉天錦縣人。咸豐六年二甲五十五名進士。選庶吉士，散館改內閣中書，改宗人府

主事、刑部主事，光緒十二年遷陝西郿州直隸州知州，十四年改乾州直隸州知州，四月官至西安知府。

陳蒸 字爲海、子容，號鏡航、雲壑。福建長樂縣人。咸豐六年二甲五十六名進士。選庶吉士，改刑部主事、陝西司行走。

翁延緒 字理臣、纘庭，號小恬。順天宛平縣人。咸豐六年二甲五十七名進士。散館十年改江西武寧知縣。

喻秉綬 字組若、采臣。江西南昌縣人。咸豐六年二甲五十八名進士。選庶吉士。

李宏謨 字禹三，號仲遠。河南祥符縣人。道光八年十二月二十三日（1829年1月）生。咸豐六年二甲五十九名進士。選庶吉士，改兵部主事，升員外郎，同治升郎中，八年授浙江道御史，九年充順天鄉試同考官，光緒四年遷給事中，六年（1880）任順天府丞兼學政。十一月卒於任，年五十三。

邱對欣 廣東瓊山縣人。咸豐六年二甲第六十名進士。十年署直隸新樂知縣，同治四年改直隸柏鄉知縣。

劉昭文 字琴舫，號星垣。廣西臨桂縣人。咸豐六年二甲六十一名進士。選庶吉士，散館改刑部主事，改國子監學錄。

黃體立 字淳罍，號卤薌。浙江里安縣人。咸豐六年二甲六十二名進士。任刑部主事。

弟黃體芳，同治二年進士，通政使。

劉觀光 陝西咸寧縣人。咸豐六年二甲六十三名進士。任河南祥符知縣，十一年改懷慶府同知。

張敬生 字吉人，號杏橋。浙江餘杭縣人。咸豐六年二甲六十四名進士。任戶部主事，官至戶部員外郎。

楊澤山 順天永清人縣。咸豐六年二甲六十五名進士。任刑部貴州司主事，纍遷鴻臚寺少卿，光緒十一年官至光祿寺少卿。

余上華 號繡丞。陝西平利縣人。咸豐六年二甲六十六名進士。任兵部主事，升員外郎、郎中。同治十三年授浙江道御史，光緒五年改順天北城巡城御史，六年遷貴州遵義府知府，十四年遷貴州銅仁知府。

首調元 湖南郴州人。咸豐六年二甲六十七名進士。任刑部主事。

蕭延福 字疇九，號子錫。湖北黃陂縣人。咸豐元年舉人，六年二甲六十八名進士。選庶吉士，散館改吏部主事，官至吏部郎中。

父蕭良城，道光十三年進士。

陳蠡章 山西平定州人。咸豐六年三甲六十九名進士。任兵部主事。

李文瀛 （原名李文淳）字厚甫。江西南豐縣人。咸豐六年二甲七十名進士。任兵部主事，十一年官至浙江嚴州府知府。殉難。

劉書雲 字緱卿。江蘇寶應縣人。咸豐六年二甲七十一名進士。任內閣中書。

趙貢玉 字寶臣。甘肅靜寧州

人。咸豐六年二甲七十二名進士。任刑部主事，主江南司幫辦團練。卒於趙州旅次。

傅慶貽 字哲生，號豈孫。直隸清苑縣人。咸豐元年舉人，六年二甲七十三名進士。任吏部主事，纍遷四川鹽茶道，光緒二年授湖南按察使，五年遷安徽布政使，六年以四川鹽茶道任內有失革職。十三年任湖南糧儲道。以病告歸，卒於家。

錢 桓 浙江嘉興縣人。咸豐六年二甲七十四名進士。任山西知縣。

於 藻 字文叔，浙江歸安縣人。咸豐六年二甲七十五名進士。任吏部主事。

胡延夔 字子韶，山西繁峙縣人，祖籍浙江山陰。咸豐六年二甲七十六名進士。任禮部主事，升員外郎、郎中，光緒三年授山東道御史，官至四川順慶府知府。

羅賢升 字莘佘，號枚臣、南階。陝西安康縣人。咸豐六年二甲七十七名進士。選庶吉士。

豁穆歡 （一作霍穆歡）滿洲正藍旗，宗室。咸豐六年二甲七十八名進士。戶部主事、員外郎，官至侍讀學士。

劉庭煇 字碧山。江西都昌縣人。咸豐六年二甲七十九名進士。任刑部主事、山東司行走。

林其年 字子壽。福建武平縣人。咸豐六年二甲八十名進士。任戶部主事、山西司行走。

范鴻謨 字次典，號小初。浙江錢塘縣人。咸豐六年二甲八十一名進士。選庶吉士，散館改戶部主事，官至郎中。

范希淳 （改名范熙博）字粹臣，號新溪。福建侯官縣人。咸豐六年二甲八十二名進士。選庶吉士，授編修。同治五年補湖廣道御史，六年充順天鄉試同考官，官至京畿道御史。

梁炳漢 廣東高要縣人。咸豐六年二甲八十三名進士。任刑部主事。官至廣西泗城府知府。

范鳴珂 湖北武昌縣人。道光二十六年舉人，咸豐六年二甲八十四名進士。任工部主事。

夏錫麒 字雲舫。浙江錢塘縣人。咸豐六年二甲八十五名進士。七年署湖北通城知縣，八年改湖北蒲圻知縣，十年改江夏知縣，官至湖北施南府知府。

楊景孟 順天寶坻縣人。咸豐六年二甲八十六名進士。官至刑部湖廣司郎中。

劉鍾祥 字履元，號乙藜。浙江錢塘縣人。咸豐六年二甲八十七名進士。選庶吉士，散館改刑部主事。乞假歸，十一年（1861）督辦團練，九月與太平軍轉戰十餘日，受重傷投水卒。

任重光 字靜三。江蘇荊溪縣人。咸豐六年二甲八十八名進士。任戶部主事，同治三年官至河南光州直隸州知州。著有《知止齋文集》《金石補遺》。

莊錫級　山東莒州人。咸豐六年二甲八十九名進士。任刑部主事，員外郎、郎中，光緒三年任山西大同知府，十三年改江西贛州府知府。

員鳳林　字悔生，號梧岡。陝西三原縣人。咸豐六年二甲九十名進士。任兵部主事，乞終養歸，服闋入京監修惠陵，工竣授貴州石阡知府，光緒十二年調貴陽知府，十五年遷貴州貴東道，十九年授安徽按察使，二十一年遷山西布政使，二十二年改直隸布政使，二十三年改湖北布政使。二十四年病免，告歸。年七十四年卒。

王題雁　字仲銘，號雙峰、書升。直隸獻縣人。咸豐元年順天鄉試解元，六年二甲九十一名進士。選庶吉士。散館改知縣。

陳森烺　福建侯官縣人。咸豐六年二甲九十二名進士。十年任廣東陽春知縣。

黃廷金　字君玉，號品珊。湖北鍾祥縣人。咸豐元年舉人，六年二甲九十三名進士。選庶吉士，散館改工部虞衡司主事，升郎中，署江西南康知府，同治八年署江西饒州知府，光緒九年官至江西瑞州知府。

李　璋　河南西華縣人。咸豐六年二甲九十四名進士。同治二年任順天平谷知縣，署香河知縣，七年八月任順天東安知縣，八年調大城縣，九年六月改宛平知縣，十一年二月任武清知縣，十二年遷定州直隸州知州。

孫欽昂　字子昂，號師竹。河南滎陽縣人。咸豐六年二甲九十五名進士。選庶吉士，授編修。同治三年任廣西學政，官至福建興泉永兵備道。

周丕灃　字東瀛。四川安岳縣人。咸豐六年二甲九十六名進士。十一年任山東博興知縣，同治三年署山東費縣知縣，同治八年任臨清知州，十三年十月任臨沂知縣，光緒元年任郯城知縣，十一年改陝西靖邊知縣，官至甘肅河州知州。

陳　彀　字象衡。江蘇儀徵縣人。咸豐六年二甲九十七名進士。任戶部浙江司主事。

父陳嘉樹，道光二年進士，江西布政使。

丁遜之　河南固始縣人。咸豐六年二甲九十八名進士。任戶部主事。

汪敏修　字惟勤，號時伯。浙江錢塘縣人。咸豐六年二甲九十九名進士。任直隸知縣。

陳壽祺　（原名陳源）字珊士、子谷，號雲杉。浙江山陰縣人。咸豐六年二甲一百名進士。選庶吉士，散館改刑部主事。著有《纂喜堂詩稿》。

第三甲一百一十三名

孫　彥　字美堂。山東萊州府人。咸豐六年三甲第一名進士。任吏部主事。丁憂歸。卒年四十三。

何　樞　字拱辰，號紫垣、湘山。河南祥符縣人。道光四年

（1824）三月十一日生。咸豐六年三甲第二名進士。任吏部主事，遷文選司郎中，光緒三年遷湖南長沙知府，九年升湖南辰沅永靖道，光緒十四年授四川按察使，十五年遷湖南布政使，二十四年調山西布政使。二十六年（1900）卒。年七十七。

　　守　正　漢軍正藍旗。咸豐六年三甲第三名進士。任兵部主事。

　　薛允升　字克猷，號雲階。陝西長安縣人。嘉慶二十五年（1820）十月初一日生。咸豐六年三甲第四名進士。任刑部主事，升郎中，十二年授江西饒州知府，擢四川成綿龍茂道，光緒四年授山西按察使，遷山東布政使，署漕運總督。五年八月授刑部侍郎，十九年十二月遷刑部尚書。二十三年爲忌者中傷，降宗人府丞，二十四年以病免職。二十五年以道光庚子科鄉舉重逢赴鹿鳴宴賞二品銜。二十六年十二月授刑部尚書。光緒二十七年（1901）九月三十日隨扈回京卒於河南途次。年八十二。著有《漢律輯存》《唐明律合編》《服制備考》《讀例存疑》等書。

　　張師亮　貴州貴陽府人。咸豐六年三甲第五名進士。同治元年任江西豐城知縣、南昌知縣，七年官至江西南昌府總捕同知。

　　楊兆運　順天涿州人。咸豐六年三甲第六名進士。任吏部主事。

　　洪麟綬　（原名洪昌震）字紫若，號麗笙。浙江仁和縣人。咸豐六年三甲第七名進士。選庶吉士，散館九年改福建漳平知縣，同治五年遷福建泉州府通判。

　　張錫基　字培三。江蘇長洲縣人。咸豐六年三甲第八名進士。任禮部主事。

　　文　輅　滿洲正紅旗人。咸豐六年三甲第九名進士。任工部主事，都水司員外郎、郎中。寶泉局監督。

　　宋良薰　字南軒。山東堂邑縣人。咸豐六年三甲第十名進士。任吏部主事。

　　孫鳳翽　直隸任丘縣人。咸豐六年三甲十一名進士。

　　田依渠　河南長葛縣人。咸豐六年三甲十二名進士。十年山西稷山知縣，十一年任山西洪洞知縣，同治六年改山西神池知縣，九年改太原知縣。

　　薛　燦　字蔚南，號樹珊。直隸萬全縣人。咸豐六年三甲十三名進士。十一年任山東曲阜知縣，同治二年改惠民知縣。去官後又聘該縣三臺書院十多年。

　　王汝礪　字子範。雲南昆明縣人。咸豐六年三甲十四名進士。任刑部主事，升廣東司郎中，光緒十四年遷安徽太平知府，十八年署安徽安慶知府。二十一年實授。

　　王允升　順天大興縣人。咸豐六年三甲十五名進士。

　　張樹甲　字瑞亭，號耦堂。山東文登縣人。咸豐六年三甲十六名進士。任户部主事二十餘年，補福建司主事。引疾歸。著有《詩經論文》《頤志堂雜著》。

鄧宗衡 湖北黃梅縣人。道光二十六年舉人，咸豐六年三甲十七名進士。任刑部主事，遷刑部郎中，官至知府。

俞世銓 （一作余士銓）號信卿。江蘇吳縣人。咸豐六年三甲十八名進士。十年任山西榆次知縣，同治二年改陽曲知縣，候補直隸州，三年遷汾州知府，九年官至山西河東道。

何履亨 字翊卿。福建閩縣人。咸豐六年三甲十九名進士。任甘肅鎮番知縣。乞終養歸。

盛植型 字鈞士，號蓉洲。浙江鎮海縣人。咸豐六年三甲二十名進士。任吏部主事，升員外郎，京察一等光緒九年授湖北安襄鄖荆道。光緒十三年（1887）卒於任。年五十九。

張詔 甘肅武威縣人。咸豐六年三甲二十一名進士。候選主事。

黎兆棠 字召民。廣東順德縣人。咸豐六年三甲二十二名進士。任禮部主事，同治二年纍遷江西南安知府，擢天津海關道。光緒三年授直隸按察使，四年病免。因見各國商船運貨來華，運利巨大，建議成立商船公司，得李鴻章大力支持。五年賞三品任福建船政大臣。八年授光祿寺卿。九年解職。

董文煥 （1833—1877，改名董文渙）字堯章，號研秋，一號研樵，又作峴樵。山西洪洞縣人。咸豐六年三甲二十三名進士。選庶吉士，授檢討。十一年充順天鄉試同考官，同治元年會試同考官，充武英殿、國史館協修，十一年官至甘肅鞏秦階道。撰有《聲調四譜圖説》，另有《峴樵山房詩集》《藐姑射山房詩集》《孟郊詩評點》《集韻編雅》，輯有《秋懷八首和韻》。

蔡同春 河南商丘縣人。咸豐六年三甲二十四名進士。任工部主事，升員外郎，纍遷貴州思州府知府，光緒十一年官至貴陽知府。

薛桂一 字少都，號月農。陝西咸寧縣人。咸豐六年三甲二十五名進士。即用知縣，改工部主事，署甘肅平涼府知府。丁父憂歸。後以道員用。加鹽運使銜。以母老歸。不復出。

汪朝棨 字亦農，號玉森。江蘇長洲縣人。咸豐六年三甲二十六名進士。選庶吉士，授檢討。同治三年官至江西道御史。

孫家穀 字稼生。安徽鳳臺縣人。咸豐六年三甲二十七名進士。任禮部主事、員外郎，曾任總理各國事務衙門章京。同治九年曾與美國駐華公使蒲安臣赴歐美遞國書。十一年遷湖北荆宜施道，光緒五年授浙江按察使。八年召京。後以疾卒於家。

陶寶森 （原名陶壽頤）字少伊，宇鶴亭。江西南昌縣人。咸豐六年三甲二十八名進士。任戶部主事，光緒元年署江南鹽法道。

郭長清　（1813—1880）字懌琴，號廉夫，一號種樹山人。直隸臨榆縣人。咸豐六年三甲二十九名進士。任刑部主事、員外郎，官刑部四川司郎中。著有《種樹軒詩草》。

陳傳奎　字斗瞻、紫垣，號蘅伯。山東濰縣人。咸豐六年三甲三十名進士。選庶吉士。任刑部主事，丁母憂。補工部主事，升員外郎，官至工部都水司郎中。以疾卒於京。年六十九。

秦賡彤　（原名秦麗昌）字汝采，號臨士，江蘇金匱縣人。咸豐六年三甲三十一名進士。選庶吉士，改刑部主事，官至刑部員外郎。

孫　堪　直隸清苑縣人。咸豐六年三甲三十二名進士。任刑部主事、廣東司員外郎、四川司郎中，光緒九年遷吉林府知府，官至奉天昌圖知府。

徐錫麒　字梅甫。陝西朝邑縣人。咸豐六年三甲三十三名進士。十年任廣東揭陽知縣，改崖州知州。

畢瀚昭　字星源，號伯彥。山東文登縣人。咸豐六年三甲三十四名進士。任工部主事，辦團練加員外郎銜。以母老乞歸。

任連升　字級三。河南武安縣人。咸豐六年三甲三十五名進士。任湖北大冶知縣，十一年八月署湖北巴東知縣，卒於巴東，年四十六。

張光藻　字翰泉。安徽廣德州人。咸豐六年三甲三十六名進士。任直隸曲周、望都、完縣、任縣、邢臺知縣，同治八年遷直隸正定知府，改直隸天津府知府。同治九年因天津教案被革職遣戍黑龍江，兩年後釋回。

程　豫　字立齋。陝西山陽縣人。咸豐六年三甲三十七名進士。同治元年任山西徐溝知縣，同治五年遷解州知州，遷山西太原知府，十二年遷山西雁平道，光緒元年授山西按察使，二年遷四川布政使。七年召京。

韓　欽　字孟仙，號螺山。浙江蕭山縣人。咸豐六年三甲三十八名進士。任內閣中書。

黃文璧　（原名黃翎）字聞橋、蔚林，號子穀。江西都昌縣人。咸豐六年三甲三十九名進士。選庶吉士，散館九年改直隸淶水知縣。丁母憂歸，卒於臨清舟次。著有《天香館詩集》。

許業香　字書堂，號瓣園。直隸河間縣人。咸豐六年三甲四十名進士。選庶吉士，授檢討。

王方衡　四川達縣人。咸豐六年三甲四十一名進士。官至員外郎。

宓昞烺　字耀生，號韻石。浙江慈溪縣人。咸豐六年三甲四十二名進士。任戶部主事。同治六年（1867）卒於家。年五十九。

關國光　字宸臣。河南祥符縣人。咸豐六年三甲四十三名進士。任刑部主事，升員外郎，官至四川司郎中。

戈尚志　（一作戈靖）字儒行，號最山、醉禪。雲南保山縣人。咸豐六年三甲四十四名進士。任禮部主事，升郎中，光緒三年授江西道御史，官至吏科給事中。被議歸。

張其薰　字芳村。直隸南皮縣人。咸豐六年三甲四十五名進士。選庶吉士。同治八年改陝西鼇屋知縣，改河南蘭儀知縣，署鄭州知州。

李昶元　四川丹棱縣人。咸豐六年三甲四十六名進士。任工部主事，同治九年任貴州湄潭知縣，十一年遷鎮寧知州。

逯攀龍　山西臨汾縣人。咸豐六年三甲四十七名進士。

頓福之　字砥園，號星移。河南息縣人。咸豐六年三甲四十八名進士。選庶吉士，授檢討。

陳朝凝　福建羅源縣人。咸豐六年三甲四十九名進士。

赫慎修　直隸巨鹿縣人。咸豐六年三甲五十名進士。任刑部主事，遷河南開封北河分府知府。

盧天澤　貴州遵義縣人。咸豐六年三甲五十一名進士。任四川南部知縣，同治二年改直隸高邑知縣，四年改直隸樂亭知縣。

劉正品　字瑞亭，號貢三。四川奉節縣人。咸豐六年三甲五十二名進士。任刑部主事，遷郎中，京察一等簡放貴州安順府知府。丁母憂未赴任。

閻汝弼　字夢岩。山西壽陽縣人。咸豐六年三甲五十三名進士。任戶部主事、員外郎。著有《周易爻徵廣義》行世。

周維翰　字崧生，號小溪。陝西鼇屋縣人。咸豐六年三甲五十四名進士。選庶吉士，改任四川珙縣知縣。

烏拉喜崇阿　字達峰，號月溪。滿洲鑲黃旗，沙濟富察氏。道光九年（1829）三月二十七日生。咸豐六年三甲五十五名進士。任刑部主事、戶部員外郎，纍遷翰林院侍讀學士，光緒元年授詹事，遷內閣學士，二年授兵部侍郎，改吏部侍郎。七年十月遷左都御史，九年六月改理藩院尚書，十年三月調兵部尚書。二十年正月休致。光緒二十一年（1895）正月初十日卒。年六十七。

劉餘慶　字善初，號芷亭。陝西長安縣人。咸豐六年三甲五十六名進士。任戶部主事，升員外郎、郎中，光緒三年官至湖南常德知府。加鹽運司銜，引疾歸。光緒八年（1882）卒。

張景福　甘肅武威縣人。咸豐六年三甲五十七名進士。任陝西米脂知縣，同治元年改鄠縣知縣，三年改長武知縣，八年任咸陽知縣，十三年署華陰知縣，光緒二年遷陝西孝義廳同知。

廖正亨　（又名廖匡渠）廣東高要縣人。咸豐六年三甲五十八名進士。任戶部主事。

夏獻蓉　江西新建縣人。咸豐六年三甲五十九名進士。任刑部主事。

孫官雲　字近齋、仲霖，號紫峰。山東歷城縣人。咸豐六年三甲六十名進士。選庶吉士，授檢討。

又改刑部主事。

常維潮 河南祥符縣人。咸豐六年三甲六十一名進士。十年任廣東始興知縣，同治六年改潮陽知縣，改儋州知州。

彭桂馨 字寶弟，號伯丹、露皋。江西高安縣人。咸豐六年三甲六十二名進士，選庶吉士，授檢討。同治五年官至河南道御史。

李祖植 雲南昆明縣人。咸豐六年三甲六十三名進士。同治二年（1863）回賊馬榮戕總督，祖植投水卒。

吳增逵 字正甫、鴻舉，號棣齋。江西南昌縣人。咸豐六年三甲六十四名進士。選庶吉士，散館改戶部主事。

孫長紱 字赤城，號小山。湖北棗陽縣人。道光三年（1823）九月二十四日生。二十三年舉人，咸豐六年三甲六十五名進士。任刑部主事，纍遷江西鹽道，同治二年授江西布政使，曾護理巡撫。六年召京，加頭品，太子太保。感寒疾，七年（1868）閏四月卒，年三十六。

傅馴 江西金溪縣人。咸豐六年三甲六十六名進士。戶部主事、員外郎，官至郎中。

宋學濂 字尊湖。順天大興縣人。咸豐六年三甲六十七名進士。十年任江西武寧、奉新知縣，補弋陽知縣。以疾卒於任。

鮑昴 字譜笙。安徽歙縣人。咸豐六年三甲六十八名進士。任刑部主事。

屈永清 字竹泉。河南裕州人。咸豐六年三甲六十九名進士。七年任浙江浦江知縣，十年任奉化知縣。

譚能高 四川什邡縣人。咸豐六年三甲七十名進士。任陝西定邊知縣。

王達材 號曉岩。江西鄱陽縣人。咸豐六年三甲七十一名進士。九年任廣西富川知縣、博白知縣，遷左州知州，同治二年署鬱林知州，升潯州知府，四年官至廣西南寧府知府，署左江道。

黃金鉞 雲南南安州人。咸豐六年三甲七十二名進士。七年任大理府教授，光緒二十三年任江蘇泰興知縣。

吳毓芳 號潤六。安徽合肥縣人。咸豐六年三甲七十三名進士。甘肅即用知縣，以軍功升同知。年三十二遽卒。

曹大俊 河南固始縣人。咸豐六年三甲七十四名進士。同治三年任直隸文安知縣，五年十月任順天府大興知縣。六年七月調

張殿棟 山東昌邑縣人。咸豐六年三甲七十五名進士。任禮部主事。十一年辦團練。

饒軒 廣東嘉應直隸州人。咸豐六年三甲七十六名進士。任內閣中書，改廣州府教授。

韓經畬 直隸平泉州人。咸豐六年三甲七十七名進士。十一年任河南新安知縣。

黄湛昌　廣西臨桂縣人。咸豐六年三甲七十八名進士。

魏邦達　字實甫。湖北廣濟縣人。咸豐元年舉人，六年三甲七十九名進士。咸豐九年任江西萬載知縣，同治二年署江西廣信府同知。乞養歸。

黄成采　字振齋。甘肅伏羌縣人。咸豐六年三甲八十名進士。同治三年任四川新都知縣，光緒九年任西昌知縣。

唐國賓　湖北監利縣人。道光二十三年舉人，咸豐六年三甲八十一名進士。任刑部主事。

朱　策　字次方。山東安丘縣人。咸豐六年三甲八十二名進士。同治九年任四川汶川知縣，光緒八年署四川簡州知州，十一年任四川渠縣知縣。十三年再任，

周　鶴　字幼嶠，號竹生。貴州貴築縣人。咸豐六年三甲八十三名進士。任兵部主事，升員外郎、郎中，同治十二年授山東道御史，遷吏科給事中，官至廣西桂尹梧道，曾署布政使。卒於任。

叔父周濤，嘉慶二十五年進士；弟周麟，咸豐十年進士。

張文瀾　字安甫。福建浦城縣人。咸豐六年三甲八十四名進士。任戶郎主事。

趙士舉　字晉階，號樸齋。直隸廣宗縣人。咸豐六年三甲八十五名進士。以知縣用改教授，選直隸河間府教授。未幾卒。

任熙弼　字挹春。山西壽陽縣人。咸豐六年三甲八十六名進士。十年任陝西長武知縣，欽加同知銜。

芮繼宗　直隸遵化豐潤縣人。咸豐六年三甲八十七名進士。九年任直隸正定府教授，同治二年改順天府教授。

鄭猗菜　字淇瞻，號海晦。山東日照縣人。咸豐六年三甲八十八名進士。十一年署江蘇泰興知縣，同治三年任江蘇宜興知縣。

楊昌江　號劭白。貴州天柱縣人。咸豐六年三甲八十九名進士。分直隸署靜海、成安、大城、靜寧等縣知縣，後以軍功賞知府，署廣西柳州知府。以疾卒。

陳蕚棻　福建長樂縣人。咸豐六年三甲九十名進士。任內閣中書，任主事。

蘇文炳　字輔臣。四川彰明縣人。咸豐二年舉人，六年三甲九十一名進士。八年任甘肅渭源知縣，改武威知縣，加同知銜授甘肅古浪知縣，署崇信、隆德、大通等知縣，官至署靜寧州知州。

王日烜　字賓暘，號霞浦。浙江龍游縣人。咸豐六年三甲九十二名進士。任廣西天河知縣。

劉子英　山西永寧州人。咸豐六年三甲九十三名進士。官至禮部員外郎。

陳　鑑　福建閩縣人。咸豐六年三甲九十四名進士。

張元健　江西永豐縣人。咸豐

六年三甲九十五名進士。任浙江新昌知縣。

魏象乾 字子健。奉天錦縣人。咸豐六年三甲九十六名進士。同治五年任山西萬泉知縣，十一年改臨汾知縣，光緒二年署猗氏知縣，四年署山西太原知縣，七年升解州直隸州知州。

佛爾國春 滿洲正白旗人。咸豐六年三甲九十七名進士。同治三年署山西汾西知縣，八年改山西壽陽知縣，光緒六年改山西翼城知縣。

廉 隅 蒙古鑲白旗人。咸豐六年三甲九十八名進士。十年任奉天鐵嶺知縣，改新民廳同知，同治四年改山西永和知縣，六年八月任山西左雲知縣。

劉履泰 字階六。河南商丘縣人。咸豐六年三甲九十九名進士。八年任浙江會稽知縣，同治八年改麗水知縣，調石門知縣。未赴任卒。

田得吉 甘肅靖遠縣人。咸豐六年三甲一百名進士。同治八年署陝西盩厔知縣。

梁鳳翰 直隸靜海縣人。咸豐六年三甲一百零一名進士。十一任直隸永平府教授。

張九搏 陝西平利縣人。咸豐六年三甲一百零二名進士。任河南知縣。

李 昆 河南永寧縣人。咸豐六年三甲一百零三名進士。

范邦綏 字履之，號小酉。浙江鄞縣人。咸豐六年三甲一百零四名進士。任四川知縣。

袁輝山 甘肅武威縣人。咸豐六年三甲一百零五名進士。七年任廣東信宜知縣，改東安知縣，同治二年改廣東電白知縣。

王和軒 山東夏津縣人。咸豐六年三甲一百零六名進士。湖南即用知縣。

陳頌揚 陝西咸寧縣人。咸豐六年三甲一百零七名進士。任知縣。

張興留 字房農。山東肥城縣人。咸豐六年三甲一百零八名進士。任內閣中書，同治七年十一月任江西建昌府同知，官至江西候補道。二品頂戴。

黃起元 字卯橋。福建漳平縣人。咸豐六年三甲一百零九名進士。同治元年署四川南部知縣，八年署大寧知縣，任四川射洪知縣，十年署珙縣知縣，光緒元年回任射洪知縣。

方炳文 江西德化縣人。咸豐六年三甲一百十名進士。任陝西宜川知縣，赴興安勸捐軍餉，歸漢軍。遇匪被戕，以四品陣亡。賜雲騎尉世職。

陳國鼎 湖南善化縣人。咸豐六年三甲一百十一名進士。

邵 涵 字海珊。四川永川縣人。咸豐六年三甲一百十二名進士。任戶部主事、員外郎，升郎中，記名簡用道員。

孫廷彥 順天寧河縣人。咸豐六年三甲一百十三名進士。任工部主事。

咸豐九年（1859）己未科

第一甲三名

孫家鼐　字燮臣、蜇生，號容卿。安徽壽州人。道光七年（1827）三月十二日生。咸豐九年狀元。歷任翰林院修撰、侍讀、少詹事，光緒五年授內閣學士，遷工部侍郎，改戶部、兵部、吏部侍郎。十六年遷都察院左都御史，十八年改工部尚書調禮部、吏部尚書，二十四年授協辦大學士。二十五年病免。二十六年十月復授禮部尚書，改吏部尚書，二十七年十二月遷體仁閣大學士，二十九年改東閣大學士，三十一年調文淵閣大學士，三十三年六月改武英殿大學士。三十四年加太子太傅。宣統元年（1909）十月十七日卒。享年八十三。贈太傅，入祀賢良祠。謚"文正"。曾奉敕共撰《欽定書經閣圖說》。光緒四年與翁同龢同爲光緒帝師傅。

孫念祖　字仲修，號心農、淥湖。浙江會稽縣人。咸豐九年一甲第二名榜眼。授編修。同治元年督湖北學政。

李文田　字佘光，號若農、仲約。廣東順德縣人。道光十四年（1834）八月初五日生。咸豐九年一甲第三名探花。授編修。歷任中允、侍讀、庶子，同治九年督江西學政，遷侍讀學士，光緒十六年授內閣學士，遷禮部侍郎。光緒二十一年（1895）十月二十日卒。年六十二。宣統年間追謚"文誠"。著有《元秘史注》《元史地名考》《和林金石考》《宗伯詩文集》《西游錄注》等。

第二甲八十六名

朱學篤　字祜堂，號實甫、蓮舫。山東聊城縣人。咸豐九年二甲第一名進士。選庶吉士，授編修。同治三年授湖廣道御史，四年充會試同考官，外官至甘肅寧夏知府，十三年督修黃海，加鹽運使銜。以母老歸，歷任啟文、灤源書院講席。

馬文夢　字小雲，號少漁。陝西涇陽縣人。咸豐九年二甲第二名進士。選庶吉士，改安徽涇縣知縣，同治元年任太湖知縣，六年升鳳陽府清軍同知，官至安徽候補知府。

金慶鵬 字摶紫，號鄂樓。湖南長沙縣人。道光十九年（1839）生。咸豐九年二甲第三名進士。選庶吉士。

光　熙 字稷輔，號蓮庵。安徽桐城縣人。咸豐九年二甲第四名進士。任工部主事，升禮部員外郎、郎中，光緒八年授江西道御史，十年官至湖南永州府知府。

張丙炎（原名張世錚）字午橋，號藥農。江蘇儀徵縣人。咸豐九年二甲第五名進士。選庶吉士，授編修。歷官至廣東廉州知府，調肇慶知府，捐升道員加鹽運使銜。丁母憂歸遂不出。光緒三十年重宴恩榮賞侍讀學士銜。

陳大誥 字錫周，號荔村。山東德州人。咸豐九年二甲第六名進士。任刑部主事，升刑部郎中，遷江蘇常州知府。工書法，尤善顏體。

龔易圖 字少文，號藹人、含晶、含真，別號谷雷子。福建閩縣人。道光十八年十二月十四日（1839年1月）生。咸豐九年二甲第七名進士。選庶吉士，改雲南知縣，赴任行至河南被督師剿捻侍郎毛昶熙留用，以軍功加知府銜。同治五年任山東東昌知府，七年補濟南知府，旋加布政使銜，擢登青萊兵備道，兼山東海關監督，光緒三年授江蘇按察使，七年改廣東按察使，九年

遷雲南、廣東、湖南布政使。十一年坐事罷。後捐賑災民棉衣三萬套，復原職。歸後以詩酒相娛。光緒二十二年（1896）卒。年五十九。著有《鳥石山房詩存》。

戴堯臣 浙江山陰縣人。咸豐九年二甲第八名進士。任工部主事。

胥瑞瑢 字佩征，號酉山。浙江歸安縣人。咸豐九年二甲第九名進士。選庶吉士。未散館，殉難。

王正璽 字伯章，號月颿（一作月帆、越凡）。四川達縣人。咸豐九年二甲第十名進士。選庶吉士，散館改雲南麗江知縣，同治十年任貴州畢節、遵義知縣，官至貴州普安廳同知。著有《滇游雜存》《黔游雜存》。

王師曾 字魯堂，號少沂、省齋。山東聊城縣人，原籍浙江會稽。咸豐九年二甲十一名進士。選庶吉士，授編修。同治元年、四年兩任會試同考官，補山西道御史，六年充廣西鄉試副考官，改順天西城巡城御史，升工科給事中。

樓　震 字福仲、次園。浙江仁和人。咸豐九年二甲十二名進士。選庶吉士，授編修。同治五年補江南道御史，歷順天南城巡城御史，光緒三年官至廣東惠州知府、高州知縣、肇慶知府。

徐炳烈 字紹圃。江蘇吳縣人。咸豐九年二甲十三名進士。任內閣中書，改兵部主事，升郎中。

董毓葆（《進士題名碑》作董

毓保，誤）字季真，號風樵、劍雲。山東鄒縣人。咸豐九年二甲十四名進士。任刑部主事。

余九穀 江西奉新縣人。咸豐九年二甲十五名進士。任戶部祠祭司主事、雲南司郎中，光緒二十八年官至江蘇揚州府知府。

楊鴻吉 字子儀，號雁湖。江蘇丹徒縣人。道光三年（1823）二月初四日生。咸豐九年二甲十六名進士。任吏部主事、內閣侍讀學士。光緒二年（1876）纍遷至順天府丞，改大理寺少卿。督安徽學政。十月初八自京赴任，病故於宿州途中，年五十四。

張丕烈 字友仁，號書舫。順天寶坻縣人。咸豐九年二甲十七名進士。選庶吉士，同治四年改山西稷山知縣。

蔡琳 字子韓，一作紫函。江蘇江寧縣人。咸豐九年二甲十八名進士。任刑部主事，官至刑部員外郎。著有《試帖詩》《古今體詩》。

丁壽祺 字仲山。江蘇山陽縣人。咸豐九年二甲十九名進士。任內閣中書，升刑部主事，安徽司員外郎、郎中，官至雲南迤南道。未赴任，養親卒於家。

兄丁壽昌，道光二十七年進士。

周家楣 字雲生，號小棠、小塘。江蘇宜興縣人。道光十四年（1834）七月初六日生。咸豐九年二甲二十名進士。選庶吉士，授編修。任禮部主事，充總理各國事務衙門章京，升郎中、五品京堂、大理寺少卿，光緒四年七月授順天府尹，兼總理各國事務大臣，五年五月丁憂。八年正月復任順天府尹，署禮部右侍郎、兵部左侍郎，十年十一月改通政使，署左副都御史、吏部左侍郎。光緒十二年五月（1886）卒。年五十三。著有《期不負齋政書文集》。合編有《順天府志》。

苗穎章 字藝芸。山西河曲縣人。咸豐九年二甲二十一名進士。任刑部主事，遷郎中，光緒七年外任四川順慶府知府，官至四川重慶知府。

梁思問 （一作梁僧寶）字穎倩。廣東順德縣人。咸豐九年二甲二十二名進士。任禮部主事，升郎中，同治九年授江南道御史，官至鴻臚寺少卿。

胡毓筠 字子青，號介卿。湖北武昌縣人。咸豐元年舉人，九年二甲二十三名進士。選庶吉士，授編修。同治元年充順天鄉試同考官，四年補江南道御史，歷任順天南城、北城、中城巡城御史，升禮科給事中，同治十二年復任順天鄉試同考官，遷浙江督糧道，光緒十二年官至山西雁平道。

馬傳煦 字春曉，號藹臣。浙江會稽縣人。咸豐九年二甲二十四名進士。選庶吉士，授編修。

祖父馬光瀾，嘉慶二十二年進士，官山東鹽運使。

李文俊 字霈生，號小岩。四

川永寧縣人，原籍浙江烏程。咸豐九年二甲二十五名進士。任工部主事。

杜壽朋 （《進士題名碑》作杜壽鵬）字苐庭，號鶴僑。廣西宣化縣人。咸豐九年二甲二十六名進士。選庶吉士，散館改江蘇陽湖知縣。

田書年 字雲史，號念農。河南祥符縣人。咸豐九年二甲二十七名進士。選庶吉士，改貴州普安知縣。

武繼志 字克明。浙江錢塘縣人。咸豐九年二甲二十八名進士。任刑部主事。

沈瓚 浙江錢塘縣人。咸豐九年二甲二十九名進士。任戶部主事。

葉毓桐 字挺生。四川華陽縣人。咸豐九年二甲三十名進士。任吏部主事，遷郎中、總理衙門章京，記名道府，授甘肅安肅道。解組歸。卒年六十五。著有《南游日記》。

梁鳴謙 字禮堂。福建閩縣人。咸豐九年二甲三十一名進士。任吏部考工司主事，以母老假歸。入船政大臣沈葆楨幕，後升道員晉二品銜。歸後主鰲峰書院。卒年五十二。

于蔭霖 字次棠，號樾亭。奉天伯都訥廳人。道光十八年（1838）九月十七日生。咸豐九年二甲三十二名進士。選庶吉士，授編修。歷任贊善、中允，光緒九年纍遷湖北荊宜施道，十一年授廣東按察使，遷雲南布政使。十三年丁憂。十六年授臺灣布政使，六月以病免。二十一年七月授安徽布政使改雲南布政使，二十四年十二月授湖北巡撫，

二十六年閏八月改河南巡撫，二十七年正月復改湖北巡撫，二月調廣西巡撫。因不善外交開缺。光緒三十年（1904）八月十三日卒。年六十八。著有《悚齋遺書》。

劉秉衡 字萃農。安徽桐城縣人。咸豐九年二甲三十三名進士。任雲南嶍峨知縣，遷工部主事，官至工部都水司郎中。

趙一林 字桂堂，號竺鄉。浙江會稽縣人。咸豐九年二甲三十四名進士。選庶吉士。

周瑞清 （原名周必全）字仲諧，號鑒湖。廣西臨桂縣人。咸豐九年二甲三十五名進士。選庶吉士，改刑部主事、員外郎，纍遷通政副使，光緒五年授光祿寺卿，八年改太常寺卿。十一月革職。

錢德昌 直隸樂亭縣人。咸豐九年二甲三十六名進士。任河南唐縣知縣，加運同銜。

王咏春 字菊生。江蘇吳縣人。咸豐九年二甲三十七名進士。任廣西西林知縣，同治十三年官至廣西歸順州知州。

傅世綸 字翰仙，號鷗村。四川豐都縣人。咸豐九年二甲三十八名進士。任戶部主事，回四川辦團練以戰功升員外郎，後戰亡贈道員。

黃錫彤 （原名黃兆白）字子受，號曉岱。湖南善化縣人。道光四年（1824）生。咸豐九年二甲三十九名進士。選庶吉士，授編修。同治三年充廣西鄉試主考官，六年

充順天鄉試同考官，官至福建道和四川道御史。九年充山西鄉試副考官，母憂歸。未幾卒。

郭應霖 河南河內縣人。咸豐九年二甲四十名進士。任刑部主事，同治二年改湖南漵浦知縣。

黃元善 號讓卿。湖北鍾祥縣人。咸豐元年舉人，九年二甲四十一名進士。任戶部主事，升員外郎、郎中，光緒四年授河南道御史，遷工科掌印給事中，十一年官至貴州糧儲道，十三年到二十六年曾六署貴州按察使。二十九年以疾歸。宣統辛亥重逢鄉舉。卒年八十九。

陳倬 字培之。江蘇元和縣人。咸豐九年二甲四十二名進士。任戶部雲南司主事、廣東司員外郎，官至郎中。著有《課經筆記》《今韻正義》《漢書人名表》《讀選筆記》《蛛隱庵詩文集》等。

左雋 字楚瑛，號仲甫。湖南長沙縣人。道光十二年十二月二十七日（1833年2月）生。咸豐九年二甲四十三名進士。選庶吉士，散館改禮部主事，升員外郎，同治十一年遷山西大同知府，光緒九年官至山西冀寧道。

李汝弼 字肖良，號說霖。直隸任丘縣人。咸豐九年二甲四十四名進士。任刑部主事，升郎中，同治八年授江南道御史，官至鴻臚寺少卿。

王象瑜 字玉軒，號蓮洲。山東濰縣人。嘉慶二十三年（1818）生。咸豐九年二甲四十五名進士。

任刑部浙江司主事。

王寅亮 字仲昭，號旭初。四川閬中縣人。咸豐九年二甲四十六名進士。選庶吉士，改知縣，同治二年又改重慶府教授。

特亮 字黼廷，號鑒堂。滿洲鑲紅旗。咸豐九年二甲四十七名進士。選庶吉士，散館改工部主事，官至侍讀學士。

周益 廣西臨桂縣人。咸豐九年二甲四十八名進士。

惲彥琦 字亦韓，號莘農。順天大興縣人，原籍江蘇陽湖。道光十一年（1831）六月十六日生。咸豐九年二甲四十九名進士。任內閣中書，改禮部主事、員外郎、郎中，光緒三年纍遷湖北督糧道，四年曾署按察使，八年官至湖北漢黃德道。著有《損齋雜錄》。

高文銘 河南祥符人。咸豐九年二甲五十名進士。任禮部主事。

常珩 字佩如，號蔚亭。滿洲鑲紅旗人。宗室。咸豐九年二甲五十一名進士。選庶吉士，授編修。

曹大任 河南固始縣人。咸豐九年二甲五十二名進士。任內閣中書，同治二年任山東曲阜知縣，五年改山東濱州知州，八年調山東莒州知州。

何貴高 陝西漢陰廳人。咸豐九年二甲五十三名進士。任刑部主事。

蔣作錦 字裁質，號雲裳。山東東平州人。咸豐九年二甲五十四名進士。授兵部主事，補黃沁廳同知。卒於官。

恩榮 字華甫。漢軍鑲白旗。咸豐九年二甲五十五名進士。同治元年任湖北應山知縣，二年改湖北蒲圻知縣，四年改江夏知縣，五年遷湖北荊門知州，十一年隨州知州，十二年官至荊州知府。

施應藻 浙江仁和縣人。咸豐九年二甲五十六名進士。任兵部主事。

賈瑚 字殷六，號小樵。山西夏縣人。咸豐九年二甲五十七名進士。選庶吉士，授編修。十一年督湖北學政，同治八年補江南道御史，九年充順天鄉試同考官，光緒元年任順天北城巡城御史，二年外任山東登州知府。卒於任。曾修《登州府志》。

汪仲洵 山東歷城縣人。咸豐九年二甲五十八名進士。任吏部主事、員外郎，遷兵科給事中。光緒十二年（1886）病卒。

謝輔坫 字愷賓。浙江鎮海縣人。咸豐九年二甲五十九名進士。授工部主事。卒於任。

嚴辰（原名嚴仲澤，會試卷名嚴鏞）字子鍾，號淄生，別號桐溪達叟。浙江桐鄉縣人。由寄籍貴州貴築縣中舉人，改歸原籍浙江。咸豐九年二甲六十名進士。選庶吉士，改刑部主事、國子監教習。乞歸。主邑中書院講席。著有《桐鄉縣志》《墨花吟館詩文鈔》《沾沾集》等。

田國俊（1839—1902）字爔庭，號紹亭、鶴樵、研芸、堯莊。山西孟縣人。咸豐九年二甲六十一名進士。選庶吉士，改工部主事、員外郎，光緒九年升陝西道御史，纍遷至江南鹽巡道，十五年授貴州按察使。十六年乞養。後歸籍，主講榆次書院、晉陽書院。工書法、畫。著有《吳游詩鈔》。

岳維翰 字申甫，號次屏。四川華陽縣人。咸豐九年二甲六十二名進士。選庶吉士，散館同治四年改廣西貴縣知縣、桂平知縣。

周光祖 字錫侯，號雪甌。浙江山陰縣人。咸豐九年二甲六十三名進士。選庶吉士。

李振家 字金生，號自新。雲南昆明縣人。咸豐九年二甲六十四名進士。選庶吉士，授編修。

洪緒 字子球。江蘇溧陽縣人。咸豐九年二甲六十五名進士。授戶部主事，擢員外郎、郎中，任寶泉局監督。光緒六年外任江西廣饒九南兵備道，督九江關稅，布政使銜。

管涛 字春洲。陝西安康縣人。咸豐九年二甲六十六名進士。任刑部主事，隨陝甘總督左宗棠西征保道員。同治八年（1869）大軍入陝西涇州，因患暑疾七月十三日卒。

陳鴻作 貴州貴築縣人。咸豐九年二甲六十七名進士。任工部主事。

王綺珍 字漁珊。雲南石屏州人。咸豐九年二甲六十八名進士。任吏部主事補考工司。年四十餘未任而卒。著有《水石居詩文集》。

劉紹向　廣西臨桂縣人。咸豐九年二甲六十九名進士。任刑部主事。

王其慎　字敬齋。直隸寶坻縣人。咸豐九年二甲七十名進士。任貴州即用知縣，十一年四月任山東泗水知縣，同治五年正月任臨沂知縣，改蘭山知縣，八年兼費縣知縣，十年十月升臨清知州。光緒二年六月復任，六年至九年三任臨清直隸州知州，十四年以候補道。去任。

唐啓蔭　廣西臨桂縣人。咸豐九年二甲七十一名進士。同治七年官至甘肅鞏秦階道。

黃慶珍　順天大興縣人。咸豐九年二甲七十二名進士。任工部主事。

福　錕　字蓟甫，號篴亭。滿洲鑲藍旗，宗室。道光十四年（1834）十月初五日生。咸豐九年二甲七十三名進士。任吏部主事、員外郎、侍讀學士。光緒五年授太僕寺卿，副都統西寧辦事大臣，八年授兵部侍郎改刑部、戶部侍郎，十年遷工部尚書。兼步軍統領，十一年十一月改戶部尚書，授協辦大學士。總管內務府大臣，十五年加太子太保，十八年八月遷體仁閣大學士。仍兼步軍統領。二十一年閏五月休致。光緒二十二年（1896）九月初三日卒。年六十三。入祀賢良祠，謚“文慎”。

孫　樹　字竹樵，號友琴。河南祥符縣人。咸豐九年二甲七十四名進士。選庶吉士。未散館。

朱靖旬　河南安陽縣人。咸豐九年二甲七十五名進士。任直隸即用知縣，同治二年任直隸正定知縣，三年改清苑知縣，十一年遷直隸灤州知州，光緒元年遷直隸深州直隸州知州，九年遷保定知府，遷湖南嶽常澧道，二十一年官至直隸按察使。

汪顯達　字明揚，號蘭軒。安徽潛山縣人。咸豐九年二甲七十六名進士。任直隸新城知縣，同治四年改寧晉知縣。

鄭錫泰　順天大興縣人。咸豐九年二甲七十七名進士。任工部主事。

王玉衡　四川江津縣人。咸豐九年二甲七十八名進士。任四川順慶府教授。

黃慎忠　福建侯官縣人。咸豐九年二甲七十九名進士。任工部主事。

高文煜　直隸昌黎縣人。咸豐九年二甲八十名進士。任戶部主事。

葛宗鄒　山西安邑縣人。咸豐九年二甲八十一名進士。任刑部廣東司主事。

張　勛　河南魯山縣人。咸豐九年二甲八十二名進士。同治三年任山西交城知縣，十二年署廣東信宜知縣，光緒二年改廣東永安知縣。

英　啓　字子佑，號續村。漢軍鑲白旗。咸豐九年二甲八十三名進士。選庶吉士，授編修。同治六年遷湖北黃州知州，光緒十六年遷黃州知府，官至兩廣鹽運使。

王玉書　福建南安縣人。咸豐九年二甲八十四名進士。任刑部主事。

魯膺泰　甘肅皋蘭縣人。咸豐

九年二甲八十五名進士。任四川即用知縣。

張璟槃　字延齡，號鴻舫。湖北黄安縣人。道光二十九年舉人，咸豐九年二甲八十六名進士。選庶吉士。散館改廣東香山知縣。未到任。

第三甲九十一名

陳祖襄　字襄亭。福建閩縣人。咸豐九年三甲第一名進士。任刑部主事，同治十年署浙江嚴州知府。

謝　鉞　字惺齋，號士昆。浙江山陰縣人。咸豐九年三甲第二名進士。任刑部主事，升員外郎、郎中，官至四川按察使。

孟丕榮　山西崞縣人。咸豐九年三甲第三名進士。任安徽即用知縣，同治四年改陝西大荔知縣，六年改醴泉知縣，改雲南蒙自知縣，十三年改禄勸知縣。

寶瑛　滿洲正藍旗人。覺羅氏。咸豐九年三甲第四名進士。任吏部主事，特授翰林院左贊善。善書。著有《竹石圖》傳世。

吴燦西　河南許州人。咸豐九年三甲第五名進士。任山西即用知縣。

王鳳森　直隸灤州人。咸豐九年三甲第六名進士。十一年任河南郾城知縣。

康　縉　字芝山。陝西岐山縣人。咸豐九年三甲第七名進士。任户部主事主事。

王文錦　字晴舫。江蘇阜寧縣人。咸豐九年三甲第八名進士。任工部主事，以辦團練功加員外郎銜，張曜西征幫辦軍務，任寧夏知府，因倡儀修復寧漢唐五大渠溉田萬頃，升署河南開歸陳許道。後被誣氣憤，遽卒。

朱之傑　江西蓮花廳人。咸豐九年三甲第九名進士。任陝西即用知縣。

崔迺翬　字芋堂。江蘇宜興縣人。咸豐九年三甲第十名進士。同治元年任山東黄縣知縣，補陵縣以母憂未任，升直隸州知州。卒於京師，年六十七。曾修《直隸通志》，著《治河説》。

劉振中　山西安邑縣人。咸豐九年三甲十一名進士。授户部主事，改直隸武强知縣。

阮光鼎　湖北黄安縣人。咸豐元年舉人，九年三甲十二名進士。任刑部主事，官至刑部郎中。

楊繼祖　河南商城縣人。咸豐九年三甲十三名進士。任刑部主事，官至福建司員外郎。

康　模　字楷廷、近山。四川彭山縣人。咸豐九年三甲十四名進士。任刑部主事，升員外郎，官至山西絳州直隸州知州、解州直隸州知州。告歸。年七十卒。

王麟祥　字星生，號曉峰。山西榮河縣人。咸豐九年三甲十五名進士。任兵部主事，升郎中，光緒九年授江南道御史，十年官至四川叙州府知府，改順慶知府。

王蔭豐　字子京，號石廬。直隸正定縣人。咸豐九年三甲十六名進士。選庶吉士，授檢討。同治六年（1867）卒於任。

高箕承　字良孺、竹淑，號堅溪。山東淄川縣人。咸豐九年三甲十七名進士。授陝西知縣，署石泉，九年補郿縣，同治十二年改鳳翔知縣，光緒八年調靖邊知縣。卒於任。

寅　康　滿洲正白旗人。咸豐九年三甲十八名進士。任直隸即用知縣，同治二年署直隸肥鄉知縣，改西寧知縣。

萬培因　字蓮初、鏡蓉。福建崇安縣人。咸豐九年三甲十九名進士。任禮部主事，遷禮部郎中，光緒八年補授山西道御史，順天東城巡城御史，十一年遷直隸天津道、大順廣兵備道，遷長蘆鹽運使，二十五年授四川按察使。二十六年去職。

趙繼學　字仲庠，號次齋。貴州貴築縣人。咸豐九年三甲二十名進士。選庶吉士。

江　鴻　字竹安。安徽旌德縣人。咸豐九年三甲二十一名進士。任江蘇即用知縣，同治三年任江蘇阜寧知縣。

吉長清　字鏡潭、蓮舫，號涑泉。陝西長安縣人。咸豐九年三甲二十二名進士。選庶吉士，授檢討。

徐光祖　陝西臨潼縣人。咸豐九年三甲二十三名進士。任刑部主事。

陳肇傑　字景唐，號警堂。直隸元氏縣人。咸豐九年三甲二十四名進士。任山西寧武、洪洞、長子、蒲縣知縣。

許貞元　字葆仁。河南祥符縣人。咸豐九年三甲二十五名進士。山西即用知縣，任山西寧鄉知縣，改大同知縣。

關燿南　字楚材，號道吾。江西清江縣人。咸豐九年三甲二十六名進士。選庶吉士，散館改戶部主事。光緒七年改江西廣信府教授。

何聘珍　廣東南海縣人。咸豐九年三甲二十七名進士。任內閣中書。

凌行均　字韻士。浙江鄞縣人。咸豐九年三甲二十八名進士。任戶部主事、福建司行走，官至戶部郎中。

顏士璋　字聘卿、玉章，號信庵。山東曲阜縣人。咸豐九年三甲二十九名進士。任刑部河南司主事，回籍辦團練功升員外郎，遷郎中，京察一等同治十年外任直隸河間知府，改甘肅蘭州知府，光緒二年改鞏昌知府。卒年六十七。著有《四勿齋詩文鈔》《周易卦象釋義》《集蘭亭序對聯》等。

定　保　滿洲正藍旗人。咸豐九年三甲三十名進士。任戶部主事，河南司員外郎，官至福建興泉永道。

陳桂芬　山西繁峙縣人。咸豐九年三甲三十一名進士。任湖南即用知縣，同治三年纍遷河南鄭州知州、開封府同知，遷陳州府知府，官至河南彰德府知府，特用道。加三品銜。

饒佩勛　字光策，號梅舫。江

西鉛山縣人。咸豐九年三甲三十二名進士。選庶吉士，同治十三年改廣東信宜知縣，光緒三年回任，五年再任信宜知縣。

王若金　雲南昆明縣人。咸豐九年三甲三十三名進士。

張　燮　江西德化縣人。咸豐九年三甲三十四名進士。分發河南任知縣。

祝秉章　江西鉛山縣人。咸豐九年三甲三十五名進士。任主事。

鄧開運　廣西臨桂縣人。咸豐九年三甲三十六名進士。任山東即用知縣，同治元年任山東曲阜知縣，八年任平陰知縣。九年故。

何探源　字少騫，號秋槎。廣東大埔縣人。咸豐九年三甲三十七名進士。選庶吉士，散館改四川閬中知縣。

陳繼薰　四川酉陽直隸州人。咸豐九年三甲三十八名進士。任戶部河南司主事。

柳宗芳　字汝馨，號芷汀。貴州印江縣人。咸豐九年三甲三十九名進士。同治四年署四川鹽源知縣，七年任四川灌縣知縣，十年回任，光緒元年起歷蒼溪、鹽源、長寧知縣，升直隸州知州加知府銜。卒於瀘州。

侯甲瀛　江蘇上元縣人。咸豐九年三甲四十名進士。同治六年任山東濟陽知縣，七年改曲阜知縣，光緒四年調廣東龍門知縣，九年任廣東番禺知縣，十年署廣東電白知縣。

王學華　廣東高要縣人。咸豐九年三甲四十一名進士。同治三年任廣東高州府教授，光緒七年改廣州府教授。

李宗泰　山東聊城縣人。咸豐四年任山東菏澤教授。咸豐九年三甲四十二名進士。同治九年任山東曹州府教授。

沈紹九　福建閩縣人。咸豐九年三甲四十三名進士。九年任福建邵武府教授。光緒十一年改臺北府教授。

馬雲昭　河南新鄉縣人。咸豐九年三甲四十四名進士。任禮部主事。

吳天錫　湖北應山縣人。咸豐八年舉人，九年三甲四十五名進士。任直隸即用知縣，官至貴州候補道。

呂邦俊　江蘇陽湖縣人。咸豐九年三甲四十六名進士。同治二年湖南永定知縣，八年官至湖南桂陽州知州。

徐爾鏖　（原名徐醇澤）字潤生，號麟石。浙江仁和縣人。咸豐九年三甲四十七名進士。選庶吉士，授檢討。

石樹珠　順天大城縣人。咸豐九年三甲四十八名進士。任雲南即用知縣。

黃翼爲　福建侯官縣人。咸豐九年三甲四十九名進士。任吏部主事。

陳益孚　廣西博白縣人。咸豐九年三甲五十名進士。

劉自立　直隸曲周縣人。咸豐

九年三甲五十一名進士。任山西五臺知縣。

路昭德　河南祥符縣人。咸豐九年三甲五十二名進士。纍遷戶部郎中、廣東司行走。

馬文華　字蔚廷，號煥卿。浙江仁和縣人。咸豐九年三甲五十三名進士。任吏部主事。

果　祥　（《進士題名碑》作米詳）滿洲鑲紅旗人。咸豐九年三甲五十四名進士。任廣西即用知縣。

郭雲漢　陝西三原縣人。咸豐九年三甲五十五名進士。同治元年署四川興文知縣。

黎金炬　字賜卿，號蓮九。江西新昌縣人。咸豐九年三甲五十六名進士。同治六年任四川樂山知縣。

宛立俊　字偉甫。湖北黃梅縣人。道光二十九年舉人，咸豐九年三甲五十七名進士。任刑部主事，官至刑部員外郎。未任卒。

喻樹琪　湖北黃梅縣人。咸豐二年舉人，咸豐九年三甲五十八名進士。十年任湖北德安府教授。

袁廷俊　（榜名袁季子）陝西藍田縣人。咸豐九年三甲五十九名進士。任戶部主事。

宋恩溥　（原名宋觀偉）字潤生，號幼海。山東膠州人。咸豐九年三甲六十名進士。任禮部主客司主事。加四品銜。著有《纂修佩文韻府》等。

王成驤　字仲騰，號龍溪。湖南武陵縣人。道光十年（1830）生。

咸豐九年三甲六十一名進士。任山東知縣。

吳岱章　字崝有，號魯詹。貴州貴築縣人。咸豐九年三甲六十二名進士。任戶部主事。

皮宗瀚　湖南善化縣人。咸豐九年三甲六十三名進士。任戶部主事。

汪萬鴻　（《進士題名碑》作江萬鴻，誤）山東濟寧直隸州人。咸豐九年三甲六十四名進士。任內閣中書。

張景星　河南嵩縣。咸豐九年三甲六十五名進士。任戶部主事。

湯似瑄　直隸清苑縣人，原籍江蘇陽湖。咸豐九年三甲六十六名進士。任刑部主事，升員外郎、郎中，光緒二十二年官至湖南常德府知府。

馮榮萱　福建閩縣人。咸豐九年三甲六十七名進士。任江西即用知縣。

董元勛　陝西城固縣人。咸豐九年三甲六十八名進士。任山西即用知縣。

武士選　字升三。山西安邑縣人。咸豐九年三甲六十九名進士。授工部主事，同治六年改直隸南皮知縣，署河間府、大名府同知，改天津同知。加運同銜，未及任卒。

李蔭棠　陝西澄城縣人。咸豐九年三甲七十名進士。任吏部主事。

周光炯　（《進士題名碑》作徐光祖，誤）甘肅武威縣人。咸豐九年三甲七十一名進士。任吏部主事。

瑛彬　滿洲正白旗人。覺羅氏。

咸豐九年三甲七十二名進士。任兵部主事。

楊久祐 （《進士題名碑》作楊久祐）廣西興安縣人。咸豐九年三甲七十三名進士。任直隸即用知縣。

李清瑞 甘肅鎮原縣人。咸豐九年三甲七十四名進士。同治七年任陝西永壽知縣，光緒二年改陝西延川知縣。

杜墨林 直隸寧津縣人。咸豐九年三甲七十五名進士。十年任直隸天津府教授。

羅　儁 陝西安康縣人。咸豐九年三甲七十六名進士。任江西即用知縣，同治二年改河南襄城知縣。

江延傑 江西新城縣人。咸豐九年三甲七十七名進士。任刑部主事。

韓寶鴻 順天大興縣人，原籍山東福山。咸豐九年三甲七十八名進士。任禮部精膳司主事。歸後鄉居教授。著有《兩水文鈔》《兩水詩鈔》。

興　安 字明軒。蒙古正紅旗人。咸豐九年三甲七十九名進士。同治三年任江西餘干知縣，遷雲南晉寧州知州、鄧川州知州、賓州知州。

杜世銘 河南新鄉縣人。咸豐九年三甲八十名進士。任福建南平知縣，同治四年署閩縣知縣。

查子庚 （《進士題名碑》作李子庚，誤）安徽懷寧縣人。咸豐九年三甲八十一名進士。十一年任湖北監利知縣，同治三年改枝江知縣，六年復任監利縣，十一年再署枝江知縣。

黃　㫷 雲南賓川州人。咸豐九年三甲八十二名進士。

劉光遠 字望三。甘肅階州直隸州人。咸豐九年三甲八十三名進士。同治三年任廣東歸善知縣，八年署廣東增城知縣，遷惠州知州。歷任十數年，卒於任。

楊榮隰 直隸定州直隸州人。咸豐九年三甲八十四名進士。歸班候選知縣，十一年任直隸天津府教授。

謝錫蕃 字玉山，號晉三。浙江餘姚縣人。咸豐九年三甲八十五名進士。任內閣中書。

秦子俊 字雪舫。山東蒙陰縣人。咸豐九年三甲八十六名進士。任四川即用知縣，同治三年改山東武定府教授。

田樹榮 （《進士題名碑》作田書榮）陝西大荔縣人。咸豐九年三甲八十七名進士。任知縣。

勒箴言 江西建昌縣人。咸豐九年三甲八十八名進士。任知縣。

蘇佩訓 河南湯陰縣人。咸豐九年三甲八十九名進士。任兵部主事，升員外郎、馬館監督、郎中，光緒五年官至廣東廉州知府。

鄭　莢 河南羅山縣人。咸豐九年三甲九十名進士。十一年署湖北通城知縣，光緒四年改廣東歸善知縣。

邵子彝 字叙堂。安徽太平縣人。咸豐九年三甲九十一名進士。任吏部主事，同治九年改九江知府。十年八月改江西建昌府知府。

咸豐十年（1860）庚申恩科

本科爲清文宗三旬壽辰恩科

第一甲三名

鍾駿聲 字雨辰，號澹夫、亦溪。浙江仁和縣人。道光十三年（1833）五月十二日生。咸豐十年一甲第一名狀元。授修撰。同治元年、十三年兩任會試同考官，同治六年充湖北鄉試主考官，督四川學政，遷右中允，官至侍讀學士。後病卒於家。著有《養自然齋集》。

林彭年 （原名林殿芳）字龍基，號朝珊。廣東南海縣人。咸豐十年一甲第二名榜眼。授編修。同治五年補山東道御史，七年官至貴州鎮遠知府。

歐陽保極 字用甫，號星南、桂生。湖北江夏縣人。咸豐八年舉人，十年一甲第三名探花。授編修。同治三年任河南學政，光緒元年督廣西學政，官至侍讀學士。

第二甲八十名

黎培敬 字開周，號簡堂。湖南湘潭縣人。道光六年（1826）七月初十日生。咸豐十年二甲第一名進士。選庶吉士，授編修。同治三年督貴州學政，六年賞四品署貴州布政使，七年實授，光緒元年九月遷貴州巡撫，五年正月降調，閏三月授四川按察使，六年六月遷漕運總督，七年五月改江蘇巡撫。十一月以病免。光緒八年（1882）七月初五日卒。年五十七。謚"文肅"。著有《書札》《黔郵紀程》《求樸拙齋詩文略》《外集》等。

黎翔 字騰翩、仁卿，號鳳樓。廣東香山縣人。咸豐十年二甲第二名進士。選庶吉士。未散館。

牛元愷 字升叔、虞卿，號芸階。直隸獻縣人。咸豐十年二甲第三名進士。選庶吉士。

林天齡 字受恒，號錫三。福建長樂縣人。咸豐十年二甲第四名進士。選庶吉士，授編修。同治四年督山西學政，升贊善，九年充江南鄉試副考官，升右庶子、侍讀學士。十三年督江蘇學政，光緒四年

（1878）卒。著有《林學士遺詩》。

俞之俊 浙江仁和縣人。咸豐十年二甲第五名進士。任户部主事。

崔穆之 字蕭堂，號清如。山東茌平縣人。咸豐十年二甲第六名進士。選庶吉士，授編修。同治六年擢河南道御史，升兵科給事中、工科掌印給事中，光緒四年官至湖南岳常澧道。

余焕文 字仲伊，號蔚齋、偉齋。四川巴州人。道光五年（1825）三月初一日生。咸豐十年二甲第七名進士。任禮部主事、員外郎。後辭官歸里。主講本州宕渠、雲屏，及綏定、漢章、龍山書院。光緒十六年以"處世和平、學術深純、孝行卓著"賞四品卿銜。光緒十八年（1892）卒。年六十八。著有《日記雜録》《鞭心録》《夢傳文鈔》《兩漢讀史論斷》《大中講義》等。

劉秉璋 字景賢，號仲良。安徽廬江縣人。道光六年（1826）四月十六日生。咸豐十年二甲第八名進士。選庶吉士，授編修。歷任侍講、侍講學士，奉命統帶淮軍，隨曾國藩鎮壓捻軍。同治五年授江蘇按察使遷布政使，七年七月以病免。十一年六月授江西布政使，光緒元年八月遷江西巡撫。四年乞養。八年十二月授浙江巡撫，十二年五月遷四川總督。二十年正月加太子少保。因四川教案屢出，打毀教堂，該督置之不理，有負重任，二十一年革職永不叙用。光緒三十一年

（1905）七月二十三日卒。開復原官，宣統二年追謚"文莊"。著有《劉文莊公奏議》。

趙亮熙 字寅臣。四川宜賓縣人，原籍浙江鄞縣。咸豐十年二甲第九名進士。任工部主事，光緒二年充順天鄉試同考官，十一年充陝西副考官，十四年貴州副考官，升員外郎，十六年會試同考官，遷郎中，二十四年官至浙江處州府知府，曾署台州知府。以疾卒。

李希蓮 字亦青。山西平定直隸州人。道光二十二年（1842）生。咸豐十年二甲第十名進士。授户部主事，遷郎中，江西廣饒九南道。光緒十八年任山東鹽運使，改長蘆鹽運使，二十二年授貴州按察使，遷陝西布政使。光緒二十四年（1898）閏三月卒。

朱厚基 江蘇無錫縣人。咸豐十年二甲十一名進士。任兵部主事，官至湖北候補道。

陸懋宗 字德生，號雲孫。江蘇常熟人。咸豐十年二甲十二名進士。選庶吉士，授編修。同治七年、十年兩充會試同考官，九年、十二年兩充順天鄉試同考官。

阿克丹 字友石，號允廷。正白旗宗室。道光十三年（1833）正月二十一日生。咸豐十年二甲十三名進士。任宗人府主事、户部郎中，纍遷通政副使，光緒八年授光禄寺卿，遷内閣學士，九年改盛京工部侍郎，十八年調刑部侍郎，二十五

年改兵部侍郎，二十六年十二月遷理藩院尚書。光緒二十九年（1903）正月初十日卒。年七十一。

林　纁　字翊仲。福建閩縣人。咸豐十年二甲十四名進士。同治六年改陽城知縣，任山西聞喜知縣。丁憂歸。以哀毁卒。

高心夔（原名高夢漢）字伯足、碧湄，又字陶堂。江西湖口縣人。咸豐十年二甲十五名進士。佐李鴻章德州軍幕，以直隸知州發江蘇，九年任江蘇長洲知縣，十年兩任吴縣知縣。著有《陶堂志微録》。

惠　林　字杏田。蒙古鑲白旗。咸豐十年二甲十六名進士。選庶吉士，授編修。歷任侍讀學士，同治九年授光禄寺卿，十二年改大理寺卿，十三年遷左副都御史，光緒二年改理藩院右侍郎。光緒五年正月病休。

周幹臣　廣西臨桂縣人。咸豐十年二甲十七名進士。任兵部主事。

姚清祺（原名姚乾高）字鳳泉。浙江餘杭縣人。咸豐十年二甲十八名進士。選庶吉士。同治四年改銅陵知縣，改安徽合肥知縣。

劉湝年　字蜀生，號樹君。順天大城縣人。道光二年（1822）五月初七日生。咸豐十年二甲十九名進士。選庶吉士，授編修。同治四年充會試同考官，九年官至廣東惠州知府、潮州知府，候選道。光緒十七年（1891）卒。年七十。修《惠州府志》，著有《三十二蘭亭室詩存》。

汪廷樞　安徽休寧縣人。咸豐十年二甲二十名進士。任刑部主事、湖廣司行走。

王　珊　字仁山，號鐵橋。河南鹿邑縣人。咸豐十年二甲二十一名進士。選庶吉士，授編修。同治三年任河南鄉試副考官。

郭從矩　字戒踰，號心吾、定軒。山西長治縣人。咸豐十年二甲二十二名進士。選庶吉士，授編修。同治三年充順天鄉試同考官，六年補江南道御史，十三年以禮科給事中任會試同考官，光緒二年以吏科給事中再充順天鄉試同考官，六年官至湖南鹽法道。

王維珍　字穎初、席卿，號蓮西、蓮溪，又號大井逸人。直隸天津人縣。咸豐十年二甲二十三名進士。任禮部員外郎，遷太常寺少卿，官至通政司副使。著有《蓮西詩賦集》。

林　鏞　湖北黄岡縣人。咸豐八年舉人，十年二甲二十四名進士。任兵部主事。

王榮琯　字玉文，號獻西、筧溪。山東樂陵縣人。咸豐十年二甲二十五名進士。選庶吉士，授編修。同治六年充江南鄉試副考官，八年補山西道御史，光緒元年充雲南鄉試副考官，外官至河南彰衛懷道。

兄王榮第，道光二十五年進士，河南按察使。

方　鏞　字昌樂、韶笙。福建長樂縣人。咸豐十年二甲二十六名進士。任吏部主事。

毛鴻圖　字升甫。四川大竹縣人。咸豐十年二甲二十七名進士。任內閣中書，宗人府主事，同治三年充順天鄉試同考官，遷戶部郎中，給事中，同治十一年授江西廣饒九南道。未任。

何亮清　字孟寅、湘雪，號夢瀛。貴州貴築縣人。咸豐十年二甲二十八名進士。選庶吉士，改雲南定遠知縣，光緒元年調四川射洪知縣、樂山知縣，官至四川保寧知府，署成綿龍道。卒於四川。著有《蒼漪山房詩鈔》。

叔父何學林，乾隆五十八年進士；從侄何鼎，同榜進士。

汪國鳳　字子儀。江蘇江都縣人。咸豐十年二甲二十九名進士。任禮部主事，後被派為江北團練大臣晏端書隨員，興阿大營總文案。事平後賞四品以知府用。歸後里居三十年卒。

祁世長　字子禾，號念慈、敏齋。山西壽陽縣人。道光四年（1824）六月二十九日生。咸豐十年二甲三十名進士。選庶吉士，授編修。任侍讀、侍讀學士，同治十三年授內閣學士，督順天學政，光緒五年遷禮部侍郎，改吏部侍郎，督浙江學政，十年遷左都御史。十六年十一月改工部尚書。光緒十八年（1892）八月初六日卒。年六十九。謚"文恪"。著有《翰林書法要訣》《祁文端公年譜》。

父祁寯藻，嘉慶十九年進士，體仁閣大學士。

王宮午　字介卿。河南祥符縣人。咸豐十年二甲三十一名進士。同治三年任四川長寧知縣，六年任四川巴縣知縣，八年改三臺知縣，十一年署彭縣，光緒八年任四川江津知縣，十一年署簡州，十三年署富川縣，十六年署涪州知州。在蜀三十年，所至有聲。

錢來商　（改名錢需珊）字辛芝，號幼彭、岵瞻。雲南昆明縣人。咸豐十年二甲三十二名進士。選庶吉士，散館改吏部主事。

歐壽橒　（《進士題名碑》作歐陽橒，誤。原名歐少修）字劍五、建吾。湖南長沙人。咸豐十年二甲三十三名進士。選庶吉士，授編修。

王汝訥　字子默，號言山。直隸灤州人。咸豐十年二甲三十四名進士。任工部主事，升郎中，六年授湖廣道御史，同治七年遷山東青州知府，官至山東東昌府知府。入廟祭告，為刺客誤傷而卒。贈太僕寺卿。

賈修明　山西虞鄉縣人。咸豐十年二甲三十五名進士。任刑部主事。

林廷燮　江蘇江寧縣人。咸豐十年二甲三十六名進士。任刑部主事。官至刑部郎中。

賈元濤　字松埏。山東歷城縣人。咸豐十年二甲三十七名進士。光緒八年任甘肅秦安知縣、皋蘭知縣，官至固原知州。解組歸。

父賈仲山，道光十五年進士。

吳　墉　安徽涇縣人。咸豐十年二甲三十八名進士。任刑部主事。改景山官學教習。

何瑞霖　浙江會姚縣人。咸豐十年二甲三十九名進士。任吏部考工司主事。

杜庭琛　字芸皋。山東濱州人。咸豐十年欽賜二甲四十名進士。選庶吉士，授編修。

祖父杜受田，道光三年進士，大學士；父杜翮，道光十五年進士，戶部侍郎。

沈源深　（《進士題名碑》作沈源琛）字淑眉。河南祥符縣人。咸豐十年二甲四十一名進士。任吏部主事、員外郎、郎中，纍遷大理寺少卿，光緒十年授光祿寺卿，改大理寺卿，十一年充四川鄉試正考官，十五年改左副都御史，任江西鄉試正考官，十七年官至兵部右侍郎。督福建學政。十九年（1893）告病假，八月二十五日卒。

彭澤春　江西安義縣人。咸豐十年二甲四十二名進士。任刑部主事，升郎中，光緒十年遷雲南澄江府知府，官至雲南府知府。

何嵩祺　福建侯官縣人。咸豐十年二甲四十三名進士。任兵部主事。

霍潤生　字雨林。山西沁水縣人。咸豐十年二甲四十四名進士。任工部主事，光緒五年改四川長壽知縣，在任十二年。十八年署四川墊江知縣，改達縣知縣。

李汝霖　直隸永年縣人。咸豐十年二甲四十五名進士。任戶部主事，同治十三年改山西襄垣知縣，光緒七年調靈石知縣，改四川南部知縣。履任未逾月卒。

彭世昌　字二笏、長齡，號香九。江西廬陵縣人。咸豐十年二甲四十六名進士。選庶吉士，授編修。同治九年充順天鄉試同考官，光緒三年補山東道御史，七年改順天西城巡城御史，官至廣西右江道。

余本初　河南正陽縣人。咸豐十年二甲四十七名進士。任吏部主事。

馮允煦　字春卿，號藹溪。山東莒州人。道光十五年八月初七日生。咸豐十年二甲四十八名進士。

畢保釐　字治孫，號東屏。湖北蘄水縣人。道光二十四年舉人，咸豐十年二甲四十九名進士。選庶吉士，授編修。光緒四年外官至江蘇常州知府，五年改蘇州知府。

徐宗一　湖北黃安縣人。咸豐八年鄉試解元，十年二甲五十名進士。任刑部主事。

李桂林　字鐵夫，號月農。直隸鹽山縣人。咸豐十年二甲五十一名進士。任禮部主事，遷禮部郎中，十三年授江南道御史。

李鳴鳳　山西平定州人。咸豐十年二甲五十二名進士。任山西汾州府教授。

陳　楷　字則權、朗川，號荔山。福建閩縣人。咸豐十年二甲五十三名進士。選庶吉士。未散館卒。

毛亮熙　字寅叔，號葛侯、月湖。河南武涉縣人。咸豐十年二甲五十四名進士。任工部主事，官至浙江處州知府。

凌行堂　浙江鄞縣人。咸豐十年二甲五十五名進士。任工部主事。

游觀第　順天良鄉縣人。咸豐十年二甲五十六名進士。任河間府教授，光緒七年廣平府教授，任直隸順德府教授，光緒十二年升湖北廣濟知縣。

邵塏　浙江餘姚縣人。咸豐十年二甲五十七名進士。任兵部主事。

張時中　河南新鄉縣人。咸豐十年二甲五十八名進士。十一年任河南彰德府教授。

謝寶鏐　湖南湘鄉縣人。咸豐十年二甲五十九名進士。任户部主事，加員外郎銜。

錢世叙　字蓉塘。浙江上虞人。咸豐十年二甲六十名進士。署福建南屏知縣，改龍溪縣。太平軍破漳州，督團勇巷戰卒，贈道銜。著有《東樵詩文集》。

章乃畲　字念慈，號硯紓。浙江歸安縣人。咸豐十年二甲六十一名進士。任刑部主事，升員外郎、郎中，光緒五年授江南道御史。

李楣　字覺堂。山東高密縣人。咸豐十年二年六十二名進士。任禮部主事、郎中，光緒三年外任陝西榆林知府，改漢中知府，六年任陝西西安知府，署陝西鹽法道。十四年實授，以勞疾卒於任。

范坦　字子寬。四川巴縣人。咸豐十年二甲六十三名進士。任户部主事。工書畫。

王樹德　直隸獻縣人。咸豐十年二甲六十四名進士。同治五年署山東黃縣知縣，任山東濟陽知縣。

徐熾　陝西城固縣人。咸豐十年二甲六十五名進士。任內閣中書。

丁海珊　山東日照縣人。咸豐十年二甲六十六名進士。補樂昌知縣。未任。

陳進衡　字倬庭。陝西漢陰廳人。咸豐十年二甲六十七名進士。任吏部主事，升員外部。

姚東濟　字沆溪。山西臨晋縣人。咸豐十年二甲六十八名進士。官至刑部員外郎、廣東司行走。

李祉　字錫之、既庵，號介石。漢軍正白旗。咸豐十年二甲六十九名進士。選庶吉士。授編修。遷左贊善，官至通政使司參議。

馬永璋　廣東南海縣人。咸豐十年二甲七十名進士。任刑部主事。

胡鑑　福建長汀縣人。咸豐十年二甲七十一名進士。署廣東永安知縣，同治九年署廣東番禺知縣。

張元培　字允植。江蘇太倉直隸州人。咸豐十年二甲七十二名進士（年已五十餘）。任刑部主事。假歸旋卒。

胡昌銘　字鼎甫、又新，號漪泉。江西南豐縣人。咸豐十年二甲七十三名進士。選庶吉士，散館改湖北通山知縣，同知銜，同治五年改湖北宣恩知縣。

李德洞（《進士題名碑》作李德河）字酌卿。安徽太湖縣人。咸豐十年二甲七十四名進士。任戶部主事，升員外郎、郎中，光緒十一年外任河南汝寧府知府，候補道。

徐致祥　字季和，號靄如。江蘇嘉定縣人。道光十八年（1838）十月十一日生。咸豐十年二甲七十五名進士。選庶吉士，授編修。同治九年以中允充山東鄉試副考官，升侍讀，十三年充浙江鄉試主考官，遷侍講學士，光緒四年授詹事，五年遷內閣學士，督順天學政，七年丁憂。十年痛陳鐵路八害，忤帝意降調。十二年授光祿寺卿改太常寺卿，十五年改宗人府丞，遷左副都御史，十八年改大理寺卿，二十年督浙江學政，二十三年改安徽學政，二十四年授兵部右侍郎。中法之戰力主抗戰，中日甲午戰敗，彈劾奕劻、李鴻章誤國。光緒二十五年（1899）四月初一日卒於太平試院，年六十二。著有《姑妄存之詩鈔》《嘉定先生奏議》。

何　鼎　字夢廬、丹鄰。貴州貴陽府人。咸豐十年二甲七十六名進士。任河南葉縣知縣，去官後居汴梁。光緒三年北游，不數年客死江南。著有《游嵩日記》《蔬香小圃漫錄》。

何亮清從侄，同榜進士。

劉樹倫　山東莒州人。咸豐十

年二甲七十七名進士。任戶部主事。

寶　森　字子青，號震甫。滿洲鑲藍旗，宗室。道光十六年（1836）六月二十九日生。咸豐十年二甲七十八名進士。選庶吉士，授編修。纍遷國子監祭酒，同治九年充福建鄉試主考官，光緒元年授詹事，二年改大理寺卿，五年遷左副都御史，六年改盛京兵部侍郎、盛京刑部侍郎。光緒十二年以病開缺。

孫頌清　浙江嘉善縣人。咸豐十年二甲七十九名進士。同治四年任山東嶧縣知縣，調商河知縣，十年七月署山東蓬萊知縣。

呂鐘三　河南光山縣人。咸豐十年二甲八十名進士。任吏部主事，升員外郎、郎中，光緒十四年官至陝西陝安兵備道。二十二年卸任。

第三甲一百零六名

崇　謙　滿洲正藍旗包衣。咸豐十年三甲第一名進士。選庶吉士，散館改雲南昭通府舊定邊知縣。改馬平知縣。

江毓秀　字左泉。奉天承德縣人。咸豐十年三甲第二名進士。同治三年署直隸大名知縣，四年任直隸鹽山知縣，七年、十一年再代理鹽山知縣。

張崇第　湖北黃岡縣人。咸豐十年三甲第三名進士。任四川知縣。

朱鴻灝　福建閩縣人。咸豐十年三甲第四名進士。

清代進士傳錄

傅大章　字鳳笙，號奉生。江西豐城縣人。咸豐十年三甲第五名進士。任吏部主事，升員外郎，光緒四年授福建道御史，官至工科給事中。

翟飛聲　河南南陽縣人。咸豐十年三甲第六名進士。同治元年任廣東海豐知縣，十一年署廣東電白知縣。

徐延旭　字曉山，號虛谷、南野。山東臨清直隸州人。嘉慶二十四年十二月初一（1820年1月）生。咸豐十年三甲第七名進士。同治二年任廣西容縣知縣，四年改桂平知縣，六年署太平府知府，兼理龍州同知，任梧州知府，光緒六年升湖北安襄鄖荊道。八年擢廣西布政使，九年九月授廣西巡撫。率兵出關與法軍交戰，戰敗，北寧、太原被法軍攻占，十年二月革。十二年（1886）遣戍新疆，卒於途中。撰有《越南輯略》。

崔國慶　漢軍正白旗。咸豐十年三甲第八名進士。任戶部主事，官至員外郎。

張同符　字竹卿。山東平陰縣人。咸豐十年三甲第九名進士（時年五十三）。任戶部浙江司主事。同治十一年（1872）十二月卒，年六十五。

王建本　字樹棠。山東淄川縣人。咸豐十年三甲第十名年進士。授刑部主事，升員外郎，晋福建司郎中。請假歸里。卒於家。

傅遇年　江蘇江寧縣人。咸豐十年三甲十一名進士。十年任江蘇蘇州府教授。

王伯良　河南沁陽縣人。咸豐十年三甲十二名進士。

郭家修　直隸邯鄲縣人。咸豐十年三甲十三名進士。任戶部主事，官至戶部員外郎。

王耀文　廣西臨桂縣人。咸豐十年三甲十四名進士。任刑部主事。

邊其恒　河南封丘縣人。咸豐十年三甲十五名進士。任刑部主事。

陳肅如　河南嵩縣人。咸豐十年三甲十六名進士。同治四年任陝西白河知縣。

任　連　直隸清苑縣人。咸豐十年三甲十七名進士。任吏部主事。

王慎修　河南宜陽縣人。咸豐十年三甲十八名進士。

孫汝霖　字伯郇，號静山、鏡珊。順天大興縣人。咸豐十年三甲十九名進士。選庶吉士，改吏部主事，光緒十四年遷四川邛州直隸知州，官至綿州直隸州知州。

儲廣芸　字稼堂。江蘇宜興縣人。咸豐十年三甲二十名進士。同治元年任安徽當塗知縣。以疾去官，卒於省城。

李向陽　山東昌邑人，奉天鐵嶺籍。咸豐十年三甲二十一名進士。光緒十年任直隸容城知縣。

松阿達　滿洲正紅旗人。覺羅氏。咸豐十年三甲二十二名進士。任吏部驗封司主事。

張鏡堂　字蓉生。陝西鄠縣人。

咸豐十年三甲二十三名進士。分雲南知縣，以親老改四川，值回亂告歸。

謝寶樹 字杏川。浙江錢塘縣人。咸豐十年三甲二十四名進士。同治三年署浙江嘉興府訓導，四年任浙江嚴州府教授。

胡燕昌 字季青。浙江會稽縣人。咸豐十年三甲二十五名進士。光緒十年任山西壺關知縣。

李大觀 字雲樵。山西汾陽縣人。咸豐十年三甲二十六名進士。授直隸萬泉知縣，丁憂。補江西信豐知縣，同治十三年改萬載縣、廬陵知縣，兼護吉安知府。卒於任。

文宗歐 廣西灌陽縣人。咸豐十年三甲二十七名進士。同治元年署湖北通城知縣。

李培英 湖北應山縣人。咸豐九年舉人，十年三甲二十八名進士。任工部都水司主事。

劉宗岱 江西永豐縣人。咸豐十年三甲二十九名進士。任刑部主事。

秦　煥 字文伯。江蘇山陽縣人。咸豐十年三甲三十名進士。任戶部主事，升郎中，光緒六年外任廣西桂林知府，調梧州知府，擢鹽法道、桂平梧道，光緒十五年授廣西按察使。十六年入覲途傷足乞歸，卒年七十四。著有《劍虹居感舊集》《眉彩樓詩集》。

張雋選 寧夏靈州人。咸豐十年三甲三十一名進士。即用知縣。

雒宗易 甘肅靖遠縣人。咸豐十年三甲三十二名進士。即用知縣。

路　峘 字虎臣，號次舫、稚琴。陝西周至人。咸豐十年三甲三十三名進士。選庶吉士。同治元年未散館，時家居，被執卒。

與路峙爲叔伯兄弟，同榜進士。

黃善福 廣西靈川縣人。咸豐十年三甲三十四名進士。同治七年任湖南興寧知縣。

路　峙 陝西周至縣人。咸豐十年三甲三十五名進士。任知縣。

與路峘爲叔伯兄弟，同榜進士。

李師濂（原名李師淳）字蓉江。河南林縣人。咸豐十年三甲三十六名進士。同治二年任江蘇安東知縣，四年署江蘇上元知縣，改婁縣知縣，十三年改湖南耒陽知縣。

畢　亮 雲南昆明縣人。咸豐十年三甲三十七名進士。

馮景略（原名馮應奎）廣東南海縣人。咸豐十年三甲三十八名進士。任禮部主事，官至禮部郎中。

王廷鑑 號蓉薌。江西鄱陽縣人。咸豐十年三甲三十九名進士。任直隸即用知縣。

鍾承堂 廣西鬱林州人。咸豐十年三甲四十名進士。任河南涉縣知縣、柘城知縣。

曾思濬 字禹門。雲南通海縣人。咸豐十年三甲四十一名進士。任山西五臺知縣，改臨縣知縣。著有《秀麗山房時文》。

劉兆祿 山東高密縣人。咸豐十年三甲四十二名進士。同治六年署廣寧州、寧海州學正。十年九月任臨清知州，改山東兗州府教授、登州府教授、濟南府教授。

張恩煦　字墨林。山東福山縣人。咸豐十年三甲四十三名進士。同治五年任直隸高陽知縣，同治八年署樂亭知縣。未久旋卒。著有《儲雲館詩萃》。

彭葆初　字心農，號春甫。貴州鎮遠縣（一作江西清江）人。咸豐十年三甲四十四名進士。任刑部陝西司、四川司主事。

方鳴皋　字鶴亭。湖北蘄水縣人。道光十九年舉人，咸豐十年三甲四十五名進士。同治三年任山東蒲臺知縣，六年任山東壽張知縣，十年任武城知縣，兼理臨清直隸州。年老致仕。掌教蘄陽書院。

郭程先　河南輝縣人。咸豐十年三甲四十六名進士。

黃毓桂　山西平定直隸州人。咸豐十年三甲四十七名進士。任工部主事。

余祥鍾　四川宜賓縣人。咸豐十年三甲四十八名進士。任知縣。

張炳星　（《進士題名碑》作張丙星，恐非是）甘肅皋蘭縣人。咸豐十年三甲四十九名進士。湖南即用知縣。

畢棠　字芇亭。直隸深澤縣人。咸豐十年三甲五十名進士。任工部主事、員外郎。光緒十六年署浙江衢州知府，官至金華府知府。

孫繩武　陝西藍田縣人。咸豐十年三甲五十一名進士。任知縣。

戴之祥　字錦麟。四川成都縣人。咸豐十年三甲五十二名進士。十年任四川保寧府教授，改順慶府教授。

紅帶子英卓　滿洲正藍旗人。咸豐十年三甲五十三名進士。

劉俊揚　直隸河間縣人。咸豐十年三甲五十四名進士。同治二年任山東即墨知縣、定陶知縣，五年改山東曲阜知縣。

伏作霖　直隸任丘縣人。咸豐十年三甲五十五名進士。

國興　滿洲鑲藍旗人。咸豐十年三甲五十六名進士。

賈龍光　陝西臨潼縣人。咸豐十年三甲五十七名進士。任知縣。

劉鳴皋　字舞鶴。河南光山縣人。咸豐十年三甲五十八名進士。任陝西大荔知縣。

胡叔珊　直隸清苑縣人。咸豐十年三甲五十九名進士。

孔昭浹　山東鄒縣人。咸豐十年三甲六十名進士。任廣東饒平、順德知縣，官至知府。

蘇輅　字和卿，號與平。江西鄱陽縣人。咸豐十年三甲六十一名進士。選庶吉士，授檢討。

孫詒經　字子授，號孟常、景坡。浙江錢塘人。道光六年（1826）八月初十日生。咸豐十年三甲六十二名進士。選庶吉士，授檢討。擢國子監司業，遷侍讀學士，光緒二年授詹事，督福建學政，四年遷內閣學士，十二月擢工部侍郎，六年調刑部侍郎，七年改戶部侍郎。督順天學政。光緒十六年（1890）十一月初六日卒。年六十五。諡"文愨"。著有《掎欹堂稿》。

章耀廷　字惺垣，號黼卿。浙江歸安縣人。咸豐十年三甲六十三名進士。任刑部主事，升郎中，光緒九年補江西道御史，升兵科掌印給事中，官至光祿寺少卿。

潘自彊　號篾漁。浙江泰順縣人。咸豐十年三甲六十四名進士。任戶部雲南司主事，改福建司主事。

吳　鎮　字少岷。四川達縣人。咸豐十年三甲六十五名進士。選庶吉士，授檢討。同治九年補浙江道御史，十年充會試同考官，光緒二年任順天中城、西城巡城御史，升刑科給事中，工科掌印給事中，九年外官至陝西鹽茶道、鳳彬道。清代二百餘年，四川達縣僅吳鎮、王正璽二人入翰林。

王慶祺　字鶴春、仲蓮。順天寶坻縣人。咸豐十年三甲六十六名進士。選庶吉士，授檢討。同治四年充會試同考官，六年任湖南鄉試主考官，十二年充河南鄉試副考官，官至侍講。南書房行走。十三年十二月御史陳彝劾其在河南鄉試副考官時行爲不檢革職，永不叙用。

王　桐　（原名王柱）字子實，號鳳巢。江蘇泰州人。咸豐十年三甲六十七名進士。選庶吉士，改戶部主事，升郎中。丁憂乞歸。歷主海門師山書院、泰州胡公書院講席。卒年五十八。著有《知悔齋文集》《紫藤吟館詩集》《雙桂軒四六文鈔》等。

周　冠　字廣生、鼎卿，號礦庵。廣西靈川縣人。咸豐十年三甲六十八名進士。選庶吉士，授檢討。官至河南汝寧知府。

陸光祖　湖北沔陽州人。咸豐九年舉人，十年三甲六十九名進士。任刑部主事，官至刑部郎中。

蔣啓勛　（原名蔣武松）字揆生，號鶴莊。湖北天門縣人。咸豐元年舉人，十年三甲七十名進士。任吏部主事、兵部員外郎，升吏部稽勛司郎中，同治七年授河南道御史，外任江蘇鎮江知府，十年遷江寧知府，光緒初任江蘇淮徐道，六年官至湖南衡永郴桂道。曾主修《江寧府志》。

父蔣元溥，道光十三年探花；弟蔣傳燮，光緒十二年進士。

張緒楷　字伯超，號朗山。河南商城縣人。咸豐十年三甲七十一名進士。任戶部主事，升郎中，同治七年授湖廣道御史，九年遷順天府丞，改通政副使，光緒九年授光祿寺卿，官至太常寺卿。十一年去職。

吳庚揚　字西峰。陝西商南縣人。咸豐十年三甲七十二名進士。任刑部主事，改福建甌寧、南靖、侯官、紹安知縣，改江西弋陽知縣。

牟　標　字霞臣。甘肅狄道州人。咸豐十年三甲七十三名進士。陝西即用知縣，同治二年署陝西隴州知州。以勞卒於任。

何慶恩 （《進士題名碑》作何恩慶，非是）字蘇泉，號蘭舫。貴州開州人。咸豐十年三甲七十四名進士。任福建知縣。

周　麟 貴州貴築縣人。咸豐十年三甲七十五名進士。任禮部主事。

兄周鶴，咸豐六年進士，廣西桂平道。

高同善 河南汲縣人。咸豐十年三甲七十六名進士。任戶部主事，官至奉天府治中。

方啓憲 字西園。安徽宣城縣人。咸豐十年三甲七十七名進士。同治二年署陝西大荔知縣，三年改扶風知縣，九年改長安知縣，十一年升寧陝廳同知，十二年署岐山知縣，升授寧陝廳督修城堡功，保知府。

劉　緒 （原名劉繹）字叔倫。江西南豐縣人。咸豐十年三甲七十八名進士。任刑部主事，升廣東司郎中，官至大理寺少卿。

彭克儀 江西南昌縣人。咸豐十年三甲七十九名進士。任工部主事，屯田司員外郎、郎中。

爲嘉慶十年進士彭邦疇次子。

胡印遠 陝西漢陰廳人。咸豐十年三甲八十名進士。任戶部主事。

何有濟 廣東香山縣人。咸豐十年三甲八十一名進士。任刑部主事。

李寶銘 江西金溪縣人。咸豐十年三甲八十二名進士。任刑部主事。

父李希郊，道光二十年進士。

陳文田 字硯芬，晚號晚晴老人。江蘇泰州人。咸豐十年三甲八十三名進士。任刑部主事，升湖廣司員外郎，江西司郎中。年七十一卒於任。著有《晚晴詩存》《麗體文存》。

于中法 奉天金州廳人。咸豐十年三甲八十四名進士。任刑部主事。

蔡振玉 江西萍鄉縣人。咸豐十年三甲八十五名進士。同治九年任直隸新樂知縣。

譚繼洵 （原名譚繼淳）字子實，號敬甫。湖南瀏陽縣人。道光三年（1823）九月二十九日生。爲譚嗣同父。咸豐十年三甲八十六名進士。任戶部主事、員外郎、郎中，光緒四年纍遷甘肅鞏秦階道，九年授甘肅按察使遷甘肅布政使，十五年十二月授湖北巡撫。光緒二十四年戊戌政變革職。

吳元炳 （一作吳元銳）字聖言，號子健、季文。河南固始縣人。道光三年十二月三十日（1824年1月）生。咸豐十年三甲八十七名進士。選庶吉士，授檢討。遷侍講、侍講學士，同治十年署湖南布政使，十一年實授，十二年遷湖北巡撫，改安徽、江蘇巡撫，光緒七年丁憂。十年七月授漕運總督，十一年（1885）二月調安徽巡撫。曾三署兩江總督。十二年（1886）五月卒。年六十四。

雷冲霄 字劍華。陝西大荔縣人。咸豐十年三甲八十八名進士。任河南浚縣、葉縣、澠池、光山等知縣。丁母憂。署內鄉、清源知縣，光緒六年補溫縣知縣，改安陽，代理林縣知縣。以疾解任。著有《思補堂文稿》。

黃道讓 字恩安，號岐農。湖南安福縣人。道光十七年（1837）生。咸豐十年三甲八十九名進士。任工部主事。光緒十七年（1891）卒。

羅錦城 四川射洪縣人。咸豐十年三甲九十名進士。任兵部主事，遷貴州黃平州知州，官至貴州貴陽知府。

侯侗 陝西合陽縣人。咸豐十年三甲九十一名進士。任知縣，十一年改陝西榆林府教授。

全林 滿洲正白旗人。咸豐十年三甲九十二名進士。任工部主事，升虞衡司員外郎。

尚林焱 字中雲，號曉舲、問雲。陝西長武縣人。咸豐十年三甲九十三名進士。選庶吉士。

焦有森 字韻香、又銑，號木三。江西進賢縣人。道光四年正月二十四日生。咸豐十年三甲九十四名進士。任直隸即用知縣。

鄭培基 江西臨川縣人。咸豐十年三甲九十五名進士。任工部主事，官至郎中。

張文德 河南武陟縣人。咸豐十年三甲九十六名進士。任工部主事。

綦思本 字涵初。山東平度州人。咸豐十年三甲九十七名進士。十一年任浙江龍泉知縣。

蔣善薯 陝西長安縣人。咸豐十年三甲九十八名進士。任刑部主事，官至四川順慶知府。

許廷桂 字嘉謨，號桂臣。江西金溪縣人。咸豐十年三甲九十九名進士。選庶吉士，授檢討。同治九年補江南道御史，官至雲南臨安知府。

崇文 滿洲正藍旗，季佳氏。咸豐十年三甲一百名進士。任戶部主事，遷國子監司業，官至左庶子。

劉銑 字金溪。陝西乾州人。咸豐十年三甲一百零一名進士。任四川廣元知縣，同治四年署四川太平、什邡知縣，九年改四川華陽知縣，十年署大竹知縣，調開縣。卒於任。

孫原吉 字迪甫，號曉岩。山東商河縣人。咸豐十年三甲一百零二名進士。歷任山東泰安府教授，光緒十一年改東昌府教授。年七十九卒於東昌。

余瓚馨 江西武寧縣人。咸豐十年三甲一百零三名進士。任山東即用知縣。

顏有莊 廣東陽春縣人。咸豐十年三甲一百零四名進士。

車學富 雲南南寧縣人。咸豐十年三甲一百零五名進士。同治三年任山東蒲臺知縣。

邱銘勛 字丹臣。福建閩縣人。咸豐十年三甲一百零六名進士。同治八年任順天府永清知縣，六年九月任武清知縣，八年復任永清知縣，九年回武清知縣，十年署大興知縣，十一月署宛平知縣，十二年任直隸南路廳同知。